国家哲学社会科学成果文库

人民币国际化的法律问题研究

（上）

韩龙 著

人民出版社

责任编辑：詹素娟
封面设计：石笑梦
版式设计：周方亚
责任校对：王春然

图书在版编目（CIP）数据

人民币国际化的法律问题研究 / 韩龙 著 . — 北京：人民出版社，2023.6
ISBN 978－7－01－025533－0

I.①人…　II.①韩…　III.①人民币－金融国际化－国际经济法－研究
　IV.① D996.2

中国国家版本馆 CIP 数据核字（2023）第 048888 号

人民币国际化的法律问题研究
RENMINBI GUOJIHUA DE FALÜ WENTI YANJIU

韩　龙　著

人民出版社 出版发行
（100706　北京市东城区隆福寺街 99 号）

北京中科印刷有限公司印刷　新华书店经销

2023 年 6 月第 1 版　2023 年 6 月北京第 1 次印刷
开本：710 毫米 × 1000 毫米 1/16　印张：46
字数：750 千字

ISBN 978－7－01－025533－0　定价：199.00 元（上、下）

邮购地址 100706　北京市东城区隆福寺街 99 号
人民东方图书销售中心　电话（010）65250042　65289539

《国家哲学社会科学成果文库》
出版说明

为充分发挥哲学社会科学优秀成果和优秀人才的示范引领作用，促进我国哲学社会科学繁荣发展，自 2010 年始设立《国家哲学社会科学成果文库》。入选成果经同行专家严格评审，反映新时代中国特色社会主义理论和实践创新，代表当前相关学科领域前沿水平。按照"统一标识、统一风格、统一版式、统一标准"的总体要求组织出版。

全国哲学社会科学工作办公室

2023 年 3 月

目　录

第二编　实现人民币国际化的前置性重大法律问题

（下）

第三编　人民币国际化清算的法律问题

第五编　我国应对他国不当货币及贸易行为的法律对策

CONTENTS

Volume I

Volume II

Part III Legal Issues of Renminbi International Settlement

Part V China's Legal Measures to Counteract the Currency and Trade Misconducts by Foreign Countries

前　言

实现人民币国际化不仅是实现中华民族伟大复兴的中国梦的标志，而且也会引起世界经济版图的变迁。虽然实现人民币国际化需要具备经济、政治、军事、国际关系等诸多条件，但法律是不可或缺的重要条件。没有与人民币国际化相适应的法律制度所提供的支持和保障，人民币国际化就无从谈起，因此，对人民币国际化的法律问题进行研究，意义十分重大。近来，西方将俄罗斯剔除出 SWIFT，动辄采取包括冻结外汇储备在内的制裁措施，使西方一些国家及其货币的信用扫地。这使得俄罗斯和其他一些国家在国际交易中转向使用人民币，并增持人民币作为外汇储备，从而为人民币国际化提供了进一步的机遇，同时也加剧了解决人民币国际化法律问题的紧迫性。

人民币国际化的法律问题研究这一课题，旨在通过对货币国际化所需法律制度的寻求、人民币国际化面临的法律障碍的辨识和应对之策的研判，为人民币国际化所需法律制度变革提供蓝本和智力支持，并为实现人民币国际化提供法治保障。在研究过程中，我们从人民币国际化对法的本质需要出发，围绕什么是与人民币国际化相适应的法律制度、人民币国际化目前面临着什么样的法律制度障碍、如何系统地建构人民币国际化所需法律制度这一核心问题链条，对本课题进行了深入、系统的研究，取得了一系列高质量的阶段性研究成果和这部约 80 万字的最终成果。这一成果在对人民币国际化对法的本质需要进行研判的基础上，系统地回答了人民币国际化所需法律制度及其实现之问，填补了国内外法学研究的空缺，无疑对推动和促进人民币国际化具有重大的实践及理论价值。

本书通过对人民币国际化的考察，特别是对其法律问题进行系统发掘和凝练，认为人民币国际化主要面临以下法律问题，并在研究解决这些问题过程中提出了以下重要理论观点和对策建议：

（一）现行国际货币制度无碍人民币国际化，故人民币国际化重在做好自我

考察现有法律制度对人民币国际化的影响，理应包括以国际货币制度为代表的国际法律制度的影响与我国国内法律制度的影响。就国际货币制度对人民币国际化的影响而言，在当今存在行之有效的国际货币制度的情况下，人民币国际化不能脱离国际货币制度而存在或实现。但现行的国际货币制度是否制约人民币国际化的实现呢？通过对人民币国际化的国际货币制度需求与现行国际货币制度内容进行比对，可以发现现行国际货币制度并不妨碍人民币国际化的开展和实现。具而言之，就现行国际储备制度而言，其并未阻碍人民币成为国际储备货币，甚至人民币加入特别提款权会对人民币成为国际储备货币的地位有所增进。就现行的国际支付制度而言，《IMF 协定》要求经常项目可自由支付并将资本项目支付交由各成员国支配的做法，亦不妨碍人民币国际化所需要的国际支付自由。就现行的国际汇率制度而言，人民币国际化所需要的自由浮动汇率制属于《IMF 协定》所规定的自由汇率制之列，且自由浮动汇率制更能避免汇率操纵的嫌疑。就现行的国际收支平衡调整制度而言，《IMF 协定》并没有规定一国在出现大量逆差或盈余时负有强制性地调节国际收支的义务，虽然为避免在人民币成为主要国际储备货币后所遭遇的"特里芬难题"[1]，需要在各国之间建构有效的国际收支平衡调整制度，但这样的制度还没有成为现实。

可见，现行国际货币制度对人民币国际化并无阻碍。值得注意的是，一些学者不明就里，人云亦云，似乎将国际货币制度和现行的国际经济秩序当作人民币国际化的拦路虎。但现实并非如此。因此，我们没有必要在实现人民币国际化过程中挑战现有的国际货币制度和秩序，而应成为这一制度和秩序的维护

---

[1] "特里芬难题"（Triffin Dilemma）是指一种主权货币作为国际储备货币的两难处境，即维持各国对该货币的信心与该货币作为国际货币所需提供足够的国际清偿力之间的矛盾。例如，在布雷顿森林体系实现美元与黄金挂钩，35 美元兑 1 盎司黄金的制度下，维持各国对美元的信心与美元要提供足够国际清偿力之间，就存在这样的矛盾。一方面，要满足世界经济和国际贸易增长的需要，各国国际储备必须有相应的增长，而这必须通过储备货币供应国——美国的国际收支赤字才能完成；但是，另一方面，各国手中持有的美元越多，则对美元与黄金之间的兑换关系越缺乏信心，并且越要将美元兑换成黄金。这一难题在 1960 年由美国耶鲁大学罗伯特·特里芬教授在《黄金与美元危机》一书中揭示出来，故称"特里芬难题"。参见〔美〕罗伯特·特里芬：《黄金与美元危机——自由兑换的未来》，陈尚霖、雷达译，商务印书馆，1997，第 72 页。

者，充其量在确有必要之处适时地加以改良或补充。也因为如此，我们无须抱怨外部环境，而应不断修炼内功，检视和调整我国与人民币国际化不相适配的法律制度，使我国的法律制度成为人民币国际化的助推器和护航舰。

（二）加强人民币信用国际化是人民币国际化法治建设的总纲

虽然人民币国际化法治的重心应当放在国内法治上，但人民币国际化所需国内法律制度变革是一个庞大的法律工程，但其总纲和重心在哪里？这是研判人民币国际化对法的本质需要和如何建设人民币国际化所需法治所要回答的首要问题。在各国货币均为信用本位货币的当今，人民币国际化作为人民币在国际间使用的特殊货币现象，其实质是人民币信用的国际化。也就是说，与人民币在我国国内依靠法律强制力而流通不同，人民币国际化不是我国法律能够强制出来的，需要被国际社会自愿接受，而国际社会是否接受人民币主要取决于人民币的信用。

鉴此，我们只有将人民币国际化的法治建设的总纲和重心放在保障和加强人民币国际信用上，才能够满足国际社会对人民币的需要。着眼于人民币信用维护和增进，我国应以下法律制度建设为重心：第一，加强货币政策法治以维护人民币币值稳定。币值不稳，国际社会就不可能建立起对人民币的信心，因此，我们应当加强货币政策法治，维护人民币币值稳定和央行独立性。第二，加强境内外人民币财产安全的法律保护。如果说保障人民币币值稳定侧重于人民币国际化经济向度的法治思维的话，那么，加强人民币财产安全的保护则是侧重于人民币国际化政治向度的法治思维。而加强人民币财产安全保护，需要我们从国内和国际两方面着手。在国内层面，我国《宪法》第 18 条和第 32 条虽规定对中国境内的外国企业、其他外国经济组织、外资企业和外国人的合法权益进行保护，但在人民币国际化条件下，人民币财产的外国持有主体并不一定在我国境内，甚至其持有的人民币财产会位于我国境外，但仍需要我国法律提供安全保障。因此，我国宪法应对外国主体财产权的保护进行修改，使之覆盖人民币国际化条件下的应有情形和需要。此外，我国还应对《外国中央银行财产司法强制措施豁免法》进行必要修改，以完善对外国央行持有的人民币财产的保护。在国际层面，我国应与各国缔结加强人民币财产安全的条约，以此作为维护人民币财产安全的抓手，同时在国际社会建立广泛的战略合作伙伴关系，以为人民币国际化提供一个国际安全网。

（三）解决人民币国际化前置性法律问题是人民币国际化法治建设的当务之急

若以时序为主线，审视我国事关人民币国际化的法律制度变革问题，这些问题可分为：实现人民币国际化的前置性法律问题；人民币国际化运行中面临的法律问题；人民币国际化实现后方彰显的法律问题。我国需要调整和变革的国内法律制度，首先当属实现人民币国际化的前置性重大法律问题，即不解决这类问题，人民币国际化就无从实现的迫切问题。这类问题主要包括：资本项目管制问题、汇率制度改革问题以及支撑人民币国际化所需发达金融市场的法律制度构建问题。

就资本项目管理制度改革而言，资本项目管制之所以与人民币国际化不相适配，主要是因为人民币要被国际市场所接受，从而实现国际化，必须能够自由兑换和自由使用，否则，就会丧失被国际社会各类主体接受的基本条件和资格。但我国还存在一定的资本项目管制，与人民币国际化的需要相悖，因此，我们应实行资本项目充分开放。根据资本项目与人民币国际化的干系，我们认为对 IMF 划分的七大类资本项目交易应区别对待：资本和货币市场工具交易、信贷工具交易与人民币国际化所需要的跨境资本流动干系重大，故应当充分放开；对衍生品交易既要提供充分的交易通道和产品，以满足市场对风险对冲的需求，又要防范其内含的风险，保持必要的审慎规制；对直接投资及其清盘，在继续保持对外资充分开放并实行高效的投资清盘的同时，需借助负面清单和对外资的国家安全审查制度对外资进入敏感行业和领域进行掌控；房地产事关民生，维持目前对外资准入的实际需要和自用原则仍属必要；个人资本交易可根据便民原则实行进一步的开放。

就汇率制度而言，我国《外汇管理条例》第 27 条规定："人民币汇率实行以市场供求为基础的、有管理的浮动汇率制度。"但这一制度与人民币国际化不甚适应，主要体现是：资本项目的开放会导致国际资本包括国际游资的大进大出，影响我国经济和金融的稳定。而市场供求关系所决定的自由浮动汇率，虽然具有一定的波动，但作为调节跨境资金流动的重要杠杆，可以有效缓解国际资本流动带来的冲击，有助于维护资本项目开放条件下的经济稳定和金融安全。故我国应积极准备条件，适时地将现行的有管理的浮动汇率制度转变为自由浮动汇率制。自由浮动汇率制是由外汇市场的供求关系决定汇率水平的汇率制度，其不再需要货币当局对汇率实行常态化的干预。但我国在自由浮动汇率制的立法中，应保留货币当局在外汇市场出现严重紊乱以及其他极端情况下入市干预的备而待用的权力。

此外，我国还应实行"放""管"结合，重塑支撑人民币国际化所需发达金融市场的法律制度，以便为人民币发挥国际储备货币的职能以及调整国际收支平衡提供所需的市场条件。

（四）建立高效安全的清算制度是人民币国际化的重要依赖

货币国际化主要通过清算的方式，借助国际代理行机制、资金划拨机制进行着跨境流通。而清算法律制度则是清算安全、高效运行的保障。虽然我国为适应人民币国际化的清算需要，先后于2015年和2018年运行了人民币跨境支付系统（CIPS）一期和二期，但仍然存在局限性，因而需要进行以下制度改革：

首先，制定大额电子资金划拨的单行法。人民币国际化严重依赖跨境电子资金划拨，特别是大额电子资金划拨。目前我国对人民币清算资金电子划拨当事人权利义务调整的规定，存在法律位阶低、规定分散等问题。为适应人民币国际化清算的需要，我国应制定大额电子资金划拨的单行法，在明确人民币国际化清算中资金划拨、支付命令、安全程序等核心概念的基础上，建立权利义务起止时间、瑕疵支付命令处理、跨境法律适用等权利义务配置的核心规则以及资金划拨风险的责任分担机制。

其次，完善人民币国际化清算中的结算最终性法律制度。最终性极为重要，是权利归属不再具有纷争或不再因纷争而改变的终局状态。中国人民银行虽在《人民币跨境支付系统业务规则》中对结算最终性作出了规定，但我国法律位阶更高的《企业破产法》（简称《破产法》）的相关规定对结算最终性构成威胁。例如，我国《破产法》第16条规定："人民法院受理破产申请后，债务人对个别债权人的债务清偿无效"。根据通行的破产宣告"零点规则"，破产宣告自破产宣告之日的零时起开始发生效力。这样，在人民币国际化清算系统即CIPS某参与方破产的情形下，其在破产宣告日对CIPS其他参与方已做支付就可能被法院认定为对个别债权人的清偿，进而导致清算结果无效，严重时会造成清算体系的瘫痪。为此，我们应完善我国《破产法》的相关规定，避免"零点规则"等规定对支付清算系统结算最终性的影响，并对净额结算的结算最终性作出特别规定。

最后，完善人民币国际化清算的抵押品制度。清算体系的参与方出现清算资金临时短缺的现象时有发生。为提升支付清算效率，清算系统一般会为参与方提供融资便利。为了防控融资面临的信用风险、流动性风险等，清算体系一般都要求资金的融入方提供规定的质押，并规定在其违约的情况下债权人直接取得质押财产，以满足高效清算的要求。但我国之前的法律一直有禁止流质的规定。《民法典》第 428 条虽有所改进，规定"质权人在债务履行期限届满前，与出质人约定债务人不履行到期债务时质押财产归债权人所有的，只能依法就质押财产优先受偿"，但质押权人仍然不能直接获得质押财产，只能就质押财产变现后优先受偿。这会使支付清算质押品的接受方不能快速取得和处置违约方的质押品，因而面临较大的清算风险。为此，我国应进一步修改法律，规定让与担保，即债务人可以将质押品所有权转移给债权人，如无违约，债权人将归还同类质押品，如违约，质押品归债权人所有，以满足跨境人民币清算的需要。

（五）建立跨境风险防控制度是人民币国际化的安全保障

人民币国际化在给我国带来重要利益的同时，不可否认的是其也会使我国面临不可忽视的风险。如何有效防控这些风险，事关人民币国际化的利弊得失。人民币国际化给我国带来的风险，突出地体现在对宏观经济管理、货币金融体系稳定的挑战上，具有覆盖面广、传染性和破坏力强的特征。而宏观审慎监管制度以系统性金融风险为对象，以维护整个金融体系以及实体经济稳定为目标，因而与防控人民币国际化风险较为适配。因此，我们应当将构建适应人民币国际化所需要的宏观审慎监管制度作为防控人民币国际化风险的重心。我们认为，构建防控人民币国际化风险的宏观审慎监管制度，应当从宏观审慎监测制度、宏观审慎监管措施、宏观审慎处置制度、宏观审慎监管体制、宏观审慎国际合作制度着手，使之更加系统和完备。

然而，宏观审慎监管制度用于防控人民币国际化风险也存在短板，主要体现如下：由于宏观审慎监管瞄准的是系统性风险，而人民币国际化的风险并不完全限于这类风险，这样一来，防控人民币国际化的风险就需要其他措施加入进来。而即便是系统性风险的防范和化解，有时也需要采取其他措施或与其他措施相配套才能取得成效。这些措施如微观审慎措施、货币措施（如利率等）、财政措施（如税收等）、产业措施（如产业结构调整等）、资本项目管制暂时性恢复等。由于宏观审慎措施之外其他措施的施行不在宏观审慎监管机关的法定职权之内，另属其他机关，因此，宏观审慎监管机关并无权动用这类措施防控人民币国际化风险。可见，宏观审慎监管在防控人民币国际化风险上存在防控措施和组织机构上的短板。对此，我们认为，防控人民币国际化风险须在宏观审慎监管制度的基础上进行制度创新，以组织机构间的法定协作带动宏观审慎监管措施与其他措施的协调或配套。具体来说，我国应在制度上建立宏观审慎监管机关与其他职能机关的法定协作机制，以此来协调宏观审监管慎措施与其他措施的适用，使事关人民币国际化风险的所有措施在必要时，不论来源和出处，都能够尽其所用。

（六）建构应对他国不当货币及贸易行为的制度是维护我国经贸利益的利器

货币非国际化的国家（简称他国）利用国际化的人民币，对我国从事不当货币及贸易行为，发生在人民币国际化充分实现之后。人民币国际化实现后，由于人民币担当国际货币职能的缘故，他国能够对人民币采取汇率操纵和汇率低估等不当货币行为，并进而将此转化为不当的贸易利益，从而严重侵害我国正当利益。不当货币行为主要有汇率操纵和汇率偏差，由此派生的不当贸易行为主要有汇率补贴或汇率倾销等。然而，现有的国际法律制度，包括《IMF协定》和WTO相关规则由于存在诸多缺陷，并不能对我国遭受的不当货币及贸易行为之害提供有效救济。

鉴此，我国应从多边、区域和单边三种渠道加以应对。在多边层面，我国应推动国际社会对《IMF协定》进行修改，明确汇率操纵的含义，简化认定标准，确立认定的程序和汇率操纵的责任，使之成为一项可操作的法律制度。同时，通过修改，将汇率严重偏差纳入该协定的约束之中，使之与汇率操纵一起成为各国的禁止性义务，并解决汇率严重偏差在认定上存在的技术和操作障碍。对于国际贸易制度，人民币国际化后，我国应寻求在WTO框架内针对汇率补贴和汇率倾销，另立一套反补贴、反倾销规则，并将该规则与修改的《IMF协定》规定的汇率操纵、汇率严重偏差的责任连接起来，以有效制止他国不当货币行为引发的不当贸易行为。如果多边渠道受阻，我国可以尝试通过与有关经济体缔结广泛的区域协定的方式，先在区域层面对不当货币和贸易行为进行国际立法予以制止，建立和维护区域内的公平货币和贸易秩序，并为进一步将其升级为多边规则提供准备和经验。在多边渠道和区域渠道都行不通的情况下，我国应制定单边立法，对他国针对人民币的不当货币行为及其所导致的不当贸易效果进行制止。我国采取单边措施的法理和法律依据是国家主权。从理论和实践来看，国家主权只在主权国家让渡的范围内和程度上受到限制，除此之外，一国主权仍然完整无缺地存在。在目前多边法律制度下，除汇率操纵外，汇率偏差、汇率补贴和汇率倾销都不在《IMF协定》和WTO相关规则的涵盖之列，也就是说，我国对于此三者并没有让渡主权。因此，我国可以对此类情形下我国贸易利益遭受的侵害通过单边立法进行制止。

总之，建构适应人民币国际化需要的法律制度体系，是一项庞大的法律工程，需要我们根据人民币国际化的需要，对现有的法律制度进行全面审视，并对需要构建的法律制度进行系统的规划、设计。同时，我们也应当看到，我们现有的一些制度是基于人民币国际化之前和之外的历史背景和因素而出台的，与人民币国际化并不适应，随着人民币国际化的推进，需要废止或修改变通。同时，人民币国际化还需要建立一些我们现有制度中没有的新制度。但如何推进和实施这样的法律工程？显然，面对如此庞大的法律制度变革，我们需要有一个完整的蓝图，如若不分时机地将人民币国际化所需要的一切法律变革全盘推出，无异于为人民币国际化实行了经济的"休克疗法"，尤其会对现阶段对人民币国际化尚不构成妨碍的一些政策目标造成不合理的过早冲击，加大人民币国际化的代价和难度。因此，我们应当在加强人民币信用国际化作为人民币国际化法治建设这一总纲的指引下，根据人民币国际化的进程，依次启动人民币国际化所需前置性制度改革、人民币国际化运行中所需重大制度改革和人民币国际化实现后所需制度改革。这无疑是代价最小、收益最大，同时又能对人民币国际化法律问题的解决提供前瞻性指引的法律变革路径。

最后，需要说明的是，在本课题——国家社会科学基金重大招标项目"人民币国际化的法律问题研究"立项研究之前，人民币国际化法律问题的研究缺乏应有的前期成果的支持，因此，人民币国际化法律问题研究的难度系数极大。我们在研究中全力以赴且坚持不懈，本著是国家社会科学基金重大招标项目"人民币国际化的法律问题研究"（批准号：13&ZD180）的研究成果。但由于条件及水平所限，对于这一原创性极强的课题研究难免存在疏漏和不当之处，恳请专家学者、实务工作者和读者批评指正。

韩　龙

海南大学法学院教授（二级）、博士生导师

中国国际经济法学会副会长

2022 年 12 月 15 日于海口海甸岛

第一编　人民币国际化及其法律问题概述

本著对人民币国际化法律问题的研究，共分五编展开。第一编为人民币国际化及其法律问题概述，下设两章，即第一章与第二章，分别考察和探讨人民币国际化的重要基础问题与人民币国际化面临的主要法律问题及所处法律环境。

第一章
人民币国际化概述

正如任何课题研究一样，研究人民币国际化法律问题也绕不开对一些重要基础问题的廓清。没有对这些问题的廓清，人民币国际化法律问题的研究就会失去依托的根基。就本著而言，这些重要的基础问题主要包括：人民币国际化的概念、标准与利弊，他国货币国际化的经验和教训，货币国际化和人民币国际化需要具备与满足的条件，实现人民币国际化的路径等。本著开篇对以上重要基础问题进行考察和探讨，以期为后续研究提供牢靠的基础。

第一节 人民币国际化的概念、标准与利弊

人民币国际化法律问题的研究需要首先对这一研究的主题和研究对象——人民币国际化进行应有的界定和研判，以便科学合理地框定本著研究的真意、界限和范围。人民币国际化属于货币国际化的范畴，对于何谓货币国际化，国内外学者从不同角度给出了不同的界定，以下通过考察货币国际化与国际货币的含义来揭示人民币国际化的内涵和外延，并借此框定本著研究对象的真意和界限。

一、货币国际化与国际货币

（一）货币国际化

综而观之，国内外学者对货币国际化进行界定的视角主要有：第一，货币兑换、交易和流通的视角。例如，国际清算银行认为，货币国际化是指某国货币越过该国国界，在世界范围内自由兑换、交易和流通，最终成为国际货币的

过程。[1] 科恩（Cohen）也认为，国际货币的职能是货币国内职能在国外的扩展，当私营领域和官方机构出于各种目的将一种货币的使用扩展到该货币发行国以外时，这种货币就发展到了国际货币层次。[2] 依循近似的脉络，彼得·B.凯南（Peter B. Kenen）认为，货币国际化，即货币的使用超出货币发行国之外，不仅用于同该国居民的交易中，更重要的是在非居民交易中也使用。[3] 第二，货币使用程度的视角。例如，日本财政部在 1999 年公布的《面向 21 世纪的日元国际化》中将日元国际化定义为：提高海外交易及国际融资中日元使用的比例，提高非居民持有的以日元计价的资产比例，特别是提高日元在国际货币体系中的作用以及提高日元在经常交易、资本交易和外汇储备中的地位。第三，货币职能的视角。例如，哈特曼（Hartmann）认为，当一国货币被该货币发行国之外的国家的个人或机构接受，用作交换媒介、记账单位和价值储藏手段时，该国货币的国际化就开始了。[4] 与此相近，吴富林认为，货币国际化是指国别货币的运动越出了国界，在世界范围内自由兑换、流通，作为计价、结算、储备以及市场干预工具，成为国际货币的经济过程。[5]

虽然以上对货币国际化界定的角度不同，但都从各自的角度揭示了货币国际化的本质特征，这便是：货币国际化是一国货币被该货币发行国之外的国家、机构和个人所普遍接受，广泛地用作价值尺度、交换媒介和价值储藏手段，在国际社会自由兑换、交易和流通的过程和结果。货币国际化中的"化"所表达的，既指一个正在进行的过程，也表示过程完成后达到的结果和状态。从过程意义上讲，货币国际化首先是一种货币的国内职能向境外延伸的过程；其次是货币作为国内公共产品演变为国际公共产品的过程；再次，货币国际化是一国软实力逐步增强的过程；最后，货币国际化是国际货币格局重新调整的

---

1 Bank for International Settlements, Currency Internationalization: Lessons from the Global Financial Crisis and Prospects for the Future in Asia and the Pacific, December 2011, p.9.

2 Benjamin J. Cohen, *The Future of Sterling As an International Currency*, Macmillan, St. Martin's Press in London, New York, 1971, pp.13–23.

3 Peter B. Kenen, *Currency Internationalization: An Overview Paper Prepared for the BIS Conference on Currency Internationalization in Asia*, 2009, p.1.

4 Hartmann Phillip, *Currency Competition and Foreign Exchange Markets: The Dollar, The Yen and The Euro*, New York, Cambridge University Press, 1998, p.35.

5 参见吴富林：《论国际货币与货币国际化》，《经济学家》1991 年第 2 期。

过程。[1]

表 1-1　国际化货币的货币职能及其体现

	私营领域	官方领域
价值尺度	贸易与金融产品 计价货币	成为其他国家确定汇率的盯住货币 政府发行国际债券的计价货币。
交换媒介	贸易和金融交易的媒介	外汇市场的干预货币及政府间互换的货币 在国际流通的货币。
储藏价值	跨境存款与跨境 证券投资货币	其他国家的外汇储备。

　　鉴于货币国际化实质上是货币职能的国际化，由于货币国际职能的发挥和实现存在程度差异，因此，对货币国际化又可以从两种意义上来理解：一是将货币国际化界定为货币的跨境使用，二是将之定位于在世界经济和国际货币体系中具有突出地位和重要性。[2] 此两种理解实际上反映了货币国际化的两类不同程度——跨国化和全球化。前者反映的是有关货币只具有少量或部分国际货币职能，是初级水平的国际化，后者则是有关货币具有全部或多数国际货币职能，是充分的国际化，只有极少数货币才能达到此种发展水平。就人民币国际化而言，与我国地位和人民币国际化目标相称的国际化必然是全球充分意义上的国际化，[3] 故本著将人民币国际化定义为：人民币在国际社会充分发挥价值尺度、交换媒介和储藏价值的货币职能而被广泛用作贸易计价及结算货币、投融资货币和储备货币的货币现象。本著也是在此意义上研究人民币国际化的法律问题。

（二）国际货币

　　国际货币就是国际化了的货币，即已完成货币国际化过程，能够充分发挥国际化货币职能的货币。进而言之，若一国货币具有以上国际化货币的所有职能或大部分职能，就会被视为是一种国际货币。为了认定国际货币，一些机构

1　参见韩文秀：《人民币迈向国际货币》，经济科学出版社，2011，第 29—31 页。

2　Christian Thimann, "Global Roles of Currencies", in Wensheng Peng and Chang Shu edited: *Currency Internationalization: Global Experiences and Implications for the Renminbi*, Palgrave Macmillan, 2010, p.3.

3　韩龙：《美元崛起历程及对人民币国际化的启示》，《国际金融研究》2012 年第 10 期。

和学者提出了识别国际货币的标准。

国际清算银行提出的鉴别国际货币的标准主要有：第一，货币发行国消除对国内外实体进行外汇交易的限制，同时消除所有外国实体自由持有本国货币及用本国货币计值的金融衍生工具的限制，但不要求货币发行国取消对国内实体自由持有外币资产或者承担外币债务的所有限制，也不禁止该国的金融监管机构限制国内金融机构外币头寸的规模。第二，国内外公司、企业可以以此货币对进出口商品计价。当然，以何种货币计价，受制于进出口商品的种类、进出口机构的市场实力、现状（如目前石油和其他主要大宗商品交易主要使用美元）。第三，外国公司、金融机构、官方机构及个人，都可以持有该国货币以及以此货币计值的金融工具。只有外国官方机构大量选择一国货币，该国货币才能发挥储备货币的职能，但只有非常少的货币才能够起到储备货币的作用。第四，外国公司、金融机构、官方机构可以用该国货币发行市场工具，包括股权和债务工具，不仅在货币发行国市场发行，而且也可以在外国市场发行。第五，货币发行国本国的金融机构和非金融机构可以在外国市场发行以本国货币计值的金融工具。第六，国际金融机构，如世界银行和区域发展银行，可以在一国市场发行债务工具并在其金融活动中使用一国货币。第七，该货币可能包含在其他国家用来管理其汇率政策的"货币篮子"之中。[1]

科恩对国际货币给出了两项标准：第一，从货币职能层面看，国际货币是在世界市场上被普遍接受并使用的货币，是广泛承担国际结算的计价标准、流通手段、支付手段和储藏手段等全部货币职能或部分货币职能的货币。第二，从货币投资力层面看，国际货币是既可以在一国范围内进行投资的货币，也可以在国际区域乃至全球范围内进行各种投资的货币。[2]

哈特曼进一步扩展了科恩的标准，对国际货币的不同职能进行了分类，主要包括三个方面。第一，交易媒介和干预货币的职能。这里的交易包括商品贸易和资本交易。在私营领域，国际货币主要作为媒介货币使用。在官方领域，国际货币则是进行外汇市场干预，实现国际收支平衡的手段。第二，计价货币和货币

---

1 Bank for International Settlements, Currency Internationalization: Lessons from the Global Financial Crisis and Prospects for the Future in Asia and the Pacific, December 2011, pp.10–12.

2 Benjamin J. Cohen, "The Sesgnioraze Gain of an International Currency: An Empirieal Test", *Quarterly Journal of Economies*, 1971, 85（3），pp.494–507.

之锚的职能。在私营领域的商品和金融交易中，国际货币充当计价货币。在官方领域，当一国货币被其他国家作为官方汇率的参照标准，这种货币就成为他国货币的锚。第三，储藏价值和储备货币职能。如果私营领域选择投资以某货币体现的金融资产，则该货币发挥私人的价值储藏手段职能。在官方领域，如果官方机构持有国际货币本身或以它计值的金融资产，则该货币执行储备货币的职能。[1]

总之，以上机构或学者虽然对国际货币的认知作出了不同的阐释，但实质上都是从货币国际职能的发挥和体现上来认定国际货币，将国际货币界定为在私营或官方领域发挥全部或主要国际货币职能的货币。因此，国际货币与货币国际化的实质内涵基本等同，前者侧重从静态和结果层面进行表述，后者则侧重从动态和实现层面进行表述。

二、人民币国际化：标准与差距

人民币国际化属于货币国际化的范畴。根据前述对货币国际化的界定，结合我国实际，人民币国际化是人民币在国际社会充分发挥价值尺度、交换媒介和储藏价值的货币职能而被广泛用作贸易计价及结算货币、投融资货币和储备货币的过程和状态。

（一）人民币国际化应达到的标准

人民币在国际社会发挥了什么样的货币职能，才算实现了国际化？按照上述表1-1对国际化货币的货币职能及其体现的列举，人民币国际化需要在国际发挥价值尺度、交换媒介和储藏价值的职能，而这些职能在私营领域和官方领域又有不同的体现。就发挥价值尺度职能而言，在私营领域，人民币须能够成为国际商品和金融交易的计价货币，既适用于外国居民与我国居民之间发生的交易，也适用于非居民之间发生的交易。在官方领域，价值尺度意味着人民币是被用来衡量另一货币价值的参照货币。例如，人民币成为实行盯住汇率制国家的被盯住货币，其他货币的汇率随着人民币汇率一起变动；或在这些国家的汇率在盯住一篮子货币时人民币成为"货币篮子"中的货币，或成为IMF特别提款权（SDR）的计值货币。就交换媒介职能而言，人民币须能够成为私营

---

1 Hartmann Phillip, *Currency Competition and Foreign Exchange Markets: The Dollar, the Yen and the Euro*, Cambridge University Press, 1998, pp.35–39.

领域商品和金融交易的媒介货币。在官方领域，交换媒介主要体现为人民币成为其他国家干预外汇市场的货币、政府间的货币互换对象以及国际流通的货币。就储藏价值职能而言，人民币要成为国际货币，须成为国际私人的投资货币和其他国家的官方外汇储备。

从已经国际化的货币经验来看，货币职能对外延伸、扩充大体上依循如下轨迹：首先，货币以价值尺度和交换媒介为起点，然后以某种形式被其他国家用作确定其货币汇率的基准，最后对该货币需求的持续增长刺激对该货币的拥有，使其成为储藏价值的载体。也就是说，货币职能的扩展是依循从私到公、从商品到金融，以私人—商品与官方—金融为两端的发展轨迹。[1] 然而，需要指出的是，在以上过程中，价值尺度、交换媒介和储藏价值之职能彼此间存在互动关系。例如，在私营领域，使用人民币作为商品贸易和金融资产的计价货币，会推动人民币成为媒介货币。在官方领域，如果一国将其货币汇率盯住人民币，那么，该国就可能需要持有被盯住的货币——人民币作为外汇储备，并以人民币对外汇市场进行干预。同时，在国际私营领域使用人民币，也会促使人民币在官方领域的运用。

依据以上货币国际化与人民币国际化的定义及衡量标准，人民币国际化实现或完成的标志是：人民币成为大量国际贸易中商品交易的计价和结算货币；成为大量国际金融产品和外国直接投资的计值和结算货币；成为全球大量央行和政府持有的国际储备以及干预外汇市场的工具。"大量"既可以是绝对数量的概念，如在以上方面的交易中人民币达到或超过 50%，也可以是相对数量的概念，即虽然在以上方面的交易中人民币没有达到或超过 50%，但相对于其他竞争性国际货币而言处于领先地位。

（二）人民币国际化的现状与差距

我国为了推动人民币国际化，近些年来出台了一系列的规定，但对照货币国际化即货币职能国际化的标准，人民币距离国际化货币尚有差距，而这些差距也从一定角度折射出了人民币国际化面临的法律问题。当下，人民币距离国际化的差距，可以通过表 1-2 来展现。

---

[1] Xu Qiyuan, "A Study of Currency Internationalization: JPY and CNY", *Hitotsubashi University Fukino Project Discussion Paper Series*, No. 013, October 2009, p.8.

表 1-2　人民币距离国际化的差距

	私营领域	官方领域
价值尺度	贸易计价货币：在政府支持下有巨大发展。 金融产品计价货币：相对有限。	成为其他国家确定汇率的盯住货币：有限。 政府国际债券的计价货币：有限。
交换媒介	贸易和金融交易的媒介：贸易结算在政府支持下有巨大发展，但用于金融交易支付相对有限。	外汇市场的干预货币：有限。 政府间货币互换：有较大发展。 在国际间流通：在周边一些国家不同程度的存在。
储藏价值	跨境存款与证券投资：有限。	其他国家的外汇储备：有限。

从以上国际货币职能来衡量，目前人民币与国际货币的差距呈现如下特征：人民币作为国际货币的职能在贸易计价和结算—金融产品计价、结算和投资—官方盯住汇率、外汇市场干预和外汇储备的链条上，呈现出依次衰减的特征，即人民币在贸易计价和结算上的职能发挥得相对显著，在金融产品计价、结算和投资上作用有限，而在官方盯住汇率、外汇市场干预和外汇储备中亦有限。[1]为什么会出现这种现象？

人民币作为贸易计价和结算货币的职能之所以较为显著，不仅因为我国通过一系列规定鼓励以人民币进行国际贸易的计价和结算，人民币在经常项目下已没有实质的法律障碍，而且还由于当初对人民币升值预期较大，故境外出口商乐意接受人民币以坐收人民币升值之利，我国的进口商也愿意以人民币对外支付货款以免除货币兑换费用和汇率风险。[2]

在金融产品上，虽然金融产品在发行和交割上也需要计价和结算货币，但金融产品主要是为投资者提供持有财富的金融资产。投资者是否愿意持有特定货币资产，一个极为重要的因素是流动性，即投资者能否高效地在金融市场上出售和变现这种资产。由于我国仍然存在资本项目管制并以此将在岸市场与离岸市场隔离开来，离岸市场以人民币计价、结算和投资的金融资产的流动性取决于离岸人民币资产池的大小，而不能获得中国人民银行充分的流动性支持。

1　韩龙：《实现人民币国际化的法律障碍透视》，《苏州大学学报（哲学社会科学版）》2015 年第 4 期。

2　韩龙：《实现人民币国际化的法律障碍透视》，《苏州大学学报（哲学社会科学版）》2015 年第 4 期。

因此，流动性以及人民币离岸市场的有限规模制约了人民币作为投资货币的功能。人民币在金融产品上的货币职能发挥受限，将人民币国际化之障碍直指我国实行的资本项目管制制度以及由此导致的离岸人民币市场规模受限问题。[1]

在官方领域，人民币在官方领域之所以仅发挥有限的国际货币职能，既是因为人民币国际化的程度有限所致，更是因为我国资本项目管制使然。由于人民币国际化程度不足，特别是在金融产品上作为投资和储备货币的作用有限，因此，其他国家很难在确定本国货币的汇率时盯住一个国际货币职能不健全的货币，也无法以这种不常见、外汇储备持有数量少的货币对外汇市场进行干预。不止于此，我国的资本项目管制更是妨碍了人民币成为其他国家的外汇储备。众所周知，各国外汇经营均遵循安全、流动和盈利三原则。资本项目管制妨碍了境外人民币对我国境内金融产品的投资，从而动摇了这些国家持有人民币作为外汇储备的根基。在原则上不能自由投资我国境内市场的情况下，境外人民币只能投资流动性欠缺、规模有限的离岸市场，不利于满足各国外汇储备资产高效变现和兑换的流动性需要。同时，资本项目管制造成人民币离岸市场资产收益通常低于在岸市场，使各国若以人民币作为外汇储备则难以实现盈利的目标。可见，资本项目管制以及缺乏高流动性的人民币资产市场，是人民币难以成为各国外汇储备的主因。[2]

三、人民币国际化的利益与风险分析

考察和分析货币国际化的利益与风险，并探究兴利除弊之策，是研究人民币国际化法律问题需要明确的一个重要基础问题。

（一）货币国际化的利益分析

概括地说，一国货币国际化的主要利益包括降低交易成本、便利货币发行国居民、铸币税、为银行和其他金融机构带来商机、解决财政赤字与减少持有外汇储备的必要以及提升国家政治权力与声望。

1.降低汇率风险

货币国际化能够使该货币发行国的进出口商、借款人和贷款人使用自己的

---

1 韩龙：《实现人民币国际化的法律障碍透视》，《苏州大学学报（哲学社会科学版）》2015年第4期。

2 韩龙：《实现人民币国际化的法律障碍透视》，《苏州大学学报（哲学社会科学版）》2015年第4期。

货币而非外币进行交易，为这些居民带来便利。以美国为例，美元作为世界头号货币，美国的借款人，无论是政府借款人，还是私人借款人，在交易时不必进行货币兑换，因此，国际化的美元为美国政府与个人降低了交易成本。据测算，美国凭借这一优势每年获利超过了 1000 亿美元。[1] 此外，一国货币若实现了国际化，还可以通过输出通货膨胀、通货紧缩、金融风险及危机，为该国带来其他国家所不具有的优势。以金融风险为例，如果一国货币实现了国际化，该货币必然在其对外交易中广泛使用，该国因货币错配而产生的风险就会降低许多。

人民币国际化的实现意味着我国在对外贸易和投融资中将更多使用人民币计价与结算，因此，我国各类主体不必进行货币兑换，面对的汇率风险将相应降低。以出口为例，随着人民币国际化的实现和我国金融市场的深化，我国企业可以更自如地使用人民币对出口进行计价，从而实现汇率风险的转移。

2. 铸币税

铸币税是发行货币能给发行者带来的收益或财富的增加，其在不同环境或语境下具有不同的含义。在国际间，铸币税主要体现为印钞成本与钞票所代表财富价值之间的差额。一国欲获得和持有国际货币，就须放弃对自己生产的货物和服务的消费，而将该货物和服务让渡给国际货币发行国的国民供其消费。唯其如此，该国才能赚取外汇，获得外汇储备。在此情形下，铸币税是国际货币发行国以外的国家为获得外汇储备而向国际货币发行国提供的货物、服务等实际财富价值与发行国发行货币的成本之间的差额。发行国发行国际货币，等同于该国向其他国家征收了铸币税。

同时，铸币税也体现在国际货币发行国之外的国家对外汇资本使用权的让渡。众所周知，货币非国际化的国家在取得外汇后，一般又将外汇存放或投放在货币发行国，以货币发行国有价证券或其他的财富形式持有。借此，货币发行国可以压低利率从中获益，且各国数额庞大的外汇投放在货币发行国会使货币发行国金融市场资金充裕，从而也为维持低利率提供条件。以美元为例，相当多的外国央行和投资人持有的美元是付息国债。只要美元现今的国际储备货币角色不变，美国财政部就能够对其债务支付比其他借款人更低的利率，这里

---

1 Kenneth Rogoff, "America's Endless Budget Battle, Project Syndicate", October 1, 2013. http://www.project-syndicate.org/commentary/kenneth-rogoffwhat-a-us-default-would-mean-for-america-and-the-world.

的利差就是铸币税的又一来源。[1] 况且，许多持有者还持有不需要付息的国际货币，货币发行国更可以从中获益。此外，储备货币发行国还可以以通货膨胀和贬值货币降低其偿债负担。

人民币国际化意味着非居民将持有人民币和人民币资产，这将使我国从世界其他国家和地区获得铸币税成为可能。由于铸币税具有以上功能，人民币国际化可以借助铸币税，减轻我国财政赤字和未来可能出现的经常项目赤字的压力，降低我国所需持有的外汇储备的规模。此外，与过去和当下我国因持有大量的美元外汇储备而被美国收割铸币税相比，由于人民币国际化可以使我国不必持有庞大的外汇储备，因此，人民币国际化至少在一定程度上可抵消中国支付给美国的铸币税。[2]

3. 便于解决财政赤字与经常项目赤字，降低外汇储备规模

货币国际化的一大优势体现在，其可以使该货币发行国通过在本国市场或国际市场上发行本币债券部分或全部地解决其财政赤字问题，并由境外的该货币持有者提供解决财政赤字的融资，而不必依赖外币工具或过度依赖向本国国民借债。原因主要在于：一旦一国货币实现了国际化，就会被国际社会广泛持有并作为各国官方的外汇储备。这些国家需要以国际货币发行国国债或其他资产的形式，持有和经营外汇储备，从而能够为国际货币发行国发生的财政赤字提供融资。同样，货币国际化也可以使该货币发行国为其经常项目赤字融资。原因就在于：货币国际化之外的国家要取得该货币以获得或增加外汇的一个主要途径，就是在对国际货币发行国的贸易中取得贸易顺差，同时国际货币发行国发生贸易逆差。在正常情况下，一国的贸易逆差受制于其外汇储备的规模。但是，在货币国际化条件下，国际货币发行国发行的货币就构成其他国家乐于接受的外汇储备，因此，国际货币发行国可以通过发行货币为其贸易逆差"买单"，而不必受制于该国的外汇储备规模。此外，由于国际货币发行国发行的货币等同于货币国际化之外国家的外汇储备，因此，国际货币发行国不必再维持其货币成为国际货币之前的外汇储备规模。

---

1 Jeffrey A. Frankel, "Still the Lingua Franca: The Exaggerated Death of the Dollar", *Foreign Affairs* 74, No. 4, July/August 1995, pp.7–8.

2 Bank for International Settlements, Currency Internationalization: Lessons from the Global Financial Crisis and Prospects for the Future in Asia and the Pacific, December 2011, pp.111–112.

当今通过财政赤字提供公共服务，成为许多国家的常态。随着我国现代化建设所需资金日益增长和我国作为负责任大国需承担的国际公共服务职能增多，我国财政赤字亦将常态化。如前所述，人民币国际化实现后，我国政府的财政赤字可以由之前向国内民众负债至少部分地转向由境外人民币持有者提供融资，由此可以扩大我国财政赤字容量、结构和消化能力。同时，人民币国际化客观上需要有足够数量的人民币在国际间流通，以满足国际货币职能的发挥。这就需要我国出现一定的国际收支赤字，包括经常项目赤字。由于人民币国际化实现后，人民币构成各国所需要外汇储备，因此，我国的国际经贸活动在人民币国际化实现后，不会因我国外汇储备的短缺而受到抑制。

4. 为国际货币发行国的金融机构和实体经济提供机遇

货币国际化能够为该货币发行国的银行和其他金融机构带来优势和更多商机。以银行为例，虽然银行使用的货币与银行的国籍之间并不需要有固定的关联，存款人、借款人的国籍与中介银行的国籍也不需要一致，例如，在欧洲离岸美元市场上就可能是美国之外的银行在中介来自世界各国的美元存款和贷款，然而，货币发行国的银行和其他金融机构在经营其本国货币上无疑具有优势。以美元为例，仅美国银行有权受到由美国监管机构提供的安全网（能够获得贴现窗口等）的保护。[1] 因此，货币国际化能够为该货币发行国的金融机构提供经营优势和新的盈利机会。此外，货币国际化还可以通过降低资金成本，借助众多提供资金的金融机构，使得金融部门可以更好地服务于货币发行国的非金融部门，[2] 为实体经济提高资源配置效率创造更好的条件。

人民币国际化可以使我国的金融机构更容易获取大量人民币资产，因而有助于增强这些金融机构的优势，提高其国际竞争力。这种竞争力的提升将反过来进一步地促进我国金融业的发展。而我国金融业和金融市场的发展和发达，不仅本身就是实现人民币国际化的条件之一，更具深度和效率的金融市场和金融机构也会促使资源的更有效配置，通过股东约束企业，加强公司治理，增进我国经济的良性发展。

1 Bank for International Settlements, Currency Internationalization: Lessons from the Global Financial Crisis and Prospects for the Future in Asia and the Pacific, December 2011, pp.111–112.

2 Bank for International Settlements, Currency Internationalization: Lessons from the Global Financial Crisis and Prospects for the Future in Asia and the Pacific, December 2011, pp.13–14.

5. 提升国际货币发行国的国际地位与影响力

揆诸大国兴衰史，获得重要的国际货币地位能够带来国际声望和权能，丧失重要的国际货币地位则相反。[1] 美元的国际地位大幅强化了美国的国际霸权，而英镑的国际地位增强了英国在较早时期的国际地位。这些都是不争的事实。货币国际化提升货币发行国国际地位与影响力的渠道是多种的。例如，一国货币国际化后，虽然大量的该国货币在国际间用于国际交易之中，但这些交易都需要借助货币发行国的清算体系进行清算，也只有借助该清算体系，境外交易所使用的货币才能得到货币发行国的有效认证和背书。基于此，货币发行国就可以借助其清算机制，对任何国家和任何当事方使用该货币进行交易的资金进行冻结和制裁，以实现其对外目标和对外政策的需要。凡此种种，不一而足，对人民币国际化具有重要的寓意。

作为一个崛起的大国，无论是基于维护自身利益的需要，还是出于维护国际社会公平正义和正常秩序的需要，我国都需要在国际事务中具有强大的话语权，并发挥应有的领导作用。我国在国际社会话语权和领导作用的取得，需要以我国国际地位和影响力的提高为条件。而人民币国际化不仅有助于加固和提高我国的硬实力，而且也有助于提高我国的软实力，因而构成我国提高国际地位和影响力，并进而提高在国际社会中的话语权和领导作用的重要依靠。可以说，人民币国际化实现之日，就是中华民族伟大复兴的中国梦化梦为实之时，也是我国在世界发挥领导作用之时。

6. 人民币国际化对国际货币体系的积极影响

人民币国际化对积弊深重的国际货币体系具有积极的变革影响，主要体现如下：

（1）改善全球资本的流动性。

从国际社会接受的资产来看，近数十年来，世界各国主要依赖美国，由此导致全球流动性随着美国经济和金融状况的变化而变化，各经济体成为美国货币金融政策的承受者，甚至牺牲品。忽冷忽热的美国货币金融政策，使一些经济体难以招架，甚至付出了巨大代价。但由于美元在国际货币体系中具有霸主

---

[1] Jeffrey A. Frankel, "Still the Lingua Franca: The Exaggerated Death of the Dollar", *Foreign Affairs* 74, No. 4, July/August 1995, pp.7–8.

地位，美国垄断着国际流动性的提供，因此，其他经济体在任何情况下都不得不屈从于美国的货币金融政策。例如，尽管许多经济体担心美国巨额的财政赤字和经常账户赤字的不可持续，但它们还是别无选择地通过积累对美国的债权并对美国的赤字提供融资的方式，满足自身的流动性需要。[1] 但另一方面，新兴市场国家的经济以高于美国的速度迅速增长，美国在全球经济中所占的份额越来越小，提供国际社会所需求的安全性、流动性资产能力愈发降低。在美国未来不可能一成不变地向全球经济输出足够多的美元的情况下，国际社会就需要补充美元流动性不足的其他国际货币来源。中国将成为世界上最大的经济体，因此，人民币国际化不仅有益于中国，也有益于全世界。[2]

暂且抛开人民币取代美元成为世界的主导货币（在短期内人民币彻底取代美元的可能性不大）之情形不说，即使是在人民币与美元并驾齐驱的情况下，人民币国际化可以为其他经济体提供美元之外的国际流动性的替代选择。在其他经济体的私人和官方投资者担忧美国未来政策的不可持续的情况下，其可以选择累积对中国人民币的债权，这样，美国就不会那么轻松、自由地为其财政赤字和经常项目赤字获得融资。如此一来，美元及其发行者——美国面临的市场约束的压力就会加大。可见，人民币国际化承载着稳定国际流动性的希望，带动全球流动性资本供给的多元化。不止于此，由于中国与美国经济、金融的周期律不同，人民币与美元若能够成为两种国际资本流动性的来源，可以形成替代和互补。如果美国出现经济和金融问题，那么，中国可以作为维持流动性的可替代来源，反之亦然。换句话说，依赖美元或处于美元阴影之下的国家减少，有助于促进国际货币体系和国际流动性朝着更负责任的方向发展。

总之，一个运作良好的国际货币体系应具备三个特征：该体系能解决流动性问题，进行有效的国际收支平衡调整，给各国必要的信心。人民币国际化对于解决流动性问题、调节国际收支平衡以及进一步维持对国际储备货币的信心，均能发挥积极作用。[3] 国际货币体系将会因为多元以及可靠的流动性供应

1 Barry Eichengreen, Kathleen Walsh, Geoff Weir, "Internationalisation of the Renminbi: Pathways, Implications and Opportunities", *CIFR Research Report*, 26 March 2014, pp.40–41.

2 Barry Eichengreen, "ADB Distinguished Lecture: Renminbi Internationalization: Tempest in a Teapot?", *Asian Development Review*, Vol. 30, No. 1, 2013, pp.157–162.

3 Barry Eichengreen, Kathleen Walsh, Geoff Weir, "Internationalisation of the Renminbi: Pathways, Implications and Opportunities", *CIFR Research Report*, 26 March 2014, pp.40–41.

而更加稳固，各国也将因人民币国际化的实现而获得更加灵活的国际收支平衡调整手段。

（2）增进全球金融市场的稳定性。

在人民币与美元构成并驾齐驱的两种国际货币的上述设定条件下，对于二元或多元的国际货币结构对国际金融市场和国际货币体系究竟会产生什么样的效果，我们不妨回望历史，进行必要的追溯。1913年之前国际货币体系由英镑主宰，同时法国法郎和德国马克也发挥着一定的国际货币作用，这一时期国际金本位制处于相对稳定的状态。然而，在第一次世界大战与第二次世界大战之间的20世纪二三十年代，国际货币体系呈现出英镑与美元争霸的格局。此外，法国法郎和德国马克也在法、德各自势力范围内发挥着作用。这一时期出现了众所周知的货币战和汇率战，国际金融市场陷入混乱与动荡之中。历史表明，国际金融市场和国际货币体系的稳定性，与国际货币的一元、二元或多元结构关系不大，主要取决于是否存在有效的国际货币制度、市场约束机制以及发行国政策的稳定性。

如前所述，在存在人民币与美元两种主要国际货币的情况下，二者之间具有互补和替代关系。在此格局下，美国或中国经济若受到冲击，均会导致大型投资组合从一种货币转向另一种货币。国际金融市场和国际货币体系的稳定，将取决于中美能否将冲击的损失降到最低程度。目前，各国的外汇储备主要集中在美国国债的投资组合之中，深受投资回报的波动之害。未来，在美元和人民币均成为重要国际储备货币的世界里，我们有理由期待其他国家会从人民币与美元更稳定的储备资产组合中获益。原因主要在于，美元和人民币在外汇市场上往往呈现出相反的运动态势，美元和人民币的收益并非相互关联，两种货币的多元化储备投资组合将抵消回报率的波动。

（二）货币国际化的风险

货币国际化带来的不只是利益，也有风险和挑战，主要体现如下：

1. 资本项目开放带来的风险

资本项目开放是货币国际化的先决条件。伴随货币国际化的发展，资本项目不可避免地需要开放，而这一过程充满着风险。人民币国际化也不例外，充分的资本项目自由是实现人民币充分国际化的重要条件，以至于有研究认为，中国政府在可预期的未来不放弃资本管制是大规模人民币国际化的最大障碍。[1] 因此，改革我国现有的资本项目管理制度，实行资本项目充分开放，将是实现人民币国际化的一大重任。

　　然而，我国开放资本项目在当下面临如下风险和挑战：第一，我国金融体系依然较为脆弱，任何跨境资本急剧流动均有可能导致我国资产价格出现波动。第二，我国货币发行量的问题仍然有待进一步优化。截至 2022 年 12 月末，广义货币（M2）余额 266.43 万亿元，而 2022 年全年我国国内生产总值（GDP）为 121 万亿元[2]，M2 占 GDP 的比率超过 200%。这意味着如果我国取消资本项目管制，有可能出现大量资本外流，从而对经济带来严重冲击。第三，我国经济结构的灵活性仍须进一步增强。企业面对汇率与利率的变化调整缓慢，需要资本管制以换取喘息空间。金融机构提高竞争力，也需要借助资本项目管制提供一定的时间缓冲和保护。第四，资本项目进一步开放所需要的更具灵活性的汇率制度和机制尚未完全形成，资本项目开放需要的灵活汇率的防波堤尚未构筑完成。此外，以上潜在的风险都可能为既得利益集团用来抵制资本项目的开放和人民币国际化，以至于有人提出若中国失去对跨境资本流动的控制，就可导致恐慌，资本会疯狂外流，最终导致整个金融系统的崩溃。[3] 这些言论不免言过其实。资本项目开放虽然潜伏着风险，但风险并不能与实际损失画等号。对于风险，如果我们能够锐意改革，采取恰当的应对之道，是可以治理的。

　　2. 国际货币发行国的宏观调控能力可能受到一定的抑制

　　根据罗伯特·蒙代尔（Robert A. Mundell）提出、保罗·克鲁格曼（Paul R. Krugman）发展的"三元悖论"[4]，在开放的经济下，一国货币政策的独立性、汇率的稳定性与资本的完全流动性三者不能兼得，最多只能实现其中两个目标。从现实来看，实行资本项目开放的经济体，要么放弃独立的货币政策，要么放弃汇率稳定。我国香港在资本项目开放的条件下，通过港元与美元的联系汇率制保持了汇率稳定，但放弃了独立的货币政策。新加坡则放弃固定或联

---

　　1 Barry Eichengreen, Kathleen Walsh, Geoff Weir, "Internationalisation of the Renminbi: Pathways, Implications and Opportunities", *CIFR Research Report*, 26 March 2014, pp.40–41.

　　2 数据来源：《中华人民共和国 2022 年国民经济和社会发展统计公报》。

　　3 Barry Eichengreen, Kathleen Walsh, Geoff Weir, "Internationalisation of the Renminbi: Pathways, Implications and Opportunities", *CIFR Research Report*, 26 March 2014, pp.40–41.

　　4 "三元悖论"的含义是：本国货币政策的独立性、汇率的稳定性、资本的完全流动性不能同时实现，最多只能同时满足两个目标，而放弃另外一个目标。

系汇率制所具有的汇率稳定，选择实行独立的货币政策。假如一国不接受自由浮动汇率制，却同时开放了资本项目，该国虽然可以为本国居民与外国居民投资和买卖本国货币工具提供自由，但却限制了中央银行通过市场操作影响国内利率和国内货币供应的能力，[1]影响货币政策的自主权。在这种情况下，大量的国际游资可能流入，并导致货币发行国通货膨胀、资产泡沫和货币升值。有鉴于此，德国在 20 世纪 70 年代出于对德国马克国际化会导致马克升值，损害其出口竞争力，以及对其货币政策独立性的担忧，曾抵制马克的国际化，实行资本管制，限制资本流入。日本在 20 世纪 80 年代中期之前，也曾担忧日元的国际化会妨碍日本政府对贷款的直接分配，因而抵制过日元的国际化。[2]

货币国际化需要充分的资本项目开放，并实行自由浮动汇率制。[3]这意味着，在一国货币政策的独立性、汇率的稳定性与资本的完全流动性三者之间，实行货币国际化的国家在开放资本项目的情况下，为保有独立的货币政策，需要放弃汇率的稳定性。国际货币发行国在实行自由浮动汇率的条件下，可以兼顾资本项目的充分开放和独立的货币政策。例如，美元是目前世界头号货币，但并没有阻止美联储实施独立的货币政策，相反，其他国家却深受美国货币金融政策的影响和摆布。尽管如此，这并不是说在以上情况下国际货币发行国的货币金融政策就不会受到任何影响。例如，由于货币国际化需要资本能够跨境自由流动，国际货币发行国紧缩银根和加息将会导致本币升值，如果该国利率或即期汇率偏离预期的利率和汇率，或实际汇率偏离名义汇率，这将引发国际投资者通过购买更多的该国际货币资产进行套利交易。套利会缩小国家之间与货币之间的利差，对国际货币发行国的国内货币政策变化产生抵消效果。同样，其他国家货币政策变化引发的利率和汇率套利，也会对国际货币发行国产生影响，刺激短期投机性资本流动。从这一意义上讲，货币国际化会抑制国际货币发行国的宏观调控能力。可见，人民币国际化需要我国充分开放资本项

---

1 Jeffrey A. Frankel, "Still the Lingua Franca: The Exaggerated Death of the Dollar", *Foreign Affairs* 74, No. 4, July/August 1995, pp.7–8.

2 Barry Eichengreen, Kathleen Walsh, Geoff Weir, "Internationalisation of the Renminbi: Pathways, Implications and Opportunities", *CIFR Research Report*, 26 March 2014, pp.9–11.

3 韩龙：《人民币国际化重大法律问题之解决构想》，《法学》2016 年第 10 期。

目，并实行自由浮动汇率制。这样，虽然按照前述"三元悖论"，我国仍然能够实行独立的货币政策，但我国的宏观调控能力会受到抑制。这也是为何一些国家如日本、德国曾经对本国货币国际化犹豫不决甚至抵制的原因所在。

除宏观调控能力受到抑制之外，人民币国际化后，我国中央银行在确定调控经济目标时也面临内外平衡的问题。这是因为在人民币国际化后，我国在制定政策，特别是货币金融政策时，一方面要考虑国内宏观经济状况，另一方面要考虑世界经济发展变化的因素。作为一个负责任的大国，我国需要从政策变动对国内、世界经济两方面影响进行考虑，在这种情况下必然会有内外政策目标的平衡与协调问题，在必要时为了全球经济目标而可能牺牲国内经济某些方面的利益。例如，在金融动荡和危机期间，世界各国需要国际货币发行国提供预期和可靠的国际流动性和安全资产，并随时准备提供紧急互换和货币。这种提供具有公共性质，需要我国中央银行加强与其他国家中央银行在货币合作、目标政策协调方面的合作与协调，我国宏观经济调控的难度和成本显然会增大。

3. 货币国际化可能加剧货币发行国资产价格波动，影响金融稳定

随着货币国际化的实现，该货币发行国的资产会被外国持有者广泛持有。如果外国持有者预期或认为货币发行国资产价格将迅速下跌，会抛售其持有的债券，然后在外汇市场卖掉出售债券所获得的国际货币，导致国际化货币贬值，甚至大幅贬值。在外国投资者或本国居民减持本国货币资产而影响汇率稳定时，国际货币的发行国面临的选择通常是：要么允许货币贬值，要么持有大量外汇以阻止或限制贬值。然而，即便国际货币发行国货币当局阻止货币贬值，外国投资者出售国际货币发行国的资产也会压低资产价格，使国内投资者遭受损失。外国投资者持有国际货币发行国的资产相对于该国金融市场规模而言越多，就越会对国际货币发行国的国内投资者以及国内经济产生越大的潜在危害。[1]

此外，货币国际化所需要的资本项目开放，会导致短期投机资本的大进大出，也可能引发金融动荡。亚洲金融危机表明，资本项目开放和试图的货币国

---

[1] Bank for International Settlements, Currency Internationalization: Lessons from the Global Financial Crisis and Prospects for the Future in Asia and the Pacific, December 2011, pp.14–16.

际化意味着国际炒家更容易从国际金融市场获得该货币资金，该货币发行国也就更容易受到国际炒家的投机性攻击。以马来西亚为例，当时马来西亚不仅开放了资本项目，而且其货币林吉特可以从国际金融市场获得，结果导致投机者可从马来西亚境外金融市场获得林吉特，对马来西亚发起货币攻击。与此不同的是，尽管我国香港资本项目亦开放，港币可完全自由兑换，但在香港之外并无法获得港币，因此，国际炒家在对港币发起攻击前不得不从香港的银行间货币市场筹集港币。港币在香港之外无法获得，为香港金融当局大幅度提高利率提供了政策空间，使香港成功地击退了炒家的攻势。[1]

人民币国际化需要我国实行充分的资本项目开放。人民币国际化及其所需要的资本项目开放在为我国带来前述诸多利益的同时，也潜伏着加剧我国资产价格波动，影响金融稳定的因素，可谓利弊相伴。特别是在人民币国际化所需要的诸如灵活的汇率机制、发达的金融市场、健全的金融规制与监管等方面尚有不足的情况下，我国对人民币国际化的风险更不可熟视无睹。但这不是说我们在风险面前就应当退却。恰恰相反，人民币国际化事关中华民族的伟大复兴和中国梦的实现，只要我们处置得当，人民币国际化所能为我国带来的利益远大于人民币国际化的风险，因此，人民币国际化应当知难而进，攻坚克难，而不应踌躇不前，更不应向后退却。

（三）人民币国际化该如何兴利除弊

货币国际化包括人民币国际化面临的以上风险和挑战，并非无应对之策。相反，如果我们创造良好的条件，采取恰当的措施，人民币国际化有可能实现趋利避害。这样的条件和措施主要包括正确的宏观经济政策、发达的金融市场、灵活的汇率机制、健全的风险防控制度和紧急情况下资本项目管制的暂时性恢复等。

就宏观经济政策和发达的金融市场而言，人民币国际化条件下我国宏观调控究竟会受到多大影响，主要取决于我国宏观经济政策的正确性和金融市场的发达程度。只要我国经济政策正确，经济体系不存在重大弊端，就不会为国际资本的冲击提供诱因。同时，我国金融市场越强大，货币政策受到的限制就会

---

[1] Bank for International Settlements, Currency Internationalization: Lessons from the Global Financial Crisis and Prospects for the Future in Asia and the Pacific, December 2011, pp.112–113.

越小。就汇率机制而言，实现人民币国际化之所以需要完善人民币汇率形成机制，强调人民币汇率须是由市场决定的自由浮动汇率制，是因为由市场供求关系决定的灵活汇率，虽然具有一定的波动，但作为调节跨境资金流动的重要杠杆，可以有效缓解外来冲击，对于维护资本项目开放条件下的经济、金融和货币的稳定不可或缺。就健全的风险防控制度和紧急情况下的资本项目管制的暂时性恢复措施而言，人民币国际化风险所具有的共同特征是其通常关涉整个金融和经济的稳定，而不仅限于单一金融机构，所以，以整个金融体系和实体经济稳定为目标的宏观审慎监管制度对防范人民币国际化风险较为适配，因此，我国应构建适应人民币国际化的宏观审慎监管制度，并在跨境资本流动造成严重威胁金融或经济稳定的系统风险，或已导致危机，且宏观审慎措施和其他措施已经用尽，或适用这些措施耗费时日，不能用以抵御上述威胁或危机的情况下，我国可以暂时性恢复资本项目管制措施，以有效应对风险。[1]

第二节　国际化货币的经验教训与对人民币国际化的启示

他山之石，可以攻玉。虽然时代和制度的变迁会影响人民币国际化的实现路径，但货币国际化所具有的规律性决定了人民币国际化可以从历史上国际化货币中汲取应有的经验和教训。故本节分析美元、英镑、欧元和日元国际化的历史发展，探究其所投射出的货币国际化的经验及教训，寻求对人民币国际化的启示与借鉴。

一、英镑、美元的国际化及对人民币国际化的启示

纵观人类货币史，适用范围最广、历经时间最长的货币是超主权货币——黄金。大英帝国崛起后，由英格兰银行发行的英镑替代黄金在全球通行，人类史上第一个具有主权性质的国际货币诞生。

（一）英镑

英镑国际化孕育于 18 世纪发生的英国工业革命、英国遍及世界各地的贸易以及英国"日不落帝国"的形成过程中，大体上肇始于 19 世纪中叶，没落

1　韩龙：《人民币国际化重大法律问题之解决构想》，《法学》2016 年第 10 期。

于第二次世界大战（以下简称"二战"）之后，跨度百年。英镑在19世纪中叶之所以成为主要国际货币，得益于当时英国世界第一的经济与贸易实力、国际金本位提供的契机、发达的金融市场体系和强大的军事实力等。

1. 强大的经济与贸易实力

始于18世纪60年代，以19世纪三四十年代制造业机械化的实现为完成标志的英国工业革命，使英国在短短的几十年内由一个落后的农业国一跃成为世界头号工业和贸易强国。1850年，英国生产的金属制品、棉织品、铁产量占世界总产量的一半，煤产量占世界的2/3，造船业、铁路修筑更是居世界首位。1860年，英国的工业品产出占世界工业品的40%—50%。即便到了1880年，随着美、德等国的赶超，英国制造业在世界制造业中的产值占比有所下降，但仍以22.9%的水平位居世界第一。[1]

发达的工业制造水平造就了英国在国际贸易中的强大竞争力。依赖工业革命建立起强大的工业体系的优势，英国政府在19世纪中叶从早期的重商主义政策发生转向，确立了自由贸易原则，在其势力所及之处推动自由贸易。借助自由贸易，英国从世界各地进口原材料，向世界各地输出工业制品，从中获取了巨大的贸易利益。同时，英国企业还大规模向海外投资，以控制海外原材料供给和工业制品的市场。英国向自由贸易的转向，转而进一步地推动了英国经济的发展，巩固了英国经济在世界的领先地位。

在英国强大的经济实力支持下，伴随英国遍布世界的自由贸易，英镑走向了世界。强大的经济实力是英镑国际化的重要保障。当时，发达的英国经济使英国成为世界原材料的主要进口国和制成品的出口国，加上伦敦发达的清算机制，英镑自然成为国际贸易计价和结算货币，在1860年到1914年间，大约60%的世界贸易以英镑计价和结算。同时，英国作为资本大国，是资本借贷的来源地，以伦敦为中心而发生的国际借贷自然而然地以英镑计值。各国政府为了借贷和偿债，需要在伦敦开设账户，这些账户中的英镑就构成各国的外汇储备。[2]此外，英国通过直接统治或"非正式帝国"的控制手段，将许多殖民地、半殖民地卷入世界经济体系中，推行英镑国际化。英国的金融机构在英国的殖

1　转引自杨玲：《英镑国际化的历程与历史经验》，《南京政治学院学报》2017年第2期。
2　韩龙：《美元崛起历程及对人民币国际化的启示》，《国际金融研究》2012年第10期。

民地设立分支机构，而殖民地的银行也在伦敦设立机构。这些银行在伦敦拥有资产和负债，并为殖民地发行银行钞票，维持这些钞票与英镑之间的固定汇率。英国的主权货币甚至成为这些殖民地和半殖民地的法定货币。[1]

2. 国际金本位制提供的契机与发达的金融市场体系

就金融自身来说，英镑的国际化得益于国际金本位制的形成，也受益于英国金融市场的完备。1816 年，英国通过了《金本位制度法》（Gold Standard Act），从法律上规定发行纸币要以黄金作为货币的本位。1821 年，英国正式启用金本位制，英镑成为英国的标准货币单位，规定每 1 英镑折合 7.32238 克纯金。所谓金本位制，就是以黄金作为本位币的货币制度，在该制度下，政府以法律形式规定货币的含金量。这一制度的典型特点就是货币自由铸造、自由兑换及黄金自由输出和输入。国民可以将持有的纸币按照货币含金量兑换为金币，各国之间不同的金铸币按各自含金量形成固定汇率，可以自由兑换，并允许黄金在国际自由输出和输入。

到了 19 世纪下半叶，欧美主要国家相继采用金本位制度。在各国货币可以兑换黄金的条件下，人们在国际经济活动中不仅可以直接用黄金进行交易，也可以用大家普遍认可的货币来进行交易。比较而言，以黄金进行国际交易和国际结算，不仅要支付黄金的保管费用，而且还要支付较高的结算成本。而通过在银行开立账户，以某种货币进行交易和结算，则不仅可以降低结算成本，而且还会产生账户收益。由于当时英国是世界上经济最强大的国家，英格兰银行对金融流动性和黄金可自由兑换的保障极大地增强了英镑的国际吸引力，因此，各国基于对英国经济和英镑兑换黄金的信任，都愿意持有英镑，并用英镑进行国际交易和国际结算。于是，各国在伦敦开设英镑账户并通过伦敦的银行进行国际结算。这样，国际金本位的确立，很快奠定了英镑的霸主地位，世界货币进入了英镑时代。国际金本位制的确立实际上形成了"黄金—英镑"本位的国际货币格局，英镑成为当之无愧的国际货币和黄金替代物，被誉为"纸黄金"。

英镑在国际金本位制中超越其他货币而成为国际货币，与英国发达的金融

1　Barry Eichengreen, "Sterling's Past, Dollar's Future: Historical Perspectives on Reserve Currency Competition", *NBER Working Paper*, No. 11336, May 2005, pp.5–6.

市场具有密切的关系。在英国工业革命过程中，为了解决各地企业的融资需要，英国各地建立起地方银行。这些地方银行与英格兰银行相互配合，逐渐构建起一套较完备的银行网络，为英镑的流通进而国际化创造了有利的条件。随着实体经济的壮大，英国累积的大量利润需要找到合适的投资去处和投资工具。与此相适应，具有悠久传统的英国国债和新兴的投资证券，受到越来越多的青睐，投资英国国债或发行以英镑计价的债券日趋活跃，英镑随之成为国际资本市场上的重要交易手段。[1] 这样，英国在成为不可比拟的经济大国、贸易大国之后，又成为金融大国和投资大国。

3. 强大的军事实力

货币在国际的使用并不是纯粹的经济现象。国际货币的竞争不仅仅是经济层面的问题，更是国家综合实力的较量。英国 19 世纪达到巅峰的强大海权是英镑国际化最重要的保障之一。自 17 世纪中叶起，英国的国家力量逐渐介入原先为私人冒险活动所主导的商业与殖民扩张，常备海军的建立为英国海外利益的维护提供了可靠保障。1815 年之后，英国皇家海军的常态部署发生了巨大的变化，舰队不再主要集中于英国海域、波罗的海和地中海，而是转移至不同的地区承担各种任务，驻扎海外基地的英国战舰数量持续增长。[2]

英国强大的海权对英镑的国际化进程产生了重要的影响。在英国护卫下，英国的海外贸易与投资获得了稳定和巨大的发展，从而加速了英镑的国际化进程。强大的海上力量有效捍卫着英国在全球范围内的商业利益。随着在国际贸易中优势地位的确立，英国不仅能影响国际贸易规则的制定，而且英镑的使用也随着商业版图的扩张而遍及全球市场。更重要的是，英国在海上强有力的存在本身就是对英镑价值的支撑。如果说与黄金挂钩是从经济层面确保了英镑的稳定，那么，强大的海权就是从军事、政治层面为英镑价值提供了可靠保障。[3]

（二）美元

众所周知，美国在独立之前是英国的殖民地。在英属殖民地时代，英国不允许北美殖民地铸造货币，北美殖民地使用的是英国货币。美国宣告独立后，即着手设计货币制度。1792 年，美国颁布《铸币法》，规定美元为美国的货币

---

1 杨玲：《英镑国际化的历程与历史经验》，《南京政治学院学报》2017 年第 2 期。
2 杨玲：《英镑国际化的历程与历史经验》，《南京政治学院学报》2017 年第 2 期。
3 杨玲：《英镑国际化的历程与历史经验》，《南京政治学院学报》2017 年第 2 期。

单位，并确立金银双本位制。在美国建国后相当长的时期内，美国的国力、经济实力都不足以支撑起美元的国际化，美元一直作为美国国内货币而存在。历史的拐点出现在 19 世纪 70 年代和 20 世纪初，美国的经济规模和对外贸易量先后超过了英国，居世界第一。随着美国的崛起，美元与英镑开始出现交锋。综观这一过程，美元的崛起大体上经历了以下三个阶段：

1. 预备期：19 世纪下半叶——第一次世界大战爆发

19 世纪，美元不仅基本上在美国境外没有流通，而且在美国自己的对外贸易中也没有发挥作用。当时，美国商人需要的进出口信贷，通常是通过英国伦敦而不是美国纽约获得的，该信贷相应地以英镑而不是美元计值。但到 19 世纪 70 年代，美元地位与美国经济地位不相符的矛盾开始凸显。1870 年，美国国民生产总值（GNP）超过了英国，到了 1912 年美国又超过了英国成为世界最大的出口国。这些变化为美元的国际化提供了经济实力的支持和准备。但美国经济实力的提升，并不意味着美元可以自动地实现国际化。相反，当时美国仍然继续依靠伦敦进行贸易融资，且美元没有发挥任何国际作用。在美国经济规模和对外贸易量均超过其竞争对手——英国的情况下，这就显得有些不同寻常。[1]

导致这一境况的原因，首先在于美国没有中央银行来平稳和润滑金融市场，从而导致美国金融市场和美元缺乏吸引力及竞争力。在伦敦，当金融机构需要将贸易票据变现时，可以通过再贴现即把先前买入的票据卖给英格兰银行而获得融资。在 19 世纪末，英格兰银行是伦敦金融市场上票据的最大买主。但美国则不同，1914 年之前美国一直没有建立自己的中央银行，不仅导致贸易票据流通受阻，而且缺乏平稳金融市场的机构。在"一战"前的 100 年中，美国共发生了 14 次金融危机，危机期间利率高企，市场资金匮乏，无法为贸易提供融资。其次，美国法律阻止美国银行从事贸易信贷。美国《1863 年国民银行法》（National Banking Act of 1863）和其他相关立法缺乏对国民银行从事贸易信贷的授权。而美国法院忧心银行介入新领域，裁决认为国民银行若没有国会的授权，就不能从事贸易信贷业务。这一状况直到《1913 年联邦储备法》（Federal Reserve Act of 1913）通过后才得以改变。最后，美国缺乏有广度、深度和流动性的金融市场，导致在美国进行贸易融资具有成本劣势。相反，伦

---

[1] 韩龙：《美元崛起历程及对人民币国际化的启示》，《国际金融研究》2012 年第 10 期。

敦则有大量的贸易票据的投资者，这使得这种金融工具的买卖具有高度的流动性，票据流通不会遭遇出手困局和价格颠簸。流动性也吸引各国政府和中央银行在伦敦持有国际储备，因为在金本位制下不会产生孳息的黄金与票据在流动性市场上的高速转换，为实现国际储备目的所需，而美国则缺乏这种市场。[1]

以上原因表明，不破除困扰美元国际化的桎梏，美元就难以发挥与美国经济实力相匹配的作用。经过筹划，美联储于1914年正式运营。美联储的建立不仅清除了美元国际化的一大障碍，而且为美国有深度和流动性金融市场的发育提供了条件。美联储执行货币政策，调节信贷供应，所运用的手段包括购买贸易票据等。由此，美国没有中央银行来平稳和润滑金融市场的难题得以解决。但买卖以美元计值的贸易票据，需要有此类金融工具的供给，这就需要美国银行走出去。为此，《1913年联邦储备法》授权具有100万美元以上资本的国民银行在海外建立分支机构，在不超过自有资金的50%的条件下，可以自由地买卖贸易票据。由此，困扰美元国际化的上述第二个难题即美国法律阻止美国银行从事贸易信贷，得以解决。至于困扰美元国际化的第三个难题，即美国金融市场和美元的吸引力及竞争力问题，则需要在以后与英镑争锋的较量博弈中去实现，[2]详见后述。

2. 较量期："一战"与"二战"之间

这一时期可大体上分为如下两个阶段进行考察：

（1）"大萧条"发生前。

在英国伦敦具有成本和声誉优势的情况下，美国如何启动和发展对美元国际化至关重要的贸易票据交易以及其他金融交易呢？"一战"为此提供了良机。在"一战"中，美国成为世界工厂和粮仓，美国出口急剧扩大，美国从战前的债务国变成了战后的债权国，从而为美元被广泛接受和信任提供了坚强后盾。"一战"同时也斩断了欧洲贸易信贷的供应。德国和英国银行对其客户开立的贸易票据不得不转向纽约请求承兑。由于有求于美国，这些票据不得不以美国银行熟悉的美元计值。不止于此，从1915年起，实行金本位的英镑开始急剧波动，严重影响了其对各国进出口商的吸引力。1916年1月，虽然在美国帮

---

1 韩龙：《美元崛起历程及对人民币国际化的启示》，《国际金融研究》2012年第10期。

2 韩龙：《美元崛起历程及对人民币国际化的启示》，《国际金融研究》2012年第10期。

助下，英国政府成功地将英镑盯住美元以图稳定英镑，但由于英国战时积累了庞大的财政赤字和英国物价快速上涨，1916 年底在美国终止对英国的战时支持后，英镑在一年之内贬值了 1/3。这时，美元仍然一直牢牢地以黄金定值，导致不少进出口商在贸易中转向使用美元。与此同时，美国银行不失时机地大力吸引贸易票据业务。截至 1920 年底，美国金融机构在海外共建立了 181 家分支机构，支持当地的进出口商接受或开立以美元计值的票据，美元逐步地获得了国际社会的信任。

美元的崛起，除"一战"提供的良机之外，也有美联储的作为。当时，以美元计值的票据因缺乏投资者遭遇了流动性不足的困难。由于缺乏投资者，银行不得不一直持有票据直至到期。这不仅影响了银行资金的周转，使其面临利率风险，同时也影响到这一市场的扩大和可持续发展。为了解决这一问题，美国通过"有形的手"积极培植市场。1914—1928 年，执掌纽约联邦储备银行、负责处理美国国际金融关系的本杰明·斯特朗（Benjamin Strong），将发展贸易票据市场看作是增强美国竞争力和扩大美国对外贸易的重大举措加以推动。在他的带领下，美联储指示其在各地的机构购买贸易票据，从而稳定和降低了票据的贴现率，促进了这一市场的健康发展。随着美联储的介入，外国商业银行和中央银行被吸引进来，成为偏爱这类票据的投资者。逐渐地，专事票据买卖的交易商也出现了。如此，美元国际化所需要的美国金融市场的流动性以及对美元的信任问题得以解决。

同时，美联储还积极利用"一战"提供的契机，大力地向世界推销美元。欧洲在"一战"中备受蹂躏，战后重建急需大量资本，而美国则拥有充裕的资本。以斯特朗为代表的美联储要员不失时机地向欧洲各国政府和企业积极兜售美元融资。虽然经验不足的美国金融机构热情放贷和承销外国证券，使美国积累了相应的风险，但这些金融活动在当时确实起到了增强美元地位和声誉的作用。

得益于美元票据市场、金融市场的发展和美元声誉的提高，美国金融市场的效率得到提高。通过纽约融通资金的利率通常比伦敦低 1 个百分点，由此吸引世界各地商人来到纽约进行交易，美元借此取得了重要的国际地位。在 20 世纪 20 年代的前半期，美国进出口一半以上的资金融通是通过以美元计值的银行票据进行的，以美元计值的对外票据超过了英镑，且美元在各国外汇储备中的数量也超过了英镑的份额，美元由此成为匹敌英镑的国际主导货币。[1]

（2）"大萧条"发生后。

1929—1933 年席卷全球的"大萧条"造成国际交易的下降，随之而来的是美元国际地位的下降。"大萧条"前的 1927 年和 1928 年，外国在美国的贷款额均为 12 亿美元，但到了 1931 年和 1932 年分别下降到 2 亿美元和 70 万美元。由于外国人无法获得购买美国货的美元，各国政府和央行持有的用以偿债的美元储备也因而大幅下降。[2]

随着贸易、外国借贷的减少以及美、英捍卫汇率的松懈，各国中央银行持有外汇的需求及意愿下降。当时，在各国政府和中央银行需要干预外汇市场和汇率时，其通常转而采用贸易限制而非买卖外汇的做法。这一变化使各国抛售手中的外汇储备，导致外汇储备数量下降，进而导致美元和英镑作为国际储备的重要性降低。但相比而言，各国抛售的美元多于英镑，因此，与 20 世纪 20 年代美元领先英镑的情形不同，20 世纪 30 年代英镑作为国际货币再度领先。究其原因，主要是英镑有英联邦国家和英帝国殖民地的支持。这些国家和地区持有英镑，并非出于经济考虑，而是出于政治原因。例如，英帝国殖民地的总督们就要求殖民地别无选择地持有英镑。而美国则缺乏这种特权和支持。此外，美国的衰退更重、更长。英国经济在 1932 年之初便开始恢复，但美国经济则直到 1933 年才走出低谷，且美国贸易受挫更加严重，纽约贸易票据业务量的下降超过了伦敦。

综观这一时期美元与英镑的竞争态势，20 世纪 20 年代，美元在与英镑并驾齐驱的竞争中占据上风。20 世纪 30 年代，英镑重夺优势，美元退居次席。这主要是当时国际政治和国际关系格局使然，但美元并没有失去国际主导货币的地位，从而为"二战"后美元独霸天下保留了基础。同时，1920—1930 年美元与英镑共同主导国际货币体系的格局，也表明一定历史时期只能有一个国际主导货币的论断并不符合历史事实，相反，两种甚至多种主导货币可以共存。

---

1 韩龙：《美元崛起历程及对人民币国际化的启示》，《国际金融研究》2012 年第 10 期。
2 韩龙：《美元崛起历程及对人民币国际化的启示》，《国际金融研究》2012 年第 10 期。

3. 胜出期："二战"——20 世纪 50 年代

在欧美诸强中，唯有美国经历"二战"而壮大，其他国家，无论是战胜国，还是战败国，皆因备受战争摧残而削弱。美元与英镑在"二战"后谁将问鼎世界，在战争结束前就已见分晓。

"二战"结束时，美国工业总产值占整个资本主义世界的一半以上，坐拥世界黄金储备的 2/3，美元是世界上唯一自由交易的货币。在此背景下，为了重建战后国际货币秩序而于 1944 年 7 月在美国布雷顿森林召开的国际会议，通过了以美国怀特方案为基础的《国际货币基金协定》（Agreement of the International Monetary Fund，简称《IMF 协定》）。《IMF 协定》实行美元—黄金本位制，美元直接与黄金挂钩，每盎司黄金等于 35 美元，其他国家的货币与美元挂钩，规定与美元的比价，各国政府或中央银行随时可用美元向美国按官价兑换黄金。这种法定规定和安排使美元等同于黄金，美元获得了超越其他货币的优越地位。

由于历史原因，"二战"结束后英镑仍是美元的主要竞争对手。"二战"期间，英联邦、英帝国和英镑区的国家向英国提供资源和战争物资，而换取的是英国的借据，从而为英国提供了无限的信用。"二战"结束时，各国中央银行和政府持有的英镑约超过了美元的 1 倍。乍看起来，英镑是最主要的储备货币，但英国境外对英国债权的 2/3 在英镑区少数国家和地区手中，且多数是因为战时积累所致。"二战"后，英国的净负债是 150 亿美元，几乎是其黄金和外汇储备的 6 倍，英国不得不实行货币管制，阻止这些国家和地区用手中的英镑购买商品或兑换成其他货币，从而限制了英镑作为国际货币作用的发挥。1959 年，当英国恢复经常项目可自由兑换时，各国持有的英镑储备约合 62 亿美元，且主要集中在英联邦和英帝国那些国家和地区手中。而这时各国拥有的美元储备，已从"二战"后的 30 亿美元攀升至 104 亿美元，英镑与美元已不可同日而语，彻底失去了比肩美元的光环和地位。在"二战"结束至今的数十年里，美元的信用和地位虽然发生了巨变，如今已面临信用危机，但由于国际社会迄今缺乏足以取代美元的替代货币，加上美国的竭力维护，美元至今在国际货币体系中仍然处于霸主地位。[1]

---

1 韩龙：《美元崛起历程及对人民币国际化的启示》，《国际金融研究》2012 年第 10 期。

（三）英镑、美元国际化对人民币国际化的启示

英镑和美元先后作为国际主导货币，各领风骚达百年，对人民币国际化具有什么启示呢？

1.经济实力是一国货币崛起的决定性因素

经济实力往往决定了一国的货币地位，任何一种获得国际货币地位的主权货币都离不开强大的经济实力的支撑。在经济实力这一因素中，经济规模和对外贸易量是两个重要指标。英镑和美元都是以英国和美国具有世界第一的经济实力，压倒性的对外经济规模而成为不同时期的国际主导货币。19世纪，英国称雄世界的经济、贸易实力成就了英镑的国际化。到了20世纪，美国的经济规模和对外贸易量全面超越英国，使美元国际货币地位的基础得以奠定。20世纪后半叶，英镑之所以退出国际主导货币的历史舞台，归根结底是英国经济实力不济所致。美元之所以能够战胜英镑而称霸世界，归根结底是美国的经济实力使然。不止于此，经济实力还影响着货币国际化的其他决定因素，特别是对一国货币价值的信任度。一国货币对国际社会是否具有吸引力，能否获得国际社会的足够信任而成为国际货币，在很大程度上取决于该货币背后发行国的富强和可靠。由于经济实力如此重要，货币发行国的经济状态和经济健康状况对于该国货币取得和维持国际货币地位至关重要。

需要指出的是，由于居先优势（incumbency）的存在，一国经济实力与其货币的国际地位变化并非呈线性。居先优势作为国际货币竞争中的一种重要现象，是指已占据国际货币地位的货币在维护自身地位和排除竞争对手所具有的优势。居先优势是由网络外部性（network externality）或规模经济决定的。在一种货币居于主导地位的情况下，任何单个主体会因其他主体使用该货币而在其交易中也使用该货币，否则，就会遇到不便和麻烦。如果该货币在贸易中广泛使用，其极易在金融和外汇交易中也使用。在金融和外汇交易中使用，就极易成为一些国家货币定值盯住的对象，从而加固或延续其主导地位，由此出现一种货币一旦成为国际主导货币，就会出现被更多使用的有利倾向。一货币占据居先优势后，与其竞争的其他货币就难以以与其发行国经济实力相匹配的进程赶超居先货币，从而产生一种滞后现象。美国经济规模超越英国是在19世纪70年代，对外贸易量超越英国是在1912年，而美元获得与英镑并驾齐驱的地位却是在20世纪20年代的上半期，独霸世界则

是"二战"之后的事。这说明居先优势虽不是决定性的，但在国际货币竞争中的作用却不容忽视。

经过多年的发展，我国经济规模已居世界第二，贸易量超过美国居世界第一。据测算，我国经济规模将在 2030 年前后超过美国居世界第一。这些都为人民币成为国际货币奠定了良好的基础。因此，积极推进人民币国际化是我们的应有之举。货币国际化的决定因素表明，人民币能否顺利国际化而成为国际主导货币，首先取决于我们能否把自己的事情办好。为此，我们应当切实地转变经济增长方式，实现高质量发展，建立强大的实体经济和金融市场，取信国际社会，同时积极进行政治体制改革，消弭长期积累的社会矛盾，以避免人民币国际化的进程为国内因素阻却。但另一方面也应当看到，美国至今仍然是世界第一大经济体，有最发达的金融市场，加上居先优势的存在，美元在短期内被人民币取代的可能性不大。在这种局面下，接受美元作为国际主导货币的现实而非取而代之，同时积极地壮大自己实力，努力使人民币成为又一国际主导货币，从而在国际社会形成两元国际货币主导的格局，不失为人民币国际化的近期务实目标。

2. 适宜的体制是货币国际化的先发条件

货币国际化是以适宜的体制为先决条件的，而居于体制核心、构成体制支柱的是法律制度。适应货币国际化的体制涵盖许多方面，主要有金融经济体制和政治体制等。

（1）金融和经济体制。

以美元为例，美元国际化的历程，有力地诠释了金融和经济体制之于货币国际化的重要性。前已述及，进入 20 世纪，美元与美国经济地位极不匹配，主要是由于美国体制和制度的桎梏所致。为此，美国定向施策，首先通过《1913 年联邦储备法》（Federal Reserve Act of 1913）填补美国缺失中央银行的空白，以平稳和润滑金融市场。其次，该法一改之前的规则对美国银行在境外设立机构的限制，允许符合条件的国民银行在海外建立分支机构，自由地买卖贸易票据。最后，美联储及其成员为建立美元国际化所需要的活跃的贸易票据市场，积极参加贸易票据的交易，进而吸引全球投资者进行投资，一举使美国金融市场成为最富有流动性的市场之一。

美元、英镑国际化的经验表明，货币国际化需要与之相适应的体制和制度，否则，货币国际化就难以实现。人民币国际化也不例外。应当看到，我们现有的一些制度是基于人民币国际化之前和之外的历史背景和因素出台的，与人民币国际化并不适应，随着人民币国际化的推进，需要废止或修改。因此，我们应根据人民币国际化的需要，对现有的法律制度进行全面审视，并对需要构建的法律制度进行系统的布局。对此，本编第二章第二节将对人民币国际化面临的重大法律问题进行凝练和解析，此处不赘。

（2）政治体制。

货币国际化需要适宜的政治体制为坚强后盾，但是不是必须以特定的政治体制为条件，则是一个敏感话题。有人考察历史上国际货币发行国的政治制度后写道：19 世纪、20 世纪占据世界主导地位的国际货币是英镑和美元，它们是政治民主国家的货币。英国和美国都有成熟的竞选制度和对行政机关进行制衡的政治制度。荷兰盾是英镑之前的国际主导货币，是一个共和国的货币，这个共和国虽然不是民主共和国，但拥有限制最高领导特权和机会主义行为空间的联邦结构。如果再往前追溯，热那亚的货币德纳罗曾在国际交易中广泛使用，热那亚曾是自治公社，随后成为共和国。威尼斯同样也曾是一个共和政体，它的货币达克特也曾在国际交易中被广泛地使用。[1] 在共和政体下，权力属于公民，公民选出代表制定政策。拥有最终决策权的是这些公民选举的代表，而不是拥有绝对权力的君主。由于权力不是存在于某个个人或者某个机构，因此，任意行为受到限制。只要债权人在被代表的公民之列，投资者就会得到更好的保护。联邦政治结构是对中央行政权力武断和机会主义行为实行控制的渊源。民主政治通常被认为是对行政权力进行制衡的最终来源。[2]

基于此，一种偏激的观点认为中国只有完成向"民主政治"的转变后，各国中央银行和政府才会感到在中国持有大量外汇储备是安全的。另一种不那么偏激的观点认为，中国应加强全国人民代表大会的权力和政治局及其常委会对公众意见的回应。中国应给予中央银行和其他监管机关以法定和操作

---

1 Barry Eichengreen, "ADB Distinguished Lecture: Renminbi Internationalization: Tempest in a Teapot?", *Asian Development Review*, Vol. 30, No. 1, 2013, p.158.

2 Barry Eichengreen, "ADB Distinguished Lecture: Renminbi Internationalization: Tempest in a Teapot?", *Asian Development Review*, Vol. 30, No. 1, 2013, pp.157–162.

上的独立性，使其监管决策基于金融稳定而采取，而非迎合政治目标。[1]中国应允许更强大的非政府组织监督政府的表现，建立独立的媒体揭露腐败和鼓励"党内民主"。[2]

以上来自西方学者对人民币国际化所需要的政治体制的看法，既是来自其对自身制度及历史的傲慢，也是对我国社会主义政治制度优越性的无知。我国既有民主又有集中的强大的政治制度，恰恰是推行和实现人民币国际化的坚强柱石，因此，我们不应受到西方政治观念的影响，而应坚持道路自信和文化自信。在此前提下，我们可以完善政治和政策环境，完备人民币国际化对我国政治体制的需要，使国际私人投资者和官方投资者能够安心地使用和投资人民币。

3. 富有深度和流动性的金融市场是货币国际化的必然要求

一种货币要成为国际货币，需要该货币发行国向国际社会提供持有该货币资产的金融工具，并使金融市场富有深度和流动性，否则，该货币就难以在国际货币的竞争中被广泛接受。前已述及，19世纪英镑之所以能被国际社会广泛接受，一个重要原因在于英国发达的金融市场为国际社会提供了开展英镑交易的最佳场所。美元在美国经济赶超英国之后之所以没有适时地成为国际货币，美国彼时金融市场发展的滞后难辞其咎。为此，1913年成立的美联储力挽狂澜，大举推动美国金融市场的发展，并借助"一战"提供的契机，使纽约的金融市场效率超越大西洋彼岸的伦敦，从而奠定了美元国际化的市场基础。

人民币国际化也需要我国建设富有深度和流动性的金融市场。富有深度和流动性的金融市场的一大作用，体现在私人和官方投资者在需要购买和出售以人民币计价的资产时不使价格发生不利于自己的变动，或者承担不合理的交易成本。这取决于：以国内货币计价的证券和其他金融工具的存量相对于交易而言有多大？清算、结算和交易平台效率如何？交易是在柜台上进行，还是实行实时结算？中央银行是否做好准备，在信贷不足时作为最后贷款人和流动性提

1　Marvin Goodfriend, Eswar Prasad, "A Framework for Independent Monetary Policy in China", *IMF Working Paper*, WP/06/111, 2006, p.5.

2　Barry Eichengreen, "ADB Distinguished Lecture: Renminbi Internationalization: Tempest in a Teapot?", *Asian Development Review*, Vol. 30, No. 1, 2013, pp.157–162.

供者？[1]

在市场深度和流动性方面，我国似有以下方面需要加强：首先，提高债券市场周转比率，降低买卖价差。我国国债市场周转率低于韩国、马来西亚、新加坡、泰国，甚至菲律宾。我国国债市场买卖价差大约是 13 个基点。而中国香港的债券市场买卖价差是 5 个基点，韩国是 2 个基点。[2] 其次，增加外国投资者参与。外国投资者对我国金融市场的参与仍然受限。吸引外国投资者可以增强市场流动性，市场流动性的增强会提高人民币对外国投资者的吸引力。最后，弥补最后贷款人角色欠缺的问题。最后贷款人对市场流动性十分重要。"一战"期间及之后美联储通过商业承兑汇票向市场提供流动性，将全球投资者吸引到了美国。在 2008 年国际金融危机中，美联储向欧洲中央银行和一些国家的中央银行提供美元信贷，解决市场流动性枯竭问题，是美联储作为最后贷款人的例证，也为最后贷款人在混乱时期能够确保充足的市场流动性以及支持其货币的国际地位提供了诠释。在人民币国际化条件下，我国最后贷款人的角色问题也有待明朗。不过，我国与越来越多的外国中央银行进行货币互换安排似在释放积极的信号。

二、欧元国际化及对人民币国际化的启示

欧元是欧盟根据《马斯特里赫特条约》的规定，在其成员国范围内正式发行的具有独立性和法定货币地位的超国家性质的货币。[3] 就大多数国际货币而言，其出现很难简单地归结到某一具体日期。但欧元则不同，作为参加欧洲货币联盟的国家集团的共同货币，欧元适用于每一成员国。从这一意义上讲，欧元自诞生之日就在欧洲货币联盟成员国之间具有国际性。因此，不同于其他货币，其国际化与国内化同步发生。一方面，在地域范围上，欧元超出了每一欧元区成员国的领土范围，具有跨国性。另一方面，自欧元发行之日起，其替代成员国货币，在欧元区成员国市场流通，也是各成员国的国内货币。

---

1 Barry Eichengreen, "ADB Distinguished Lecture: Renminbi Internationalization: Tempest in a Teapot?", *Asian Development Review*, Vol. 30, No. 1, 2013, p.159.

2 Barry Eichengreen, "ADB Distinguished Lecture: Renminbi Internationalization: Tempest in a Teapot?", *Asian Development Review*, Vol. 30, No. 1, 2013, p.30.

3 黄永富：《欧元国际化初探》，《世界经济文汇》1997 年第 4 期。

（一）欧元国际化

1. 欧元的诞生

欧元的国际化具有长期以来欧洲统一这一诉求基础。1951年，"欧洲统一之父"让·莫内（Jean Monnet）就强调了欧洲统一的前景。他指出欧洲煤钢共同体发展的最终目标是建成欧洲合众国。在欧洲经济共同体运行数十年奠定的基础之上，1992年2月，欧洲共同体12个国家的外交部长和财政部长在荷兰的马斯特里赫特签署了《欧洲联盟条约》（Treaty on European Union），又称《马斯特里赫特条约》，简称《马约》。这个条约是欧洲一体化进程中重要的里程碑。《马约》涉及政治、经济、军事、司法、公民福利等多方面内容，但关于欧洲货币联盟的规定是其中的核心。《马约》规定，欧共体（不久后改称欧洲联盟）各国应当分三个阶段完成统一货币的工作。其中，第一个阶段是强化当时已经存在的"欧洲汇率机制"，实现资本的自由流通。第二个阶段是建立"欧洲货币机构"，负责协调欧共体各国的货币政策。第三个阶段是建立统一的欧洲货币（欧元），并把"欧洲货币机构"升格为"欧洲中央银行"，为欧盟各国制订统一的货币政策。第三个阶段从1999年1月1日开始，目标是确定欧元区成员国本国货币兑换欧元的汇率，将货币政策权力移交给欧洲央行，并且向欧洲经济货币联盟注入单一货币——欧元。2002年1月1日，欧元正式进入流通，2002年2月28日，各成员国的货币全面退出流通。

2. 欧元的国际化发展变化

（1）欧元国际化景气的岁月。

欧元国际化最为景气的岁月体现在2008年国际金融危机爆发前的最初几年里。这可以从欧元在进出口的计价和结算、在欧元区以外的银行跨境存贷款、在国际债券市场上的占比、在国际储备中的份额中可见一斑。

就进出口的计价和结算而言，欧元在数据可以获得的国家里获得了重要地位，其作为这些国家的贸易货币的份额日益增加，从2001年的大约40%增长到2003年的超过50%（见图1-1）。在随后的年份中，欧元的份额一直稳定在这一水平。

在欧元区国家，即比利时、法国、德国、希腊、卢森堡、意大利、葡萄牙、西班牙，欧元在出口贸易结算/计价中的份额从2001年的50%到2006年的超过了60%；在进口贸易中欧元的份额从40%多上升到了50%多。在非欧

（%，贸易加权平均值）

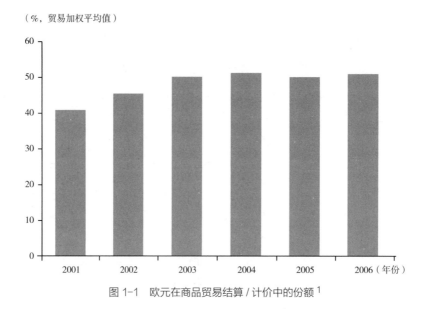

图 1-1 欧元在商品贸易结算 / 计价中的份额 [1]

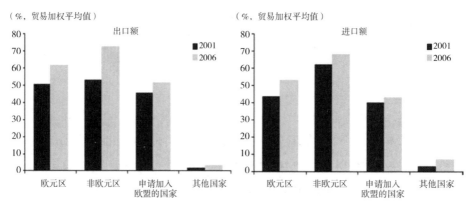

图 1-2 欧元在选定的国家集团的商品贸易结算 / 计价中的份额 [2]

---

1 Bank for International Settlements, Currency Internationalization: Lessons from the Global Financial Crisis and Prospects for the Future in Asia and the Pacific, December 2011, p.64.

2 Bank for International Settlements, Currency Internationalization: Lessons from the Global Financial Crisis and Prospects for the Future in Asia and the Pacific, December 2011, p.65.

元区的欧盟国家，即保加利亚、塞浦路斯、捷克、爱沙尼亚、拉脱维亚、立陶宛、罗马尼亚、斯洛伐克，欧元在出口贸易结算 / 计价中的份额，从 2001 年的 50% 多提高到 2006 年的 70% 多；在进口贸易中欧元的份额从 60% 上升到了接近 70%。在申请加入欧盟的国家中，如克罗地亚、马其顿共和国、土耳其，欧元在出口贸易结算 / 计价中的份额从 2001 年的 40% 多提高到 2006 年的 50% 多；在进口贸易中欧元的份额从约 40% 略有上升。而在以上之外的其他国家，欧元在进出口贸易的结算 / 计价中占比十分轻微，且上升并不显著（见图 1-2）。

就欧元区以外的银行跨境存贷款而言，欧元跨境存贷款份额从 1999 年的双双不足 20%，到之后双双超过 20%，到 2005—2006 年甚至双双超过 25%，随后出现下降（见图 1-3）。

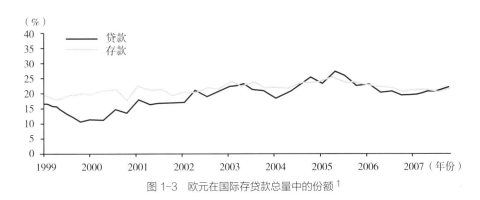

图 1-3 欧元在国际存贷款总量中的份额 [1]

就欧元区以外国际债券市场的占比而言，在国际债券市场上，除去估值效应 [2]，在 1999 年初到 2005 年中，欧元占有欧元区以外发行人发行的未清偿债券的份额，从近 24% 上涨到超过 36%（见图 1-4）。此后，到 2007 年底，欧元在国际债券市场的份额回落到大约 32%，这在很大程度上折射了美国充

1 Bank for International Settlements, Currency Internationalization: Lessons from the Global Financial Crisis and Prospects for the Future in Asia and the Pacific, December 2011, p.64.

2 欧元相对于其他广泛使用的国际货币的份额，在相当大程度上，受欧元对这些货币的汇率变动状况的影响。因此，在接下来的分析中，当评价欧元的国际地位时，应该考虑源于汇率波动的估值效应，即在可行的情况下，有关欧元份额的所有数据都按固定汇率计算。

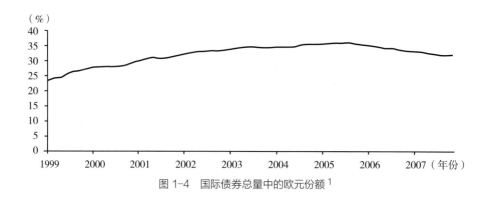

图 1-4　国际债券总量中的欧元份额[1]

满活力的金融环境。这种环境导致在 2006 年和 2007 年，以美元计价的国际债券大幅增加，由此降低了欧元的重要性，甚至引起了未清偿证券中欧元份额的缩减。

　　就在国际储备中的份额而言，欧元作为储备货币的重要性明显增加，1999年欧洲货币联盟成立之初，欧元在中央银行持有的外汇储备份额约为 24%，到 2003 年第一季度该份额增长到接近 32%（所有数据为估值效应而校正；参见图 1-5）。2004 年后，中央银行持有的外汇储备中的欧元份额保持在相对稳定的 28% 左右。

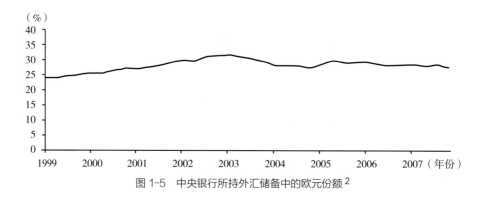

图 1-5　中央银行所持外汇储备中的欧元份额[2]

---

　　1 Bank for International Settlements, Currency Internationalization: Lessons from the Global Financial Crisis and Prospects for the Future in Asia and the Pacific, December 2011, p.63.

　　2 Bank for International Settlements, Currency Internationalization: Lessons from the Global Financial Crisis and Prospects for the Future in Asia and the Pacific, December 2011, p.63.

（2）欧元国际化的滑落。

虽然欧元诞生后迅速崛起成为世界第二大货币，甚至在个别领域出现追赶美元之势，但2008年的国际金融危机和随之而来的欧债危机爆发后，欧洲经济低迷，许多矛盾激化，欧元区制度性缺陷集中暴露，欧元的国际地位出现滑落，主要体现如下：

在国际贸易特别是出口中，欧元结算占比显著下滑。截至2016年，欧元区出口中，欧元结算占比降至56.1%，较2008年减少了7.5个百分点；欧元区进口中，欧元结算占比表现相对稳定，处于47.3%水平。[1] 在国际信贷中，欧元份额从"稳定"到"锐减"。虽然2008年至2012年，欧元跨境存款与贷款存量总体保持稳定，但2013年之后，欧元跨境存款与贷款余额均出现锐减。2016年末，欧元国际存款规模为1.6万亿美元，较2007年减少了17.7%。欧元在国际信贷中使用份额由29.6%下降至21.3%，相反，美元则由50.1%攀升至59.1%。[2] 在国际债券市场上，2016年末，欧元计价国际债务证券存量为2.9万亿美元，以不变汇率计算市场占比为22%，较2007年减少了4.4个百分点，未恢复至危机前水平。相反，美元扩大了其国际债券融资优势，国际债券市场表现出"欧退美进"的特征。[3] 在全球外汇交易份额中，据国际清算银行2016年4月统计，欧元仍然为第二大交易活跃货币，但其在全球外汇市场中的交易份额却由2010年4月的39.1%降至31.4%。在官方外汇储备中，欧元份额连续下降后有所反弹，但仍处于相对低位。截至2017年6月末，全球欧元外汇储备规模为1.84万亿美元，同比增加18.1%，在可识别官方储备中占比达19.9%，仅次于美元（63.8%），位居全球第二大储备货币地位。但总体来看，欧元国际储备职能仍处于相对低位，较其28%的历史高点出现显著下降，与美元存在较大差距。[4]

（二）欧元国际化对人民币国际化的启示

1. 统一的国际法律制度是推动货币国际化的强大抓手

欧元作为超主权货币及其国际化是法律的产物，得益于《马约》规定的制

---

1 赵雪情：《欧元作为国际货币面临的挑战与前景》，《中国货币市场》2018年第3期。
2 赵雪情：《欧元作为国际货币面临的挑战与前景》，《中国货币市场》2018年第3期。
3 赵雪情：《欧元作为国际货币面临的挑战与前景》，《中国货币市场》2018年第3期。
4 赵雪情：《欧元作为国际货币面临的挑战与前景》，《中国货币市场》2018年第3期。

度所提供的保障和约束。虽然在欧元发行之初，欧洲中央银行明确指出："欧元的国际化不是一个政策目标"，并且"欧元体系既不会促进，也不会阻碍它"，[1] 但《马约》创造欧元并取代欧元区各国的货币，本身就使欧元成为欧元区各国的法定的国内货币与国际货币。同时，欧元继承了欧元区成员国传统货币的国际职能，如德国马克在东欧的流通，法国法郎在世界某些地区作为汇率锚的职能，并作为 ECU[2] 的继承货币，因此，欧元不仅是欧元区各国的法定货币，同时继承了欧元区各国留下的遗产，在欧元区周边国家也得到使用。[3] 此外，欧洲央行的中立态度并不意味着其不能间接地通过一些政策来影响其货币的国际地位。欧洲央行通过建立特殊的金融基础市场或鼓励私营部门发展某些欧元的市场工具，对扩大并深化欧元区的货币和资本市场必然有帮助，并能提高吸引非居民贸易商和投资者使用欧元的水平。同样地，从中期来看，欧洲央行通过实施可信的、旨在维持价格稳定的货币政策，也会对欧元作为国际价值储藏手段的吸引力产生积极影响。

欧元的国际化表明，国际法律制度安排对推行货币国际化具有重要作用。然而，作为我国主权货币的人民币与根据《马约》这一国际法律制度创造的超主权货币欧元，并不相同。欧元从一开始就作为国际货币出现，可归因于欧元区各国让渡货币主权、放弃独立自主货币政策所形成的区域共同体这一基础，也受益于相近的文化背景这一纽带。我国倡议的"一带一路"和其他区域化安排很难具备如此条件，从这个意义上讲，欧元国际化经验的可复制性是存疑的。

2. 区域化是货币国际化可借助的路径

虽然欧元国际化的某些经验难以复制，但区域化或许是其可借鉴之处。欧元虽为欧元区国家的共同货币，但却不是欧元区之外国家的货币，因此，观察欧元在欧元区之外的国际化状况可以为货币国际化的地域扩展提供启示。

以欧元国际化达到巅峰的 2007 年为观察时点，以欧元在全球债券总量中的比重为例，从图 1-6 可以看出，欧元在欧盟三国即英国、丹麦、瑞典国际债

---

1 Bank for International Settlements, Currency Internationalization: Lessons from the Global Financial Crisis and Prospects for the Future in Asia and the Pacific, December 2011, pp.58–61.

2 ECU（European Currency Unit，简称"埃居"），即欧元诞生之前所依托的欧洲货币单位，创立于 1978 年，是由当时欧洲共同体九国货币组成的一个"货币篮子"，为公共或私人使用者独立地作为国际货币使用。

3 Frank Moss, "The Euro: Internationalized at Birth", *BIS Papers*, No. 61, December 2011, p.58.

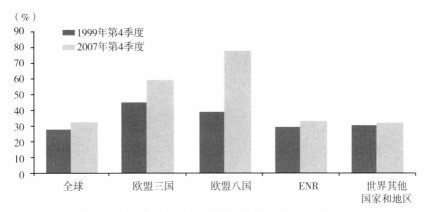

图 1-6 欧元在选定的国家集团的国际债券总量中的份额[1]

数据来源：BIS and ECB calculations。

注：欧盟三国（EU-3）：英国、丹麦、瑞典；欧盟八国（EU-8）：其他非欧元区欧盟成员国；ENR：其他欧洲、非洲、中东地区。

券总量中的占比约为 60%，在其他非欧元区的欧盟成员国中这一比例达到了约 80%，而在世界其他地方的占比约为 30%。这表明以欧元计价的债券主要集中在欧元区的周边国家，并且随着债券发行人距离欧元区越远，以欧元计价的债券的份额就越低（见图 1-6）。对欧元的官方使用，也基本上呈现出类似的特征。大多数以一种紧密或半紧密的安排将其货币盯住欧元的国家，都位于欧元区的周边地区。同样地，这些国家倾向于使用欧元作为其首选交易货币，以保护其本国货币的对外价值。[2] 欧元国际化发展体现出的地域特征，对人民币国际化提供的重要启示在于：我国应通过"一带一路"和其他区域化安排，推进人民币国际化。对此，本编第一章第四节将进行阐述，故不赘述。

三、日元国际化与对人民币国际化的启示

（一）日元国际化的历史演进

1. 日元国际化的起步

从 20 世纪 60 年代中期到 80 年代初期，日元国际化处于起步阶段。 1950

---

1 Bank for International Settlements, Currency Internationalization: Lessons from the Global Financial Crisis and Prospects for the Future in Asia and the Pacific, December 2011, p.65.

2 Bank for International Settlements, Currency Internationalization: Lessons from the Global Financial Crisis and Prospects for the Future in Asia and the Pacific, December 2011, pp.64–66.

年爆发的朝鲜战争，导致美国需要大量的战争物资，为日本经济的发展提供了契机。1955年至1973年日本经济年均增长9.8%，到了20世纪60年代，日本成为仅次于美国的第二大经济体。1965年，日本的国际贸易开始出现顺差，且幅度越来越大，资本输出增加，成为了资本输出国。在此期间，日本政府逐步放松外汇管制，1960年设立了"非居民自由日元账户"，以实现日元的局部可兑换。1964年4月日本宣布接受《IMF协定》第8条，实现了日元在经常项目下的自由兑换。1970年11月，日本允许发行可自由兑换日元的外债，废除"外汇集中管理"等制度，为日元国际化提供了条件和基础。1970年到1980年间，日元在日本进出口贸易中的结算职能提升。出口用日元结算的比重由0.9%提高到29.4%，进口则由0.3%提高到2.4%。同时，由于日本经济的强劲增长和日本对外贸易的快速发展，特别是在20世纪70年代后期，由于日元升值和美元危机的发生，世界各国开始出现了旺盛的日元需求，在20世纪70年代后期，日元在各国外汇储备中的比重由2%提高到4.5%。

2. 日元国际化的推进

20世纪80年代到90年代，日本积极推行日元国际化。在此期间，日本取消了外汇管制，设立离岸金融市场等。1986年12月在东京建立的离岸金融市场标志着日本建设东京国际金融中心的第一步。1988年1月，日本向国外开放了日元商业票据市场，12月向国外开放了外汇商业票据市场。1989年4月，日本放松了对东京离岸市场的管制，5月向国内居民开放了中长期离岸日元贷款，6月解除了对离岸日元债券和居民海外存款限制，实现了离岸日元业务的全面自由化。日本推行日元国际化取得了一定的成效，日元在国际贸易、国际储备及全球外汇交易中的份额和地位上升。到1990年，日本使用日元结算的出口比例达到37.5%，进口比例为14.5%，与1980年相比，分别提高了8.1%和12.1%。日元在世界各国的外汇储备所占比重也升至8.0%，在外汇储备中成为了第三大比重的货币。1989年4月，日元在全球外汇交易的比重为13.5%，仅次于美元。[1]

然而，在看似风光的表象下，日元却隐藏着《广场协议》（Plaza Accord）

1　Bank for International Settlements, Currency Internationalization: Lessons from the Global Financial Crisis and Prospects for the Future in Asia and the Pacific, December 2011, p.65.

和日本泡沫经济破灭带来的危机。20 世纪 80 年代初期，美国面临严重的双赤字状况，尤其是对外贸易逆差，而美国对日本的贸易逆差占了很大比重。美国希望通过货币贬值增加其产品的出口竞争能力，以缩小逆差，改善国际收支。于是，1985 年 9 月 22 日，美国、日本、联邦德国、法国以及英国的财政部长和中央银行行长在纽约广场饭店举行会议，达成了五国政府联合干预外汇市场、诱导美元对主要货币的汇率有秩序地贬值的《广场协议》。之后，上述五国开始联合干预外汇市场，在国际外汇市场大量抛售美元，导致美元持续大幅度贬值。1985 年 9 月，美元兑日元在 1 美元兑 250 日元上下波动，协议签订后不到 3 个月的时间里，美元迅速下跌到 1 美元兑 200 日元左右，贬值幅度达到 20%。在接下来不到 3 年的时间里，美元对日元贬值了 50%。《广场协议》埋下了摧毁日元国际化进程的因子。自《广场协议》签订后，日元单边大幅升值，并开始自由浮动。这个时期正是日元尝试推动国际化的关键时期。结果是，过早的自由浮动和汇率剧烈震荡，反而限制了日元在结算和交易环节的使用，阻碍了日元在国际贸易和资本项目项下的交易计价、结算货币功能的实现。[1] 同时，《广场协议》后日元汇率的大幅升值，动摇了日本倚重的出口优势，诱发了日本经济泡沫的破裂。

3. 日元国际化的滑坡

20 世纪 90 年代日本经济泡沫破灭后，日元国际化进程也随之出现倒退。这一时期，日本经济出现下滑。1991—1997 年，日本国内生产总值的实际增长率只有 1.5%，明显低于欧盟的 2.0% 和美国的 2.2%。日本经济的滑落，导致日元在国际货币体系中的地位下降，日元国际化进程出现倒退。特别是在始于 1997 年的亚洲金融危机中，日元汇率剧烈波动，增加了持有和使用日元的风险，各交易主体纷纷减持日元资产。同时，金融危机直接损害日本金融体系稳定的基础，形成巨额不良债权，许多日本金融机构因此陷于困境乃至破产。此外，受亚洲金融危机影响，日本金融机构大规模收缩海外业务，包括撤回海外分支机构和减少对外信贷。

1998 年，日本政府再次正式提出日元国际化的主张，力图借日元国际化拯救日本经济，并采取了一系列措施。首先，加快以放宽金融限制为核心的

---

[1] 曹彤：《〈广场协议〉真正摧毁了日元国际化》，《第一财经日报》2010 年 5 月 31 日第 A06 版。

金融体制改革。1998 年 4 月，日本实施新的外汇管理法，允许日元自由兑换。1999 年 4 月，日本废除"有价证券交易税"；增加债券发行品种；放宽对外国投资者进入日本短期国债和政府短期证券市场的限制，将 30 万亿日元的政府短期证券向市场开放，并废除利息所得税等。其次，利用亚洲金融危机之机，通过对外援助和政策性贷款，扩大亚洲区日元资产的供给。1998 年 10 月，日本大藏相宫泽喜一对东亚国家提供总额相当于 300 亿美元援助，其中大部分以低利率日元贷款形式发放或以日元资产形式进行优惠性贸易和投资。1999 年 5 月，新宫泽计划进入第二个阶段，提出向亚洲各国提供追加性援助。此外，日本还通过亚洲开发银行等机构向东亚国家提供各种形式的援助。尽管如此，日元国际化的努力是失败的，日元的国际使用份额不断缩减。"到 2003 年，事实已经证明，如果没有日本经济的重振，单纯试图推行日元国际化是无用的。"[1] 延及今日，日元的国际化仍然一蹶不振。

（二）日元国际化对人民币国际化提供的镜鉴

从货币国际化的程度来说，日元只是达到了区域化（主要在亚洲）的水平，并没有实现全球化，而且日元大约在 20 世纪 90 年代中期达到顶峰后，开始逐渐下降。在银行市场中，日元在跨境贷款中所占的份额从 20 世纪 90 年代初期的 14% 下降至 2010 年的低于 4%。类似地，日元在债券市场中所占的份额从高于 17% 下降至低于 3%。在外汇市场，日元所占的份额从 27% 下降至 19%，日元在各国中央银行外汇储备中所占的份额从近 8% 下降至不到 4%。从一定意义上讲，日元国际化是失败的例子。究其原因，主要有以下方面：

第一，日本政府摇摆不定的态度影响了日元的国际化。20 世纪七八十年代，日本政府对日元国际化是消极抵制的，担心日元的国际化会对其国内货币管理产生不当的限制。尽管 20 世纪 80 年代日本为刺激经济增长和迫于美国施压进行了一些金融制度改革，但多是在不情愿的情况下采取的。《广场协议》是美国为了迫使日元升值以提高美国商品相对于日本商品的竞争力而强加于日本的，日元国际化在当时虽不被看作是寻求实现的目标，但日本为保持与美国的良好关系不得不接受。当然，彼时也有一些政府机构对日元国际化采取了较

---

1 Shenji Takagi, "Internationalizing Yen, 1984–2003: Unfinished Agenda or a Mission Impossible", Paper Presented at BoK-BIS Seminar on Internationalization of Currencies: Lessons from International Financial Crisis and Prospect for the Future in Asia and the Pacific, 19–20 March, 2009, Seoul.

为积极的态度，但被占据主流的抵制态度所阻挡。及至 90 年代中后期，日本为拯救其经济，一改过往的抵制和矛盾心理，试图推行日元的国际化，但日本经济衰弱和经济政策失误致使其失去了日元国际化的良机。

第二，经济衰弱使日元国际化失去了基础。货币国际化需要以强大的经济实力为基础和保障。日本经济的快速发展使日本的国际经济地位大幅度上升，构成了日元启动国际化的经济基础。日元国际化后来的没落从根本上说也是日本经济下滑的结果。日本泡沫经济的破灭，使日本经济失去了"二战"之后延续的辉煌，日本经济从此一蹶不振，严重动摇了日元国际化的基础，妨碍了日元国际化的进程。而亚洲金融危机和 2008 年的国际金融危机又进一步使日元的区域化遭受挫折。此外，日本国际金融市场"空洞化"限制了日元的国际化进程。一国货币国际化的基本条件是该货币发行国具有高度发达、深度和广度的国际金融市场。日本泡沫经济破灭后，东京金融市场出现了"空洞化"现象，直接制约了日元国际化。

第三，政策失误。20 世纪 80 年代后期，日本中央银行连续五次降低利率，把中央银行贴现率从 5% 降低到 2.5%，不仅为日本历史之最低，也为当时世界主要国家之最低。过度扩张的货币政策，造成了大量过剩资金。在市场缺乏有利投资机会的情况下，过剩资金通过各种渠道流入股票市场和房地产市场，造成资产价格大幅上涨。随后日本中央银行升息力度太大，挑破泡沫，日本股市和楼市同时崩溃。1989 年，日本政府感受到了压力，日本中央银行决定改变货币政策方向，1989 年 5 月至 1990 年 8 月五次上调中央银行贴现率，从 2.5%升至 6%。同时，日本大藏省要求所有金融机构控制对不动产的贷款，到 1991年日本商业银行实际上已经停止了对不动产业的贷款。货币政策的突然转向首先挑破了日本股票市场的泡沫，股价暴跌几乎使所有银行、企业和证券公司出现巨额亏损。紧跟其后，日本地价也开始剧烈下跌，跌幅超过 46%，房地产市场泡沫随之破灭。日本货币政策先是过度扩张，后又突然收缩，都是日本经济政策失误所在。

第四，日元国际化的失败与日本对外经济结构、政策失误也有一定的关系。货币国际化，需要有相当数量的货币在国际流通。日本贸易长期是顺差，在经常项目项下输出日元困难。而且，日本在其对外经济贸易中相对来说使用日元作为结算工具较少，只有对发展中国家的出口倾向于以日元计价，大多数出口以美元计价，反映出美国市场作为日本商品出口目的地的重要性。而另一方面，日元在资本项目项下的输出机制始终没有建立起来，日元海外债券、股票的发行踯躅不前。这导致日元在国际实体经济中的使用量非常有限，海外日元大部分是套利交易的投机资金，日元的国际化欠缺健康的肌体。此外，20世纪90年代后，日本银行业在海外没有形成日元的结算、清算体系，也没有形成日元海外派生机制。而国内经济泡沫破裂，导致银行业不良资产高企，而资本市场遭受重创，又使得银行业资本补充难以为继。日元国际化的以上教训，都为人民币国际化提供了前车之鉴。

第三节　货币国际化的条件

一国货币实现国际化，需要具备法律、经济、货币金融、政治以及军事等条件。此外，网络效应以及与此相关的历史惯性，也对货币国际化具有重要影响。由于本著以后各章节将聚焦于货币国际化特别是人民币国际化所需要的法律条件，故本节对货币国际化和人民币国际化所需要的法律条件暂且不论，仅对货币国际化所需要的其他条件进行考察和总结，在必要之处与我国的现状进行比对。

一、货币国际化的经济条件

如果一国希望本国货币国际化，则必须激发对该货币的充分需求。然而，要产生上述需求，首先需要确保以该货币交换价值的可信度。这反过来又要求实现持续的宏观经济稳定、发展金融和外汇市场、提升金融规制和监管的水平。[1]虽然货币国际化的经济条件理应包含货币金融条件，但出于对货币金融条件的强调以及阐述方便起见，本节将货币金融条件单列，因此，对货币国际化经济条件的考察仅限于货币金融条件之外的其他经济条件。在此意义上，概而言之，货币国际化的经济条件主要包括经济规模和质量、对外经贸规模等。

（一）经济规模和质量

一国主权货币要被国际社会各类主体广泛接受而成为国际货币，需要国际

---

1 Bank for International Settlements, Currency Internationalization: Lessons from the Global Financial Crisis and Prospects for the Future in Asia and the Pacific, December 2011, pp.4–5.

社会对该货币及其发行国具有坚定的信赖和信心。特别是，1978 年《IMF 协定》第二次修正案生效以来，各国货币与黄金脱钩，成为信用货币，而信用货币本身并无价值，其背后支撑是货币发行国的经济实力和信用。接受这样一种货币，需要有对支撑该货币的货币发行国经济实力的认同以及对该货币购买力的信心。因此，国际货币的首要决定因素当是一国的经济实力。19 世纪英镑的国际货币地位，20 世纪美元的国际货币地位，以及自 20 世纪八九十年代以来德国马克、日元的部分国际化，都有赖于发行国的经济实力。

　　经济实力体现在多个方面，不仅包括经济规模，更包括经济质量。迄今的研究一般都强调国际货币发行国经济规模的重要性，鲜有提及经济质量之于货币国际化的作用。固然，庞大的经济规模对于支撑一国货币国际化是必要的。20 世纪 90 年代，日元国际地位下降，就与日本经济由之前的高速发展转而陷入停滞具有密切关系，从而诠释了经济发展和规模的重要性。但货币国际化所需要的经济规模是有质量的经济规模，没有质量的经济规模是脆弱的，并不能为货币国际化提供强有力的支撑。经济质量体现在多个方面，包括货币发行国在引领世界经济发展的先进或前沿产业中的地位和作用，是否拥有关键和核心技术，该国产业和经济在世界产业和经济分工、布局中的处境等。有史为证，英国引领的 18 世纪 60 年代至 19 世纪中期的第一次工业革命，实现了从传统农业社会向现代工业社会的重要变革，逐步确立起了英国和英镑对世界的统治。美国引领的跨越 19 世纪与 20 世纪的第二次工业革命、"二战"后发生的第三次工业革命以及后来的重大科技革命浪潮，不仅颠覆了英镑的统治，将美元推向世界霸主的宝座，而且成为美元持续称霸世界的支柱。

　　将以上条件与我国进行比对，可以发现，目前我国已成为世界第二大经济体，在不远的未来还可能成为全球最大的经济体。这为人民币国际化和国际社会对人民币国际化的需求增长奠定重要基础。但从经济质量标准来衡量，就目前而言，我国经济之于人民币国际化的需要仍有欠缺之处。2018 年春发生的美国制裁中兴通讯的事件，就足以使中兴通讯这个全球第四大、中国第二大通信设备制造商，甚至我国整个通信设备制造产业面临崩溃的威胁。这一事件清晰地暴露出我国的一些产业貌似强大，但在一些关键核心技术上受制于人，自主知识产权的高端芯片远不能自给自足的软肋，也将我国一些产业处于国际分工体系和价值链低端环节的脆弱性尽示于人。因此，我们只有按照党的二十大报告所要求的那样，打赢关键核心技术攻坚战，加快实施一批具有战略性、全局性、前瞻性的国家重大科技项目，增强自主创新能力，实现我国经济高质量发展，在经济大国的基础上转变为经济强国，才能为人民币国际化提供坚实的基础。

（二）对外经贸规模

在论及货币国际化的经济条件时，已有研究一般将对外贸易规模作为重要的指标，但却把其他国际经济活动排除在外。前已述及，货币国际化不仅需要该货币担当贸易货币的角色，而且还需要履行投融资货币和储备货币的职能。特别是在人类经济交往早已告别单纯贸易而进入全方位国际经济合作的时代，若将国际贸易之外的其他国际经济活动排斥在货币国际化所需的对外经济条件之外，国际投融资货币和国际储备货币职能的实现就会失去应有的国际经济基础。因此，我们认为，以"对外经贸"替代"对外贸易"，才更能符合对货币国际化条件考察的需要和要求。

一般而言，货币国际化需要该货币发行国在国际经济领域中占有重要地位或统治地位。只有当一个国家在世界范围的商品与资本的输出输入中占据重要地位，同各国有着广泛的贸易、投融资联系时，其货币才会在国际被广泛使用，并被接受。在对外经贸领域，一国对外经贸的规模越大，其货币被使用的概率和机遇就越大。一国货币使用频率越高，该货币交易的成本就会越低。换句话讲，货币发行国对外经贸规模越大，市场主体对使用该国货币进行国际计价、结算、支付的需求就会越多，该货币成为国际经贸活动所使用的货币的可能性就越大。国际经贸活动中使用该货币比例越高，就越会产生规模效应，使得以该货币进行交易的成本降低，就越有助于该货币国际化的实现。

我国现已成为世界最大的贸易国，并成为国际投资的第二大国。这为人民币用于国际经贸活动提供了重要的基础。虽然人民币在国际经贸活动中使用的比率在提升，但仍然存在短板，主要体现如下：

第一，人民币对国际大宗商品交易的定价有待提升。纵观国际货币发展史，与国际大宗商品特别是能源贸易的计价结算绑定，往往是一国货币崛起的起点。[1] 例如，为了挽救 1971 年 8 月美元与黄金脱钩而给美元带来的信誉

---

1 张茉楠：《有必要重新审视人民币国际化路径》，《上海证券报》2012 年 6 月 7 日第 F07 版。

打击，美国在 1974 年与沙特阿拉伯达成协议，以向沙特出售武器为条件，换取沙特石油出口以美元作为计价单位与结算货币。由于沙特在石油输出国组织（Organization of Petroleum Exporting Cantries，OPEC）中极具号召力，因而 OPEC 的大部分国家迅速跟进，采用美元作为本国石油出口的计价单位与结算货币，进而迫使需要从 OPEC 进口石油的经济体须拥有美元储备，从而强化了各国对于美元的储备需求。[1] 我国是许多国际大宗商品的需求方和进口方，有条件以人民币进行定价和结算，也只有在全球大宗商品中以人民币进行计价和结算，才能增进全球对人民币需求的持续增长，进而真正建立起人民币国际化稳固而坚实的物质基础。

第二，人民币在非居民之间的交易中使用还须增加。充分的货币国际化不仅体现在居民与非居民之间的交易中，更体现在没有来自货币发行国的交易方参与其中的非居民之间的交易中。人民币的国际使用目前仍然主要局限于至少交易一方为中国商人的交易中：中国出口商出口或中国进口商进口的计价；沿中国边境与东南亚、蒙古以及俄罗斯的跨境贸易交易；以及中国公司在香港发行的债券。由非中国实体发行的人民币债券总量目前偏少，而且也没有系统的证据证明，中国境外非居民之间使用了人民币进行交易结算。[2] 因此，推进人民币国际化需要提高在非居民之间的国际经贸活动中使用人民币的水平。

二、货币国际化的货币金融条件

货币国际化的货币金融条件可分为货币条件和金融条件，以下分而述之。

（一）货币国际化的货币条件

在货币国际化的货币条件中，维护货币的币值稳定和国际社会对币值稳定的信心十分重要。就币值稳定而言，币值稳定主要体现为两个指标——通货膨胀率和汇率。通货膨胀率体现货币的国内币值稳定性，对资源配置具有价格信号作用。较高的通货膨胀率损害该国货币的真实购买力，扭曲价格信号作用，提高交易成本。如果一种货币因为通货膨胀或本金或者利息的违约导致货币不

---

1 常清、颜林蔚：《原油期货与人民币国际化》，《中国金融》2018 年第 6 期。

2 Arthur Kroeber, "China's Global Currency: Lever for Financial Reform, Brookings-Tsinghua Center for Public Policy", *Monograph Series*, No. 3, February 2013, pp.4-5.

能维护其价值，那么，将降低或失去对国际投资者的吸引力。汇率水平体现货币的国际币值稳定性，大的汇率波动会给货币持有者带来较高的风险，不利于货币国际化的实现。

对欲实现货币国际化的国家来说，维护币值稳定对实现国际化十分重要。就私营领域计价和交换媒介的功能而言，稳定的币值可以使国际货币发行国的厂商避免汇率风险，也可以吸引国际货币发行国之外的厂商使用该货币进行计价和结算。就官方领域储藏价值功能而言，币值和汇率稳定有利于增强各国以该货币作为外汇储备的信心，降低交易成本，增进欲实现国际化货币的价值储藏职能。

维护币值稳定，尤其需要维护国际社会对于货币在未来不会因膨胀而价值缩水的信心。前已述及，在实行货币信用本位的当今，信用货币本身没有价值。在这种情况下，如果国际社会对一种货币的币值稳定缺乏信心，该货币就无法实现国际化。这是因为一种国际化货币既是国际社会公私主体进行交易所使用的主要工具，也是其持有国际资产的主要形式。当一种国际化货币为国际社会提供资产持有形式时，各国投资者通常持有以该货币发行的国际证券，各国亦需持有该货币作为外汇储备。在这种情况下，各类持有者须对所持有的货币币值或货币资产的价值不受侵蚀或不受到过分侵蚀抱有信心。

对照以上条件，人民币要实现国际化，需要我国强化维护人民币币值信用的法治建设，控制货币发行量，避免货币超发、通货膨胀和币值缩水，同时适时地进行汇率形成机制的改革，避免形成汇率严重偏差，避免因此成为国际游资围捕的"猎物"和由此导致的汇率的大起大落，在此基础上增进和积累各国对人民币币值稳定的信心。

（二）货币国际化的金融条件

虽然历史上每一种国际货币的崛起都有其特定的历史背景，但相同的是各国际货币的发行国都具有强大的金融市场。国际货币依托的货币发行国的金融市场都具有近似的特点，体现在金融市场的广度、深度和开放度三个维度上。金融市场的广度体现为金融市场参与者类别、入市交易目标、风险偏好、投资时限的多元化程度，以及以金融工具数量体现的金融市场规模。金融市场深度体现为市场是否存在足够大的交易量，从而可以保证某一时期、一定范围内的成交量变动不会导致市价的失常波动，以及报价与成交价之间的差额大小，衡量的是金融市场的效率和完善程度。金融市场的开放度体现为金融市场的自由度，表现为该市场没有资本和汇率管制，从而降低交易成本。[1]

金融市场的广度和深度对于货币国际化不可或缺。就广度而言，一个有广度的金融市场，由众多不同类型、不同目的的参与者入市交易。参与者的类型和数量越多，则市场被操纵的可能性就越小。此外，丰富的金融工具能够满足不同需求者的需求，增进对交易货币的广泛使用。就深度而言，如果非居民能够买卖某种货币或以此计值的资产而不会因其买卖的多少而发生重大的价格变化，该货币将会对非居民具有吸引力。相反，如果市场没有深度，并因而缺乏流动性，会导致交易成本高昂，不利于货币国际化的实现。如何加强金融市场的深度和流动性呢？竞争环境，特别是金融机构之间竞争，能够激励深度和流动性金融市场的发展。市场深度和流动性依赖投资者参与，要求合同能够得到可靠的执行以保证债务的履行，并在债务无法履行时提供及时有效救济。投资者参与市场需要高质量的监管和有效的披露要求，以保证投资者获得充分的信息。投资者参与市场还要求货币发行国建立起有效的清算和结算系统，提供紧急流动性来源。[2]

货币发行国金融市场的开放性，更是货币国际化不可或缺的条件。即便一国金融市场具有广度和深度，但如果缺乏开放性，该国货币也难以国际化。日元国际化留下的教训为此提供了有力的注脚。曾几何时，日本是世界第二大经济体，其金融市场和资本市场规模亦十分惊人，但其流动性不足且外国投资有限。日元的国际化在20世纪八九十年代达到顶峰后却半途而废。虽然日元国际化失败的主要原因是日本经济进入长期停滞，但日本金融市场没有真正地对外国投资者开放也是重要原因之一。一个国家或地区不具有市场决定的汇率而成为国际金融中心是可能的，如我国香港实行的港元与美元联系汇率制，并没有影响香港成为国际金融中心。同样，货币没有成为重要储备货币，但其发行国成为一个区域性的经济强国也是可能的，如日本。但是，一国货币要真正完成国际化，最终取得国际储备货币地位，则须全面开放资本项目和金融市场，

---

1 参见陈炳才等：《美元欧元日元地位变化趋势及其对人民币汇率机制的启示》，《管理世界》2001年第6期。

2 Barry Eichengreen, Kathleen Walsh, Geoff Weir, "Internationalisation of the Renminbi: Pathways, Implications and Opportunities", *CIFR Research Report*, 26 March 2014, pp.12–13.

使该货币在国际贸易和金融交易中得到广泛接受并实现浮动汇率。[1]

可见，金融市场的深度、广度和开放度，决定了非居民使用该货币进行计价结算、投融资、储藏价值及对冲风险的可行程度，为货币国际化必不可少。以此来审视人民币国际化对我国金融市场发展的需要，不难得出结论，人民币国际化也需要发达的金融市场的支持，该市场对非居民高度开放，有足够的流动性和稳定性，并能够提供有效的对冲工具。在我国尚存在资本项目管制以及金融市场欠发达的情况下，人民币国际化还有相当长的路要走。为实现人民币国际化，我国需要充分开放资本项目及其对应的金融市场，允许资本自由地跨境流动，并加强金融市场的广度和深度建设。这些都需要我国进行国内制度的相应变革。没有这样的变革，充分的人民币国际化恐难以实现。

三、货币国际化需要政治、军事提供安全条件

货币国际化不仅取决于货币发行国的经济和货币金融条件，而且也取决于该国在世界范围内能否为其货币资产提供有效的安全保障。安全取决于多方面的因素，但军事能够为安全提供必不可少的坚强后盾和保障，因而在货币国际化所需安全条件中极为突出。而军事与政治的关系极为密切，以至于德国军事理论家、战略家克劳塞维茨（Carl Von Clausewitz）在其巨著《战争论》中作出了军事是政治的延伸的著名论断。他还指出，一切国家与团体、组织之间，首先是政治关系。当这种政治关系遭到破坏时，首先应当采用政治外交手段予以修复、谈判协商解决问题。只有当政治外交无法解决，关系无法调和，利益冲突到了极限时，才会采取最激烈、最暴力、最后最终的办法：战争。[2]鉴于政治与安全具有密切的关系，以下将二者结合在一起考察其对货币国际化和人民币国际化的影响。

政治之于货币国际化的重要性，体现在内外两个方面。在国内，货币发行国政治稳定和有效治理至关重要。货币发行国的政治稳定十分重要。即便一国经济和货币金融一时稳定，但如果该国政治不稳定，也可能无法维持未来的经济和货币金融稳定。审视英镑和美元，当其成为国际货币时，英国和美国都有稳定牢固的政治体系。货币发行国的有效治理，亦不可忽视。如果货币发行国

---

1 Eswar Prasad, *The Dollar Trap: How the U. S. Dollar Tightened Its Grip on Global Finance*, Princeton University Press, 2014, p.231.

2 参见〔德〕克劳塞维茨：《战争论》第一卷，中国人民解放军出版社，2005，第26页。

没有对财产权的足够保护和对法律的真正尊重这样的坚实后盾，其货币的潜在使用者不可能倾向于使用该货币，这些使用者也不会被吸引到一个缺乏成功的治理能力的国家中去。

　　政治之于货币国际化的作用除以上对内体现之外，还有对外的要求和体现，主要体现在货币发行国须是世界的政治强国。货币发行国强大的政治地位，可以保障本国货币和以本国货币计值交易的金融资产的安全，同时保障本国利益不受其他国家的侵害。一流的国际货币是货币发行国能够提供安全庇护天堂的货币。货币发行国须能够为私人和官方投资者提供安全保障。面对外部和内部的威胁仍然安全的国家，才能被国际投资者视为一个真正的安全庇护天堂。德国马克之所以不可能成为一个真正的国际货币，是因为德国在"二战"后被分割，置于冷战的最前线，且由于历史原因，缺乏强大的、自主的军事力量。日本由于宪法限制其采取军事行动，加上与韩国和中国的尴尬关系，诠释了为什么日元从未能实现一流的国际货币地位的原因。[1]对私营层面而言，一个军事强大的国家可以为紧张不安的投资者提供一个"安全港"。[2]对官方而言，政府的货币偏好受外交政策关系和国际同盟包括军事同盟的影响。稳定的国际同盟会支持货币在跨境交易中使用。盟国倾向进行不成比例的贸易，从而增进各自货币的使用，且同盟的存在降低了货币发行国没收外国货币持有者所持货币的可能性。[3]"二战"之前，英镑、法郎在英国和法国势力范围内占据主导地位，英镑甚至在"二战"之后作为储备货币仍然长期存续于英联邦国家，美国借助其广泛的经济和军事同盟为美元的霸主地位提供强大支持，都诠释了国际关系和安全因素在货币国际化中的重要作用。

　　人民币的崛起是一个复杂的过程，事关国内和国际经济与政治。有时政治因素胜过经济因素。[4]因此，我们在为人民币国际化准备条件时，需要重视人

---

1 Barry Eichengreen, Kathleen Walsh, Geoff Weir, "Internationalisation of the Renminbi: Pathways, Implications and Opportunities", *CIFR Research Report*, 26 March 2014, p.36.

2 See Benjamin J. Cohen, "Will History Repeat Itself? Lessons for the Yuan", *ADBI Working Paper Series*, No. 453, January 2014, p.5.

3 See Benjamin J. Cohen, "Will History Repeat Itself? Lessons for the Yuan", *ADBI Working Paper Series*, No. 453, January 2014, p.5.

4 Miriam Campanella, "The Internationalization of the Renminbi and the Rise of a Multipolar Currency System", *ECIPE Working Paper*, No. 1, 2014, p.4.

民币国际化需要的政治及安全保障。我国长期以来政治稳定，政府对国家的治理十分有效。这些都为人民币国际化提供了良好的政治及安全基础。适应人民币国际化的需要，我国须坚定道路自信，充分发挥中国特色社会主义制度的优越性。

四、网络效应及其对货币国际化的影响

货币国际化的网络效应，又称网络外部性（network externality），是指一种货币在国际社会越被广泛使用，就越会被更多主体使用，从而增进其国际化或加强其国际货币的地位。例如，在一种货币居于主导地位的情况下，任何单个主体会因其他主体使用该货币而在其交易中也趋于使用该货币，否则，交易就会遇到不便和麻烦。如果该货币在国际贸易中广泛使用，极易在国际金融交易和外汇交易中也使用。在国际金融交易和外汇交易中使用，就极易成为被一些国家货币定值盯住的对象，从而加固或延续其主导地位。[1]

网络效应对货币国际化和国际货币的竞争具有重要影响。首先，网络效应会导致已经国际化的货币存在居先优势（incumbency）。居先优势是国际货币竞争中的一种重要现象，是已占据国际货币地位的货币由于具有网络效应和规模经济效应，在维护自身地位和排除竞争对手所具有的优势。一种货币占据居先优势后，与其竞争的货币就难以以与其发行国经济实力相称的比例和应有进程赶超居先货币。这是因为对于其他国家来说，改变在国际经济往来中所习惯使用的货币具有成本。在国际货币转换存在成本的情况下，如果其他条件不变，其他国家维持原来习惯的交易方式在短期内最能节约成本，因此，其他国家会按照原来习惯的方式进行交易，包括使用习惯的国际货币。其次，网络效应还会产生历史惯性或黏性现象。对于已占据居先优势的国际货币而言，这种历史惯性或黏性体现在：即使该货币发行国经济实力和其他条件不再与其货币地位相匹配，但该货币也能在相当时间里继续发挥国际货币职能，或发挥与其经济实力和其他条件不匹配的国际货币职能。而对于竞争货币而言，这种历史惯性或黏性体现在：国际竞争货币发行国从经济实力和其他条件的超越到货币地位的超越，会存在一定的时滞。也就是说，国际

---

[1] 韩龙：《美元崛起历程及对人民币国际化的启示》，《国际金融研究》2012年第10期。

竞争货币发行国的国际货币地位和国际经济地位之间存在时滞。例如，美国经济规模超越英国是在 19 世纪 70 年代，对外贸易超越英国是在 1912 年，而美元获得与英镑并驾齐驱的地位却是在 20 世纪 20 年代的上半期，独霸世界则是"二战"之后的事，以此计算，美元因英镑的居先优势而滞后了少则 10 年，多则几十年。这说明居先优势虽不是一切，也有丧失的时候，但在国际货币竞争中也不可忽视。[1]

网络效应对人民币国际化具有重要寓意。网络效应意味着一国货币国际化所需条件与其货币的地位变化并非呈线性。网络效应也意味着后来赶超的货币与已占据居先优势的货币，在一段历史时期，可能处于并存和对峙状态，亦即两种或多种国际主导货币同时并存。20 世纪 20—40 年代的美元与英镑就属于这种状况。我国经过多年的发展，经济总量已居世界第二，贸易量超过美国居世界第一，按照有关测算我国经济总量将在 2030 年前后超过美国居世界第一。这些都为人民币成为国际货币奠定了良好基础。在这种情况下，如果我们在国际经济活动中仍然过度地依赖美元或其他货币而没有发挥人民币的任何国际作用，就像 19 世纪末 20 世纪初美国仍然依赖英镑那样不正常，因此，积极推进人民币国际化是我们的应有之举。但另一方面也应当看到，美国至今仍然是世界第一大经济体，具有最发达的金融市场，加上居先优势的存在，美元在短期内被人民币取代的可能性不大。在这种局面下，接受美元作为国际主导货币的现实而非取而代之，同时积极地壮大自身实力，努力使人民币成为又一国际主导货币，从而在国际社会形成两元或多元主导货币的格局，不失为人民币国际化的近期务实目标。[2] 在中远期，我国应积极拓展人民币在国际的广泛使用，扩大人民币国际化的网络效应，为人民币最终成为国际主导货币提供条件。从目前来看，人民币国际化实现这一目标还有很长的路要走。这是因为充分意义上的货币国际化是指非居民之间在其交易中通常使用该货币，在这种交易中没有来自于货币发行国的交易对手方参与其中。目前鲜有证据表明人民币在以这种方式大量使用。[3] 可见，人民币国际化网络效应还远未实现。

1　韩龙：《美元崛起历程及对人民币国际化的启示》，《国际金融研究》2012 年第 10 期。

2　韩龙：《美元崛起历程及对人民币国际化的启示》，《国际金融研究》2012 年第 10 期。

3　Arthur Kroeber, "China's Global Currency: Lever for Financial Reform, Brookings-Tsinghua Center for Public Policy", *Monograph Series*, No.3, February 2013, pp.4–5.

五、政府推动不可或缺

一国对其货币国际化究竟应抱有什么态度，学界的研究并非没有争论。弗兰克尔就曾刻意撰文指出，总体而言，货币的国际化不是发行国民众或政府有意推动的结果，而是经济和金融扩展的非计划的副产品，并列举了美国以及德国、日本的例证。[1]

然而，对于货币的国际化，政府不作为甚至实行抵制的说法并不符合普遍的历史事实。前述美元与英镑交锋史表明，没有美国修改妨碍美元国际化的法律，没有美国政府为推动美元发挥国际作用而建立美联储，没有美联储运用"有形之手"培育和壮大美国的金融市场，没有美国政府在波谲云诡的国际金融交锋中巧施谋略，美元的崛起和取英镑而代之成为国际货币体系的霸主，不是不可能的，但至少需要历经更长的时间和波折。正如克雷格·卡明（Craig Karmin）在研究美元编年史时所承认的那样，美国 20 世纪初的金融改革显然在于提高美元的国际地位，最终目的是从美元的国际化中获益。[2]

德、日也不例外。虽然 20 世纪七八十年代，面临马克的国际化，强大的德国制造业因担忧马克国际化升值或境外资金流入导致通货膨胀，因而损害德国制造业的竞争力而加以反对，但 20 世纪 80 年代马克在世界各国外汇储备仍然高达 15%—20%。[3]进入 90 年代，德国与法国等联合谋划取代马克和其他相关货币的欧元，一开始就出于旨在取得国际货币地位的政治动机。[4]日元也是如此。虽然 20 世纪七八十年代因担忧日元国际化和升值会影响日本的出口竞争力，加之日本金融业不甚发达，日本产业对日元国际化并无兴趣，甚至反对，但政府后来仍然逐步给予支持。到了 90 年代，日本坚定地支持日元的国际化，旨在降低日本企业的汇率风险，建立国际金融中心。1996 年日本颁布了全面的金融改革计划，1998 年日本实行了称为"大爆炸"的金融改革。由

---

1 Frankel, Jeffrey, "Historical Precedents for Internationalization of the RMB", http://www.nber.org/papers/w14154, November 2011.

2 Karmin, Craig, "Biography of the Dollar", *Crown Business*, 2008, p.116.

3 Tavlas, George S., "The Deutsche Mark as an International Currency", in Dilip Das, ed., *International Finance: Contemporary Issues*, Routledge, 1993, pp.566–579.

4 Rogoff, Kenneth, "Blessing or Curse? Foreign and Underground Demand Euro Notes", *Economic Policy*, Vol.13, No. 26, April, 1998, p.12.

于日本经济长期陷于衰退和低迷，日元的国际化才没有取得预期的效果。

美元及其他货币的崛起史表明，政府的作用主要有两方面：一是创造货币国际化所需要的条件。美国为发挥美元的国际作用修改法律，建立美联储，美联储培植美元国际化所需要的美国金融市场，树立各国对美元的信心，均是例证。二是在波谲云诡的国际货币金融交锋中，精心谋划和实施克敌制胜的方案。"二战"后，美国为瓦解"二战"前和战时形成的英镑板块，以英国放弃对英镑的货币管制作为向英国提供贷款和援助的条件，从而加速英镑的衰落，即是明证。

人民币国际化现处于起步阶段，我国政府迄今给予了人民币国际化以支持，这是符合货币国际化发展规律的。随着人民币国际化的深入发展和对各行业带来的机遇、挑战的分化趋势加强，人民币国际化的优势和劣势会逐步显现，抵制人民币国际化的声音不能排除，政策也会面临抉择问题。例如，根据有关国家的实践，一种货币要国际化，流出境外的货币须有回流的渠道和空间，这就需要实行货币国际化的国家开放资本项目和投资领域。但这一开放会导致资本的流入和外国持有国内资产，处置不当还可能引起货币升值和通货膨胀，降低该国出口产品在国际市场上的竞争力。苏波拉曼尼安（Subramanian）不无担忧地指出："对中国来说，存在着不让外国人能够取得中国资产的出口导向增长战略与需要外国人无限制地取得中国资产的促进储备货币地位之间的矛盾。"[1]一种货币国际化所带来的利益会大于局部代价，因此，我国政府在面临政策抉择时，更需要具有推进人民币国际化的魄力。特别是在人民币国际化的良好基础主要集中于经济规模和贸易量，而在其他方面尚有差距的局面下，如果没有政府的大力推动并积极地进行相关改革以创造所需要的条件，人民币国际化就难以成功。[2]

第四节　人民币国际化的路径

人民币国际化的路径即实现人民币国际化的方法和道路，因对此进行解构

---

1 Subramanian, Arvind, "Eclipse: Living in the Shadow of China's Economic Dominance", *Peterson Institute for International Economics*, 2011, p.5.

2 韩龙：《美元崛起历程及对人民币国际化的启示》，《国际金融研究》2012 年第 10 期。

的维度不同而具有不同的意涵。概而言之，根据人民币国际化需要重点解决的问题、人民币国际化所需实现的国际货币职能和人民币国际货币职能实现的地缘或地域模式，人民币国际化的路径可分为人民币国际化面临的内外问题解决之道，人民币国际货币职能的实现之道和人民币国际货币职能实现的地域之道。鉴于本章第一节已经对人民币国际货币职能实现的进程顺序及现状进行了解构，故本节简而述之，重点对人民币国际化面临的内外问题解决之道和人民币国际货币职能实现的地域之道进行考察。

一、人民币国际化面临的内外改革之路径

人民币国际化面临着许多待解问题，但从货币发行国的角度进行概括，可以分为对内问题和对外问题，这些问题都要通过改革加以解决。人民币国际化也面临对内与对外问题，解决这些问题所需进行的改革可称为对内改革与对外改革。人民币国际化面临的对内改革包括金融改革、汇率制度改革以及其他国内改革，对外改革则集中体现在资本项目管理制度改革上。可见，人民币国际化面临的内外改革问题，实质上是我国国内改革与对外资本项目管理制度改革的关系和顺序问题。就此关系和顺序而言，有三种不同的路径主张，即国内改革先行，以资本项目开放促国内改革，以上二者的折中路径。

（一）国内改革先行

货币国际化包括人民币国际化及其所需要的资本项目开放，为什么需要国内改革先行，或者说为什么国内改革要为资本项目开放预备条件？众所周知，货币国际化需要国际化货币的发行国实行资本项目开放。但资本项目开放，会导致短期投机资本的大进大出，易引发金融动荡。而强大的国内金融、经济和其他条件，能够缓冲国际投机资本的冲击和可能引发的金融动荡。从这一意义上讲，国内金融和其他改革是资本项目开放的重要基础和条件，因此，在国内金融和其他条件加强、改善或具备之后，再朝着资本项目开放及其支持的货币国际化方向迈进，方显得慎重和稳妥。在人民币成为对外国私人和官方投资者具有吸引力的计价单位、交易媒介和价值储藏手段之前，我国的金融市场需要深化和发展，同时需要加强法治，包括合约的执行、公司治理等。因此，有学者认为，着眼于金融稳定，中国应当通过进一步促进银行商业化、加强审慎监管、加强中央银行独立性，对金融市场进行重大改革，然后再实行货币国际化

所需的资本项目可兑换,这才是慎重的。[1] 因此,在货币国际化需要的对内改革与对外改革的关系上出现的第一种主张,是国内改革先行,在完成全部的国内改革后,再进行人民币国际化所需要的资本项目开放的改革。

这一主张所说的国内改革,不仅仅包括金融改革,而且还包括经济、体制和其他改革。鉴于人民币国际化需要的条件在上一节中已经论及,故此处仅以金融改革为例,展示国内改革先行的主张。在国内改革先行论看来,货币国际化国家的国内金融改革一般要遵循银行体系改革—证券市场改革—汇率制度改革—体制改革的顺序,并一直伴随审慎监管。

1.银行体系改革

在主张国内改革先行的学者看来,国内金融改革应始于强化和改革银行体系监管,这方面的改革主要包括以下方面:首先是国有银行的商业化。许多大型银行仍然是国有控股,虽然表面上独立于政府而经营,但其是否在事实上从事商业经营广受质疑。[2] 因此,对国有银行进行包括股权多元化的改革,使其成为真正的进行商业化经营的银行是银行体系改革一大重任。其次,银行体系改革要为银行的商业化经营提供市场化的条件和环境。例如,有效的商业化经营需要放开存贷款利率,使银行通过竞争寻求借款人和资金。虽然我国在 2013 年和 2015 年取消了对银行贷款和存款利率的控制,以图引入竞争,但 2013 年 9 月建立的市场利率定价自律机制,几乎涵盖了我国的所有银行机构,央行放开存款利率上限管制的改革并没有出现人们想象的市场化进程。最后,银行体系改革既要加强资产负债表的监管,也要加强表外项目的监管。资产负债表的监管重在加强银行监管资本和流动性,使银行具有更强的风险抵御能力。表外项目的监管要重在加强对影子银行的监管。许多信托基金、投资公司和其他非银行投资机构实际上是由银行经营,银行通过这些机构以比正规银行存款利率更高的利率来吸引资金,并发放不需要占用银行资本及准备金的贷款。一些理财产品、互联网账户等与银行存在密切的关系。如果在人民币国际化所需要实行的资本项目开放之前,上述监管改革不到位,这种不受监管的情

1 Barry Eichengreen, Kathleen Walsh, Geoff Weir, "Internationalisation of the Renminbi: Pathways, Implications and Opportunities", *CIFR Research Report*, 26 March 2014, pp.7–8.

2 Barry Eichengreen, Kathleen Walsh, Geoff Weir, "Internationalisation of the Renminbi: Pathways, Implications and Opportunities", *CIFR Research Report*, 26 March 2014, pp.19–20.

形会更加令人担忧。

2. 证券市场改革

由于我国金融体系在传统上是（至今仍然是）以银行为主渠道，因此，金融改革应以银行为开端。但这一改革还应包括证券市场改革。人民币国际化主要牵涉证券市场的哪些组成部分呢？从历史来看，外国出于储藏价值的考虑持有一种货币时主要是以政府债券和银行存款，而不主要是以企业股票的形式加以持有的。这是在 19 世纪英镑作为主要的国际货币，20 世纪 20 年代和 30 年代英镑和美元分享国际货币的角色，20 世纪后半叶及至今日美元占主导地位时的真实情况。当然，历史也可能会改变，这是因为到如今官方投资不仅可以由中央银行从事，而且也可以由主权财富基金以持有股票、另类投资等形式进行。除此之外，储藏价值不仅体现在官方领域，而且也体现在私营领域，即机构和个人投资者也需要基于储藏价值的需要进行投资，这类投资广泛涵盖公司股票等投资产品。因此，关注人民币国际化所需要的证券市场改革，需要将重心放在债券特别是政府债券上，同时也需要考虑股份投资。

就债券特别是政府债券而言，鉴于债券市场对于人民币国际化完成的标志——储备货币地位攸关，特别是待人民币国际化实现时，各国拥有的人民币外汇储备通常以债券，特别是政府债券的形式持有，因此，债券市场而非股票市场更应受到关注，其中政府债券的流动性尤其值得重视。我国债券市场存量规模居世界前列。但衡量市场流动性的我国债券市场交易易手率（债券在一年内买入卖出的次数）与世界头号货币发行国——美国相比仍有差距。这主要是因为银行和投资基金持有不少到期的债券，且绝大多数的债券交易发生在银行间场外市场（银行和其他有权机构通过询价和单独协商买卖债券），较少在交易所交易。而银行间市场交易透明度不足（交易价格不为第三方所知），对手风险会击退不少潜在的市场参与者。为增强债券市场的流动性，国务院和中国人民银行采取了加强债券交易基础设施等措施，有望增进债券市场的流动性，有助于满足人民币国际化的需要。

此外，债券市场像银行一样也能够对金融稳定造成风险和威胁。例如，银行间债券市场出人意料的急剧变化，会导致金融机构措手不及、高杠杆机构发生巨大损失、短期融资成本高企、企业在极端情况下无法获得短期融资等后果。凡此种种，都会危及金融体系的稳定。例如，2013 年 6 月 20 日，我国银行间债券市场因年中考核、债市规范整顿等原因，导致隔夜回购利率最高达到史无前例的 30%，7 天回购利率最高达到 28%。整个债市哀鸿遍野，发行人的债券发行计划搁浅，股市大幅下挫。未来，在为实行人民币国际化而充分开放资本项目和债券市场的情况下，债券市场的急剧变化会引发外国投资者的投资资金出逃，令债券市场雪上加霜。因此，借助必要的规制和监管，保持债券市场安全稳健运行，是人民币国际化对债券市场的又一要求。

就股份市场而言，我国需要进一步加强公司治理制度，改进公司治理，提高透明度，完善独立董事制度，遵守国际会计准则，接受国际公认会计师的外部审计，对国有企业继续开展股权多元化的改造，使企业股票能够成为人民币国际化条件下官方和私人投资者广泛接受的投资品。

3. 汇率制度改革

随着货币国际化国家对金融市场和金融机构监管的加强，该国应调整其经济政策和体制。其中，汇率制度改革与体制改革尤为重要。但鉴于本著在其他相关章节对此汇率制度改革有专门论述，故此处仅简述。富有弹性的汇率制度，能够使汇率根据资本流动做出合适的自我调整，从而为资本项目开放条件下的资本流入、流出提供"防波堤"，因而显得十分重要。同时，富有汇率弹性的汇率制度也能够激励银行和其他企业对冲风险，并促进货币当局独立自主实施货币政策。

4. 体制改革

人民币国际化所需要资本项目开放和自由浮动汇率制度，凸显出保持中央银行和金融监管机构独立性的重要性和必要性。就中央银行来说，根据前述罗伯特·蒙代尔提出、保罗·克鲁格曼发展的"三元悖论"，我国在资本项目开放和实行自由浮动汇率制的条件下，有实行独立的货币政策的条件。但独立的货币政策只是不受他国货币政策和国际资本流动裹挟、有条件追求本国货币政策目标的货币政策，并不等同于正确的货币政策。即便是实行资本项目开放、自由浮动汇率和独立货币政策，因而迎合了"三元悖论"要求的美国，其不当的货币政策以及其他政策也导致了 2008 年的国际金融危机。这表明货币国际化国家不能因具备实行独立货币政策的条件而对货币政策掉以轻心。实现人民币国际化，我国货币政策需要兼顾国内需要和国际需要，同时还要因应国际资本大规模急剧流动带来的冲击，因而立法要保障中央银行独立实行货币政策而不受干预的权力。这是保障货币政策独立性的必要条件。况且，根据海伦娜·雷伊（Hélène Rey）教授的研究，中心国家的货币政策会影响全球银行的杠杆率和国际金融体系的资本流动及信贷增长，因此，只要资本能够自由流动，不论一国实行什么样的汇率制度，全球金融周期都会限制一国的货币政策。依此，"三元悖论"转变为一个二选一的两难选择：选择资本自由流动，还是独立货币政策。[1] 原因就在于在大量流动资本在全球横冲直撞的情况下，自由浮动汇率无法像"三元悖论"设想的那样能够及时根据资本流动作出合适的自我调整，继而无法完全保存货币政策独立性。这一研究发现意味着，在人民币尚未成为国际主导货币，我国还没有成为中心国家的条件下，为实现人民币国际化，我国不得不开放资本项目，我国货币政策的独立性注定会受到影响，因此，更需要通过立法确保中央银行的独立性。就监管机构而言，保持监管机构的独立性而不使其沦落为被监管机构的俘虏，对于保障金融市场的安全稳健亦至关重要。

5. 国内改革先行之评析

按照国内改革先行说，在国内金融市场得到显著加强和深化之前，资本项目开放和人民币国际化的改革将是一种冒险，且终将一无所获，因此，我国应在完成全部的国内改革后，再朝着资本项目开放和人民币国际化的改革迈进。国内改革先行说貌似最大限度地降低了风险，虽说慎重，但其存在的潜在问题亦不容忽视，主要有：第一，国内改革先行说可能为既得利益者所用，拖延和阻挠人民币国际化所需要的改革。不可否认，人民币国际化及其所需要的改革会带来利益调整，既得利益集团出于丧失既得利益的担忧会对改革进行抵制。例如，如果银行能够通过在资产负债表外建立投资基金增加利润，就会抵制严格的规制。又如，如果有关当局陶醉于能够影响监管机构监管的权力，就会怠于开展赋予这些机构独立性的改革。在这种情况下，国内改革先行说会为既得利益集团抵制人民币国际化所需要的国内改革提供口实。特别是，在资本项目开放能否带来经济增长受到质疑，开放的资本项目与国内金融缺陷相结合会造成金融动荡之说尚存的条件下，既得利益集团拖延甚至拒绝国内改革更有

---

1 Hélène Rey, "Dilemma not Trilemma: The Global Financial Cycle and Monetary Policy Independence", *NBER Working Paper Series*, No. 21162, May 2015, Revised February 2018, p.21.

说辞。第二，国内金融发展和改革，由其性质所决定，将非常漫长，因此，按照国内改革先行说开展人民币国际化的进程也将是漫长的。这种漫长的历程是否符合我国和人民币国际化的利益值得审视。第三，即便是采用国内改革先行说，也并不能保证国内金融改革和人民币国际化的目标注定能够实现。

（二）以资本项目开放改革促国内改革

这一路径也承认国内金融改革的必要性，但将之作为人民币国际化所不可或缺的资本项目开放的推进器。这一路径的机理在于：人民币国际化需要充分开放资本项目，而资本项目的开放就需要中国实行富有弹性的汇率和汇率制度。同样由于资本项目需充分开放，国内利率与世界其他地区利率不再隔离，这就要求消除利率管制，使国内利率与世界其他地区通行利率接轨。也是由于资本项目管制不再存在，中国需要应对更大规模的跨境资本流入和流出，因此，增进银行商业化和监管就显得十分迫切。[1] 就需要进行的国内改革的涵盖面而言，这一路径与前述国内改革先行的路径并无差异，但与国内改革先行路径不同的是，在这一路径的主张者看来，人民币国际化及其所需要的资本项目开放改革会加速国内改革的进程和步伐。

1. 资本项目开放需建立弹性汇率制

根据这一路径，在全面开放资本项目之前，我国需要进行相关的改革，首先便是汇率制度。我国开放资本项目大体上可能会出现以下情形：一是境外资金大量流入，加大人民币汇率升值压力。如果汇率缺乏足够的弹性，中国人民银行不得不购买大量外汇以阻止人民币出现的升值，结果将是巨额资金和信贷的增长以及不良的通货膨胀，同时中国人民银行大量增持外汇储备，会加大其持有的投资组合所面临的外汇风险，与人民币国际化的目标相背离。[2] 中国人民银行固然可以发行债券以对冲货币和信贷的增长，但如果我国债券市场没有足够的发展，对冲债券可能导致债券价格和利率急剧动荡。二是资本项目开放后由于国内居民期冀通过投资海外资产实现投资组合多元化，或由于金融市场遭遇内外冲击导致外国投资者撤回资金等原因，出现大量资本外流，人民币面

1　See Barry Eichengreen, Kathleen Walsh, Geoff Weir, "Internationalisation of the Renminbi: Pathways, Implications and Opportunities", *CIFR Research Report*, 26 March 2014, p.8.

2　See Barry Eichengreen, Kathleen Walsh, Geoff Weir, "Internationalisation of the Renminbi: Pathways, Implications and Opportunities", *CIFR Research Report*, 26 March 2014, pp.24–25.

临贬值的强大压力。在这样的条件下，实行盯住汇率的汇率制度通常是牺牲品。三是实行资本项目开放后，资本流动呈现双向大幅度增加，即资本的流入和流出双向加剧。但如果资本项目开放前汇率缺乏足够的弹性，不论出现以上哪种情形，维护汇率稳定将会更加困难和代价沉重。而富有弹性的汇率将会因境外资本流入而升值、因境内资本流出而贬值的机制，调节跨境资本流动，维护金融市场的稳定。

2. 资本项目开放需要加强银行体系监管

开放资本项目的其他经济体的经验表明，境外资本最有可能通过银行流入和流出。[1]而我国的银行业也可能会成为资本项目开放条件下的风险来源。例如，我国的一些银行会不会自恃机构庞大和具有系统重要性，从事冒险经营？而境外的银行会不会由于我国的一些银行具有以上特征，或认为我国银行享有政府隐性担保，不顾风险过度地借贷给我国的这些银行呢？如果答案是肯定的，那么，在资本项目开放条件下，这些银行的资产负债表往往饱含金融体系的助周期性。在这种情况下，我国开放资本项目以推行人民币国际化，就需要迫切地加强对银行体系的规制和监管，如提高监管资本要求，限制银行转移资产负债表风险敞口的能力，为破产银行建立有序的退出机制，以解决银行大而不能倒的问题。监管机关亦当尽快提高自身的能力，不仅包括监管个别金融机构的微观审慎监管能力，而且也包括关注整个金融体系稳定的宏观审慎监管能力。中国人民银行亦应加强作为最后贷款人的准备和能力。

3. 资本项目开放需要建立有效的清算体系

资本项目开放之所以需要建立有效的结算和交收系统，主要是因为在资本项目开放的条件下投资者可以自由地转换和转移国内外资产。而大规模的国内外资产转换和转移，会给金融市场的交易量和交易价格带来变化，甚至巨变。为了顺应需要和缓冲金融市场可能发生的动荡，我国需要加快行动，建立有效、实时的清算体系。对此，本著有专编进行研究，故不赘述。

4. 评价

以资本项目开放促国内改革的路径，会为人民币国际化所需要的国内改革

---

1 See Barry Eichengreen, Kathleen Walsh, Geoff Weir, "Internationalisation of the Renminbi: Pathways, Implications and Opportunities", *CIFR Research Report*, 26 March 2014, pp.24–25.

施加压力，更易于以有力的改革冲破国内改革的阻力，因而人民币国际化进程会相对加快。但这一路径也有风险。首先，这一路径是以资本项目开放促国内改革，而资本项目开放只有伴随着国内改革的实现和货币金融体系的加强才更为慎重。在国内改革尚未取得成效，甚至还没有启动的情况下，资本项目开放注定会伴随风险。其次，如前所述，国内改革是有阻力的，而且谁也不能保证国内改革在短期内能够完成或取得成效。如果国内改革缓慢、残缺不全，金融稳定就可能成为牺牲品。在这种情况下，利用资本项目开放来施压国内改革同样面临风险。

（三）折中路径

前述国内改革先行路径需要关闭资本项目直至国内金融改革进程完成，因而时间漫长。而以资本项目开放促国内改革的路径需要一下子开放资本项目，因而显得风险较大。作为二者折中的第三种路径，既不需要关闭资本项目直至国内金融改革完成，也不需要一下子开放资本项目，而是有选择地进行资本项目开放，因而其既不会像第二种路径那样那么早地、完全地对外开放资本项目，也不会像第一种路径那样长期地紧闭资本项目的大门，人民币国际化的进程会比第一种路径完成得快，比第二种路径完成得慢。至于如何在前述第一种路径与第二种路径之间进行折中，又存在以下不同的选择：一是选择性地解除对资本流动的管制，即开放资本项目中对人民币国际化最相关的内容。二是利用不存在资本项目管制的离岸金融中心作为推进人民币国际化进程的平台，然后逐步深化这些离岸中心和国内金融市场之间的联系。三是建立特殊的在岸金融特区，在这些区域内资本项目对外开放，货币可以自由地获得和交易，但在这些区域与我国其他区域之间实行限制。此外，有人还提出允许外国银行和企业使用由中国人民银行与外国中央银行达成的人民币互换协议所提供的人民币信贷资金，但这些银行和企业不能完全进入中国金融市场的设想。[1]

1. 部分开放资本项目

部分开放资本项目这一方案的关键是，哪些资本项目需要开放，哪些资本

---

1 See Barry Eichengreen, Kathleen Walsh, Geoff Weir, "Internationalisation of the Renminbi: Pathways, Implications and Opportunities", *CIFR Research Report*, 26 March 2014, p.8 .

项目不需要开放？按照这种方案，与人民币国际化最为相关的资本项目应当开放，其中既包括所有对贸易计价和结算的货币限制，也包括对跨境资本流动的某些控制。但对其他跨境资本流动的限制仍然应当保留，且可能在较长的时期保留。特别是，对境外个人和企业投资者购买我国 A 股的能力需要进行限制，以防止大量境外资本流入为国内带来的资产膨胀。同时，对个人和机构投资者将大量人民币资金转移出中国的能力，也需要限制。我国的银行在离岸市场或从境外机构融资，将需要继续进行严格的控制。随着时间的推移，这些限制可能会进一步放宽，总体上可能会持续相当一段时间。[1] 此外，我国应继续采取进一步推进人民币国际化进程的措施，如开展人民币与其他货币之间的直接交易、中国人民银行与境外中央银行达成互换协议，使他国中央银行为本国市场提供人民币信贷，以鼓励这些国家的银行和企业使用和持有人民币。

部分资本项目开放的方法能够取得成功吗？首先，以前的经验没有提供答案。之前的国际储备货币，从英镑到美元再到欧元，都是已经完全开放资本项目的国家的货币。即便是一些辅助货币如澳元、加拿大元、瑞士法郎和挪威克朗也都是长期开放资本项目的国家的货币。[2] 其次，部分开放资本项目的方法并非没有风险，典型地体现为：一旦部分资本项目实现了开放，仍受管制的项目会乔装打扮地借助开放项目逃避管制，结果导致保留管制的项目没有管住，同时规避管制的交易设计又抬高了人民币交易的成本，损害了人民币国际化。[3] 此外，在这种情况下，如果资本项目开放所需要的国内金融改革的步伐滞后，即便是部分的资本项目开放与监管套利依然会损害金融稳定。最后，部分开放资本项目对人民币国际化的促进效果，值得观察。例如，取消对贸易计价和结算的货币限制以增进人民币作为国际贸易的计价和结算货币，只有在境外当事方易于从当地银行获取人民币的情况下方才可行。当地银行是否能够提供人民币，取决于我国资本项目开放与否。在我国资本项目存在管制的情况下，境外银行提供人民币的能力，取决于其能否从人民币离岸金融市场获得人民币。即

---

1 See Barry Eichengreen, Kathleen Walsh, Geoff Weir, "Internationalisation of the Renminbi: Pathways, Implications and Opportunities", *CIFR Research Report*, 26 March 2014, pp.26–28 .

2 See Barry Eichengreen, Kathleen Walsh, Geoff Weir, "Internationalisation of the Renminbi: Pathways, Implications and Opportunities", *CIFR Research Report*, 26 March 2014, pp.26–28 .

3 韩龙：《资本项目制度改革的流行模式不适合人民币国际化》，《法商研究》2018 年第 1 期。

便这些银行能够从人民币离岸金融市场获得人民币，但将借贷而来的人民币转贷给所需当事方，无疑会增加人民币付费，损害人民币的吸引力。又如，创建人民币对其他货币的直接交易，言易行难。以人民币与日元之间的直接交易为例，交易量小，一笔直接交易的买卖价差比人民币——美元和美元——日元交易的两笔买卖价差之和还要高。一些人士估计，人民币——日元直接交易需达到每日交易量 200 亿美元的水平，才具有吸引力。[1]

2. 依托离岸金融中心

依托离岸金融中心，就是依靠人民币离岸金融中心来发展人民币交易市场，推行人民币国际化。推行人民币国际化的这一方法，体现在世界各地建立的人民币离岸中心。这种方法基于的理念十分明确，即在我国存在资本项目管制，从而限制离岸市场参与者参与在岸市场的条件下，离岸市场参与者可以借离岸市场资本自由流动的优势，建立必要的结算和结算基础设施，开发市场客户，设计、开展交易。不同地区对持有和交易人民币有不同的偏好，各离岸中心又各自擅长不同类型的交易，且在时间上先后承接，因此，各离岸中心在探索和积累人民币国际化所需要的不同经验和技能的同时，可以为全球在一天 24 小时内连续不断进行人民币交易提供一个前后衔接的网络。与此同时，离岸市场与在岸市场之间维持的资本项目管制，将离岸市场这些活动限制在离岸市场，阻挡离岸市场对我国金融稳定形成的潜在威胁。一俟国内市场得到加强，资本项目管制就可以放松，而在离岸市场获得的经验和技能可以转移到在岸市场，人民币国际化可以比没有离岸金融中心的情况下发展得更快。[2] 麦考利（McCauley）把这种依托离岸市场的战略称为"资本管制中的国际化"[3]。

人民币离岸中心的实践在一定程度上表明离岸中心在加快人民币国际化进程中能够发挥一定的作用。以我国香港为例，香港已建立了实时支付结算系统，在汇款实时交收的基础上便利外汇交易结算。香港的中央结算系统（Central Clearing and Settlement System）以货银对付为基础进行股权交易的清

1 Barry Eichengreen, Kathleen Walsh, Geoff Weir, "Internationalisation of the Renminbi: Pathways, Implications and Opportunities", *CIFR Research Report*, 26 March 2014, pp.26–28.

2 Barry Eichengreen, Kathleen Walsh, Geoff Weir, "Internationalisation of the Renminbi: Pathways, Implications and Opportunities", *CIFR Research Report*, 26 March 2014, pp.26–28.

3 Barry Eichengreen, Kathleen Walsh, Geoff Weir, "Internationalisation of the Renminbi: Pathways, Implications and Opportunities", *CIFR Research Report*, 26 March 2014, pp.26–28.

算。香港的中央货币市场部（Central Money Markets Unit），对债券和投资基金份额进行清算。此外，香港还开发了多种多样的汇率衍生产品，包括货币远期和掉期，并活跃地进行交易。香港还形成了离岸人民币的基准利率（CNH Hibor），覆盖从隔夜到一年的票据期限，以便利对离岸人民币贷款的计价和用于风险管理的衍生工具的定价。这些都对在内地存在资本项目管制的条件下推动人民币国际化发挥了一定的作用。

话虽如此，历史上罕有以这种方式实现货币国际化的先例。提及离岸金融市场，人们通常最先想到的是"二战"之后发端于伦敦的欧洲美元市场。欧洲美元市场的发展动力首先源于地缘政治风险。1956 年，苏联入侵匈牙利后，担心其在美国的美元存款会被美国冻结或扣押，因此，苏联将此存款转移至伦敦离岸美元市场以图规避这一风险。其次，欧洲美元市场的产生和发展，还归因于美国 20 世纪 60 年代采取的限制资本外流的措施，如利息平衡税、对境外直接投资的限制等。而处于欧洲离岸市场的美元则免受这类限制，因而加速了欧洲美元市场的发展。

但是，依托离岸金融中心推行人民币国际化，与美元离岸中心不同。首先，美元国际化在先，而美元离岸中心在后。在美元开始离岸交易之前，美元早在 20 世纪 20 年代就获得了世界货币地位，在"二战"后更是成为世界霸主。也就是说，在欧洲美元市场形成之前，美元已是主流的国际货币，纽约已是主流的国际金融中心，美国没有必要先在伦敦获得离岸美元交易的技能，再将之移植到纽约。[1] 其次，之前的离岸中心都是在离岸货币发行国忽视的情况下发展起来的。而人民币的情况则不同。人民币离岸中心在我国是刻意积极操办下产生的结果。这构成人民币离岸市场与其他离岸市场又一差异。这些差异的存在限制了欧洲美元市场与人民币离岸市场的可比性和相关性，使得借离岸市场发展货币国际化的先例难以寻觅。

此外，人民币国际化究竟能够从境外人民币离岸中心借鉴到多少可复制的经验，不可想当然。例如，有些人民币离岸中心如我国的香港，与许多国家存在大量的双重税收协定，具有税收优惠。其从英国继承的普通法制度对投资者

1　Barry Eichengreen, Kathleen Walsh, Geoff Weir, "Internationalisation of the Renminbi: Pathways, Implications and Opportunities", *CIFR Research Report*, 26 March 2014, pp.28–31.

具有亲和力，合同能够得到可靠的执行。这些难以复制的特点是非居民在香港开展离岸人民币业务的原因。[1]因此，与其从境外人民币离岸中心尝试寻求经验借鉴，倒不如"退而结网"，探索适合我国内地推进人民币国际化的路径。

3. 建立在岸金融特区

折中路径的又一种形式，是不依赖于境外离岸金融中心，而是在在岸建立类似的离岸中心，如将一个城市或地区宣布为自贸港或自贸区的金融实验区，港内或区内的金融机构可以通过向非居民吸引人民币资金获得资金来源，再向非居民提供人民币借款。为了避免在我国资本管制的围墙上钻孔而给金融稳定带来风险，需要将金融特区里的银行的贷款等业务在居民与非居民之间建立严格的防火墙制度。[2]在条件具备时，再将在金融特区获得的经验复制推广到其他地方。

我国在上海自贸区以及深圳前海等地进行的尝试就具有这样的色彩。以上海自贸区为例，2013年12月中国人民银行发布的《关于金融支持中国（上海）自由贸易试验区建设的意见》（简称《意见》）以及后续政策，旨在促进人民币跨境使用，尝试开放资本项目。在资金划转以及兑换方面，根据中国人民银行的规定，自贸区的居民和非居民可以开立自由贸易账户，居民自由贸易账户与境外账户、境内区外的非居民账户、非居民自由贸易账户以及其他居民自由贸易账户之间的资金可自由划转。同一非金融机构主体的居民自由贸易账户与其他银行结算账户之间因经常项下业务、偿还贷款、实业投资以及其他符合规定的跨境交易需要可办理资金划转。条件成熟时，账户内本外币资金可自由兑换。这些规定为自贸区与境外、自贸区之内的非居民或离岸账户之间的资金划转打开了绿灯，但《意见》规定居民自由贸易账户与境内区外（即中国国境之内自贸区之外）的银行结算账户之间产生的资金流动，视同跨境业务管理，即实行资本项目管制。

在资本项目交易方面，《意见》规定，居民自由贸易账户及非居民自由贸易账户可办理跨境融资、担保等业务。在自由贸易区有账户的企业可以开展跨

1 Barry Eichengreen, Kathleen Walsh, Geoff Weir, "Internationalisation of the Renminbi: Pathways, Implications and Opportunities", *CIFR Research Report*, 26 March 2014, pp.28–31.

2 Barry Eichengreen, Kathleen Walsh, Geoff Weir, "Internationalisation of the Renminbi: Pathways, Implications and Opportunities", *CIFR Research Report*, 26 March 2014, pp.32–35.

境直接投资，直接向银行办理所涉及的跨境收付、兑换业务，没有前置审核。自贸区内的金融机构和企业可按规定进入上海地区的证券和期货交易场所进行投资和交易。区内企业的境外母公司可按国家有关法规在境内资本市场发行人民币债券。注册在试验区内的中外资企业、非银行金融机构以及其他经济组织可按规定从境外融入本外币资金，但要完善全口径外债的宏观审慎管理制度，采取有效措施切实防范外债风险。区内机构可按规定基于真实的币种匹配及期限匹配管理需要，在区内或境外开展风险对冲管理。允许符合条件的区内企业按规定开展境外证券投资和境外衍生品投资业务。试验区分账核算单元因向区内或境外机构提供本外币自由汇兑产生的敞口头寸，应在区内或境外市场上进行平盘对冲。试验区分账核算单元基于自身风险管理需要，可按规定参与国际金融市场衍生工具交易。经批准，试验区分账核算单元可在一定额度内进入境内银行间市场开展拆借或回购交易。从以上规定来看，试验区对区内机构及个人的直接投资最为开放，而对间接投资、融资的规定则磕磕绊绊，或因条件不明朗而难见真容。[1] 不止于此，《意见》还规定自由贸易区的商业银行将设立与在岸清算系统完全分开的自贸区清算单元，以阻止我国的资本项目管制被规避。总之，与资金划转近似，《意见》对自贸区之内或自贸区与境外的资本项目交易规制较为宽松，对自贸区与我国境内其他地区之间的交易则进行严格规制。鉴于《意见》对自贸区金融业规定呈现出的特色，有人提出要让试验区形成"境内关外"的人民币离岸市场。[2]

设立金融特区，或多或少受到了日本在 20 世纪 80 年代创设的日本离岸市场（Japan Offshore Market，JOM）的影响或启发。1986 年，日本政府设立了日本离岸市场，允许该市场上的日本银行接受来自外国人的日元存款，并向外国人提供日元贷款。各种税收和监管优待适用于在该市场经营的银行，如其存贷款交易不受利率管制以及存款保险制度的制约，不交存存款准备金、不交纳利息预提税等优待。[3] 但日本将该市场与日本在岸金融体系相隔离。日本离岸

---

1 韩龙：《试验区能为人民币国际化提供资本项目开放的有效试验吗?》，《上海财经大学学报》2014 年第4 期。

2 徐凯：《中国（上海）自由贸易试验区的司法保障》，《中国国际法学会 2014 年学术年会论文集》，第994 页。

3 韩龙：《离岸金融法律问题研究》，法律出版社，2001，第 244 页。

金融市场快速发展了十年。但将这一方法作为推行货币国际化的成功经验似乎并不牢靠。日本后来发生的危机部分可归咎于离岸市场和国内市场的严格分割，这导致国内既得利益者抵制改革。结果是日本的经济和金融危机导致了日元在 1991 年之后逐渐失去了作为国际货币的市场份额。[1] 就上海自贸区的金融改革实验来说，从设计和相关规定来看，其金融改革，对人民币国际化所需要的货币自由兑换、投融资以及风险对冲等改革的试验效果有限。其原因主要在于试验区"一线放开、二线管住"的模式使其成为"境内关外"，因而与人民币国际化的环境和条件相异。[2]

4. 对中间路径的总体评价

中间路径不论是部分开放资本项目的方案也好，还是采取离岸金融中心或在岸金融特区的方案也罢，实际上都是力图在推进人民币国际化过程中减少对现有体制和制度的冲击，尽可能保持人民币国际化与现有经济、金融等体制和制度的并行不悖。作为第三种路径，中间路径的优势在于避免或至少限制了快速、全面资本项目开放对金融稳定带来的风险，也避免或至少限制了与国内改革先行的方法造成的危险——人民币国际化的势头丧失，货币国际化目标永远无法达到。

但中间路径也存在风险，核心问题是中间路径是否是达到目标的一条可行路径。相比第一种路径，虽然中间路径可能能够加快人民币国际化的实现，但选择性地开放资本项目能否满足外国投资者对市场流动性和市场便利的需要，值得怀疑。同样，离岸市场或在岸金融特区也不足以大幅提升人民币对国际贸易商和寻求多元化投资组合的外国投资者的吸引力。相比第二种路径，尽管中间路径更安全，但能否做到这一点，不能妄下结论。选择性地开放资本管制会引发监管套利。离岸与在岸金融市场之间，金融特区和其他区域之间有限的联系，可以用作规避管制和热钱流动的渠道，金融稳定的风险依旧存在。特别是，由于市场主体在管制与不受管制的资本项目之间、离岸中心和在岸中心之间、金融特区和其他地区之间进行套利，资本项目可能自发地开放。到那时，

---

1 Barry Eichengreen, Kathleen Walsh, Geoff Weir, "Internationalisation of the Renminbi: Pathways, Implications and Opportunities", *CIFR Research Report*, 26 March 2014, pp.32–35.

2 韩龙：《试验区能为人民币国际化提供资本项目开放的有效试验吗?》，《上海财经大学学报》2014 年第4 期。

面临的选择可能为以下两种之一：从先前的资本项目开放上倒退回来，重新进行管制；或者承认改革大势所趋，破除其余的管制措施，全面地开放资本项目。从这一意义上讲，中间路径面临与更极端的前两种路径同样的困境。

（四）对人民币国际化所需内外改革实现路径的思考

人民币国际化所需内外改革的三种路径各有利弊。国内改革先行的路径虽然貌似安稳，但可能延误，甚至贻误人民币国际化。以资本项目开放促国内改革的路径虽能够加速人民币国际化实现的进程，但风险较大。第三种路径即折中路径，则可能出现两种结果：第一，如果在开放与管制的资本项目之间、离岸与在岸之间、金融特区与国内其他区域之间进行严控，则不可能实现人民币国际化，因为货币国际化不可能在资本项目管制中实现，也不可能仅靠离岸市场就能够实现。第二，如果在以上项目或地域之间不实行严控，允许渗漏或规避管制，那么，资本项目管制可能因形同虚设而不得不取消。可见，第三种路径貌似在前两种路径之间进行折中，但结果可能是前两种路径结果中的一个。

我们认为，推行人民币国际化所需内外改革可以采取国内改革与资本项目开放协调配合、互动推进的模式。这种模式既不是国内改革先行，也不是资本项目开放先行，也不是要在地域之间进行资本项目的封锁，而是将国内改革与资本项目开放协同并进，以资本项目开放促国内改革，又以国内改革所成就的资本项目开放条件来进一步推行更大的资本项目开放。二者循环往复，相互促进和推动，共同完成人民币国际化所需要的内外改革。

在这种模式中，一方面，国内改革的启动和开展不必等待资本项目开放的逼迫而应主动进行。为此，我们应按照人民币国际化的要求，积极主动地开展银行体系改革、证券市场改革、汇率制度改革和体制改革。另一方面，发挥资本项目开放对国内改革的促进作用。既然资本项目的开放不能采取冒进的第二种路径，就意味着对资本项目不能采取"大爆炸"式的一次性全面完成的方式，而应有一个循序渐进的过程。按照 IMF 划分的七大类资本项目交易[1]，我们认为应根据人民币国际化的需要加以区别对待：资本和货币市场工具交易、信贷

---

1 这七大类分别是：资本和货币市场工具交易、衍生品及其他工具交易、信贷工具交易、直接投资、直接投资清盘、房地产交易、个人资本交易。

工具交易与人民币国际化所需要的跨境资本流动干系重大，故应当优先充分放开。对衍生品交易既要提供充分的交易通道和产品，以满足市场对冲风险的需求，又要防范其内含的风险，保持必要的审慎规制。对直接投资及其清盘，在保持对外资充分开放并实行高效的投资清盘的同时，需借助负面清单和对外资的国家安全审查制度对外资进入敏感行业和领域进行掌控。房地产事关民生，维持目前对外资准入的实际需要和自用原则仍属必要。个人资本交易可根据便民原则实行进一步的开放。[1] 然而，由于一旦部分资本项目实现了开放，仍受管制的项目会乔装打扮地借助开放项目逃避管制，结果导致保留管制的项目没有管住，同时规避管制的交易设计又抬高了人民币交易的成本，损害了人民币国际化，因而我国资本项目开放应强调开放的系统性和开放项目之间的衔接，存在关联的项目之间需要同步开放或及时跟进地进行开放。[2]

当然，国内改革与资本项目开放协调配合、互动推进的模式，也不是没有风险。二者如何协调配合本身就存在难度，处置不当也会发生风险。没有任何方法可以保证一种货币能够安全和成功地过渡到货币自由化。每一种方法都带有风险和不确定性，风险和不确定性是经济生活的内在特征，也是人民币国际化进程的内在特征。[3] 相比而言，国内改革与资本项目开放协调配合的模式，相对于前述路径，在安全和风险之间能够实现较好的平衡。此外，对于国内改革和资本项目开放引发的风险，我国还应建立相应的配套性的风险防控制度加以防控，对此本著之后将进行专门研究，故不复述。

二、人民币国际功能实现之路径

如本章第一节所述，人民币国际化实质上是人民币货币职能——价值尺度、交换媒介和储藏价值在国际社会的延伸实现和发挥，但若从这种职能发挥的领域或扮演的角色来看，人民币国际化的实现进程有三大步——国际贸易货币，国际投融资货币，国际储备货币。这一顺序也是人民币实现国际化的可行方法：先是由国内外的当事方使用人民币对国际贸易交易进行计价结算，然后

1　韩龙：《人民币国际化重大法律问题之解决构想》，《法学》2016 年第 10 期。

2　韩龙：《资本项目制度改革流行模式不适合人民币国际化》，《法商研究》2018 年第 1 期。

3　Barry Eichengreen, Kathleen Walsh, Geoff Weir, "Internationalisation of the Renminbi: Pathways, Implications and Opportunities", *CIFR Research Report*, 26 March 2014, p.43.

不断提高人民币在国际投融资交易中的使用比重，最后让人民币发挥储藏价值的功能，尤其是作为各国持有的外汇储备。

（一）人民币用作国际贸易货币

相对于我国对资本项目仍然存在的管制，我国已经完全放开了涵盖国际贸易的经常项目，且我国经济体量，特别是对外贸易规模巨大，因此，促进人民币成为国际贸易的计价结算货币是人民币国际化的合乎逻辑的第一步。较之于国际投融资货币和国际储备货币，人民币作为国际贸易货币发展得相对较好，但迄今还主要限于内地与香港之间的贸易或我国当事方做一方当事方发生的国际贸易。人民币作为国际贸易货币重在需要在外国当事方之间的贸易中被采用，从这个意义上讲，人民币作为国际贸易货币仍然还有很长的路要走。

要推进人民币充分发挥国际贸易货币的功能，我国可采取多种促进措施。如完善人民币支付清算体系。当前，我国人民币跨境支付清算系统在服务范围和效率等方面需进一步完善。我国可采取有效措施提升清算系统的服务能力和技术水平，进一步增强子系统之间的融合度，拓宽支付清算业务的服务范围，同时要加强银行系统的清算渠道建设，快速提升代理行的清算效率。此外，就现有的清算渠道来看，代理行模式的清算效率仍较低，应大力发展以清算行清算为主的清算渠道。又如，我国还可以与更多的国家签订货币互换协议，作为促进贸易的手段，特别是在经济衰退期间更是需要这种手段。货币互换协议可以使中央银行之间通过交换一定数量的本外币，使协议另一方的商业实体可以借入人民币以支付从我国进口的商品。这可以为我国出口商以人民币计价结算货款和规避汇率风险提供条件和便利。特别是，在经济和贸易增长软弱无力、外汇市场急剧波动以及贸易融资紧缩的时期，货币互换协议可以起到更重要的作用。

（二）人民币用作国际投融资货币

较之以人民币用于跨境贸易计价结算的相对突出的表现，人民币作为投融资货币则较为逊色。相对而言，人民币作为投融资货币在离岸市场上的表现优于在岸市场的表现。目前，设在香港、伦敦和新加坡等地的实体，已经推出以人民币计价的基金。离岸市场的投资选择有定期存款、"点心债券"和政府债券等。就在岸市场来说，合格境外机构投资者、人民币合格境外机构投资者、沪港通和深港通的投资者等可以投资我国境内在岸市场的股票。此外，国际开发机构等可以在我国银行间市场发行债券。

人民币用作国际投融资货币表现欠佳，与我国资本项目存在管制，缺乏有深度的、流动性强的国内金融市场，汇率缺乏灵活性，具有密切关系。这些问题短期内仍然妨碍人民币成为投资货币和储备货币的前景。[1] 因此，继续开放资本项目，改革汇率制度，发展和对外开放国内金融市场，并完善相关制度，才能发挥人民币作为投融资货币的全部潜力。以发展和对外开放国内金融市场为例，投资受限、投资产品缺少选择，构成人民币在资本市场上被接受的阻碍。因此，扩大以人民币计价的资产和产品，可以促进在岸资本市场的发展和人民币在全球的前景。此外，中央银行间的货币互换不仅有助于稳定和增进互换国之间的贸易，而且也能够为投融资提供所需要的货币及其流动性。[2] 况且，我国与相关国家央行之间的互换协议作为彼此间的融资渠道，可以成功地向伙伴国的央行输送人民币，有利于提高人民币作为一种可行的储备货币在各中央银行眼中的信誉度。虽然迄今为止，中国人民银行与境外中央银行签订的为数不菲的货币互换协议很少有被实际启用的，但货币互换协议的重要性并不完全取决于其是否被启用，而是主要取决于外国央行能够从中获得的保证和确信，即货币互换能够在其提出请求时能够启用，从而可以将从中获得的人民币转贷给所需要的银行和企业等。

（三）人民币用作国际储备货币

截至 2022 年第一季度，人民币在全球外汇储备中所占比重为 2.88%，成为全球第五大储备货币。这是人民币作为各国外汇储备的峰值。目前，已有欧洲央行和德国、新加坡、俄罗斯、澳大利亚等 60 多个经济体将人民币纳入了外汇储备。[3] 人民币在他国外汇储备中占比的大幅增长，发生在人民币加入 IMF 特别提款权（Special Drawing Right，简称 SDR）之后。尽管如此，人民币距离货币国际化实现的标志——构成他国主要的外汇储备，还有很长的路要走。这从人民币与美元等货币的比较中可以略见一斑。目前，美元在各国外汇储备中的占

---

1 See Clearstream, Internationalizing the Renminbi: Weaving a Web for the Next World Currency, May 2014, p.70.

2 Miriam Campanella, "The Internationalization of the Renminbi and the Rise of a Multipolar Currency System", *ECIPE Working Paper*, No. 1, 2014, pp.6–7.

3 易纲:《已有 60 多家央行把人民币作为储备资产》,《北京商报》2019 年 6 月 13 日。

比仍然高达 58.88%，欧元为 20%。可见，人民币与美元、欧元等差距巨大。

人民币成为国际储备货币与人民币作为国际贸易货币、国际投融资货币的关系十分密切。如果人民币在国际贸易和国际投融资领域能够派上用场，那么，各国就需要持有人民币外汇储备，以满足国际贸易和投融资的需要，否则，各国就没有必要持有这一外汇储备。从这一意义上讲，人民币作为国际贸易货币、国际投融资货币，构成人民币发展成为国际储备货币的基础和动力。这或许可以解释在人民币作为国际贸易货币、国际投融资货币尚未得到充分发展的条件下，人民币作为国际储备货币仍然薄弱的原因所在。也正是由于人民币作为国际储备货币与人民币作为国际贸易货币、国际投融资货币具有十分密切的关系，因此，促进人民币作为国际贸易货币、国际投融资货币的措施也是促进人民币成为国际储备货币所需要的，如资本项目开放、建立发达和开放的金融市场等。除这些措施之外，建立人民币的国际储备货币地位，尤其要使国际社会确信人民币币值能够保持长期稳定，为此我国保持人民币币值稳定，并提高货币政策的透明度十分重要。

三、人民币实现国际化之地域路径

人民币国际化虽然实质上是人民币货币职能——价值尺度、交换媒介和储藏价值在国际社会的延伸，但其功能的实现和发挥在地域空间上会有怎样的分布趋势、特征，甚至规律呢？从一些国际化货币的发展轨迹来看，周边化—区域化—全球化，是货币国际化发展体现出的地域特征。

货币国际化通常以周边化为起点，似乎不言而喻。这主要是因为国际化货币的发行国通常与周边国家存在紧密甚至最紧密的联系，这种联系为货币国际化提供了便利，因此，国际货币通常从该货币发行国的周边国家开始，并往往在这些国家发育得最早和最好。换言之，货币国际化的起步和发展，通常建立在紧密的地域或地缘关系之上，或植根于基于地缘所形成的制度联系，从一国的周边开始，而后向其他地区扩展。因此，加强与邻近国家的国际经济联系，是推行货币国际化的重要基础。

区域化是一货币从周边化走向全球化的重要过程和阶段。从近百年的历史来看，区域化在不同的历史时期都有突出的体现。介于"一战"与"二战"之间的 20 世纪二三十年代，虽然国际货币金融和贸易关系陷入极度的混乱之中，但英镑、法郎和马克在英国、法国和德国各自的势力范围内占据主导地位。即便是在"二战"之后，英镑虽失去主要国际货币的地位，但作为储备货币在英联邦国家仍然存续了很长的时间。货币地域或地缘特征由此可略见一斑。"二战"后至本世纪之前，两个曾经一度熠熠生辉的国际货币——德国马克和日元也体现出了鲜明的区域性。马克的国际化主要限于联邦德国的近邻。日元在地缘层面上大部分使用于东亚和东南亚一些国家。二者由于种种原因又都止步于区域层面。21世纪之始诞生的欧元是仅次于美元的第二大国际货币，其天生所具有的国际货币身份在2007—2008年由美国次贷危机引发的国际金融危机之前达到了巅峰。[1] 以此次危机前2006年的数据情况来看，在欧元区国家（包括比利时、法国、德国、希腊、卢森堡、意大利、葡萄牙、西班牙）对欧元区之外国家的出口中，欧元的使用超过了60%，在进口中欧元的使用超过了50%。在欧盟当时的非欧元区国家（包括保加利亚、塞浦路斯、捷克、爱沙尼亚、拉脱维亚、立陶宛、罗马尼亚、斯洛伐克）的出口中，欧元的使用超过了70%，在进口中欧元的使用接近70%。在申请加入欧盟的国家（包括克罗地亚、马其顿共和国、土耳其）的出口中，欧元的使用超过了50%，在进口中欧元的使用超过了40%。而与此形成鲜明对照的是，欧元在以上国家之外的国家（这些国家距离欧盟相对较远）进出口中所占比重非常低，即便是占比较高的进口也没有达到10%（见图1-7）。

　　周边化和区域化之后是全球化。货币全球化，是指货币在全球范围内充分发挥价值尺度、交换媒介和储藏价值的货币职能而被广泛用作贸易计价及结算货币、投融资货币和储备货币的货币。货币全球化是货币国际化充分发达的体现，是货币国际化的最高层次和最后阶段，然而，只有极少数货币才能达到此种发展水平。从人类结为一个较为紧密整体以来约200年的历史来看，只有英镑和美元先后扮演过全球化货币的角色。就目前而言，真正能够称得上全球化货币的只有美元，即便是欧元也难以企及。

　　就人民币而言，与我国地位和人民币国际化目标相称的国际化必然是全球充分意义上的国际化。[2] 然而，在现有的国际格局下，特别是在美元仍然占据

---

　　1 2008年国际金融危机后，受此危机拖累和欧债危机、英国"脱欧"等因素的影响，欧元的国际货币地位有所削弱。

　　2 韩龙：《实现人民币国际化的法律障碍透视》，《苏州大学学报（哲学社会科学版）》2015年第4期。

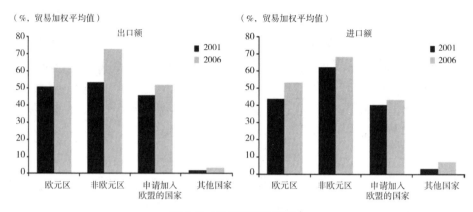

图 1-7 欧元区域化示意图[1]

注：欧元区（Euro area）：比利时、法国、德国、希腊、卢森堡、意大利、葡萄牙、西班牙与欧元区外国家的贸易；非欧元区（Non-euro area）：保加利亚、塞浦路斯、捷克、爱沙尼亚、拉脱维亚、立陶宛、罗马尼亚、斯洛伐克；申请加入欧盟的国家（EU candidates）：克罗地亚、马其顿共和国、土耳其。

世界主导货币地位且短期内难以撼动的条件下，人民币国际化仍然需要坚实地走完周边化→区域化→全球化的历程。就周边化而言，目前人民币除了在我国香港、澳门和台湾地区广为流行之外，还在韩国、蒙古国、越南、缅甸、俄罗斯、与我国接壤的中亚诸国等得到一定的接受。虽然人民币在周边国家的国际化程度仍然有待提高，但周边国家接受和使用人民币的程度高于其他国家和地区。在人民币周边化获得一定发展的情况下，区域化就成为推进人民币国际化的重要目标。为此，我国应积极寻求人民币区域化的路径。就此而言，"一带一路"倡议东连亚太经济圈、西接欧洲经济圈，横跨欧亚大陆，可以为人民币提供区域化的地缘契机和载体。而加强我国与"一带一路"沿线国家贸易、投资与金融联系，是推进人民币国际化的重要地缘突破口。此外，借助《区域全面经济伙伴关系》（Regional Comprehensive Economic Partnership，简称 RCEP）可以通过扩大东盟各国与中日韩之间的贸易和投资自由化便利化、基础设施和互联互通、金融等合作，加强人民币在这一区域的国际化程度。在做强区域化的基础上，人民币才能朝着更高的目标——全球化迈进，届时人民币将不可避免地与当今世界头号货币——美元发生全面的博弈。

---

1 Bank for International Settlements, Currency Internationalization: Lessons from the Global Financial Crisis and Prospects for the Future in Asia and the Pacific, December 2011, p.65.

第二章

人民币国际化：主要法律问题凝练与法律环境分析

人民币国际化只有在法治轨道上运行，才有可能取得成功，因而需要与之相适应的法律制度提供支持。鉴此，以下各编和各章将对人民币国际化所需要的法律制度依序进行探讨和考察。但在进行这样的探讨和考察之前，有必要对人民币国际化面临的主要法律问题进行凝练，并对人民币国际化所处法律环境进行挖掘和剖析。特别是人民币国际化所处法律环境，是以下各章分析和解决人民币国际化所面临的法律问题所不容忽视的客观条件，故不可不察。

第一节　人民币国际化与法治的关系

实行人民币国际化不仅是我国经济社会巨变的过程，而且也会引起国际货币格局以及世界经济版图的变迁。在重大社会变革中，法既能够有助于形成社会变革的条件，也可以有目的、有计划地推动社会变革的实现。[1] 就人民币国际化而言，虽然实现人民币国际化需要经济、政治、军事、国际关系等条件，但法既是凝聚这些条件的载体，也是实现这些条件的推进器，因此，法无疑构成实现人民币国际化最为重要的条件之一。在此意义上，没有与人民币国际化需要相适应的法律制度，就不会有人民币国际化的实现。法之于人民币国际化的极端重要性，彰显出人民币国际化与法治的关系是人民币国际化研究的一项核心课题，特别是在国内外对此关系的研究付之阙如的情况下，这一研究的迫切性愈加分明。就本著而言，本章余节和其余各章的展开也需要人民币国际化

---

1 参见季卫东：《社会变革与法的作用》，《开放时代》2002 年第 1 期。

与法治关系之解，以便后续的研究具有一个牢靠的基础。法治之于人民币国际化不可或缺的极端重要性，与人民币国际化所具有的本质密不可分，故本节进行专门探讨。

一、人民币国际信用的确立需要强有力的法治支持

人民币国际化实质上就是人民币在国际发挥货币的应有功能，充当国际货币的现象。众所周知，主权国家是当今世界的构成单元和治理主体，各国都有自己的货币主权和自己的主权货币，并通常禁止他国货币在本国境内流通。《中华人民共和国外汇管理条例》第 8 条规定"中华人民共和国境内禁止外币流通，并不得以外币计价结算"，便是例证。那么，人民币或其他货币缘何能够成为国际货币，在国际发挥货币职能呢？寻求这一问题的答案和理论诠释，直接关系到人民币国际化及其法治建设着力点的寻找。要科学地回答这一问题，就需要对当今条件下货币的本质具有科学的认知。而要做到这一点，就需要拨开笼罩在货币认知上的重重迷雾。

（一）货币本质理论及其对人民币国际化的适用性分析

货币在本质上是什么？不同时期的人们和同一时期不同的人们给出了不同的回答和解释，概括地说主要有货币金属理论、货币国家理论和货币社会理论等。货币金属理论认为，货币之所以成为衡量一切商品价值的一般等价物，原因就在于货币由贵金属铸造或可兑换为贵金属，而贵金属本身具有价值，所以，货币的币值就是贵金属的价值。货币金属理论反映了金属货币时期人们对货币的认知，但随着金属货币让位于信用货币，这一理论也就完成了其历史使命。货币国家理论，又称唯名主义，认为货币在从商品、币材的价值中独立出来之后，就不再取决于货币材料的价值，而是法制的产物，是由国家用法律规定的符号，其价值由国家的权威所规定。只要获得国家法律和行政力量的支持，任何没有价值的东西都可以充当货币。[1] 这一理论虽出现较早，但发展壮大却得益于金属货币受挫、衰落和最终被抛弃。货币社会理论认为，货币是社会的产物，源于社会需求，不过是社会选择作为商品交换的媒介。任何事物只要被社会选择接受，就能够充当作为交换媒介的货币。货币即使由国家发行，

---

1 韩龙主编：《国际金融法》，法律出版社，2007，第 59 页。

但如果不被社会信任和接受，也无法成为货币。换言之，货币本质上并不当然依附于国家而存在。"即使政府不掺和货币的事情，社会也能够并且确实形成过货币，甚至是极为令人满意的货币。"[1] 该理论强调社会的接受度和信任度是货币之所以成为货币的关键。

那么，在币材价值、法律强制与社会选择之间，人民币国际化究竟依靠的是什么呢？回望历史，从人类早期的牲畜、贝壳、粮食、布匹、金属到当今的钞票、电子货币、数字货币等，货币形态不一而足，但主要可归为金属本位货币与信用本位货币。[2] 然自 1978 年当今国际货币制度的主要载体——《IMF 协定》第二次修改，规定黄金非货币化，即各国货币不得再与黄金挂钩之后，历史上长期存在的以贵金属为本位的货币制度便退出了历史舞台。具言之，在《IMF 协定》第二次修改前，各国货币与美元挂钩，美元与黄金挂钩，35 美元等于一盎司黄金，各国可按照美元—黄金比价将手中的美元向美国兑换黄金。各国货币与美元、美元与黄金的"双挂钩"使各国货币与黄金建立起直接或间接的关系，因此，《IMF 协定》第二次修改前的国际货币制度仍然属于金本位制的范畴。1971 年美国总统发布命令，终止美元兑换黄金。自此，所有的主要货币都成为不能兑换实物的法偿货币。[3] 接着，1978 年生效的《IMF 协定》第二次修正案规定各国货币不得再以黄金定值，从此各国货币彻底告别贵金属本位，成为不需要兑换贵金属或以贵金属为锚的信用本位货币。人民币也不例外，其发行及发行数量根据我国国民经济发展情况和商品流通的需要而定，不与贵金属挂钩。在信用本位货币时代，货币金属理论以货币币材的价值来诠释货币本质，走到了穷途末路。因此，用货币金属理论作为人民币国际化的依靠是无能为力的。[4]

那么，货币国家理论和货币社会理论能否为人民币国际化提供支持呢？在货币本身不再具有任何价值的信用本位货币时代，货币要发挥货币的功能，从而成为货币，离不开法律的强制力。《中华人民共和国中国人民银行法》第 16

1　刘少军、王一轲：《货币财产（权）论》，中国政法大学出版社，2009，第 64—65 页。

2　虽然人类历史早期出现过牲畜、贝壳、粮食、布匹等实物形态的商品货币，但这些货币不便于保存和携带，且质地不均匀、难以分割、难以有统一的价值表现标准，因此，随着历史的发展，实物形态的商品货币就逐渐由内在价值稳定、质地均匀、便于携带的金属货币所替代。

3　Felix Martin, "Money: The Unauthorized Biography", *Random House* 2013, p.177.

4　韩龙：《信用国际化：人民币国际化法制建设的理据与重心》，《法律科学》2021 年第 1 期。

条规定："中华人民共和国的法定货币是人民币。以人民币支付中华人民共和国境内的一切公共的和私人的债务，任何单位和个人不得拒收。"美国《铸币法》（Mint Act）第 102 节亦规定："所有硬币和货币，不论何时铸造或发行，是所有公私债务、公共费用、税收、义务和应付款项的法偿货币。"[1] 美元票面上亦宣示性印刷着"本货币是对一切公私债务的法偿货币"的文字。可见，法偿性，即法律赋予货币以强制流通能力，以其偿还公私债务时任何债权人不得拒绝的性质，是一切货币，尤其是信用货币的根本特征。就此而言，货币国家理论似乎可以为信用货币的性质提供注脚，也似乎能够为人民币国际化的解释提供曙光。然而，规定法偿性的货币法是各国的公法，按照公法无域外效力的公法禁忌，各国货币法具有严格的地域限制，不能超出一国辖域而在域外适用。就人民币而言，人民币在我国具有由法律强制性保障的法偿性，但在其他国家并不具有这一性质。因此，货币国家理论虽然能够解释人民币在我国的法偿性，但却无法解释人民币国际化即人民币在国际的流通和使用，[2] 因此，对人民币国际化的法理探寻仍需继续。

对于国家货币理论在解释人民币国际化问题上所遇瓶颈，货币社会理论恰恰能够起到补苴罅漏之效。由于我国货币法具有地域属性，人民币国际化不是法律能够强制出来的，而取决于国际社会的选择和信赖。正如菲利普·哈特曼（Phillip Hartmann）所言，当一国货币被该货币发行国之外国家的个人或机构接受并用作交换媒介、记账单位和价值储藏手段时，该国货币国际化就开始了。[3] 因此，虽然人民币在我国国内的法偿性可以借助法律强制力来实现，但人民币在国家间执行国际货币职能却需要国际社会的接受。那么，国际社会凭什么选择和接受一种货币，而非其他货币呢？这是涉及货币国际化条件的一个庞大问题，但从本目主题意义出发，这一问题与货币，特别是当今货币的本质具有密不可分的关系。

（二）当今货币的本质与法治对人民币国际化的重要性

当今货币均为信用货币，对人民币国际化所需法治具有什么寓意呢？在财

---

1 Coinage Act Pub. L. No.89–81 s. 31, 79 Stat. 254.

2 韩龙：《信用国际化：人民币国际化法制建设的理据与重心》，《法律科学》2021 年第 1 期。

3 Phillip Hartmann, *Currency Competition and Foreign Exchange Markets: The Dollar, The Yen and The Euro*, Cambridge University Press, 1998, p.35.

产包含的不动产、有形动产和无体财产三种类属中，信用货币是无体财产中的一种形态。[1] 较之于其他无体财产和动产，信用货币的特殊性就在于其具有突出的信用内核，因此，信用是当今货币本质的突出体现。实际上，信用也是包括金属本位货币在内的一切形态货币的共有元素。金属本位时期的货币信用主要体现有二：一是在漫长的货币演进中，无论货币最终固定为什么物品，该物品须具有或被认为具有一般等价物的公认信用。如果货币没有作为交换媒介以及价值尺度、储藏价值的信用，无论是金属货币本身，还是代金券，都无法发挥货币的功用。二是在各国统一发钞的时代，因货币发行而在发行人与货币持有人之间创设的法律关系，仍然以信用为实质内核。[2] 在这种关系中，发行人至少要向持有人保证其发行的货币能够作为一般等价物，甚至不惜以贵金属作为发行准备或以兑换贵金属来保证币值和币信。

虽然如此，当今信用本位时代与金属本位时代不同，如今一切货币，无论是有形的纸币，还是其他形态的货币，其本身并没有价值。人们之所以愿意接受之，原因就在于人们深信以此可以随时自由地交换获得有用的物品，这种交换是以对其他人在交换中接受该货币，即放弃有用的物品而换取货币的信赖为基础的。可见，信用对信用本位货币更具决定性的影响。在信用本位时代，国际社会对国际化货币的实质需要是信用。人民币只有获得国际社会对其信用的信赖，才能够实现国际化。

（三）人民币国际化实质上是人民币信用的国际化

人民币作为信用货币，其国际化除唯有信用可资凭借之外，并无其他依靠。[3] 这一重要特质透过信用本位货币与金属本位货币的比较、货币法则公法禁忌和国际货币竞争，可以得到进一步的彰显和确立。首先，从信用本位货币与金属本位货币比较的角度来看，虽然一切时期的一切货币都具有信用这一共有元素，但信用是当今信用本位货币维护其货币地位的唯一价值和精神支柱。因此，信用之于信用本位货币具有特殊的重要性。前已述及，金属本位货币虽也包含信用元素，但该货币由贵金属铸造或可兑换特定的贵金属，而贵金属具有法定或公认的价值。也就是说，金属本位货币至少有贵金属及其价值为该货

1　Philip Wood, "Law and Practice of International Finance", *Sweet & Maxwell*, 2012, p.3.

2　韩龙：《信用国际化：人民币国际化法制建设的理据与重心》，《法律科学》2021 年第 1 期。

3　Roy Kreitner, "Legal History of Money", *Annual Review of Law and Social Science*, Vol. 8, 2012, pp.416–417.

币"托底",这时的信用是在凝结贵金属及其价值元素的基础上而获得法律确认或社会认可的。相比较而言,信用本位货币则不包含贵金属及其价值元素,本身没有任何价值可言,纯粹是信用的符号和载体。在这种情况下,失去了贵金属及其价值"托底"的信用本位货币,只剩下信用作为唯一的灵魂。因此,维护货币的信用即币信,是信用本位条件下维护货币之为货币的地位并将其引向国际化的关键所在。在此意义上,人民币国际化就是人民币信用的国际化,是人民币信用的国际化接受。[1]

其次,从货币法则公法禁忌来看,虽然在历史迈入政治国家之后,任何货币的货币地位和信用维护都离不开法律的保障,但法偿性对于金属本位货币和信用本位货币具有显著差异。由于前者本身具有价值,特别是由于足值货币的额定价值与内在价值存在一致性,因此,货币法偿借助货币的内在价值而易于实现。但人民币属于本身没有任何价值的后者,因此,人民币的法偿性就更依赖法律的强制性。但如前所述,我国法律规定的法偿性具有领土地域限制,不能扩及其他国家。也就是说,在一国国内,国家发行的主权货币借助国家法律的强制力可以畅通无阻,而一旦出了国境,国家所赋予主权货币的普遍接受能力随即消失。[2]然而,货币不仅为国内交易所需要,而且也为国际交易所需要。除非一国存在于闭关自守状态,否则,其不可避免地会与经济伙伴发生货币关系,也无法阻止其国民建立这种货币关系。[3]从国际法来看,国际法并没有禁止任何私人或国家通过合同或条约使用某一国家主权货币的规则。这就为包括人民币在内的相关货币通过国际化成为国际货币提供了可能。但由于货币法则存在公法禁忌,人民币国际化是通过我国货币立法强制不来的,人民币在国际充当国际货币只能依靠人民币的信用,取决于人民币能否在国际社会取信于人。可见,在信用本位取代金属本位,一国主权货币取代具有世界性的黄金时代,主权货币充当国际货币的基础不再是黄金和白银,而是源于货币及其发行国的信用。将此结论迁延到人民币国际化上,那么,如果人民币国际化的信用得不到国际社会的认可和确信,就无法被接受为国际货币,人民币就无法实现

---

1 韩龙:《信用国际化:人民币国际化法制建设的理据与重心》,《法律科学》2021年第1期。
2 黄达主编:《货币银行学》,中国人民大学出版社,2002,第396页。
3 Mohammed Bedjaoui (ed.), *International Law: Achievements and Prospects*, UNESCO, 1991, p.645.

国际化。[1]

最后，从国际货币竞争的角度来看，货币在其发行国境内的强制流通与在国际间的自由采用机制，形成了鲜明反差。在一国境内，国家享有货币发行的垄断权。货币发行国还通过颁布法定法令，强制居民和在其境内的非居民使用本国货币进行交易，保障货币的流通和法偿性。然而，在国际层面，货币发行的垄断被国际货币竞争所取代，货币的强制接受被自由选择所取代。在这种情况下，市场主体须通过被说服去接受某种货币，而不能被强制和强迫使用某种货币。同时，在国际间可供市场主体接受和使用的货币有多种，市场主体对货币的选择就是对国际货币的投票。因此，市场份额的竞争是货币国际化过程的本质。一个新的国际货币竞争者须具有比现有或其他潜在竞争者更强吸引力的特质。[2]人民币国际化必须面对和接受国际货币竞争的现实，只有赢得国际货币竞争才能到达国际化的彼岸。人民币若要赢得国际货币竞争，就必须有强大的竞争力，而人民币在国际间的强大竞争力的源泉只能是人民币的信用。只有人民币信用被国际社会接受，人民币国际化才能实现。

二、保障人民币国际信用的法治重心

虽然人民币在国家间的流通和使用即国际化取决于人民币在国际社会的信用，然而，人民币作为我国发行的主权货币，其信用的建立、维护乃至被接受却根植于我国的现实环境。其中，法治是保障人民币信用，进而也是保障人民币国际化的不可或缺的重要条件。这是因为货币是法律的创造物，其信用受制于货币的发行国及其法制状况。人民币国际化虽然是人民币迈出国境在国家间流通和使用，但境外人民币同样是我国法律的创造物，其信用仍然导源和根植于我国。特别是在我国法律的强制力对境外人民币的法偿性失去效力的情况下，唯有借助我国的法律使人民币信用生成的条件得以维护而不至于丧失，才能够培植和加强人民币在国际社会的信用，进而实现人民币国际化。就此而言，可以说人民币国际化就是法律保障的人民币信用的国际化。[3]那么，我们

1　韩龙：《信用国际化：人民币国际化法制建设的理据与重心》，《法律科学》2021 年第 1 期。

2　Benjamin J. Cohen, "Will History Repeat Itself? Lessons for the Yuan", *ADBI Working Paper Series*, No. 453, January 2014, p.4.

3　韩龙：《信用国际化：人民币国际化法制建设的理据与重心》，《法律科学》2021 年第 1 期。

如何从法律入手维护和加强人民币的国际信用呢？这是一个涉及范围甚广的问题，但着眼于人民币信用维护，主要应加强以下法律制度：

（一）加强货币政策法治以维护币值稳定

国际货币作为一种国际通用的信用货币，其他国家的信心对其地位有着决定性的影响。而币值稳定，包括对内价值的稳定和对外价值的稳定，是决定一种货币信用和各国信心的核心要素。稳定的币值是货币信用的最佳表达，有助于其他国家形成对该货币未来趋势的合理预期，降低持有该货币的风险，提升其他国家对该货币的信心。从国际货币之间的竞争来看，只有币值稳定的货币才能在这种竞争中脱颖胜出。这是因为只有币值稳定，私营领域的厂商才会倾向于选择此货币作为计价、结算货币以避免或降低汇率风险，各国官方也才会愿意以此货币作为外汇储备以实现保值或增值的目标。可见，维护人民币的币值稳定，是维护人民币信用的根基。

维护人民币的币值稳定，需要加强我国的货币法治。币值稳定需要实现低通胀并将公共债务控制在合理的水平，否则，币值及对其信心必然会遭到侵蚀。抛开合理的公共债务水平需要财政预算法的刚性约束不谈，就货币政策立法而言，低通胀需要货币政策立法将币值稳定作为货币政策的目标。从我国来看，《中国人民银行法》第 3 条规定："货币政策目标是保持货币币值的稳定，并以此促进经济增长"，虽然与一些国家立法将货币政策目标单纯定位于币值稳定有所不同，我国货币政策目标兼有币值稳定和经济增长，但从二者的关系来看，币值稳定是货币政策的基本立足点，经济增长是在币值稳定的条件下寻求的目标。在层次和顺序上，币值稳定是货币政策第一层次目标，而促进经济增长是第二层次目标，二者具有显著的主次之分。因此，我国货币政策虽然包含了经济增长，但由于货币稳定与经济增长具有主次之分，因此，在货币政策目标的立法上，经济增长并不能构成对币值稳定的妨碍，恰恰相反，以货币政策追求经济增长须在币值稳定的前提下进行。

然而，货币政策目标无碍，并不是货币法治的全部。由于货币政策目标的实现具有对货币政策当局的高度依赖性，且货币政策手段的选取和运用亦有赖于货币政策当局的自由裁量，因此，人民币国际化所需要的人民币信用不仅取决于货币政策目标的立法，而且也取决于货币政策的制定和执行。货币政策能否恰当地制定和执行，从而实现货币政策的目标，虽然取决于多种因素，但中央银行的独立性，即中央银行是否拥有自主决定和实施货币政策而不受外来干预的权力，则是基本条件和保障。从法理上讲，中央银行是专司货币政策并对之负责的机关。缺乏独立性，中央银行就失去了担负不当货币政策责任的公平基础。而干预货币政策的其他机构由于没有法律规定的责任依据，也不需要承担货币政策失当的责任。这样，货币政策就会处在无责可问、无咎可追的放任状态。[1]那么，我国法律对央行独立性的规定如何呢？

我国法律对央行独立性的规定体现在《中国人民银行法》中。该法第5条规定"中国人民银行就年度货币供应量、利率、汇率和国务院规定的其他重要事项作出的决定，报国务院批准后执行"，第7条规定"中国人民银行在国务院领导下依法独立执行货币政策，履行职责，开展业务，不受地方政府、各级政府部门、社会团体和个人的干涉"。可见，作为货币政策当局的中国人民银行并非是货币政策的最终决定者。而中央银行独立性的实质意涵是中央银行是否拥有自主决定和实施货币政策而不受外来干预的权力。据此，我国在保障人民币国际化条件下中央银行独立性方面尚有改进的空间。不止于此，从实践来看，国务院作为中央政府，其对政策的考虑通常具有全局性和综合性，并不一定局限于币值稳定。而将其他因素纳入货币政策决策的考虑之中，可能会导致货币政策偏离币值稳定的轨道。因此，保障人民币国际化所需的货币信用和币值稳定，需要修改我国货币政策立法，确保中国人民银行作为货币政策当局应具有的充分的独立性，从而使其对货币政策充分负责。

（二）加强人民币财产安全保护

如果说加强保障人民币币值稳定的法治建设侧重于人民币国际化经济向度思维的话，那么，加强财产保护则是侧重从政治向度为保障人民币信用所做的法治思考。人民币信用的法治保障之所以需要从以上两个向度同时入手，原因就在于追求国际化的新货币须具有相对于现有国际主导货币或其他竞争货币的特别吸引力，这就要求该货币具备一些基本品质，包括经济与政治两方面。[2]因此，欲使人民币国际化，我们除了要加强人民币币值稳定的制度保障之外，还需要加强人民币财产安全保护。而加强人民币财产安全保护体现在国内和国

---

[1] 韩龙：《信用国际化：人民币国际化法制建设的理据与重心》，《法律科学》2021年第1期。

[2] Benjamin J. Cohen, "Will History Repeat Itself? Lessons for the Yuan", *ADBI Working Paper Series*, No. 453, January 2014, p.4.

际两大领域，故以下从此两大领域分别进行探究。

1. 如何在我国境内加强人民币资产的安全保护

从国内法治来看，由于货币国际化即货币的使用超出货币发行国之外，不仅仅是该货币使用于同该国居民的交易中，更重要的是其在非居民交易中亦被使用，[1] 因此，欲使一种货币国际化，必须吸引越来越多的外国使用者或投资者大量地使用、投资该货币资产。欲达此目的，货币发行国的国内政治稳定和有效的治理至关重要。在货币发行国没有对财产权的足够保护和对法律的真正尊重作为后盾的情况下，该货币的境外潜在使用者不可能倾向于使用该货币，也不会被吸引到一个缺乏成功管理能力的国家制度中去。[2] 人民币国际化也不例外，其仰赖境外居民和政府的使用和持有，而境外居民和政府使用和持有人民币则需要我国法律对其财产提供充分的保护。特别是在外国居民和政府使用国际化货币时，其持有的该货币即便是存放在该货币发行国之外的金融机构，由于货币国际化是依靠国际货币发行国的清算体系，通过境内与境外银行对应性的账目记载、变动，来实现货币的跨境和境外流通的，因此，货币发行国可以通过其掌控的清算体系及借此开展的清算，对外国居民和政府持有的国际化货币进行控制、冻结和扣押。可见，只有我国具备强有力的财产保护制度，外国居民和政府持有的人民币资产才能获得所需的法律保障，人民币才具有安全性能和国际信用。可以说，在人民币国际化过程中，加强财产保护就是加强对人民币国际信用的保护。

宪法是财产权保护的根本大法，也是人民币国际化中人民币资产保护的根本依靠。从我国来看，我国《宪法》第 18 条规定在中国境内的外国企业和其他外国经济组织以及中外合资经营的企业的合法权利和利益受中华人民共和国法律的保护，第 32 条规定中华人民共和国保护在中国境内的外国人的合法权利和利益。从规定来看，此二者的共同特征在于：外国主体在我国权益的保护需要以该类主体在我国境内为条件。然而，在人民币国际化条件下，国际化的人民币资产的外国持有主体并不一定在我国境内，甚至其持有的人民币资产在

---

1 Peter B. Kenen, "Currency Internationalization: An Overview", Paper Prepared for the BIS Conference on Currency Internationalization in Asia, 2009.

2 Benjamin J. Cohen, "Will History Repeat Itself? Lessons for the Yuan", *ADBI Working Paper Series*, No. 453, January 2014, p.10.

我国境外（但我国借助人民币发行国的地位，通过人民币国际化清算可进行控制），如仍将对外国主体财产权益的保护囿于以上条件，那么，我国宪法对外国主体财产权的保护就不能覆盖人民币国际化条件下的全部情形。虽然现实中我国有规定允许外国主体在我国相关市场进行交易，保护其合法权益，[1]但作为我国根本大法的宪法通过修法或释法作出适当调整，以充分保护外国主体持有的国际化的人民币资产权益，对于强化我国财产权保护、提高外国主体对人民币的信心无疑具有标志性的功效。

除此之外，鉴于货币国际化实现的标志是该货币成为各国主要外汇储备，而持有和运用人民币外汇储备的是各国中央银行，因此，加强对各国中央银行财产保护是人民币国际化为我国法治提出的又一重要课题。环视世界，各国对外国央行的财产都给予国家财产豁免，差异在于一些国家否认中央银行财产享有高于国家财产的豁免，而以国际金融中心所在地的英美为代表的另一些国家则认为中央银行财产较为特殊，因而给予其更优的豁免待遇。以英国为例，英国《国家豁免法》（State Immunity Act）规定，外国央行或货币当局的财产不视为"用于或意图用于商业目的的财产"，因而不得被强制执行，亦不能被查封、扣押或留置。在限制国家财产豁免的洪流趋势中，英美之所以拣选外国央行财产给予更大的豁免，原因就在于维护其国际金融中心地位和货币国际化。反观我国，我国始终未对究竟采纳绝对豁免主义还是相对豁免主义进行明确。2005年施行的《中华人民共和国外国中央银行财产司法强制措施法》对管辖豁免也没有作出规定，只是规定外国中央银行财产原则上享有执行豁免，同时规定了执行豁免例外，但又没有对执行豁免例外的标准进行明确。为促进人民币国际化，我们认为应对《外国中央银行财产司法强制措施法》进行必要修改，明确外国央行财产享有管辖豁免和执行豁免，以提升外国央行持有人民币资产的安全感。[2]

人民币国际化既体现在官方领域，也体现在私营领域。[3]但无论是官方领

1　例如，2013年3月由证监会、中国人民银行等发布的《人民币合格境外机构投资者境内证券投资试点办法》第1条规定该办法的目的之一是保护投资者合法权益，而该办法规定的机构投资者是运用来自境外的人民币资金进行境内证券投资的境外法人。

2　韩龙：《信用国际化：人民币国际化法制建设的理据与重心》，《法律科学》2021年第1期。

3　韩龙：《实现人民币国际化的法律障碍透视》，《苏州大学学报（哲学社会科学版）》2015年第4期。

域的外国央行抑或其他机构，还是私营领域的主体，其使用人民币或投资人民币资产通常都要借助合同，与我国金融市场的主体发生交易和建立法律关系。因此，实现强有力的司法以保障债务的高效履行，是加强人民币国际化过程中财产权保护的自然延伸和主要手段。否则，人民币资产的财产权保护就会落空，人民币的信用和信誉也会名声扫地。有研究表明，当今国际金融中心所在地以及国际货币发行国之所以主要是英美法系国家，原因之一就在于英美法在私人财产权与国家权力之间优先考虑前者的保护，从而使私人财产的所有者更放心地从事交易。此外，英美法系的法官能够在个案中对不能预见和变化的环境作出回应，使得法律对外部环境变化具有更好的适应性。[1] 人民币国际化有赖于富有深度和流动性的金融市场的形成，这一市场依赖中外投资者的广泛参与，需要合同和债务得到可靠的履行，在不履行的情况下能够得到司法的高效强制执行。从立法来看，《中华人民共和国民法典》等法律为债的履行提供较为良好的基础，但司法不公、判决执行难等问题久遭诟病。因此，排除权力和金钱的腐蚀，加强司法公平和金融债权的强制执行力度，依法严厉制裁违约失信行为和侵权行为，维护市场诚信，应在实现人民币国际化所需司法改革的重心之列。

2. 如何加强我国境外人民币资产的安全保护

由于国际化货币不仅适用于与该货币发行国居民发生的交易，而且也适用于非居民之间的交易，因此，维护国际化人民币持有者的财产安全不仅需要完备我国国内法治，而且也需要在国际社会层面加强人民币资产的安全保护。维护国际化货币的境外安全十分重要。就私营领域而言，一个军事强大的国家可以为紧张不安的投资者提供一个"安全港"，强大的国防能够确保一个更安全的投资环境。就官方领域而言，政府的货币偏好受更广泛的外交关系——传统的庇护关系，非正式的安全保证或正式的军事联盟的影响。[2] 总之，货币发行国在境外发挥的能量越大，其他人使用该国货币时就会越安心。

从过往一些货币国际化的经验和教训来看，货币发行国能否在境外保护其

---

1 Thorsten Beck, Asli Demirgüç-Kunt and Ross Levine, "Law and Finance: Why Does Legal Origin Matter?", *Journal of Comparative Economics*, Elsevier, Vol. 31（4）, December 2003, p.656.

2 Benjamin J. Cohen, "Will History Repeat Itself? Lessons for the Yuan", *ADBI Working Paper Series*, No. 453, January 2014, p.5.

货币财产的安全，决定着境外主体对其货币的态度。先以德国马克和日元为例，二者在 20 世纪 80 年代都出现了强劲的国际化势头，之后之所以没有进一步国际化，与其在境外对各自货币资产提供的安全保护不足不无关系。当时，联邦德国虽然充分尊重财产权，但处于冷战的前线，联邦德国政府不愿重建一个强大到足以威慑四方的军事力量，而是依靠美国的保护，这样的联邦德国很难被认为是投资者的安全天堂，马克的经济吸引力也就仅限于欧洲区域。虽然欧元的出台使马克成为历史，但由于安全原因，即便没有欧元出台和马克退出，马克充其量仍扮演区域化而非国际化货币的角色。无独有偶，"二战"后的日本受到其宪法中武装力量限于自卫的限制，没有权力向海外输出军事力量，不得不寻求美国的安全保护。此外，由于历史原因，亚洲各国对日本侵略历史记忆犹新，无法将财产安全交托给这样的国家。这就注定了境外使用者使用日元更多的是受到经济利益投机的驱使，而不是出于安全的信赖。缺乏安全信赖，日元的国际化注定受限。反观美国，美国的军事存在几乎遍及全球，为海外美元的安全提供着强大的保护。由于目前尚没有国家能提供美国通常在外国政府和其他主体使用其货币时所提供的安全保证，有学者感叹道："虽然在美元之外有其他货币供选择，但就美元的军事安全保护伞作用而言，别无他选。"[1]

实现人民币国际化也为我国提出了保护海外人民币财产安全的课题。应当看到，在各国相互依存、休戚与共的今天，世界需要负责任的国际货币来增进各国的经济交往、共同繁荣和人类福祉。人类命运共同体和各国对国际良币的需求，会为我们做好海外人民币安全保护工作提供了共同的利益基础。有了这一潜在基础，只要我们能够保持人民币币值稳定，同时满足人民币国际化的其他需要，从而使人民币成为国际社会所需要的国际良币，那么，保护海外人民币财产的安全就会成为国际大家庭的共同诉求。正如习近平总书记所指出的那样，我们要把自己的事情做好，这本身就是对构建人类命运共同体的贡献。[2]同时，我们还应当吸取当下主要国际货币发行国只顾本国需要，忽视他国利益，甚至不惜输出风险和危机的教训，以良法善治使人民币成为全面顾及和惠

---

1 Benjamin J. Cohen, "Will History Repeat Itself? Lessons for the Yuan", *ADBI Working Paper Series*, No. 453, January 2014, pp.14–15.

2 《习近平谈构建人类命运共同体》，《人民日报海外版》2018 年 10 月 17 日第 5 版。

及各方利益的负责任的国际良币。为此，我们应当以习近平总书记的人类命运共同体思想为指针，坚持正确的义利观，不搞我赢你输、我多你少，讲求言必信、行必果，[1] 从而为海外人民币财产安全保护打下坚实的根基。

在以上基础上，鉴于国际社会以主权国家为构成单元和辖制主体，国际关系借由国家间条约以及由此结成的伙伴联盟而得以凝固的现实，我国保护海外人民币财产安全，还需要借助建立、维护和加强国际关系的通行手段。首先，与各国缔结维护和加强人民币财产安全保护的条约或协议是必要的抓手。这些协议包括（但不限于）海外人民币清算协议、人民币与他国货币间的货币互换协议、反洗钱和反恐怖主义融资协议、制止和打击境外伪造人民币协议、离岸人民币市场监管合作协议、司法互助条约等。其次，我国需要在国际社会建立广泛的战略合作伙伴关系，以便为人民币国际化提供一个国际安全网。从现有和过往的国际货币来看，这些货币都受正式或非正式的安全保障或军事同盟的影响。[2] 实现人民币国际化，客观上也需要我国将在以上条约和协议基础上形成的维护人民币财产安全的义利关系升级为广泛的国际战略合作伙伴关系。最后，即便我国与他国建立起条约关系和国际战略合作伙伴关系，但维护海外人民币安全仍需以我国强大的国力，特别是强大的军事实力为后盾。为此，建设强大的军事力量，建立必要的国际军事合作关系，并在海外维持一定的军事存在，都具有必要性。应当指出的是，建立海外军事网络与我国和平崛起的发展道路并不矛盾。人民币国际化实际上是我国向世界提供国际货币这一公共产品，而维护海外人民币财产安全就是维护国际社会公共产品的安全。

第二节　人民币国际化面临的主要法律问题

如果说谁掌握了货币，谁就掌握了世界的命题，在 19 世纪英镑之于英国、20 世纪美元之于美国的历史中得到了反复的印证，那么，在各国联系愈加密切的当今世界，这一命题就越发分明。人民币国际化既事关中华民族的复兴，

1《习近平谈构建人类命运共同体》，《人民日报海外版》2018 年 10 月 17 日第 5 版。

2 Benjamin J. Cohen, "Will History Repeat Itself? Lessons for the Yuan", *ADBI Working Paper Series*, No. 453, January 2014, p.5.

又可以使我国摆脱美元主导的国际货币格局的弊端，构成我国极为重要的国家战略。人民币国际化需要与之相适宜的法律制度为之提供保障，否则，人民币国际化就无法实现。但人民币国际化究竟要解决哪些主要法律问题，如何研究解决之？如果说 21 世纪是中国的世纪，而中国世纪取决于人民币实现国际化的话，那么，上述之问堪称世纪之问。对这一世纪之问的困惑是导致人民币国际化法律问题在世界范围内的研究空泛无序、步履蹒跚的主因，对其回答不仅考验着对人民币国际化所涉法律问题的洞悉、领悟，而且也体现出对解决人民币国际化法律问题的科学思量和把握。

探讨解决人民币国际化重大乃至整个法律问题，首先需要确定一个科学合理的框架，否则，就容易陷入偏失的泥潭。那么，如何确定这样的框架呢？由于人民币国际化一如已经国际化的货币那样，存在一个由浅及深的发展进程，其所面临的法律问题也会随着这一进程的延展而渐次显现，从而在时间维度上存在一个由近及远、由浅及深的序次，因此，人民币国际化的法律问题，依循人民币国际化的发展进程，应当包括三大部分：一是实现人民币国际化的前置性法律问题；二是人民币国际化运行中面临的法律问题，这类问题贯穿于人民币国际化实现的过程中和实现后；三是人民币国际化实现后方才显现的法律问题。以时序为主线研究和解决人民币国际化的法律问题，不仅能够有序、无遗地涵盖人民币国际化的所有重大法律问题，并为解决这些问题所需要的顶层设计和总体布局提供指引，而且能够实现法律变革的前瞻性与时序性的统一，特别是能够尽可能地避免因追求人民币国际化的政策目标而对其他政策目标造成不必要的过早冲击所付出的代价。故以下对此三类重大法律问题分别进行考察和阐述。

一、实现人民币国际化的前置性法律问题

实现人民币国际化前置性重大法律问题，是指不解决这类问题人民币国际化就无从实现的迫切问题。如果人民币国际化不能实现，人民币国际化其他法律问题的研究就会失去价值，因此，这类法律问题居于人民币国际化各类法律问题之首。当下，人民币国际化面临如何使人民币从一个尚未真正国际化的货币发展成为一个真正、充分的国际化货币的考验。那么，什么是真正、充分的人民币国际化？真正、充分的人民币国际化是人民币在国际社会充分发挥价值尺度、交换媒介和储藏价值的货币职能而被广泛用作贸易计价及结算货币、投融资货币和储备货币的过程和状态。目前，人民币在私营领域作为贸易计价和结算货币的职能得到了相对充分的发挥，而其他职能的发挥则相对逊色（见第一章表 1-2 人民币距离国际化的差距）。这表明，人民币距离真正、充分的国际化尚存在较大差距。那么，究竟是哪些制度导致了这样的差距，或者填补这样的差距需要什么样的制度变革呢？找出症结十分重要。承上所述，货币国际化实际上是一国货币职能在国际的延伸，加之人民币国际化在我国尚存在资本项目管制的情况下主要借助境外人民币离岸中心的方式加以推进，因此，透视人民币国际职能和人民币离岸实践暴露的法律障碍，是诊断实现人民币国际化法律症结的良方。而人民币国际货币的职能和离岸人民币实践表明，实现人民币国际化当下面临以下前置性重大法律问题：

（一）资本项目管制问题

资本项目管制之所以与人民币国际化不相适配，主要是因为人民币要被国际市场所接受，从而实现国际化，必须能够自由兑换和自由使用，否则，就丧失了被国际市场各类主体接受的基本条件和资格。以 IMF 特别提款权为例，从 2016 年 10 月起，人民币正式进入 SDR 计值的"货币篮子"。但 SDR 只是 IMF 创设并分配给成员国使用的资产记账单位，本身不是可直接用于国际支付和结算的货币。IMF 成员国如需动用 SDR，就需要将其获得的 SDR 换成"货币篮子"中的货币，包括人民币，以用于清偿国际债务、干预汇率等目的。如果人民币不能自由使用，成员国只能选择"货币篮子"里的其他货币，那么，人民币就失去了进入 SDR"货币篮子"的价值。是故，IMF 要求进入 SDR"货币篮子"的货币必须可自由使用，包括在国际支付中广泛使用和在外汇市场上广泛交易。[1] 不止于此，自由兑换和使用只是货币国际化的基本要求，降低兑换和使用的成本则更为重要。按照克鲁格曼的观点，一种货币要想成为国际货币，必须使货币的持有、交易成本逐步降低，甚至等于零。[2] 依此，货币持有、交易的成本越低，就越有利于实现国际化。在世界已被美元等货币占据居先优势的情况下，如果我国仍然实行资本项目管制，就会导致使用人民币的成本巨

---

[1] 韩龙：《人民币入篮与我国法制变革》，《政法论坛》2017 年第 6 期。

[2] See Paul R. Krugman, "Vehicle Currencies and the Structure of International Exchange", *NBER Working Papers*, No. 333, National Bureau of Economic Research, Inc., 1979, p.24.

大，使其在国际货币的竞争中处于劣势，妨碍人民币国际化的实现。

那么，我国资本项目管制程度到底如何？对此我国与 IMF 存在识别上的差异。在 IMF 划分的 7 大类 11 大项 40 个子项的资本项目交易中，我国官方评估有 85% 的交易项目已经实现了不同程度的可兑换。[1] 但 IMF 在其近年的《汇率安排与汇兑限制年报》中认定，我国只在其列举以下交易中基本上不存在限制：结汇，信贷业务项下的商业信贷，直接投资清算。除此之外，我国都程度不同地存在资本项目交易限制或管制。[2] 导致以上差异主要是因为我国与 IMF 识别资本项目交易的管制标准不同。IMF 判定存在资本管制的依据有：①若交易需从官方获得授权、批准或许可，则认定存在管制，但报告、登记或通知等并不构成管制；②数量型的交易限制属于资本管制，即便其出于审慎监管的目的；③基于国家安全考虑而施行的限制性措施不属于资本管制；④对某一行业施加的普遍性限制不属于资本管制，但若是不加区分地实施行业限制则构成资本管制。[3] 而我国则将有限制或管制的开放统归为开放类资本交易项目。

尽管二者在认定上存在差异，但我国在一些资本项目上实行管制是事实。仅以对跨境资本流动，因而亦对人民币国际化至关重要的资本市场证券为例，就非居民在我国境内发行证券而言，众所周知，我国不允许非居民在我国发行 A 股和 B 股。至于债券，我国虽允许国际开发机构在满足信用评级的要求下在我国境内发行人民币债券即熊猫债券，但我国不允许境外其他机构包括公司、企业在我国境内发行债券。这些禁止性规定无疑会妨碍非居民筹措、使用人民币。以上管制性规定妨碍了境外主体从境内获得人民币。虽然资本项目管制对于不以货币国际化为目标的国家具有一定的可取性[4]，但对于追求国际化的人民币而言则构成极大的妨碍。[5]

要消除人民币国际化的这一障碍，就需要取消我国资本项目仍然剩余的多数管制措施，实行资本项目的充分开放。在我们看来，资本项目现行的部分管

1　管涛：《人民币资本项目可兑换现状与展望》，《证券时报》2015 年 12 月 22 日。

2　IMF, Annual Report on Exchange Arrangements and Exchange Restrictions, October 2014, p.88.

3　IMF, "Capital Control Measures: A New Dataset", *IMF Working Paper*, 2015, pp.11–12.

4　2008 年国际金融危机之后，西方国家和 IMF 对先前力推资本项目开放的做法进行了反思，进而发生了态度转变，认为资本管制构成实现稳定的一项措施，有助于各国管理因大量资本流动所致金融稳定风险。

5　韩龙：《资本项目制度改革流行模式不适合人民币国际化》，《法商研究》2018 年第 1 期。

制、部分开放模式，对于人民币国际化难言周全。这不仅因为这种模式无法摆脱孰管孰放在立法上的艰难甚至错误的选择，更是因为一旦部分资本项目实现了开放，仍受管制的项目会乔装打扮成为开放项目而逃避管制，结果是法律规定的管制项目没能管住，同时规避管制的交易设计又提高了人民币交易的成本，损害了人民币国际化。因此，要实现人民币国际化，除了极为有限的项目确有必要维持管制，并通过负面清单列出以满足货币国际化的透明度要求之外，其他的资本项目管制都应放开。问题是哪些项目应当放开，哪些确需维持管制？根据资本项目与人民币国际化的干系考量，我们认为对 IMF 划分的七大类资本项目交易应区别对待：资本和货币市场工具交易、信贷工具交易与人民币国际化所需要的跨境资本流动干系重大，故应当充分放开；对衍生品交易既要提供充分的交易通道和产品，以满足市场对冲风险的需求，又要防范其内含的风险，保持必要的审慎规制；对直接投资及其相应的清盘，在保持对外资充分开放并实行高效的投资清盘的同时，需借助负面清单和对外资的国家安全审查制度对外资进入敏感行业和领域进行掌控；房地产事关民生，维持目前对外资准入的实际需要和自用原则仍属必要；个人资本交易可根据便民原则实行进一步的开放。至于资本项目开放引发的风险担忧，其实质是资本项目开放与其所生风险的平衡问题，对此应建立配套性的风险防范制度，详见后述。

（二）人民币汇率制度问题

2005 年 7 月 21 日，中国人民银行宣布人民币实行以市场供求为基础、参考一篮子货币进行调节、有管理的浮动汇率制。2008 年 8 月实施的《外汇管理条例》第 27 条规定："人民币汇率实行以市场供求为基础的、有管理的浮动汇率制度。"但这一制度与人民币国际化不甚适应。

首先，对外汇市场有管理的干预不利于均衡汇率水平的形成，而汇率趋于均衡水平构成货币国际化所需要的资本项目开放的重要条件。相反，如果我国开放了资本项目，但汇率因缺乏弹性而偏离了均衡水平，那么，资本项目的开放会导致国际游资的大进大出，危害我国经济和金融的稳定。而以市场供求关系决定的灵活汇率，虽然具有一定的波动，但作为调节跨境资金流动的重要杠杆，可以有效缓解外来冲击，有助于维护资本项目开放条件下的经济稳定和金融安全。

其次，货币国际化的一大条件和标志就是该货币能够独立地发挥价值尺度的职能，在官方领域作为其他国家货币或汇率定值的标准。如果人民币还需参考其他货币确定其价值，那么，相关国家与其以人民币定值，不如直接以人民币定值参考的其他货币来定值，这样的话，人民币就会因无法发挥价值尺度等国际货币职能而实现国际化。

鉴此，我国应积极准备条件，适时地将现有的人民币汇率制度转变为浮动汇率制。浮动汇率制，质言之，就是由外汇市场的供求关系决定汇率水平。当外汇市场上对人民币供大于求时，更多的卖盘会使人民币在与其他相关货币的兑换中出现贬值，相反的情况则会出现升值。易言之，在浮动汇率制下，人民币在市场供求关系中确定自己的价值，不再参考其他货币定值。这是浮动汇率制与人民币现有汇率制度的重大区别。相反，人民币参考其他货币定值，本身就与人民币的国际化地位和身份极不相称。从目前主要国际化货币——美元、欧元、英镑等货币来看，其汇率无不由市场决定。此外，浮动汇率制既然将汇率交给市场，就不再需要央行对汇率实行常态化的干预。这是浮动汇率制对现有汇率制度需作出的另一重大变革。但需要指出的是，浮动汇率制并不绝对地排除政府干预，而是排斥政府对外汇市场和汇率的常态化干预。从英美等国来看，其在实行浮动汇率制后对外汇市场的干预并没有绝迹。因此，我国在浮动汇率制的立法中，应保留央行在外汇市场出现严重紊乱或在经济金融稳定遭受严重威胁等极端情况下入市干预的备而待用的权力。

（三）支撑发达金融市场的法律制度构建问题

人民币国际化需要发达的金融市场，主要原因在于：首先，在资本项目开放前，如果国际化货币所属国的金融市场不发达，缺乏深度与规模，那么，巨额的跨境资本流动可能会动摇金融稳定和货币政策。[1] 是故，适应人民币国际化的需要而开放资本项目，需要我国发展金融市场，特别是资本市场，使之成为有弹性、有深度，能够缓解宏观经济受到外部冲击的防护层。其次，有深度和流动性的发达金融市场，也是人民币实现真正国际化，特别是发展成为国际

1　Takatoshi Ito, "The Internationalization of the RMB: Opportunities and Pitfalls", *Council on Foreign Relations*, November 2011, p.12.

储备货币的条件。人民币国际化，不只是要在国际贸易中运用，而是主要取决于其在国际金融交易中的运用。[1] 而人民币运用于国际金融交易，就离不开我国金融市场这一依托。特别是，人民币要成为他国外汇储备，只有具有深度和流动性的市场才能提供高效变现和兑换的条件，才能满足他国平衡国际收支和干预外汇市场等需要。

发达的金融市场以适宜的法律制度为支撑，那么，我们需要作出什么样的法律变革来满足这一需要呢？人民币国际化取决于其能否为国际市场所广泛接受，而国际市场是否接受人民币就包含了对我国金融市场是否发达的考量。发达的金融市场，首先须是充分自由的高效市场。一个充斥着众多限制的市场是无法实现低成本、高效率的。如果我们把对金融市场的限制分为影响市场结构的限制、影响经营行为的限制和审慎监管限制的话[2]，那么，建立发达、高效的金融市场就需要取消妨碍效率的前两类限制。从现实来看，我国还存在不少影响市场结构与经营行为的限制。前者如我国对境内外主体金融业准入的形式上或事实上的限制，对金融机构全面从事银行、证券、保险的混业经营的立法限制，对金融、非金融债券及衍生品的发行管理和交易市场实行的分割等。[3] 后者如某些限制国债流通的规定[4]，对金融产品特别是金融衍生品审批周期长、手续烦琐的弊端等。此两类限制并非基于金融安全考虑，相反，会妨碍效率和人民币国际化的需要，因此，取消此等限制实为建立高效金融市场之所需。

其次，发达的金融市场还须具有安全稳健性。一个没有安全稳健保障，金融动荡和危机频发的金融市场是毫无效率可言的。而要保障金融的安全稳健就须建立健全金融监管制度。因此，我国在建立适应人民币国际化的金融市场的过程中，在取消影响市场结构和经营行为的限制的同时，需加强审慎监管制度。为此，我们一方面要在观念上纠正将效率与审慎监管对立，借口监管会压抑金融效率而抹杀监管作用的观念，树立依靠审慎监管防范或降低金融市场失

---

1 Eswar Prasad, Lei Ye, "Will the Renminbi Rule?" *Finance & Development,* Vol. 49, No. 1, 2012, p.5.

2 韩龙：《防范和化解国际金融风险和危机的制度建构研究》，人民出版社，2014，第49页。

3 我国债券市场和衍生品市场是分割的。金融债券的发行由人民银行把关，非金融企业债券由国家发改委、证监会分别管辖。在交易层面，银行间市场和交易所市场平行运行。与此类似的是，金融衍生品审批隶属于中国人民银行和证监会两个部门，交易的场所分别是银行间市场和交易所。

4 财政部、中国人民银行2013年1月发布的《储蓄国债（电子式）管理办法》第2条就明确规定该国债不可流通。

灵所致金融效率严重丧失的理念，确立金融审慎监管与效率在根本上可以协调
一致的思维，同时在立法和操作上厘定好审慎监管与效率的关系，确立只有在
监管维护的效益大于监管成本的情况下才实施监管的规则，从而使监管建立在
其发轫的根基之上并符合监管正当性原则。[1] 另一方面，我们应当在审慎监管
制度中充分吸收当今国际社会有关审慎监管制度的最新成果，不断改进审慎监
管，切实防范金融风险和危机。

二、人民币国际化运行中的重大法律问题

人民币国际化运行中的法律问题，既体现在人民币国际化实现过程之中，
也存续于人民币国际化实现之后。其与前述实现人民币国际化前置性法律问题
的不同就在于：不解决实现人民币国际化前置性法律问题，人民币国际化就无
从实现。而人民币国际化运行中的法律问题虽然也存在于实现人民币国际化过
程中，但不解决此类问题，人民币国际化并非注定不能实现，但会付出代价。
因此，二者对于实现人民币国际化的决定性和紧迫性存在差异。人民币国际化
运行中的重大法律问题，主要有人民币国际化清算的法律问题和人民币国际化
风险防控的法律问题等。人民币国际化一如其他货币国际化一样，主要通过清
算的方式，借助国际代理行机制、资金划拨机制进行着跨境和境外流通。人民
币在国际化的任何阶段，都面临着应建立什么样的清算体系与法律制度的问
题。与之类似，人民币国际化伴随的风险，是人民币国际化的最大担忧所在。
若要在人民币国际化中尽可能地趋利避害，就须将风险防控贯穿于人民币国际
化始终。

（一）人民币国际化清算的法律问题

完善的支付清算体系是货币国际化的基础条件。货币国际化主要通过清算
的方式，借助国际代理行机制、资金划拨机制进行着跨境和境外流通。[2] 虽然
人民币国际化清算目前有境外清算行、境内代理行和非居民账户等模式，但无
论在任一模式下开展跨境支付通常都需要借助清算体系进行清算才能完成。而

---

1 现代金融监管发轫的根基在于金融市场失灵和金融业特性。这些根基赋予了金融监管以正当性和必
要性，同时也设定了监管的尺度和范围，即金融监管若不是基于金融市场失灵、金融业特性的考量并与之相
适应，就会失去根基和正当性。

2 韩龙：《人民币国际化重大法律问题之解决构想》，《法学》2016 年第 10 期。

清算法律体系则是保障清算安全、高效进行的法律制度基础。由于人民币国际化的清算需借助国际代理行机制、资金划拨机制进行，为确保人民币清算资金划拨安全、高效进行，需通过专门立法的方式，对相关当事人权利、义务提供确定性支持。此外，人民币国际化清算中，信用风险和流动性风险是用于转账结算的支付系统运行面临的两大基本风险，结算最终性制度和抵押品制度在此两大风险的防范中具有关键作用，且需要法律变革，才能使其具有坚实的法律基础。

首先，就人民币国际化清算资金电子划拨相关当事人的权利义务配置而言，目前我国对人民币清算资金电子划拨当事人权利义务调整，存在相关立法具有局限性，法律效力层次低，相关规定分散等问题。为适应人民币国际化清算需要，我国应制定大额电子资金划拨的单行法。在具体内容和制度上，应明确人民币国际化清算中资金划拨、支付命令、安全程序等核心概念，建立权利义务开始时间、瑕疵支付命令的处理、跨境法律适用等权利义务配置的核心规则以及资金划拨风险的责任分担机制。在制定人民币国际清算资金电子划拨权利义务的规则时，我们应当以效率、安全、公平为价值取向，法律适用遵循意思自治优先和最密切联系为辅的原则，并密切跟踪国际清算资金电子划拨的统一化趋势。

其次，就人民币国际化清算中的结算最终性法律问题而言，最终性极为重要，其意指权利的归属或争端的解决不再具有纷争或不再因纷争而改变的终局状态。众所周知，法律的最重要功能是分配权利义务和定分止争。如果没有最终性这一结局，权利义务就会永远处于飘忽不定的状态，法律就无法满足调整财产关系的需要。适应货币国际化的结算最终性的制度要素主要包括：健全结算最终性法律制度体系、完善结算最终性具体制度、明晰结算最终性时刻、恰当厘定破产法与结算最终性的关系。我国完善结算最终性制度的具体路径包括：一是夯实结算最终性通用法律制度这一基础。为此应完善我国《企业破产法》的相关规定，避免其对支付系统结算最终性的影响；在相关法律中对净额结算协议等金融交易的结算最终性进行特别规定。二是完善结算最终性专用法律制度保障。提升结算最终性制度的专用法律层次，在《支付清算法》中明确结算最终性，在大额电子资金划拨立法中明确"接收人终结规则"和"轧差有效性规则"。在支付系统规则层面，细化结算最终性的制度规定。

最后，就人民币国际化清算的抵押品制度而言，适应货币国际化的支付清算体系中抵押品的制度要素主要有：健全的抵押品法律框架、广泛的合格抵押品种类、严格的合格抵押品要求、统一高效的抵押品运用。目前我国与人民币国际化清算相关的抵押品制度仍处于起步阶段。完善人民币国际化清算中抵押品制度的主要路径包括：完善支付清算抵押品通用法律基础，确认让与担保的法律地位，构建高效的抵押品处置法律安排；完善支付清算抵押品专用法律基础，构建中央银行抵押品统一管理框架，扩大合格抵押品法定范围，将信贷资产、境外抵押品列入合格抵押品范围，明确合格抵押品法定标准，完善抵押品估价、托管与处置机制。

（二）人民币国际化的风险防控的法律问题

人民币国际化在给我国带来重要利益的同时，不可否认的是其也会使我国面临不可忽视的风险和挑战。如何有效防控这些风险，成为摆在我们面前急需解决的课题。

1. 人民币国际化面临的主要风险

人民币国际化给我国带来的风险，突出地体现在对宏观经济管理、货币金融体系稳定的挑战上。

就人民币国际化对宏观经济管理的挑战而言，承前所述，充分的人民币国际化需要开放资本项目、实行浮动汇率制和建立发达的金融市场。按照"三元悖论"原理，一国货币政策的独立性、汇率的稳定性与资本项目的开放性三者不能兼得，最多只能同时实现两个目标。从现实来看，实行资本项目开放的经济体，要么放弃独立的货币政策，要么放弃汇率稳定。我国香港通过港元与美元的联系汇率制保持了汇率稳定，但放弃了独立的货币政策。新加坡则放弃固定或联系汇率制所具有的汇率稳定，选择实行独立的货币政策。如前所述，实现人民币国际化需要开放资本项目和实行自由浮动汇率制度。这样，除了我国汇率较之于人民币国际化之前可能会出现较大波动，并考验包括中央银行和商业银行在内的国内机构的风险防控能力之外，我国宏观经济管理也可能遭遇巨大冲击。以货币政策为例，当我国为控制通货膨胀、紧缩货币政策而提高利率时，境外资金可能会择机而入进行套利，增加人民币的供应，削弱货币政策的效果。而在我国实施扩张性货币政策而降低利率时，由于资产收益减少，人民币又会大量流出以追逐境外更高的回报，亦影响宏观调控政策的效果。

就人民币国际化对货币金融体系稳定的挑战而言，人民币国际化能够通过多个渠道影响我国的货币金融体系稳定。例如，随着在国际流通的人民币增多，当人民币发生贬值预期时，投机者为了牟利可能从离岸市场借入大量人民币，转而在我国外汇市场上大肆抛售人民币，对人民币汇率形成贬值压力。如果贬值压力无法抵挡，人民币被迫大幅贬值，我国经济金融体系可能遭受重大冲击。泰国在亚洲金融危机中的教训十分深刻。当时，投机者在泰国境外市场借入大量泰铢，转而在泰国外汇市场上集中抛售，由于泰国的外汇储备不足承受抛售压力，泰铢被迫贬值，从而引爆金融危机。又如，当人民币本币资产收益率较低或投资者对人民币币值信心不稳时，资本外逃的风险就会增加，不仅会削弱宏观经济政策的效果，而且会扰乱正常的金融秩序，甚至会引发金融危机。人民币国际化条件下所面临的风险通常具有全局性、高度传染性和强大破坏力等特征，因此，需要建立对应性的制度进行防控。

2. 人民币国际化风险防控制度的构建

以上对人民币国际化风险的揭示显示，这类风险所具有的共同特征就是其通常关涉整个金融和经济的稳定，而不仅限于单一金融机构，因此，以整个金融体系和实体经济稳定为目标的宏观审慎监管制度对防范人民币国际化风险较为适配。这不是说传统上瞄准单一金融机构风险的微观审慎监管制度就不再需要，恰恰相反，微观审慎监管制度在防范风险方面仍然发挥着基础性作用，而只是说应对人民币国际化所伴随的宏观和全局性风险，仅靠微观审慎监管制度是无能为力的，因此，我国需要构建宏观审慎监管制度并进行必要的制度创新。

（1）构建适应人民币国际化的宏观审慎监管制度并进行制度创新。

宏观审慎监管制度是运用宏观审慎措施限制金融系统风险，降低重要金融服务中断对实体经济造成危害的监管制度。[1] 而系统风险指金融体系部分或全部受损造成金融服务提供中断，并能够对实体经济造成非常严重的负面后果的风险。[2] 可见，防范系统风险及其对实体经济溢出效应，维护金融体系以及实体经济的稳定，是宏观审慎监管的目标和特征。这一特征与人民币国际化风险

---

1 IMF, Macroprudential Policy: An Organizing Framework, March 14, 2011, p.8.

2 IMF, Key Aspects of Macroprudential Policy, June 10, 2013, p.6.

特征的契合，使得该制度较为切合人民币国际化风险防范的需要。

构建防范人民币国际化风险的宏观审慎监管制度，应当从宏观审慎监测制度、宏观审慎监管措施、宏观审慎处置制度、宏观审慎监管体制着手。实行宏观审慎监管需以准确判断系统风险和金融脆弱性为前提，故宏观审慎监测制度应选取能够反映金融体系以及经济体系风险，包括人民币国际化风险的指标，确定其临界值，获取监测信号，并进行对策转化，相应地启动或调整宏观审慎监管措施。宏观审慎监管措施是宏观审慎监管的核心，其首先应包括时间维度（Time Dimension）和截面维度（Cross-Sectional Dimension）的专项措施。前者应关注人民币国际化条件下金融风险随经济周期的运行而出现的变动，旨在防范系统风险随着经济周期的运行而积聚，并降低监管措施的助周期性或顺周期性，这类措施如逆周期资本缓冲规定等。后者关注在给定时点上，金融机构因相互关联以及承受共同风险而出现金融风险跨部门、跨地区以及跨境的传染状况，重点关注系统重要性金融机构给金融体系带来的风险，该类措施如对系统重要性金融机构的超额资本要求等。[1] 其次，宏观审慎监管措施还应包括最初并非为了防范系统风险，但经改造转化的措施，如首付比率、货币错配限制等时间维度措施，基于系统风险考虑对金融机构的拆分等截面维度措施。宏观审慎处置制度是在金融机构，特别是系统重要性金融机构经营失败时，能够对其进行安全、快速、有效的处置，保障关键金融业务和服务不中断，妥善解决金融机构"大而不能倒"的问题的制度，包括恢复计划、处置计划和自救机制等。宏观审慎监管体制是宏观审慎监管的组织保障，其核心问题是监管机构设置。虽然宏观审慎监管体制的设计取决于各国的国情，但立法须给予宏观审慎监管机构以明确的授权，并伴之以问责机制。

然而，宏观审慎监管制度用于防范人民币国际化风险也存在短板，主要体现如下：由于宏观审慎监管瞄准的是金融系统风险，而人民币国际化的风险并不完全限于这类风险，那么，防范人民币国际化的风险就需要其他措施加入进来。而即便是金融系统风险的防范和化解，有时也需要采取其他措施或与其他措施相配套。这些措施如微观审慎措施、货币措施（如利率、存款准备金等）、财政措施（如税收等）、产业措施（如产业结构调整等）、资本项目管制等。由

---

[1] 韩龙：《宏观审慎监测制度建构之探》，《法学论坛》2014 年第 6 期。

于宏观审慎措施之外其他措施的施行不在宏观审慎监管机关的法定职权之内，因此，宏观审慎监管机关并无权动用这类措施防范人民币国际化风险。可见，宏观审慎监管在用来防范人民币国际化风险时存在防范措施和组织机构上的短板。对此，我们认为，防范人民币国际化风险须在宏观审慎监管制度的基础上进行制度创新，以组织机构间的法定协作带动宏观审慎措施与其他措施的协调或配套。具体来说，立法应在制度上建立宏观审慎监管机关与其他职能机关的协作机制，以此来协调宏观审慎措施与其他措施的适用，使事关人民币国际化风险的所有措施，不论来源和出处，都能够尽其所用。

（2）建立资本项目管制的临时回弹机制。

资本项目管制作为风险管控的一项重要手段，当下已获得国际社会的广泛承认。[1]但是，宏观审慎监管措施与资本项目管制措施存在目标上的不同。前者用以限制金融体系的脆弱性，而后者则旨在限制资本流动。虽然金融体系的脆弱性包含与资本流动相关的脆弱性，因而两者或有重叠，但是，宏观审慎监管措施并不寻求影响资本流动的强度。[2]如上所述，人民币国际化客观上要求取消资本项目的管制，对由此所生风险应通过创新宏观审慎监管制度加以防范，但资本项目开放后产生的极端情形通常体现为国际游资大进大出，并对金融和经济造成以上制度创新所无法抵御的严重灾难或威胁。对此，我们认为立法中应当进一步设计适当的资本项目管制的临时回弹机制。

如何在立法上厘定这种机制？我们认为宜把握好以下几点：第一，临时回弹的资本项目管制应作为最后措施。在资本项目开放的条件下，跨境资本流动出现波动，甚至震荡是资本项目开放的应有之义，不能动辄就恢复或实行资本项目管制，否则，人民币国际化就无法进行。只有在跨境资本流动造成严重威胁金融或经济稳定的系统风险，或已导致危机，且宏观审慎措施和其他措施已经用尽，或适用这些措施耗费时日，不能用以抵御上述威胁或危机的情况下，资本项目管制才能临时回弹适用，亦即资本项目管制是不得已而采取的最后措施。第二，由于人民币国际化需要保持资本项目的开放，因此，回弹的资本项目管制措施应具有暂时性质。这一性质意味着一旦上述紧

---

1 Maria Socorro Gochoco-Bautista, Changyong Rhee, "Capital Controls: A Pragmatic Proposal", *ADB Economics Working Paper Series*, No. 337, February 2013, p.7.

2 IMF, *Key Aspects of Macroprudential Policy*, June 10, 2013, p.8.

急情势得到缓解，管制措施即应解除，以减轻或消除对人民币国际化的损害。此外，这一性质还意味着资本项目管制的暂时回弹只是治表措施，不能取代瞄准以上威胁或危机根源进行改革的治本措施。第三，应对上述威胁和危机，究竟应采取什么样的资本项目管制措施，立法上宜实行有约束的相机抉择。[1] 从实践来看，各国采取的措施从禁止资本流动、规定等待期或停留期，到课税、限制非居民开设国内银行账户、限制居民对外借贷不等。[2] 鉴于威胁或危机的情形复杂多变，立法不宜直接厘定所需采取的措施，但由实施当局进行自由裁量的相机抉择又存在任意性的流弊，因此，实行有规束的相机抉择模式较为适宜。据此，实施当局有采取措施的自由裁量权，但法律需对这一权力的行使施加约束，包括采取措施的情势和依据、决策的制度和程序以及监督和问责等。

三、人民币国际化实现后面临的法律问题

人民币国际化实现后需应对的重大法律问题主要体现在：货币非国际化的其他国家（简称他国）针对人民币采取不当货币及贸易行为，我国该怎么办？这一问题之所以发生在人民币国际化实现或完成之后，是因为只有他国拥有或愿意接受人民币作为储备货币，才能够用之干预外汇市场，影响其货币对人民币的汇率，制造汇率操纵和偏差，进而将此转化为不当的贸易利益。而他国拥有或愿意接受人民币作为储备货币，标志着人民币国际化已经完成。他国操纵对人民币的汇率或制造汇率偏差并将此转化为不当的贸易优势，会严重侵害我国的利益，因而构成人民币国际化之后我国面临的重大法律问题。那么，人民币国际化后他国为何能够并如何采取不当的货币及贸易行为？现有的国际法律制度能否对我国遭受的此等行为之害提供有效的法律救济？若答案是否定的，我国对此等行为可采取什么样的法律对策？以下将依次进行分析。

（一）人民币国际化后他国为何能够采取不当货币及贸易行为

人民币国际化之后，他国之所以能够对人民币采取汇率操纵和汇率低估等

1　立法对资本项目管制措施的规定可分为规则抉择和相机抉择。前者是指立法直接规定实施当局要采取的措施，后者则将需采取的措施交由实施当局自由裁量决定。

2　Maria Socorro Gochoco-Bautista, Changyong Rhee, "Capital Controls: A Pragmatic Proposal", *ADB Economics Working Paper Series*, No. 337, February 2013, p.1.

不当货币行为，并进而将此转化为贸易利益，与国际化的人民币担当的货币职能及其提供的不当货币行为的操作条件有关。前已述及，国际化货币是在国际社会发挥价值尺度、交易媒介和储藏价值职能的货币。就价值尺度功能而言，国际化货币构成其他货币的定值标准，典型的体现就是成为他国确定汇率的基准。既然他国具有以国际化货币确定本国货币汇率的条件，那么，也可以不正当地利用这种条件，通过调低或调高本币对国际化货币的价格即汇率，使本国从中获益。就储藏价值职能而言，国际化货币构成他国拥有或愿意接受的外汇储备。人民币国际化后，他国拥有人民币外汇储备意味着其可以在外汇市场上大量购买或抛售人民币，以阻止其本币对人民币升值或贬值。他国愿意接受人民币为外汇储备，意味着其可以在外汇市场上买入人民币，以阻止其货币对人民币升值。

人民币国际化后，我国之所以不能"以其人之道，还治其人之身"，主要是与不当货币行为的操作条件有关。采取不当货币行为需要一国在外汇市场上通过买卖外币的方式进行。在一定价位大量买入外币，可以阻止本国货币对被干预的外币升值，但前提是该国愿意持有被干预的外币。该国之所以愿意持有这种货币，是因为其已经国际化，被国际社会所广泛接受和使用。在一定价位大量卖出外币，可以阻止本国货币对被干预的外币贬值，但前提是该国在外汇储备中拥有该外币，或至少能够从市场上获得该货币。这样的条件通常只有货币非国际化的国家才具备，因其需要、接受或拥有国际化货币为外汇储备。而货币国际化的国家，因不接受非国际化货币作为外汇储备，因此，不能做出买入非国际化货币的干预操作，又因货币国际化的国家不持有非国际化的货币，也不能在国际金融市场上获得这种货币，因而亦不能做出卖出非国际化货币的干预操作。可见，从事不当货币行为并由此获得不当的贸易利益，是货币非国际化国家的一大"特权"。

（二）人民币国际化后他国会采取什么样的不当货币及贸易行为

纵观国际货币史，他国对国际化货币可采取的不当货币行为，主要有汇率操纵和汇率偏差。综合《IMF 协定》第 4 条第 1 节和 IMF 执行董事会于 2007 年、2012 年分别通过的《对成员国政策双边监督的决议》《双边和多边监督的决议》来看，汇率操纵是 IMF 成员国实施旨在影响且实际影响了汇率水平的政策，造成汇率低估的严重偏差，以扩大净出口。[1] 而汇率偏差是一国货币的汇率偏离了均衡水平，没能反映货币的真实价值和经济基本面。汇率偏差与汇率操纵的最大不同，就在于前者不需要后者需要具备的目的要素，即汇率偏差不需要具有妨碍国际收支有效调整或取得对其他成员国不公平竞争优势的目的，只强调有无偏差的客观效果，因而认定汇率偏差相对简便易行。[2]

从事不当货币行为的目的是获得不当的贸易利益，主要体现为扩大出口、限制进口。汇率操纵或偏差之所以能够产生如此贸易效果，主要是因为其造成的汇率低估使得来自不当货币行为国的商品在国际市场上以外币体现的价格低廉，从而获得不正当的出口竞争优势，并人为抬高该国进口的外国产品的本币价格，降低其在进口国市场上的竞争力，从而产生奖出（口）罚进（口）的效果。假设人民币国际化后，人民币与A国货币的均衡汇率应当是1∶5，但A国通过不当货币行为使其汇率低估为1∶7。再假设：A国某出口商生产甲产品的单位成本是A国货币600元，在均衡汇率条件下，该产品出口到我国的售价须达到120元人民币，才能保本（120×5=600）。但是，由于汇率低估，其在我国市场上只需要以87.7元人民币的低价出售即可保本（87.7×7=600）。这相对于A国对其出口商提供了等同于币值低估部分的汇率补贴，同时出口商因汇率低估而受益，还可以以均衡汇率条件下不允许的低价在我国销售，构成汇率倾销。而另一方面，由于A国汇率低估，我国产品出口到A国以当地货币表现的价格则升高，相当于A国对我国出口产品征收了进口附加税。可见，不当货币行为能够产生具有不当竞争优势的贸易效果。

（三）现有国际制度能否有效制止他国不当货币及贸易行为

人民币国际化之后，他国针对人民币采取的不当货币和贸易行为，在现有的国际法律制度中，主要涉及以《IMF协定》为代表的国际货币制度和以WTO反补贴、反倾销协定（简称"双反"协定）为代表的国际贸易制度。这些制度能否对我国遭受的不当货币和贸易行为之害提供有效救济，事关我国重大权益。

---

1 IMF, Modernizing the Legal Framework for Surveillance-- An Integrated Surveillance Decision, Annex, June 26, 2012, p.26.

2 韩龙：《汇率偏差并不构成法律上的出口补贴》，《河北法学》2013年第1期。

1.《IMF 协定》能否制止汇率操纵和汇率偏差

就汇率操纵而言,《IMF 协定》禁止的汇率操纵不但要有操纵行为,而且要具有规定的操纵目的。虽然 IMF 在 2007 年、2012 年通过的前述决议中将汇率操纵行为明确为旨在影响且实际影响了汇率水平的政策行为,但一项货币金融措施的出台往往包含难以言明的多重目的,将其单纯归结为"旨在影响"汇率水平终究是困难的。不止于此,目的要素才是认定汇率操纵的难越之巅。虽然前述两个决议将"为取得对其他成员国不公平的竞争优势"明确为:①成员国实施旨在影响且实际影响了汇率水平的政策,以实现汇率严重偏差中的汇率低估,且②造成这种偏差的目的在于扩大净出口,[1]但问题是 IMF 一直以来都没有在法律上建立确定汇率偏差和汇率低估的衡量基准。这导致汇率操纵的目的无法认定。可见,《IMF 协定》并不能有效制止他国操纵汇率的行为。

就汇率偏差而言,《IMF 协定》通篇没有汇率偏差的规定,因此,汇率偏差并没有受到该协定的禁止和约束。IMF 在 2007 年和 2012 年通过的上述决议虽然出现了"严重偏差"的措辞,但这些决议出台的法律依据是《IMF 协定》第 4 条第 3 节第 2 项的规定,即 IMF 应对各成员国的汇率政策行使严密的监督,并应制定具体原则,以对成员国的汇率政策提供指导。据此,这些决议只是 IMF 为指导成员国汇率政策而制定的指导原则而已,而"指导"只具有建议性质,不是法律,不具有法律约束力。因此,《IMF 协定》也不能对他国制造针对人民币的汇率偏差提供有效的国际法律救济。

2. WTO"双反"协定能否制止汇率倾销和汇率补贴

根据 WTO《反补贴协定》,补贴的构成应具备财政资助或收入支持、利益授予以及专向性三个要件。对比发现,汇率低估不在《反补贴协定》规定的财政资助或收入支持的形态之内。就利益授予而言,其要审查财政资助或收入支持是否使补贴接受者处于更好的境地,这就通常需要将涉嫌补贴的产品价格与补贴国市场价格进行比较。就汇率补贴来说,要衡量出口商品是否因汇率低估而获得利益,就需要将获得补贴的汇率与补贴国国内市场汇率进行比较,但在补贴国此两种汇率通常是同一汇率,因而无法认定利益授予的存在。就专向性

---

[1]《IMF 协定》规定了两类操纵行为:汇率与国际货币体系,规定了两类操纵目的:妨碍国际收支的有效调整和取得对其他成员国不公平的竞争优势。IMF 执行董事会 2007 年和 2012 年通过的决议仅对操纵汇率以取得对其他会员国的不公平竞争优势作出了明确。

而言，涉嫌补贴的汇率，通常不只适用于出口企业，而是适用于所有居民和企业，不论其出口与否，因此，汇率补贴的专向性亦难以成立。可见，WTO《反补贴协定》对于汇率补贴无济于事。

WTO《反倾销协定》以具体产品作为反倾销对象，以此具体产品对应的国内产业来确定反倾销所需要的损害、倾销与损害之间的因果关系。若一国以汇率低估为由对来自汇率低估国的产品实施反倾销，会造成对来自汇率低估国的所有产品，不分产品和产业，一概进行倾销认定，这是违背《反倾销协定》的上述制度设计和立法精神的，难以获得《反倾销协定》的支持。可见，WTO 的"双反"协定，无法为遭受非正当货币行为派生的非正当贸易行为之害的我国提供有效救济。造成这一结果的根源在于：从过去的 GATT 到现今的WTO"双反"协定，都没有将汇率倾销和汇率补贴包括进来。[1]

（四）我国应对他国不当货币及贸易行为可采取什么法律对策

在现有的国际法律制度并不能有效制止他国针对人民币采取的不当货币及贸易行为的情况下，我国可以考虑从多边、区域和单边三种渠道加以应对：

在多边层面，我国届时应积极推动《IMF 协定》的修改，明确汇率操纵的含义，简化认定标准，确立认定程序和汇率操纵的责任，使之成为一项可操作性的法律制度。同时，通过修改，将汇率严重偏差纳入该协定的约束之中，使之与汇率操纵一起成为各国的禁止性义务，并建立汇率偏差认定的法律标准。对于国际贸易制度，人民币国际化后，我国应寻求在多边框架内针对汇率倾销和汇率补贴，另立一套反补贴、反倾销规则，并将该规则与修改的《IMF 协定》规定的汇率操纵、汇率严重偏差的责任连接起来，以有效制止他国不当货币行为引发的不当贸易行为。

如果我国不能通过多边渠道改革国际货币和贸易制度，可以尝试通过与有关经济体缔结广泛的区域贸易一体化协定（RTAs）的方式，先在区域层面对不当货币和贸易行为进行区域立法予以制止，建立和维护区域内的公平货币和贸易秩序，并为进一步将其升级为多边规则提供准备和经验。

在多边渠道和区域渠道都行不通的情况下，我国应制定应对此类不当货币及贸易行为的单边立法。制定这种单边措施的依据是国家主权。从理论和实践

---

1 韩龙：《人民币汇率的国际法问题》，法律出版社，2010，第 243 页脚注。

来看，国家主权只在主权国家让渡的范围内和程度上受到限制和约束，除此之外，一国主权仍然保有完整的主权。承前所述，除汇率操纵外，汇率偏差、汇率倾销和汇率补贴都不在《IMF协定》和WTO法的涵盖之列。也就是说，我国对于此三者并没有让渡主权。因此，我国可以对此类情形下我国贸易利益遭受的侵害，通过单边立法进行制止。

四、结语

解决人民币国际化的法律问题，是时代赋予当代法律人的重大使命。人民币国际化需要与之适应的法律制度为之提供支持，否则，人民币国际化就难以取得成功。因此，我们应根据人民币国际化的需要，对现有的法律制度进行全面审视，并对需要构建的法律制度进行系统的布局。这是一项庞大的法律工程。应当看到，我们现有的一些制度是基于人民币国际化之前和之外的历史背景和因素出台的，与人民币国际化并不适应，随着人民币国际化的推进，需要废止或修订。同时，人民币国际化还需要建立一些新的制度，对此我们需要做好规划、设计，对法律制度体系进行补充。

但如何推进和实施这样的法律工程呢？面对如此庞大的法律变革，我们需要有一个完整、清晰的蓝图，以便为解决人民币国际化法律问题所需要的顶层设计和总体布局提供指引。如若不分时机地将人民币国际化所需要的一切法律变革都全盘推出，不仅有些法律变革并不为早先阶段的人民币国际化所急需，而且这种做法无异于对人民币国际化实行"休克疗法"，尤其会对现阶段的人民币国际化尚不构成妨碍的一些政策目标造成不合理的过早冲击，加大人民币国际化的代价和难度。因此，根据人民币国际化的进程，依次动态地启动人民币国际化所需要的法律变革，无疑是代价最小的法律变革路径。具体来说，当务之急我们应全面着手解决实现人民币国际化前置性法律问题如资本项目管理制度、汇率制度的改革问题，同时循序渐进地推进人民币国际化风险防控制度、人民币国际化清算制度的建设。至于对他国针对人民币采取不当货币及贸易行为的法律对策，则可延缓启动，但研究工作应当及早进行和完成，以为法律变革提供指引。[1]

---

[1] 韩龙：《人民币国际化重大法律问题之解决构想》，《法学》2016年第10期。

第三节　人民币与美元国际化法律环境之比较

在人类历史长河中，不少货币充当过国际货币或区域性的国际货币。但世界各地原本相互隔绝的人们结成较为紧密的共同体，时间并不长，只有 200 余年的历史。在过去 200 多年里，真正的全球货币只有先前的英镑和后来的美元。以古鉴今，研究人民币国际化的法律问题，应当将人民币国际化面临的当下的法律环境与先前货币国际化的法律环境进行必要的比较，以确定人民币国际化需解决的法律问题与先前货币国际化面临的法律问题的异同，找准问题及其性质，寻求历史启示，同时避免盲目借鉴。相对于美元的国际化而言，英镑国际化的历史条件和制度环境与当今相距甚远。而美元是距离人民币国际化最近的国际化和全球化货币，因而更适合我们将其与人民币国际化目前的法律环境进行比较，以确定人民币国际化面临的法律问题有哪些可以从美元国际化中获得借鉴，又有哪些需要我们走自己的路。故以下以美元为选项，将人民币与美元国际化初始阶段的法律环境进行比较。

一、货币国际化法律环境及其构成

货币国际化法律环境是指货币发行国在实现一国货币国际化的过程中，影响货币国际化进程的一系列国际和国内法律制度的总和。货币国际化的法律环境由国际法律环境和国内法律环境两部分构成。二者存在着密切的联系。

（一）货币国际化国际法律环境的构成

货币国际化国际法律环境是指影响货币国际化的一系列国际法律制度，主要包括：第一，国际货币制度。如下节所述，国际货币制度无疑会对货币国际化包括人民币国际化产生重要影响，故不赘述。第二，加强居先优势的国际协议。居先优势是国际货币竞争中的一种重要现象，是已占据国际货币地位的货币在维持自身地位和排除竞争对手所具有的优势。[1] 这种优势地位与网络外部性关系密切。例如，布雷顿森林体系解体后，美国与沙特签订了关于国际石油交易的国际协议，其中规定了沙特同他国进行石油贸易使用美元作为结算货

---

1 韩龙：《美元崛起历程及对人民币国际化的启示》，《国际金融研究》2012 年第 10 期。

币。鉴于沙特在欧佩克中的领导地位，该协议也促使欧佩克在国际石油贸易中使用美元计价结算。这大大增加了美元的使用，对美元在布雷顿森林体系解体后维持其国际主导货币地位具有重要作用。可见，货币发行国与他国订立的关于货币使用的协议对建立和拓展该货币使用的网络外部性具有重要作用，是建立一国货币居先优势的重要因素。但国际协议也是破解居先优势的重要武器。

（二）货币国际化的国内法律环境

货币国际化的国内法律环境是指影响货币国际化进程的国内法律制度，主要包括：影响本国货币在国际经济交往中流通的支付制度（包括经常项目与资本项目的支付制度）、汇率制度、支撑发达金融市场的法律制度等。首先，就国际支付制度而言，货币国际化要求欲实现货币国际化的国家实现国际支付自由。鉴于我国在经常项目下已实现支付自由，因此，人民币国际化要解决的主要问题是资本项目开放问题。从充分实现货币国际化目标来看，资本项目开放是必备要素，否则，潜在的货币使用者持有该国货币便面临货币用途狭窄的尴尬。其次，就汇率制度而言，货币国际化需要与之相适宜的汇率制度。只不过在不同的国际货币制度条件下，货币国际化对一国汇率制度的要求有所不同。如美元国际化初始阶段由于金币本位制盛行，欧美主要资本主义国家都先后实行了平价汇率制，在此制度条件下美元成功开启了国际化初始阶段，并其后在金汇兑本位制度下，取得了国际主导货币地位。同时，合理均衡的汇率制度也有助于货币发行国金融市场向着纵深维度发展。最后，就支撑发达金融市场所需要的法律制度而言，发达的金融市场是货币实现国际化的关键因素。建立发达的金融市场需要适宜的法律制度为之清除障碍和提供保障，金融市场的深度和广度的拓展需要法律支撑。同时，由于市场主体具有趋利性，市场风险在所难免，这就需要国家对金融市场中的风险进行相关的法律规制和监管，尽可能地避免因不正当交易和过分投机所带来的风险危害金融和经济稳定。

以上影响货币国际化的法律环境，从其对货币国际化的作用效果来分析，可以分为积极的法律环境和消极的法律环境。积极的法律环境是指对实现货币国际化有积极推动的一系列国际和国内法律制度，这些法律制度有利于货币国际化的运行，为货币国际化良性发展提供土壤。消极的法律环境则是阻碍货币国际化进程的一系列国际和国内法律制度，是阻碍货币国际化良性运行的桎梏。要实现充分的货币国际化，就须调整阻碍货币国际化进程的国际和国内法律制度，建构与货币国际化相适宜的法律环境，否则，不相适宜的法律制度就会成为货币国际化的羁绊。

二、人民币与美元国际化的法律环境之对比

目前人民币国际化在总体上还处于起步初始阶段。以下对人民币与美元国际化初始阶段的国际与国内法律环境进行比对，从而为下一目考察人民币与美元在国际化初始阶段法律障碍的异同提供条件。

（一）人民币与美元国际化的国际法律环境之对比

在货币国际化发展的初始阶段，人民币与美元所面临的国际法律环境有相似之处，也有不同之处，具体如下：

1. 国际货币制度之对比

美元国际化初始阶段是在金币本位制下进行的，当今人民币国际化是在牙买加体系下进行。鉴于国际货币制度包括国际储备制度、国际汇率制度、国际支付制度、国际收支平衡制度四个方面，故以下由此四个方面进行考察。

就国际储备制度而言，在美元国际化起步的金本位（具体是金币本位）时期，黄金是公认的国际储备。此外，由于当时英国以及后来的美国具有超强的经济贸易实力和发达的金融市场，先是英镑，接着美元与英镑一起成为代金券，广泛用于国际经贸的支付和结算。但在当下人民币国际化起步面临的牙买加货币体系下，国际储备资产的构成呈多元化和分散化的趋势。[1]IMF《国际收支和国际投资头寸手册》（第六版）将货币黄金、SDR、IMF 成员国在 IMF 的储备头寸、货币与存款、证券（包括债券和股票）、金融衍生品、其他债权（贷款以及其他金融工具），均列为国际储备资产。这是 IMF 根据各国国际储备现状所作出的列举，但这些储备资产并非都是国际货币制度上的法定国际储备。依据《IMF 协定》的现行规定，国际货币制度上的法定国际储备主要是各成员国在 IMF 的储备头寸和 SDR，占比很低。其他储备是各国任择性的储备，占比很高。

就国际汇率制度而言，在美元国际化起步的金本位时期，彼时的汇率制度是典型的固定汇率制。由于各国货币都有一定的黄金含量，各国货币间的比价

---

1 韩龙主编：《国际金融法》，法律出版社，2007，第 70 页。

即汇率由各自的黄金含量所决定，以铸币平价（mint par）为轴心，以黄金输出点和黄金输入点为波幅上下波动。由于黄金可以自由输出和输入，一旦买方在国际贸易中发现将本国货币直接按照汇率平价兑换成贸易中所需要的支付货币，其成本高于直接将黄金运送到卖方国家以黄金支付的费用，就会选择直接运输黄金到卖方国家进行支付，由此迫使汇率趋向铸币平价。而当下人民币国际化起步面临的是牙买加货币体系的自由汇率制。根据 1978 年《IMF 协定》第二次修正案，IMF 成员国可以自行选择汇率安排。IMF 按自主程度和浮动区间大小，将当前世界各国的汇率制度安排分为无单独法定汇率的货币、货币局安排、传统盯住安排、水平区间内的盯住汇率、爬行盯住、事前不公布汇率目标的有管理浮动和独立浮动等七个类别。浮动汇率基于的理念是，发挥汇率的弹性作用，让其根据市场的供求自发升值或贬值，以调节跨境资金流动，平衡国际收支。

就国际支付制度而言，在美元国际化起步的金本位时期，由于包括美国在内的实行金币本位的国家实行金币自由铸造，自由流通，自由输出入，故国际支付自由。实行金币本位制的国家几乎对本国的货币对外支付都没有限制。而当下人民币国际化起步面临的牙买加货币体系下的支付制度，继受了布雷顿森林体系的国际支付制度。当初的布雷顿森林体系所建立的国际支付制度，是要减少乃至取消 IMF 成员国对经常项目交易的国际支付限制，同时允许成员国对资本项目实行限制。总之，《IMF 协定》规定的国际支付制度体现在两大方面：一是以该协定第 8 条和第 14 条为代表的经常项目的支付制度。《IMF 协定》第 8 条旨在取消经常项目项下的支付管制和限制，建立经常项目的多边支付自由制度，但《IMF 协定》第 14 条规定的过渡性安排却允许 IMF 成员国维持以及变更经常项目的管制制度。二是该协定第 6 条规定的资本项目的支付制度。该条不仅没有对成员国施加开放资本项目的义务，相反，其规定成员国可以对国际资本转移采取必要的管制，且为防止 IMF 的普通资金被用于大量或长期的资本输出，IMF 还可以要求成员国实行资本管制。

就国际收支平衡调整制度而言，在美元国际化起步的金本位时期，金币本位制决定了各国的国际收支具有自动调节的功能。在金本位制下，如果一国的对外贸易持续顺差，其国内的黄金储量会持续增加，进而会引发其国内的通货膨胀和物价上涨；国内商品价格的持续上升使该国国民更多地选择进口货物，而外国国民对本国的货物需求也会下降，从而导致顺差缩减，黄金储量逐步减少，物价回落，而国际收支趋于恢复平衡。一国对外贸易发生持续逆差的国际收支平衡调整机制，与以上相反，会导致逆差缩减，国际收支趋于恢复平衡。这种内生的平价汇率机制，能够在一定程度上自动调节国际收支。而在当下人民币国际化起步面临的牙买加货币体系下，各国调节国际收支的方式有很多，如汇率机制、利率机制、IMF 的贷款、国际政策协调、国际金融市场融资等。然而，当前的国际货币制度也并没有很好地调节国际收支平衡，很多国家的国际收支长期处于不平衡的状态。

2. 影响居先优势形成的法律因素之对比

在美元国际化进程中，英镑占据居先优势，使美国即使在经济规模和对外贸易额均超越了英国的情况下，英镑依然保持着主要国际货币的地位。例如，在 1929—1933 年"大萧条"以后，英镑作为国际货币再次领先美元，究其原因在于英帝国要求其殖民地别无选择地持有英镑，而美国当时缺乏这种特权和支持。[1] 同时，在"二战"期间，英国通过借据向英联邦和英镑区的国家换得资源和战争物资，这造成了"二战"结束时，各国中央银行和政府持有的英镑大大超过了美元。[2] "二战"结束后，英国实行货币管制，阻止这些国家和地区用手中的英镑购买商品或兑换其他货币，这些对英镑维持其货币的居先优势具有重要影响。

而当今人民币国际化却面临着美元的居先优势。在布雷顿森林体系解体后，美国为了维护美元霸权，采取了多种措施。例如，根据美国与沙特签订的"不可动摇协议"，沙特同意继续将美元作为其向世界各国出口石油唯一接受的结算货币，美国则向沙特提供军事上的支持以及安全保护。由于沙特在欧佩克中的地位和影响，中东的其他产油大国也接受美元作为唯一的石油结算货币。并且，石油的美元结算也进一步推动了其他初级产品和制成品贸易通过美元结算。[3] 美国通过垄断诸如石油这样的大宗商品的美元交易计价权，扩大了美元使用的网络外部性，维持了美元在国际货币制度中的主导地位，现今形成了美

1　韩龙：《美元崛起历程及对人民币国际化的启示》，《国际金融研究》2012 年第 10 期。
2　韩龙：《美元崛起历程及对人民币国际化的启示》，《国际金融研究》2012 年第 10 期。
3　王炜瀚、杨良敏、徐铮：《人民币国际化视野下中国石油进口的人民币结算探讨》，《财贸经济》2011 年第 1 期。

元相对于人民币的居先优势。人民币国际化也需要破解美元的居先优势这一难题。

（二）人民币与美元国际化的国内法律环境之对比

货币国际化不仅受国际法律环境的影响，而且也受（甚至更受）国际货币发行国的国内法律环境的影响。以下从事关人民币国际化实现的资本项目管理制度、汇率制度、支撑发达金融市场所需要的法律制度这三个主要方面展开对比。

1. 资本项目管理制度之对比

资本项目开放是资本项目管理制度的范畴。货币发行国的资本项目开放包括货币发行国货币可自由兑换与金融市场开放两个方面。因此，以下从此两个方面分别考察美元与人民币在国际化初始阶段的资本项目管理制度。

首先，就货币发行国的货币可兑换而言，美元国际化初始阶段的资本项目可兑换包含两个维度：其一，美元是否可以与黄金自由兑换；其二，美元是否可以与其他国家的货币兑换。[1] 由于美国在金本位制下允许美元自由兑换黄金，且黄金可以自由输出（人），因此，美元可以与黄金自由兑换。同时，美国当时的法律也不禁止美元与其他货币自由兑换。所以，美国在法律上实行的是开放的资本项目管理制度。相比而言，现阶段人民币在经常项下已实现自由兑换，但在资本项目项下，一些项目仍受管制。例如，在个人资本交易方面，2014 年 2 月 10 日起施行的《进一步改进和调整资本项目外汇管理政策的通知》虽然取消了 2004 年中国人民银行发布的《个人财产对外转移售付汇管理暂行办法》有额度的报批审核程序，但依然要求移民原户籍所在地外汇局审批。按照 IMF 对资本项目管制的衡量标准来看，此审批程序即是资本项目管制的体现。[2]

---

[1] 在 1930 年之前，自由兑换的概念通常被定义为有权将其持有的货币按照固定的比率自由兑换成黄金。今天，一种货币可自由兑换，是指任何人都可以将其持有的货币以市场汇率自由兑换成主要的国际储备货币。

[2] 资本项目开放的标准，我国和 IMF 的衡量标准不一，我国界定资本项目开放的标准采宽松模式，只要是资本可以通过一定渠道在境内外流通，都称之为此资本子项目开放了。然而 IMF 界定资本项目开放的衡量标准分为四种情形：（1）若一项交易需从官方部门获得授权、批准或许可，则认定该项目存在管制，但报告和登记之类不算作管制；（2）若一项交易设置了数额的限制则属于资本仍然管制；（3）基于国家安全考虑而施行的限制性措施不属于资本管制；（4）对一行业施加的普遍性限制不属于资本管制。由于 IMF 标准更加便于对我国现阶段资本项目管制的考察，故采 IMF 标准。

其次，就金融市场开放而言，美元国际化初始阶段金融市场的开放程度较高，主要表现在其对外国投资者不存在不同于本国的投资限制，外国人持有美元可以在美国境内进行自由投资，并且外国人持有美元进行美国境内的投资活动也没有额度限制。相比而言，现阶段我国的金融市场存在诸多投资限制。以境外投资者对我国证券市场的投资为例，我国先后于 2002 年和 2011 年分别实施合格境外机构投资者（QFII）制度和人民币合格境外机构投资者（RQFII）制度，允许合格的境外投资者投资境内金融市场；2019 年 9 月 10 日国家外汇管理局经国务院批准，决定取消 QFII 和 RQFII 的投资额度限制，从而便利了 QFII 和 RQFII 对我国的证券投资，但对 QFII 和 RQFII 的审批仍然存在。总体来说，我国的资本项目呈半开放状态，许多项目仍存在审批等限制，这不仅降低了我国相关金融市场的活跃度，同时也在一定程度上降低潜在的货币使用者使用人民币和投资人民币的便利程度及信心。

2. 汇率制度之比对

美国当时汇率制度主要体现在其 1900 年 3 月颁布的确立金本位制的《金本位法》（Gold Standard Act）。该法规定了黄金为唯一的本位货币，每盎司黄金可兑换 20.67 美元，国库建立起价值 1.5 亿美元的黄金储备。由于实行金币本位制的各国都规定其货币具有含金量，这个含金量之比就决定了各国货币之间的比价即汇率。由于美元国际化初始阶段的汇率制度与前述国际货币制度中的汇率制度是重叠的，故不赘述。

我国现阶段的汇率制度体现在 2008 年 8 月实施的《外汇管理条例》之中。该条例第 27 条规定："人民币汇率实行以市场供求为基础的、有管理的浮动汇率制度。"同年 7 月 21 日，中国人民银行发布《关于完善人民币汇率形成机制改革的公告》，宣布人民币汇率不再盯住单一的美元，而是实行以市场供求为基础、参考一篮子货币进行调节、有管理的浮动汇率制。在实践中，我国的汇率既反映了市场供求关系，同时也存在一定的干预或管理成分。

我国现阶段的汇率制度与美元国际化初始阶段不同。但金币本位制下的汇率是平价汇率，虽受市场供求关系的影响，但不会产生大的汇率波动。这种平价汇率以铸币平价为基础受供求关系影响在黄金分割点界限内波动，在一定程度上可以调节国际收支。因此，美元国际化初始阶段的平价汇率恰好满足货币国际化对稳定汇率的需要。而如今的牙买加体系实行自由汇率制，IMF 成员国只要不将其货币以黄金定值，就可以选择实行包括盯住汇率制和自由浮动汇率制在内的任何汇率制度。在货币国际化需要货币发行国实行充分的资本项目开放，且当今国际资本巨额流动的情况下，自由浮动汇率制能够为应对跨境资本流动的冲击提供缓冲，因而构成实行货币国际化国家的标配。时代不同了，国际货币制度发生了巨变，但金币本位制下的平价汇率和牙买加体系下的自由浮动汇率制虽形式不同，但在满足货币国际化需要方面脉理相通，有着异曲同工之处。

3. 支撑发达金融市场所需要的法律制度之对比

发达的金融市场无一不具备三方面特征，即深度、广度、良好的监管。金融市场的深度主要是指市场内拥有众多的买方和卖方，转手率高，交易量大，即使是数额巨大的交易和资金流进流出，都不会对市场内的资产价格造成影响。金融市场的广度是指该金融市场拥有众多可供投资者选择的金融产品，可投资的产品丰富齐备、门类齐全，投资者众多，对风险和金融产品的偏好各不相同，利益集团难以操纵市场交易。[1] 金融市场深度和广度的发展是相辅相成的。深度和广度主要是就金融市场交易而言的，而对交易的监管是发达的金融市场所不可缺少的。金融市场交易的繁荣需要法律对其广度和深度发展提供支持，而对市场的监管是保障市场有序稳健交易的防护网。

（1）支撑金融市场深度和广度的法律环境对比。

美元国际化初始阶段的金融市场是缺乏深度和广度的，主要体现如下：1914 年以前，美国所需要的国际金融服务，几乎完全依赖伦敦和英镑提供。即使是美国当地的进口商进口外国产品也需要通过其在英国的代理行取得外国出口商唯一接受的付款方式——英镑信用证。究其制度原因主要在于：美国1863 年《国民银行法》（National Banking Act）实行单一银行制，不允许美国的银行设立海外分支机构。这就造成了国民银行无法在海外设立分支机构，潜在的美元使用者只能在美国本土存款、取款以及进行票据贴现业务，这对美元国际化是极为不利的。在当时没有互联网可以实施电子交易的情况下，美国的银行不能去海外开设分支机构阻断了美国银行的海外业务。在这种情况下，使

---

[1] See Barry Eichengreen, Kathleen Walsh, Geoff Weir, "Internationalisation of the Renminbi: Pathways, Implications and Opportunities", *CIFR Research Report*, March 26, 2014, pp.12–13.

用美元无疑会使贸易商担负更大的成本，美元也因此丧失了国际化的机会。另外，美国当时金融市场的广度同样缺乏，主要表现在：1863 年《国民银行法》不允许国民银行经营信托业务等。这在一定程度上减少了美元的潜在使用者向美国投资的机会，阻碍了美国金融市场的广度。

现阶段，我国金融市场的广度和深度也有待进一步开拓。在金融市场广度上，由于我国存在一些资本项目管制，外国投资者进入国内金融市场存在较大的限制。这就造成了我国的金融市场缺乏足够的买方、卖方以及金融中介，进而使得金融产品的市场价格难以得到真实反映。此外，我国目前相对于发达国家，金融衍生产品品种不齐备。例如，债券市场中的利率期权是当今很重要的风险对冲工具之一，但至今我国法律仍未能对其提供相关指引。在金融市场深度上，金融市场广度欠缺使得市场缺乏足够的交易对手，导致金融交易的流动性不强，转手率不高，增加了金融交易的成本。

对比而言，美元国际化初始阶段与现阶段人民币国际化所需要的发达金融市场都缺乏深度和广度。但美元国际化初始阶段深度、广度的发展受阻，主要是源于其 1863 年的《国民银行法》不允许美国的银行开设海外分支机构，不允许国民银行经营信托业务，贸易票据结算不便导致金融市场上缺乏足够的交易对手。同时，美国当时缺乏一个统一的中央银行为贸易票据贴现提供最后流动性支持。而现阶段人民币国际化市场深度不足，则主要源于我国资本项目管制等。

（2）监管制度之对比。

由于美元国际化初始阶段的金融业主要体现在证券业与银行业，因此，以下主要从证券业与银行业两个角度将人民币与美元国际化初始阶段的监管制度进行对比：

就证券业而言，美元国际化初始阶段，美国的股票交易运行了近百年之久，但几乎没有统一的法律监管。美国堪萨斯州几近于美元国际化起步的 1911 年，在美国诸州中第一个通过了《蓝天法》。[1] 之后，各州才陆续开始制定相应的法律规范。但这些法律规定不系统，且各州之间的法律不统一。这就为证券投机者躲避监管提供了缺口。直到《1933 年证券法》《1934 年证券交易

---

1 1911 年堪萨斯州通过了《蓝天法》，规定股票的发行及股票推销员必须登记，所有的证券未经许可不得出售。发行人必须公布财务报告并接受银行专员调查。损害公司资产的行为、欺诈行为或不守登记条款者要负刑事责任。

法》的颁布，美国各州的证券交易和监管才走向统一。现阶段，我国对证券的监管主要体现在《中华人民共和国证券法》中。较之以美元国际化起步阶段美国证券法的状况，我国有着统一的证券立法和执法机关，就此而言，我们比美元起步时美国的证券监管要好。但我国《证券法》能否满足人民币国际化的需要，则是另外一个问题。同时，应当看到，我国目前的《证券法》是在我国证券市场不甚开放的条件下制定的，在满足人民币国际化条件下跨国证券发行和交易的需要方面存在不足。例如，人民币国际化条件下外国公司来华发行证券，我国《证券法》如何对待，答案并不清晰。再如，在人民币国际化条件下，我国《证券法》域外适用问题不可忽视，但现有《证券法》也没有提供答案。

就银行业而言，美元国际化初始阶段的美国银行业，受 1863 年《国民银行法》约束。这是美国金融史上第一部基本统一全国银行业的法律，从法律上确立了美国联邦政府对银行业的监管制度。根据《国民银行法》规定，美国建立了国民银行体系，[1] 凡是符合联邦政府规定要求的银行都可以申请成为国民银行，领取国民银行执照。但申请成为国民银行需要遵守严格的规定，如存款准备金制度[2]、发行银行券担保制度[3]、最低注册资本额限制、贷款额限制[4]、业务限制[5]、体系组织结构限制[6]等。由于规定严格，许多州银行不愿加入国民银行。这就导致对银行的监管存在缺陷，如没有将全部州银行纳入货币监理署监管的范畴，同时也忽视了对其他金融机构的监管。这些都是美国当时金融市场不稳定的原因，也在一定程度上阻碍了当时美元的国际化。但依据 1863 年《国民

---

1 国民银行体系主要是在美国建立 50 个中心储备城市，以这些城市为基础，构成国民银行体系的地区框架。

2 美国 1863 年《国民银行法》将国民银行分为三级，分别为农村银行、储备城市银行、中心储备城市银行，以不同的存款准备金比率作为联系这三级银行之间的纽带。农村银行必须将部分准备金以现金方式作为库存，其余部分存放在储备城市银行或中心储备城市银行。储备城市银行的部分准备金也必须是现金，其余部分存放到中心储备城市银行。中心储备城市银行本身的全部准备金，必须以现金库存的形式自己保存。

3 美国 1863 年《国民银行法》要求新开办的国民银行必须向联邦政府缴存一定比例的联邦公债券，作为发行银行券的担保。作为发行担保的联邦政府债券必须存放在新成立的货币监理署，一旦国民银行倒闭，由货币监理署出售这些公债来代偿银行券持有人，这无疑增强了银行券的安全性。

4 美国 1863 年《国民银行法》要求国民银行对任何客户的贷款不得超过该行资本总额的 10%。

5 美国 1863 年《国民银行法》要求国民银行不得经营信托业务。

6 美国 1863 年《国民银行法》要求在国民银行体系组织结构上，实行单一银行制，加入国民银行的州银行不得设立分支机构。

银行法》建立的货币监理署，对当时美元国际化初始阶段的银行业稳定确实起到了一定的作用。

现阶段，依据《中华人民共和国银行业监督管理法》，我国对银行业的监管主要由银保监会负责。银保监会监管的对象主要有在我国境内设立的农村信用合作社、城市信用合作社、商业银行等吸收公众存款的银行和金融机构，同时还包括在我国境内设立的财务公司、金融租赁公司、信托投资公司、金融资产管理公司以及经国务院银行业监督管理机构批准设立的其他金融机构。监管方式包括现场检查，非现场检查，对可能发生信用危机等严重问题的银行业金融机构实行接管，对严重危害金融秩序并损害公众利益的银行业金融机构予以撤销等。此外，在银保监会之外，中国人民银行也发挥着部分金融监管的作用。但我国银行业监管存在法律规范体系庞杂、一些规定的法律位阶不高等问题。

三、人民币与美元国际化面临的法律障碍之异同

通过以上对人民币与美元在国际化初始阶段法律环境的比较，可以发现人民币与美元在国际化初期阶段面临的法律障碍有相似之处，也有不同之处。

（一）人民币与美元在国际化初始阶段面临的相似法律障碍

人民币与美元在国际化初始阶段面临的相似法律障碍，主要体现在以下方面：

1. 国际货币制度未能解决好国际收支失衡问题

一般认为，金本位制下的平价汇率制可以在一定范围内调节国际收支。但黄金作为自然资源，其开采是有一定限度的，金币本位制下谁拥有更多的黄金，谁就有权发行更多的银行券。随着新的黄金资源被开采，以往各国的"均势"状态随即被打破。"一战"既是各国间政治经济发展不平衡所导致的结果，同时也导致了国际金本位制的停摆，使国际收支平衡问题因平价汇率制度的丧失而加剧。

在当下各国货币脱离黄金之锚后，都实行信用本位制度。一国货币包括人民币和美元，寻求国际化就必然使货币发行国面临国际收支不平衡问题和"特里芬难题"。一方面，主权国家要使本国货币在国际流通，发挥国际货币的功能，需要本国出现国际收支赤字，要么是经常项目出现赤字，要么是资本项目出现赤字，要么是二者同时出现赤字。这样才能够使一国的货币流出到本国以

外，为世界经济交往提供流动性支持。而另一方面，在信用货币时代，其他国家使用某一主权国家的货币作为国际货币，条件之一便是他国对国际货币发行国货币的信赖。如果国际货币发行国出现巨大的逆差或赤字，会影响他国对该货币发行国所发行的货币的信心。国际货币发行国要维护国际社会对其货币的信赖，客观上需要其不能在国际收支或者其财政收支上出现大的赤字。简言之，若要实现本国货币国际化就须使本国的国际收支出现赤字，否则就无法为世界经济提供足够的流动性支持。而国际货币发行国的国际收支的过度失衡，会导致国际社会对该国际货币的信心出现动摇。

2. 人民币和美元都面临居先优势的障碍

前已述及，居先优势能够对后来的货币实行国际化形成阻碍。美元在国际化的过程中面临着英镑的居先优势。当时，英国与英国属地的协议和特殊的政治构造，造就了英镑在英联邦的势力范围内长期地被使用。即使是在英镑的币信严重下降的情况下，英联邦的成员也不得不依旧持有英镑储备和英镑债券。英镑的居先优势阻碍了美元的国际化，特别是美元在英镑区的使用。

现阶段，人民币国际化亦面临来自美元的居先优势。我国作为一个新崛起的大国在经济规模和国际经贸等方面取得的成就，为人民币国际化提供了良好的基础，但也面临守成大国——美国及其美元的阻碍。因此，如何破解美元的居先优势，是实现人民币国际化面临的一大现实问题。

3. 建立发达金融市场面临的法律障碍

人民币与美元在国际化初始阶段，都受到货币发行国本国金融市场不发达的困扰。美元国际化初始阶段的金融市场不发达主要源于以下两个方面：首先，支撑美国金融市场深度和流动性的立法缺失。19世纪末20世纪初，国际经济交往主要是国际贸易，国际投资有限。英格兰银行通过购买贸易票据，使个人和其他金融机构能够实现贸易票据的贴现融资。这使得英国相比美国金融市场具有更广泛贸易票据的投资者，贸易票据在英国伦敦金融市场上的流动性更强。另外，美国1863年《国民银行法》和其他相关法律缺乏对美国银行从事贸易信贷业务的授权。[1] 这导致美国的贸易商几乎完全依赖于伦敦和英镑来获得国际金融服务。其次，1863年《国民银行法》不允许美国的本土银行开

---

1 韩龙：《美元崛起历程及对人民币国际化的启示》，《国际金融研究》2012年第10期。

设海外分支机构。这极大地限制了美元在国际上的使用。同时，美国没有中央银行为金融市场提供充分的流动性支持，导致了贸易票据流通受阻。直到1913年美国《联邦储备法》允许美国的银行设立海外分支机构，且允许美国的银行从事贸易信贷业务，同时建立美联储——美国的中央银行作为贸易票据的购买者之后，美国金融市场深度和流动性才得以改善。

当前，我国的金融市场深度和流动性的发展，同样受制于我国法律的限制。例如，我国法律在非居民进入我国金融市场存在管制，非居民只通过特定的 QFII、RQFII、深港通、沪港通等渠道在境内投资。这导致了我国金融市场缺乏足够的买方和卖方，市场深度和流动性仍有待提高。又如，我国《证券法》缺乏对金融机构从事金融衍生品交易的上位法授权，《证券法》第 2 条第 3 款仅对金融衍生产品作了委任性规定[1]，授权国务院按照证券法的原则进行规定。同时，由于我国存在资本项目管制，非居民投资我国的金融衍生产品受限。这与美元国际化初始阶段金融市场缺乏深度的原因具有几分相似。

4. 人民币和美元国际化都面临金融监管制度的制约

美元国际化初始阶段的金融监管不力体现在多个方面，特别是证券监管上。上文已述及，美元国际化初始阶段由于各州对于证券监管的法律规定不统一，从而导致证券欺诈横行，证券市场混乱，进而危及了美国当时的金融稳定，也影响了美元国际化。直到《1933 年证券法》和《1934 年证券交易法》施行后，证券监管不统一从而影响美元国际化进程的障碍，才得以清除。

人民币国际化同样面临金融监管制度阻碍人民币国际化的法律障碍。例如，我国银行、证券、保险虽然名为分业经营，但混业经营已成为普遍的经营模式，而我国的监管模式虽有改进，但仍然以分业监管模式为主。特别是，随着人民币国际化所要求的资本项目开放的逐步实施，许多外资行进入我国，而外资行多实行混业经营和统一监管的模式。这对于依然实行分业监管、政出多门的我国现有金融监管模式而言，会带来不小的挑战。

（二）人民币与美元国际化面临的不同法律障碍

人民币与美元国际化在初始阶段面临的不同法律障碍，主要体现在以下

---

1 《中华人民共和国证券法》第 2 条第 3 款：对证券衍生产品发行、交易的管理办法，交由国务院依照证券法的原则进行规定。

方面：

1. 人民币国际化现阶段存在一些资本项目管制的障碍

上文已述，货币国际化需要与之相适应的资本项目开放制度。资本项目开放包括货币发行国的货币可自由兑换和货币发行国的金融市场开放。先就自由兑换来说，在美元国际化起步阶段，由于实行金币本位制的国家都规定黄金可以自由铸造、自由兑换和自由输出输入，因此，国际化初始阶段的美元可以与黄金和外币进行自由兑换。而人民币国际化现阶段由于我国仍然存在一些资本项目管制，因此，依然存在资本项目项下自由兑换的障碍。

再就金融市场开放来说，美元国际化初始阶段由于美国没有对外国投资者投资美国金融市场的限制，境外私人或官方投资者都可以到美国的金融市场投资，美国金融市场的开放使得潜在货币使用者进入美国金融市场投资不会面临准入限制。而现阶段，我国的金融市场存在一些限制，与美元国际化起步时期的美国相比，资本项目开放度相对较低。总之，美元国际化初始阶段并不存在阻碍美元自由兑换以及阻碍美国金融市场开放的资本项目管制制度，因而并不需要变革这一制度。而在人民币国际化现阶段，我国仍然存在一些资本项目管制的障碍，需要变革束缚资本项目开放的法律制度，以满足人民币国际化的需要。可见，人民币与美元在资本项目管理制度的改革上面临着不同任务。

2. 人民币国际化现阶段存在汇率制度的障碍

美元在国际化之初面临的是在当时主要国家在国内实行金本位制度基础上自然生成的国际金本位制，而在国际金本位制中各国汇率根据铸币平价来确定，并围绕铸币平价而波动。这种汇率制度的汇率虽受外汇市场供求关系的影响发生波动，但整体保持稳定，并在一定程度上自动调节国际收支平衡。这一汇率制度与当时美元国际化的需要是吻合的。首先，平价汇率制度是当时国际社会普遍实行的汇率制度，美国实行平价汇率制度有利于与其他国家的货币自由兑换，有利于美元的国际化。其次，当时的平价汇率形成有其特殊的机制，能够起到稳定物价和调节国际收支的作用。因此，美元国际化初始阶段的平价汇率制没有阻碍美元国际化。

当前我国实行的汇率制度是以市场供求为基础、参考一篮子货币进行调节、有管理的浮动汇率制。我国现行的汇率制度虽然是浮动汇率制，但却是有管理的并参考一篮子货币确定的浮动汇率制。前已述及，在资本项目开放条件下，自由浮动汇率制能够缓解国际流动资本大进大出所带来的冲击，有助于维护国际货币发行国的经济稳定和金融安全。因此，我国当下的汇率制度与目前国际货币制度下国际货币发行国需实行的自由浮动汇率制尚有差距。即便是2015年8月11日确定的以"收盘汇率＋一篮子货币汇率变化"来确定人民币汇率中间价形成机制，仍然与人民币国际化所需要的以市场供求关系决定汇率的机制有差距。可见，人民币国际化面临汇率制度变革的问题，而美元国际化初始阶段不存在汇率制度的法律障碍。

3.人民币国际化面临构建宏观审慎监管制度的任务

美元国际化初始阶段没有宏观审慎监管的概念和制度，但如今人民币国际化却存在构建宏观审慎监管制度的强烈需求。原因主要在于美元国际化初始阶段与人民币国际化现阶段的金融及经济发展的情势不同。在美元开始国际化之时，金融业没有如今这样复杂，国际经济交往主要围绕国际贸易而展开，国际金融服务也多是建立在国际贸易的基础之上。因此，美元国际化初始阶段面临的金融风险较单一，国际游资较少，即便美元国际化在缺乏健全统一的微观监管制度下，美元国际化也没有遭受重大的危机。而如今，金融业较美元国际化初始阶段要复杂得多，国际金融服务不仅局限于为贸易提供融资，脱离实体经济的金融交易和金融衍生品交易大行其道。在人民币国际化需要实行资本项目开放的条件下，跨境资本大进大出将会加剧汇率的波动，造成金融风险加剧和转移。其中，许多风险都有可能影响我国的货币金融体系稳定和整个经济的稳定。为此，人民币国际化需要构建以宏观审慎监管制度为主的金融监管制度，而美元国际化初始阶段并不存在构建宏观审慎监管制度的现实需求，也不存在宏观审慎监管制度这一概念和理念。

四、人民币与美元国际化法律环境及障碍对比之启示

以上对人民币与美元在国际化初始阶段法律环境和法律障碍的异同对比，将我们指向人民币国际化的法律障碍，并促使我们思考解决人民币国际化法律障碍之道。人民币国际化面临的法律障碍，如前所述，可分为国际法律障碍和国内法律障碍。由于国内法律障碍的解决在本著以后章节将进行聚焦，故此处仅着墨于人民币国际化面临的国际法律障碍。这些障碍及其解决构想如下：

（一）人民币国际化如何应对"特里芬难题"

在当前信用本位制下，"特里芬难题"是每一个意欲实现本国货币国际化的国家所面临的难题。这是主权国家货币在充当国际货币的条件下难以兼顾货币发行国国内货币政策需要和国际货币职能需要的必然结果。目前，学界主要有两种解决思路，一种是恢复金本位制，另一种是建立超主权货币。

我们认为，这两种思路都不可行。首先，美元国际化初始阶段的金币本位制后来崩溃的根本原因在于：黄金作为国际经济交易的媒介，其存量和开采是有限的，而世界经济的增长是不断上升的，黄金这种自然资源的开采速度难以跟上世界经济增长的速度，这就使得国际经济交往所需媒介的流动性不足，难以支撑国际经济交往。同时，"一战"的爆发也暴露了金币本位制无法解决各国经济发展不平衡和国际收支不平衡的问题。因此，恢复金本位制是一条从"特里芬难题"揭示的弊端走向金本位制弊端的路径。其次，建立一种超主权货币亦不可行。凯恩斯在"二战"结束前提出的国际清算联盟方案中的"班克"（Bancor），就具有超主权国际货币的性质。该方案要求国际收支顺差国主动将盈余存入其在"国际清算联盟"的账户中，国际收支逆差国可按规定的份额向"国际清算联盟"申请透支，各国官方对外债权债务通过该账户用转账办法进行清算。由于这样一种超主权的国际货币没有一个强有力的超主权政府支持，必然会导致国际货币体系失衡。后来又有人提出将 SDR 作为超主权货币，亦面临以上同样的问题，缺乏现实基础。

综上所述，在没有一个更好的国际货币制度建立之前，人民币国际化必然始终伴随着一定程度的国际收支不平衡。那么，人民币在充当国际货币的情况下，如何兼顾国内货币政策的需要和国际货币职能的需要呢？首先，需维持人民币国际化所需要的必要的国际收支逆差，是为国际经济交易提供的必要的流动性支持，是我国为国际社会提供的一项公共产品，也是实现人民币国际化的需要。其次，我国也要避免逆差过大，防止由于逆差过大所带来的流动性过剩，影响人民币持有和使用者对人民币的信心。最后，最为重要的是，在人民币国际化条件下，我国应当和国际社会成员一道，为各国国际收支平衡调整达成一项行之有效的国际制度安排，解决国际社会的国际收支严重失衡问题。

（二）人民币国际化如何破解美元的居先优势

如前所述，人民币国际化面临美元的居先优势问题。如何解决人民币国际化面临的这一问题呢？应当看到，美国近些年来呈现出衰落的趋势，特别是 2007 年美国次贷危机席卷全球和肆虐全球的新冠疫情以来，美国超发美元，面临着经常项目、资本项目和财政收支的多重赤字危机，也使世界各国持有的美元购买力大幅缩水，各国官方和私人的美元持有者对美元的信心受到打击。同时，世界第二大货币——欧元，由于受 2008 年国际金融危机、欧债危机以及新冠疫情等影响，也备受摧残。因此，人民币国际化在此环境背景下有着良好的历史条件，也为人民币国际化破解美元的居先优势提供了机遇。

从人民币国际化的地域发展规律来看，目前人民币已经在很大程度上实现了周边化，接下来需要完成区域化的进程，并进而实现全球化。"一带一路"倡议东连亚太经济圈，西接欧洲经济圈，贯穿亚非欧大陆，其成功推行为人民币国际化，特别是区域化的发展提供了契机。不止于此，"一带一路"经过近十年的建设，在设施联通、政策沟通、贸易畅通、资金融通、民心相通上取得了良好发展。特别是，"贸易畅通"与"资金融通"为人民币区域化发展提供了良好基础和机遇。为此，我们应当积极推动我国同"一带一路"沿线国家在国际经济交往中广泛采用人民币计价和结算，推进人民币的广泛使用。而我国与"一带一路"沿线国家在经济上的互补性，也为人民币国际化的广泛使用提供了广阔的空间。以能源贸易为例，我国作为一个能源消费巨大的国家，对能源的需求不言而喻，这使得我国对能源大量进口的依存度非常高。"一带一路"沿线国家，虽然拥有丰富的能源资源，但是在能源的开采、运输等方面技术不足。与之形成鲜明对比的是，我国能源储量较小，技术相对先进，因此，有足够的能力以及需求去购买"一带一路"沿线国家的能源资源以满足我国国内经济发展的需求。"一带一路"沿线国家与我国经济的互补，使得双方之间的能源贸易成为促进彼此经济发展的重要机遇。在世界市场早已成为买方市场的情况下，我国在能源进口中有条件要求以人民币计价结算。为此。我国可以在法律上与"一带一路"沿线国家缔结能源协议和货币互换协议等，约定在能源贸易中以人民币计价结算，为"一带一路"沿线国家提供使用人民币的便利，并进一步通过能源贸易将人民币国际化扩大到其他领域。如果我们能够借助"一带一路"倡议在亚非欧大陆实现人民币国际化，那么，人民币面临的美元居先优势的难题在很大程度上就会得到破解。

第四节　现行国际货币制度对人民币国际化的影响分析

　　虽然上一节对人民币与美元国际化初始阶段法律环境的比较考察已涉及国际货币制度对货币国际化的某些影响因子，但毕竟不是对国际货币制度对货币国际化（更不用说人民币国际化）的专门考察，特别是人民币国际化与美元国际化面临的时代及其国际货币制度并不相同，因此，当今的国际货币制度——牙买加体系对人民币国际化究竟具有什么样的影响，并不能为上一节的研究所替代，本节的研究仍具有不可或缺的独立价值。

　　前已述及，实现人民币国际化需要与之相适应的法律制度，包括国内法律制度和国际法律制度，为之提供有力的支撑。而与人民币国际化密切相关的国际法律制度主要体现为国际货币制度。国际货币制度对货币国际化包括人民币国际化具有重要影响。国际金本位时期的英镑国际化和布雷顿森林体系时期的美元国际化，均受到当时国际货币制度的影响与推动，即为例证。如今《IMF协定》调整着国家间货币关系，对成员国具有法律拘束力，各国货币立法和货币行为亦要受其制约。那么，现行国际货币制度是否阻碍人民币国际化的实现呢？揆诸已有研究，这一重要问题未解，或者说，已有研究从未从人民币国际化的法律需要出发来考察现行国际货币制度的影响，更不消说在此基础上寻求解决人民币国际化法律问题应当关注的重心。不止于此，值得注意的是，"二战"后由西方世界主导建立起的世界经济秩序已历70余载，近年来改革旧秩序、建立新秩序的声音不绝于耳。国际货币制度作为"二战"后世界经济制度的三大支柱之一，亦饱受诟病。在当今国际货币制度之于人民币国际化的影响仍然未解的情况下，人云亦云，一味抨击现有国际货币秩序，不仅有失严谨性，甚至有可能导致重心偏差，对人民币国际化所要解决法律问题造成误判。[1]鉴此，以下将国际货币制度的四项构成即国际储备制度、国际支付制度、国际汇率制度和国际收支平衡制度分别与人民币国际化的法律需要进行比对，旨在廓清现行国际货币制度与人民币国际化是否适配这一重要问题，进而确定在人

---

　　[1] 韩龙、景司晨：《现行国际货币制度是否构成人民币国际化之梏?》，《经贸法律评论》2019年第5期。

民币国际化问题上我们对现行国际货币制度应持有的态度。

一、现行国际储备制度是否阻碍人民币国际化

国际储备是指一国政府可获得和控制的，可用于国际支付、平衡国际收支、对汇率进行干预的国际通用资产，具有官方持有、普遍接受、自由兑换和充分流动等特征。国际储备制度是确定什么可充当国际储备的制度，亦即将特定资产制度化或法制化为国际社会的国际储备的制度。回答现行国际储备制度是否阻碍人民币国际化之问，宜先厘清人民币国际化在国际储备方面的法律需求，再将这样的法律需求与现行的国际储备制度进行比对，方可得出牢靠的结论。

（一）人民币国际化在国际储备方面的法律需求

货币国际化是以该货币成为世界主要储备货币为最终完成标志的。纵观货币国际化的历史，真正充分国际化的货币无一不在世界储备货币中占有核心地位，而国际储备货币地位的更替亦是国际货币历史命运轮换的标志。从第一次工业革命到"一战"爆发，英镑一直是世界头号国际货币，亦是主要的国际储备货币。当时英国是世界最大的出口国，大约60%的国际贸易以英镑成交和结算。在此期间，英镑在世界储备货币中的平均占比超过50%。到了19世纪末，美国的工业产值首次超越英国，经济总规模位居世界第一，国际地位逐渐上升。在"一战"和"二战"中，美国远离欧洲战场，不仅经济没有受到战争的摧残，而且美国还通过军备贸易积累了大量的财富。"二战"结束时，美国拥有世界黄金储备的70%以上，国际社会为"二战"后建立的国际货币制度——布雷顿森林体系实行了黄金与美元本位制，美元成为与黄金同等重要的国际储备资产。自此，英镑在与美元持续数十年的争霸中从此衰落，不得不让出世界头号货币的宝座。

人民币若要实现国际化，也要以成为世界主要储备货币为最终目标。而人民币要成为世界主要储备货币，需要经济、政治、法律、军事等一系列的条件。就法律条件而言，人民币国际化一方面会受制或受益于国内法律制度，另一方面也需要国际法律制度，特别是国际货币法律制度的"绿灯"，否则，人民币国际化就会受挫。国际货币发展史对此提供了确证。"二战"后建立的布雷顿森林体系，将各国货币与美元挂钩，美元与黄金挂钩，35美元兑一盎司

黄金，美元与黄金占据布雷顿森林体系中国际储备的核心地位。如若这样的国际货币制度和国际储备制度维持不变，只要美国能够持续地将各国手中的美元兑换黄金，其他货币就难以甚至无法撼动美元的国际储备货币地位。这就是为什么只有到了20世纪70年代初布雷顿森林体系崩溃后，才出现了德国马克(继而是欧元)、日元与美元抗衡的局面。这种局面之所以没有发生在布雷顿森林体系崩溃前，原因就在于马克和日元受到了布雷顿森林体系设置的主要国际储备货币的资格限制。[1]

溯往及今，人民币国际化在国际储备制度方面的法律需求，就是人民币在国际储备制度上具有成为国际储备货币的资格，需要国际储备制度允许而不能剥夺或阻挠人民币成为各国外汇储备的入场券。虽然人民币国际储备地位的法律需要，并不意味着人民币必须被国际储备制度法定为唯一或主要的国际储备货币，但却需国际货币制度能够创造和提供一个公平竞争的国际环境，让市场来选择到底哪种货币能够成为国际储备货币。这种选择的结果取决于该货币本身是否具有吸引力，而不是国际货币制度的强制。那么，人民币实现国际化和世界主要国际储备的目标，会不会遭遇当今国际货币制度——牙买加体系的阻拦呢？

(二) 现行国际储备制度对人民币国际化的影响

根据 IMF《国际收支和国际投资头寸手册》(第六版)，国际储备资产包括货币黄金、特别提款权（SDR）、在 IMF 的储备头寸、货币与存款、证券（包括债券和股票）、金融衍生品、其他债权（贷款以及其他金融工具）。[2] 综观这些储备，其有法定储备和非法定储备之分。前者被国际条约法定化为国际储备，后者则是没有国际条约的规定，而是由各国自行确定和使用的国际储备。前者包括货币黄金、IMF 创设的 SDR、各国在 IMF 的储备头寸[3]，后者如各国自行确定的国际储备，特别是以一定的外币体现的外汇存款、证券等。透过以下对《IMF 协定》的分析，可以看出现行的国际储备制度体现出两大特征：一是现行的国际储备制度因没有法定任何货币为国际储备货币而具有开放性；二是 SDR 虽有定值货币，但该等货币尚不能等同于法定的国际储备货币。

---

[1] 韩龙、景司晨：《现行国际货币制度是否构成人民币国际化之桎?》，《经贸法律评论》2019 年第 5 期。

[2] IMF, Balance of Payment and International Investment Position Manual, 2009, p.113.

[3] 货币黄金是中央银行作为国际储备而持有的黄金。

1.现行国际储备制度的开放性及其对人民币国际化的影响

1978 年生效的由《IMF 协定》第二次修正案创设的牙买加体系，一改布雷顿森林体系的"双挂钩"体系，在国际储备问题上持开放态度。布雷顿森林体系实行的是可兑换黄金的美元本位制，由此形成的"双挂钩"体系是布雷顿森林体系的核心特征。在布雷顿森林体系下，美国政府承诺 IMF 各成员国政府可以随时按照 35 美元兑一盎司黄金的官价用美元向美国兑换黄金，当黄金官价受到国际金融市场上的炒家冲击时，各国政府有义务协同美国政府进行市场干预。[1] 布雷顿森林体系下的黄金—美元本位制是用制度的手段保障了美元在国际货币体系中享有的特权，美元理所应当地成为与黄金并重的国际储备资产。牙买加体系对布雷顿森林体系的一大修改就是废除美元与黄金挂钩，实行黄金非货币化，且再没有法定任何货币为国际储备货币。这就在法律上取消了美元以及黄金作为国际储备的特权，为其他货币成为国际储备货币铺平了道路。可见，在牙买加体系下，国际储备货币的大门向所有货币敞开，在理论上一切货币只要具备成为国际储备货币的条件和实力，都有可能成为国际储备货币。可以说，牙买加体系下国际储备制度没有为任何货币成为国际储备货币设置法律上的障碍，对人民币亦是如此。因此，就人民币国际化而言，现行的国际储备制度并不排斥人民币成为国际储备货币，相反，牙买加体系下国际储备的开放性却为人民币成为国际储备货币提供了通道。[2]

言及现行国际储备制度所具有的开放性，就不得不回应当今美元霸权这一事实问题，否则，难免会引发歧义或误解。事实上，这种误解早已出现。的确，如今全球外汇储备中美元占据了约 60% 的份额，美元在国际储备货币体系中处于支配地位，这是不争的事实。然而，这种以美元为核心的"一超多元"全球储备格局并非牙买加体系下国际储备制度安排的结果，而是由国际政治、经济、历史传统等多重因素造就的事实与结果。也就是说，美元之所以在今天占据国际储备的核心地位，并非起因于现行国际货币制度的匡扶，而是由包括历史居先优势以及美国强大政治、经济实力在内的多种因素共同造就而成的。因此，将美元霸权归咎于现行国际储备制度是不客观和失实的，这是因为美元

---

1 王爱俭主编：《国际金融概论》，中国金融出版社，2011，第 202 页。
2 韩龙、景司晨：《现行国际货币制度是否构成人民币国际化之桔?》，《经贸法律评论》2019 年第 5 期。

与其他货币在牙买加体系下具有平等的法律地位。

2. SDR 的计值货币及其对人民币国际化的影响

前已述及，在 IMF 那里法定的国际储备有 SDR、各国在 IMF 的储备头寸以及货币黄金。货币黄金是各国货币当局拥有并作为储备所持有的黄金。储备头寸是指 IMF 成员国在 IMF 的储备部分（reserve tranche）的提款权余额，加上向 IMF 提供的可兑换货币贷款余额。此二者虽能为一国货币国际化提供重要支持，但与一国货币的国际储备货币地位没有直接关联。对一国货币的国际储备地位有一定影响的是《IMF 协定》对 SDR 的规定。那么，SDR，特别是其计值货币，对人民币国际化会有什么样的影响呢？考察这一问题，宜从 SDR 的属性入手。

1969 年通过对《IMF 协定》第一次修改而创立的 SDR，是旨在降低布雷顿森林体系对美元以及黄金的依赖，满足国际经贸活动增长对国际储备增加的需要而创设的非货币性的官方储备资产。[1]1978 年经第二次修改后的《IMF 协定》第 22 条甚至规定："……各参与方应保证与基金（即 IMF——引者注）及其他参与方进行合作……以使 SDR 成为国际货币制度中的主要储备资产"。但事与愿违，SDR 在各国国际储备中占比仍然较低，低于 5%。无论如何，SDR 毕竟是非货币性的国际储备资产，其价值如何计量是必须解决的问题。追溯历史，SDR 的定值从创立时的 0.888671 克黄金（等同于当时 1 美元的黄金含量），到布雷顿森林体系崩溃后改由 16 种货币计值，再到《IMF 协定》第二次修改后减少为 5 种货币，发展到世纪之交变更为 4 种货币，最后到 2016 年 10 月人民币加入 SDR 计值的一篮子货币（下称"入篮"）后复归到 5 种货币计值，表明 SDR 需要有其他资产代表其价值。

那么，SDR 计值的一篮子货币（下称"篮子货币"）和人民币入篮对人民币国际化具有什么影响呢？虽然进入 SDR 篮子货币的货币只是充当 SDR 计值的工具，但一国货币只有符合可自由使用的货币（Free Useable Currency，简称 FUC）的标准，才有资格被选入篮子货币。人民币入篮是 IMF 对人民币可自由使用性的认同和背书，有助于人民币被国际社会所接受，特别是 SDR 所具有的官方储备特性，有助于各国将人民币接受为官方储备，补强人民币在官

---

1 韩龙：《人民币入篮与我国法制变革》，《政法论坛》2017 年第 6 期。

方领域作为各国储备的不足。

不止于此，SDR 作为一种特殊的国际储备资产，须兑换成 FUC 方能发挥其国际储备的职能，因此，SDR 如何兑换成 FUC 直接影响到篮子货币的国际化。依据《IMF 协定》，IMF 成员国使用 SDR 即以 SDR 获取 FUC 有指定和协议两种方式。该协定第 19 条规定，一成员国出于国际收支的需要，或基于国际储备的需要或变化，可以使用 SDR 向 IMF 指定的另一成员国换取等值的 FUC。IMF 应指定国际收支状况及储备总额足够强劲的成员国，或需要补充 SDR 头寸或需要减少 SDR 赤字的成员国为提供 FUC 的被指定国。除指定方式之外，成员国也可以通过协议，由一成员国以 SDR 向另一成员国购买和兑换 FUC。[1] 而今人民币已借助入篮成为 FUC，这意味着 IMF 成员国可以出于用于官方储备的目的用其持有的 SDR 向我国兑换人民币作为外汇储备使用。可见，IMF 规定的 SDR 使用制度能够增进篮子货币的国际化，补强人民币国际化在官方领域的短板。虽然人民币入篮不等于强制其他国家将其持有的 SDR 兑换为人民币，但人民币借助入篮至少获得了 IMF 及其成员国对人民币作为国际储备资产的背书，从而可以增进人民币在官方领域储备功能的发展。总之，现行国际储备制度并未阻碍人民币成为国际储备货币，甚至人民币入篮会对人民币作为国际储备货币的地位有所增进。

二、现行国际支付制度是否阻碍人民币国际化

国际支付制度是一国是否允许本币与外币自由兑换，以及一国对外支付有无限制的法律制度，包括经常项目的国际支付制度和资本与金融项目（简称"资本项目"）的支付制度。《IMF 协定》第 8 条和第 14 条是有关经常项目的支付制度，其规定各成员国不得限制经常项目的支付，禁止采取歧视性的货币措施，但成员国可援引第 14 条的过渡性安排暂缓经常项目的支付自由。《IMF协定》第 6 条是有关资本项目的规定，其不但没有要求各成员国开放资本项目，反而规定成员国可以根据需要对资本移动实施外汇管制。[2] 我国已于 1996

1　韩龙：《人民币入篮与我国法制变革》，《政法论坛》2017 年第 6 期。

2　IMF 之所以对经常账户和资本账户采取截然不同的态度，与当时的历史背景不无关联。经常项目的自由支付作为一项多边义务为所有成员国所遵守，这主要是"二战"后出于发展国际贸易的考虑。资本项目的管制作为一项权力赋予了各成员国，则是为了避免无序的国际资本流动对国际贸易产生负面影响。

年 12 月 1 日实现了经常项目下的支付自由，正式履行《IMF 协定》第 8 条项下的义务，人民币国际化所要求的国际支付自由在经常项目项下已无障碍。因此，以下将重点关注资本项目下的支付制度。

（一）人民币国际化必然要求资本项目充分开放

资本项目充分开放是货币国际化包括人民币国际化不可或缺的需要。首先，实现货币国际化的先决条件，是消除国际交易包括货币金融交易中对该货币使用的限制。货币国际化说到底就是一国货币跨越国境在国际执行国际货币职能，为国际交易提供清偿力。人民币若要在国际充分发挥国际货币的职能，就需要有足够数量的人民币流到境外，在国际社会流通。而我国如果继续实行资本项目管制，就会导致国际经济交易所需要的人民币的短缺，人民币就难以发挥国际货币的功能，满足国际社会的需要，就会因丧失被国际社会各类主体接受的基本条件而无法成为国际货币。

其次，资本项目管制导致相关货币难以甚至无法成为国际货币的另一原因还在于，国际替代货币之间的竞争将会淘汰那些交易成本高的货币。克鲁格曼指出，一种货币要想成为国际货币，必须使该货币的持有、交易成本逐步降低，甚至等于零。[1] 依此，货币持有、交易的成本越低，就越有利于实现国际化。在世界已被美元等货币占据居先优势的情况下，如果我国仍然实行资本项目管制或设置过多的资本项目限制，就会导致使用人民币的成本增大，使其在国际货币的竞争中遭受劣势甚至失败。可见，国际化货币的内在属性与生存法则不仅要求我国实行资本项目开放，而且还要实行充分的开放；不仅需要实行充分的开放，而且需要建立发达、高效的金融市场，使金融交易能够高效地进行，并使汇率、利率和其他风险得到良好的对冲和规避。唯其如此，我们才能降低人民币使用和交易的成本，克服人民币的后发劣势，实现人民币国际化。

最后，我国现有的经济格局也决定了人民币国际化除需开放经常项目之外，还需要开放资本项目。经常项目交易的可自由兑换是启动货币国际化的最起码的要求。[2] 我国经常项目早已开放，人民币国际化在经常项目下已没有障

---

1 See Paul R. Krugman, "Vehicle Currencies and the Structure of International Exchange", *NBER Working Papers*, No. 333, 1979, p.24.

2 See Benjamin J. Cohen, "Will History Repeat Itself? Lessons for the Yuan", *ADBI Working Paper Series*, No.453, 2014, p.19.

碍。然而，仅通过经常项目对外输出人民币对人民币国际化来说是不够的，特别是在时下和可预见的未来，出口对于拉动我国经济增长仍然不可小觑，由此导致我国经常项目保持顺差的格局短期内恐难以改变。经常项目顺差意味着，即便我国与各贸易伙伴在经常项目项下的交易以人民币支付结算，我国也会收大于支，即从境外收取的人民币大于对外支付的人民币。在收大于支的情况下，没有人民币的流出，人民币如何在国际执行国际货币功能和实现国际化呢？可见，人民币国际化还需要借助于资本项目的开放，以资本项目项下人民币的流出弥补经常项目流出的不足。为此，我国应允许境外市场主体在我国金融市场发行证券和举债，将筹措到的人民币资金在境外运用，同时开放境外资金在境内市场的投资。否则，如果境外市场参与者和外国的中央银行不能按照其意愿买卖以人民币计值的资产，那么，就没有多少外国人会认为这些资产具有吸引力。可见，资本项目的开放关系到能否有足够的人民币流到境外，关系到人民币能否执行国际货币功能和提供国际清偿力，因而事关人民币国际化能否实现的大局。[1]

（二）现行国际支付制度对人民币国际化的影响

那么，《IMF 协定》有关资本项目的规定，能否为人民币国际化所需要的资本项目充分开放提供法律支持呢？《IMF 协定》第 6 条是对资本转移的规定，其规定 IMF 的成员国可以（may）对国际资本转移采取必要的管制，且为防止 IMF 的普通资金被用于大量或长期的资本输出，IMF 还可以要求成员国实行资本管制。"可以"不等于"必须"，即《IMF 协定》并未强制成员国进行资本项目管制，也没有禁止成员国实行资本项目开放。IMF 的成员国可以依本国的需要，开放、部分开放或管制资本项目项下的兑换和转移。也即是说，在资本项目问题上，《IMF 协定》除禁止成员国将 IMF 普通资金作为大量或长期资本输出之用以外，并没有对成员国的资本项目管理制度进行限定和约束，在很大程度上将资本项目排除在《IMF 协定》的约束范围之外，交由成员国解决。前已述及，人民币国际化要求我国国际支付，包括资本项目项下的兑换和转移，实行充分的对外开放。衡诸《IMF 协定》第 6 条的规定，其并没有禁止和限制我国实行开放性的资本项目管理制度，因此，并不构成人民币国际化的障碍。

---

[1] 韩龙：《资本项目制度改革流行模式不适合人民币国际化》，《法商研究》2018 年第 1 期。

相反，自牙买加体系建立以来，IMF 力推资本项目开放，并在 1997 年达到了高潮。在这一年的 IMF 香港年会上，IMF 发布了著名的"香港宣言"，提出拟修改《IMF 协定》，赋予 IMF 对资本项目的管辖权，同时对 IMF 成员国施以开放资本项目的普遍性义务。[1] 最近的一个世纪之交发生的亚洲金融危机对 IMF 长期力推资本项目开放和国际资本流动的做法有所触动，特别是 2008 年发生的国际金融危机，更是促使 IMF 于 2012 年 11 月发布《资本项目开放与资本流动管理——体制观》，提出了资本项目和国际资本流动的"体制观"。虽然 IMF 的"体制观"不再以各国资本项目开放作为跨境资本流动管理制度的预设目标，而是在资本项目开放和管控之间趋于取向中性，同时强调一国的资本流动开放须与一定的体制发展挂钩，但仍然坚持具备条件的资本项目开放能够为各国带来利益。[2] 可见，IMF 虽然没有修改《IMF 协定》有关资本项目的规定，但其自牙买加体系建立以来在实践中采取的态度和政策，不论是过往大力力推资本项目开放，还是晚近在资本项目开放强调配套条件的重要性，都与人民币国际化所要求的资本项目充分开放一脉相承，并无抵触。

总之，人民币国际化所要求的国际支付自由包括资本项目的充分开放，与《IMF 协定》的法律规定并不冲突。也就是说，现行的国际支付制度，没有为人民币国际化设置障碍。因此，检视人民币国际化在国际支付，特别是资本项目项下国际支付所存症结，不应在纠结现行的国际支付制度，而应当眼睛向内，解决我国资本项目管理制度中不必要的资本项目管制措施。

三、现行国际汇率制度是否阻碍人民币国际化

国际汇率制度是国际货币制度的又一重要构成内容。国际汇率制度是国家间确定货币与货币之间兑换比价（即汇率）的规则。其中的规则主要包括汇率安排（无论固定汇率制、浮动汇率制，还是其他汇率制），货币币值变动的机制，本币与外币具体比价及其确定方法等。从一国角度来看，国际汇率制度就是一国确定本币与外币比价所须遵循的规则。那么，现行的国际汇率制度是否掣肘人民币国际化呢？

---

1 IMF, Communiqué of the Interim Committee of the Board of Governors of the International Monetary Fund, in Press Release，No. 97/44, Sept. 21, 1997.

2 韩龙：《资本项目制度改革流行模式不适合人民币国际化》，《法商研究》2018 年第 1 期。

（一）人民币国际化对汇率制度的法律需求

在现行国际货币制度生态下，国际化货币对汇率的要求集中体现为国际化货币需实行自由浮动汇率制，原因主要如下：首先，货币国际化包括人民币国际化需要实行经常项目与资本项目的充分开放，而汇率弹性有助于为国际化货币发行国对抗跨境资本流动可能引发的动荡提供缓冲，因此，自由浮动汇率制是人民币国际化条件下国际支付自由的标配性制度。实现人民币国际化之所以强调人民币汇率须是由市场决定的、有弹性的汇率，是因为以市场供求关系决定的灵活汇率，虽然具有一定的波动，但作为调节跨境资金流动的重要杠杆，可以有效缓解外来冲击，对于维护资本项目开放条件下的经济、金融和货币的稳定不可或缺。[1] 因此，均衡汇率水平构成货币国际化所需要的资本项目开放的前提。相反，如若我们对外汇市场进行过度干预，将不利于均衡汇率水平的形成，甚至导致汇率偏差。在我国充分开放了国际支付，特别是资本项目项下的国际支付的情况下，如若人民币汇率因缺乏弹性而偏离了均衡水平，那么，资本项目的开放会导致国际游资的大进大出，危害我国经济和金融的稳定。而以市场供求关系决定的灵活汇率，虽然具有一定的波动，但作为调节跨境资金流动的重要杠杆，可以有效缓解外来冲击，有助于维护资本项目开放条件下的经济稳定和金融安全。

其次，"三元悖论"原理适用于人民币国际化，亦需要人民币实行自由浮动汇率。由蒙代尔—弗莱明模型发展而来的"三元悖论"原理表明，在开放经济和发达金融市场条件下，一个经济体不可能同时实现固定汇率制、独立的货币政策和资本自由流动三者得兼，充其量只能获得其中的两项。基于此，人民币汇率需要在货币政策独立性、资本自由流动与汇率稳定性中选择牺牲一项。在此三个选项中，先就货币政策而言，货币政策的独立性是我国宏观调控的基石，不可能舍弃，同时对人民币国际化条件下的宏观经济进行货币政策调控也是防控人民币国际化风险，维护我国经济和金融稳定的需要。再就资本自由流动而言，前已述及，货币国际化包括人民币国际化天然地需要资本项目的充分开放，否则，人民币国际化的闸门就会关闭。因此，在固定汇率制、独立的货币政策和资本自由流动三个选项中，资本自由流动亦不可舍弃。在独立的

---

1 韩龙：《实现人民币国际化的法律障碍透视》，《苏州大学学报（哲学社会科学版）》2015 年第 4 期。

货币政策和资本自由流动均为人民币国际化不可或缺的条件下，固守固定汇率制就成为一种不可能的选项。特别是，如前所述，实行自由浮动汇率制是人民币国际化所需自由资本流动的标配性制度。这也从"三元悖论"角度验证出人民币国际化需要实行自由浮动汇率制、独立的货币政策和资本自由流动的制度组合。

最后，人民币入篮也需要实行自由浮动汇率制度。毋庸讳言，人民币入篮的一大背景和动因是推动人民币国际化。但目前在岸人民币和离岸人民币受到不同的资本项目管理制度和汇率形成制度的影响，人民币存在在岸人民币汇率（CNY）与离岸人民币汇率（CNH）两种不同的汇率。这种"一币两价"的现象不仅不利于人民币国际化进程，也与《IMF 协定》等值原则相冲突。[1]《IMF 协定》第 19 条第 7 款规定："……参与方（即 SDR 参与方——作者注）进行交易所采用的汇率应该是……使用 SDR 的参与方将获得等值货币……"而在当前人民币至少存在 CNY 和 CNH 两个价格的情形下，如果某成员国欲动用 SDR 换取人民币，它将在离岸市场和在岸市场得到不等值的人民币。虽然离岸人民币市场能够带动人民币国际化的推行，但两个分割的交易市场不仅推高了管理的成本，两个汇率的价差更增大了离岸人民币对冲在岸人民币风险敞口的困难和代价。[2] 因此，要想实现人民币在岸市场与离岸市场的对接，就须统一这两个市场的汇率形成机制，将我国内地实行的人民币汇率制度调整为自由浮动汇率制度是唯一出路，也是人民币国际化的需要。

那么，现行的国际汇率制度能否满足人民币国际化的以上需要呢？以下对此进行考察和探寻。

（二）现行国际汇率制度对人民币国际化的影响

现行国际汇率制度滥觞于 1978 年生效的《IMF 协定》第二次修正案，第二次修正案对原有的《IMF 协定》进行了多方面的修改，汇率制度是其中最重要的修改，具体体现在用新的第 4 条替代了旧的第 4 条，内容涵盖成员国的汇率权力、义务及 IMF 对汇率安排的监督。概括起来，牙买加体系下的汇率制

---

1 韩龙：《人民币入篮与我国法制变革》，《政法论坛》2017 年第 6 期。

2 IMF, Review of the Method of the Valuation of the SDR-Initial Considerations, *IMF Policy Papers*, August 3, 2015, p.51.

度可称为有义务和监督的自由汇率制。[1] 故以下从 IMF 成员国的汇率权力、汇率义务及其监督方面进行考察。

1. 汇率权力可为人民币实行自由浮动汇率提供法律支持

对成员国汇率权力的规定集中体现在《IMF 协定》第 4 条第 2 款（b）项中。其规定 IMF 成员国可以采用特别提款权或由其选定的除黄金之外的其他标准来维持本国货币的价值；或通过合作安排，维持成员国的本国货币与其他成员国的货币的比价；或成员国选择的其他汇兑安排。据此，IMF 成员国除不得以黄金定值本国货币之外，可以采取任何汇率制度，包括但不限于实行盯住某种货币或一篮子货币的盯住汇率制，或自由浮动汇率制等。从实践来看，IMF 各成员国实行的汇率制度种类众多，从盯住或固定汇率制到自由浮动汇率制不一而足。尽管《IMF 协定》第 4 条第 2 款（a）项规定，各成员国应将其计划采用的汇率安排和对汇率安排作出的任何改变及时通知 IMF，但这种通知只是为IMF 提供监督和统计方面的信息，各成员国对汇率安排的选择无须经过 IMF同意。

可见，牙买加体系给予成员国确定汇率的自由，成员国可以自由选择除以黄金定值外的任何汇率安排。人民币国际化所需要的自由浮动汇率制，也在《IMF 协定》第 4 条第 2 款（b）项规定的成员国选择的汇率制度之列。从实践来看，国际化货币的发行国或发行经济体，如美国、欧盟、英国、日本等都实行的是自由浮动汇率制度。总之，人民币国际化需要我国采取的自由浮动汇率制度，是牙买加体系规定的我国所具有的汇率权力。因此，现行的国际汇率制度并不妨碍我国根据人民币国际化的需要选择与之相适宜的自由浮动汇率制。

2. 汇率义务与监督亦不妨碍人民币国际化

在汇率义务方面，《IMF 协定》第 4 条第 1 款规定了成员国的一般合作义务与具体义务。一般合作义务规定："……各成员国保证与 IMF 及其他成员国进行合作，以确保有序的外汇安排和促进汇率体系的稳定"。具体义务的规定可分为对内、对外两个向度。对内义务要求成员国"（1）努力将其经济金融政策导向伴随价格稳定的有序经济增长目标上，并适当考虑其自身的情况；（2）寻

---

[1] 韩龙：《金融法与国际金融法前沿问题》，清华大学出版社，2018，第 150 页。

求促进稳定……"对外义务要求成员国"（3）禁止为妨碍国际收支平衡的有效调整或取得对他国的不公平竞争优势而操纵汇率或国际货币体系；（4）奉行与本款所承担义务一致的汇率政策"。在汇率监督方面，《IMF 协定》第 4 条第 3 款赋予了 IMF 两项职责，第一项职责是监督国际货币制度并保证其有效实施，由此为 IMF 展开多边监督提供了法律依据。第二项职责是对各成员国的汇率政策进行严密监督，并制定具体的指导原则，这一监督不仅包含对成员国一般合作义务的监督，也包含对成员国四项具体汇率义务的监督。[1]

从上述一般合作义务来看，IMF 并没有对其具体内容进行明确，但从规定及其逻辑分析，这一义务的覆盖面非常广泛，可涵盖包括具体义务在内的任何为了保障有序外汇安排和促进汇率体系稳定的要求，成员国既要与 IMF 进行合作，也要同其他成员国进行合作。然而，一般合作义务与人民币国际化所需要的自由浮动汇率制发生实际冲突的可能性并不大，主要原因在于此项规定过于空泛，对于成员国承担什么样的义务以及如何合作均语焉不详，欠缺可操作性。因此，IMF 几无可能援引此规定阻止人民币国际化及其所需要的自由浮动汇率制。

从成员国的具体义务来看，首先，国内具体义务与人民币国际化的要求是一致的。IMF 要求各国的经济和金融政策努力导向经济增长，并寻求促进经济和金融稳定。人民币要为国际社会所接受从而实现国际化，需要我国经济保持持续增长和稳定，这是人民币国际化的经济基础。而要保持我国经济持续增长和稳定，实行自由浮动汇率是人民币国际化条件下我国所需要的最佳制度组合的要项之一，有助于我国趋利避害，前已述及。可见，国内具体义务的规定有助于增进实现人民币国际化。其次，人民币国际化需要的汇率制度亦不违背对外义务。《IMF 协定》规定的对外义务的核心内容是禁止汇率操纵，即禁止成员国操纵汇率以取得对其他成员国不公平的竞争优势。为了补强这一规定的可操作性，IMF 执行董事会根据《IMF 协定》第 4 条第 3 款的授权，通过了《2007 年对成员国政策双边监督的决议》（简称《2007 年决议》）（2012 年 7 月 IMF 执行董事会通过的《双边和多边监督的决议》重复了《2007 年决议》对汇率操纵的阐释）。据此决议，构成汇率操纵应同时具备主客观要件。客观要

---

1 韩龙：《金融法与国际金融法前沿问题》，清华大学出版社，2018，第 166 页。

件即操纵行为，是指成员国实施了旨在影响并实际影响了汇率水平，造成了汇率严重偏差的政策。主观要件即操纵目的是指成员国实行汇率偏差中的汇率低估以扩大净出口。尽管进入 21 世纪以来，随着我国贸易顺差的扩大和外汇储备的增加，"中国制造"在世界竞争力增强，一些西方国家指责人民币汇率低估、汇率操纵，但指责的依据集中于人民币汇率没有反映市场力量。如果说缺乏弹性的人民币汇率尚存在有悖于《IMF 协定》规定的汇率义务嫌疑的话，那么，人民币国际化需要的自由浮动汇率制则可以完全打消可能涉嫌"汇率操纵"的顾虑。这是因为自由浮动的汇率制是由外汇市场供求关系决定汇率水平的汇率制度，政府不对或极少对外汇市场进行干涉，汇率操纵无从谈起。可见，人民币国际化需要的自由浮动汇率制可以使人民币汇率摆脱受操纵的嫌疑，不但不违反《IMF 协定》规定的对外义务，相反可以使之符合该协定的要求。

义务是催生监督的源头。IMF 汇率监督的对象是成员国对汇率义务的履行。既然人民币国际化所需要的自由浮动汇率制是我国依据《IMF 协定》有权采取的汇率制度，且这种制度符合该协定规定的成员国承担的汇率义务，那么，IMF 对我国的汇率监督就不会得出人民币国际化条件下实现的自由浮动汇率制有违《IMF 协定》汇率义务的结论。因此，IMF 开展的汇率监督也不会阻碍人民币国际化所需要的自由浮动汇率制。综上所述，《IMF 协定》规定的成员国汇率权力、义务以及对成员国汇率的监督，均不妨碍人民币国际化所需要的自由浮动汇率制。

四、现行国际收支平衡调整制度是否阻碍人民币国际化

国际收支平衡调整制度是国际货币制度一项重要制度。其是调整国家间的国际收支使之趋于平衡的原则、规则和措施的总称。国际收支平衡调整制度主要关注：当国家间出现国际收支不平衡时，各国可以采取什么方法解决国际收支失衡问题，国家间如何相互协调政策措施来解决国际收支失衡等问题。那么，现行的国际收支平衡调整制度是否制约人民币国际化呢？

（一）人民币国际化对国际收支平衡调整制度的法律需求

货币国际化包括人民币国际化对国际收支及其平衡调整的法律需求，在货币国际化的不同阶段有不同的体现。首先，国际收支顺差是货币国际化起步的必要前提。衡诸历史，德国马克和日元国际化的历程虽有所差别，但在其国际

化初始阶段，两国均存在国际收支顺差，特别是贸易顺差。国际收支顺差也是人民币国际化起步的必然要求。这是因为一种货币的国际化有赖于国际社会对该货币价值的认可，而顺差能够增进非居民对该种货币的信心，进而培养其使用该货币的兴趣和习惯。[1]

其次，逆差是完成货币国际化的必要支持。人民币最终完成国际化需要我国经常项目或资本项目至少有一项呈现逆差状态，唯其如此才能保证有一定数量的人民币在国际社会流通，满足国际社会交易的需要。以美国为例，"二战"后为了建立美元霸权，美国虽然在 20 世纪四五十年代对外保持经常项目顺差，但通过实行马歇尔计划等措施，借助资本项目逆差向海外输出美元。到 20 世纪 60 年代，日本和欧洲诸国国内经济恢复，并开始取得对美国的贸易顺差，美国的国际收支逐渐走向经常项目与资本项目双逆差状态并持续加剧。美国在摆脱布雷顿森林体系施加的美元兑换黄金束缚后，仍保持了相当长时间的双赤字国际收支，此后逐渐调整为经常项目逆差、资本项目顺差的总体逆差状态。这种状态保障了美元在国际社会的供应量，支撑着美元的霸主地位。[2]

最后，人民币国际化要兼顾国际收支总体平衡。尽管人民币国际化离不开国际收支逆差作为支持，但这种逆差应是国际收支总体平衡下的逆差。另一方面，应当看到，在任何一个主权国家的货币充当主要国际货币和国际储备的条件下，该货币发行国的国内货币政策目标与各国对储备货币的要求经常产生矛盾。货币当局既不能忽视本国货币的国际职能而单纯考虑国内目标，又无法同时兼顾国内外的不同目标。理论上"特里芬难题"仍然存在，即储备货币发行国无法在为世界提供流动性的同时确保币值的稳定。[3]从人民币国际化的法律需要来看，要想解决人民币作为主权货币担当主要国际货币和国际储备所要遇到的"特里芬难题"，从而避免我国国际收支出现过度逆差甚至造成全球失衡和流动性危机，需要不只是我国一国，而是国际社会一起拿出一个共同的制度方案加以应对。因此，人民币国际化所需要的国际收支平衡调整制度，一方面应允许我国通过收支逆差保障人民币的对外供给，另一方面也要具备有效调节全球收支的法律机制，保障人民币国际化的可持续发展，避免"特里芬难题"

---

1 韩龙、景司晨：《现行国际货币制度是否构成人民币国际化之梏？》，《经贸法律评论》2019 年第 5 期。
2 韩龙、景司晨：《现行国际货币制度是否构成人民币国际化之梏？》，《经贸法律评论》2019 年第 5 期。
3 周小川：《关于改革国际货币体系的思考》，《中国金融》2009 年第 7 期。

的恶性发作。

（二）现行国际收支平衡调整制度对人民币国际化的影响

IMF 成立的宗旨之一是为成员国提供贷款，以缓解或解决成员国的国际收支失衡问题。普通贷款（亦称"一般提款权"）是 IMF 提供的最基本贷款，可分为储备部分贷款（成员国申请的贷款额度不超过其份额的 25%）和信用部分贷款（成员国申请的贷款额度为其份额的 25%—125%）。与一般提款权相对应的 SDR 作为 IMF 法定国际储备资产，当然也可以用来调整国际收支平衡。此外，IMF 还有各种类型的专项贷款帮助成员国调节国际收支。尽管如此，IMF 受制于其本身资源的有限性，国际收支调节的效果并不理想。不止如此，除以上贷款之外，《IMF 协定》并未明确规定成员国之间调整国际收支的义务，但《IMF 协定》第 4 条和《2007 年决议》背后的立法意图和立法逻辑似乎包含着以下成分：

首先，《IMF 协定》对汇率义务的规定中嵌含调整国际收支的成分。《IMF 协定》第 4 条第 1 款规定成员国要形成有序的汇兑安排并促进汇率体系的稳定。《2007 年决议》对此作出了解释，要求每个成员国能够采取促进本国"外部稳定"的政策，而"外部稳定"是指不会和不太可能会引发破坏性汇率波动的国际收支平衡状况。外部稳定要求一国经常账户在剔除周期性波动、临时冲击等暂时性因素后能够保持大体平衡。这表明 IMF 将各成员国调整汇率的义务同国际收支平衡挂上了钩，调整国际收支是各国进行汇率合作的内容和依据。其次，《IMF 协定》第 4 条第 1 款第 3 项禁止成员国汇率操纵汇率义务，亦指向对国际收支有效调整之妨碍。该项规定明确禁止以妨碍国际收支有效调整或取得对其他成员国不公平竞争优势为目的而操纵汇率。也就是说，汇率操纵所针对的目的之一就是妨碍国际收支的有效调整。而以上有关汇率的规定之所以嵌含国际收支平衡调整的成分，是因为作为价格的汇率与作为数量的国际收支犹如一个硬币的两面，一定的汇率水平会导致相应的国际收支水平。[1]

尽管《IMF 协定》和《2007 年决议》在规定和解释成员国汇率义务时嵌含了国际收支调整的成分，但这并不能说明一国在出现大量国际收支逆差或盈余时负有强制性调整汇率以调节国际收支的义务，原因如下：首先，尽管《IMF

---

[1] 韩龙：《一国外汇储备大量增加是否负有调整汇率的义务》，《现代法学》2008 年第 5 期。

协定》规定的汇率义务含有国际收支调整的成分，但毕竟不构成 IMF 成员国调整国际收支义务的正面规定，多由推演而生。其次，这些规定具有模糊性。在总括性义务中，成员国如何与 IMF 和其他成员国合作并不明确，而禁止汇率操纵之具体义务规定缺失认定汇率操纵是否出于"妨碍国际收支平衡的有效调整"目的和方法。再次，这些规定缺乏可操作性。《2007 年决议》虽然试图改变第 4 条禁止汇率操纵义务过于模糊的窘境而对之进行了一定解释说明，但对于何谓"均衡汇率"并未给出明确的标准，这就使得"汇率严重偏差"和"汇率严重偏差的汇率低估"等汇率操纵的认定要素缺乏衡量的基准，也对国际收支平衡和汇率相关联的"外部稳定"的认定带来了技术难题。此外，由于各国出台政策的背后原因错综复杂，认定一国政策是否出于"妨碍国际收支平衡的有效调整"困难重重。最后，顺差国和逆差国之间关于调整国际收支的责任往往难以厘清[1]，一国出现巨额顺差或逆差，意味着他国必然出现相应的赤字或盈余，国际收支平衡的责任理应由顺差国和逆差国合理共同分担。[2]但如何调整国际收支使之趋于平衡，受困于盘根错节的国内外多种因素，现行国际货币制度尚没有提供方案。综上所述，要求一国在其国际收支出现失衡时调整国际收支，在现有国际货币制度中缺乏牢靠的法律依据，因此，现行国际收支平衡调整制度并不阻碍我国通过一定的收支逆差方式实现和维护人民币国际化。

五、结论与启示

通过以上对人民币国际化的国际货币制度需求与现行国际货币制度内容的比对，可以看出现行国际货币制度并不妨碍人民币国际化的开展和实现。具而言之，就现行国际储备制度而言，其并未阻碍人民币成为国际储备货币，甚至人民币入篮会对人民币作为国际储备货币的地位有所增进。就现行的国际支付制度而言，《IMF 协定》要求经常项目可自由支付但将资本项目支付交由各成员国支配处置的做法，亦不妨碍人民币国际化所需要的国际支付自由。就现行的国际汇率制度而言，人民币国际化所需要的自由浮动汇率制属于《IMF 协定》所规定的汇率自由之列，且自由浮动汇率制更能避免汇率操纵的嫌疑。就现行

---

1 韩龙：《一国外汇储备大量增加是否负有调整汇率的义务》，《现代法学》2008 年第 5 期。

2 Richard W. Edwards, International Monetary Collaboration, 1985, p.27.

的国际收支平衡调整制度而言，《IMF 协定》并没有规定一国在出现大量逆差或盈余时负有强制性地调节国际收支的义务，虽然为避免人民币成为主要国际储备货币后所遭遇的"特里芬难题"，需要在各国之间建构有效的国际收支平衡调整制度，但这样的制度目前还没有成为现实。

澄清现行国际货币制度与人民币国际化制度需要的关系，十分必要和重要。虽然现行国际货币制度是"二战"后西方国家主导建立的，一些学者对之进行痛斥，推演而来似乎也是人民币国际化的拦路虎，但其实不然。以上分析表明，国际货币制度中的四项构成制度不构成人民币国际化的羁绊，并不妨碍人民币国际化的进程和实现。因此，我们没有必要在实现人民币国际化过程中挑战现有的国际货币制度和秩序，而应成为这一制度和秩序的维护者，充其量在确有必要之处适时地加以改良或补充。[1]

正是由于现行国际货币制度并非人民币国际化的阻碍，因此，我们无须过多地抱怨外部环境，而应不断修炼自身的内功，这才是实现人民币国际化的正道。正因为如此，我们更应当眼睛向内，检视和调整我国与人民币国际化不相适配的法律制度，使我国的法律制度成为人民币国际化的助推器。[2]实现人民币国际化所需修炼的内功话题庞大，涉及法律、经济、金融和国际关系等诸多条件，但就法律制度而言，我国首当其冲的应改革现有的资本项目管理制度，实行资本项目充分开放的制度，同时积极准备条件，适时地将现有的人民币汇率制度转变为人民币国际化所需要的自由浮动汇率制。此外，我国还应建构支撑发达金融市场的法律制度，以便为人民币发挥国际储备货币的功能以及调整国际收支平衡提供良好的条件。

---

1 韩龙、景司晨：《现行国际货币制度是否构成人民币国际化之桔?》，《经贸法律评论》2019 年第 5 期。
2 韩龙、景司晨：《现行国际货币制度是否构成人民币国际化之桔?》，《经贸法律评论》2019 年第 5 期。

第二编 实现人民币国际化的前置性重大法律问题

实现人民币国际化的前置性重大法律问题，是指不解决这类问题人民币国际化就无从实现的迫切问题。前已述及，这类问题主要包括我国资本项目管理制度改革问题、人民币汇率制度调整问题和支撑发达金融市场的法律制度构建问题。这些问题彼此密切联系，相互影响，相互作用，都构成实现人民币国际化亟待解决的重大法律问题。本编下设三章，即第三至第五章，对这些问题进行研究。

第三章

我国资本项目管理制度改革问题

前已述及，对于资本项目管理制度如何设置，《IMF 协定》并没有对各成员国施加实质性的约束。因此，各国可以按照对跨境资本流动的认知和各国自身的情况及需要，来建立自己的资本项目管理制度。但问题是，货币国际化是否对其发行国的资本项目管理制度提出了特殊要求，从而使该国不能享有非国际化货币发行国所能享有的选择呢？在国际社会对资本项目的主流认知发生变化且没有考虑货币国际化的特殊需要的情况下，探讨人民币国际化所需要的资本项目管理制度的设置和改革，需要首先在国际社会对资本项目的主流认知之中，辨明人民币国际化的特殊需要。

第一节　国际社会对资本项目管理制度的认知变迁与当下流行模式

跨境资本流动作为经济、金融全球化最突出的特征和体现之一，时常牵动着国际社会和各国的神经，跨境资本流动该何去何从构成当今各国最大困惑之一。对跨境资本流动应当采取什么样的态度，确立什么样的制度，受制于对跨境资本流动的褒贬认知。特别是在全球化时代，各国的制度选择和厘定不可避免地会受到国际社会流行性认知的影响，甚至施压。自"二战"之后，IMF 一直担负着保障国际货币体系有效运行，建立国际资本交换体制的职责。[1]IMF 通过对成员国义务的监督等形式，表达着这一覆盖世界几乎所有

---

[1]《IMF 协定》第 4 条第 1 节规定："……国际货币制度的主要目的是提供一个便利国与国之间商品、劳务和资本的交流和保持经济健康增长的体制……"第 3 节规定："IMF 应监督国际货币体系，以保证其有效运行"。

重要国家的国际组织对国际资本流动的态度，以图引领和影响各国对跨境资本流动或曰国际资本流动的立法和政策。因此，IMF 对资本项目的态度及其变化可以说是国际社会对资本项目主流认知的体现和反映。故以下以 IMF 为代表，考察国际社会对资本项目管理制度的认知变迁。

一、国际社会对资本项目管理制度的认知变迁

IMF 及其反映的国际社会对跨境资本流动的认知演变，可以以牙买加体系的建立和 2008 年国际金融危机为界，分为以下三个阶段，而每一阶段都有其主流认知及法律、政策寓意。

（一）布雷顿森林体系时期对跨境资本流动的认知

IMF 对跨境资本流动的认知，最早可追溯到 IMF 孕育之时。IMF 创立的主导者之一、英国的凯恩斯历经和目睹了 20 世纪二三十年代世界经济动荡的惨状，强调战后的制度应当为出于合法目的的国际信贷提供便利，但应重视资本管制的功能。他指出对资本流动的管制，包括对内流入和对外流出的管制，应当成为战后制度的持久特征。[1] 根据凯恩斯的见解，国际资本流动有合法目的与非法目的之分。对后一目的的资本流动应当进行管制。但即便是合法目的的资本流动，只要超出了合法目的所需数量，也应当受到管制。IMF 创立的另一主导者、美国的怀特虽认为资本需流向最具生产用途的项目上去，但主张对外国投资的规模和方向应实行明智的控制。[2] 可见，IMF 创立的两大主导者及其背后的英国和美国，都认为国际资本流动在带来一定利益的同时，也伴随着弊端，因此，应在平衡的基础上实行必要的资本流动管制。

反映在《IMF 协定》中，该协定第 8 条和第 6 条分别对经常项目的支付与资本项目的资本流动作出截然不同的规定。《IMF 协定》第 8 条第 2 节要求成员国在经常项目项下承担普遍性的义务，规定除非经由 IMF 授权或同意，各成员国不得对经常项目项下的国际贸易的支付和转移进行限制。而对于资本项目项下的资本流动，《IMF 协定》不仅没有对成员国施加开放资本项目的义务，相反，第 6 条规定成员国可以对国际资本转移采取必要的管制，且为防止 IMF

---

1 James R. Crotty, "On Keynes and Capital Flight", *Journal of Economic Literature*, March 1983, p.62.

2 Maria Socorro Gochoco-Bautista, Changyong Rhee, "Capital Controls: A Pragmatic Proposal", *ADB Economics Working Paper Series*, No. 337, February 2013, p.6.

的普通资金被用于大量或长期的资本输出，IMF 还可以要求成员国实行资本管制。在参加布雷顿森林会议的代表看来，国际贸易是战后经济增长的主要动力。而资本流动导致的汇率动荡会对国际贸易造成严重的损害。因此，布雷顿森林体系在实行固定汇率制度的同时，将服务于国际贸易的经常项目项下的支付和结算的权柄交给了 IMF，同时保留各国对资本流动的管制权，以服务于各国国内政策的需要。

从"二战"后到 20 世纪 70 年代初布雷顿森林体系崩溃，布雷顿森林体系建构者们的主张一直处于主导地位，布雷顿森林体系所确定的对国际资本流动管控的制度并没有受到重大挑战。这一时期，发达国家和发展中国家都不同程度地运用资本管制维护本国经济利益。一些发达国家还合作管控国际资本流动。这一时期对跨境资本流动管控的有效性，还得益于当时国际资本流动，特别是国际游资的规模有限，资本项目"管"与"放"的矛盾并没有后来那样突出。[1]

（二）牙买加体系建立至 2008 年国际金融危机前对跨境资本流动的认知

伴随着 20 世纪 70 年代初布雷顿森林体系的崩溃，国际社会和 IMF 对资本管制的态度开始发生转变。自 20 世纪七八十年代起，发达国家和一些发展中国家相继实行金融自由化和资本项目开放。经济合作与发展组织（OECD）对其《资本流动自由化通则》进行修改，使之覆盖所有的国际资本流动，同时要求 OECD 的新成员在加入时必须开放资本项目。在实行资本项目管制的国家，开放的经常项目成为掩盖国际资本流动的通道，资本项目管制的效果大打折扣并广受质疑。在此背景下，支持国际资本流动自由化的思潮逐步高涨并逐步取得支配地位。

受此影响，IMF 对资本管制的传统支持态度也开始发生变化。1978 年，经第二次修改的《IMF 协定》生效，牙买加体系由此建立。经第二次修改的《IMF 协定》第 4 条明确地将建立便利各国之间资本交换的框架作为国际货币制度的实质目的。尽管《IMF 协定》第 6 条关于成员国有权管制资本流动的规定依然未变，但成员国的这项权力要受到修改后的《IMF 协定》第 4 条新确立的维护汇率体系稳定义务的约束和限制。[2]也就是说，IMF 成员国行使管制国

1　韩龙：《IMF 对跨境资本流动管理制度的新认知述评》，《环球法律评论》2018 年第 3 期。

2　IMF, The Fund's Roles Regarding Cross-border Capital Flow, November 15, 2010, pp.18–19.

际资本流动的权力不得损害国际汇率体系的稳定。此外，与《IMF 协定》第二次修正案一起生效的《1977 年对汇率政策监督的决议》将包括资本管制和资本流动在内的某些发展变化，作为涉嫌违背《IMF 协定》第 4 条第 1 节规定的成员国汇率义务，进而需要 IMF 审查并与成员国进行磋商的情形加以规定。在随后的岁月里，IMF 主要在双边监督中通过向成员国提供资本账户开放益处的政策建议，[1] 积极推销资本流动自由化的好处，提出资本管制会降低经济增速，拖延为解决国际收支平衡问题所需要作出的政策调整。[2]

IMF 对资本项目开放的支持在 1997 年达到了高潮。在这一年的 IMF 香港年会上，IMF 发布了著名的"香港宣言"，提出拟修改《IMF 协定》，赋予 IMF 对资本项目的管辖权，同时对 IMF 成员国施以开放资本项目的普遍性义务。[3] 但这一修改动议因美国国会和其他国家的抵制、亚洲金融危机的爆发而搁浅。美国国会中的民主党议员以及金融业官员，担心广泛的资本市场自由化会导致更多的金融危机，加剧风险和危机的传染，因此，抵制《IMF 协定》的修改。[4] 此外，1997—1998 年的亚洲金融危机，使许多发展中国家认识到过早的资本项目开放所致短期投机资本流动及其引起的金融恐慌，导致了危机。这一认识降低了发展中国家对 IMF 动议的支持。

亚洲金融危机迫使 IMF 对其在资本项目上的立场进行审视。IMF 和世界银行的一些官员、专家不得不承认亚洲金融危机以及之前的拉美金融危机与国际资本流动的相关性。约瑟夫·斯蒂格利茨指出，"资本项目自由化是导致危机的最重要的因素"[5] 但此时占据主导地位的观点仍然认为，取消资本控制能够增加投资，促进一国金融业的发展和资本在国际间的有效配置，因而有助于防范未来的危机。反映在 IMF 的监督中，IMF 在 2006—2010 年对成员国进行监督所形成的报告中，对成员国的资本流动管制措施通常趋于采取否

---

[1] IMF 的监督包括双边监督与多边监督。前者是 IMF 对成员国是否遵守《IMF 协定》第 4 条规定的义务而对各成员国进行的监督。后者是 IMF 致力于国际货币体系是否有效运行所进行的监督。

[2] 韩龙：《IMF 对跨境资本流动管理制度的新认知述评》，《环球法律评论》2018 年第 3 期。

[3] IMF, Communiqué of the Interim Committee of the Board of Governors of the International Monetary Fund, Press Release No. 97/44, Sept. 21, 1997.

[4] Philip J. MacFarlane, "The IMF's Reassessment of Capital Controls after the 2008 Financial Crisis: Heresy or Orthodoxy?", *UCLA Journal of International Law and Foreign Affairs*, Spring 2015, p.191.

[5] Stanley Fischer et al., "Should the IMF Pursue Capital-Account Convertibility?", Princeton University, *International Finance*, Section No. 207, 1998, p.11.

定态度。[1]但或许是由于对之前推行的资本项目开放有所认识，亚洲金融危机后，IMF 在推行资本项目开放上出现了一定的缓和。尽管如此，资本流动管制仍被看作是例外措施，认为只在具有成熟的规制制度的国家才有效。[2]

（三）2008 年国际金融危机后 IMF 对跨境资本流动的新认知

如果说亚洲金融危机开始触动 IMF 有关国际资本流动的主流思维，并为后续变革积蓄能量的话，那么，2008 年国际金融危机则成为 IMF 转变认知的拐点。危机发生后，越来越多的政策制定者和学者认为，各国须精心管理资本流动并协调政策，认为直接的资本管制在极端情况下构成政策工具箱的有用成分。[3]2010 年，二十国集团轮值主席国法国呼吁制定规制国际资本流动的行为准则。2011 年，二十国集团财长和央行行长会议指出，资本流动管理措施没有一个放之四海而皆准的方法或条件设定。[4]与此同时，IMF 逐步接受了资本管制有助于各国管控因大量资本流动所致金融风险的看法，并对其先前的立场作出了大幅度的调整，遂形成 IMF 对跨境资本流动的新认知。

IMF 对跨境资本流动的新认知，虽可追溯于其在 2002 年出台的"整体方法"（Integrated Approach），但却定型于危机后在系列反思基础上形成的资本项目的"体制观"（Institutional View），制度化于 2013 年 IMF 对成员国进行双边监督的指南和 2016 年 IMF 执行董事会对"体制观"经验的肯定。[5]

那么，IMF 为什么会发生这样的转变？首先，这是因为资本流动自由化的益处没有获得有效证实。2008 年国际金融危机之前，支持资本流动自由化的认知之所以广受支持，主要原因在于当时较普遍地认为资本流动自由化能够带来以下巨大益处：资本流动自由化可以使各国，特别是发展中国家获得或低成本地获得发展经济所欠缺的资本，以促进其经济发展，而资本输出国也能够获得更大的投资回报，因而能够实现资本在全球的更有效配置。然而，即便是

1　See IMF, The IMF's Approach to Capital Account Liberalization: Revisiting the 2005 IEO Evaluation, March 3, 2015, p.12.

2　See Ilene Grabel, "Not Your Grandfather's IMF: Global Crisis, Productive Incoherence, and Development Policy Space", *Policy Economic Research Center Working Paper*, No. 214, 2011, pp.14–15.

3　Adam Feibelman, "The IMF and Regulation of Cross-Border Capital Flows", *Chicago Journal of International Law*, Vol.15, No. 2, 2015, p.451.

4　Manuela Moschella, "The Institutional Roots of Incremental Ideational Change: The IMF and Capital Controls after the Global Financial Crisis", *British Journal of Politics and International Relations*, Vol. 17, 2015, p.453.

5　韩龙：《IMF 对跨境资本流动管理制度的新认知述评》，《环球法律评论》2018 年第 3 期。

在 2008 年国际金融危机之前，以上益处也没有获得实证的充分证实，甚至一些支持贸易自由的专家提出适用于国际贸易的自由并不适用于金融。[1]2008 年国际金融危机发生后，资本自由流动的益处更遭质疑。许多人认为，单个投资者和借款人并不知晓或者会忽略其金融决定对特定国家金融稳定的效果，因此，资本流动具有外部性。而外部性构成典型的市场失灵，需要"有形之手"介入进来。前已述及，主张资本流动自由化的认知主要建立在对这种流动所能带来利益的确信上。一旦这种确信受到动摇，就会引发对国际资本流动的认知变革。

其次，资本流动的益处虽难以确定，但其代价和危害却显而易见。在 2008 年国际金融危机中，一如亚洲金融危机那样，资本流入点燃的信贷膨胀引领危机的模式依然在延续。这场危机发生后，在资本输出国（主要是发达国家）金融机构去杠杆的压力以及货币避险的本能需要的影响下，流入发展中国家的国际资本急剧回流，加剧了新兴市场国家货币汇率和资产价格的下行压力，消耗了其外汇储备，加重了信贷萎缩和危机。不止于此，这场危机企稳后，以美国、日本、欧盟为代表的发达经济体为了刺激经济复苏，实行量化宽松政策，为资本再度大举流入新兴市场国家提供充足、廉价的来源，危机前资本流入的"潘多拉魔盒"周而复始地重现。与此形成鲜明反差的是，危机中不开放或较少开放资本项目的国家则相对良好。IMF 职员立场论笺（IMF Staff Position Note）的研究发现，在 2008 年国际金融危机发生前实行资本项目管制的国家在危机期间所受损失小于没有采取管制的国家，并进而将资本项目管制作为管制资本流入的政策工具箱的正当组成部分。这一结论被看作是 IMF 对其长期所持资本项目管制观点的转变。[2]

二、由"体制观"形成的当下资本项目管理制度的流行模式

代表着国际社会对资本项目新认知的 IMF"体制观"的出现，不是偶然的，具有以上特定的历史背景。鉴于国内外对 IMF 这一新认知鲜有提炼和总结，故以下对其形成、体现与制度化进行探究和发掘。

---

1 IMF, The Fund's Roles Regarding Cross-border Capital Flow, November 15, 2010, p.8.

2 IMF, The IMF's Approach to Capital Account Liberalization: Revisiting the 2005 IEO Evaluation, March 3, 2015, p.4.

（一）"体制观"的形成

"体制观"的雏形可追溯到 2002 年 4 月 IMF 在题为"资本项目开放与金融业稳定"的长篇研究报告中提出的资本项目开放的方法。由于该方法强调资本项目开放与配套改革的协同性以及开放的顺序，因此，后被广泛称为"整体方法"。虽然该方法在提出之后在理论上未获得重视，在 IMF 的监督实践中也未得到采纳，但却构成后来形成的资本项目"体制观"的重要基础。作为对 20 世纪末发生的亚洲金融危机反思的成果，"整体方法"旨在解决资本项目开放中趋利避害的问题，即如何收获资本项目开放的利益并应对国际资本流动的风险，标志着 IMF 开始在原来力推资本项目开放的立场上出现变化。"整体方法"主要有资本项目开放的配套改革和资本项目开放顺序两大内容。

就资本项目开放的配套改革而言，"整体方法"强调资本项目开放是一国全部经济改革、金融制度和监管制度改革的一部分，资本项目开放需要宏观经济稳定、金融市场发展、金融法制和监管制度健全等条件的配套。[1] 其中，有助于加强宏观经济稳定的金融改革应当置于优先地位，审慎规制与监管以及金融业改造应当推进，以提高金融业的竞争力和增进市场的发展。[2] 而避免危机之害取决于金融、非金融机构和政府管控金融风险的能力，为此需要改革金融法律框架，改进会计和统计，加强系统流动性安排和货币、汇率操作，发展资本市场，加强审慎规制和监管以及风险管理等。[3]

除整体配套改革之外，"整体方法"还十分强调恰当的资本项目开放顺序的重要性，提出资本项目开放的顺序应视各国的情况而定，综合考虑宏观经济和金融业的脆弱性、制度和市场发展状况、现有资本项目管制的设计及有效性、政府有效管理和实施资本管制的能力、金融和非金融业应对巨额资本流动动荡和风险的能力。在此基础上，该方法提出了资本流动开放"三步走"的模式：由于外国直接投资（FDI）被认为相对于其他资本流动较为稳定、较有助于经济增长，因此，第一步应开放 FDI 的流入，同时引入国际会计标准和完备统计制度，完善货币政策框架和金融规制，为进一步的开放提供基础。第二

1 IMF, The IMF's Approach to Capital Account Liberalization: Revisiting the 2005 IEO Evaluation, March 3, 2015, p.2.

2 See IMF, Liberalizing Capital Flows and Managing Outflows, March 2012, p.18.

3 See IMF, The Liberalization and Management of Capital Flows: An Institutional View, November 2012, p.14.

步要开放 FDI 的流出和长期证券组合投资流动，同时一些短期资本流动也可以在这一阶段开放。第三阶段在发展金融市场和进一步加强金融规制及监管以确保对国际资本流动进行恰当的风险管理之后，取消一切剩余的资本项目管制。[1] 总之，"整体方法"给出的一般开放顺序是 FDI 流入优先，FDI 流出和长期证券组合投资流动次之，最后是短期证券组合投资流动和其他资本项目管制的开放。

2008 年国际金融危机发生后，IMF 对危机和其在资本项目开放上的原有立场进行了深度反思，同时对上述"整体方法"进行了评估，认为虽然"整体方法"包含的原则仍然有效，但全球的发展变化以及新近研究表明这些原则需要作出调整，[2] 于是，IMF 发布了一系列的反映其立场变化的文件，最终在"整体方法"的基础之上形成了适用于 IMF 对各成员国进行双边监督的"体制观"。IMF 资本项目的"体制观"主要凝结在 IMF 于 2012 年 11 月发布的《资本项目开放与资本流动管理——体制观》之中。

（二）"体制观"的体现

纵观"体制观"的形成和内容，其是在对"整体方法"的发展和改造中彰显出其意涵的。

1."体制观"对"整体方法"的发展和改造

"体制观"发展和改造了"整体方法"。所谓发展是前者对后者的突破和创新，即"整体方法"没有而"体制观"独有的认知。所谓改造是前者对后者已有认知的修补和调整，即"整体方法"已有但"体制观"对之进行变动。以下首先考察"体制观"对"整体方法"的发展和改造，在此基础上提炼"体制观"的意涵。

"体制观"对"整体方法"的发展，体现在"体制观"不再以资本项目充分开放为各国的当然目标。前已述及，IMF 的"整体方法"仍以资本项目充分开放为预设目标，旨在解决各国在资本项目开放中趋利避害的问题。然而，在"体制观"看来，虽然对资本流动存在广泛限制的国家通过有序的开放可能能够从中获益，但充分的资本项目开放并不构成一切国家在任何时期的适当目标，相

---

1 See IMF, Liberalizing Capital Flows and Managing Outflows, March 2012, p.18.

2 See IMF, Liberalizing Capital Flows and Managing Outflows, March 2012, p.17.

反，资本项目管制措施在某些情况下却有用武之地。[1]这意味着，2008 年国际金融危机之后，资本项目的充分开放不再是适合各国的普适标准。而且，即便一国开放了资本项目，仍可以恢复实行资本流动措施（Capital Flow Measures，CFM）。可见，在"体制观"看来，一国是否实行资本项目开放以及如何实行开放，均应由各国根据自身具体情况来定夺，没有一定之规。

"体制观"对"整体方法"的改造体现在两大方面：第一，资本项目的开放或管制需要做更多向度的考量；第二，"整体方法"下资本项目开放顺序需做技术性调整。就第一项改造而言，"体制观"增加的考量向度主要有：首先，金融全球化的深度发展使资本流动及其夹带的金融风险、金融震荡更易快速地在国家间传播和加剧，因此，一国对资本项目开放及其节奏应当慎重，应关注其经济和金融体系应对资本流动的能力，并加强相应的能力建设。其次，在措施的选择和适用上，"体制观"发明了 CFM 一词以取代资本项目管制。CFM 涵盖旨在影响资本流动的广泛的行政、税收和审慎措施，由基于居民身份的 CFM 和其他 CFM 组成。前者包括基于居民身份歧视性地影响跨境金融活动的措施，这类措施通常被指称为资本管制措施。后者是指并不基于居民身份进行歧视，但旨在影响资本流动的以下两类措施：基于货币币种而对交易实行区别对待的措施（如对外币借贷的广泛限制）；通常在非金融领域实施的其他措施（如对某些投资的课税）。[2]在"体制观"看来，由于基于居民身份的措施对非居民具有歧视性，也与 IMF 履行维护国际货币体系稳定职能所需要的国际合作精神相悖，因此，IMF 一般不支持成员国采取基于居民身份的歧视性措施。但在某些情况下，如瞄准特定风险的 CFM 的有效性不及瞄准居民身份的 CFM，那么，采取基于居民身份的歧视性的 CFM 也并无不当。[3]最后，由于 CFM 以及审慎措施对国际资本流动具有重要影响，因此，资本项目开放以及审慎措施的变化应关注多边影响。[4]

---

[1] See IMF, The IMF's Approach to Capital Account Liberalization: Revisiting the 2005 IEO Evaluation, March 3, 2015, p.2.

[2] See IMF, Recent Experiences in Managing Capital Inflows--Cross-Cutting Themes and Possible Policy Framework, March 2011, pp.40–41.

[3] See IMF, Recent Experiences in Managing Capital Inflows--Cross-Cutting Themes and Possible Policy Framework, March 2011, p.2.

[4] See IMF, Liberalizing Capital Flows and Managing Outflows, March 2012, p.20.

"体制观"除了增加"整体方法"的考量向度之外，还认为"整体方法"项下资本项目开放的顺序也需要进行一定的技术调整。首先，与"整体方法"强调先开放长期资本流动，再开放短期资本流动有所不同，"体制观"提出一些短期资本项目可能需要在长期资本项目开放之前实行开放。如银行业务中的短期国际贸易融资就需要更早地开放，与此相适应，银行在境外设立往来行账户也需要同步开放，以便使银行能够在这些账户里存入短期存款或享有透支便利，从而有效地为国际贸易提供融资。其次，对于"整体方法"先放开资本流入，再放开资本流出的主张，"体制观"认为，在特定条件下，开放资本流出有助于对付资本流入激增的问题，但资本流出只有在取消这类管制的条件（如充分的审慎规制和监管）具备的情况下才能放开。最后，"体制观"还提出取消 CFM 应考虑对其他领域和经济的广泛影响，注重开放项目之间的协同和协调。如跨境银行业务的开放至少要先于非金融领域境外借贷的开放，以避免发生"脱媒"现象。又如，为了避免规制套利并将对经济决策造成的扭曲最小化，在规制成熟的情况下，具有近似内容和期限的业务交易应当一起开放，如对期限相同的金融工具如债券和借贷的 CFM 通常应同时取消。这些都是"体制观"对"整体方法"原本主张的资本项目开放顺序的调整。

2."体制观"意涵之提炼

基于以上对"体制观"对"整体方法"发展及改造的考察，"体制观"的意涵可凝练为以下三个方面：

首先，集 IMF 新认知之大成的"体制观"，不再以资本项目的充分开放为当然的或最终的目标。相反，在新认知看来，维持或恢复采取 CFM 在一定情况下甚至能够成为维护经济和金融稳定的手段。不止于此，在新认知看来，CFM 在一国管理跨境资本流动措施的分等结构中也不再是最后采取的措施。而在新认知之前，IMF 先是抵制资本项目管制，后来即便是在 20 世纪末发生的亚洲金融危机以及 2008 年国际金融危机的影响下态度有所缓和，但仍然首先以宏观经济政策和审慎规制措施来应对资本流动，当这些措施不足时，资本管制措施才可能发挥补充政策工具箱的作用。可见，在彼时的认知中，资本管制措施是位列其他措施之后在特定条件下采取的末等措施。但新认知打破了这样的序次，认为在采取所需要的行动或进行宏观经济调整需要时间，或者资本急剧流动的经济影响具有高度不确定的情况下，各国就可以直接采取 CFM，以赢得时间。[1]

其次，资本项目开放须伴之以配套条件。跨境资本流动蕴含着巨大的利益和风险。一国能否在资本项目开放中趋利避害，取决于其体制发展是否达到了一定水平。IMF 的新认知之所以被冠之以"体制观"，原因就在于其将特定资本流动的开放与一定的体制发展挂钩以及重视各类资本流动开放的顺序。[2] 在"体制观"看来，如果各国金融和体制发展达到了某种水平并伴以健全的财政、货币和汇率政策，那么，就有可能收获资本项目开放的利益。相反，如若没有达到相应的发展水平，特别是金融规制和监管不达标，资本项目开放的风险就会增大。[3] 因此，一国究竟该实行多大程度的资本项目开放，取决于该国的具体情况，特别是其金融和宏观经济体制是否达到了资本项目开放的门槛要求。"体制观"之所以强调体制和配套条件，究其原因就在于：在"体制观"看来，防范和化解跨境资本流动的风险需要广泛的措施，从货币、财政和汇率等宏观经济政策措施，到金融审慎规制措施，再到直接的资本项目管制，都应一应俱全，随时待命。

最后，资本项目开放需有合理的顺序。虽说"体制观"不以资本项目充分开放为预设目标，但一国一旦选择开放资本项目，"体制观"就强调资本项目开放需有合理的顺序。对此，"体制观"的意涵可概括为两大方面：一方面，强调资本项目开放的顺序要根据各国的具体情况来厘定；另一方面，又提出了可供参考的一般开放顺序。该一般顺序是：首先，放开 FDI 流入和为便利金融机构客户的贸易及金融交易所需要的某些短期的银行跨境资金流动。其次，放开 FDI 的流出和证券交易资金的流入。由于股份具有更强的抗风险性，因此，开放境外资金流入股票，较之于债券而言相对安稳，但对境外资金开放债券市场能够扩大投资者群体，增进债券市场的发展。最后，根据开放条件的具备程度，逐步开放剩余的资本流出的管制并允许外国投资者更多地参与其他资产

1　See IMF, The IMF's Approach to Capital Account Liberalization: Revisiting the 2005 IEO Evaluation, March 3, 2015, pp.9–11.

2　Adam Feibelman, "The IMF and Regulation of Cross-Border Capital Flows", *Chicago Journal of International Law*, Vol.15, No. 2, 2015, pp.436–437.

3　See IMF, The Liberalization and Management of Capital Flows: An Institutional View, November 2012, p.12.

交易。[1]

（三）"体制观"：从认知迈向制度实践

认知决定行动。IMF 的新认知在发展中已超出认知层面，融入 IMF 的制度实践当中，典型地体现为 IMF 在对成员国监督中对新认知的实施。与 WTO 依靠争端解决机制实施规则不同，IMF 的监督是 IMF 履行《IMF 协定》赋予的职责，督促成员国履行该协定义务所倚重的主要手段。[2] "体制观"融入 IMF 监督实践的路径是《IMF 协定》第 4 条第 3 节，其规定 IMF 应监督国际货币体系以保障其有效运行，应监督各成员国是否遵守该条第 1 节规定的成员国义务，并特别要求 IMF 对各成员国的汇率政策实行严密监督，并应制定指导成员国的汇率政策的原则。2012 年 7 月 IMF 执行董事会据此通过的《双边和多边监督的决议》，将资本流动的发展变化嵌入 IMF 的双边监督和多边监督之中。在双边监督层面，《决议》将以下资本流动的发展变化作为事关成员国是否遵循 IMF 指导成员国政策原则，因而需要对成员国进行彻底审查的情形：出于国际收支目的，实行大幅强化对资本流入和流出的限制或鼓励措施；出于国际收支目的，追求鼓励和阻止资本流动的非寻常的货币和其他金融政策等。在多边监督层面，如果成员国的政策被认为严重地影响到国际货币体系的有效运行，那么，这类政策就要接受 IMF 的多边监督。可见，尽管《IMF 协定》并没有将资本项目规定为各成员国的义务，但 IMF 的监督实践已将资本流动涵盖其中。

借助 IMF 双边和多边监督的通道，2013 年 4 月 IMF 发布了《资本流动开放与管理的指导说明》。《说明》对于 IMF 在对成员国进行双边和多边监督中，在开放和管制资本流动问题上如何运用"体制观"进行监督进行了明确。由于"体制观"不再将资本项目的充分开放设定为各国资本项目的目标，加之实行资本项目开放的国家亦可恢复管控，IMF 对国际资本流动开放与管控两种不同样态下如何分别监督、分别施策的问题进行了廓清。此外，《说明》还对资本流动的国际协调问题提供了一定的指引。

对于资本项目开放，《说明》重申开放的门槛条件的重要性，指示 IMF 的

---

1 See IMF, Guidance Note for the Liberalization and Management of Capital Flows, April 25, 2013, pp.28–29.

2 韩龙：《IMF 监督制度的晚近修改能否解决国际货币体系所受威胁?》，《中外法学》2016 年第 4 期。

监督人员要研判一国的金融和体制发展，特别是金融体系、金融机构、财政、货币、汇率政策在资本项目开放前是否达到了一定水平，指出汇率弹性有助于为实体经济对抗资本流动的动荡提供缓冲，同时重申了"体制观"对资本项目开放的态度，明确某些情况下 CFM 的临时恢复与资本流动开放的总体战略具有一致性。[1]

对于跨境资本流动的管控，《说明》在强调加强金融市场、金融规制监管和体制能力（Institutional Capacity）的基础上，分别对资本流入激增和破坏性资本流出的监督进行了明确。对于资本流入激增，《说明》指出成员国的以下政策具有适当性：在不存在经济过热或资产价格压力的情况下通过放松货币政策或紧缩财政政策降低利率；在货币不存在高估的情况下升值汇率；在外汇储备不充足的情况下增加外汇储备。但如果成员国经济过热或存在资产泡沫，汇率高估，或外汇储备庞大，宏观经济调控受限，那么，成员国可以适当地采取 CFM，以支持宏观经济调整和保障金融体系的稳定。此外，在资本流入激增具有引发金融体系不稳定之虞，或基本经济状况急剧变化使得对宏观经济的快速评估难以为继，或所需政策调整难以短期内见效的情况下，采取 CFM 都不乏适当性。依照《说明》，IMF 成员国采取 CFM，应实行透明、定向、临时、优先采取非歧视性措施等原则。对于破坏性资本流出，《说明》区分非危机与危机两种样态。在非危机样态下，资本外流有时通过影响汇率、外部融资和利率而构成挑战，成员国可通过调整宏观经济和金融政策来解决资本外流的影响。在危机或危机临近的样态下，破坏性的资本外流会导致外汇储备的枯竭、汇率崩盘、金融体系重挫和产出损失。这时，对资本外流采取 CFM 有助于降低以上损害的发生，并为所需经济政策措施的实施提供喘息时机，同时在危机迫近的情况下，CFM 有助于阻止危机的全面爆发。对资本外流采取 CFM，也应实行透明、临时、优先采取非歧视性措施的原则，但与对资本流入实行定向原则不同的是，阻止资本流出的 CFM 需要具备全面性方能见效。[2]

对于国际协调，《说明》指出资本接受国之间，资本来源国与接受国之间的协调，有助于降低各自施策的外部性。《说明》要求 IMF 在对成员国的监督

---

1 See IMF, Guidance Note for the Liberalization and Management of Capital Flows, April 2013, pp.10–11.

2 See IMF, Guidance Note for the Liberalization and Management of Capital Flows, April 2013, pp.16–18.

中注意以下要点：一是如果一国 CFM 或其他措施会加大其他国家的宏观经济和金融稳定的风险，且受影响的其他国家采取的应对这些风险的措施代价巨大，那么，这些国家应进行协调。这会要求资本流动的来源国更好地内化其货币和审慎监管措施的外部性，也要求接受国在其采取的 CFM 会导致巨大的外部性时减少 CFM 的使用。二是 IMF 在对金融业的监督中应鼓励各国监管者进行规制和监管的合作，对实行金融规制和监管的影响进行磋商，分享数据与信息等。[1]

如果说《说明》为在 IMF 的监督中运用"体制观"提供了制度接口和行动指南的话，那么，2016 年 12 月 IMF 执行董事会通过的《资本流动——对"体制观"经验的复审》，则是对 IMF 在监督中运用"体制观"经验的肯定和背书。在《复审》中，IMF 执行董事会认为，尽管在过往的几年中跨境资本流动发生了不同于 2012 年"体制观"出台时的不同流向变化，但各成员国对待资本项目的实践依循了"体制观"，其在处理资本项目开放和跨境资本流动管控中积累的经验，为"体制观"提供了佐证。执行董事会认可"体制观"在 IMF 监督中所发挥的作用，认为其为成员国的资本账户问题提供了一个分析框架，也为 IMF 在监督中对跨境流动资本的来源国与接受国提供一致性的建议提供了基础。[2]

第二节　人民币国际化对资本项目管理制度的要求

货币国际化包括人民币国际化，需要货币发行国将其资本项目制度调转到充分开放的方向和轨道上去。没有货币发行国资本项目的充分开放，任何货币包括人民币的国际化都不可能实现，犹如水闸若不开启，水坝里的水就难以外泄一样。问题是人民币国际化为什么排斥资本项目制度设置中的其他选项而必须实行资本项目的充分开放？要科学地回答这一问题，就需要找出人民币国际化需要资本项目充分开放的牢靠依据。这一依据的寻求，不仅旨在查明人民币国际化需要什么样态的资本项目制度，而且更事关该样态与前述流行模式的比

1　See IMF, Guidance Note for the Liberalization and Management of Capital Flows, April 2013, pp.19–20.

2　See IMF, IMF Executive Board Discusses Review of Experience with the Institutional View on the Liberalization and Management of Capital Flows, December 20, 2016, pp.1–3.

较以及进行比较的牢靠性，否则，二者的比较就会陷入无稽之谈。人民币国际化所需资本项目制度样态的衡量依据在哪里呢？我们以为应从货币国际化包括人民币国际化的应然需要与世界头号国际货币发行国——美国的经验镜鉴两个方面入手，前者反映人民币国际化的本质要求，后者提供实证的经验验证，将二者相结合可为人民币国际化所需资本项目制度提供不容置疑的充分依据及标准。

一、货币国际化对资本项目充分开放的应然需要

货币国际化包括人民币国际化有着自身的逻辑。货币国际化为什么需要货币发行国在厘定资本项目制度时实行资本项目开放以及需要实行怎样的资本项目开放呢？回答这一问题宜从人民币国际化的内涵及内在需要入手。承前所述，人民币国际化是人民币在国际社会充分发挥价值尺度、交换媒介和储藏价值的货币职能而被广泛用作贸易计价及结算货币、投融资货币和储备货币的过程和现象。人民币要担负以上国际货币功能和角色，从而实现国际化所需要的一个基本条件，就是必须能够自由兑换和自由使用，否则，就丧失了被国际社会各类主体接受的基本条件和资格。

首先，实现货币国际化的先决条件，是消除国际交易包括货币金融交易中对该货币使用的限制。货币国际化说到底就是一国货币跨越国境在国际执行国际货币职能，为国际交易提供清偿力。人民币若要在国际充分发挥国际货币的职能，就需要有足够数量的人民币流到境外，在国际社会流通。如后所述，在我国经常项目保持顺差即收大于支的情况下，如果我国资本项目仍然实行管制，就相当于在我国经常项目这道闸门因高出水坝的水面而无法为境外人民币提供有效供给的情况下，我国又关闭了低于水坝水面、本可以为人民币外流提供通道的资本项目这道闸门。可见，如果我国继续实行资本项目管制，就会关闭人民币国际化的闸门，导致国际经济交易所需要的人民币的短缺，人民币就难以发挥国际货币的功能，就会因丧失被国际社会各类主体接受的基本条件而无法成为国际货币。[1] 以前的国际储备货币，从英镑到美元再到欧元，都是已经完全开放资本账户的国家的货币。即便是澳元、加拿大元、瑞士法郎和挪威

---

[1] 韩龙：《资本项目制度改革流行模式不适合人民币国际化》，《法商研究》2018 年第 1 期。

克朗，也都是长期开放资本账户的国家的货币。在资本项目管制或部分开放中实现货币国际化，尚没有一个历史先例。[1]

其次，我国现有的经济格局也决定了人民币国际化除需开放经常项目之外，还需要开放资本项目。经常项目交易的可自由兑换是启动货币国际化的最起码和绝对的要求。[2]目前，我国经常项目已完全放开，人民币国际化在经常项目下已经没有障碍。然而，仅通过经常项目对外输出人民币对人民币国际化来说是不够的，特别是在时下和可预见的未来，出口作为拉动我国经济增长的三驾马车之一仍然不可或缺，由此导致我国经常项目保持顺差的格局短期内难以改变。经常项目顺差意味着，即便我国与各贸易伙伴在经常项目项下的交易以人民币支付结算，我国也会收大于支，即从境外收取的人民币大于对外支付的人民币。在收大于支的情况下，没有人民币的流出，人民币如何在国际执行国际货币功能和实现国际化呢？可见，人民币国际化还需要借助于资本项目的开放，以资本项目的流出弥补经常项目流出的不足。[3]为此，我国应允许境外市场主体在我国金融市场发行证券和举债，将筹措到的人民币资金在境外运用，同时开放境外资金在境内市场的投资。否则，如果境外市场参与者和外国的中央银行不能按照其意愿买卖以人民币计值的资产，那么，就没有多少外国人会认为这些资产具有吸引力。[4]可见，资本项目的开放关系到能否有足够的人民币流到境外，关系到人民币能否执行国际货币功能和提供国际清偿力，因而事关人民币国际化能否实现的大局。

从域外的实践经验来看，资本项目开放对于货币国际化极为重要。"二战"使美国之外的世界主要国家都变为战争废墟，导致其生产制造能力丧失。在这种情况下，这些国家需要从美国进口大量的机器设备乃至原材料、日用品，因此，美国战后在经常项目项下保持了顺差。然而，为了加固和维护美元在全球的霸主地位，美国借助马歇尔计划等，通过资本项目的逆差向世界输出美元。

---

1 Barry Eichengreen, Kathleen Walsh, Geoff Weir, "Internationalisation of the Renminbi: Pathways, Implications and Opportunities", *CIFR Research Report*, March 26, 2014, pp.26–28.

2 See Benjamin J. Cohen, "Will History Repeat Itself? Lessons for the Yuan", *ADBI Working Paper Series*, No. 453, January 2014, p.19.

3 韩龙：《IMF对跨境资本流动管理制度的新认知与评析》，《环球法律评论》2018年第3期。

4 See Benjamin J. Cohen, "Will History Repeat Itself? Lessons for the Yuan", *ADBI Working Paper Series*, No. 453, January 2014, p.19.

进入 20 世纪 60 年代，欧洲、日本的经济从"二战"中恢复，通过有竞争力的出口纷纷取得对美国在经常项目项下的顺差，这时美国在经常项目和资本项目同时出现了逆差，导致美元的供给从"二战"结束后的"美元荒"发展到 60 年代的"美元灾"，从而动摇了各国对美元的信心，也敲响了布雷顿森林体系的丧钟。布雷顿森林体系崩溃后，美国经常项目和资本项目的常态性的双逆差，虽然造成新的"特里芬难题"，但却在多数时期里保持着美元在国际社会的充分供给，且通过美国开放其拥有的世界最大的流动性金融市场，支撑着美元在信用动摇的情况下维系全球霸主地位。可见，任何货币国际化都需要其发行国在经常项目或 / 和资本项目上出现逆差，否则，就妨碍国际社会以此货币开展经济交易，也会阻碍国际社会使用和接受该货币。人民币国际化也需要依靠我国经常项目或 / 和资本项目的逆差来实现和满足。如前所述，在我国经常项目顺差短期内难以改变的情况下，开放我国资本项目对实现人民币国际化就显得尤为关键。

再次，国际货币之间的竞争，迫使欲实现货币国际化的国家充分开放资本项目。众所周知，世界上不只是人民币欲实现国际化，货币之间存在争夺国际货币地位的竞争。在存在国际货币竞争的条件下，资本项目管制国发行的货币难以甚至无法成为国际货币的原因还在于，国际替代货币之间的竞争将会淘汰那些交易成本高的货币。[1] 克鲁格曼指出，一种货币要想成为国际货币，必须使该货币的持有、交易成本逐步降低，甚至等于零。[2] 依此，货币持有、交易的成本越低，就越有利于实现国际化。在世界已被美元等货币占据居先优势的情况下，如果我国仍然实行资本项目管制或设置过多的资本项目限制，就会导致使用人民币的成本增大，使其在国际货币的竞争中遭受劣势甚至失败。可见，国际化货币的内在属性与生存法则不仅要求我国实行资本项目开放，而且还要实行充分的开放；不仅需要实行充分的开放，而且需要建立发达、高效的金融市场，使金融交易能够廉价、高效地进行，并使汇率、利率和其他风险得到良好的对冲和规避。唯其如此，我们才能降低人民币使用和交易的成本，克

---

1 BIS, Currency Internationalization: Lessons from the Global Financial Crisis and Prospects for the Future in Asia and the Pacific, No. 61, December 2011, pp.225–226.

2 See Paul R. Krugman, "Vehicle Currencies and the Structure of International Exchange", *NBER Working Papers*, No. 333, 1979, p.24.

服人民币的后发劣势，实现人民币国际化。

最后，我国在人民币加入特别提款权（简称"人民币入篮"）以助推人民币国际化的条件下，如若继续实行资本项目管制，则可能有悖于我国承担的国际义务。虽然《IMF协定》没有对其成员国施加普遍性的资本项目开放的义务，但人民币入篮之后，我国则需要承担相应的义务。特别提款权（SDR）作为IMF创设并分配给成员国使用的非货币性官方储备资产，其官方性质恰好可以补强人民币国际化在官方领域存在的短板，促使各国广泛配置人民币储备资产，但SDR由于不是货币，不可直接用于国际支付和汇率干预等。IMF成员国如需动用SDR使其发挥国际储备的通常功能，就需要将其获得的SDR换成SDR"货币篮子"中的货币或其他可自由使用货币，包括人民币，以达到清偿国际债务、干预汇率等目的。试想如果IMF的某一成员国在收到IMF提供的SDR紧急救助贷款后，需要将其兑换成人民币，而我国如果继续实行资本项目管制，不允许自由兑换和交易，那么，该国实质上就无法使用IMF的SDR贷款，以满足应急之需。对此，《IMF协定》第22条规定，各SDR参与国应保证与IMF以及其他参与国合作，以促使SDR之有效实施。据此，在人民币入篮后，我国承担了与IMF和其他成员国合作，进行资本项目制度改革，以使《IMF协定》所要求的自由兑换和交易的规则得到有效实施的义务。[1]可见，实行资本项目充分开放不仅是人民币国际化的属性所致，也是人民币加入SDR之后我国履行国际义务的要求。

二、世界头号国际货币发行国——美国的经验镜鉴

美国是当下世界头号国际货币——美元的发行国，美国为迎合和维护美元国际化的需要而确立的资本项目制度，能够为货币国际化需要什么样的资本项目制度提供实证的标尺。那么，美国是如何实行资本项目开放的，抑或美国还存在哪些资本项目管制？一个可以借助的不为众人所知的衡量路径是，OECD在其《资本流动自由化通则》（Code of Liberalization of Capital Movements）项下对其成员仍然保留或维持的资本项目管制措施有着详尽的列举。美国作为OECD的成员，其资本项目管制措施也在《通则》项下的列举中得到展现，从

---

1 韩龙：《人民币入篮与我国法制变革》，《政法论坛》2017年第6期。

而为我们所需进行的实证考察提供了可能和便利。

根据 OECD 最新核定，美国有两类资本项目管制措施。第一类是对非居民在美国直接投资的法律限制。这类对外国直接投资的限制有：不得投资美国的原子能；除非取得《美国法典》第 47 卷第 310（b）（4）节项下的批准，不得获得《美国法典》第 47 卷第 310 节规定的广播电视、公共运输、航空航路、航空固定无线电台的许可；不得投资航空运输、沿岸和国内水运；除非在美国设立企业，否则，不得在联邦土地上投资海洋温差发电、水力发电、地热资源或相关资源，不得在联邦土地上或大陆架或深海海床开矿，不得在专属经济区捕鱼，不得投资深水港；不得投资建立为美国政府契约提供履约保证的外国保险公司的分公司。[1] 美国对资本项目项下外国直接投资的限制限于以上特定领域的投资，且规定得十分具体、明确。除此之外，美国对外国直接投资全部开放。

第二类是对非居民以小企业优待方式在美国证券市场发行、上市证券的如下法律限制：禁止非居民使用小企业（small business）注册表和小企业豁免在美国资本市场上发行、上市证券。[2] 前已述及，国际货币发行国在资本项目项下对境外主体开放金融市场对于实现和维护货币国际化不可或缺，因此，为满足境外发行人募集和使用美元的需要，美国证券市场对外高度开放，美国证券立法允许外国发行人在美国发行和上市证券，并对外国发行人在美国发行证券一概实行注册制，一如对待美国发行人那样。依据《通则》的标准，注册不构成管制，因此，美国证券法规定的注册制不构成美国对资本项目的管制。唯一的例外就是美国对非居民使用小企业发行人优待的禁止。美国证券法的这一优待源于 1980 年《小企业发行人简化法》（Small Business Issuers' Simplification Act）。据此，美国或加拿大发行人如果符合小企业发行人的条件，即上一财年的收入和公众持有的股份均在 2500 万美元以下，可选择使用 SB-1 或 SB-2 表格进行简易的注册和信息披露。使用 SB-1 注册表的发行人如最多发行不超过 1000 万美元的证券，可以以问答的形式提供和披露信息。使用 SB-2 注册表的发行人募集资本的数量不受限制，可按《条例 B》（Regulation-B）的披露要求，

1　OECD, OECD Code of Liberalization of Capital Movements, 2016, p.138.

2　OECD, OECD Code of Liberalization of Capital Movements, 2016, p.138.

以简单、非法律用语进行信息披露。可见，小企业发行人制度免除了一般发行人严苛的证券登记和披露要求，是对小企业发行人的优待，但美国证券法拒绝将这一优待扩及美国和加拿大以外的外国发行人，因而构成资本项目交易的管制措施。[1]

客观地说，在庞大的资本项目中，美国的管制并不多。仅有的管制主要体现在对非居民在美国特定领域直接投资的禁止或限制。这反映了这些领域对美国的敏感度和重要性。而美国对资本市场的管制仅限于小企业发行人优待制度对外国发行人的不适用，但在"注册为原则，豁免为例外"的美国证券法中，这一例外性制度远非美国证券法的主流。外国发行人可以借助美国证券法规定的一般注册制度在美国发行和上市证券，因此，美国对资本市场的这一管制实属细枝末节。此外，值得注意的还有，以上两类管制都是针对非居民在美国的资本项目项下的交易，而美国对本国居民在境外从事资本项目交易则未见管制。也就是说，现行有效的美国法律没有限制美国居民将美元输出到境外，在境外从事资本项目交易。可见，美国对资本项目的管制甚少，对证券发行、上市的管制更少，对居民在境外的资本项目交易即资本的流出放开。这反映了美元国际化的需要，也印证了货币国际化需要该货币发行国的资本项目充分开放的真谛。

第三节　当下资本项目管理制度的流行模式与人民币国际化的关系

如果说前述流行模式对资本项目的认知，可归结为资本项目开放并不构成各国的当然目标、资本项目开放须伴以配套条件、资本项目开放需有合理的顺序三大内容的话，那么，人民币国际化所需资本项目开放与流行模式在资本项目开放目标和开放顺序上都存在重大差异。承前所述，货币国际化的内在属性以及美国适应美元国际化所确立的资本项目制度，都表明货币国际化不仅需要该货币发行国开放资本项目，而且还需要其充分地开放资本项目。人民币国际化也不例外。这与流行模式不将资本项目开放作为各国的当然目标，甚至将资

---

1 See John C. Coffee, Jr., Hillary A. Sale, *Federal Securities Law, Selected Statutes, Rules and Forms*, Foundation Press, 2012, p.107.

本项目管制作为维护经济和金融稳定措施的认知，存在鲜明的反差。此外，人民币国际化所需资本项目开放与流行模式在开放顺序上也存在如后所述的重大差异。当然，人民币国际化所需资本项目开放并不是在一切方面都排斥流行模式，流行模式所主张的资本项目开放须伴随配套条件也是人民币国际化条件下资本项目开放所需要的，而且流行模式关于各国在资本项目制度改革目标和顺序上要根据本国情况加以确定的主张，也为人民币国际化的特殊需要以及 IMF 运用前述《指导说明》所包含的流行模式对我国进行监督提供了余地。以下首先审视流行模式对人民币国际化的不适应性，而后对二者相互适应的一面进行考察。

一、当下资本项目管理制度的流行模式对人民币国际化的不适应性

具言之，人民币国际化与流行模式的重大差异主要体现如下：

（一）必需的开放与容许的管制

前已述及，流行模式发展至今，不再以资本项目开放为各国的当然目标。因此，尽管世界各国也有实行资本项目充分开放的大量例证，但这是这些国家根据自身情况作出的符合自身利益需要的选择。同样，当今世界也有不少国家出于自身利益考虑，选择实行资本项目管制或有限度地开放资本项目。即便是实行资本项目开放的国家，其根据情势的变迁和利益的考量，还可以恢复资本项目管制。这些都是流行模式在实践中的具体体现。IMF 更是一改过往的态度，近来甚至将资本项目管制措施作为各国应对国际资本动荡和维护金融稳定的有力措施。[1] 总之，依据流行模式，各国可以根据对自身利益的判断，自由地选择和变更资本项目管理制度。这种选择或变更以经济利益为取舍，并非源自国际义务或应然标准。相反，作为当今国际货币制度主要载体的《IMF 协定》不仅没有规定各国实行资本项目开放的义务，而且还在第 6 条中规定各成员国可以对国际资本转移采取必要的管制。总之，无论是从当今的国际货币制度，还是从各国基于自身利益考量而发生的资本项目制度的实践来看，非以货币国际化为目标的国家可以采取符合其需要的任何资本项目管理制度，包括实行资本项目管制。因此，在流行模式中，资本项目管制与非以货币国际化为目标的国

---

[1] See IMF, The Liberalization and Management of Capital Flows: An Institutional View, November 2012, p.14.

家具有兼容性。[1]

反观追求人民币国际化的我国，由于货币国际化与资本项目管制存在前述的天然排斥，并不当然构成流行模式下各国当然目标的资本项目充分开放，却构成我国追求人民币国际化所应实现的不可动摇的目标。具言之，在流行模式看来，充分的资本项目开放并不是所有国家在一切时候的合适目标，亦即资本项目开放也好，管制也罢，都可交由一国自主选择和定夺。而人民币国际化则需要资本项目的充分开放。唯其如此，人民币国际化才有可能充分实现或获得成功。进而言之，不止是人民币国际化，对于所有追求和维系货币国际化的国家来说，其资本项目管理制度只有实行资本项目充分开放这一选项，而不存在其他国家可以享有的在流行模式下的自由度。这是所有全球性货币的发行国都一致性地实行资本项目开放的原因所在，也是实行货币国际化的国家享有货币国际化带来的利益所要受到的限制。可见，流行模式赋予货币国际化以外的国家选择资本项目制度的自由，与人民币国际化所必需的资本项目充分开放之间泾渭分明，故流行模式所主张的不以资本项目开放为当然目标的资本项目制度，无法类推适用于人民币国际化条件下我国资本项目制度的设计和厘定。

（二）资本项目开放顺序的差异

流行模式与追求货币国际化的国家除了在资本项目开放的目标上存在差异之外，二者在资本项目的开放顺序上也存在重大差异。流行模式所极力主张的开放顺序对于非以货币国际化为目标的国家从资本管制走向开放可能具有积极的示范和指引作用，但与人民币国际化的需要以及我国的实际并不完全契合，主要体现如下：

首先，流行模式所主张的在资本项目制度上先放开资本流入、后放开资本流出的顺序，并不符合人民币国际化的实际，也无法满足人民币国际化的需要。人民币国际化首先需要人民币通过经常项目和资本项目流出到境外。没有人民币的流出，人民币国际化就不能起步。即使在人民币国际化起步后，人民币要成为全球性货币，不但需要有人民币流出，而且流出的数量还要足以能够满足国际社会清偿国际交易的需要，否则，国际社会就会陷入人民币短缺和流动性不足的困境，人民币也会因不能充分发挥国际货币职能而遭受国际化的挫

---

1 韩龙：《资本项目制度改革流行模式不适合人民币国际化》，《法商研究》2018 年第 1 期。

折。如果照搬上述先放开流入、后放开流出的开放顺序，人民币还没有流出到境外，怎么会有人民币流入呢？即便是国际资本可以在我国境外金融市场将外币兑换成人民币而加以使用，但这也需要有境外市场积淀有足够的人民币这一前提。再即便国际资本以外币形式流入我国并在我国境内兑换成人民币，但这时的人民币仍然是我国境内的人民币，按照"先流入，后流出"的模式，人民币仍然无法在境外发挥国际货币功能，对人民币国际化无任何助益。诚然，人民币可以通过与资本项目并行的经常项目流出到境外，但已有国际货币的经验和教训表明，仅有经常项目项下的流出是不够的，还需要资本项目的开放[1]，故满足国际社会对国际货币的需求不仅需要经常项目项下的流出，也需要资本项目项下的流出。可见，先流入、后流出的资本项目开放顺序与人民币国际化所需要的先流出、后流入的义理是背离的。固然，人民币国际化也需要解决流出去的人民币如何回流的问题。如果流出的人民币缺失回流境内或流往其他合理去处的通道，就会反馈性地影响人民币流出和人民币国际化，但这毕竟是人民币在国际化动态发展过程中需要解决的问题。人民币国际化须以流出而非流入为起始，因此，需优先考虑流出，并相继考虑流入的制度改革。

其次，流行模式先放松资本项目管制中对直接投资限制、再放松对间接投资限制的顺序，也不完全符合我国及人民币国际化的实际。我国在改革开放中最早开放的跨境资本流动形式就是外商直接投资（FDI），并出台了众多的法律对之实行保护。随着近年来我国试水准入前国民待遇和负面清单，2014年我国对 FDI、居民对外投资（ODI）实行普遍备案、有限核准制度，特别是 2019 年全国人大通过《外商投资法》，我国对 FDI 和 ODI 的限制大大降低，并将进一步地降低。在对 FDI 已经较为开放的条件下，我国已谈不上先放松直接投资、再放松间接投资的限制，人民币国际化在当下应当直面间接投资即金融投资的管制问题。不止于此，从未来发展看，FDI 可能是资本项目中保留限制较多的一类。[2]与多数资本项目不同，FDI 虽需经金融市场进出周转，但

---

1 BIS, Currency Internationalization: Lessons from the Global Financial Crisis and Prospects for the Future in Asia and the Pacific, No. 61, December 2011, pp.225–226.

2 IMF 将资本项目交易分为七大类，分别是资本和货币市场工具交易、衍生品及其他工具交易、信贷工具交易、直接投资、直接投资清盘、房地产交易、个人资本交易。

却深度地触及实体经济的众多产业，并通常伴随着外国投资者对投资企业，乃至整个产业的控制。因此，FDI 对东道国经济触及的深度远非交易场所仅限于金融市场的那些资本项目可比，故不少国家对 FDI 开放的考量不同于其他资本项目，典型的体现就是不少国家虽然对 FDI 实行开放政策，但对于敏感行业则禁止或限制 FDI 准入，即便是宣称对 FDI 最为开放的美国也不例外。前已述及，FDI 是美国对资本项目罕见保留的两类管制之一。作为独具制度和意识形态特色的社会主义国家，我国无疑对 FDI 具有自身的利益关切，因此，我国也注定要借助负面清单和对外资的国家安全审查制度对需要禁止和限制 FDI 准入的行业进行管控。可见，与流行模式不同，人民币国际化并不影响对 FDI 的管控，但确需对间接投资实行充分开放。

再次，在资本项目制度的改革中，先开放股票市场和债券市场，再开放金融衍生品市场的顺序，也不能有效满足人民币国际化的需要。伴随人民币国际化所需要的金融市场的发展和资本项目的开放，各类主体面临的风险增多，客观上需要金融市场能够提供对冲这些风险的金融衍生品。缺乏这样的产品或足够的品种，都会导致国际市场主体对使用人民币进行交易望而却步。因此，人民币国际化离不开金融衍生市场的同步发展，否则，人民币国际化、资本项目开放和金融市场发展所生风险，就会失去对冲的工具，人民币国际化就会受到掣肘。此外，如果我国不同步发展金融衍生市场，还会导致使用人民币从事国际活动的经营者转向境外金融衍生市场，使我国失去对人民币衍生品的话语权和定价权。因此，我国在顺应人民币国际化而开放股票市场和债券市场之时，需要同步、协调地发展金融衍生市场，并应相应地取消或修改与金融衍生交易不相适应的法律制度和法律限制。

最后，流行模式所主张的先放开长期资本流动、后放开短期资本流动，虽然旨在降低国际游资引起的动荡和冲击，但适用于人民币国际化也存在一定问题。例如，货币国际化包括人民币国际化需要借助国际清算系统，实现货币在国际间的流动。一般来说，只有金融机构才能成为人民币国际化清算系统的成员，其他主体需要借助这些清算成员进行资金的收付和结算。由于各市场主体通过人民币国际化清算系统的清算成员收付人民币的数额通常不相等，那么，各清算成员之间在清算时难免会出现清算资金的暂时性短缺。这类问题属于清算的短期流动性问题，通常需要借助清算系统所在国的货币市场进行资金调剂或短期的跨境资金流动来解决。IMF 就明确地将便利金融机构客户的贸易及金融交易所需要的某些短期的银行跨境资金流动作为资本项目开放的优先项加以推举。[1]可见，对人民币国际化清算系统的境外清算成员开放境内的货币市场或允许某些短期的银行跨境资金流动，构成人民币跨境清算的润滑剂和流动性保障。因此，人民币国际化需要我国在取消对其他资本流动形式的法律限制之后，相继向人民币国际化清算系统的境外成员提供一定的进入我国货币市场和跨境短期资本流动的通道，才能满足人民币国际化及其清算的需要。

值得说明的是，如果我们将人民币国际化需要资本项目充分开放的结论与前述各资本项目之间的开放多需紧密衔接的结论汇聚一起，就会发现我国适应人民币国际化的资本项目制度改革不仅需要资本项目充分开放，而且许多项目之间需要同步或及时跟进，似乎给人一种我国应采取资本项目开放的激进模式之感。诚然，顺应人民币国际化的要求，一旦部分资本项目实现了开放，仍受管制的项目会乔装打扮地借助开放项目逃避管制，结果导致保留管制的项目没有管住，同时规避管制的交易设计又抬高了人民币交易的成本，损害了人民币国际化，因而我国资本项目开放应强调开放的系统性和开放项目之间的衔接。但是，人民币国际化所需资本项目制度的改革与激进模式的界分，不应在于各项目之间开放间隔的时间长短，而在于资本项目开放的配套条件是否具备。前已述及，流行模式区别于激进模式的一大特征就在于其对资本项目开放的配套条件的重视。而人民币国际化所需资本项目开放，也离不开宏观经济稳定、金融市场发展、金融法制和监管制度健全、汇率制度适当等配套条件，因此，人民币国际化所需资本项目开放应合理地吸收流行模式的某些要素，不同于激进模式。此外，在资本项目的开放顺序上，虽然人民币国际化所需资本项目开放有别于流行模式，但其有自身的逻辑顺序，以此确定人民币国际化需要充分开放的优先项目、相继开放的项目和其他有限制的开放项目，以避免因追求人民币国际化的政策目标而对其他政策目标造成不必要的过早冲击所付出的代价[2]，而不是要一步到位或实行"休克疗法"。因此，人民币国际化所需资本项目的

1　See IMF, Guidance Note for the Liberalization and Management of Capital Flows, April 25, 2013, p.28.

2　韩龙：《人民币国际化重大法律问题之解决构想》，《法学》2016 年第 10 期。

开放路线既不同于激进模式，也不同于流行模式，具有独特性，这正是人民币国际化本质要求的体现和反映。

二、如何将人民币国际化所需资本项目管理制度与 IMF 的监督相协调

资本项目管理制度的流行模式基于的一般情况与 IMF 成员国特殊需要之间所可能出现的不协调性，甚至冲突，为 IMF 在对成员国的监督中以资本项目管理制度的流行模式引领这些国家资本项目的立法和政策提出了挑战，也为有着特殊需要的国家该如何适从流行模式提出了难题。前已述及，2013 年 4 月 IMF 发布的《资本流动开放与管理的指导说明》，旨在为 IMF 运用前述流行模式监督各国影响国际资本流动的法律和政策提供一个普遍适用的一致性框架，以避免在对各国的监督中发出不一致，甚至彼此冲突的信号。但 IMF 在监督中运用资本项目管理制度的流行模式评判具有特殊需要的国家的资本项目措施，则可能面临不适当的问题，遭遇资本项目管理制度流行模式的一般蓝图与特定国家的特殊需要间的差异所产生的困境。

然而，就资本项目管理制度的流行模式与人民币国际化所需要的资本项目管理制度形态二者间的关系来说，前述不适应性并非是根本性的和难以调和的。首先，虽然人民币国际化须以资本项目充分开放为实现条件，因而没有了资本项目管理制度的流行模式所提供的另一选项——资本项目管制，但资本项目管理制度的流行模式并不否认资本项目开放的价值，特别是满足配套条件和具有合理顺序的资本项目开放所能带来的巨大利益。这为人民币国际化所需要的资本项目充分开放提供了正当性的依据。此外，人民币国际化条件下的资本项目充分开放这一制度设计，并不绝对排斥资本项目管制措施在特定条件下的暂时性恢复。从这一意义上讲，资本项目管理制度的流行模式与人民币国际化所需要的资本项目管理制度形态之间就更具调和性。其次，资本项目管理制度的流行模式所力主的资本项目开放顺序与人民币国际化的需要固然不完全契合，但资本项目管理制度的流行模式在资本项目开放顺序问题上的首选是要求各国根据各自具体情况来厘定开放的顺序。因此，在人民币国际化所要求的我国资本项目开放顺序不同于资本项目管理制度的流行模式所推举的一般顺序的情况下，我国可以根据资本项目管理制度的流行模式包含的各国根据自身情况厘定开放顺序的要旨，设计我国的资本项目开放顺序。总之，如果我们能够研

究好、运用好资本项目管理制度的流行模式的意涵和要旨，那么，在 IMF 对我国开展的磋商监督中，人民币国际化所需要的资本项目管理制度形态理应能够获得 IMF 监督的首肯。[1]

不止于此，资本项目管理制度的流行模式引入的广泛涵盖影响跨境资本流动的行政、税收和审慎措施的 CFM，还能够为人民币国际化条件下的风险管控提供重要的借鉴。随着人民币国际化的推进，特别是人民币国际化所需要的资本项目开放的加大，国际金融风险和危机的传播更加便利。金融风险和危机的跨境传染和传播，会对我国经济和货币金融体系稳定带来挑战。处置不当，不仅会削弱宏观经济政策的效果，而且会扰乱正常的金融秩序，甚至会引发金融和经济危机。可见，这类风险通常关涉整个金融和经济的稳定，而不仅限于单一金融机构，通常具有宏观性和全局性。对此风险，传统的微观审慎监管制度是无能为力的，甚至在有些情况下瞄准金融系统性风险的宏观审慎监管制度也存在短板，[2]因此，应以组织机构间的法定协作带动宏观审慎措施与其他措施的协调或配套，使事关人民币国际化风险的所有措施，不论来源和出处，在需要时都能够尽其所用。如前所述，资本项目管理制度的流行模式引入的 CFM 包括能够应对国际资本急剧流动的宏观经济政策措施、金融审慎监管措施和资本项目管制措施等，与人民币国际化条件下防控跨境风险和危机的需要具有巨大的适配性，因而可以为人民币国际化条件下跨境风险和危机的防控提供重要的制度建构的指引。

三、提防我国资本项目制度改革的认知陷阱

虽然人民币国际化所需资本项目管理制度与 IMF 倡导的流行模式有调和的空间，但毕竟二者存在重大差异。特别是，回望历史，就在 IMF 力推资本项目开放之时，我国却在践行 IMF 后来以流行模式为代表的对跨境资本流动实行必要管控的理念。而在 IMF 提倡的资本项目管理制度的流行模式出台，并为资本项目管控赋予正当性之时，人民币国际化又需要我国实行充分的资本项目开放。这一情景不免让人顿生我国资本项目管理制度设置与 IMF 的认知

---

1 韩龙：《IMF 对跨境资本流动管理制度的新认知与评析》，《环球法律评论》2018 年第 3 期。
2 参见韩龙：《人民币国际化重大法律问题之解决构想》，《法学》2016 年第 10 期。

相互脱节，甚至倒置之感。由于人民币国际化所需资本项目管理制度与 IMF 倡导的流行模式近年来互为倒置，因此，我国资本项目制度的改革应从人民币国际化的需要出发，而不宜照搬流行模式（当然也不宜照搬激进模式）。强调我国资本项目制度改革要走出一条不同于流行模式的道路，除上述根本原因外，还因为流行模式对我国资本项目改革具有相当大的诱导性。这其中既有历史原因，也有主观认识问题。

就历史原因而言，在 2009 年人民币国际化启动之前，我国资本项目制度改革和开放的历史轨迹，大体上暗合了流行模式及其发轫于渐进模式所倡导的资本项目开放的顺序。改革开放之初，为弥补建设资金的严重不足，我国在对其他资本项目乃至经常项目仍然实行严格管制的情况下[1]，率先开放并大力吸引 FDI。但另一方面，自改革开放以降，我国对其他资本项目的改革一直谨小慎微，担心资本项目过度、过快开放会导致国际资本对我国造成严重冲击。我国迄今的资本项目开放轨迹表现为：长期资本流动先于短期资本流动，资本流入先于资本流出，机构投资者先于个人投资者，直接投资先于证券投资，债券类投资先于股权类和衍生品类投资。[2] 这样的开放轨迹与流行模式倡导的开放顺序大致吻合，特别是我国采取的这种方式和实行的资本项目管制，成功地应对了 20 世纪末亚洲金融危机和 2008 年国际金融危机对我国的严重冲击，甚至受到了一些赞许。[3] 时过境迁，当我们推行人民币国际化，需要破解资本项目开放这一难题时，一些人士按照过往的经验惯性，将流行模式推及人民币国际化所需资本项目制度改革，这与以上历史背景具有密不可分的关系。

就主观认识而言，如果说在人民币国际化提出之前，我国参照流行模式进行资本项目的改革无可厚非，甚至切中肯綮的话，那么，在我国推行人民币国际化过程中仍然采用这种模式不免具有胶柱鼓瑟之嫌。这是因为流行模式有着自己的动因、出发点和适用对象。流行模式的出现，与近几十年来资本流动自由化所声称的益处未能被充分感知有关，也与频繁发生的金融危机的教训密不

---

1 我国到 1996 年才取消了经常项目的管制，实现了经常项目的可自由兑换。

2 巴曙松、郑子龙：《人民币资本项目开放新趋势》，《第一财经日报》2016 年 4 月 5 日。

3 See Kenji Aramaki, "Sequencing of Capital Account Liberalization--Japan's Experiences and Their Implications to China", *Public Policy Review*, Vol. 2, No. 1, 2006, p.178.

可分。国际资本流动自由的倡导者宣称，国际资本流动可以使各国，特别是发展中国家获得发展经济所欠缺的资本，促进其经济发展，而资本输出国也能够获得更大的投资回报，因而能够实现资本在全球的优化配置。此外，资本流动自由可以实现资产和负债在国际间的多元化，有助于分散和降低风险。但这些观念自提出以来，理论上争议不断，实践中亦未获得充分证实。[1] 与之形成对照的则是，近数十年来频发的金融危机则使人们深切地感知到国际资本动荡之苦。忽入忽出、忽停忽行、忽冷忽热的资本流动，使一些开放资本项目的国家难以招架，甚至付出了巨大代价。相反，实行资本项目管制或有限度地开放资本项目的国家则避开或降低了危机的危害。金融危机给开放资本项目的国家和管制资本项目的国家带来的反差，导致国际社会务实地思考资本项目应否开放以及如何开放的问题，流行模式遂得以逐步确立。可见，流行模式是在资本项目开放潜伏金融风险和危机的条件下，为使开放国收获资本项目开放的利益，并避免或降低国际资本流动的风险和危机而寻求趋利避害的产物。这一模式在检视对资本项目应采取的制度样态时，以国际社会普罗大众，特别是发展中国家为适用对象，并没有关注追求货币国际化国家的特殊需要。

　　然而，当下我国的资本项目制度改革是以实现人民币国际化为主要目标，而人民币国际化与一般资本项目开放在利益和风险上都存在巨大的差异。首先，就利益而言，人民币国际化所追求的利益远非一般资本项目开放可比。除一般资本项目开放能够带来的国际资本有效配置和资产及风险多元化之外，国际化货币还能够带来如下巨大利益：第一，解决发行国财政赤字、国际收支赤字的难题。国际化货币的发行国可通过在国际市场上发行本币债券解决部分或全部预算赤字和国际收支赤字问题，而不必依赖外币工具。[2] 第二，提升发行国的国际地位与对国际事务的决定权。重要的国际货币地位能够为发行国带来声望和权能。[3] 美元、英镑在其统治世界的不同时期都强化了美国和英国的国际霸权，即是证明。第三，获得铸币税的利益。铸币税是货币发行

---

1 Olivier Jeanne, Arvind Subramanian, John Williamson, "Who Needs to Open the Capital Account?", *Peterson Institute for International Economics*, April 2012, p.5.

2 BIS, Currency Internationalization: Lessons from the Global Financial Crisis and Prospects for the Future in Asia and the Pacific, No. 61, December 2011, pp.13–14.

3 Jeffrey A. Frankel, "Still the Lingua Franca: The Exaggerated Death of the Dollar", *Foreign Affairs*, Vol. 74, No. 4, July/August 1995, pp.7–8 .

国获得的印钞成本与他国取得该货币而需向发行国交付的财富价值的差额，同时发行国还可以借助通货膨胀冲销其对外偿债义务。此外，货币国际化还有助于发行国的企业降低交易成本、规避汇率风险、促进对外贸易与投资，并为金融机构带来商机和优势。[1] 人民币国际化也能够为我国带来以上巨大的利益。其次，就风险而言，人民币国际化及其需要的资本项目开放的确伴随着风险，因而需要加以防控，为此需要构建针对性的风险防控制度，但人民币国际化本身可以分散风险。以美元为例，由于约三分之二的美元在美国之外流通，美国借助美元的国际化可输出通胀、风险和危机，使美国的问题分摊于国际社会。

通过以上比较可知，与流行模式向资本项目开放国提供一般环境下趋利避害的方案不同，我国当下资本项目制度改革的动因和出发点应重在实现人民币国际化及其附属的重大利益。这一差异也导致二者实现利益的条件各不相同。一般的资本项目改革借鉴流行模式似显稳妥，但人民币国际化则需要资本项目充分、系统而协调的开放。诚然，我国资本项目制度改革所要考量的因素应不只有人民币国际化，且依据不同考量因素对我国资本项目制度改革进行设计会存在差异，但我国当下的资本项目制度改革无疑应首先顺应和服务于我国极端重要的人民币国际化的需要，故以上抛开了其他考量因素，仅从人民币国际化需要出发探索我国资本项目制度的改革之路是适当的。"天不变，道不变；天变，则道亦变"。在人民币国际化所需资本项目开放及其出发点和条件已经发生不同于一般资本项目开放的变化的情况下，我国资本项目开放的模式会注定不同于流行模式，相应地，需要我们转变对人民币国际化条件下资本项目制度改革的认知。唯其如此，我们才能准确地把握人民币国际化的需要，恰当地设计和推进资本项目制度的改革。相反，如果在已经变化的现实面前，我们的认知没有随着变化的目标和条件而发生与时俱进的改变，那么，就会出现以上胶柱鼓瑟的现象，其结果必将妨碍人民币的国际化。这是一些人士将流行模式推行适用于人民币国际化所需资本项目开放存在的主观认识问题。[2]

---

1 BIS, Currency Internationalization: Lessons from the Global Financial Crisis and Prospects for the Future in Asia and the Pacific, No. 61, December 2011, pp.4–5.

2 韩龙：《资本项目制度改革流行模式不适合人民币国际化》，《法商研究》2018 年第 1 期。

由于存在以上历史原因和主观认识的滞后，现实中盛行将流行模式作为人民币国际化所需资本项目制度改革方案的主张也就不足为奇。美国哲人威廉·詹姆斯指出："人的思想是万物之因。你播种一种观念，就收获一种行为。"[1] 如果我们不能实现认知上的突破，或者仍然陷入认知的陷阱之中，那么，我们就会坠入知艰行难的困局之中，在综合推行资本项目制度的开放上缺乏魄力，在具体行动上举步维艰，甚至在一些改革先行先试的区域也会蹒跚不前。这是我们近些年在推进资本项目制度改革上的真实写照。要打破我国资本项目制度改革和人民币国际化的僵局，当务之急也需要"播种一种观念"，进行认知革新，决不能陷入认知偏失的陷阱而不能自拔。

第四节　人民币国际化所需资本项目管理制度的建构

承上所述，改革我国资本项目制度，使之与人民币国际化的需要相匹配，是事关人民币国际化能否实现而急需解决的重大法律课题。而不以资本项目开放为当然目标的流行模式，并不能简单地类推适用于人民币国际化所需要的我国资本项目制度的改革，我国的这一制度改革需要走出一条不同于流行模式的路线。那么，我国该如何建构人民币国际化所需要的资本项目管理制度呢？以下在对我国资本项目管制状况进行梳理的基础上，提出我国资本项目制度改革的建议。

一、我国资本项目管制状况

对于我国存在一些资本项目管制，无论是我国，还是 IMF，并无异议。分歧主要在于：我国资本项目到底存在哪些管制以及多大程度上的管制？衡量的标准和依据不同，结论自然不同。以下以国际社会普遍采用的 IMF 的衡量框架进行审视。IMF 将资本项目交易及其管制分为 7 大类，即资本和货币市场工具交易、衍生品及其他工具交易、信贷工具交易、直接投资、直接投资清盘、房地产交易、个人资本交易，并将此 7 大类进一步分解为 11 大项和 40 个子项。资本交易管制既包括对内资本流入的管制，也包括对外资本流出的管制，相应

---

1 倪寿明：《播种一种观念 收获一种行为》，《人民司法》2011 年第 3 期。

地覆盖了资本的接受和支付，既适用于居民发起的跨境资本交易，也适用于非居民发起的交易。构成管制的措施涵盖禁止，事先的批准、授权和通知，双重或多重汇率，歧视性的税收，对交易或资金划转、外国居民在国内持有资产、本国居民在境外持有资产的存款准备金要求或实行惩罚性利率等。[1] 从环节来看，资本项目管制可分为对交易环节的管制和汇兑环节的管制。前者主要通过管理部门对被管理者进行资格审批、授权来实现，只有获得资格和授权的机构和个人才能从事跨境资本流动和交易。后者包括了购汇限制、对外汇资金来源的审核和对偿还外债的限制等。

（一）资本和货币市场工具的管制考察

资本和货币市场工具是 IMF 资本项目交易分类中的第一大类，指的是在一级市场公开或私募发行金融工具或在二级市场进行交易，包括资本市场证券交易、货币市场工具交易、集体投资类证券交易三大项。其中的每一大项都从非居民在境内购买、销售或发行与居民在境外购买、销售或发行的两类主体四个方面进行编排。

1. 资本市场证券

（1）非居民。

非居民买卖我国境内证券中的股票、参股性质的证券的主要渠道有：①外国人。经证监会批准的 2014 年 10 月施行的《中国证券登记结算有限责任公司证券账户管理规则》第 1 条第 4 款（境内投资者开户资格）规定，获得中国永久居留资格的外国人可以申请开立 A 股和 B 股账户，而第 1 条第 5 款（境外投资者开户资格）将外国自然人和外国机构开户的权利限定于 B 股。可见，非居民可以买卖我国 B 股，获得中国永久居留资格的外国人可以买卖 A 股和 B 股，但未获得中国永久居留资格的外国人不能买卖 A 股。②境外战略投资者。2006 年实施的《外国投资者对上市公司战略投资管理办法》，境外战略投资者也可以以协议转让、上市公司定向发行新股方式以及国家法律法规规定的其他方式取得上市公司 A 股股份，首次投资完成后取得的股份比例不低于该公司已发行股份的 10%，三年内不得转让。③合格境外机构投资者（简称 QFII）、人民币合格境外机构投资者（RQFII）。这是目前非居民参

---

1 IMF, Annual Report on Exchange Arrangements and Exchange Restrictions 2013, October, 2013, p.73.

与我国资本和货币市场工具交易的主渠道之一但要由证监会审批准入资格。根据 2012 年《合格境外机构投资者境内证券投资管理办法》和 2013 年实施的《关于实施〈人民币合格境外机构投资者境内证券投资试点办法〉的规定》，QFII、RQFII 可投资证券交易所交易或转让的股票、债券和权证，在银行间债券市场交易的固定收益产品，证券投资基金，股指期货以及证监会允许的其他金融工具，可以参与新股发行、可转换债券发行、股票增发和配股的申购。但这些机构投资者要遵守任一机构对单个上市公司的持股比例不得超过该公司股份总数 10%，所有机构对单个上市公司 A 股的持股比例总和不超过该上市公司 A 股总数 30% 的限制。此外，我国对这些机构投资者的锁定期进行了限定。④沪港通和深港通中的沪股通和深股通（以下简称"沪（深）股通"）。沪港通和深港通是内地的上海、深圳与香港建立起来的股票市场交易互联互通机制的简称[1]，上海证券交易所或深圳证券交易所与香港联合交易所建立技术连接，使内地和香港投资者可以通过当地证券公司或经纪商买卖规定范围内的对方交易所上市的股票。沪（深）股通是投资者委托香港经纪商，通过香港联交所设立的证券交易服务公司，向上交所或深交所进行申报，投资买卖规定范围内的上交所或深交所上市股票。所适用的规则主要有：《沪港通项目下中国证监会与香港证监会加强监管执法合作备忘录》《中国证监会、香港证监会监管执法合作备忘录》《上海证券交易所沪港通试点办法》《深圳证券交易所深港通业务实施办法》等。⑤沪伦通。沪伦通是指上海证券交易所与伦敦证券交易所互联互通的机制。符合条件的两地上市公司，可以发行存托凭证（DR）并在对方市场上市交易。2018 年 10 月 12 日，中国证监会正式发布《关于上海证券交易所与伦敦证券交易所互联互通存托凭证业务的监管规定（试行）》。2019 年 6 月 17 日，沪伦通正式通航，为在英国的投资者投资我国内地股票提供了通道。

非居民买卖我国境内的债券和其他债务证券的主要渠道有：① QFII、RQFII。二者可以投资债券、权证、银行间债市固定收益产品、基金、股指期货，可参与可转换债券发行等。②境外央行、国际金融组织、主权财富基金。2010 年出台的《关于境外人民币清算行等三类机构运用人民币投资银行间债

---

1 沪港通的股票交易于 2014 年 11 月 17 日开始。深港通的股票交易于 2016 年 12 月 5 日启动。

券市场试点有关事宜的通知》，允许境外中央银行或货币当局、港澳地区人民币清算行、境外人民币结算行投资境内银行间债券市场。2015 年 7 月，《中国人民银行关于境外央行、国际金融组织、主权财富基金运用人民币投资银行间市场有关事宜的通知》允许境外央行、国际金融组织、主权财富基金，经备案开展债券现券、债券回购、债券借贷、债券远期以及利率互换等交易，并可自主决定投资规模。③自贸区内的金融机构和企业。以上海自贸区为例，根据 2013 年中国人民银行出台《关于金融支持中国（上海）自由贸易试验区建设的意见》（"30 条"），上海自贸区内的金融机构和企业可按规定进入上海地区的证券和期货交易场所进行投资和交易。2015 年中国人民银行等发布的《〈进一步推进中国（上海）自由贸易试验区金融开放创新试点加快上海国际金融中心建设方案〉的通知》（"40 条"），支持上海证券交易所在自贸试验区设立国际金融资产交易平台，有序引入境外长期资金逐步参与境内股票、债券、基金等市场，从而为非居民参与我国资本和货币市场工具交易提供了新平台。

对于非居民销售或发行证券，先说股票，非居民在我国发行或销售股票是否存在法律障碍，存在争议。有论者认为，依照我国《证券法》第 2 条第 1 款与《公司法》第 2 条的规定，[1]在我国境内发行证券并上市的公司，必须是依我国《公司法》在我国境内设立的股份有限公司，外国公司的设立地不在我国，因而不能在我国境内发行和上市证券。[2]但对以上两项规定的内容及彼此关系的法理分析可知，我国《证券法》并没有将该法涵盖的证券限定在设立于中国的公司的这一发行主体。法律虽对外国发行人在我国境内发行、上市股票没有设禁，但我国不受理外国发行人发行申请，不允许其发行 A 股和 B 股，是众所周知的事实。这一现象当属我国对外国发行人在我国发行股票的事实上的禁止。再说债券，我国虽允许国际开发机构在满足信用评级的要求下在我国境内发行人民币债券即熊猫债券，但是，如上所述，我国事实上不允许境外其他机

---

[1]《证券法》第 2 条第 1 款规定："在中华人民共和国境内，股票、公司债券、存托凭证和国务院依法认定的其他证券的发行和交易，适用本法；本法未规定的，适用《中华人民共和国公司法》和其他法律、行政法规的规定。"《公司法》第 2 条规定："本法所称公司是指依照本法在中国境内设立的有限责任公司和股份有限公司。"

[2] 陆文山、项剑、秦芳华：《红筹公司回归境内直接发行股票法律制度可行》，《证券法制视点》2007 年第 2 期。

构包括公司、企业在我国境内发行债券。不过，实践中已有戴姆勒经中国人民银行批准于 2014 年 3 月在我国银行间债券市场发债等特例。

（2）居民。

对于我国居民投资境外证券，2008 年修订《外汇管理条例》第 17 条规定："境内机构、境内个人向境外直接投资或者从事境外有价证券、衍生产品发行、交易，应当按照国务院外汇管理部门的规定办理登记。国家规定需要事先经有关主管部门批准或者备案的，应当在外汇登记前办理批准或者备案手续。"这项规定的后一句为我国居民发行和交易境外证券及衍生品设置了批准和备案的要求。就我国居民个人投资者投资交易境外证券而言，目前《个人外汇管理办法》规定的单人年度 5 万美元的购汇额度，通常并不能满足境外证券投资的需要，而主管部门对境外证券投资的不批准事实上阻断居民对外投资证券的通道。从目前来看，我国居民投资买卖境外证券的主要渠道有：①合格境内机构投资者（QDII）。QDII 是当下我国法律允许我国居民投资境外证券的主渠道。QDII 在我国有银行类、证券类和保险类之分，不同类别的 QDII 适用的规则各不相同。证券公司 QDII 集合计划、基金公司 QDII，适用证监会发布的《合格境内机构投资者境外证券投资管理试行办法》等规定，受证监会监管。商业银行、信托公司 QDII 适用银监会发布的《商业银行开办代客境外理财业务管理暂行办法》《信托公司受托境外理财业务管理暂行办法》等规定，受银监会监管。保险公司 QDII 适用原保监会发布的《保险资金境外投资管理暂行办法》等规定，受银保监会监管。各类 QDII，依据前述监管规定，可在各自外汇额度和监管限制内买卖境外证券。②保险公司。2007 年施行的《保险资金境外投资管理暂行办法》规定，我国保险公司可投资境外货币市场产品、固定收益类产品、权益类产品以及我国《保险法》和国务院规定的其他投资形式或者投资品种，但境外投资数额不能超过上年末公司总资产的15%。可见，我国的保险公司亦可投资境外证券。③沪港通和深港通中的港股通。根据沪（深）港通安排，内地投资者可通过内地券商买卖在香港联合交易所上市的特定股票。

就居民在境外发行证券而言，前述《外汇管理条例》规定了我国居民办理境外证券发行的外汇登记前须办理所需审批或备案的前置程序。那么，我国对境外发行证券规定了怎样的审批或备案要求呢？先说股票，我国居民境外发行股票，目前主要有直接上市和红筹模式。[1] 对于前者，2013 年 1 月施行的《关于股份有限公司境外发行股票和上市申报文件及审核程序的监管指引》规定，在我国设立的公司在境外发行和上市股票须向我国证监会申请。待核准后，申请人可正式向境外证券监管机构或交易所提交发行上市正式申请。对于后者，我国对返程收购和外汇环节都存在限制。商务部 2009 年 6 月出台的《关于外国投资者并购境内企业的规定》对返程收购规定了审批要求。在外汇环节，《关于境内居民通过特殊目的公司境外投融资及返程投资外汇管理有关问题的通知》（"37 号文"）要求境内居民在向特殊目的公司出资前和通过返程投资在境内设立外商投资企业时办理外汇登记。再说债券，我国居民境外发行债券分为人民币债券和外币债券。对于前者，国家发展和改革委员会 2012 年 5 月出台的《关于境内非金融机构赴香港特别行政区发行人民币债券有关事项的通知》规定，内地企业在香港等地发行人民币债券须报国家发改委审核。对于后者，国家发改委 2015 年 9 月出台的《关于推进企业发行外债备案登记制管理改革的通知》虽然取消之前的审批制，改为事先登记备案制，但当外债总规模超出国家发改委公布的限额时，国家发改委不再受理备案登记申请，亦即企业不能再对外发债。此外，外债的借入及还本付息须纳入我国的外债管理体系，办理外债登记手续。

2. 货币市场工具与集体投资类证券

在货币市场工具项下，就非居民而言，我国规定 QFII、RQFII 可以最小的锁定期在银行间债券市场交易固定收益产品，但不能直接参与银行间外汇市场的交易。非居民不得在境内发行货币市场工具。就居民而言，银行类、证券类、保险类 QDII，根据前述管理规定，可以买卖允许的境外货币市场工具，但须受外汇配额和监管的限制。我国居民经国家外汇管理局批准后，可以在境外发行货币市场工具，如期限低于一年的债券和商业票据。

在集体投资类证券项下，就非居民而言，如前所述，QFII、RQFII 可投资于国内封闭式和开放式基金，但我国不允许非居民在境内发行集体投资类证券。值得注意的是，根据 2015 年 11 月中国人民银行和外汇管理局发布的《内

---

[1] 红筹模式是指境内企业实际控制人在离岸中心设立空壳公司，再通过返程收购或 VIE 协议控制境内公司，将境内权益注入境外的上市主体的模式。

地与香港证券投资基金跨境发行销售资金管理操作指引》，内地对香港证券投资基金在内地发行集体投资类证券有限制地放行。[1] 就居民而言，各类 QDII 一般都可购买海外的集体投资证券，须受各自外汇配额和监管的限制。经国家外汇管理局批准，我国居民还可发行境外集体投资证券。

（二）衍生品与其他工具交易的管制考察

衍生品及其他工具交易主要包括常见的金融远期、期货、期权和互换，此外，还包括权证、其他金融债权（包括主权贷款、抵押贷款、商业信贷、流通票据）的二级市场业务等。对于非居民参与境内衍生品交易，根据证监会于 2011 年发布的《合格境外机构投资者参与股指期货交易指引》，QFII 可参与我国国内的股指期货交易，但只能从事套期保值交易，不得利用股指期货在境外发行衍生品。对于 RQFII，2013 年发布的《关于实施〈人民币合格境外机构投资者境内证券投资试点办法〉的规定》，RQFII 也可投资国内的股指期货交易，但该规定并没有将该交易限定在套期保值的范围内。同时，中国银监会 2011 年修订的《金融机构衍生产品交易业务管理暂行办法》规定，经中国银监会批准，外资银行和外国银行在华分行可开办金融衍生品业务。此外，前述"30 条"规定，上海自贸区区内的金融机构和企业可按规定进入上海地区的证券和期货交易场所进行投资和交易。这一规定为设在上海自贸区的境外金融机构和企业交易上海地区的衍生品与其他工具提供了通道，但须等待有关规定的出台。

对于我国居民参与境外衍生品交易，我国的规定散见于银监会、证监会、保监会出台的有关 QDII 的前述规定以及其他规定之中。这些规定在调整 QDII 参与境外金融衍生品交易方面有着两大共同特征：第一，无论是银行类 QDII，还是证券类、保险类 QDII，根据上述规定，均可在境外从事允许的金融衍生品交易。第二，各类 QDII 投资金融衍生品均应限于投资组合避险或有效管理，而不得用于投机或放大交易，亦不得投资商品类衍生品。值得注意的是，2013 年证监会在公布的《合格境内机构投资者境外证券投资管理试行办法》修订草案中拟调整 QDII 投资金融衍生品，将证券类 QDII 原来只能投资于证监会

---

[1] 该指引明确了基金互认额度管理规则，内地和香港两地基金互认实行总额度控制，初期投资额度按进出各等值 3000 亿元人民币掌握，每只基金客地发行规模不得超过该基金总资产的 50%，国家外汇管理局通过互认基金的登记控制总额度的使用情况。

认可的境外交易所上市交易的产品，修改为"与证监会签署监管合作备忘录（MOU）的国家或地区的交易所"，以解决因与证监会签署 MOU 的国家或地区不断增加，而证监会认可的交易所清单却难以同步修改而对 QDII 投资造成的限制。在 QDII 之外，国资委 2011 年出台的《中央企业境外国有资产监督管理暂行办法》规定，央企经向国资委备案或批准，可从事境外金融衍生业务，但须严守套期保值原则，禁止投机行为。此外，前述"30 条"允许符合条件的自贸区区内企业按规定开展境外证券和衍生品投资。由于区内企业包括我国居民在自贸区设立的企业，因此，上述规定为我国居民借助自贸区买卖境外衍生品提供了通道。同时，"30 条"还规定，试验区分账核算单元基于自身风险管理需要可按规定参与国际金融市场衍生工具交易。分账核算单元是上海地区的金融机构在试验区设立的为区内主体开立自由贸易账户并提供金融服务的独立系统，但这类机构交易境外衍生品亦须满足风险管理的要求。

（三）信贷工具的管制考察

信贷工具包括三大项：商业信贷，金融信贷，对外担保、保证和备用融资便利。其中，商业信贷与金融信贷的区别在于：前者是与国际贸易交易或国际服务提供具有直接联系的信贷业务，而后者是商业信贷之外在居民与非居民之间发生的信贷。通观我国《外汇管理条例》《外债管理暂行办法》，其所称的商业贷款或商业信贷实际上包括了 IMF 列举的以上商业信贷和金融信贷两大项。综合我国的相关规定以及 IMF 的评估来看，我国对商业信贷虽管制较轻，但也有管理，如对超过 90 天的进口预付款、出口延迟收款、进口延迟付款，要求在外汇管理机关办理注册登记等。

相比而言，我国对金融信贷限制较多。对居民向非居民提供的金融信贷，根据 2014 年国家外汇管理局发布的《跨国公司外汇资金集中运营管理规定》，跨国公司在我国设立的公司经外汇管理机关批准，可以直接向其海外关联公司提供贷款，也可以通过国内银行贷款给境外关联企业。对于上述之外的情形，2008 年修订的《外汇管理条例》第 20 条规定，银行业金融机构在经批准的经营范围内可以直接向境外提供商业贷款。其他境内机构向境外提供商业贷款，应当向外汇管理机关提出申请。向境外提供商业贷款，应当按照国务院外汇管理部门的规定办理登记。对于非居民向居民提供的商业信贷即我国居民对外借贷，根据《境内机构借用国际商业贷款管理办法》，对外借用国际商业贷款的境内机构限于：经批准经营外汇借款业务的中资金融机构与经批准的非金融企业法人。根据 2003 年施行的《外债管理暂行办法》，中资机构举借短期国际商业贷款由国家外汇管理局实行余额核定和管理；境内中资企业等机构举借中长期国际商业贷款，须经国家发改委批准。外商投资企业如果在"投注差"，即外商投资企业借用的短期外债余额、中长期外债发生额及境外机构保证项下的履约余额之和不超过其投资总额与注册资本的差额的范围内，可自行举借外债，无须批准，但这类企业的借款超出其投注差时，则需外资企业设立的审批部门审批。同时，我国将非居民向居民提供信贷纳入了外债管理体系，所有的对外借贷须在外汇管理机关登记。

在对外担保、保证和备用融资便利的管制方面，2014 年 6 月实施的《跨境担保外汇管理规定》将跨境担保分为内保外贷、外保内贷和其他形式跨境担保。内保外贷是指担保人注册地在境内，债务人和债权人注册地均在境外的跨境担保。外保内贷是指担保人注册地在境外，债务人和债权人注册地均在境内的跨境担保。其他形式跨境担保是指除前述担保之外的其他跨境担保情形。外汇局对内保外贷和外保内贷实行登记管理。境内机构提供或接受其他形式跨境担保，应符合相关外汇管理规定。此外，担保人与债权人之间因提供抵押、质押等物权担保而产生的跨境收支和交易事项，应遵守已存在的限制或程序性外汇管理规定。

（四）直接投资的管制考察

IMF《汇兑安排与汇兑限制年报》中的直接投资是外国人在国内，本国人在国外为建立持久的经济关系而进行的投资，实质目的是为了生产货物或服务，特别是为了参与企业的经营管理。直接投资包括建立或扩大独资企业、子公司、分公司，收购新企业或已有企业的全部或部分所有权并导致对企业经营发生有效影响的投资。[1]

对于非居民即外商对内直接投资，2019 年 3 月全国人大通过的《外商投资法》第 28 条规定："外商投资准入负面清单规定禁止投资的领域，外国投资者不得投资。外商投资准入负面清单规定限制投资的领域，外国投资者进行投资应当符合负面清单规定的条件。外商投资准入负面清单以外的领域，按照内

1　IMF, Annual Report on Exchange Arrangements and Exchange Restrictions 2013, October 2013, p.74.

外资一致的原则实施管理。"由此我国正式在法律这一层面上确立了对外商直接投资实行准入前国民待遇加负面清单的模式。《外商投资法》通过后，发改委和商务部基本上每年发布和更新《外商投资准入特别管理措施（负面清单）》，在此之外还发布适用于自由贸易试验区的《自由贸易试验区外商投资准入特别管理措施（负面清单）》，2020 年开始发布专门适用于海南自由贸易港的《海南自由贸易港外商投资准入特别管理措施（负面清单）》。三张负面清单对禁止或限制外资准入条目的规定存在差异。总体来说，海南自由贸易港负面清单禁止或限制的条目最少，自由贸易试验区负面清单次之，适用于全国其他地方的负面清单最长。

对于我国企业对外直接投资，2014 年 10 月施行的《境外投资管理办法》规定，商务部和省级商务主管部门按照企业境外投资的不同情形，分别实行备案和核准管理。企业境外投资涉及敏感国家和地区、敏感行业的，实行核准管理；其他情形的境外投资，实行备案管理。所谓敏感国家是指与我国未建交的国家、受联合国制裁的国家。所谓敏感行业是指涉及出口我国限制出口的产品和技术的行业、影响一国（地区）以上利益的行业。商务部和省级商务主管部门依法办理备案和核准，向获得备案或核准的企业颁发《企业境外投资证书》。对于对外直接投资的出资及汇兑，按照 2009 年出台的《境内机构境外直接投资外汇管理规定》，境内机构可使用自有外汇资金、符合规定的国内外汇贷款、人民币购汇或实物、无形资产及经核准的其他外汇资产来源进行境外直接投资。外汇管理机关对境内机构境外直接投资及其形成的资产、相关权益实行外汇登记及备案制度，对境外直接投资核实无误的，向境内机构颁发境外直接投资外汇登记证。境内机构凭境外直接投资主管部门的核准文件和境外直接投资外汇登记证，在外汇指定银行办理境外直接投资资金汇出手续。

（五）直接投资清盘的管制考察

直接投资清盘是指外国直接投资的本金，包括初始资本和资本收益的转移。根据我国外资法的规定，外商投资企业在我国的清盘或清算，可分为经营期限届满清盘和其他情况下的提前清盘。[1] 但无论是经营期限届满清盘，还是

---

[1] 这些情形有：经营不善，严重亏损，外国投资者决定解散；因自然灾害、战争等不可抗力而遭受严重损失，无法继续经营；破产；违反中国法律、法规，危害社会公共利益被依法撤销；外资企业章程规定的其他解散事由已经出现。

提前清盘，都需要按照法律规定的程序组织清算。清算后外国投资者分得的清算结业资金可以兑换成外汇，汇出境外，但需要外汇管理机关核准，出具资本项目业务核准件，外国投资者或外商投资企业持该核准件到外汇指定银行办理清算结业资金汇出事宜。

（六）不动产交易的管制考察

对于非居民在我国境内购买不动产，2006 年施行的《关于规范房地产市场外资准入和管理的意见》规定，非居民境内购买不动产需满足实际需要和自用原则，非居民可以到经营外币业务的银行直接将外汇换成人民币支付给不动产的卖方。对于非居民出售境内不动产而获得的收益，经在外汇管理部门登记，可兑换成外汇，汇到境外。对于我国居民个人境外投资不动产，我国缺乏直接的规定，但《个人外汇管理办法》规定的单人年度 5 万美元的购汇额度，实际上限制了居民个人对境外不动产的投资。对于境内机构在境外购买不动产，我国适用对外直接投资的规定，即视投资国家及行业情况实行核准或备案管理和投资资金来源多元的外汇登记及汇出制度。另外，根据《保险资金境外投资管理暂行办法》的规定，保险公司可运用不超过公司总资产 10% 的资金投资境内外不动产。

（七）个人资本交易的管制考察

个人资本交易包括个人跨境贷款，捐赠、遗赠和遗产继承，资产转移等。对于个人跨境贷款，包括我国居民个人向境外非居民提供的贷款，也包括境外非居民向我国居民个人提供的贷款，我国原则上实行管制。不过，中国人民银行 2013 年出台的前述"30 条"规定，自贸区内个体工商户可根据业务需要向其在境外主体提供跨境贷款。这虽然属于个人跨境贷款的类属，但实质上是同一主体的境内外不同机构之间资金调剂。

对于捐赠、遗赠和遗产继承，2007 年施行的《个人外汇管理办法实施细则》规定，我国居民接受非居民捐赠、遗赠和遗产每年不超过 5 万美元的，可凭个人有效身份证件直接在银行办理。超过这个数额则需要个人身份、相关证明及支付凭证办理。对于我国居民向境外非居民提供捐赠、遗赠和遗产，上述《细则》规定居民凭有效个人身份证明可以在银行购买外汇援助和帮助海外的直系亲属，一年最高 5 万美元。超过这一年度限额的，则需凭本人有效身份证件和有交易额的相关证明材料在银行办理。

对于资产转移，2004 年中国人民银行发布的《个人财产对外转移售付汇管理暂行办法》允许个人进行移民财产转移和继承财产转移，但规定了相关的条件、程序和限制。2014 年 1 月国家外汇管理局发布的《进一步改进和调整资本项目外汇管理政策的通知》对上述《办法》进行了修改：取消财产转移总金额超过等值人民币 50 万元报国家外汇管理局备案的要求；取消移民财产转移分次汇出的要求，银行可在移民原户籍所在地外汇管理机关办理移民财产转移核准件审批额度内一次或分次汇出相关资金；继承人从不同被继承人处继承财产，可选择其中一个被继承人生前户籍所在地外汇管理机关合并提交申请材料，经核准后可在银行一次或分次汇出相关资金，不必分别申请、分别汇出；取消对有关财产权利文件以及委托代理协议、代理人身份证明进行公证的要求。这些修改简化和便利了移民财产转移和继承财产转移。

（八）对我国资本项目管制的类型分析

从以上对 IMF 列举的 7 大类 11 大项资本交易管制的考察可以看出，我国对资本项目还存在众多的限制，常见的类型主要有：第一，对资本项目交易的直接禁止或限制性开放。前者如我国对境外公司、企业在我国资本市场发行股票、债券等的事实禁止。后者是指我国虽然在相关项目上为跨境资本交易和资本流动提供了通道，但同时又规定了限制。如 QFII、RQFII、QDII 虽是当下跨境资本进出我国金融市场的主渠道，但其实质上仍属资本管制或管制下的开放。第二，对资本交易规定申请、审批等要求，使得资本项目开放存在不确定性、变数，甚至沦为变相性的禁止。例如，对于返程收购[1]，2006 年出台的《关于外国投资者并购境内企业的规定》第 11 条规定："境内公司、企业或自然人以其在境外合法设立或控制的公司名义并购与其有关联关系的境内的公司，应报商务部审批。"但《规定》出台后并无企业能够通过审批，这一看似审批即可放行的规定事实上构成对返程投资的禁止。第三，开放性规定不落实导致资本项目开放悬空。例如，前述"30 条"规定，上海自贸区区内的金融机构和企业可按规定进入上海地区的证券和期货交易场所进行投资和交易。这一规定就为设在上海自贸区的境外金融机构和企业交易上海地区的衍生品与其他工具

---

[1] 返程投资是境内居民直接或间接通过特殊目的公司对境内开展的直接投资活动，即通过新设、并购等方式在境内设立外商投资企业或项目，并取得所有权、控制权、经营管理权等权益的行为。

提供了通道，但因受到尚不明确的规定的限制而导致通道受堵。[1]第四，缺乏法制保障，使有关开放沦为不可复制的孤例。如前所述，我国尚不允许境外公司、企业在我国境内发行债券，但戴姆勒 2014 年 3 月经中国人民银行批准在我国银行间债券市场发行债券。戴姆勒发债事例不仅没有对外释放出我国放行外国公司、企业在境内发债的信号，而且会引发人民币国际化要不要法治的质疑，即外国公司、企业在中国发债是基于主管机关的批准，还是法律的规定，戴姆勒之外的公司能不能在中国发债。而人民币国际化需要的资本项目开放是在法治轨道上运行的开放，是具有强有力的法治保障和高度透明的开放。

二、人民币国际化所需资本项目开放之建议

前已述及，没有资本项目的充分开放，人民币就无法实现国际化。我国对一些资本项目交易的禁止、限制以及造成的梗阻，与人民币国际化所需充分的资本项目开放不相适应，因此，唯有改革我国现有资本项目管理制度，才能使境外需要的人民币不仅通过经常项目，而且也能通过资本项目流出去，也才能让境外的人民币在需要去处时能够通过资本项目流进来。唯有通道畅通，人民币才有可能在同其他货币国际化的竞争中取得成功。但问题是我国该如何实现资本项目开放。出于人民币国际化需要的资本项目管理制度改革，需要根据资本项目与人民币国际化的干系来审视，因而解决人民币国际化所需要的资本项目开放的答案会与其他境况下资本项目开放的安排有所不同。鉴于人民币国际化不仅需要人民币自由兑换和使用，而且需要降低人民币交易的成本，因此，我们认为除了极少数确需维持管制或限制的资本项目之外，其他的资本项目应当一概放开。接下来的问题是哪些项目应当开放，哪些确需维持管制或限制，该放开的项目又该如何开放，对此以下将进行探讨。需要说明的是，下文探讨侧重资本项目交易环节的开放问题，对于兑换环节，只要交易环节开放的资本项目，兑换环节除了为满足对外负债、国际收支平衡的统计和管理所需必要的登记之外，不应再进行限制。

---

1 韩龙：《试验区能为人民币国际化提供资本项目开放的有效试验吗?》，《上海财经大学学报》2014 年第 4 期。

（一）资本项目开放：基于资本项目交易分类的考虑

基于资本项目交易的分类研判人民币国际化所需要的资本项目开放，就是要根据不同资本项目交易类别对人民币国际化所需要的跨境资本流动影响的大小来确定资本项目开放的重点，那些对跨境人民币流动影响大的项目尤其应当实行充分的开放，否则，避重就轻的开放难以解决人民币国际化的需要。依此，我们需要对资本项目类别之于人民币国际化的干系进行分类审视：

1.资本和货币市场工具交易、信贷工具交易

货币国际化需要货币发行国建立发达的金融市场并实行对外开放。[1]与资本项目开放相连接的资本交易都是借助金融市场完成的。其中，资本和货币市场工具交易、信贷工具交易作为资本项目以及金融市场的基本和主要的交易，对于人民币国际化及其需要的跨境人民币流动干系重大，故应当充分开放。就资本和货币市场工具交易类别项下的资本市场证券、货币市场工具与集体投资类证券而言，我国不仅应当允许非居民参与这些金融产品的交易，而且应当允许其发售这些产品，以利于人民币跨境流通和跨境使用。为此，我们应当废除现有的限制性规则，同时加强发行人资质制度、信息披露制度、投资者保护制度、信用评级制度和金融监管制度，以保障我国金融市场的安全稳健。对于我国居民到境外发行和交易资本市场证券、货币市场工具与集体投资类证券，由于境外金融市场所在国都有相应的金融法律制度，且国际社会盛行的通例是金融工具的发行和交易适用市场所在地国家的法律，因此，只要我国居民能够满足境外市场所在国的法律要求，我国除了进行必要的外债登记和统计之外，没有必要进行效果不彰的限制。美国不对其居民从事境外资本项目交易进行限制，究其原因，概莫如此。

再就信贷工具类别项下的商业信贷、金融信贷来说，无论是我国居民对境外非居民提供的信贷，还是境外非居民对我国居民提供的信贷，对于推进人民币跨境流通，特别是开发人民币的金融交易计价和支付功能十分重要，因此，我国现有的对这类信贷的限制亦应取消。对于取消这些限制可能滋生的问题和风险，如我国居民对外负债规模和结构失衡、币种错配、大规模的资金出逃等问题，需要借助人民币国际化条件下的金融风险防控制度以及完善信贷开放所

---

[1] 韩龙：《实现人民币国际化的法律障碍透视》，《苏州大学学报（哲学社会科学版）》2015年第4期。

涉具体制度进行应对。至于信贷工具类别项下的对外担保，2014年6月实施的《跨境担保外汇管理规定》改审批为登记管理，实质性的管制已经淡化，基本上能够满足人民币国际化条件下跨境担保的需要，可以维持不变。

2. 衍生品及其他工具交易

金融衍生品的重要特征有二：风险对冲不可或缺与投机性强。伴随人民币国际化所需要的金融市场的发展和资本项目的开放，金融市场各类主体面临的金融风险增多，客观上需要金融市场能够提供对冲这些风险的衍生品。缺乏这样的产品或其品种欠缺，都会导致国际市场主体对人民币交易望而却步。因此，金融衍生市场是人民币国际化所需要的金融市场的重要组成部分。发展这一市场需要重点解决两大问题：金融衍生品的开发与交易。前者旨在为市场提供可资使用的足够丰富的金融衍生品，后者旨在使市场主体能够借助交易进行套期保值和发现价格。对于开发，我们虽然宜维持对非居民在我国境内发行金融衍生品的禁止性规则，以防范金融衍生品内含的巨大风险，但应允许符合资质的境内市场主体开发和提供衍生品。为此，我们需要修订规则，并合理地厘定衍生品发行机构的资质，规定衍生品推出的路线图，简化和缩短核准的程序。对于交易，我们也应当修改规则，取消对境外主体交易境内衍生品的限制，使境内外主体都能够顺畅地进行境内衍生品交易，以对冲风险。至于我国居民在境外发行和交易金融衍生品的问题，我国若对其进行限制的话，充其量只能借助交易资金的兑换或汇出等措施，但在人民币充分国际化条件下我国居民可以通过在境外筹措人民币或外币资金加以规避，况且境外各国有自己衍生交易的规则，因此，我国对居民在境外发行和交易衍生品的限制既无必要，也无效果，应取消。

套期保值者进行风险对冲，需要有足够的投机者与之交易或接盘，否则，套期保值就难以实现，或因流动性缺乏导致对冲成本高昂。因此，金融衍生市场需要有足够的投机者和投机交易，或者说这一市场是在充分的投机润滑中发挥套期保值及价格发现的功能的。易言之，风险对冲与投机交易是金融衍生市场二位一体的综合体。鉴于金融衍生市场的这一特殊性，法律不应对这一市场的投机者及其投机交易进行过多的干预和限制。这不是说金融衍生品交易本身的风险管理制度，如保证金和追加保证金规则、禁止市场操纵和内幕交易等规则，就不再需要。恰恰相反，管理这种交易内含的巨大风险，仍然需要这些规则。但是，法律不能因为这一市场的投机性及其造成的正常波动、震荡就进行限制和干预，否则，市场主体就难以有效地通过衍生品交易规避风险和发现价格。

3.直接投资及其对应的直接投资清盘

在 IMF 推荐的"先直接，再间接"的资本项目开放顺序中，直接投资及其对应的直接投资清盘是优先开放、优先放开管制的项目。但优先开放并不等于全部开放。事实上，直接投资虽需经金融市场进出或转换，但其与多数资本项目交易不同，深度地触及实体经济的众多产业，并不局限于金融市场这一范围，且投资者伴随投资通常对投资企业行使控制，因此，对资本项目项下这类交易开放的考量，不同于范围及深度仅限于金融市场的那些资本项目交易。换言之，以人民币进行的、有助于推动人民币国际化的对内、对外直接投资虽以金融市场为通道，但最终目的是进入相关产业并开展经营。在全球经济一体化的当今，各国虽然通常对外资实行开放政策，但对于敏感行业则限制或禁止外资准入。以宣称对外资最为开放的美、英为例，前已述及，美国对资本项目的少量管制主要集中在直接投资的类属中。英国也不例外。非居民在英国投资的航线须是欧盟国家和／或其国民多数控股并有效控制的航线。英国还禁止非居民投资电视、广播等传媒，禁止非居民取得英国为船旗国的船舶等。[1] 作为独具制度和意识形态特色的社会主义国家，我国无疑也具有自己的利益关切。因此，我国在对外商直接投资实行充分开放的同时，需要借助负面清单以及对外资的国家安全审查制度对需要禁止和限制外资的准入行业和领域进行控制。至于哪些行业和领域需要禁止或限制外资准入，应当在全面摸底和评估后作出规定，但范围不宜过大。对于已准入的外资企业的清盘，我国应当适用对企业终止的法律规定，并提高清盘的效率。

再就我国居民对外直接投资及其清盘而言，我国应取消对我国投资者投资所谓敏感国家的审批限制，而应在充分的风险提示下，交由投资者和市场自行评估和判断决定。而对于敏感行业的投资限制，如果我国投资者以我国限制出口的产品和技术作为出资或在境外投资生产我国限制出口的产品和技术，我国应继续实行核准制度，但应制定专项法律加以明确。至于我国居民对外直接投

---

1 OECD, OECD Code of Liberalization of Capital Movements, 2013, p.130.

资的清盘，属于境外投资东道国法律辖制的范围，我国投资者应遵循之。

4. 不动产交易

与直接投资类似，不动产交易也超出了金融市场交易的范围，而触及实体经济。因此，对于非居民能否投资不动产，需要一国根据本国国情加以确定。在实践中，一些国家对非居民投资、购买不动产实行禁止或限制。如英国规定，除非经过批准或投资者成立或投资于土地拥有公司，欧盟以外的国民和来自非欧盟国家的企业不得在奥尔得尼岛（Alderney）购置不动产；非居民不得在萨克岛（Sark）拥有房屋；除非满足经济和社会需求测试，或者不动产通过购买资产控股公司的股份而获得，非居民不得在泽西岛（Jersey）购买不动产。[1]我国人口众多，土地资源稀缺，且房地产价格事关民生，因此，我国维持非居民购买房地产须满足实际需要和自用的规定仍然必要，不宜改变。另外，我国居民境外投资、购买不动产，能够带动人民币流到境外，增加境外人民币的存量，同时弥补我国土地资源的不足，因此，我国不应进行限制。我国居民遵守境外不动产所在地国的法律进行交易即可。

5. 个人资本交易

个人资本交易在整个资本流动中所占比重不大，可以根据便民原则实行进一步的开放。其中，对于居民和非居民相互间的个人跨境贷款、捐赠、遗赠和遗产继承现有的限制，应当取消。对于取消这些限制，特别是跨境贷款、捐赠的现有限制而可能引起的资本借机外逃、外债增加、国际游资冲击和金融动荡等问题，应当借助改造后的宏观审慎监管制度，辅之以资本项目管制的临时弹回机制加以防控。对于个人资本交易项下的资产转移，2014 年《进一步改进和调整资本项目外汇管理政策的通知》体现了便民原则，基本上能够满足人民币国际化条件下的资产转移的需要，可维持不变。

（二）资本项目开放：基于资本项目开放顺序的考虑

资本项目开放向来有激进模式（radical approach）与渐进模式（gradual approach）之分。前者倾向于在短期内解除资本管制措施，快速或一步到位地实现资本项目开放。后者则把资本项目作为一国总体改革的有机组成部分，基于一国国情分阶段、分步骤地实行开放。一般而言，激进模式容易忽视一国经

1　OECD, OECD Code of Liberalization of Capital Movements, 1913, p.132.

济条件、金融环境、风险防控能力对资本项目开放的制约，容易导致开放资本项目的国家受到国际流动资本的冲击。而渐进模式强调资本项目开放的条件性，同时在资本项目内部注重项目之间开放的先后顺序，因而显得较为稳妥，易于获得认可与青睐，并被一些学者和机构作为一种可取的稳健模式加以推举和褒扬。[1]IMF 出于防范资本项目开放风险、维护金融稳定的考虑所推荐的模式就属于渐进模式的范畴。按照这一模式，实行资本项目开放的国家应先放开资本流入，后放开资本流出；先放开长期资本流动、后限制性地放开短期资本流动；先放松对直接投资的限制、再放松对间接投资的限制；先开放股票市场和债券市场，再放开金融衍生品市场。[2]这样的开放顺序对于非以货币国际化为目标的国家从资本管制走向开放具有指引作用，但与我国的实际和人民币国际化的需要并不完全相符，主要体现在：①先放开资本流入、后放开资本流出的顺序，不符合人民币国际化的实际，也无法满足人民币国际化的需要。②先放松对直接投资限制、再放松对间接投资限制的顺序，也不符合我国及人民币国际化的实际。③先放开股票市场和债券市场，再放开金融衍生品市场的顺序，不能满足人民币国际化的需要。④先放开长期资本流动、后放开短期资本流动，虽然旨在降低国际游资引起的动荡和冲击，但适用于人民币国际化也存在一定问题。对此前已述及，故不复述。

如果我们将以上基于类型和顺序探讨的人民币国际化条件下的资本项目改革结合起来考察就会发现，资本和货币市场工具交易、信贷工具交易以及金融衍生品交易，这些在 IMF 所推荐的资本项目开放顺序中列序偏后的类别，在人民币国际化条件下恰恰是需要优先或相继充分开放的项目，而直接投资，特别是直接投资的流入等在通常看来应优先、充分开放的项目则应实行一定的管制，且事实上各国也都实行了一定的管制。这表明人民币国际化有着自己的资本项目开放的逻辑。

为什么人民币国际化所需资本项目管理制度与渐进模式存在重大差异？究其原因主要有二：首先，渐进模式与人民币国际化条件下的资本项目开放的适用对象、出发点及环境不同。渐进模式适用的对象是不以货币国际化为目标的

---

1 See Kenji Aramaki, "Sequencing of Capital Account Liberalization - Japan's Experiences and Their Implications to China", *Public Policy Review,* Vol.2, No.1, 2006, p.180.

2 See IMF, The Liberalization and Manangement of Capital Flows: An Institutional View, November 2012, p.14.

国家的资本项目改革（以下简称"一般资本项目改革"），其是在资本项目开放潜伏金融风险和危机的条件下，为了收获资本项目开放的收益，避免或降低这一开放的风险和危机而寻求趋利避害的产物。因此，在一般资本项目改革中，资本项目是否实行开放，实行多大程度的开放，抑或实行资本项目管制，都由各国需要根据自身具体情况和自身利益来定夺。即便实行了资本项目开放，一国仍然可以维持或采取资本项目管制措施，特别是在一国遭受严重危机或严重危机威胁，而其他方法又无济于事的情况下，一国可以恢复资本项目管制。[1]而另一方面，人民币国际化所需资本项目开放适用的对象是人民币国际化及其需要，开放的动因和出发点就是人民币国际化及其附属的重大利益。承前所述，由于货币国际化的内在性质使然，人民币国际化只有资本项目充分开放的唯一选项，而不存在实行资本项目管制、不充分开放等选择。同时，人民币国际化所需资本项目开放的充分性，不仅体现在资本项目开放的广度和深度上，而且也体现在时间维度上。人民币国际化所需资本项目开放在时间维度上多需要同步或及时跟进，这是因为顺应人民币国际化的要求，一旦部分资本项目实现了开放，仍受管制的项目会乔装打扮成为开放项目而逃避管制，因此，人民币国际化所需资本项目开放强调系统、配套，因而导致渐进模式难以适用于人民币国际化。其次，人民币国际化能够为我国带来一般资本项目改革所无法比拟的利益，且风险也有别于一般资本项目改革。对此前已述及，故不复述。

人民币国际化所需要资本项目开放不能按照 IMF 推荐的开放顺序进行，并不是说人民币国际化所需要的资本项目开放就不需要有开放顺序的考量和设计，而是说我们在设计项目开放的种类和顺序上不能照搬渐进模式，而是需要我们作出满足人民币国际化需要的独立和创新性判断，以此确定人民币国际化充分开放的优先项目、相继开放的项目和其他有限制的开放项目，使资本项目之间的开放系统、协调、配套、有序，最终达到满足人民币国际化所需要的开放水平。人民币国际化所需资本项目开放虽不同于渐进模式，但也不等于激进模式或"休克疗法"。实际上，资本项目开放的快与慢，不能抛开具体条件而

---

1 Adam Feibelman, "The IMF and Regulation of Cross-Border Capital Flows", *Chicago Journal of International Law*, Vol.15, No. 2, 2015, pp.436–438.

加以论断。资本项目开放通常需要较为成熟的金融市场、适当的汇率制度、健全的金融法律制度和有效的金融监管等。经过这么多年的发展，我国在这些方面已具有良好的基础。同时，资本项目开放又会反作用于这些条件，积极地推动和促进这些条件的改善。因此，我国因应人民币国际化的需要，可以加快资本项目的开放步伐。

第四章
我国汇率制度改革问题

前已述及，货币国际化包括人民币国际化需要与之相适宜的汇率制度。那么，在人民币国际化条件下，什么样的汇率制度才是适宜的汇率制度？这一问题十分重要，其关系到人民币国际化所需汇率制度设置标准的确立，故对此不可不查。为此，本章前两节分别从人民币国际化的需要与现有国际化货币的实践两个方面入手，寻求人民币国际化所需的汇率制度。在此基础上，第三节对我国汇率制度的改革提出建议。

第一节　人民币国际化需要自由浮动汇率制

我国 2008 年实施的《外汇管理条例》第 32 条规定："人民币汇率实行以市场供求为基础的、单一的、有管理的浮动汇率制度。"自该条例颁布以来，我国不断地对汇率制度，特别是汇率形成机制进行改革。其中，2015 年 8 月11 日，中国人民银行宣布调整人民币对美元汇率中间价报价机制，做市商参考上日银行间外汇市场收盘汇率，向中国外汇交易中心提供中间价报价（以下简称"811"汇改）。"811"汇改之后，央行对中间价定价机制的改革并未停歇。中间价形成机制从增加"CFETS（即 China Foreign Exchange Trade System，中国外汇交易系统的缩写——笔者注）人民币汇率指数"，到 2016 年底进一步扩充一篮子货币种类，再到 2017 年 2 月中下旬缩减一篮子货币汇率的计算时段、2017 年 5 月底引入逆周期因子，最终形成"收盘价＋一篮子货币汇率变化＋逆周期因子"的中间价报价新机制。经过"811"汇改以来一系列改革加上外部环境的变化，人民币汇率形成机制出现了以下变化：一是人民币汇率告别单边升值模式，有弹性的双向浮动成为新常态。二是通过有弹性的双向浮动，人民币实际有效汇率对均衡汇率的偏离出现系统性的收窄。三是"收盘汇率＋一篮子货币汇率变化"的"双锚机制"正式确立，CFETS 货币篮子美元权重调降。但我国的汇率制度仍然是以市场供求为基础的、单一的、有管理的浮动汇率制度，管理和干预的成分仍然存在，人民币距离"清洁浮动"即自由浮动还有距离。那么，人民币国际化为什么需要我国汇率制度从有管理的浮动走向自由浮动呢？

一、汇率制度应与人民币作为国际货币的角色相匹配

前已述及，满足国际化货币的一大条件和标志就是该货币能够独立地发挥价值尺度的职能，在私方领域作为贸易和金融交易定价的尺度，在官方领域作为其他国家货币或汇率定值的标准。从以上对人民币现行汇率制度的考察可以看出，人民币汇率在形成过程中还需要参考一篮子货币来定值，其中美元仍然占有较大的权重。这一制度与人民币作为国际货币所要发挥的作用至少出现了以下两点不匹配之处：

第一，人民币参考其他货币定值，不利于人民币发挥国际货币价值尺度的功能。如果人民币还需参考其他货币确定其价值，那么，相关国家与其以人民币定值，还不如直接以人民币定值参考的其他货币来定值。这样的话，人民币如何发挥价值尺度的国际职能呢？因此，人民币应当独立地确定自己的对外价值即汇率。人民币要独立地确定自己的价值，而不是参考其他货币定值的方法，就是根据外汇市场供求关系形成人民币汇率。这就要求人民币实行自由浮动汇率制。如后所述，实行自由浮动汇率制也是在我国适应人民币国际化的需要实行资本项目开放而不可或缺的一项制度，是人民币国际化的标配。

第二，人民币如继续盯住其他货币，特别是美元，会强化美元的国际地位，削弱人民币国际化的发展，妨碍人民币国际化的实现。人民币如果继续盯住美元或一篮子货币，将会加大人民币对美元的依赖，甚至导致中国和与中国具有密切经贸关系的其他国家和地区沦为美元区或美元的势力范围，严重妨碍人民币发展成为世界主流货币。而如前所述，人民币国际化面临攻克美元居先优势的难题。人民币如果继续依照我国现行的汇率制度盯住美元或一篮子货币，不仅无助于解决美元居先优势问题，相反，会加强美元的居先优势。因

此，从人民币国际化所面临的任务来看，我国汇率制度亦应进行改革，实行不参考其他货币特别是美元来定值的自由浮动汇率制。

二、自由浮动汇率制是资本项目开放的标配性制度

人民币国际化需要资本项目的充分开放，但资本项目的充分开放会为资本的大进大出大开方便之门，处置不当就会引发金融和经济的动荡，甚至危机。固然，对于资本项目充分开放引发的风险和危机，应通过建立系统的风险防控制度加以应对。但自由浮动汇率制是缓解和缓冲资本项目开放所生风险所必不可少的制度。其原因就在于：如不实行自由浮动汇率制，而是仍然对外汇市场进行有管理的干预，就会不利于均衡汇率水平的形成。也就是说，自由浮动汇率制是更有助于均衡汇率形成的制度。而现行参考一篮子货币形成的汇率，以经济贸易的增长速度为衡量目标，根据与各国家间的贸易比重加以调整，以维持稳定的贸易水平。这种干预可能会导致人民币汇率不能与我国的经济状况相一致，不利于均衡汇率的形成，也会令其他国家在选择储备货币或货币锚时对人民币产生怀疑，妨碍人民币国际化。货币当局在"参考一篮子货币"的前提下会存有稳定贸易的目标，当汇率波动幅度超出一定范围后，货币当局就会进入外汇市场买卖外汇，干预市场供求变化，使其朝着既定方向变动，人为地强迫汇率稳定。这样的汇率稳定与人民币国际化要求的基于经济面的均衡汇率是不相同的。

汇率趋于均衡水平十分重要，构成货币国际化所需要的资本项目开放的前提。也就是说，如果我国开放了资本项目，但汇率因缺乏弹性而偏离了均衡水平，那么，资本项目的开放会导致国际游资的大进大出，危害我国经济和金融的稳定。而以市场供求关系决定的自由浮动汇率，虽然具有一定的波动，但作为调节跨境资金流动的重要杠杆，可以有效缓解外来冲击，有助于维护资本项目开放条件下的经济稳定和金融安全。具体来说，当境外资本大举进入我国时，在外汇市场必然体现为对人民币需求的旺盛和外币抛卖压力的激增，造成人民币升值和外币贬值。这时，同样的外币只能兑换更少的人民币。这会迫使投机者和投资者不得不考虑得不偿失的问题。同样会令投机者和投资者忧虑的还有，在未来外汇市场恢复平静时，人民币会以贬值的方式回归到正常的汇率水平。这意味着投机者和投资者需要以更多的人民币才能兑换到同样数量的外

币。兑换环节由外币到本币的低卖高买，再由本币到外币的高卖低买，存在着双重汇兑风险。同样，在我国境内资本大举外流之时，外汇市场上的供求关系会助推人民币贬值和外币升值，而在烽烟过后汇率又会以人民币升值和外币贬值的方式回归到常态水平，这也会使投机者和投资者面临双重的汇兑风险。可见，自由浮动汇率制所具有的自动调节汇率的机制，在一定程度上能够阻却资本项目开放条件下跨境资本流动对我国金融和经济的冲击。

如果我们把眼光超越自由浮动汇率对跨境资本流动的影响而投射到更广阔的领域，我们发现自由浮动汇率制还有助于对我国经济进行良好的调控，进而增进人民币国际化。自由浮动汇率制能够对宏观经济进行调节，直接影响对外贸易、投资和国际收支，影响货币流动和通货膨胀，进而对一国的财政、投资和资源配置发挥作用。而良好的经济状况会增进人民币币值的稳定。而人民币币值稳定主要包括两个方面，一是对内物价水平的稳定，通货膨胀率要严格控制在一定范围内；二是对外价值的稳定，维持汇率的合理均衡水平。人民币币值的稳定，特别是对外价值的稳定，是人民币被国际社会接受，从而实现国际化的重要基础。

三、自由浮动汇率是解决人民币"一币两价"的依靠

人民币"一币两价"的问题，与人民币国际化的背景密不可分。我国推行人民币国际化的标志性举措，始于 2009 年 7 月中国人民银行等六部委发布的《跨境贸易人民币结算试点管理办法》及《实施细则》，并在两年后将跨境贸易人民币结算的对内范围扩大至全国，对外范围扩大到全世界。2010 年 7 月，中国人民银行与香港金管局签订的《补充合作备忘录》以及与中银香港签订修订后的《关于人民币业务的清算协议》，明确规定人民币资金进出内地需符合内地的有关规定。而我国内地是存在资本项目管制的。因此，通过经常项目项下的贸易途径以及其他方式流到境外的人民币，除非以此人民币支付从中国的进口之外，原则上不能通过资本项目流入在岸市场。在资本项目管制的狭缝下推行人民币用于贸易清算和国际化，当下主要是借助在离岸市场上建立离岸人民币清算系统。与美元、欧元在资本项目开放条件下国际化、因而其清算中心均设在本土不同，人民币国际化由于资本项目管制的存在，需要在离岸市场地建立清算系统，指定清算银行，实现内外分离，以此缓解人民币国际化与资本

项目管制的矛盾。可见，资本项目管制下内外分离的离岸市场是当下人民币国际化的主渠道之一。

由于我国内地在岸市场与人民币离岸市场面临诸如资本项目管理制度等差异，因此，我国内地在岸市场与人民币离岸市场的人民币汇率并不完全相同。仅以内地与香港为例，目前在岸人民币与香港离岸人民币的价格和收益存在差异，人民币具有三种不同的价格：在岸人民币（CNY）价格，香港离岸人民币（CNH）价格，独立于 CNY 和 CNH、以美元结算的无本金交割远期交易（NDF）价格。如果说后者与前两者存在价差是基于即期与远期的不同因而尚可理解的话，那么，CNY 和 CNH 在汇率以及利率上存在差异，则显示出人民币不能自由流动以及内地在确定人民币价格中市场化程度不足的问题。不止于此，人民币离岸市场的发展目前呈现出分散、多元的趋势和格局，新加坡、伦敦、中国台湾等多地都建立了或正在建立离岸人民币市场。问题是这些离岸市场如何协调彼此间在人民币价格和收益上的差异，又如何协调彼此与在岸人民币价格的差异？此外，每个离岸市场都有自己的清算银行，这些清算银行之间的关系如何协调，各自的信用风险等问题如何解决？这些问题不解决，人民币就难以被广泛用作储备货币以及投资货币。而要解决这些问题，就需要拆除分割境内外人民币市场的藩篱，实现境内外人民币市场的对接。为此，除需要改革我国资本项目管理制度和建立发达的国内金融市场之外，我国还应改革人民币汇率以及利率形成机制，由市场决定汇率和利率，从而解决人民币"一币数价"的问题。而利用市场化的离岸人民币汇率与利率来倒逼国内利率机制与汇率机制改革，可能正是中国央行的隐含意图。而要解决人民币"一币两价"问题，需要我国内地通过实行自由浮动汇率制实现人民币在在岸市场汇率与离岸市场汇率的对接。

最后，在人民币加入 SDR 一篮子计值货币之后，为了履行《IMF 协定》规定的义务，我们也需要实现人民币在在岸市场汇率与离岸市场汇率的对接。《IMF 协定》第 19 条第 7 节规定，使用 SDR 的成员国不论向哪个成员国兑取货币，都应取得同等价值。《IMF 协定》第 22 条规定，各参与国应保证与 IMF 以及其他参与国合作促使 SDR 有效实施。人民币加入 SDR 篮子意味着我国在 SDR 的业务和交易中，承担了此项义务。我国内地汇率安排的"参考一篮子货币""有管理"的规定导致人民币在岸与离岸市场汇率不同，IMF 成员国动用 SDR 在在岸与离岸市场所获得的人民币并非等值。这与 IMF 协定的等值原则相冲突，因而也需要我们采取前述措施消弭汇率差异。

第二节　国际货币发行经济体的汇率制度选择

与人民币国际化相适应的汇率制度不仅应从人民币国际化的需要中探寻，而且也应从国际货币发行经济体的汇率制度比较中来求证。由于当今世界位列人民币之前的国际化货币主要是美元、欧元、英镑、日元，故对以下四种货币发行经济体即美国、欧盟、英国、日本的汇率制度进行比较，以寻求我国汇率制度改革的借鉴。

一、国际化货币发行经济体实行的汇率制度

在当今牙买加体系下，根据《IMF 协定》第 4 条第 2 节（b）项的规定，成员国可以以 SDR 或除黄金之外的另一种货币形式对该国货币定值，也可以通过协议与其他成员国货币维持平价关系，还可以选择其他外汇安排。由此可以看出该条款赋予成员国选择汇率安排的广泛自由，无论是盯住汇率制、浮动汇率制等均可以实行，充分体现了牙买加体系自由汇率制的特点。[1] 在实践中，汇率制度在国际上呈现出多元化的局面。IMF 2009 年对其采用的事实性汇率制度分类进行重大修改，将汇率制度分为四大类十小项，包括无独立法定货币汇率制度、货币局制度、传统钉住汇率制度、稳定化安排、爬行钉住汇率制度、准爬行安排、水平区间盯住汇率制度、其他有管理的汇率安排、浮动汇率制度和自由浮动汇率制度。那么，目前，国际化货币的发行经济体的汇率制度具有什么样相同的特点呢？

（一）国际货币发行经济体汇率制度类型之考察

自《IMF 协定》第二修正案赋予浮动汇率制合法性之后，国际货币发行经济体最终实行的汇率制度都是自由浮动汇率制。通过以下对这些经济体的汇率制度及其实践进行比较可以发现，在汇率制度改革过程中，这些经济体具有从有管理的浮动汇率走向自由浮动汇率，汇率干预由频繁走向稀少的特点。

---

1 韩龙：《国际金融法前沿问题》，清华大学出版社，2010，第 98—99 页。

1. 美国的汇率制度

众所周知，"二战"后建立布雷顿森林体系当时实行美元与黄金直接挂钩，35 美元兑换一盎司黄金，其他各国货币与美元挂钩为基本特征的固定汇率制。但这样的汇率制度设计内含前述"特里芬难题"。到了 1960 年，美国短期外债余额首次超过黄金储备的境况，人们对美元的信心发生动摇，对美国维持美元与黄金间官价的能力产生怀疑。为缓解美国的国际收支逆差，欧美一些国家以及 IMF 采取了许多措施，比如建立黄金总库、国家间达成互换协议。但上述措施未能遏制美元危机。1971 年 8 月 15 日，美国总统尼克松签署总统行政命令，"新经济政策"生效。其主要内容包括两个方面，对内冻结工资和物价，削减政府开支；对外停止按 35 美元兑 1 盎司黄金的比例兑换黄金，同时对所有出口到美国的商品征收 10%的进口附加税，以改善国际收支失衡问题。该政策采取后，国际社会仍然试图挽救固定汇率制。1971 年 12 月，十国集团达成了《史密森协定》，规定 1 盎司黄金兑 38 美元的平价，其他货币对美元升值，美元与非美元的汇率的波动范围扩大到上下 2.25%，以尝试恢复布雷顿森林体系固定汇率制度。但到了 1973 年 3 月，美元遭受更严重的投机资金的冲击，自行贬值 10%，每盎司黄金官价升为 42.22 美元。《史密森协定》遭到废止。1976 年 IMF 执行董事会对《IMF 协定》进行修改。美国依其国内法对《IMF 协定》第二修正案进行批准，对浮动汇率制加以合法化，同时规定了进行汇率干预须以对付无序市场为原则。但《IMF 协定》未对"无序市场"作出具体界定，美国货币当局亦没有对此进行解释。美国改革汇率制度的过程主要如下：

20 世纪 70 年代初石油价格的上涨，使美国经常账户收支逆差急剧扩大。1977 年 10 月以后美元汇价大幅下滑，对此美国财政部没有表示担忧，仍含蓄地声明"美元汇率应同基本经济因素相适应"，制定了任由美元贬值的汇率决策。1978 年，这种境况更加严峻，通货膨胀和国际收支失衡严重，美国当局开始推行美元升值政策。1978 年 11 月，基于"美元贬值状况已远远超出基本面能够合理调整的范围"的结论，美国财政部授权美联储通过在海外资本市场进行外币借款、利用在 IMF 的储备头寸、出售部分财政部持有的黄金和 SDR份额以及其他方法筹集的相当于 300 亿美元的外币进行汇率干预操作。美元下跌势头暂停，并在美国收紧银根和美联储干预之后于 1979 年 10 月美元开始升值。

进入 20 世纪 80 年代，美国开始采取非干预主义的汇率决策，规定除非面临非常特殊的情况，否则将不再主动干预外汇市场，而让美元自由浮动。同时，美国加快利率市场化的改革进程，为美元自由浮动提供更加稳定的金融货币体系。美国《1980 年银行法》要求美国在六年内逐步放宽 Q 条例规定的利率上限，[1] 1986 年 3 月美国完全实现利率的自由化。1982 年《高恩—圣杰曼存款机构法》的颁布，批准金融机构可开办存款账户及超级可转让支付账户，对该两种账户不再规定存款的最短期限以及利率上限。利率市场化的推进有助于改善金融市场对资源的有效分配，增强了货币政策调控汇率的能力。由此，美国国内经济快速发展，美元坚挺。到了 1984 年中期，与 1980 年第四季度相比，美元对英镑、日元等十国货币升值幅度达到 60%。但此时美元的过度升值，扭曲了国内生产资源配置，在降低产品竞争力的同时增加了外汇市场的风险。对此，美国、英国、德国、法国和日本（以下简称"五国集团"）于 1985 年 9 月 22 日签订了《广场协议》，一致同意汇率应与本国的基本经济状况相适应，决定采取联合干预的方式促使美元贬值。[2]

从 1985 年至 1987 年间，美元快速贬值至相对稳定状态。一方面，利率市场化改革进入最终阶段，利率市场化改革在 1986 年 4 月得以全面实现，满足了美元汇率走向自由浮动所需要的利率市场化这一前提。另一方面，受《广场协议》签署后五国联合干预以及日本实行紧缩货币政策的影响，美元下跌，美国经济疲软。为了防范美元急剧下跌带来的通胀压力和金融不稳定性，美联储与其他央行合作，降低联储贴现率。到 1987 年初美元跌至 7 年来的最低水平。美联储开始干预汇率。1987 年 2 月 22 日，五国集团以及加拿大央行行长和金融部长在卢浮宫达成《卢浮宫协议》，强调 1985 年联合干预以来的汇率变化对减少外部失衡具有重要作用，全球汇率已与经济基本面相匹配，进一步的汇率变化会阻碍经济增长。他们一致同意密切联系，维持汇率体系稳定。[3] 之后，该协议的参加国实行了大规模的联合干预。由于主要工业化国家的联合干预行

---

1 Q 条例：1929 年至 1933 年经济危机后，美国实行了以"Q 项规则"为象征的利率管制，对储蓄存款和定期存款的利率设定最高限度。该"Q 项规则"又称 Q 条例。

2 Maurice Obstfeld, "The Effectiveness of Foreign-Exchange Intervention: Recent Experience, 1985–1988", *National Bureau of Economic Research Working Paper*, 1988, pp.197–199.

3 Gabriele Galati, Will Melick, "Central Bank Intervention and Market Expectations", Monetary and Economic Department, 2002, p.11.

动，1987 年到 1994 年间美元币值比较稳定。1995 年到 2002 年间，美国新经济带动全球资本涌入美国，推动了美元上涨，升幅达到 34.2%。此后，美元处于贬值状态。随着货币政策逐步稳健，世界经济进入低通胀时代，主要国家资本账户开放，全球资本流动加速，货币当局干预外汇市场的规模与外汇市场交易量相比只是九牛一毛。美国自 1996 年至今发布的《财政部和美联储的外汇操作》，均强调美国没有实施汇率干预。

从美国汇率制度改革过程的实践中可以发现，在 20 世纪 90 年代中期之前，美国汇率决策从维护美元与黄金之间的固定比价转化为将美元汇率维持在主要工业化国家能够承受的区间，汇率是否与经济基本面相一致，是其汇率决策的重要考虑方面。其汇率安排也从布雷顿森林体系的固定汇率变为事实上的有管理的浮动汇率。而从 20 世纪 90 年代中期到现在，美元汇率由市场供求关系自由决定，美国当局极少干预汇率，美国转向自由浮动汇率制度。

2. 英国的汇率制度

英国 1947 年的《外汇管理法》对外汇市场采取严格管制，规定只有英格兰银行指定的外汇银行可以按官价进行外汇交易。该法律对战后初期英国经济的恢复具有重要作用，但是由于其外汇管制的方式差异，导致外汇价格不同，影响了英镑在国际社会的公信力。从 20 世纪 50 年代开始，英国当局开始逐渐放宽外汇市场交易条件，规定外汇银行在一定范围内可以按照自己的意愿定价。同时英格兰银行的《外汇管制条例》明确了远期外汇交易的合法性。为了提高货币政策有效性、促进金融机构间的自由竞争、抑制国际短期资本的过度流入、维持英镑币值的稳定，1971 年 5 月英格兰银行发布的《竞争与信用管制报告》，提出金融改革方案，由银行按照自己的意愿决定利率，于同年 9 月开始实施。[1]基于当时各国汇率普遍波动的现实，英镑在其币值不能维持固定水平的条件下，于 1972 年 6 月 23 日实行浮动汇率。而伴随着商人们为了赚取牟利哄抢黄金、大量售出英镑，英镑出现持续贬值。为此，在 1973 年到 1976 年间，英国财政部授权英格兰银行多次入市进行汇率干预。[2]在汇率水平达到经济基本面后，1979 年英国废除了外汇管制。这是英国实行国际资本流动自

---

1 张健华：《利率市场化的全球经验》，机械工业出版社，2012，第 46 页。

2 Colm Kearney, Ronald Macdonald, "Intervention and Sterilisation under Floating Exchange Rates--The UK 1973–1983", *European Economic Review*, 1986, pp.346–349.

由化和金融市场放松管制进程中的一个重要节点。随后，英国在 1981 年废除了最低贷款利率的限制，利率实现了完全自由化。市场化利率对英镑币值稳定起了重要的作用。

20世纪80年代，英国经济出现衰退，英格兰银行实施了高达15%的利率，但这不仅不能抑制过高的通货膨胀率，反而加重了经济的恶化程度。针对这种情况，英国若选择降息，则容易引起英镑贬值、资本外流、诱发金融危机。另一方面，欧共体主张的经济与货币联盟或体系（简称 EMS）进程加快，欧洲汇率机制呼之欲出，英国希望通过加入 EMS 以稳定英镑的汇率，降低通货膨胀率，遏制英镑贬值趋势，同时避免政治上的孤立。于是，1990 年 10 月 5 日，英国财政大臣梅杰公开声明加入 EMS。1992 年初，英国与欧共体的各成员国签署《马斯特里赫特条约》，正式加入 EMS。

但就在《马斯特里赫特条约》订立的 1992 年，英镑发生了危机，并促使英国退出 EMS。英镑危机与欧洲汇率机制具有密切的关系。欧洲汇率机制的预期目的是在欧元诞生之前的时期抑制欧洲汇率的不稳定性。但这种固定汇率的制度，导致了名为"趋同交易"的利差交易的形成。交易者和投资管理者们可以自由地投资于具有最高收益的欧洲汇率机制国家的货币，而不用担心汇率风险，因为在欧洲内部货币的汇率是固定的。"趋同交易"会加大汇率高估货币的贬值风险。英镑在当时被认为是被严重高估的货币。1992 年 9 月 16 日，市场出现了大量沽空英镑的交易，导致英镑汇率危机爆发。英国财政部一方面授权英格兰银行购入 30 亿英镑在外汇市场进行干预，试图防止因投机冲击导致英镑跌破下限。另一方面，英格兰银行将短期利率从 10% 提高到 12%，并宣布在第二天再次将利率提高到 15%，所有这些都是为了维持英镑汇率。英国竭尽全力地与市场作战，但效果不佳，英镑贬值趋势依旧。在采取各种措施均未能阻止英镑贬值趋势后，9 月 16 日，英国对外宣布退出 EMS，实行自由浮动汇率。1993 年 2 月，财政部宣布此后不再执行汇率干预行动。

3. 欧元区的汇率制度

欧元区不同于美国、英国和日本的单一主权国家。欧元的产生是欧洲多个国家共同努力的结果。

（1）"蛇洞制"的联合浮动汇率制度。

作为两次世界大战的发源地和主战场，欧洲经济遭受战争的重创。"二战"

后，为促进经济恢复，形成统一的市场，实现贸易自由化，需要汇率稳定。汇率变化会增加交易成本，还会成为商品倾销和采取某些贸易保护主义措施的温床。对此，欧洲通过国与国之间达成的汇率安排来实现汇率稳定。[1]

1971 年由美元困境引发的国际货币危机、1973 年的石油危机以及随后的经济危机，使得欧共体内部失衡，各成员国经济差距扩大，为此各国推行了一系列不同的经济政策。为稳定欧共体各成员国货币汇率，欧共体理事会作出了一系列安排。1971 年底，欧共体考虑到如果按照《史密森协定》的汇率波幅计算，成员国之间汇率波动幅度就会达到 9%，这将影响到共同市场，尤其是共同农业政策的运行，因而在 1972 年 4 月，欧共体六国达成《巴塞尔协议》，决定对内实行可调整的中心汇率制，成员国货币间汇率固定在中心汇率上下各 1.125%（共 2.25%）的范围内波动，但对美元等其他非参加国的货币则仍按《史密森协定》，波动幅度在中心汇率上下各 2.25%（共 4.5%）以内。[2] 由于参加国相互间货币汇率的波动幅度小于对非参加国货币汇率的波动幅度，如将其绘成曲线用图表来描绘，参加国间货币汇率的变动则犹似一条蛇在 4.5% 的洞中上下蠕动，"蛇洞制"由此得名。1973 年 3 月，西方主要国家决定不再维持对美元的固定汇价而普遍实行浮动汇率制后，参加蛇形汇率制的国家及瑞典决定实行联合浮动，"洞"不复存在而"蛇"犹行。1979 年 3 月，欧洲货币体系成立，蛇形浮动又有新发展。

（2）欧洲第一汇率稳定机制。

"蛇洞制"的联合浮动汇率制度没有使欧共体逃脱美元危机的影响，美元贬值浪潮严重威胁欧共体汇率稳定。而在 1978 年到 1979 年初，欧共体经济状况好转，物价增幅降低，国际收支状况得到改善，德国马克坚挺，法国法郎和意大利里拉等弱势货币贬值压力有所减轻。为了应对日益加剧的货币危机以及更加复杂的汇率波动形势，1978 年 12 月 5 日，欧共体首脑会议达成了《建立欧洲货币体系的决议》，决定于 1979 年 1 月 1 日开始实行。欧洲货币体系由三方面构成，欧洲货币单位是体制运转的基础，建立稳定汇率的机制（Exchange Rate Mechanism，ERM I）是体系的中心，信贷机制为体系的运行作支撑。

1　王雪冰：《欧元实务》，上海远东出版社，1999，第 25 页。

2　〔荷〕汉克·V. 盖默特、陈雨露等：《欧元与国际货币竞争》，中国金融出版社，1999，第 12—13 页。

在 ERM I 下，成员国货币间保持一种可调整的固定汇率，对 ERM I 之外的货币采取自由浮动的对策。与"蛇洞制"的联合浮动汇率制度相比，ERM I 具有以下特点：第一，双重的中心汇率机制——平价网体系和货币篮子体系——是 ERM I 运行的重要特点。平价网体系由各成员国两两之间货币的中心汇率组成，两国货币间汇率波动幅度维持在该中心汇率的上下 2.25% 之间（个别经济承受力较弱的国家可为 6%）。如果某国货币汇率偏离规定的范围，该国中央银行需要进行干预以恢复汇率的稳定。货币篮子体系由各成员国的货币对"篮子货币"——埃居（欧洲货币单位即 European Currency Unit，简称"埃居"或 ECU）的法定比价组成，同时规定了各国货币对埃居允许的偏离界限，为某一成员国采取措施稳定汇率波动提供参考。第二，中心汇率的调整。当稳定汇率的干预不能奏效时，需调整中心汇率，以求新的稳定。这是控制汇率波动的直接和最后的手段。[1]

（3）欧洲第二汇率稳定机制。

在欧共体建立内部统一大市场后，为了进一步建立政治和经济与货币联盟，1992 年 2 月欧共体各国签署《马斯特里赫特条约》，货币联盟的进程加快。根据《欧共体条约》第四章关于资本与支付自由制度，从 1994 年 1 月 1 日起，禁止对欧共体内外的一切资本流动和支付设立限制。该项规则通过二级立法得以实施。欧盟理事会"第 88/361 号指令"废除了融资贷款和信贷等货币交易、证券交易以及货币市场上经营的其他交易的限制。[2] 为了处理好欧元区国家与非欧元区国家间的汇率关系，1997 年 6 月，各成员国首脑在阿姆斯特丹的高峰会议上通过了《新的货币、汇率机制》，新的汇率稳定机制即 ERM II 得以制定。其内容主要包括：第一，引入欧元作为记账单位，与欧盟内没有加入欧元区的其他成员国之间形成双向汇率机制，ERM I 的多边平准汇率机制得以废除。第二，欧元与欧盟内没有加入欧元区的其他成员国货币间的汇率是中心汇率，其设定的浮动范围在 15% 以内。[3] 第三，汇率决策的执行由欧洲中央银行（European Central Bank，ECB）负责，协调欧元区成员国与欧盟内没有加入欧元区的其他成员国间的货币政策。根据 ECB 年度报告，ECB 仅在欧元引入时

---

1 〔荷〕汉克·V. 盖默特、陈雨露等：《欧元与国际货币竞争》，中国金融出版社，1999，第 21—22 页。

2 邵景春：《欧洲联盟的法律与制度》，人民法院出版社，1999，第 259—260 页。

3 蒋瑛：《欧洲货币联盟及其投资效应》，西南财经大学出版社，2001，第 34 页。

贬值幅度低于经济基本面的情况下才采取干预行动，干预时间为 2000 年 9 月 22 日，11 月 3 日、6 日和 9 日。[1] 之后，ECB 没有进行汇率干预。

比较上述三种汇率形成机制发现，欧洲国家的汇率制度改革进程同货币一体化进程是相互配合、相互依附的。自从布雷顿森林体系崩溃后，欧共体便开始对外实行"联合浮动"。尽管各种汇率机制对成员国间的汇率变动进行了限制，但对外汇率是由市场供求关系决定的自由浮动汇率。

4. 日本的汇率制度

与美国和英国的汇率改革历程相似，日本汇率安排在经历了有管理的浮动汇率制后，亦走向自由浮动汇率制。20 世纪 70 年代，日本政府为了获得对外贸易的优势，固定汇率水平，多次进行汇率干预。日本外贸收支出现大量盈余，官方储备不断上升。进入 80 年代后，日元主要呈现上升趋势。伴随着美国经济低迷，美国、英国、德国、法国和日本达成《广场协议》，对汇率进行联合干预。随后日元汇率急剧升值。在协议生效后不到 3 个月里，日元升值幅度达 16.7%。原因是日本当局想要减少与美国之间的贸易纷争，修复两国关系，同时为了加快日元国际化进程。1980 年 12 月，日本对《外汇及外贸管理法》进行修订，从之前原则上禁止外汇交易转向原则上自由交易。1984 年底，日本大藏省发表《关于金融自由化、日元国际化的现状与展望》，意味着日本经济进入全面自由化。根据 1998 年 4 月实施的《外汇和外贸法》的相关规定，日本的经常项目和资本项目已达到开放程度，日元汇率由外汇市场供求关系决定，必要时财务省通过外汇市场交易和其他措施维持日元汇率稳定。

与美、英、欧有所不同，日本对外汇市场干预较多，其干预在西方世界规模最大。自 1973 年 2 月 14 日日本开始实行浮动汇率制起，日本就经常采取干预的方式阻止汇率波动，直到 1985 年日本财务省仍将汇率干预作为汇率管理的灵活工具。日本汇率干预活动的常态化到 2004 年 3 月 17 日支持美元的外汇操作之后骤然改变。日本当局采取了"放任市场"的策略，让市场决定汇率。此后，日本当局很少干预汇率。较为显著的一次就是 2011 年 3 月发生的日本大地震。大地震后，日元反常地出现了升值现象，而导致日元升值的主要因素之一是国际游资进行的炒作。为了维护经济和金融稳定，日本央行多次注资，

---

1 ECB, *Annual Paper*, 2000, p. 69.

并于 3 月 17 日声明从次日起与七国集团一起，联合干预促使日元贬值，之后日元汇率才趋于稳定。[1]

（二）国际货币发行经济体汇率制度之比较与结论

对比美、英、欧、日自布雷顿森林体系崩溃后所实行的汇率制度，我们不难发现其具有以下共同特点：

1. 国际货币发行经济体最终均实行自由浮动汇率制

通过对各经济体的汇率制度实践的考察，我们发现在牙买加体系下，美国、英国和日本虽有一段时间实施有管理的浮动汇率，但最终在综合考量各方面因素后选择了自由浮动汇率制度。欧元作为一种与生俱来的国际货币对外始终坚持自由浮动。

IMF 2009 年对汇率制度的重新分类，根据其特点将浮动汇率制分为浮动汇率制度和自由浮动汇率制度。浮动汇率制度是指汇率主要由市场供求关系决定，不存在事先确定或可预测的汇率变动方式。但货币当局可以通过各种措施和手段对外汇市场进行直接干预或间接干预，适度改变汇率、阻止汇率的过度波动，但并不维持任何确定的平价。自由浮动汇率制度是指在 IMF 对某个国家实施的汇率安排进行评估之日起前六个月内，当局对市场汇率最多只能实施三次的干预操作，而且每次的执行时间都不能超过三天，并且政府汇率干预属于特例，目的是调整杂乱无序的市场环境。[2] 从以上可以看出，浮动汇率制度和自由浮动汇率制度都建立在市场供求关系决定汇率变化的基础上，不同之处主要在于自由浮动汇率制度的汇率干预仅在外汇市场陷入严重紊乱的极端情况下才实施。而浮动汇率制度则夹杂了政府管理色彩，实施干预行动引导汇率向货币发行国自认为有利于自己的方向发展。为了便于区分，以下在分析国际货币发行经济体的汇率制度安排时将这两类汇率制度分别称为有管理的浮动汇率制度和自由浮动汇率制度。

根据 IMF 对自由浮动汇率制度的定义，该制度的特征为汇率由市场供求关系自由决定，政府干预特例化。那么，为何在牙买加体系下，上述国际货币发行经济体均实行自由浮动汇率制度呢？我们认为主要原因如下：

---

1 Christopher J. Neely, "A Foreign Exchange Intervention in an Era of Restraint, Federal Reserve Bank of ST", *Louis Review*, 2011, p.317.

2 根据 2014 年 IMF 的《汇兑安排和汇率限制年度报告》整理。

首先，实行自由浮动汇率制是牙买加体系下实现或维护国际化货币地位的必然要求。在牙买加体系下，国际货币制度发生了重大的变革，货币的价值无法以黄金计值或兑换黄金，主要是由供求关系决定。此外，货币国际化的一项重要衡量标准，就是该货币能够独立发挥价值尺度的职能。如果一国货币需要维持对其他国家货币的固定水平或者是盯住抑或参考其他货币确定其价值，那么，相关国家必定会放弃对该国货币的选择，直接以该国货币所盯住的其他货币来定值更为便捷，这样该国货币就无法实现国际化。

其次，应对国际短期资本流动的冲击需要自由浮动汇率制。自从20世纪90年代以来，世界多国纷纷实行金融自由化，尤其是国际货币发行经济体资本项目的开放度极高，促进了国际资本的大规模流动。而国际金融市场的不断发展，降低了资金在国际流动的成本，提高了国际短期资本的流动速度，通过电子操作，瞬间巨额资金便可出入一国国境。国际短期资本流动规模日益扩大，速度不断加快，加剧了供求关系和价格信号的难以确定性和多变性。如前所述，汇率干预不利于市场形成均衡汇率，而外汇市场供求关系能够使汇率趋向均衡水平，而汇率均衡水平是实现货币国际化所要求的资本项目开放的前提条件。若一国完全放开资本管制，而汇率僵化将会出现汇率水平失衡，资本项目的开放就会导致国际资本大进大出，损害金融稳定。

最后，根据"三元悖论"，一国货币政策的独立、汇率的稳定与资本的完全流动三项目标不可能同时得到满足，至多能达到两个目标的实现。由于资本项目开放是货币国际化的前提，而货币政策又是实行货币国际化的国家或经济体调控经济所不可放弃的，因此，自由浮动汇率制就成为这些国家或经济体实行资本项目开放和追求独立货币政策的汇率制度选择。自由浮动汇率制是在尽可能大的程度上在货币国际化国家实现资本自由流动的条件下保证其货币政策独立性的优选方案。

2. 自由浮动汇率制度下汇率干预的特例化

美、英、欧、日虽然实行自由浮动汇率制，但汇率干预并没有完全绝迹，只是这种干预仅在极少数特别情况下进行。这种极少数特别情况主要是应对无序市场状况。应当看到，在自由浮动汇率制下，市场供求关系通常能够自发地调节汇率，形成趋于均衡水平的汇率。但在外汇市场陷入无序状态的极端情形下，就需要对外汇市场进行干预。各经济体大多采取对冲方式执行汇率干预决策，以保证货币政策的独立性。[1] 但总体来说，最近二三十年来，美、英、欧、日实施自由浮动汇率制度后，汇率干预极少进行。

3. 利率市场化先行

通过国际货币发行经济体汇率制度改革实践可以看出，美国、英国和日本均是在 20 世纪 70 年代开始进行利率市场化改革。这与各经济体开始走上浮动汇率道路的时间相匹配。而欧元区由于欧元作为国际货币的特殊性，其利率市场化于欧元问世后实现。无论是英国、欧元区的"一步到位"地进行利率的市场化改革，还是美国、日本的"渐进"地对利率进行市场化改革，对比其实施自由浮动汇率制度的时间，利率市场化的实现均在前。究其原因，利率市场化能够增强国内金融机构面对外汇风险冲击的耐受力，提高金融机构经营管理水平，有利于改善金融市场的资源配置，增加货币政策对汇率的调控能力，故利率市场化是开放资本项目的前提之一。同时，利率市场化能够避免本国利率和国际市场利率间形成巨大的套利空间，降低国际投机资本基于国际的利率套利而对一国市场发起的冲击，防止国际套利资金大进大出，从而为稳定外汇市场环境作出贡献。

二、汇率决策和执行的法律规定之比较

前已述及，美、英、欧、日虽然实行自由浮动汇率制，但汇率干预并没有完全绝迹。那么，这样的特例化的汇率干预是如何进行的？亦值得进行进一步的考察。

（一）汇率决策与执行权力的分配

1. 美国财政部和美联储协作管理汇率的权力

在汇率决策方面，《美国法典》第 22 卷 2363 章 b 款规定财政部长享有决定美元对外国货币汇率的专有权。此外，根据 1913 年《联邦储备法》的规定，财政部负责制定美元汇率的确定方式、维持原则以及汇率干预的决策，美联储对财政部的决策予以执行，负责外汇操作。

根据以上法律以及惯例，美国财政部长直接对总统和国会负责，制定和捍卫国内、国际经济政策，并开展关于汇率问题的国际磋商。由于外汇市场与货

---

1 谢赤：《汇率预测与外汇干预研究》，科学出版社，2013，第 224 页。

币市场具有密切的联系，汇率问题与位列美联储职权范围的货币政策息息相关。而且美联储在汇率决策方面能够产生重要影响：第一，美联储作为中央银行掌控了大量资金，便于汇率干预的执行；第二，美联储掌控外汇操作机制；第三，美联储与其他国家的中央银行紧密联系；第四，负责货币政策的美联储在执行汇率决策时便于对政策间目标冲突而影响汇率干预效果的问题进行协调。因此，美国财政部和美联储在制定和实施汇率政策方面有着密切的合作。财政部与美联储协商制定相关的汇率决策，执行汇率决策时往往各自提供一半资金。

在汇率决策的执行方面，联邦公开市场委员会（Federal Open Market Committee，简称 FOMC）制定了三项指引，为纽约联邦储备银行在开展汇率干预时提供指导及监督。这三项指引包括：第一，对汇率干预行动进行授权——明确实行汇率干预的框架，并且对汇率干预中持有的外国货币数量加以限制。第二，外汇指令——规定在应对无序市场状况时采取汇率干预，并对解决无序市场状况所进行的交易提供了一般性指导。该指令明确规定，纽约联邦储备银行在执行汇率干预时须同财政部进行密切连续的磋商和合作，并与美国在《IMF 协定》中承担的义务相一致。第三，程序说明——按照该程序说明的相关规定，外汇交易室可以向 FOMC 的外汇分委会和美联储主席获取 FOMC 会议上的某种或某类重大事项的信息。此三项指引确立了美联储汇率干预体系的基本框架，为纽约联邦储备银行的外汇交易室进行的外汇操作提供了相关法律依据。这不仅保证外汇交易室拥有迅速灵活应对市场环境变化并采取措施的权力，同时能够保证 FOMC 对其进行充分指导和监督。除此之外，FOMC 在其每次会议上会收到所有管理公开市场操作的经理提交的汇率干预具体操作情况的报告。

2. 英国汇率决策的授权

在汇率决策方面，英国财政部是负责开展和执行政府公共财政、经济政策的专门部门。英国《紧急状态权利防御法》和《外汇管制法》授权财政部为决定汇率政策的权力机构，决定是否实施汇率干预。英格兰银行执行财政部制定的汇率决策。根据1946年英国《行政法规法》第11条的规定，授予财政部制定、批准或认可命令、规则或其他从属性立法的权力。1997年5月6日，英国财政大臣布朗在给英格兰银行行长的书信中指出，为了实现货币政策目标，英格兰银行也可以实施汇率干预，但是仅能使用央行本身的资源。

3.日本汇率决策的授权

根据日本《外汇和对外贸易法》第 40 条的规定，财务省是汇率管理的决策机构，财务大臣制定汇率决策，可以为维持汇率稳定开展外汇市场操作。[1]依据《日本银行法》第 40 条的规定，日本银行，作为日本的中央银行，执行财务省的汇率决策。[2]在财务省批准后，财务省决定进行汇率干预时会立即委托日本银行在外汇市场加以执行。日本银行可使用央行资金实施外汇的买卖交易，也可以代理外国央行或国际机构的外汇交易行为。日本银行下设的国际局外汇处需要对全球外汇市场的交易活动进行监测和追踪，并每日都要将监测情况向财务省的外汇局汇报。[3]

4.欧元区欧盟理事会主导汇率决策权

根据《马斯特里赫特条约》和《欧洲中央银行法》的相关规定，欧盟理事会有权制定相关的汇率决策。欧元区汇率决策的执行由欧洲中央银行（ECB）及各成员国央行负责，具体包括欧元与非欧元以及欧洲第二汇率机制（ERM II）下成员国间的外汇市场操作。在汇率管理上，ECB 具有一定的建议权，能够向欧盟理事会提出汇率建议，欧盟理事会在同 ECB 协商后制定相应的汇率决策。

5.小结

通过对美国、英国、日本和欧元区的汇率决策和执行的法律的考察，我们发现各经济体相关机构职能权限划分明确，分工协作清晰。美国、英国、日本由财政部作出汇率决策，由各中央银行依据汇率决策执行外汇操作。虽然在立法规定上美联储可以自主进行外汇操作，有独立的用于执行汇率干预政策的资金，但在具体实践中均是由美联储和财政部合作进行汇率干预。英格兰银行也可以自主进行汇率干预，但其前提是为了实现其维持内部经济平衡的某项货币政策目标。日本央行是财务省的代理人，没有自行决策实施汇率干预的权力。欧元区的外汇市场交易由 ECB 提供资金进行操作。这些部门之间分工明确，

1《外汇和对外贸易法》第 40 条第 2 款：财务省应当努力通过买卖外汇和其他措施来稳定日元的对外价值。

2《日本银行法》第 40 条第 2 款：日本银行作为国家事务的执行者之一，可以通过买卖外汇，来维护本国货币在外汇市场上的汇率稳定。

3 谢赤：《汇率预测与外汇干预研究》，科学出版社，2013，第 235—237 页。

相互配合，既保证了汇率干预政策与本国宏观经济政策的一致性，也保持了本国货币政策的独立性。

在干预汇率的资金来源方面，各经济体的法律规定有所不同。美国由美联储和财政部共同出资；英国和日本均由财政部出资；欧元区则由中央银行全部出资。与中央银行相比，财政部需要通过融资解决本国货币的筹集问题，但是即便这样，财政部干预外汇市场的能力并没有受到影响，这可以从日本以前频繁的汇率干预实践看出。与财政部相比，中央银行出资执行汇率干预会改变基础货币供应量，因此，需要采取对冲方式抵消对基础货币供应量的影响。[1]

（二）外汇平准基金制度的构建

外汇平准基金是一国货币当局为稳定汇率而设立的专用基金。通常做法是，当本国货币汇率下跌，低于应有的汇率目标时，通常由中央银行动用外汇平准基金，抛售外汇，购入本国货币，以阻止本币汇率继续下跌；当本国货币汇率上升，高于应有的汇率目标时，中央银行则抛售本国货币，平抑本币汇率。一国要以这种方式干预汇率，需设立外汇平准基金，影响外汇市场的供求关系，达到干预汇率的目的。可见，外汇平准基金是对汇率干预的具体落实。

1. 美国的外汇平准基金

根据《美国法典》31 卷 5302 章（a）（b）的规定，在总统批准后，美国财政部下设一个由财政部长专门管理的外汇平准基金（Exchange Stabilization Fund，简称 ESF），用以维持有序的汇率安排。当外汇市场出现无序状况时可以用其进行操作，维护汇率体系的稳定。财政部长可以自行决定或委托代理人通过该基金账户与黄金、外汇或其他必要的信用工具和证券进行交易。

ESF 始建于 1934 年，在下调美元的含金量后，美国国会将多出的美元和黄金充作 ESF 的初始资金。到了 20 世纪 60 年代，美国又将从 IMF 购买的外汇和黄金移转到 ESF 持有和管理，并将依据 1968 年《特别提款权方案》获得的 SDR 配额及其他途径获得的 SDR 纳入 ESF。

2. 英国的外汇平衡基金账户

根据英国 1932 年《金融法》第 24 条的规定，财政部设立外汇平衡基金账户（Exchange Equalisation Account，简称 EEA），官方当局可以通过该账户实

1　陈萍：《发达国家（地区）外汇干预制度的安排与借鉴》，《当代经济》2013 年第 19 期。

施汇率干预，以抑制英镑汇率的过度波动。在 20 世纪 30 年代，英国终止金本位制后，英国政府将英格兰银行的黄金和外汇储备转移到财政部名下，作为 EEA 的初始资金，虽然黄金和外汇储备转移给了财政部，但到现在为止仍由英格兰银行代为管理。

英国 1979 年《外汇平衡账户法》规定，由国家贷款基金向 EEA 提供融资。国家贷款基金将通过发行本国货币债券筹集到的英镑借给 EEA。而当 EEA 需要外汇时，国家贷款基金通过发行外币债券将筹集的外汇转移给 EEA。财政部决定 EEA 向国家贷款基金融资的时间和规模等。如果财政部评估认为该账户的英镑数量过剩，则将要求将部分英镑转移到国家贷款基金。[1] 除此之外，1979 年的《外汇平衡账户法》还整合了以前的相关立法，扩大了 EEA 的用途，对 EEA 的用途加以明确规定，包括：抑制英镑汇率的过度波动；持有和管理国际支付；支付 IMF 手续费；依据《IMF 协定》中关于 SDR 的规定，履行政府的相应职责，如 SDR 的持有、买入和卖出。此外，EEA 还向政府各部门和机构提供外汇买卖服务，同时通过市场上的交易进行对冲。

3. 日本的外汇平准基金专项账户

日本 1951 年《外汇基金专项账户法》授权财务省设立外汇平准基金专项账户，以执行汇率干预操作。该法规定财务省使用该账户资金进行外汇操作时，可以授权日本银行代为执行。该账户包括日元账户和美元账户。汇率干预中用到的日元是在债券市场上发行基金融资券筹集，而美元则来自日元升值期间的积累。

4. 欧元区汇率干预使用外汇储备的规定

作为欧元区汇率决策的执行机构，ECB 能够自由支配等价于 500 亿欧元的外汇储备，必要时还能够支配各成员国中央银行的外汇储备。成员国的中央银行在使用外汇储备时，需要经过 ECB 的同意，以防止成员国中央银行采取的汇率干预行动与欧元区的汇率决策发生冲突。

5. 小结

以上考察显示，美国、英国、日本通过立法建立外汇平准基金或特别账户，将用于维护汇率稳定的外汇储备与旨在实现保值增值目的的外汇储备隔

---

1 于泽雨、王益：《官方外汇市场操作制度安排比较分析——以美国、欧盟、英国和日本为例》，《国际金融研究》2006 年第 12 期。

离。虽然欧元区没有建立此类账户，但也相应规定了进行汇率干预的外汇储备的规模。汇率干预由财政部和央行分工合作进行，是基于兼顾不同政策目标的需要。各经济体通常不会仅仅为了维持汇率的稳定而放弃通过货币政策对国内经济进行宏观调控。上述经济体均由财政部进行汇率政策的决策，由中央银行负责货币政策（虽然 ECB 对两者均有管辖权，但仍然需兼顾两个政策目标）。外汇平准基金的建立，能够在尽可能大的程度上维护各经济体不同政策目标的实现，以免产生政策间的冲突和对相关政策目标的忽略。

（三）汇率干预的信息披露制度

汇率干预的信息披露是美、英、日、欧晚近进行汇率干预的一项重要制度，也是汇率干预特例化的体现。美国财政部规定由纽约联邦储备银行对汇率干预数据进行公开披露。在不同阶段，美国财政部对汇率决策执行信息披露的情况并不相同。近年来，美国汇率干预大多采取公开方式，由财政部在汇率干预开始时进行证实，一段时间后公开更具体的信息。纽约联邦储备银行会定期公告《财政部和美联储的外汇操作》，公开披露汇率干预时间、货币配对细节以及干预数量和日期。如果财政部没有要求进行汇率干预，《财政部和美联储的外汇操作》也会对此进行说明。与 20 世纪 90 年代初期以前的汇率干预操作仅是通过一个或两个交易商秘密进行相比，美国晚近的汇率干预的透明度大大提高。

英国、日本和欧盟也有汇率干预信息披露的制度和实践。英国财政部和英格兰银行公开干预数据始于 2000 年，具体由通讯社每月公开官方持有的外汇储备和黄金的操作信息。披露内容包括具体的汇率干预数量、日期以及实施汇率干预的原因。日本当局对汇率干预的披露做法并非一成不变。在 2000 年前，汇率干预的信息披露根据每次干预的情况作出是否披露的决策。在 2000 年到 2002 年夏季，日本汇率干预的透明度提高。财务省在汇率干预执行时立即公开证实，并定期对汇率干预的具体操作细节进行披露，包括执行的时间、执行场所、汇率干预的次数以及规模。但是，2003 年上半年的汇率干预仍然多以秘密干预方式进行。欧元区 ECB 进行汇率干预时，通过通讯社进行公开声明，并在一段时间后公开更具体的信息，比如货币配对和数量。

通过以上比较发现，四个经济体对汇率干预披露的处理并不完全相同，但也存在一定的一致性。普遍来看，对汇率较多的干预存在于有管理的浮动汇率制度阶段，各经济体对汇率干预的公开披露采取谨慎小心的做法，对其在此期间的汇率干预活动并未加以公布。而随着各经济体逐渐实行自由浮动汇率制度后，当局对干预的信息披露态度发生较大转变，均在汇率干预活动开始时公开证实，并在规定的某个时间比如月度报告、季度报告上公开披露汇率干预的目标、数量等信息。各经济体的态度为何会发生如此大的转变呢？

IMF《货币和金融政策透明度的良好做法守则》有助于对这一问题的解读：一是向公众公开政策目标和工具会加强政策影响，且表明当局有信心能够实现这些目标；二是良好的管理要求中央银行和金融机构承担责任。但该规定对汇率决策的披露规定了一定的例外，即当增加透明度会损害决策效果或潜在影响市场稳定时，汇率干预当局就可以免于按照规定进行披露。该守则暗示了在货币和汇率市场操作方面的大量披露要求，可能会破坏市场，限制政策制定者制定策略的自由性，阻碍应急计划的实施。[1]

应当看到，汇率干预信息的公开具有益处，主要体现为：提高干预操作目标的透明度，减少针对央行操作的投机者的投机行为和谣言散播，帮助央行减少市场波动。但汇率干预信息的公开也有弊端。例如，若汇率干预未取得预期效果，将会减损市场对央行的信任。尤其是汇率干预技巧以及工具的公开将会给市场投机者提供明确的投机目标，投机者的投机行为有时可能导致央行被迫采取某些特定方法进行操作，以扭转市场预期。此外，汇率干预信息披露的程度与汇率干预的频率呈负相关关系。积极透明的外汇操作会暴露央行战略，迫使其采取某种方式满足或抵抗市场预期。尽管不同经济体有不同的披露做法，但总体来看，上述国际货币发行经济体汇率干预的透明度在不断提高，这相应地加强了中央银行的责任。[2]

第三节　改革人民币汇率制度的构想

通过对发行国际化货币经济体的制度和实践的考察及比较，我们发现在当今牙买加体系下发行这些货币的经济体最终都不约而同地采取了自由浮动

---

1 Priscilla Chiu, *Transparency Versus Constructive Ambiguity in Foreign Exchange Intervention,* Monetary and Economic Department, 2003, p.4.

2 Priscilla Chiu, *Transparency Versus Constructive Ambiguity in Foreign Exchange Intervention,* Monetary and Economic Department, 2003, p.12.

汇率制。虽然这些经济体在采用自由浮动汇率制之前实施过一段时间的有管理的浮动汇率，但各经济体发现国际金融环境的复杂性导致汇率干预的效果极其微弱，且易导致不良的市场影响，因而最终让汇率自由浮动。因此，无论是从对人民币国际化的需要进行的前述分析，还是基于美、英、日、欧的实践的验证，可知人民币在当今国际经济和金融环境下要实现国际化，必然需要实行自由浮动汇率制。只有将人民币汇率交由市场决定，才能更好地体现出人民币与外国货币之间的真正价值，促进国际社会对人民币的接受和使用，充分实现人民币国际化的目标。当然，人民币汇率由以市场供求为基础的浮动汇率制度转向自由浮动汇率制，需要进行大量的准备和配套工作。

一、完善人民币汇率形成机制并适时转向自由浮动汇率制

探求适应人民币国际化所需要的汇率制度，需要从人民币汇率形成机制的近期改革及其状况入手。人民币汇率形成机制被公认经历了三次重大的跨越式改革：1994 年由汇率"双轨制"转向单一制的并轨改革；2005 年实行"以市场供求为基础、参考一篮子货币调节、有管理的浮动汇率制度"的改革；2015 年"811"汇改及其之后对人民币汇率中间价形成机制的改革。而后一项改革也是人民币汇率形成机制的最近一次改革。2015 年 8 月 11 日，中国人民银行宣布调整人民币对美元汇率中间价报价机制，做市商参考上日银行间外汇市场收盘汇率，向中国外汇交易中心提供中间价报价。之后，中国人民银行进一步完善人民币汇率中间价（CNY）形成机制。2015 年 12 月 11 日，中国外汇交易中心首次发布人民币汇率指数（CFETS），以更好地保持人民币对一篮子货币汇率基本稳定。由此，人民币汇率中间价形成机制开始公式化，即人民币汇率当日开盘价 = 前日收盘价 + 参考一篮子货币汇率。2017 年 5 月，央行宣布在人民币汇率中间价中引入逆周期调节因子。至此，新的中间价形成公式为：当日开盘价 = 收盘价 + 一篮子货币汇率 + 逆周期调节因子。

由上可见，现行的人民币汇率制度仍然不是自由浮动汇率制。人民币由当前的汇率制度转向自由浮动汇率制，我们认为可以从以下几个方面准备和着手：

首先，我国应扩大人民币对美元等外币的每日浮动的幅度。我国目前银行间即期外汇市场人民币兑美元交易价浮动幅度为 2%，即每日银行间即期外汇市场人民币兑美元的交易价可在中国外汇交易中心对外公布的当日人民币兑美

元中间价上下 2% 的幅度内浮动。扩大人民币对外币的波动幅度，可以强化市场对汇率的决定力量，进一步淡化干预色彩，有助于进一步向人民币国际化所需要的自由浮动汇率制迈进。同时，扩大人民币对外币的波动幅度，也可以减少现有人民币汇率形成机制中对一篮子货币汇率的依赖，而这种依赖，如前所述，与人民币作为国际货币所要发挥的作用是相背离的。

其次，我国应进一步改革人民币汇率中间价。人民币汇率中间价指我国外汇交易中心根据中国人民银行授权，每日计算和发布人民币对美元等主要外汇币种汇率中间价。人民币对美元汇率中间价的形成方式为：交易中心于每日银行间外汇市场开盘前向外汇市场做市商询价，并将全部做市商报价作为人民币对美元汇率中间价的计算样本，去掉最高和最低报价后，将剩余做市商报价加权平均，得到当日人民币对美元汇率中间价，权重由交易中心根据报价方在银行间外汇市场的交易量及报价情况等指标综合确定。人民币对港元和加拿大元汇率中间价由交易中心分别根据当日人民币对美元汇率中间价与上午 9 时国际外汇市场港元和加拿大元对美元汇率套算确定。人民币对欧元、日元、英镑、澳大利亚元、新西兰元、林吉特和俄罗斯卢布汇率中间价形成方式为：交易中心于每日银行间外汇市场开盘前向银行间外汇市场相应币种的做市商询价，将做市商报价平均，得到当日人民币对欧元、日元、英镑、澳大利亚元、新西兰元、林吉特和俄罗斯卢布汇率中间价。由此可以看出美元仍然在人民币汇率中间价的确定中发挥重要作用。在 CFETS 一篮子货币中，美元权重最大，加上一篮子货币中一些程度不同的与美元挂钩的货币产生的间接影响，美元权重更大，因此，美元汇率走势依然是影响人民币汇率波动的主要因素之一。[1] 这显然是想通过人民币对美元双边汇率维护人民币对一篮子货币的汇率基本稳定。但如前所述，人民币汇率指数一篮子货币中美元权重过大与人民币作为国际货币所要发挥的作用是相背离的，因此，我国应当进一步改革人民币汇率中间价形成的方式，实行人民币与非美元货币的直接交易计价，同时使中间价更加贴近市场，灵活反映经济基本面的变化。

最后，在以上改革的基础上，适时地修法，将现有的人民币汇率制度转变为浮动汇率制。浮动汇率制，质言之，就是由外汇市场的供求关系决定汇率水

---

[1] 巴曙松：《合理看待人民币汇率波动幅度稳步扩大》，中国财富网，2018 年 9 月 12 日。

平。当外汇市场上对人民币供大于求时，更多的卖盘会使人民币在与其他相关货币的兑换中出现贬值，相反的情况则会出现升值。易言之，在浮动汇率制下，人民币在市场供求关系中确定自己的价值，不再参考其他货币定值。这是浮动汇率制与人民币现有汇率制度的重大区别。相反，人民币参考其他货币定值，本身就与人民币的国际化地位和身份极不相称。从目前主要国际化货币——美元、英镑等货币来看，其汇率无不由市场决定。此外，浮动汇率制既然将汇率交给市场，就不再需要央行对汇率实行频繁的干预。这是浮动汇率制对现有汇率制度需作出的另一重大变革。但需要指出的是，浮动汇率制并不绝对地排除政府干预，而是排斥政府对外汇市场和汇率的常态化干预。从英美等国来看，其在实行浮动汇率制后对外汇市场的干预并没有绝迹。因此，我国在浮动汇率制的立法中，应保留央行在外汇市场出现严重紊乱或在经济金融稳定遭受严重威胁等极端情况下入市干预的备而待用的权力。

二、明确汇率决策和执行机构的职责分工

（一）完善立法以明确汇率决策和执行的权力

《中国人民银行法》第 5 条规定，中国人民银行就年度货币供应量、利率、汇率和国务院规定的其他重要事项作出的决定，报国务院批准后执行。从此可见，人民币汇率由中国人民银行决定，国务院批准。但我国《外汇管理条例》第 2 条规定，国务院外汇管理部门及其分支机构（简称"外汇管理机关"）依法履行外汇管理职责，负责本条例的实施。《外汇管理条例》第 32 条规定，国务院外汇管理部门可以根据外汇市场的变化和货币政策的要求，依法对外汇市场进行调节。而国务院外汇管理部门是国家外汇管理局。由于在我国，法律效力优于行政法规，这就提出了两个问题：第一，在汇率决策及其执行问题上，国务院、中国人民银行和国家外汇管理局是什么关系？彼此间职责界限如何厘定？这些都需要在法律上进行明确。前有述及，人民币国际化需要加强中央银行的独立性，因此，应当将汇率的决策授予中国人民银行，而国家外汇管理局可以作为决策的执行机构。如果是这样，那就引出第二类问题：美、英、日等将外汇决策权交财政部，而将央行作为执行机构，我国实行中央银行主导下的汇率管理模式是否适当？导致此问题的原因在于我国的权力配置理念与美、英、日等不同。美、英、日等实行分权制衡，将权力分配给不同的机构掌管，在不同

部门之间形成相互制约关系，互相监督和管制。我国采取集权模式，以提高政策实现的效率。因此，由央行主导汇率决策并无不妥。况且，中国人民银行与财政部相比又更贴近市场，有利于获取市场信息，且在我国汇率制度改革的过渡阶段，汇率市场干预仍不可避免，因此，央行主导更适合我国实际情况。

（二）构建外汇平准基金制度

前已述及，货币国际化的经济体尽管都实行自由浮动汇率制，但也存在干预汇率的特例，人民币国际化条件下我国也不例外。那么，接下来的问题是，我国应当通过什么样的渠道和方式进行干预？对此，我们可以借鉴美国、英国和日本的方式，制定并实施《外汇平准基金法》，设立外汇平准基金账户作为汇率干预的专门账户。这样可以将用于不同目的的外汇储备进行分离，再通过对冲的方式维持货币政策的独立性。该账户的建立不仅可以将维护汇率稳定的外汇与旨在实现保值增值目的的外汇储备进行分离，而且可以应对国际上对外汇市场干预以及外汇储备投资信息披露的要求。

针对建立外汇平准基金账户，我们认为该账户可以规定由财政部同中国人民银行共同成立。这样能够有利于在对冲操作时通过发行政府债券的方式进行。政府债券由财政部发行，债券的还本付息义务由财政部承担，是由一国的财政收入为保障，在经济体系中的关系是货币所有权的转移。这能够避免中央银行干预外汇市场时因发行央行票据额外增加还本付息压力，不再对中央银行的资产负债表产生影响，汇率干预的实施也不会影响到商业银行在央行中的资产变化，以避免央行发行人民币而增加外汇储备的被动局面。此外，中国人民银行通过该账户进行汇率干预决策和执行时不会受到多种目标的影响，能够独立行事。特别是，由财政部同中国人民银行共同成立外汇平准基金账户，有助于降低中国人民银行政策目标间的冲突。如前所述，中央银行主导汇率管理，会导致中国人民银行在实现某些目标时发生冲突。中国人民银行存在多项目标，除了汇率政策目标外，还有通货膨胀率等货币政策目标。

此外，我国汇率制度对汇率干预和外汇市场管理仅有授权，却无对应细则的出台，导致了目前汇率干预的不透明，影响了市场的合理预期。我国应该建章立制，实行汇率干预的信息披露制度，提高汇率干预的透明度，同时规定不预披露的例外。这不仅能够合理引导市场预期，而且会使得央行的干预行为受到监督，督促其在进行汇率干预决策时慎重行事。

第五章
我国建立强大金融市场所需制度变革问题

实现人民币国际化除需要充分开放资本项目和实行自由浮动汇率制之外，还需要建立强大的金融市场，作为人民币国际化的依托。而建立人民币国际化所需要的强大金融市场，需要强有力的法治保障。这就需要对现有的影响我国金融市场发展的法律制度进行系统的检视，做好法律制度的废、改、立的工程。建立人民币国际化所需要的强大金融市场的法律制度，首先需要探究人民币国际化究竟需要什么样的强大金融市场，只有这样，我们才能建立起维护和保障这样的金融市场的法律制度。故以下首先对人民币国际化需要建立的强大金融市场及其布局进行探讨，然后对建立这样的市场需要解决的制度变革问题进行重点考察。

第一节　人民币国际化需要建立强大金融市场之探因与布局

国际货币发行国的金融市场发展程度，普遍被认为是该国货币能否实现国际化的决定因素之一。[1]人民币国际化也不例外。为什么人民币国际化需要我国建立起强大的金融市场呢？对此，可以从货币国际化包括人民币国际化的本质需要来寻求答案，并借助以美元为代表的国际货币的历史经验进行验证。

一、人民币国际化需要建立强大金融市场之探因

虽然历史上每一种储备货币的崛起都有其特定的历史背景和原因，但相同

---

1 Krystyna Palonka, "Internationalization of Chinese Currency, Trends and Progress", *16 lipca*, 2014, pp.2–3.

的是该过程都需要强大的金融市场。[1]因此，在探讨人民币国际化为什么需要强大的金融市场的原因之前，我们有必要首先厘清货币国际化所需强大金融市场的标准。在我们看来，满足货币国际化包括人民币国际化需要强大的金融市场的标准可概括为两个方面：发达和开放。发达的金融市场可以主要从金融市场的广度、深度、流动性上体现，而开放的金融市场体现在货币发行国对该市场是否对外管制或限制上。金融市场的广度体现为金融市场参与者类别、入市交易目标、风险偏好、投资时限的多元化程度，以及以金融工具数量体现的金融市场规模。金融市场的深度体现为市场是否存在足够大的交易量，从而可以保证某一时期，一定范围内的成交量变动不会导致市价的失常波动，以及报价与成交价之间的差额大小，衡量的是金融市场的效率和完善程度。金融市场的流动性既指资产以合理价格变现的能力，也指买卖金融资产的便利程度，二者均与市场的成交量和营业额密切相关。金融市场的开放度体现为金融市场的自由度，表现为该市场没有资本和汇率管制，从而降低交易成本。[2]

（一）建立强大的金融市场是人民币国际化的本质要求

首先，强大的金融市场是人民币实现真正国际化的重要条件。金融市场规模的扩大、效率的提高，可以增进该货币成为国际货币。一个富有广度、深度、流动性和开放性的国内金融市场，能为以本币计价的资产提供流动性和保值、增值服务，吸引外国居民愿意持有的本币计价资产。也只有一国金融市场具备相当的广度、深度、流动性和开放性，国际投资者才会有机会，也才能够大量投资于以该国货币计价的金融资产。从目前世界最主要货币美元来看，美元的国际货币职能，特别是作为交易媒介的货币职能，就与纽约资本市场以及芝加哥期货市场的发展密不可分。对人民币国际化而言，发达而开放的金融市场，能够促进人民币国际化在国际私人领域的实现。同时，强大的金融市场，也是人民币发展成为国际储备货币的条件。人民币国际化，不只是要在国际贸易中的运用，更要在国际金融交易中的运用。[3]而人民币运用于国际金融交易，

---

1 BIS, Currency Internationalization: Lessons from the Global Financial Crisis and Prospects for the Future in Asia and the Pacific, December 2011, pp.117–119.

2 参见陈炳才等：《美元欧元日元地位变化趋势及其对人民币汇率机制的启示》，《管理世界》2001 年第 6 期。

3 Eswar Prasad, Lei Ye, "Will the Renminbi Rule?", *Finance & Development*, Vol. 49, No. 1, 2012, p.5.

就须臾离不开我国金融市场这一依托。特别是，人民币要成为他国外汇储备，只有具有广度、深度、流动性和开放性的市场，才能提供高效变现和兑换的条件，确保货币的可流动性和可兑换性，才能满足他国平衡国际收支和干预外汇市场等需要。

其次，强大的金融市场也是抵御人民币国际化条件下潜在的金融风险和金融动荡的需要。如前所述，货币国际化需要该货币发行国充分开放资本项目，而资本项目的充分开放会为跨境资本流动大开方便之门。在这种情况下，只有我们建立强大的金融市场，才能抵御跨境资本流动带来的金融风险和金融动荡。第一，对于规避或厌恶风险的投资者而言，一个具有广度、深度和流动性的金融市场的风险，要低于狭小的金融市场风险。在发达的金融市场中，单个投资者的力量是有限的，其交易不足以影响金融市场资产价格的大幅波动。同时，多样化的金融产品，也为货币持有者和投资者进行规避风险的套期保值提供投资工具。第二，一个没有资本管制和汇率管制的开放的金融市场，能够为国际货币持有者提供最大限度的确定性信息，从而降低货币交易成本。而货币交易成本的低廉会吸引更多的交易，才有可能使该货币从国际货币的竞争中脱颖而出。正如前所述，国际货币竞争会淘汰交易成本高的货币。第三，在资本项目开放前，如果国际化货币所属国的金融市场不发达，缺乏深度与规模，那么，规模有限的在岸金融市场，在巨额的跨境资本流动的冲击下可能难以招架。这样，巨额的跨境资本流动就可能动摇国际化货币所属国的金融稳定和货币政策。[1]是故，金融市场的广度、深度、流动性和开放性对人民币国际化起着决定性作用。适应人民币国际化而开放资本项目，需要我国发展金融市场，特别是资本市场，使之成为有弹性、有深度，能够缓解外部对宏观经济冲击的防护层。

最后，强大的在岸金融市场而不是离岸市场，是实现人民币国际化的依靠。迄今，资本项目管制下内外分离的离岸市场仍然是人民币国际化的主渠道。从 2009 年我国推行人民币国际化以来，我国一直鼓励在经常项目中使用人民币进行计价、结算和交易。但通过经常项目项下的贸易途径以及其他方式流到境外的人民币，除非用于从中国进口的贸易支付外，原则上不能通过资本

---

1 Takatoshi Ito, "The Internationalization of the RMB: Opportunities and Pitfalls", *Council on Foreign Relations*, November 2011.

项目流入在岸市场，这是因为我国内地存在资本项目管制。因此，在资本项目管制的狭缝下推行人民币用于贸易清算和国际化，当下主要是借助在离岸市场上建立离岸人民币清算系统，指定清算银行，实现内外分离，以此缓解人民币贸易清算与资本项目管制的矛盾。将离岸资本流动与在岸市场进行分离，是为了限制资本项目的可兑换性，使得当局能够直接握有信贷增长和分配的杠杆，甚至有人认为只要离岸人民币返回在岸市场的渠道受到限制，国内的金融稳定就可以保持。[1] 应当看到，在我国内地资本项目未完全开放的情况下，发展离岸市场是人民币国际化的重要输出渠道。建立离岸市场对克服我国内地存在的人民币兑换限制，扩大人民币在内地以外的使用十分重要。这样既可以使我国内地在保持对资本项目开放进程控制的情况下，使得非居民在离岸市场为了贸易和投资目的而获得和持有人民币。而人民币离岸市场的发展可大幅增强人民币及其境外资产的流动性，弥补境外人民币不能流回到国内金融市场的局限性。而且通过离岸金融市场发展人民币投资工具，能够有效隔离资本大量回流对国内金融体系的冲击与负面影响。

尽管人民币离岸市场对人民币国际化具有巨大的促进作用，但实现人民币国际化最终还需建立强大的在岸金融市场。一方面，要想增加人民币的流动性，关键还是需要通过在岸金融市场来实现，不能完全依赖离岸市场。另一方面，离岸人民币市场的发展也迫切地需要寻找到一个资金的出口和去处。这就需要我们深化境外人民币回流机制建设，满足离岸资金日益增强的回流需求，使人民币由单向流出变成双向流动，提高人民币的吸引力。只有创造人民币的非贸易需求和投资需求，才能保证非居民持有人民币后有足够的投资渠道。从这一意义上讲，我国推动人民币国际化目前主要借助于在境外特别是在香港建立离岸市场，而不是取消内地在资本项目下对资本进出的管制以及对国内金融市场开放的限制。罗伯特·麦考利（Robert McCauley）就指出："中国政府一方面发展离岸市场，另一方面对跨境资本流动保持广泛的管控，这种做法是查无先例的。没有国家一开始就发展离岸市场。"[2] 固然，目前世界头号货币——

---

1 Subacchi Paola, Helena Han, "The Connecting Dots of China's Renminbi Strategy", *International Economics*, Chatam House, September 2012.

2 Robert McCauley, "The Internationalization of the Renminbi", Speech to the Second Annual International Conference on the Chinese Economy, http://www.hkimr.org/HKIMR-Newsletter-19.pdf, January 14, 2011.

美元也存在活跃的离岸市场，如欧洲美元市场和亚洲美元市场等，但须知在美元开始离岸交易之前，美元已是世界主流的国际储备货币，纽约已经是世界主流的国际金融中心，因此，如后详述，美元的国际化依靠的是其强大的本土市场，而非离岸市场。可见，在实现人民币国际化的过程中，人民币离岸市场无论怎么发展，都不能取代发达而开放的在岸金融市场的建设和发展。

（二）美元国际化的历史经验之鉴

货币国际化需要该货币发行国建立强大金融市场，不仅可以从货币国际化的本质需要中得到证实，而且也可以从已经国际化货币的历史中得到验证。限于篇幅和晚近的关联性，以下通过考察美元国际化的历史过程，旨在证明强大金融市场之于美元国际化的不可或缺性。

据统计，美国以 GDP 代表的经济规模和对外贸易额在 19 世纪末均超过英国而居世界首位，但美元的国际化却毫无建树，主要原因之一是美国缺乏强大的金融市场。首先，美国没有中央银行来平稳和润滑金融市场，从而导致美国金融市场和美元缺乏国际吸引力及竞争力。而在英国伦敦，当金融机构需要将贸易票据变现时，可以通过再贴现即把先前买入的票据卖给英格兰银行获得融资。在 19 世纪末，英格兰银行是伦敦金融市场上票据的最大买主。[1] 但美国则不同，1914 年之前美国一直没有建立起自己的中央银行，这导致不仅贸易票据流通受阻，而且美国缺乏平稳金融市场的机构。在"一战"前的 100 年中，美国一共发生了 14 次金融危机，危机期间利率高企，市场资金匮乏，无法为贸易提供融资。因此，当时美元不仅与英镑无法比拟，而且不及法国法郎、德国马克、意大利里拉和奥地利先令的国际排位。当时，荷兰的基尔德和瑞典的克朗尚构成一些国家的外汇储备，但美元却不是。[2] 其次，美国的法律阻止美国银行在海外建立机构。美国《1863 年国民银行法》（National Banking Act of1863）和其他相关立法缺乏对国民银行从事贸易信贷的授权。而美国法院忧心银行介入新领域，也裁决认为国民银行若没有国会的授权，就不能从事贸易信贷业务。这一状况直到《1913 年联邦储备法》（Federal Reserve Act of 1913）通过后才得以改变。这些都导致了美国缺乏有广度、深度和流动性的金融市

1　Wilfred King, *History of the London Discount Market*, George Routledge & Sons, 1936, p. 311.

2　Marc Flandreau, Clemens Jobst, "The Empirics of International Currencies: Historical Evidence", *CEPR Discussion Paper*, No. 5529, Centre for Economic Policy Research, March 2006, p.12.

场，导致在美国进行贸易融资的成本劣势。伦敦有大量的贸易票据的投资者，这使得这种金融工具的买卖具有高度的流动性，票据流通不会遭遇出手困局和价格颠簸。流动性也吸引各国政府和中央银行在伦敦持有国际储备，因为在金本位制下不会产生孳息的黄金与票据在高流动性市场上的高速转换，为实现国际储备目的所必需。而美国则缺乏这种市场。

以上原因表明，不破除困扰美元国际化的桎梏，美元就难以发挥与美国经济实力相匹配的作用。1907 年，美国爆发的严重金融危机为建立美国中央银行和美元的国际化提供了转机。在缺少中央银行的情况下，危机期间金融机构不得不依赖华尔街类似摩根这样的巨头来组织救助，但这种金融机构发起的救助缺乏法定的稳定性和保证性，因此，成立中央银行以建立起解决货币金融问题的永久机制的课题再次摆在美国人的面前。经过筹划，美联储于 1914 年正式运营。美联储的建立不仅消除了美元国际化的一大障碍，而且为美国有深度和流动性金融市场的发育提供了条件。[1]

新建立的美联储执行货币政策，调节信贷供应以避免 1907 年危机中出现的利率陡升和市场信贷枯竭的发生，所运用的手段包括购买贸易票据等。但买卖以美元计值的贸易票据，需要有此类金融工具的需求和供给，这就需要美国银行走出去。为此，《1913 年联邦储备法》授权具有 100 万美元以上资本的国民银行在海外建立分支机构，在不超过自有资金的 50% 的条件下，可以自由地买卖贸易票据。由此，困扰美元国际化的又一难题得以解决。

接下来如何提高美国金融市场和美元的吸引力及竞争力，则是在美元与英镑争锋的博弈中实现。在英国伦敦具有成本和声誉优势的情况下，如何启动和发展对美元国际化至关重要的贸易票据交易以及其他金融交易呢？"一战"为此提供了良机。在"一战"中，由于美国成为世界工厂和粮仓，出口急剧扩大，同时美国企业在拉丁美洲和亚洲等地投资经营，美国从战前的债务国变成了战后的债权国，从而为美元被广泛接受和信任提供了坚强后盾。"一战"同时也斩断了欧洲的贸易信贷的供应。德国和英国银行对其客户开立的贸易票据不得不转向纽约请求承兑。由于有求于美国，这些票据不得不以美国银行熟悉的美元计值。不止于此，从 1915 年起，实行金本位的英镑开始急剧波动，严重影

---

1 韩龙：《美元崛起历程及对人民币国际化的启示》，《国际金融研究》2012 年第 10 期。

响了其对各国进出口商的吸引力。1916 年 1 月，虽然在美国的帮助下，英国政府成功地将英镑盯住美元以图稳定英镑，但由于英国战时积累的庞大的财政赤字和英国物价快速上涨，英镑并没有建立起稳定的信任。1916 年底，在美国终止对英国的战时支持后，英镑开始贬值，并在一年之内贬值了 1/3。这时，美元仍然一直牢牢地以黄金定值，导致不少进出口商在贸易中转向使用美元。与此同时，美国银行不失时机地大力吸引贸易票据业务。截至 1920 年底，美国金融机构在海外共建立了 181 家分支机构，支持当地的进出口商接受或开立的以美元计值的票据，美元逐步地获得了国际社会的信任。

美元的崛起，除"一战"提供的良机之外，也有美联储的作为。当时，以美元计值的票据遭遇了因缺乏投资者而导致流动性不足的困难。由于缺乏投资者，银行不得不一直持有票据直至到期，这不仅影响了银行资金的周转，使其面临利率风险，同时也影响到这一市场的扩大和可持续发展。为了解决这一问题，美国不是坐等市场自身发育，而是通过"有形之手"积极地对市场进行培植。1914—1928 年，执掌纽约联邦储备银行、负责处理美国国际金融关系的本杰明·斯特朗（Benjamin Strong），不仅大力开展了贸易票据投资价值的投资者教育，而且将发展贸易票据市场看作是增强美国竞争力和扩大美国对外贸易的重大举措加以推动。在他的带领下，美联储指示其在各地的机构购买贸易票据。这种购买行为稳定和降低了票据的贴现率，促进了该市场的健康发展。随着美联储的介入，在美国具有盈余的外国商业银行和中央银行被吸引进来，成为偏爱这类票据的投资者。逐渐地，专事票据买卖的交易商也出现了。如此，美元国际化所需要的美国金融市场的流动性以及对美元的信任问题得以解决。同时，美联储还积极利用"一战"提供的契机，大力地向世界推销美元。欧洲在"一战"中备受蹂躏，战后重建急需大量资源，而美国则拥有丰富的资金。以斯特朗为代表的美联储要员不失时机地向欧洲各国政府和企业积极推销美元贷款，增强了美元的地位和声誉。[1]

得益于美元票据市场、金融市场的发展和美元声誉的提高，美元取得了重要的国际地位。在 20 世纪 20 年代的前半期，美国进出口的一半以上的资金融通是通过以美元计值的银行票据进行的，以美元计值的对外票据超过了英镑，

---

1 韩龙:《美元崛起历程及对人民币国际化的启示》,《国际金融研究》2012 年第 10 期。

美元在各国外汇储备中的数量也超过了英镑的份额。通过纽约融通资金的利率通常比通过伦敦低 1 个百分点，由此吸引世界各地商人大量地来到纽约进行交易。[1] 1929—1933 年席卷全球的"大萧条"及其引发的贸易战、汇率战，导致美元的国际地位在"二战"前有所下降。但是，"二战"后，美国强大的金融市场和经济实力，将美元推向布雷顿森林体系下国际货币的霸主地位。

20 世纪 60 年代之后，随着"特里芬难题"开始发作，美元地位开始动摇，蒸蒸日上的德国马克之所以最终没有取美元而代之，最重要的原因之一是德国金融市场缺乏开放性以及广度和深度。德国强调收支平衡且金融体系以银行为主导，因此，德国并不能提供对各国中央银行和外国投资者有吸引力的证券。自 70 年代初之始，德国政府要求外国人购买德国证券需要经事先批准，对外国拥有的银行存款提高准备金要求，以降低外国资本流入及其引发通胀的风险。这就不难理解 1979 年在伊朗准备将美元储备兑换成马克时受到了德意志银行的阻止。[2] 反观美国，自"二战"后至今，美国一直拥有世界最大的流动性金融市场。基于此，外国投资者云集于此进行交易和集中持有储备，而这又反过来加强了流动性。市场流动性强，金融交易的成本就低，对各国政府和中央银行就越有吸引力，因为金融工具只有易于变现，才能用于干预市场和市场操作。同时，流动性强也意味着金融工具买卖和变现不会引起过度的价格波动和价差，不致引起外汇储备的损失。可以说，拥有世界最大的流动性金融市场，是美元在信用动摇的情况下仍然屹立不倒的重要原因。

美元崛起的历史表明，因应货币国际化需要而进行相应的金融市场建设，极为关键。如前上述，缺乏有流动性和竞争力的贸易票据市场是美元在崛起前面临的桎梏之一，因此，美元国际化地位的革命性变化需要等到美国相关金融革命完成后才能实现。可见，货币国际化的发行国是否具有有广度、深度、流动性和开放性的金融市场，通常决定着一国货币国际化的命运。人民币要想成为国际主导货币，也离不开这样的金融市场。那么，如何建立这样的金融市场呢？

---

1 Barry Eichengreen, Marc Flandreau, "The Rise and Fall of the Dollar, or When did the Dollar Replace Sterling as the Leading International Currency?", *NBER Working Paper*, No.14154, July 2008.

2 Barry Eichengreen, *Exorbitant Privilege: The Rise and Fall of the Dollar and the Future of the International Monetary System*, Oxford University Press, 2011, p.67.

二、建立人民币国际化所需强大金融市场之布局

鉴于我国金融市场的对外开放性决定着国际社会各类主体能否运用人民币进行所需要的交易，事关人民币国际化的命脉，故本节之后的其余各节将聚焦我国金融市场，特别是资本市场开放中的重大法律问题。鉴于此，本目专注于人民币国际化所需要的我国金融市场建设的布局问题。而如何建立人民币国际化所需要的强大的金融市场，须依托我国国情。

我们认为，适应人民币国际化需要的金融改革，应从银行体系开始，向证券市场和其他金融领域推进，并以证券市场的改革和开放为重心。人民币国际化需要的金融改革之所以应从银行体系开始，原因在于：我国的金融体系传统上以银行体系为支柱，或者说银行主导了我国的金融体系。从未来发展来看，银行业在我国金融业中仍然占据重要地位。银行业改革需要做的工作有许多，包括（但不限于）通过股份多元化改革国有银行，增强其独立市场主体的地位和属性；加强银行法人治理结构和内控建设，使之成为自我控制和自我约束的金融市场主体等。在银行体系改革的基础上，我国亦应推进证券市场的改革，使我国能够建立一个降低对银行体系依赖的、更为平衡和多元化的金融体系。证券市场的改革应坚持对内改革和对外开放并重。从人民币国际化意义上讲，没有证券市场的开放，这一市场对人民币国际化来说是没有意义的。因此，本章余下各节将专注于适应人民币国际化需要的我国证券市场开放的法律问题。无论是银行体系的改革，还是证券市场的改革，还是其他金融改革，都要伴随独立的审慎监管制度的建立和加强。这也意味着金融监管和市场效率之间关系需要得到良好的处理。以下首先对建构我国强大的金融市场及其所需要的法律制度提出构想，然后对金融市场改革所面临的监管与效率关系的难题提出建议。

（一）建构发达的金融市场及其所需要的法律制度

前已述及，人民币国际化需要我国建立强大的金融市场。以此审视我国金融市场，我国从市场主体到金融产品再到金融体制都存在有待完善之处，以下略述之。

1. 市场主体

发达的金融市场需要各类市场主体，从而使市场交投活跃、买卖衔接顺

畅。丰富金融市场主体的一个重要方法，是放松对境外金融机构参与境内金融交易的限制。由于金融服务包括金融市场准入已纳入 WTO 金融服务和区域贸易协定（RTA）的法律框架，我国可以对拟开放的境外金融机构的市场准入在未来 WTO 多边谈判和 RTA 谈判中作出正式的金融承诺，接受 WTO 多边规则的约束；也可以利用 WTO 和 RTA 有关承诺构成义务底线，但可以采取优于承诺的措施的规则，在实践中实行优于我国已做承诺的市场开放，以满足丰富市场主体的需要。

丰富金融市场主体的另一方法，是引入具有不同偏好和需求的各类中外投资者。而要将这些投资者吸引到金融市场中来或者使金融市场对投资者具有吸引力，就必须加强法治，使金融契约得到可靠的履行，争议得到公平的解决，切实保护金融消费者权益。为此，我们除应当加强金融法治、提高金融审判专业技能外，还应引入一些国家的成功做法，如申诉专员机制（Ombudsman Scheme）。起源于英国的这一机制，通过调查、裁决、解决与银行、保险和投资有关的投诉，为金融消费者提供免费和独立的服务，迅速处理金融服务纠纷，有助于及时化解金融纠纷，保护金融消费者，维护公众对金融的信心。

2.金融产品

适应人民币国际化的需要，我国在金融产品方面应首先发展国债市场。国债不仅是许多投资者需要的高安全性能的金融资产，而且构成其他债券的定价基准，亦即没有这一基准，诸如公司债券和抵押债券就会缺失恰当定价的基准。现存问题表明，我国对国债市场的改革应当从规模和流动性两个方面着手。从规模来看，我国国债在 GDP 中的占比较低，仍然有上升的空间，但为了维护人民币币信，不宜发债过多，可以以国际组织和外国政府在我国发行高质量的人民币债券作为补充，而把我国改革的重点放在改进流动性上。我国国债的交易量小，有法律限制的原因，也有交易体制的原因（见后述）。财政部、中国人民银行 2013 年 1 月发布的《储蓄国债（电子式）管理办法》第 2 条就明确规定该国债不可流通。顺应人民币国际化，需要加强而非限制国债的流动性。在很大程度上可以说，高流动性使美国国债成为世界顶级的储备资产，值得我们借鉴。此外，我国还应当大力发展高质量的公司债券、金融衍生品、外汇产品等。其中，缺乏作为避险工具的金融衍生品构成人民币国际化的一大障碍，例如，汇率衍生品的匮乏使得各类机构面临汇率波动风险，且金融衍生品的推出存在监管部门审批周期长、手续烦琐等缺陷。与一些国家衍生品的过度发展相反，我们因缺乏衍生品而积累的金融风险超过了发展衍生品带来的额外风险。

健全和深化各类金融产品市场，应重在提高市场效率。对此，法律至少能够从税制和交易规则两个方面发挥功效。我国内地金融企业的营业税率为5%，且按照销售额征收，而中国香港、新加坡对银行等金融企业则不征收营业税。我国内地所得税税率为25%，也超过了中国香港和新加坡，不利于活跃交易。国务院有关建立国际金融中心的指示，提出要加快制定既切合我国实际又符合国际惯例的金融税收制度，但根据我国《立法法》，税收包括金融税收的立法权在中央。因此，由全国人大及其常委会调整金融税收法律制度，必将能促进金融市场的发展和人民币的国际化。在金融交易规则方面，我国法律也存在不足。例如，对金融衍生品缺乏立法，应及时进行填补。此外，为了提升效率，我国还宜将主导某些金融领域交易的国际通行规则引入我国。例如，在国际金融衍生品界，国际互换与衍生品协会（ISDA）制定的衍生品交易主协议为包括利率、货币、外汇、商品的远期、互换及期权交易的各方提供了统一的交易标准，我国可以以适当的方式加以引进。

3. 金融体制

建立适应人民币国际化所需要的发达金融市场，还需要我们在金融业经营及监管体制、证券发行和交易体制等方面进行改革。

在金融业经营及监管体制方面，根据法律对金融机构经营范围的规制，金融业经营可分为分业经营和混业经营两类模式。金融机构不分银行、证券、保险等，可以从事全面金融业务的混业经营模式，能够使金融机构资产多元化和风险分散化，加之存贷款市场的利率具有与证券市场的价格反向变动的特性，因而兼营信贷与证券会使金融机构内部产生一种损益互补机制。而且，混业模式下的金融机构由于能够提供全方位金融服务，因而有利于提高金融机构的竞争力和效率。此外，进入我国的境外金融机构大多在境外实行混业经营，可以做到业务和资金互补，提高效益。这一切都需要我国修改现行的分业经营的金融立法，实行混业经营。

经营模式发生了变化，与之相适应的监管模式亦应进行变革。我国传统的金融监管体制是分业监管，即分别由银保监会、证监会分别对银行业、保险业和证券业进行监管，与混业经营不相适应。为此，我国近期进行了重大改革，组建了中央金融委员会和中央金融工作委员会，成立了国家金融监管总局，以实行混业监管和穿透式监管。在新一轮党和国家机构改革的框架下，如何加强这些机构与中国人民银行、中国证监会之间在宏观审慎监管、证券监管的配合与协调，仍需要探索和磨合。从远期来看，我国应制定《金融监管法》，建立单一监管机构，对金融业实行统一监管，特别是实行宏观审慎监管，并将人类社会凝结的先进监管理念、制度、方法运用于监管之中。

在证券发行和交易体制方面，我国之前对股票发行实行核准制，且对公开募集发行的条件限制较多，发行企业扎堆排队，效率低下。为满足人民币国际化对高效金融市场的需要，我国应在加强信息披露制度、投资者保护制度以及证券评级制度的前提下，对股票的发行由目前的核准制转向备案注册制。我国于 2020 年 3 月 1 日起施行的新修订的《证券法》第 21 条规定我国将对证券发行实行注册制，目前已经付诸实施。在债券发行及交易体制方面，我国债券市场分割。在发行层面，金融债券的发行由人民银行审批，非金融企业债券被分割在不同部委管辖。在交易层面，银行间市场和交易所市场并行运行。类似的情形也发生在金融衍生品上，金融衍生品隶属于中国人民银行和证监会两个部门主管，交易的场所分别是银行间市场和交易所。市场分割既阻碍了人民币债券市场以及金融衍生品市场做大做强，也妨碍了人民币衍生品的发展。显然，统一立法、加强协调，构成统一我国债券市场和满足人民币国际化需要的重要条件。

（二）金融监管与市场效率间的难题之解

1. 金融监管与市场效率难题的提出

维护金融市场的安全和提高金融市场的效率，在许多国家的金融改革中都似乎成为一对难解的关系。主要原因在于：对这一关系如果从认知到操作存在偏失，那么，二者就会发生矛盾和冲突。一般而言，旨在保障金融市场安全的金融监管通常会给金融机构带来更大的成本和负担，而增大的成本和负担必然吞噬金融机构的利润，降低其经营效率。资本的趋利性会促使金融机构借助金融创新、金融游说，甚至俘虏金融监管者等手段，规避或挣脱金融监管。以 21 世纪以来美国金融监管和抗监管的博弈为例，2001—2002 年随着美国最大的能源公司——安然公司和世界通信会计丑闻事件的爆发，美国国会于 2002

年快速通过了《萨班斯—奥克斯利法》（简称《萨班斯法》）。该法的第一句话就是"遵守证券法律以提高公司披露的准确性和可靠性，从而保护投资者及其他目的"。该法推出了许多加强监管的举措，其中之一便是第 205 节要求发行人在董事会中设立审计委员会，以履行监督职责，其监督的范围包括发行人的会计、财务报告和审计过程。如果发行人不存在此类委员会，应由整个董事会来履行这一职责。然而，这一规定往往与外国发行人母国的公司法存在冲突。对于该法律冲突，美国证券交易委员会（SEC）根据证券法的授权，制定了规则 10A-3《关于上市公司审计委员会的标准》，在一定程度上豁免了外国公司遵守审计委员会制度的有关要求。这一豁免表面上看是为了协调美国《萨班斯法》与外国公司法之间的冲突，但实际上是对华尔街金融利益集团的妥协和让步。几年后，由美国次贷危机引发的 2008 年国际金融危机爆发后，美国国会通过了《华尔街改革与消费者保护法》，再度加强了金融规制和监管。特朗普上台执政后于 2017 年 2 月 3 日就签署行政命令，确定新政府简化金融监管的基本诉求，并要求财政部等对美国现行金融监管制度进行重新审查，以评估是否符合其提出的金融监管改革最优"核心原则"。接下来通过的《经济增长、放松监管和消费者保护法》是特朗普政府上台以来最为重要的立法之一，也是《多德—弗兰克法》实施以来的首次重大修订。该法虽然没有全面否定《华尔街改革与消费者保护法》以及审慎监管的政策逻辑，但确实大幅度地降低了审慎监管标准，是对金融机构的一次较为显著的"松绑"。以《华尔街改革与消费者保护法》规定的"沃尔克规则"为例，该规则限制商业银行自营交易，限制商业银行发起及投资对冲基金或者私募基金，要求银行内部建立自营业务、对冲基金投资等相应的合规程序。《经济增长、放松监管和消费者保护法》对"沃尔克规则"进行了调整，豁免了小银行相关的监管约束。自营交易及对冲基金是美国金融体系利润最为丰厚的领域，"沃尔克规则"因触及美国金融体系的核心利益而受到挤对。可见，监管重在追求的安全与市场追求的效率，存在持续的博弈。

建立人民币国际化所需要的强大的金融市场，同样需要解决好监管与效率的关系问题。一方面，人民币国际化所需要的金融市场须是高效的市场；另一方面，金融市场离不开审慎监管。人类历史上和各国重复上演的监管与效率之间的矛盾和博弈，该如何解决呢？对此，我们认为应当从理念和操作两个方面入手。

2.破解金融监管与市场效率难题之理念

尽管人们对金融业的看法和认识存在差异，但对金融业存在市场失灵和特殊性恐怕没有太大的异议。金融市场存在诸如垄断、外部性和信息的不对称性等市场失灵现象。由于金融市场存在失灵，金融业提供的服务没有达到帕累托效应——效率最大化，资源配置出现失灵或无效，因此，政府需要代表全社会的利益干预进来，矫正市场失灵。除金融市场失灵之外，金融业还存在一系列的特殊性，如金融的战略重要性、脆弱性和个体健康总体患病的难题等，这些特殊性的存在，也使得金融规制必要、正当且合理。[1] 而金融规制是金融监管的内核，金融监管是实施金融规制的外在体现形式。

金融规制和监管发轫的社会经济根源，也决定了金融规制和监管的主要目标。例如，金融业的外部性、战略重要性、脆弱性等特征，彰显了金融法防范金融风险，特别是系统性风险的目标需要。而信息不对称性则凸显了金融法保护存款人、投资者、保单持有人的重要性。同时，金融法在维护金融安全稳健性的同时，亦需积极促进金融市场的资源配置效率。以消除金融垄断为例，其目的和目标就是要引入竞争，提高效率。可见，科学的金融立法要兼顾安全与效率。[2] 而严守金融规制的经济社会根基及其所赋予的金融规制和监管的内在规定性，是能够平衡好金融安全与效率这一关系的关键。

具言之，金融规制和监管发轫的经济社会根源及其决定的金融规制与监管目标，决定着金融规制和监管的范围和程度。金融规制和监管只有基于上述经济社会根源的需要并服务于上述规制和监管目标，才具有正当性、合理性和科学性，否则不应规制和监管。因此，金融规制和监管不是漫无边际的，是有限度的。进一步的问题是，即便出于以上目标，一国应在什么情况下通过规制和监管介入金融业，在什么情况下又不应介入？这一问题庞大而复杂，但从金融规制和监管所植根的基本理念来看，规制和监管只有在其避免发生的损失或取得的利益大于规制监管的成本和代价时，才是正当和合理的。这一点在许多法律和典籍中得到了鲜明的体现。以美国 2009 年 7 月公布的《美国金融

---

1 韩龙：《金融法与国际金融法前沿问题》，清华大学出版社，2018，第19—29页。

2 韩龙：《金融法与国际金融法前沿问题》，清华大学出版社，2018，第19—29页。

改革方案》（简称《蓝皮书》）为例，《蓝皮书》为加强对金融消费者的保护，提出在消费者金融保护局加强透明度等努力不足以防范对投资者的不公平对待和滥用行为的情况下，该局有权对产品的条件和提供者的行为进一步实施针对性的限制，但前提条件是限制的收益能够超过成本。又如，对于美国财政部为避免金融机构无序倒闭对金融体系和经济造成的巨大影响而动用金融机构特殊解决机制的权力，《蓝皮书》要求须确定以下事项：①该机构处于违约之中或有违约的危险；②该机构的倒闭和以其他可适用的法律来处理会给金融体系或经济产生严重的负面影响；③政府动用这一特殊解决机制会避免或减轻这些负面影响。这些要求也体现出对政府介入的成本与效益的考量。美国12866号行政令要求联邦机构在决定是否以及如何规制和监管时，需要进行成本—收益分析。[1]

可见，从金融规制和监管植根的经济社会根源及其赋予的金融规制与监管的内在规定性上看，金融规制监管与市场效率并无根本矛盾。金融规制和监管不是不要，也不排斥市场机制和市场效率。市场机制在金融业中仍然发挥着基础和支配作用，只是金融业由于其特殊性和金融市场失灵而伴生的巨大风险及其可能导致的危机，离不开金融规制和监管。金融规制和监管的加强在一定程度上会导致公权力的扩充，但金融规制和监管是要防范和矫正金融市场失灵，恢复和保障市场机制的正常运转，并防范金融风险和危机，而不是要取代市场机制。金融规制和监管应服务于市场机制正常运行的维护，绝不是要取而代之。[2]

但值得注意的是，有人将效率与规制监管对立起来，借口规制监管会压抑金融市场和机构的效率而全部或部分地抹杀规制监管及其作用。然而，没有必要的规制与监管，市场失灵、金融风险及其对社会效率所造成的巨大损害就无法得到防范和制止，规制与监管正是由于市场没有达到或妨碍达到帕累托效应而应运所生，也是为了防控金融风险和危机对全社会财富造成的损害而适度而为。规制与监管发轫的这一理念基础本身赋予了规制与监管以效率的内涵和尺度。规制监管与效率及竞争没有实质性冲突，规制与监管通过加强竞争并使之

1　韩龙：《金融法与国际金融法前沿问题》，清华大学出版社，2018，第37页。

2　韩龙：《金融法与国际金融法前沿问题》，清华大学出版社，2018，第40页。

在市场上更加有效，增进社会的总福利。

人民币国际化所需要的强大的金融市场，必然是一个高效的金融市场，正因为如此，才需要建立科学的监管制度。一个严守金融规制和监管植根的经济社会根源及其赋予的金融规制与监管的内在规定性的监管制度，是破解监管与效率这一难题的指导思想。

3. 破解金融监管与市场效率难题之操作

虽说金融规制和监管植根的经济社会根源及其赋予的金融规制及监管的内在规定性为破解监管与效率这一难题提供了指导思想，但现实中又该如何操作，破解这一难题呢？从金融规制的类型入手，不失为一个良好的进路。

金融规制具有许多不同的类型，可大体分为影响市场结构的规制措施（regulations influencing the structure）、影响经营行为的规制措施（regulation influencing the conduct）、影响审慎监管的规制措施（regulations influencing prudential regulation）。[1] 从各国金融业发展所体现出的晚近趋势来看，重构规制中所放松或取消的金融规制主要侧重于影响市场结构的规制措施和影响经营行为的规制措施。放松规制不仅不要求放松或取消影响审慎监管的规制措施，而且需要加强这类措施。

表 5-1　金融规制的类型

影响市场结构的规制措施	影响经营行为的规制措施	影响审慎监管的规制措施
对金融机构功能的划分 金融业准入限制 对外国金融机构的 歧视性规定 对资本流动的限制	对存贷款利率的规制 对佣金和收费的规制 信贷配额 设立分支机构限制 准备金要求	最低资本要求 流动性比率 所有权结构的限制 对资产集中的限制 信息披露要求 存款保险制度 最后援救措施

人民币国际化所需要的强大的金融市场，须是充分自由的高效市场。一个充斥着众多限制的市场是无法实现低成本、高效率的。从以上对金融规制措施的分类来看，建立高效的金融市场就需要放松甚至取消影响市场结构和经营行

---

1 韩龙：《世贸组织与金融服务贸易》，人民法院出版社，2003，第 109 页。

为的限制性措施。从现实来看，我国还存在不少影响市场结构与经营行为的限制。前者如我国对境内外主体金融业准入的形式上或事实上的限制，对金融机构全面从事银行、证券、保险的混业经营的立法限制，对金融、非金融债券及衍生品的发行管理和交易市场实行的分割等。[1]后者如某些限制国债流通的规定[2]，对金融产品特别是金融衍生品审批周期长、手续烦琐的弊端等。此两类限制并非基于金融安全考虑，相反，其通常会妨碍效率和人民币国际化的需要，因此，取消此等限制实为建立高效金融市场之所需。

同时，强大的金融市场还须具有安全稳健性。一个没有安全稳健保障，金融动荡和危机频发的金融市场是毫无效率可言的，而要保障金融的安全稳健就须建立健全金融监管制度。因此，我国在建立适应人民币国际化的金融市场的过程中，在取消影响市场结构和经营行为的限制的同时，须加强审慎监管制度，防控金融动荡和金融危机所造成的损失。为此，我们应当警惕将金融自由化与削弱甚至取消金融规制简单地等同起来，认为金融自由化就需要取消或放松一切规制的论调。如前所述，金融自由化所放松或取消的主要侧重于影响市场结构的规制措施和影响经营行为的规制措施，如分业经营的限制措施、准入限制措施、借贷利率或收费的限制、贷款规模限制和设立分支机构的限制等，而不是要放松和取消审慎规制。金融自由化不仅不要求放松或取消审慎规制措施，而且需要加强这类措施，因此，金融自由化与审慎规制应当携手并进。

总之，我们一方面要在观念上纠正将效率与审慎监管对立，借口监管会压抑金融效率而抹杀监管作用的看法，树立只有依靠审慎监管才能防范或降低金融市场失灵所致金融效率严重丧失的理念，确立金融审慎监管与效率在根本上可以协调一致的思维，同时在立法和操作上厘定好审慎监管与效率的关系，确立只有在监管维护的效益大于监管成本的情况下才实施监管的规则，从而使监管建立在其发轫的根基之上并符合监管正当性原则。另一方面，我们应当在审

1　我国债券市场和衍生品市场是分割的。金融债券的发行由中国人民银行把关，非金融企业债券由国家发改委、证监会分别管辖。在交易层面，银行间市场和交易所市场平行运行。与此类似的是，金融衍生品审批隶属于中国人民银行和证监会两个部门，交易的场所分别是银行间市场和交易所。

2　财政部、中国人民银行于2013年1月发布的《储蓄国债（电子式）管理办法》第2条就明确规定该国债不可流通。

慎监管制度中充分吸收当今国际社会有关审慎监管的最新成果和设计，不断完善审慎监管制度，改进审慎监管，切实防范金融风险和危机，以切实保障宏观和微观效率。

第二节 境外机构在华发行和上市证券的法律制度建构

人民币国际化所需要的强大金融市场除需通过对内改革使之发达之外，更需要对外开放，以满足国际社会各类主体以人民币计价、结算和储藏价值的需要。唯其如此，才能够实现人民币国际化。在金融市场中，资本市场相对于其他金融市场而言，对于实现人民币国际化更为重要。因此，我国资本市场的对外开放制度的构建应当是构筑人民币国际化所需要的发达而开放的金融市场制度的重中之重。故本节和本章余下各节将聚焦我国资本市场对外开放的法律问题。

我国资本市场的对外开放仍然有待扩大。例如，我国不允许外国公司在我国发行 A 股。诸如此类的限制无疑会妨碍非居民筹措、使用人民币，妨碍人民币国际化的实现。从人民币国际化对资本市场开放的法律需要的角度来衡量，我国《证券法》并没有对我国证券市场对外开放给予充分考虑。因此，开放我国证券市场以满足人民币国际化的需要，需要完善我国证券法律制度。从现代证券法构成来看，强制性的信息披露与禁止欺诈构成证券法的两大基本制度。从构成多国证券法蓝本的美国《1933 年证券法》和《1934 年证券交易法》来看，强制披露与禁止欺诈就是其核心内容。各国证券法一般也围绕以上两方面的制度而展开。我国完善证券法律制度以满足人民币国际化的需要，也需要从我国证券市场开放条件下强制信息披露与禁止证券欺诈两大制度着手。

一、人民币国际化条件下外国发行人在华发行证券的信息披露制度建构

保护投资者是证券法的第一要旨，而要保护投资者就需要有强制性的信息披露制度，以便投资者在充分知情的条件下作出理性的投资决策。当然，保护投资者也需要对证券欺诈进行制裁，从而有效保护投资者的利益。外国发行人在华发行证券，会为投资者保护添加复杂性和特殊性，因而对信息披露制度的

构建提出了挑战。

（一）外国发行人在华发行证券信息披露制度的含义及特殊性

1. 外国发行人在华发行证券的信息披露制度之界定

对外国发行人在华发行证券的信息披露制度进行界定，宜因循外国公司—跨境证券发行—外国公司在华发行证券的信息披露制度的链条，依次递进界定。就外国公司而言，如何界定之，目前国际上并无统一的标准，学界也存在不同的观点，概括来说主要有以下几种主张：成员国籍主义、设立地主义、住所地主义、准据法主义、实际控制主义和复合标准说。[1]我国《公司法》采设立地主义，将依照外国法律在中国境外登记成立的公司界定为外国公司。此外，由于我国内地与我国香港、澳门、台湾地区所采取的法律制度不同，我们所称的"境外"通常包含我国的港澳台地区。因此，我国证券市场开放语境中的外国公司，既包括在我国境外登记设立的公司，也包括在我国港澳台地区登记设立的公司；而"在华"也仅指中国内地证券市场。

就跨境证券发行而言，IOSCO 在《外国发行人跨境发行与首次上市的国际披露标准》的引言中指出：当一家公司直接在母国之外的一个或多个国家发行或上市，而不论该公司是否是同时在母国发行或上市证券，这样的证券发行或上市即为"跨境"发行或上市。据此，外国公司在我国境内证券市场上发行证券时，无论其是否同时有在其他国家（包括其母国）发行或上市证券，都属于跨境证券发行或上市的情形。

就外国发行人在华发行证券的信息披露制度而言，依据前两者的含义，其是指在我国境外设立的公司（包括在港澳台设立的公司），在我国内地证券市场发行证券时，有关当事人应遵循法律、法规和证券主管机关或证券交易所等自律机构的规定，向社会公众公开公司及其证券发行有关的信息和情况的一套行为规范。外国公司在华发行证券的信息披露制度的构建，需要充分考虑外国公司跨境发行证券进行信息披露时可能产生的问题，如信息不对称、公司治理结构差异、会计准则适用以及外汇风险等。

2. 外国发行人在华发行证券信息披露制度的特殊性

外国发行人在华发行证券的信息披露，无论是从披露主体、披露内容，还

---

1 刘仁山：《国际私法》，中国法制出版社，2012，第91—92页。

是投资者风险关注等方面来看，均与国内公司在我国境内发行证券有着较大的差异，从而使得对外国发行人在华发行证券需要建立有针对性的、能适应其特殊性的信息披露制度。

首先，由于外国发行人作为涉外主体的特殊身份，其在我国证券发行行为必然涉及我国与其母国甚至与其他多个国家或地区的法律监管。由于公司注册和证券发行两个不同的法律行为所发生的法域不同，对于该外国发行人的监管，依照属人原则，外国发行人的内部事务应遵循其母国的公司法，其母国对该外国公司在其国内的活动拥有监管的权力；而依照属地原则，外国发行人在我国境内发行证券的行为应遵循我国的证券法，我国证券监管机构对该外国发行人亦有监管的权力。而由于各国的社会环境、文化传统和法律制度不一样，属人的公司法和属地的证券法之间必然会产生法律冲突。

其次，从信息披露内容来看，以发行股票为例，我国要求境内公开发行证券的本国公司信息披露的内容通常包括：发行概况、风险因素、发行人基本情况、公司业务和技术、同业竞争和关联交易、董事和监事等高级管理人员与核心技术人员、公司治理结构、公司财务信息、管理层讨论与分析、业务发展目标、募集资金运用等信息。但由于我国与外国公司的母国在公司法和证券法等法律制度上的差异，外国发行人在其母国发行证券的信息披露内容与我国的要求会有所不同。例如，美国采用单一制的公司治理结构，公司除股东大会外，董事会为必设机关，但并无单独的监事会，那么，如若美国公司在我国发行证券的信息披露中，我国有关监事会及监事的披露要求是否应免除，还是应被允以用其他信息替代？又如，公司财务信息是投资者作出投资决定的重要参考依据，也是各国要求公司发行证券时应披露的重要信息，但由于各国对财务信息披露要求采用的会计准则不同，从而导致同一发行人采用不同会计准则编制的财务报告所呈现的财务信息存在差异。因此，外国发行人与我国发行人在我国境内发行证券时财务信息披露的内容及处理上，需要考虑会计准则应用以及差异化调整等问题。

最后，外国发行人在华发行证券的信息披露还存在其他问题。第一，鉴于外国发行人除在我国发行证券外，还可能会在其母国或其他国家进行证券发行或上市交易。由于各国和地区信息披露要求的不同，会导致该外国发行人在不同国家所披露的信息存在差异，因此造成信息不对称，还可能会引发外国发行人从事隐瞒或不披露不利信息等机会主义行为，进而影响我国投资者作出投资判断。第二，由于各国语言文化的差异，可能会引起外国发行人披露给我国投资者的信息在翻译过程中存在语义、语序、表达方式等不适。第三，外国发行人在多国或地区证券发行或上市交易时由于时差的因素，可能会造成我国境内投资者获取信息的时间滞后。这些都是在国内发行人境内证券发行时所无须考虑到的风险。

可见，外国发行人在华发行证券信息披露制度具有特殊性。如何建构这一制度，以下在借鉴域外经验的基础上，探讨建构外国发行人在华发行证券信息披露制度应遵循的原则和具体规则。由于证券发行的信息披露涉及内容繁多，若对信息披露制度所涉的每一个规则进行分析，可能会造成内容上的庞杂和没有意义的重复，且可能会因沉浸于细枝末节的讨论而忽略对外国发行人在华发行证券的信息披露制度核心问题的分析，故以下在探讨外国发行人在东道国发行证券信息披露的规则时，选取外国发行人在华发行证券信息披露的内容与形式、会计准则的适用和法律责任等问题做重点和代表性的考察。

（二）外国发行人境内发行证券的信息披露规则之域外经验

尽管在经济全球化的影响下，各国证券市场相互借鉴和融合，但由于各国历史、经济、文化、法律等存在较大差异，其信息披露制度也各具特点。美国是世界上证券市场最为发达、证券法律完备的国家，研究证券法律制度离不开对美国证券法律制度的考察及借鉴。日本的证券法律虽借鉴了英、美大量的经验，但也保留了本国的特色，这对我国证券法律制度建设在吸收域外经验时具有借鉴意义。欧盟作为当今世界一体化程度最高的区域组织，其一系列证券法指令和条例，对欧洲各国的证券监管合作以及对其他国家之间信息披露制度的互相借鉴，有着重要的示范和促进作用。故以下选取美国、欧盟、日本，从信息披露的内容与形式、会计准则的适用和违反发行证券信息披露义务的法律责任这三个方面进行比较和借鉴。

美国、欧盟和日本在信息披露内容与形式、会计准则的适用、违反发行证券信息披露义务的法律责任三个方面，对外国发行人在其境内发行证券的信息披露规则如表5-2所示。

表 5-2 外国发行人境内发行证券信息披露规则的域外经验之比较

	美国	欧盟	日本
信息披露的内容	要求具体全面、重点突出。外国公司在一般情况下需要披露和国内公司要求规定披露的信息内容相同。	要求具体全面、重点突出。规定了招股说明书的最低披露要求，针对不同发行人和发行不同类型的证券在进行信息披露时要区别对待。要求外国公司在其他证券市场公开的重要信息，也应在东道国向公众披露。	要求具体全面、重点突出。当证交所认为外国公司必要时，可以要求外国公司披露额外的信息。
信息披露的形式	除招股说明书外，制定了专门的不同类型表格，不同类型表格所要求披露的信息内容存在差别。	具体的披露形式由各国自行确立，但发行人按照 IOSCO 的要求所制定的招股说明书得到欧盟区域内一个以上证券交易所核准便可得到其他欧盟证券市场的承认。	需要填写和国内公司要求一样的招股说明书和其他披露文件，证交所还可以视具体情况要求外国公司填写其他表格或补充文件。
是否有信息披露豁免	是	是	是
会计准则的适用	选择适用美国通用会计准则（GAAP）或国际财务报表准则（IFRS）。	适用 IFRS，但非欧盟成员国公司可以选择适用 IFRS 或其他等效的会计准则。	选择适用日本会计准则、GAAP、IFRS 或 JMIS。
法律责任	法律责任设置健全。民事法律责任完备，集团诉讼为其一大特色。	以母国控制原则为主，法律责任规定得较少，民事法律责任几乎未作任何协调统一。	法律责任设置健全。民事法律责任较为完备，股东代表诉讼为其一大特色。

1. 信息披露的内容与形式之比较

在信息披露的内容和形式要求上，美国、欧盟、日本对外国发行人信息披露的要求都十分全面具体且重点突出，外国发行人和国内发行人的信息披露要求基本一样。除招股说明书这一主要披露渠道外，美国证券交易委员会（SEC）针对外国发行人还专门制定了区别于国内发行人的登记表即 S 系列登记表，且根据外国发行人证券发行的市场、类别、对象、目的、形式以及外国发行人的基本情况等条件，将这些表格又作了细分，从而尽可能减少外国发行人在美跨境发行上市的报告负担，美国这一做法既遵循了法律的传统根基，又较好地发挥了法律推动经济发展的能动作用，从而推动美国证券市场的国际化进程。事实上，美国也吸收了国际证监会组织（IOSCO）《外国发行人跨境发行与首次上市的国际披露准则》（简称《国际披露准则》）的核心标准，如1999年SEC年修改了表格20-F的信息披露要求和其他F系列表格的注册要求，在20-F表的项目1-14采用了《国际披露准则》的10项标准，这大大降低了发行人和投资者的成本，加大了对投资者的保护力度。[1]

欧盟和日本均借鉴了IOSCO的《国际披露准则》，对不同类型的外国发行人以及外国发行人发行不同类型的证券，应根据各自的特点，在信息披露要求上区别对待。在招股说明书上，欧盟和日本都对《国际披露准则》规定的招股说明书要求予以了一定程度的认可。在欧盟境内，对于外国发行人按照《国际披露准则》制作的招股说明书，只要一个以上欧盟区域内的证券交易所对该招股说明书予以核准，该招股说明书便可得到整个欧盟境内的认可。日本一方面允许外国发行人按照《国际披露准则》的要求，依据对称原则，将发行人的相关信息公之于众；另一方面，当证交所认为在公众利益或投资者保护会受到影响的情况下，证交所可以要求外国发行人披露额外的信息，但对于外国发行人信息披露的形式并未像美国一样要求外国发行人提交专门文件。

此外，为了减轻外国发行人在境内发行证券的信息披露的负担，提高国内证券监管的效率，以上三者都赋予外国发行人在一定条件下的信息披露豁免。

2.会计准则适用之比较

在会计准则的适用上，美国、欧盟、日本都允许外国发行人采用国际财务报表准则（International Financial Reporting Standards，简称IFRS）进行财务信息披露，但过程各不一样。美国从一开始要求外国发行人采用美国通用会计准则（Generally Accepted Accounting Practice，简称GAAP），到后来允许外国发行人采用IFRS。这时，外国发行人若采用IFRS进行披露，须提交一份与GAAP之间的差异调节表。最后，美国允许外国发行人直接采用IFRS。美国态度的转变，一是因为美国考虑到无论是要求外国发行人继续使用GAAP或是要求提交差异表，都会增加原本使用IFRS的发行人的会计成本。为吸引外

---

1 Felicia H. Kung, "The International Harmonization of Securities Laws: The Rationalization of Regulatory Internationalization", *Law and Policy in International Business*, Vol. 23, 2002.

国发行人来美发行上市，促进美国资本市场的发展，美国认为采用 IFRS 更具优势。二是美国认识到会计准则国际趋同的趋势，IFRS 已被世界各国广泛采纳和使用，美国要想与其竞争必先进行合作。

欧洲是 IFRS 的执行度最高的地区。这要得益于欧盟对 IFRS 的推动，并为之执行所采取的一系列趋同措施。对于欧盟成员国的发行人在其他成员国境内发行证券，需根据 IFRS 进行财务信息披露。非欧盟成员国的发行人在欧盟发行证券，欧盟则允许其选择采用 IFRS 或其他相当于 IFRS 的会计准则。欧盟后一规定，在学界称为"等效会计标准认可"。欧盟认可 IFRS 趋同中有"等效"的理念：会计准则国际趋同是一个过程，百分之百的相同不一定可行，而如果目标一致，地区间的具有保护作用的准则是可以相互认可的。这种"等效"认可的工作思路得到了各方的支持。[1] 在具体操作层面，欧洲证券监管委员会（Committee of European Securities Regulators，简称 CESR）经专业评估后发布初步报告，将美国、加拿大、日本三国的会计准则列作 IFRS 等效会计标准，取消将按照该三国会计准则编制的财务报表调整为 IFRS 报表的强制性要求，从而大大减轻了发行人的财务报告负担。之后，欧盟进一步承认其他国家的会计准则，决定允许在欧盟发行上市的外国发行人按照美国、加拿大、日本三国的会计准则或除上述三国之外的、与 IFRS 正在趋同的国家会计准则编制财务报表。欧盟这一举动既增强了在欧盟上市的发行人的财务信息的透明度与可比性，更好地解决了欧盟资本市场信息交流的根本问题，同时又降低了发行人的会计成本，加强了欧盟资本市场的国际竞争力。

日本在会计准则采用上留给了外国发行人较多的选择空间，包括允许外国发行人采用 IFRS。从日本采用 IFRS 的路径看来，日本会计准则也在向 IFRS 逐步接轨。但有意思的是，日本在允许上市发行人采用 IFRS 的基础上，根据其在商誉、其他综合收益等会计处理问题上与国际会计准则理事会（International Accounting Standards Board，简称 IASB）的不同意见，于 2015 年 6 月 30 日发布了日本根据本国实际需要调整后的国际准则（Japan's Modified International Standards，简称 JMIS）。尽管该准则基于新的 IFRS 作出，但仍保留了日本会计准则的一些特色制度，体现了日本会计准则委员会

---

1 方拥军：《会计准则国际趋同：欧盟经验及对中国的启示》，《中南财经政法大学学报》2008 年第 1 期。

（Accounting Standards Board of Japan）对其本国国情的实际考虑。

3. 信息披露法律责任之比较

在违反发行证券信息披露义务的法律责任上，美国和日本都设置了较为健全完备的法律责任制度，尤其是在民事法律责任的规定上，两个国家的立法都体现了对投资者的充分救济与保护。而欧盟由于对外国发行人跨境发行证券行为的监管采用了母国控制原则，所以，相应的法律责任多由各成员国国内立法规定或法官认定，欧盟指令少有涉及和协调。

美国对违反证券发行时信息披露义务的法律责任规定主要体现在《1933年证券法》中，该法是一部法律责任设置健全、架构合理的法律，民事法律责任条款是其最大的贡献。除了拒绝令、停止登记令、民事罚款和禁令等行政责任外，《1933年证券法》还设置了刑事法律责任。除此之外，该法最突出之处在于其民事法律责任条款的设计。该法不仅赋予了私人诉权，而且在侵权民事赔偿上，为证券发行人和其他发行相关人员都设置了严格的过错责任，并要求承担举证责任，同时它还为证券侵权行为规定了连带的法律责任。这种严厉的民事责任为投资者提供了权利保障的实质救济途径，保障了投资者的权益。此外，美国的证券集团诉讼也体现了对证券投资者弱势群体合法权益的保护。美国证券集团诉讼可以降低诉讼成本，提高诉讼效率，允许律师实行"风险代理收费"，激发律师的诉讼积极性。

日本也设置了较为完备的信息披露法律责任。日本修改后的新《证券交易法》，弥补了原《证券交易法》对于信息披露民事责任规定的缺陷，尤其在归责原则和举证责任分配上的规定，扩大了发行人要承担的责任范围，增添了对投资者有利的规则；设置了损失额的推定规则，规定了损失额的计算方法，法院可以基于由该计算方法得出的损失额对民事赔偿部分作出合理的裁判，减少了法院的工作量，也节约了诉讼成本。[1] 此外，日本的股东代表诉讼制度中诉讼费用成本较低以及股东持股比例要求低的规定，大大降低了股东代表诉讼者的经济负担，增加了股东发现证券发行人信息披露违法时提起诉讼的可能，激励了股东对公司的监督，同时也为投资者提供了较为充分的司法救济保障。

由于欧盟涉及较多国家，且不断在变化，而各国情况又不尽相同，鉴于证

---

[1] 秦川：《日本金融商品交易相关法与普通个人投资者的保护》，《金融法苑》2010年第8期。

券监管的复杂性和专业性，欧盟一直未有统一的证券监管制度，具体的法律责任也由各成员国自己制定和落实。欧盟证券法中有一条相当重要的原则——母国控制原则（Principle of Home Country Control），它是在金融服务领域的协调中占据主导地位的指导原则。[1] 根据该原则，除涉及一些与证券相关的犯罪，通常由母国负责对本国证券机构进行授权，并开展审慎监管，此时东道国则发挥补充性作用。而非欧盟成员国的发行人到欧盟任一国家进行的证券发行，则依据发行地国的法律接受监管。欧盟指令对各成员国之间有关违反信息披露义务的法律责任的协调，仅作出了概括性的规定，未真正起到实质性作用。

4. 域外经验之总结

从整体上看，美国、欧盟、日本的相关信息披露规则，均有一些共同的特征值得我国借鉴。首先，在立法方式上，美国和日本并没有为外国发行人重新制定一套全新的规则，而是通过不断修改国内证券法律增加法律条文，或者根据最新的市场变化或利益诉求出台具体规则。其次，它们对外国发行人在其境内实行的信息披露制度，既体现了投资者保护的根本宗旨，也体现了提高本国证券市场吸引力的利益权衡。从信息披露的内容要求来看，美欧日原则上实行国民待遇，要求外国发行人和国内发行人披露的信息并无二致，但考虑到各国法律监管等差异，也都要求外国发行人的信息披露应遵循"对等原则"，如要求外国发行人在他国（包括其母国）披露的重要信息也应在东道国进行披露，不论该信息东道国是否要求披露，从而保障投资者平等获取信息的权利。而另一方面，在关键的财务信息披露方面，三者都允许外国发行人采用 IFRS 编制财务报表。这可以大大降低已采用 IFRS 的外国发行人的会计成本，减轻其信息披露的负担，从而吸引这些外国发行人来境内发行证券和上市。最后，信息披露的要求呈现趋同与合作的趋势。趋同不等于相同，而是一种互动。其中，IOSCO 的《国际披露准则》对于协调外国发行人在不同证券市场上发行证券信息披露标准，发挥了一定的作用。美欧日都在一定程度上认可和采纳了《国际披露准则》，尤其是欧盟。[2]

---

1 Eva Lomnicka, *The Home Country Control Principle in the Financial Directives and the Case Law, in the Services and Free Moment in EU Law,* Mads Andenas and Wulf-Henning Roth（eds.），Oxford University Press, 2002, p.294.

2 Eilis Ferran、罗培新:《欧盟法律框架下的股本证券国际发行》,《证券法苑》2011 年第 2 期。

在信息披露的原则上，从美欧日有关外国发行人境内发行证券的信息披露规则中，尤其从信息披露内容的规定中，可以看出，美欧日都强调了跨境信息披露中的公平性问题。尽管美国针对外国发行人建立了一系列不同类型的信息披露表格，但美国亦关注到外国公司母国投资者与东道国投资者在获取外国公司非经营性、非财务性信息（例如外国公司母国的经济政策变化、政治时局变动）上的天然不平等地位，增多了有关外国发行人非经营性、非财务性信息披露的要求，[1]确保母国投资者与东道国投资者获取此类信息的平等权利。欧盟和日本也均借鉴了《国际披露准则》的规定，要求外国发行人应按照对称原则，将在其他证券市场上已公开的重要信息披露给东道国投资者。这些具体的信息披露规定，目的都在于尽可能缩小母国投资者和东道国投资者获取外国发行人信息能力上的差异，充分保证东道国投资者公平获取信息的权利。

在信息披露的具体规则上，就信息披露的内容而言，不同的国家之间存在着较大的差异性，这些差异性更多的是由于各国的证券市场发展水平和法制传统所造成的。例如，各国在外国发行人于本国发行证券时都规定了应披露发行人董事、监事和高级管理人员这类对公司有重大影响的人员的基本情况，但由于一些英美法系国家在公司治理中并不要求公司设立专门的监察机构而没有监事，因而在披露公司重要人员信息时便会出现不同的情形。面对由于各国对信息披露内容要求的不同，而引起外国发行人在不同证券市场上披露的信息不一所可能造成的信息不对称时，各国和地区通常都要求外国发行人将在他国（包括其母国）证券市场上披露的信息也应向本国的投资者披露。就信息披露形式而言，美国的经验值得借鉴。美国为外国发行人制定专门的信息披露文件，供证券监管机构核准和进行信息披露。一方面，专门的披露文件在设计时，往往会更加偏向国内投资者的阅读习惯和证券监管机构的审核习惯，有利于投资者对外国发行人所披露信息的理解。另一方面，披露文件针对不同类型的外国发行人及其发行的不同类型的证券分别制作。这样不仅能便于投资者对信息的获

---

[1] 例如，SEC 对外国公司用于临时报告信息披露的 6-K 表格增加了新的披露要求："及时披露境外企业母国或其第一上市地所在国的相关经济性法律及制度变化等信息"，且 SEC 修订之后的 S-K 条例（SEC 制定的非财务信息的披露规则）中的大部分要求作为外国公司新的信息披露义务纳入表格 F-1。参见蒋辉宇：《美国跨境股票融资信息披露监管法律制度及经验启示——兼谈我国证券融资市场对外开放时对境外企业信息披露监管的制度设计》，《东北师范大学学报（哲学社会科学版）》2018 年第 5 期。

取和理解，也可以减轻外国发行人在发行证券时的负担。此外，就会计准则适用和违反信息披露义务的法律责任而言，IFRS 正在成为一套国际标准，美欧日都允许外国发行人采用 IFRS 编制财务报表进行财务信息披露。而纵观世界各国和地区对违反信息披露义务的责任规定，都涵盖了刑事责任、行政责任和民事责任的规定。以上特征和趋势，都值得在人民币国际化条件下建立境外发行人在我国信息披露制度进行借鉴。

（三）外国发行人在华发行证券信息披露制度的构建

对于外国发行人在华发行证券信息披露制度的构建，可以从原则和规则两个方面考量。

1. 外国发行人在华发行证券信息披露原则之厘定

外国发行人在华发行证券信息披露原则应包括普遍原则和特殊原则。普遍原则遍及所有证券发行的披露当中，包括真实、准确、完整、及时等披露原则。由于这类原则适用于一切证券发行，故不赘述。除普遍原则之外，外国发行人在华发行证券信息披露还应遵循一些特殊原则。特殊原则之所以必要，主要是因为外国发行人在华发行证券，由于外国发行人涉外主体身份、证券发行行为跨境等现实因素的存在，导致外国发行人在华发行证券的信息披露与国内发行人境内发行证券的信息披露相比存在着较大的差异。相对于境外投资者，尤其是外国发行人母国的投资者，东道国投资者在获取外国发行人信息的能力与机会上往往处于劣势。外国发行人母国投资者则倚靠得天独厚的地理优势，无论是时间上还是语言上，都能更快获取外国发行人的相关信息，在分析外国发行人相关信息的能力上也更加可靠、准确。由于信息的获取和传播对证券价值和风险有很大的影响，母国投资者的这种信息优势反映在证券投资领域则可能会造成较大的投资收益差异，这对东道国投资者而言是不公平的。因此，当外国发行人在我国发行证券进行信息披露时，除了应该遵循上文提到的普遍原则外，我国还应要求外国发行人遵守一定的特殊原则，主要有：

（1）差异披露原则。当外国发行人仅在我国境内证券市场上发行证券时，外国发行人应按照我国证券法的要求进行信息披露。外国发行人在我国发行证券的特殊性之一就在于：发行人是境外主体，但证券却在我国发行交易。一般而言，在信息披露中，公司事项应适用母国的公司法，而证券事项应适用证券发行交易地的证券法。但当今证券法不断地在侵入传统上属于公司法的领地，这必然加剧外国公司法与我国证券法关系的不确定性，并导致外国发行人在华发行证券披露依据的不确定性，从而损害信息披露内容的真实性、准确性和完整性，进而可能损害投资者权益。为此，当外国发行人在我国发行证券时，在其母国公司法与我国证券法在对公司治理结构、股东权益保护水平等事项的规定存在差异的情况下，我国证券法不仅应要求外国发行人遵循我国证券法要求的信息披露的真实、准确和完整等要求，还应要求外国发行人在向我国境内投资者披露的信息中，解释说明此类要求的差异性。

（2）同等性原则。当一家外国发行人同时在我国和其他国家（包括其母国）的证券市场上从事证券发行或上市时，该外国发行人在各国的信息披露便会按照发行上市地的法律规定进行，而由于我国与其他相关国家在历史发展、文化传统、经济模式、政治环境、法律制度等多方面存在差异，彼此在具体的信息披露要求上必然也会存在差异，如信息披露的内容、格式、时间、方式和财务信息披露所适用的会计准则等，这些差异必然造成同一家公司在不同证券市场上所披露的信息存在以下不一致的情形：某一类信息在不同证券市场上都需要披露，但实际披露的具体内容存在出入；某一类信息在某一证券市场上需要披露，但在另一证券市场上无须披露等。针对此种信息不对称问题，我国应要求外国发行人在我国发行证券时，对我国法律虽未规定需要披露但其已在其他国家公开的重要信息，依据对称性原则，也应在我国境内证券市场上主动进行披露。

总之，真实、准确、完整、及时虽是外国发行人在华发行证券所要遵循的信息披露的基本原则，但解决外国发行人在我国发行证券可能带来"信息不对称"问题，还需要以特殊的原则加以制约，从而保证我国境内投资者公平获取信息的权利。

2.外国发行人在华发行证券信息披露主要规则之厘定

外国发行人在华发行证券信息披露主要规则，仍然依前例，以外国发行人在华发行证券的信息披露的内容与形式、会计准则的适用、信息披露法律责任三个方面为代表进行考察，最后对加强信息披露国际监管合作进行探讨。

（1）信息披露的形式与内容。

先就形式而言，我国是否需要专门针对外国发行人制定一套专门的披露表格？众所周知，美国除要求外国发行人披露的招股说明书内容与本国发行人一样外，SEC 针对外国发行人还制定了专门的 F 系列表格，且根据外国发行人各自不同的情况，F 系列表格的具体适用又有所不同，且不同类型的信息披露表格之间的信息可以相互借用。美国这一做法有效降低了外国发行人在美信息披露的成本，平衡了保护投资者与减轻外国发行人报告负担之间的利益，在实践中取得了巨大的成效。但针对不同的外国发行人以及外国发行人发行不同类型的证券，分别制定专门的披露形式和规则，往往对一国的立法经验和监管水平提出了较高要求。

我们认为，在人民币国际化条件下，美国的做法值得借鉴，但对我国目前的证券法制建设来说较为超前，需要循序渐进。主要原因在于两国证券市场的情况不同。众所周知，美国实行注册制，我国也在实行注册制。在注册制下，监管机构只负责形式审查。因此，SEC 最主要的任务是利用不同的表格要求外国发行人披露的信息尽可能被投资者所获取和理解，充分发挥市场化的作用。尽管我国开始推行注册制，但我国证券市场在长期的核准制环境下，证券投资者对政府监管有严重依赖，即便对不同的外国发行人以及外国发行人发行的不同类型证券适用了不同的规则，投资者并不一定能独立作出准确判断，而且还可能会因不同规则对不同发行人信息披露义务的差别，造成投资者对信息披露义务要求较低的外国发行人放松了该有的风险警惕。因此，我们建议待到我国证券市场更加成熟、监管水平更高之时，再实行更加细化的差异性信息披露规则，暂时可先由我国证监会为外国发行人建立一套专门的招股说明书填写规则，来规制外国发行人信息披露的内容，以此作为过渡。

再就内容来说，首先，在事关公共利益和投资者权益保护等重大问题上，我国应要求外国发行人披露尽可能多的与证券发行相关的重要信息。当证券监管机构认为有关信息对公共利益和投资者利益的保护会产生重大影响时，证券监管机构可以强制要求外国发行人披露额外的信息。其次，我国应要求外国发行人披露差异性信息。在外国发行人母国法律和我国法律的要求存在差异的情况下，要求外国发行人披露这些差异，并阐述这些差异可能给我国投资者带来的影响。再次，我国应要求外国发行人进行同等披露，即对于在某些方面我国证券法没有对外国发行人提出披露要求的信息，但外国发行人在其他国家的证券市场上按照该国的监管规则所披露的信息，也应及时地在我国证券市场上作相同内容的信息披露。最后，我国应对外国发行人实施一定程度的信息披露豁免，以减少外国发行人发行证券的成本，增加我国证券市场的吸引力。

（2）会计准则的适用。

财务信息披露，是发行人依照法律规定将发行人的财务变化、经营状况和现金流等信息和资料向社会公告，在发行人信息披露中占据核心地位。财务信息披露的内容主要体现在发行人的财务报表上，投资者通过对发行人财务报表的分析，可以获得对发行人财务状况和经营成果的认识。而会计准则是信息披露制度中财务报表编制的标准，同一公司适用不同的会计标准所编制的财务报表会呈现不同的业绩和财务成果，这在很大程度上影响着投资者的投资参考标准。[1] 各国通常会根据本国的实际情况和会计习惯，制定一套适用于本国处理会计事务的会计准则。例如，我国要求在本国境内公开发行证券的公司采用财政部制定的《企业会计准则》（CAS）编制财务报表。对于一家同时在中国和他国发行证券的外国发行人来说，它可能需要采用各国所要求的不同会计准则来进行财务信息披露，而采用 CAS 和其他会计准则所得出的财务结果则可能大相径庭。

从各国和地区的经验来看，目前大多数证券市场较为发达的国家都允许外国发行人在其境内证券发行和上市时采用 IFRS 制作财务报表。其原因在于，IFRS 旨在为世界各国提供一套国际通用的会计准则，无论是在制定过程、结构内容还是解释过程上，IFRS 都具有相当的优越性，能够满足各国的要求。此外，允许外国发行人采用 IFRS 可以减轻外国发行人信息披露的会计成本，从而能吸引更多外国发行人进入本国的证券市场。

无论是从 CAS 与 IFRS 的趋同情况，还是其他国家采用 IFRS 的经验来看，IFRS 在我国的适用是我国对外开放证券市场的必然结果，应当允许在华发行证券的外国发行人选择采用 CAS 或 IFRS 编制财务报表进行财务信息披露。允许外国发行人采用 IFRS，并不意味着放弃 CAS。我国 CAS 几经修改，一直保持着与 IFRS 的持续趋同。早在 2015 年 11 月，我国财政部发表声明，表示持续参与 IFRS 的制定工作，实现 CAS 与 IFRS 的趋同。尽管 CAS 与 IFRS 趋同的脚步从未停止，但二者仍存在一定的差异，具体表现在会计处理方面，包括：固定资产的折旧与报废、借款费用资本化、增值税退税、政府补助、职工

---

1 徐明、蒋辉宇：《外国公司在我国证券发行与上市的法律问题》，《东方法学》2009 年第 2 期。

薪酬等，这些差异必然会使财务结果出现不同，对营业利润产生较大影响，致使投资者容易混淆，尤其是对中方投资者的决策判断产生影响。因此，外国发行人采用 CAS 和 IFRS 分别得出来的财务结果依然可能会存在较大出入。鉴此，在我国证券市场对外开放初期，我国应秉持保护投资者利益的原则，在允许外国发行人采用 IFRS 编制财务报告的同时，还应要求外国发行人提供并披露按照 CAS 调整的差异调节信息。而随着我国证券市场和制度环境的逐步开放，CAS 与 IFRS 的趋同将会更进一步加强，在证券市场对外开放后期，在证券市场相对成熟稳定和确保投资者可以适应 IFRS 的情况下，再取消披露差异调节信息的规定，允许外国发行人直接采用 IFRS 而无须调节报表，为更多优秀的发行人提供来华发行证券和上市的机会。

（3）信息披露的法律责任。

外国发行人在我国发行证券，当违反信息披露义务时，我国证券市场上的投资者将是外国发行人违法行为的直接受害者。违反信息披露义务的法律责任通常有刑事责任、行政责任和民事责任三种，限于篇幅，以下选择民事责任作重点探讨。我们认为，外国发行人在华发行证券信息披露的民事责任至少应做以下修改：

①将"不公平披露"纳入虚假陈述的民事认定范围，扩大违法行为人承担民事赔偿责任的范围。在法律上，证券市场上各种违反信息披露义务的行为统称为虚假陈述。我国《证券法》仅对因虚假陈述引起的证券纠纷规定了民事侵权赔偿，然后由最高院对虚假陈述作出定义，并认定了虚假陈述的四种形式：虚假记载、误导性陈述、重大遗漏和不正当披露。然而，由于外国发行人信息披露的特殊性，如果某一事项在我国信息披露规则中并未要求披露，但外国发行人已经在他国或地区（包括其母国）予以公开，而该事项的披露又会对投资者决策产生重要影响，此时上述四种虚假陈述形式都不包括此种情况，我国投资者便无法要求民事赔偿。因此，基于公平性披露原则，我国应考虑将不公平披露纳入民事赔偿责任范围。

②完善证券民事诉讼程序。证券民事诉讼作为证券投资者最重要的救济之路，于维护投资者对证券市场的信心有着重要的意义，而证券民事诉讼程序的完善与否又与投资者获得民事救济的效率直接相关。首先，考虑到原告在举证责任上存在困难，我国可以通过建立相应的举证责任分配制度，减轻原告的某

些方面的举证责任，或是建立一套科学的损失额推定规则。其次，设置诉前调解程序，在证券诉讼开始前，可由专业化的法官、陪审员或调解员组成专业的调解团队，为当事人之间的争端进行调解，既可以保证调解的专业化水平，又可以节约司法资源，从而更加方便、高效地解决纠纷，帮助投资者尽快获得赔偿。

（4）加强信息披露国际监管合作。

人民币国际化条件下保障我国证券市场对外开放的健康发展，离不开信息披露国际监管合作。如何加强这一合作呢？对此我们认为宜从双边和多边两个维度着手。

①完善双边谅解备忘录的内容。谅解备忘录作为"软法"范畴，一直是各国开展跨境证券监管合作的主要方式，尽管其不具有强制执行力，但各国在促进跨境执法方面都有着很强的自身利益，故各国通常都会遵守协议条款，[1]两国之间也因此基于互相尊重和信任开展合作。我国虽与世界上许多国家签署了国际证券监管双边谅解备忘录，但这些谅解备忘录大多合作内容简单、合作范围狭窄、概括性规定居多、程序性规范缺乏，使得谅解备忘录的执行效率大打折扣。以 2017 年为例，这一年中国证监会年报显示，该年中国证监会共收到境外协查请求 39 件（不含香港地区），已办结 26 件。相比而言，美国 SEC 每年则收到大约 400 份协助请求。可见，双边谅解备忘录在我国对外监管合作中发挥的功能有限。[2]我国应对签署的谅解备忘录中有关信息披露监管的具体内容，通过补充备忘录、谅解备忘录附函等形式来加以补充、细化和完善，进一步协调跨境信息披露的监管标准，充分借鉴 IOSCO《谅解备忘录原则》（Principles of Memoranda of Understanding）中的十项原则，[3]增加跨境信息披露监管合作在实体和程序方面实质性内容的规定，如有关信息共享的程序、使用信息方式的许可等，强化双边谅解备忘录的可操作性。

②拓宽双边合作渠道，提升监管合作层次。双边谅解备忘录和司法互助协定是我国目前证券监管双边合作的主要形式，相较于不具有法律强制力的双边

1　廖凡：《跨境金融监管合作：现状、问题和法制出路》，《政治与法律》2018 年第 12 期。

2　参见彭秀坤：《我国双边证券监管合作中的法律问题研究》，《商业经济研究》2012 年第 1 期。

3　根据该原则的规定，一份完整的谅解备忘录应包含十项主要内容：合作的主题、保密条款、执行的程序、被调查者的权利、磋商、公共政策保留、协助类型、信息共享、请求方的参与、费用的承担。

谅解备忘录，司法互助协定因是通过正式的外交途径签署的国际条约，具有强制的法律拘束力，为跨境证券监管尤其是预防和打击国际证券犯罪提供了强有力的保障。因而，我国应充分利用司法互助协定这种具有司法约束力的合作形式，签署有关信息披露监管的民事和刑事司法互助协定，加强与他国在证券信息共享上的合作和在证券执法上的协助，确保我国对跨境信息披露监管在执法层面上的有效性。除此之外，我国还应积极拓宽其他双边合作形式，如参与国际对话，包括在国际组织平台和国际论坛上的监管对话，以及双边高层在一些定期或临时的双边会议之间的对话。美国 SEC 下设的国际事务办公室（OIA），为推广本国监管政策和促进信息共享，参与各种形式的国际论坛与对话，并与主要对手方定期举行双边会议讨论跨境监管问题。我国证监会可借鉴 SEC 的做法，充分利用双边对话的形式，以发现和商议双方共同关注的信息披露监管问题，促进双方跨境信息的交流和跨境监管的协调。

③引入更高层次的双边合作方式，建立"相互承认"制度。随着我国证券市场对外开放程度的加深，我国也可以适时与其他国家建立"相互承认"制度。"相互承认"制度可以通过相互承认对方监管法律在本国的适用性来降低外国发行人在境内发行证券的成本。采用"相互承认"制度的典型代表为美国 SEC 与加拿大证券管理机构（CSA）的"跨司法区域披露系统"（Multijurisdictional Disclosure System，简称 MJDS）。MJDS 顺利运行的前提是：两国在会计、披露、监管和执行标准方面非常相似，一国文件在另一国使用不会损及投资者的利益。[1] 因此，随着我国证券市场国际化的深入，我国可以与在司法体制、证券监管体制上较大程度的相似性的国家或地区，建立类似于美国和加拿大之间的"相互承认"制度，促进区域之间的监管合作与发展。

（5）积极参与多边信息披露监管合作。

建立多边监管制度的路径通常有两种：一是对现有的标准和规则进行改造和加强，二是另起炉灶，建立一种全新的多边监管制度。[2] 目前看来，第一种路径的可行性更大。就此而言，目前国际社会上已有 IOSCO 和 IASB，分别在

---

1 David S. Ruder, "Reconciling U. S. Disclosure Policy with International Accounting and Disclosure Standards", *Northwest Journal of International Law and Business*, Vol. 17, 1996, p.8.

2 韩龙：《论防范国际金融风险和危机的制度体系建构》，《苏州大学学报（哲学社会科学版）》2009 年第 3 期。

信息披露制度最重要的部分——信息披露具体事项和标准以及会计准则两个方面作出了统一协调的规定，且相关准则也已经在许多国家得以运用和实践。

IOSCO 是协调各国跨境证券监管的主导力量，其发布的一系列有关证券监管的原则和标准的建议、决议和报告等文件，如《证券监管目标和原则》《多边谅解备忘录原则》《外国发行人跨境发行与首次上市的国际披露准则》《跨境监管合作原则》等文件，不仅反映了国际证券市场的发展和监管的趋势，而且对世界各国和地区跨境证券监管的协调与合作具有重要的指导意义。IOSCO通过为各国证券监管机构之间提供交流经验、分享观点、进行协商、共同解决监管中遇到的问题的平台，促使各证券监管机构达成了高度共识，在信息披露监管方面逐步形成了比较协调统一的披露标准，从而提高跨境信息披露监管的有效性，促进跨境证券监管的国际合作。

因此，我国作为IOSCO的成员国，应充分利用IOSCO的桥梁和纽带作用，加强与各成员国之间的交流与合作，同时增进实务界与学术界对 IOSCO 制定和发布的准则、建议、指南、报告等文件进行研究，结合我国国情，厘清这些文件可借鉴之处，推动这些文件在我国证券市场上的实施。同时，我国还应主动参与 IOSCO 的各项活动，尤其是信息披露相关规则的制定，提高我国在规则制定中的影响力。

二、人民币国际化条件下我国证券反欺诈制度的域外适用

强制披露与反欺诈制度是证券法的两大基本制度。在上一目对人民币国际化条件下境外机构在华发行和上市证券的法律制度建构问题进行考察之后，这一目有必要进一步对我国证券反欺诈制度的域外适用问题进行探讨。人民币国际化需要我国开放资本市场，在资本市场开放中不可避免地会发生跨境证券欺诈现象。我国的证券法律制度能否对跨境证券欺诈行为进行有效规制，以保护投资者的合法权益、维持证券市场秩序，是急需关注的重要问题。

（一）人民币国际化条件下跨境证券欺诈与反欺诈

1.人民币国际化条件下的资本市场开放为什么会发生跨境证券欺诈

人民币国际化需要我国开放资本市场，资本市场的开放意味着大量境外金融机构、公司、企业等能够来我国发行、投资和进行证券交易，其中难免会夹杂跨境证券欺诈。跨境证券欺诈，一般指在跨越国境的证券发行与交易过程中

发生的违背证券法律规范、破坏证券市场秩序、损害投资者利益的欺诈行为，主要包括虚假陈述、市场操纵和内幕交易。跨境证券欺诈可以分解为在我国境内进行的跨境证券欺诈与在境外进行的跨境证券欺诈。

跨境证券欺诈案件中，欺诈行为实施者普遍具有较高的证券专业知识，而且现在基本采用电子化、网络化的交易方式，证券交易速度快且交易量巨大，境外发行人和投资者可能在境内外实施有损于我国投资者和证券市场的虚假陈述、内幕交易和操纵市场的行为。例如，提供虚假的财务报表、资料和文件，通过网络等方式操纵我国证券市场等。这一系列因素使得跨境证券欺诈案件的管辖、取证、执行工作变得困难，单纯的属地管辖不能有效打击跨境证券欺诈行为，难以确保我国资本市场的稳健发展。资本市场一旦不能保护投资者，人民币国际化所需要的资本市场的根基就会动摇。

2. 跨境证券反欺诈需要我国证券法域外适用

伴随着我国资本市场开放而发生的跨境证券欺诈行为不仅会侵害我国的证券市场和投资者，也会给相互联系、相互依存的世界证券市场体系带来危害。如果这些跨境证券欺诈行为不能得到有效制止，资本市场开放将严重威胁我国证券市场的稳定，损害投资者的利益。因此，在资本市场开放进程中，对跨境证券欺诈行为进行有效制止，就显得尤为迫切。在国际社会统一的证券法缺位的情境下，我国应保持我国证券法，特别是证券反欺诈制度的适度域外适用。

法律的域外适用意味着内国之法对域外的主体、行为或事件具有管辖权。[1]据此，跨境证券反欺诈的域外适用可以理解为，一国将本国证券法适用于境外发行人或投资者在本国境内实施证券欺诈行为，或虽在本国之外发生却对本国证券市场和投资者造成不利后果的欺诈行为的法律现象。分析人民币国际化条件下跨境证券欺诈行为，不难发现，境外金融机构、公司等在我国境内进行的针对我国以及外国的证券欺诈，尽管包含外国主体，由于发生在我国，根据属地管辖原则，应受我国证券法管辖。外国人在我国境外进行的证券欺诈，如果对我国证券市场或者国内的投资者产生了负面影响，这种影响如果是可预见的、直接的和实质性的，为了充分实现我国证券监管目标，这种情况下也需要

---

[1] 郜伟明：《经济全球化下中国反垄断执法专题研究》，法律出版社，2010，第232页。

我国证券法予以管辖。因此，我国证券法的域外适用包括以下两种情况，一是对境外主体在我国境内的欺诈行为进行管辖，二是对境外发生有损我国证券市场或投资者的欺诈行为进行管辖。

（二）人民币国际化条件下我国应对跨境证券欺诈须推进的法律改革

人民币国际化条件下我国有效应对跨境证券欺诈须推进的法律改革，可以从国际法与国内法两个层面来审视。

1. 国际法层面须推进的改革

国际法层面面临的问题主要体现在以下方面：

（1）国家主权之间的冲突。

在传统国际法管辖理论中，属地管辖原则是国家管辖权的主要根据。在整个国家领域范围内，国家具有支配一切人和物的权威。1927年，国际常设法院审理了具有重大影响力的"荷花号"案，认为"一个国家……不得以任何形式在其他国家的领土范围内行使它的权力……管辖权不能由一个国家延伸到它的领域之外行使，除非这种依据来自于一项公约的允许性规则或者来自国际习惯"[1]。"无论如何论证，有一种观点确实支持将属地管辖视为排他性的。依据这种观点，原则上禁止一国对另一国国内事项实施域外管辖权，临时例外则需要属地国的同意。"[2]可见，依据国际法，各主权国家拥有属地管辖权，但随着人民币国际化所需要的我国资本市场对外开放扩大，我国证券法的域外适用是必要和需要的。而将我国的证券法反欺诈制度域外适用，处置不当，会引致国家主权间的冲突。特别是，当今证券法的多数规范具有公法性质。而根据公法禁忌的传统，公法性规范只能在本国领域内适用。我国证券法的域外适用会面临公法禁忌的问题。

此外，各国对有关行为识别和认定的不同，也可能造成国家间的主权冲突。各国法律制度的不同，可能会导致同样的行为在一国为法律所明文禁止，而在其他国家则不然。在此情况下，如果将本国证券法适用于发生在他国的证券欺诈行为，那么，他国可能会采取抵制措施，阻挠该国证券法的适用，甚至会加剧国际摩擦。

---

1 〔英〕詹宁斯·瓦茨：《奥本海国际法》，王铁崖等译，中国大百科全书出版社，1995，第329页。
2 〔美〕路易斯·亨金：《国际法：政治与价值》，张乃根等译，中国政法大学出版社，2005，第339页。

（2）国际监管合作欠缺。

双边监管合作主要通过司法互助协定或谅解备忘录的形式实现。我国在国际监管合作中虽取得了一定的成就，但参与水平仍然有限，难以满足人民币国际化条件下我国证券反欺诈制度域外适用的需要。

就双边层面而言，我国在双边监管合作方面存在协议数量、范围有限以及质量不高的问题。如在谅解备忘录方面，我国与新兴资本市场国家签订数量不足，新兴市场是我国资本市场开放中对外输出的重要场所，同样能够发挥分散风险和平衡收益的作用。特别是，新兴资本市场国家自身法制和监管机构建设不完善，境外发行人违规的可能性更高，因此，与新兴市场国家签订谅解备忘录非常必要。在双边合作协议质量方面，协议的有关规定过于模糊，既不利于监管合作中的具体操作，也不利于对协议双方形成约束。

就多边层面而言，以 IOSCO 为代表的国际性证券组织出台了多项协议与标准，对促进证券的跨境发行与交易、加强与深化国家间证券监管合作具有重要指导意义。其中，IOSCO 的《证券监管的目标与原则》《多边谅解备忘录》以及《外国发行人跨国证券发行与首次上市国际披露准则》，得到了许多国家的积极响应，许多国家通过修改国内法律予以执行。但是，我国对这些文件的深度研究仍然匮乏，影响到从中获得借鉴，也影响到我国对多边证券监管合作的积极参与。

2. 国内法层面面临的问题

从国内法层面来看，我国证券反欺诈制度的域外适用面临立法、司法和执法的不足。

（1）立法存在的问题。

我国证券法对其域外适用的规定存在不足。相比之前的《证券法》，2020年3月施行的《证券法》第 2 条在"在中华人民共和国境内，股票、公司债券、存托凭证和国务院依法认定的其他证券的发行和交易，适用本法；本法未规定的，适用《中华人民共和国公司法》和其他法律、行政法规的规定"等内容之外，添加了"在中华人民共和国境外的证券发行和交易活动，扰乱中华人民共和国境内市场秩序，损害境内投资者合法权益的，依照本法有关规定处理并追究法律责任"，但对扰乱中华人民共和国境内市场秩序，损害境内投资者合法权益的境外证券发行和交易活动，如何适用我国的《证券法》，则缺乏进一步的规定。此外，我国《公司法》也没有规定域外适用条款。《证券法》规定的这一现状，虽然对我国证券法的域外适用提供了一定的依据，但仍然面临许多困惑。

此外，我国国际私法规范中尽管涉及有价证券的规定，[1] 但是，该规定设在物权一章，涉及有价证券的规范应适用于处理跨境证券相关的物权关系，并不能合理处理跨境证券欺诈这种侵权关系。而在债权一章中，除主要产生债权的合同之债外，对侵权之债我国采用一般侵权行为加特殊侵权行为的立法模式。特殊侵权包含人格权侵权、知识产权侵权和产品责任侵权三方面，范围过于狭窄，并未将跨境证券欺诈纳入特殊侵权的行列。此外，该法中的侵权责任仅是针对侵权行为的笼统适用，[2] 对于专业性与特殊性较强的跨境证券欺诈行为不具备针对性。

（2）司法存在的问题。

司法救济常常被视为解决纠纷的最后一道保障，对于跨境证券欺诈案件来说同样如此。但是，我国尚未建立与人民币国际化发展相适应的证券反欺诈制度域外适用的司法制度，主要体现如下：

我国司法管辖中尚未有处理跨境证券欺诈行为的专门规定。我国《民事诉讼法》关于管辖权的规定中，没有明确规定对跨境证券欺诈案件的管辖权。如果将跨境证券欺诈案件划归为一般侵权的行列，那么，特别宽泛的法院管辖权的规定，基本涵盖了所有侵权诉讼的案件，自然包括了跨境证券欺诈诉讼。但是，跨境证券的发行和交易，借助网络传递的无纸化与快捷化，对侵权行为地和合同签订地通常较难认定，这种将跨境证券欺诈行为划归于一般侵权行为从而适用概括性管辖的方式，并不利于保护受害投资者的合法权益。

此外，跨境证券纠纷的解决，不仅需要法官具有丰富的审判经验，还要求其具备证券和相关财务会计方面的专业知识。如在跨境证券虚假陈述案件中，往往涉及来自境外复杂的财务会计报表的合法性及合规性审查，这对于只有法学背景的法官而言，无疑是巨大挑战。再加上目前我国法院审判力量仍然

1　参见《法律适用法》第 39 条："有价证券，适用有价证券权利实现地法律或者其他与该有价证券有最密切联系的法律。"

2　参见《法律适用法》第 44 条："侵权责任，适用侵权行为地法律，但当事人有共同经常居所地的，适用共同经常居所地法律。侵权行为发生后，当事人协议选择适用法律的，按照其协议。"

不足，案件审理压力较大，而跨境证券纠纷又牵扯到境内外众多的投资者，涉及境外因素的证据调查和繁杂的案卷整理需要投入大量精力，这无疑会增加法官的工作负荷。因此，法官无论在审判经验抑或金融、证券背景方面都明显欠缺，即便赋予其管辖权，实践中如果不加强对上述知识的学习研究，对跨境证券欺诈案件的审理依然难以完成保护投资者利益和维护我国证券市场秩序的任务。

（3）执法存在的问题。

执法存在的问题主要体现如下：

①监管主体地位不突出。

证监会在我国证券市场中具有法律赋予的监督和管理权力，但《证券法》并未明确规定证监会的法律性质。由于它是国务院直属的事业单位，在跨境证券反欺诈执法中，隶属于我国政府且没有准司法权的监管机构可能较难得到其他国家的监管配合。这种情况下，人民币国际化背景下证监会对跨境证券的监管职能难以充分发挥。此外，证监会执行自己监管职能的同时，还有其他监管部门也能够采取一部分的监管措施，包括财政部、国家发改委以及地方政府。如果不能够进一步明确与细化监管权力，这种多头管理的模式可能会对跨境证券欺诈的监管效率和监管效果产生不利影响。总之，目前我国证券市场的监管体制尚不能适应人民币国际化条件下证券市场国际化的要求。

②执法权力配置不足。

我国证监会市场监管力量，特别是跨境证券监管力量薄弱。一旦证券欺诈行为发生在境外，并且对我国证券市场或投资者产生了负面影响，我国证券监管部门难以及时发现、制止和查处。跨境证券欺诈行为的复杂性、专业性和隐蔽性，要求证券法律的执行须坚强有力。我国证监会的执法权力主要规定在《证券法》第 12 章，[1] 与美国证券交易委员会（SEC）的执法权力相比，我国证监会监管的种类和范围过少，尚未具备 SEC 普遍具有的这些权限，包括直接起诉权以及向法院申请强制令、破产令、清算令、执行令等权限。由于存在这些执法权力方面的不足，我国证监会有时可能无法完全按照境外监管机构的要

---

1 参见《证券法》第 170 条。我国证监会的执法权力包括现场检查、调查取证、询问当事人、查阅和复制交易资料、查询资金账户等权力。

求给予协助。与此同时，根据对等原则，境外证券监管机构对我国证监会的协助请求可能也置若罔闻，这将极大削弱证券监管国际合作的效果。

（三）美国证券反欺诈制度域外适用之鉴

作为最发达的证券市场所在国和证券法制发达的国家，美国为了保护国内投资者利益、维护国内证券市场稳定，已发展出一系列较成熟的关于证券反欺诈制度域外适用的制度。这些制度被世界多国奉为蓝本，也为我国提供了可借鉴的对象。

1. 美国联邦证券法域外适用的制定法依据

从 20 世纪 30 年代开始，美国开始制定联邦证券法。发展至今，美国证券法律体系包括联邦层面的证券法律和各州的证券法律。由于各州的证券法差异较大，可借鉴、可复制性不如联邦证券法律，因此，以下仅考察美国联邦证券法律的域外适用制度。

（1）1933 年《证券法》与 1934 年《证券交易法》。

美国联邦证券法体系以 1933 年《证券法》和 1934 年《证券交易法》为基础，在此之上不断发展与完备。此外，注重信息披露和投资者保护的《投资公司法》《投资顾问法》《证券投资者保护法》对证券违法行为进行惩处，同时重视投资者保护的《萨班斯—奥克斯利法》和《多德—弗兰克华尔街改革与消费者保护法》，也是美国重要的联邦证券立法。在以上法律中，1933 年《证券法》主要规范证券发行行为，它确立了 SEC 监管证券市场的法律地位；1934 年《证券交易法》在前者的基础上强化了对证券交易市场的规制。与此同时，美国联邦各级法院的判例和美国证券交易委员会制定的规则，也构成了其联邦证券法律体系的重要成分。

1933 年《证券法》和 1934 年《证券交易法》涉及证券反欺诈条款，主要有 1934 年《证券交易法》第 30 条、《证券交易法》第 10-（b）条以及 SEC 根据第 10-（b）条和 1933 年《证券法》17-（a）条制定的 10（b）-5 规则等。《证券交易法》第 30-（a）条规定，任何经纪人和买卖商，利用邮寄方式或者利用州际贸易的任何手段和工具，在美国管辖领域外或者不受美国管辖的交易所进行的证券交易行为，如果违反 SEC 规定的对维护公共利益、保护投资者权益和逃避本法必要和适当的规则和规章，应属违法。第 30-（b）条规定美国管辖领域外的任何证券交易均不适用本法，但如果某证券交易违反 SEC 为防止交易者对本法的有意规避而制定的有关规则，则不受此限制。通常认为，1934年《证券交易法》第10-（b）条是美国联邦证券法中规制证券市场上欺诈行为的核心条款。该条规定，任何人直接或间接从事与任何证券买卖相关的行为时，如果采用操控性或欺骗性的手段，并且违反证券交易所规章的活动将被视为非法。而10（b）-5反欺诈条款进一步细化了上述条款，规定任何人直接或间接地利用任何州际商务手段或者工具、采用邮递方式或者利用全国性证券交易所的任何设施所为的下列行为均属违法：（a）采用任何欺诈、阴谋或骗术进行诈骗；（b）对重大事实做任何虚假陈述，或就重大事实作出当时情况下具有误导性的说明；（c）从事任何与证券买卖相关的欺诈或欺骗其他人的行动、操作或举措。

从上述规定可见，10（b）-5规则并没有明确规定域外适用的问题。由于美国特殊的司法背景，法官拥有创造法律的权力，相同类型的案件法官会遵循先例，所以，该规则的适用范围在很大程度上也是由法院厘定。而美国法院在进行考量时首先会推测国会的意图，并进一步推测国会并不认为证券法的域外适用会违反国际法原则。并且，该规则中的"州际商业"一词，包含了各州之间以及各州与外国之间的交通和通信，似乎也表明国会试图使联邦证券法适用于跨境证券欺诈行为。

此外，法院通常还寻找相关政策理论支持美国证券法的域外适用。首先，美国证券市场是各国和各地区证券市场紧密联系的国际化市场，为了不使美国沦为境外证券欺诈者向往的天堂，证券法的域外适用是必需的。其次，美国证券法的域外适用有利于打击和惩处境外证券欺诈者，此举能够鼓励其他国家采取同样坚强有力的措施来预防和规范跨境证券欺诈行为。

（2）《萨班斯—奥克斯利法》。

《萨班斯—奥克斯利法》（简称《萨班斯法》）出台的原因，是为了应对安然公司粉饰财务报表行为所产生的影响和恶果。它分别在公司治理、审计业务、证券市场监督与管理等方面作出了新的规定。该法的意图是强化上市公司的内部治理，同时提高公司披露信息的准确性和可靠性，从而保护投资者利益以及重建公众对证券市场的信心。[1]《萨班斯法》加大了对上市公司故意欺诈

---

1 张路：《美国上市公司最新立法与内部控制实务》（中英文对照本），法律出版社，2006，第3页。

的惩处措施，成为美国经济"大萧条"以来联邦政府制定的处罚措施最严厉的法律。作为最重要的条款之一，该法 404 条款明确规定了管理层应当承担设立并维持应有的内部控制结构的职责，[1]这有利于公众察觉到公司的欺诈行为。另外，该法对上市公司高管人员造假予以重罚，其中，提供不实财务报告有可能被处以 10 年或者 20 年监禁的重刑，并可处罚金 100 万或者 500 万美元。[2]由于《萨班斯法》的效力涵盖了向 SEC 注册的所有公司，所以，在 SEC 注册的美国境外的上市公司，也受《萨班斯法》的约束。

（3）《多德—弗兰克华尔街改革与消费者保护法》。

《多德—弗兰克法》第 929P 节（b）条，是关于美国联邦证券法反欺诈域外适用的条款。其分别在《证券法》《证券交易法》和《投资顾问法》三部重要的证券法中各新增一个子条款，在由 SEC 或者联邦政府提起的证券反欺诈诉讼中，授予联邦地区法院和任何州法院对下述行为进行司法裁判的权力：（1）在美国境内发生的证券交易行为，并且该行为是直接促使欺诈行为发生的重要组成部分，即便该证券交易行为发生在美国境外，或者只涉及外国证券投资者；（2）在美国境外发生的证券交易行为，如果该行为对美国国内的证券市场和投资者造成了可以合理预见的不良后果。这实际上明确了美国对于其境外发生的证券欺诈行为，可以有条件地行使域外管辖权，重新肯定了行为与效果原则，再次确认了美国证券法的域外效力。

2. 美国联邦证券法域外适用的判例法依据

美国作为典型的判例法国家，法官具有强大的造法能力。联邦法院和最高法院的法官们在审理大量的证券诉讼案件中逐渐确立了证券法域外适用的标准，其中包括效果标准、行为标准和交易标准。由于法院审理案件时，同样类型的案件的审理要遵循先例，因此，这些独特的法律规则为法官裁判证券欺诈案件提供了十分有价值的引导。

（1）效果标准。

效果标准是指，证券交易活动尽管发生在美国国外，但是如果该行为对美

---

1 主要涉及公司财务报告内部控制、管理层的年度评估和内部控制报告、审计师的年度鉴证等。

2 公司董事和高管需要返还因公司虚假报表取得的激励性报酬和买卖股票收益，公司董事和高管事先知道财务报表违反披露要求仍提交承诺函的行为，个人的处罚额提高到 100 万美元，同时判处 10 年监禁，对故意作出虚假陈述的公司主管处罚 500 万美元的罚款和 20 年的监禁。

国国内的投资者或者美国的证券市场产生了显著的影响或者效果，那么，美国可以对此主张管辖权。就现阶段而言，联邦法院对效果标准比较一致的观点是，若某一证券交易活动对该国国内的投资者及其证券市场产生了显著的实质性效果，法院就对此拥有管辖权，不论该活动是否在本国国内发生与完成，亦不论主体是否为本国国民。效果标准提出的依据是，美国法院认定国会主观上想要保护美国国内的证券市场和投资者免受任何欺诈行为的不良影响，不论该欺诈行为的发生地在何处。自从联邦第二巡回上诉法院在 Schoenbaum v. Firstbrook 一案中首次将效果标准运用于美国证券法领域后，该规则对证券法的域外适用产生了重要而深远的影响。

在 Schoenbaum v. Firstbrook 案中，原告美国股东主张，加拿大的证券公司在加拿大利用内幕交易，使美国股东以不公正的价格购买了该公司股票。由于该证券公司是在美国进行证券发行登记并且在美国证券交易所上市的，原告认为被告的行为违反了美国《证券交易法》10-（b）和 10（b）-5 规则，因此，请求法院受理案件并依据美国法律对证券欺诈行为进行裁判。地区法院在该案判决中采取了否定态度，认为《证券交易法》并没有规定域外管辖权，所以，该法对于在加拿大发生的涉外证券内幕交易没有管辖权。

但是，第二巡回上诉法院表达了完全相反的看法。该上诉法院声称，国会制定《证券交易法》主观上就是想要保护在美国证券交易市场上购买外国证券的美国国内投资者，同时也保护美国国内证券市场免于受到来自跨境证券欺诈行为的消极影响。因此，该法具备域外管辖权。上诉法院在判决中认为，这至少涉及一家在美国证券市场登记并上市交易的公司，虽然违反证券法的行为确实发生在美国国外，但是，该交易行为与美国国内的证券市场和投资者具有紧密的实质联系。所以，一项境外证券交易如果对美国国内投资者或者美国国内证券市场施加了相当程度的消极影响，美国法院就可以行使域外管辖权。那么，如何衡量这种消极影响的程度，有没有具体的衡量标准？美国法院在审理 Tamari v. Bache 案时作出了详细的解释，即这种不良后果的程度应当是对美国境内的证券市场和投资者产生了可以合理预见的、实质性的损害。[1]

---

1 See Tamari v. Baehe, 730 F. 2d 1103.

（2）行为标准。

行为标准是指证券的欺诈行为尽管发生在美国境外，但是作为该证券欺诈活动中的一部分发生于美国境内，所以，美国可以主张对发生于国内的欺诈行为及其行为人的管辖权。第二上诉法院在审理 Leasco Data Processing Equipment Corp. v. Maxwell 一案中，创立了行为标准。在该案中，作为原告的美国公司声称其在英国设立的子公司，被在伦敦交易所上市的英国公司的虚假陈述所误导。该案中大部分事实发生于英国，但是，其中某些虚假陈述是在美国作出的，法院随即以其在美国国内的行为对美国投资者造成的后果为前提，适用美国证券法进行管辖。可以看出，行为标准的核心在于需要明确哪些重要行为可以引起美国证券法的域外适用。

对此，各法院分歧很大。美国哥伦比亚特区巡回法院适用行为标准的条件最严格。Zoelsch v. Arthur Andersen & Co. 一案中，原告是联邦德国的投资者，认为美国一家会计师事务所在联邦德国准备的有关一家美国公司投资说明的审计报告中存在虚假陈述，最终，投资计划失败致使其遭受损失，遂在美国法院提起诉讼。哥伦比亚特区巡回法院认为，本案在美国的行为仅仅是准备性的，并不是导致损害发生的直接原因，因而拒绝适用美国证券法。只有当发生在美国国内的行为包含了违法行为的所有要件时，该行为才能被认定是直接原因，而非准备性的。具体说来，欺诈的表述或误导须源于美国，该表述或误导还需与证券买卖相关，责任人故意为之，最终直接导致了损害的发生才能适用行为标准。另外，哥伦比亚特区巡回法院认为，当涉外证券交易行为无意损害美国投资者及证券市场，并且无意规避美国证券法律时，美国证券法对该等交易行为不具有域外管辖权。[1]

第二、第五和第七巡回法院采取了较为宽松的行为衡量标准。他们并不要求欺诈行为的所有要件都发生在美国，当符合以下两个条件时，美国证券法即可予以适用：第一，发生在美国境内的欺诈行为，应该是实施整个证券欺诈行为中的重要组成部分，并非只是预备性的行为。第二，该行为导致了非美国籍原告的损失。Psimenos v. E. F. Hutton & Co. 一案中，原告是一名希腊公民，被告是美国一家证券经纪商。被告在经纪合同中承诺将持续、高质量的管理原告

1　Zoelsch v. Arthur Andersen & Co., 824 F. 2d 27, 33（D.C. Cir. 1987）.

的证券账户。然而，由被告指派管理原告证券账户的人不是被告雇员，也不具有经纪人资格。由于多次未能有效完成证券交易，致使原告承担其不可预见的额外负担。本案中，法院认为美国证券法应予以适用，虽然原告指称的误导性陈述大多发生在美国境外，但是，被告的宣传资料，包含对持续性高质量监管的许诺是在美国制作完成的。如果原告受到宣传资料的引诱而开立账户进行交易，该宣传资料可以被认定为实质性的。更重要的是，原告账户的交易行为在纽约生效，在美国证券市场上生效的交易构成了原告所称欺诈的最终行为。并且，正是被告在美国从事的交易活动直接导致了原告的损失。因此，该交易行为并不能完全视为准备行为。从第二、第五和第七巡回法院采取的行为标准来看，形成欺诈的最后一个环节即证券交易的完成，是一个实质性的联结因素。

美国第三、第八、第九巡回法院采取的是一种更为宽松的衡量方法。它们既不要求欺诈行为须在美国完成，也不要求受害者需包括美国投资者，而只需认定发生在美国的行为对整个欺诈计划来说是重大的即可。在 SEC v. Kasser 案中，被告是一家在美国有子公司的加拿大投资公司，被告部分投资合约是在美国洽谈和生效的，并且该投资合约促成了欺诈计划的实现。但是，该案中所涉及的任何证券交易都未发生于美国，也没有任何证据显示对美国证券市场造成了负面影响。第三巡回法院最终认为，美国证券法可以产生域外效力。法院通过解释 10（b）−5 规则，认为该规则主观上想要阻止任何欺诈行为的发生。所以，这种情况下并不要求欺诈行为须在美国境内完成。

行为标准适用的理论支撑是，美国国会不想使美国成为出口证券欺诈行为的基地，即便没有美国人受到证券欺诈的损害。[1] 通过分析不难发现，第二、第五、第七巡回法院的观点基本符合国际法有关国家管辖权规则，它既没有像哥伦比亚特区法院持一种保守的态度，也没有像第三、第八、第九法院丝毫不考虑行为地，却肆意适用行为标准。但是，也应看到，并非全部的美国法院都持有这种观点。

（3）交易标准。

交易标准始于 2010 年 Morrison v. National Australia Bank 一案的判决中。在该案中，美国联邦最高法院颠覆了效果标准或者行为标准。此案原告

---

[1] Psimenos v. E. F. Hutton & Co., Inc., 722 F. 2d 1041 (2d Cir. 1983).

Morrison 是在澳大利亚交易所购买被告的普通股（该普通股通过美国存托凭证即 ADR 在纽约证交所进行交易）的澳大利亚人，被告因知晓并使用错误的估价模型导致其普通股下跌，造成原告的投资损失。原告请求判决被告的行为违反了《证券交易法》第 10-（b）、20-（a）条和 SEC 的 10（b）-5。

美国最高法院在对该案作出判决之前，首先解决了美国证券法域外适用在实践中备受争议的两个问题：一是有关联邦法院的事项管辖权问题，二是《证券交易法》10（b）-5 的域外效力问题。最高法院判定，当一项法律本身没有规定域外管辖权时，该法律就不能域外适用。美国最高法院还通过对条文用语的考察，首次就 10-（b）规则发表意见，认为其仅仅是一项实体性规定，它规制对象包括以下两种，一是对在国内证券交易所进行登记的证券交易中的欺诈行为，二是没有在证券交易所登记的任何其他证券的国内交易活动中的欺诈行为。换句话讲，与证券交易活动中的交易行为密切相关的欺诈才是《证券交易法》予以监管的，并且，此类交易中的受害者才是该法所要保护的。此外，最高法院还主张，应当坚持反域外效力的论断，因为反域外效力是严格根据法律的字面意思解释得出的。

美国最高法院最终判决认为，应以认定明确的交易标准取代认定不甚明确的行为标准和效果标准。所谓交易标准，意味着《证券交易法》可以对发生在美国国内的证券交易行为进行管辖。与此同时，《证券交易法》第 10-（b）条仅适用于在美国证券交易所上市证券的交易行为以及其他证券在美国国内的交易行为。在 Morrison v. National Australia Bank 案中，原被告、交易地点都不在美国境内，所以不适用美国证券法。

Morrison 案判决作出后不久，美国国会打破多年沉默，于 2010 年 7 月通过了《多德—弗兰克法》，对联邦最高法院的交易标准作出了间接修正，重新赋予了美国证券法域外效力。且《多德—弗兰克法》对行为标准和效果标准的适用范围进行了限定，从而对 Morrison 案判决进行适度纠偏。依据该法规定，行为标准适用于以下情况，即如果发生在美国的行为是促成证券欺诈的重要步骤，即使交易双方是外国发行人和投资者，且其他证券行为发生在美国之外，美国法院仍有权管辖。效果标准适用的情况是：如果证券欺诈行为发生在美国境外，但是，该欺诈行为对美国国内造成了可预见的实质性不良影响，此时美国法院有权管辖。此外，《多德—弗兰克法》还对行为标准和效果标准从实体和程序方面进行了限定。在实体方面，行为标准和效果标准只能适用于违反《证券法》第17-（a）条和《投资顾问法》第206条的情形。在程序方面，行为标准和效果标准只能适用于由 SEC 和司法部提起的诉讼。

（四）构建人民币国际化条件下我国证券反欺诈域外适用制度的建议

随着人民币国际化的发展，我国资本市场不断开放，跨境证券欺诈不可避免。对于跨境证券欺诈行为，我国确有必要建立完备的证券反欺诈域外适用制度，以有效维护和保护国内证券市场和投资者。

1. 立法需进行的完善

（1）以客观属地管辖原则为证券法域外适用的依据。

构建人民币国际化条件下我国证券反欺诈域外适用制度，首先需要解决管辖权问题。国际法上的管辖权，基本可以分为属人管辖、属地管辖、保护性管辖以及普遍性管辖。其中，属人管辖是一国对拥有该国国籍的人行使管辖权，不论其身在何处。这显然不同于证券法域外适用针对的情形。而保护性管辖是对发生在境外严重侵害本国重大利益的行为行使管辖权。在证券法领域，一国不可以因域外行为违反其国家政策而适用保护性管辖原则。[1]另外，普遍性管辖是对发生在域外且违反国际法的特定罪行行使管辖权。由于证券法领域不涉及违反国际法的罪行，普遍性管辖同样不能被援引作为证券法域外适用的依据。

属地管辖原则是一国有权管辖其领域内的人、事件和行为。属地管辖在实践中发展出主观属地原则与客观属地原则。主观属地原则是对那些始于本国域内但终于他国的行为行使管辖权，该原则源于对刑事案件的域外管辖。客观属地原则，又称结果发生地说，指某种行为的结果在一国领土内发生或及于一国领土，就视为是在该国领土内的行为，可适用属地管辖原则进行管辖。显然，客观属地原则能够对发生于境外，且损害境内证券市场或投资者的欺诈行为进行管辖。

将客观属地原则运用于经济监管领域并非没有先例。探析其历史渊源，最早依据客观属地原则主张域外管辖权的是美国法院关于1945年美国联邦政府诉美铝公司一案。在这一案件中，主审法院 Hand 法官认为，外国企业在美国

---

1 徐崇利：《美国及其他西方国家经济立法域外适用的理论与实践评判》，《厦门大学法律评论》2001 年第 1 期。

境外签订的协议，如果主观上试图对美国的出口造成影响，并且事实上也确实影响了对美国的出口，那么，对此可以适用《谢尔曼法》。Hand 法官依据美国习惯法同时指出，任何国家都有权规定，即便不是本国国民，也不得在境外从事受该国谴责并且会对境内产生不利影响的行为。据此，发生在美国境外并且与美国反托拉斯法的立法精神相违背的行为，如果该行为对美国市场造成了限制竞争的不良后果，无须考虑行为者的国籍和行为的发生地，美国法院对此仍享有管辖权。该原则开了经济监管法域外适用的先河，也是其他国家维护本国市场的有效竞争而采取的法律武器。

以客观属地管辖原则作为证券法域外适用的依据合乎法理。首先，证券法与美国反托拉斯法都是经济监管法，都是国家公权力对私人行为进行干预和监督，所以，反托拉斯法中的域外适用制度可以作为证券法域外适用的风向标和重要参考。其次，客观属地管辖原则可以被看作是属地管辖原则的延伸与进阶发展，即它是从行为的发生地延伸到行为的结果地，也就是行为发生的影响地。最后，该原则可以被视为对国际范围内空缺的证券法域外适用提供的理论依据。一国证券法对国内欺诈行为进行监管当无异议，但国际法缺乏对影响本国证券市场和投资者的境外欺诈行为的规范。客观属地管辖原则正是填补了这一法律空缺，能够有效震慑潜在的证券欺诈者。

（2）修改《证券法》和配套的冲突规范。

① 增加域外适用条款。

我国法院不同于判例法国家，不具备造法功能。因此，我国赋予证券法域外管辖权以及确立其适用标准，须在立法中予以明确。首先，我国应借助国务院条例对《证券法》域外适用问题进行明确，规定证券法域外适用涵盖以下两种情况：一是境外主体在我国境内的欺诈行为；二是发生于境外且有损于我国证券市场和投资者的欺诈行为。对于第一种情况，应规定："在中华人民共和国境内，股票、公司债券、存托凭证和国务院依法认定的其他证券的发行和交易，不论发行人和投资者的国籍，均适用本法"。对于第二种情况，应对《证券法》第 2 条中的"在中华人民共和国境外的证券发行和交易活动，扰乱中华人民共和国境内市场秩序，损害境内投资者合法权益的，依照本法有关规定处理并追究法律责任"之规定进行明确。明确的方法是规定：境外发生的扰乱中华人民共和国境内市场秩序，损害境内投资者合法权益的证券发行和交易活动，是指证券发行和交易活动虽发生在境外，但却对我国产生了直接的、可以合理预见的实质性影响的活动。

进行如此明确，是因为适用效果标准能够保护我国境内证券市场和投资者免受跨境证券欺诈的不利影响。同时，效果标准需要明确需满足的条件才能适用。为加强效果标准的可操作性，我们认为有必要明确其适用要件。"直接的"要求对我国证券市场或投资者的影响与欺诈行为之间具有直接的因果关系。"可以合理预见的"通常要求以客观理性人的标准来确定是可以合理预见的。"实质性的"指对我国的证券市场或投资者产生的影响达到了相当的程度。

②修改配套的冲突规范。

证券法兼具公法和私法性质。公权力对跨境证券欺诈行为的干预是公法问题，而跨境证券欺诈在当事人之间产生的赔偿责任具有私法性质。当前，我国对此有关的冲突规范基本空白。鉴此，我国应尽快推出证券法冲突规范。具体来说，我国可以在《法律适用法》中明确将跨境证券欺诈作为一种特殊侵权方式单独加以规定。跨境证券交易类型的多样化、复杂化使得证券欺诈不同于一般侵权行为，可以在《法律适用法》"侵权"一章中增加跨境证券行为法律适用的条款，规定：证券权利义务的产生、转让、消灭与生效，适用发行人属人法；证券持有人、转让人以及第三人之间的关系，适用证券所在地法；证券发行、交易、信息披露的范围，适用行为地法；证券交易所业务，适用交易所所在地法。

2. 司法需进行的完善

（1）管辖法院的设置与选择。

① 建立涉外证券法院。

之所以要设置专业的涉外证券法院，而非由中级法院管辖跨境证券欺诈案件，主要基于以下考量：中级法院管辖虽然级别上相对具有权威性，但是并非所有的中院法官都具备审理跨境证券欺诈案件和其他证券涉外案件的能力。在地域管辖方面，可以在我国证券交易所所在地的上海、深圳、北京设立涉外证券法院。

②适用国际礼让原则。

国际礼让原则是为了避免法律冲突，一国基于保护本国公民或受本国法律保护的其他人的利益考虑，承认他国立法、司法或执法行为在本国领土范围内的效力。[1] 该原则回避了敏感的国家主权问题，同时能够降低证券反欺诈制度域外适用的执法成本。根据国际礼让原则，由跨境证券欺诈行为的发生地所在国进行调查，同时提供可能的救济，而受害投资者所在国则对发生地所在国的证券监管机构提供各种协助，这样可以节省受害投资者所在国相应的执法成本。[2] 尽管国际礼让原则能够促进证券反欺诈制度域外适用在国际层面的监管合作，但是，目前为止它适用的尺度还充满弹性，可操作性有待提升。总之，如果外国管辖法院所涉及的利益明显较我国的利益重大时，那么，我国可以基于国际礼让原则不行使证券法的域外管辖权，以避免法律冲突。同样，基于国际礼让原则，在我国所涉及的利益较之于他国重大时，我国也可以基于国际礼让原则要求外国法院放弃管辖权。

（2）注重对投资者的救济。

①完善证券民事救济制度。

作为跨境证券欺诈行为中的受害人，投资者迫切需要解决的问题就是如何能够获得相应赔偿，而投资者想要获得赔偿，一般需要通过民事责任的相关规定来实现。所以，跨境证券欺诈民事责任的关键就在于使受害投资者能够获得有效救济。在实践中，最高法院出台的有关虚假陈述案件的司法解释，使虚假陈述的民事赔偿诉讼得以受理。但我国尚未对操纵市场和内幕交易的民事赔偿责任作出应有的规定，法院也通常将这类诉讼拒之门外。因此，我国应对操纵市场和内幕交易的民事赔偿责任作出规定，同时根据跨境证券欺诈行为的特殊性，对虚假陈述、操纵市场和内幕交易的民事赔偿责任进行针对性的完善。

② 设立投资者专项补偿基金。

保护投资者是证券法的第一要义。在跨境证券欺诈案件中，投资者已经因为欺诈行为承受了巨大的经济损失，即便可以通过诉讼程序尽可能地挽回损失，但并不总是有效的。设立证券市场赔偿基金不失为一种有益尝试。2013年万福生科虚假陈述案件中，平安证券作为万福生科的保荐机构，设 3 亿元万福生科投资者补偿专项基金，委托我国证券投资者保护基金有限公司担任管理人，对受害的投资者先行赔付。这种由证券民事责任主体设立专项投资者补偿

1　Alexander Layton, Angharad M. Parry, "Extraterritorial Jurisdiction --European Responces", 26 *Houston Journal of International Law*, 2004, p.309.

2　郗伟明：《经济全球化下中国反垄断执法专题研究》，法律出版社，2010，第 257 页。

基金先行赔付的模式，开创了证券纠纷司法途径之外民事主体主动和解的新途径。先行赔付制度节省了投资者民事诉讼的时间成本，且作为中立的非营利性组织，保护基金公司能够树立并保持自身的独立性，公正合理地为投资者提供救济，使受害的投资者能够得到便捷而高效的补偿。

3. 执法需进行的完善

（1）合理配置监管权力。

①赋予证监会广泛的执法权。

我国《证券法》赋予了证监会一定限度的调查权，包括现场检查、询问当事人、查阅、复制有关资料、查询相关账户等。但是，对于这些权力执行中被调查者的不配合却没有规定相应的罚则，无法保障执法的顺利进行。在跨境证券反欺诈执法中，证监会面对跨境欺诈，仅有上述调查手段尚不能满足实践中的多样性要求。因此，为有效预防和规制跨境证券欺诈行为，建议赋予证监会更为广泛的执法权。如证监会有权监视、调查跨境证券欺诈行为的线索和证据，包括查询外国上市公司资金账号、投资者个人账号等权力，以及起诉跨境证券欺诈行为等。

②建立有效的行政审裁机制。

考虑到跨境证券领域执法的时效性，法院提供的司法救济只能作为最后的屏障，而由证券执法机构主导的行政审裁，往往比司法审判更加便利快捷。美国的证券行政审裁程序具有很多灵活之处，如 SEC 总部设立行政法官办公室，负责听证和审裁 SEC 调查的案件，其中听证和审裁程序是相互独立的，SEC 也无权解雇和调换行政法官。因为该行政法官具有一定的司法裁决权，从这种意义上讲，SEC 也就具有了准司法权。我国可以建立隶属于行政执法机构、相对独立的专业化审裁机构，类似于 SEC 的行政法官，以加强证券执法的效率。

（2）加强跨境证券监管合作。

打击跨境证券欺诈，离不开有效的国际证券监管合作。在双边监管合作中，我国应当与更多的国家签署谅解备忘录或者司法互助协定，为我国证券反欺诈的域外适用奠定实践基础。与此同时，加强跨境证券监管合作，也要注重谅解备忘录的质量。具体操作中，可以互相承认对方证券法的域外效力或根据互惠原则，保证相互之间对证券法域外适用的认可；在调查有关证券发行和交易的欺诈行为时提供司法协助以及信息共享，确保双方的证券法律能够被遵守；还可以明确申请答复和提供信息的时限，提高合作效率；对合作中的信息共享程序或者保密要求等作细致规定，采取个案方式进行处理；或者在已经签订的谅解备忘录中加入域外适用条款，对于这些修订补充条款，各方不需要重新签署备忘录，只要双方都书面同意进行扩充和修改即可，从而增加谅解备忘录的灵活性。在多边监管合作中，我国虽然已经加入了 IOSCO 并在其中积极作为，但要深入研究 IOSCO 相关文件，特别是《证券监管的目标和原则》和《外国发行人跨国证券发行与首次上市国际披露准则》等重要文件，以便进行借鉴，将 IOSCO 国际监管合作的相关成果为我国在国际证券监管合作中所用。

第三节　人民币国际化中我国证券法对外适用的法律冲突与协调

承上所述，人民币国际化需要我国建立我国证券法的对外适用制度，包括强制披露的对外适用制度和证券反欺诈的对外适用制度。但毋庸讳言，我国证券法的对外适用会遭遇法律冲突，因此，我国证券法对外适用的法律冲突和协调问题是我国证券法对外适用必然派生的重要问题，故不可不察。

一、人民币国际化需要我国建立证券法对外适用制度

人民币国际化之所以需要我国变革证券法对外适用制度，是因为真正的、充分的人民币国际化必然是通过在国际贸易和投融资交易中发挥国际货币职能实现的。

（一）实现人民币国际化需要我国开放资本市场

由于通过贸易途径实现人民币国际化的机理及相关的制度安排超出了本节的研究范围，因而，此处仅探讨通过投融资途径推动人民币国际化的法律障碍以及协调措施。人民币在投融资交易中的广泛使用建立在我国资本市场，尤其是证券市场高度开放的基础上，而资本市场的开放需要有相应的法律规范提供制度上的保障。

人民币充分发挥国际货币的职能，最终必然是在以资本市场为核心的金融市场上通过金融交易实现的。[1] 图 5-1 清晰地揭示了资本市场开放与人民币发

---

1 吴晓求：《中国资本市场研究报告（2008）》，中国人民大学出版社，2008，第 269 页。

挥国际货币职能之间的关系。资本市场开放意味着我国境内资本市场与境外资本市场实现了互联互通，人民币可以在这一相互联通的市场上自由流通，在此过程中人民币得以发挥价值尺度、交换媒介和储藏价值的国际货币职能。我国资本市场开放的每一步，都涉及对人民币跨境流动监管要求的变化。从2005年我国允许国际开发机构到境内发行熊猫债，到2014年后我国陆续开放沪港通、深港通，从2006年我国开始允许合格境内机构投资者（QDII）以人民币或者外汇资金到境外进行投资，到2015年我国允许境内人民币合格机构投资者（RQDII）汇出人民币资金投资于境外人民币金融产品，人民币流出流入的渠道不断拓展，人民币发挥价值尺度、交换媒介和储藏价值的市场空间也随之不断扩大。

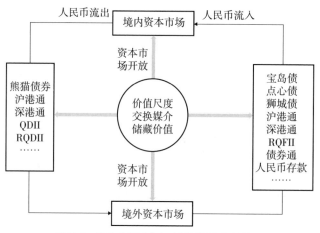

图 5-1　资本市场开放与人民币国际化的关系

1. 人民币履行价值尺度的职能要求我国开放资本市场

货币国际化需要该货币在国际社会履行价值尺度的职能，人民币要实现国际化，首先就要具有强大的价值尺度职能，在金融领域成为投融资交易的计价货币。在不同国际货币体系下，货币价值尺度职能的内涵有所不同，因而，货币发挥价值尺度职能的条件也有所不同。在布雷顿体系下，国际社会实行美元—黄金本位制，即美元与黄金挂钩，其他国家的货币与美元挂钩。此时，美元的价值以特定数量的黄金来衡量，而其他国家货币的价值以美元来衡量，这实际上是间接以黄金的价值来衡量的。因而，在固定汇率时代，货币的价值尺度职能实质上通过黄金价值表现出来。此时，国际货币发挥价值尺度职能的条件是其与黄金之间保持一定的比价关系。而在牙买加体系下，黄金实现了非货币化，各国的货币不再与黄金挂钩，不再通过黄金体现其自身的价值。因而，一种货币要想成为国际货币，就必然需要通过自身的优势获得国际社会的认可，[1] 最终广泛地成为投融资交易的计价货币。

就私营领域而言，与交换媒介和储藏价值职能不同，一种货币成为计价货币，更多地体现了微观主体的理性选择和使用意愿。[2] 因而，人民币国际化的关键在于通过增加人民币自身的优势，引导、促进人民币在私营领域成为国际投资与国际融资交易的计价货币。发行人、投资者等市场微观主体作为理性的经济人，其选择计价货币的基础在于成本收益分析。因而，影响市场参与主体成本收益的因素就能够影响甚至决定人民币最终能否被国际社会广泛接受为投融资交易的计价货币。对于国际资本市场而言，足够大的市场容量将带来充足的流动性，从而减少发行人和投资者的交易成本，并降低其持有风险。[3] 在人民币国际化的过程中，我国资本市场上庞大的人民币资金池就具有降低市场参与主体交易成本和持有风险的功能。为了使人民币成为投融资交易的计价货币，我国就应当提高资本市场的开放水平，允许境外人民币需求者进入我国资本市场，通过发挥资本市场资源配置、价格发现的功能，促进人民币金融工具的发行与交易。如果我国资本市场开放程度不足，使得外国投资者不能将其金融资产便利地在境内和境外之间进行转移，那么，他们不会大量地投资于以人民币计价的金融工具。[4]

就官方领域而言，人民币在官方领域发挥价值尺度的职能表现在两个方面，即成为外国政府发行国际债券的计价货币或者外国确定汇率的被盯住货币。目前，外国政府已经开始在我国发行以人民币计价的国际债券，但是，还没有国家将人民币作为盯住货币。[5] 要使人民币成为外国确定汇率时的被盯住货币，除了进行深入的汇率制度改革外，我国还应当从以下两个方面着手：一

1 丁剑平、吴文、陈雨露：《从价值尺度的视角看货币国际化的机遇》，《国际金融研究》2008 年第 10 期。

2 孙海霞：《人民币国际化条件研究》，人民出版社，2013，第 103 页。

3 涂永红：《人民币作为计价货币：理论与政策分析》，中国金融出版社，2015，第 30 页。

4 Yver Mersch, "China-progressing Towards Financial Market Liberalisation and Currency Internationalization", https://www.bis.org/review/r140227b.pdf.

5 韩龙：《实现人民币国际化的法律障碍透视》，《苏州大学学报（哲学社会科学版）》2015 年第 4 期。

是继续放松资本市场管制、降低准入要求，吸引更多的境外机构，如境外主权政府、境外金融机构等，到我国发行以人民币计价的证券，降低其获得人民币的成本。二是继续推动人民币在国际经济交往中的使用。政府的决策受到市场力量的牵引，如果一国在对外经济交往中大量地使用人民币作为计价与结算货币，该国政府在制定汇率政策时，会出于促进对外贸易、平衡国际收支等宏观经济目标的考虑，选择盯住人民币。上述两种措施的共同之处在于，都要求我国开放资本市场，拓展人民币的流出和流入渠道，促进人民币通过资本市场发挥国际货币的价值尺度职能。

2. 人民币履行交换媒介职能要求我国资本市场成为人民币跨境流动的场所

就私营领域而言，成为金融交易结算货币，是人民币在私人领域履行交换媒介职能的表现。目前，人民币在我国的对外贸易中，已得到了广泛的运用。然而，人民币国际化在对外贸易中的快速发展，并不意味着人民币国际化进程在金融交易中的推进也同样顺利。[1] 实际情况是，在金融交易中，人民币的交换媒介职能发挥得还较为有限，其主要原因就是我国资本市场开放水平不高，境外主体在市场准入和资金汇出入方面面临诸多障碍。要想使人民币广泛地用于国际金融交易的结算，我国就应当充分利用境内资本市场。目前，境外主体主要通过合格机构投资者等通道投资于境内的资本市场，其他投资者还无法直接在境内资本市场进行投资。从货币国际化的历程可以看到，英镑、美元的国际化过程，同时也是伦敦、纽约等资本市场的高度开放和国际金融中心崛起的过程，这些金融中心为英镑和美元的跨境流动提供了强大的市场基础和便利的流通场所。我国要使人民币成为被国际社会广泛接受的金融交易结算货币，就应大力提高我国资本市场的开放水平，使之成为全球人民币流动性中心和人民币资产的配置中心。

就官方领域而言，人民币在官方领域发挥交换媒介职能，主要表现为其能成为境外外汇市场的干预货币。而干预货币的选择与一国的汇率制度密切相关。如前所述，在牙买加体系下，一国不再将其货币直接或者间接与黄金相联

---

[1] 〔美〕艾森曼：《人民币国际化、资本市场开放和中国金融改革》，宋晶译，《金融市场研究》2015年第4期。

系，一种方式是使本币与特定的外币建立紧密联系。为维持两种货币间相对稳定的兑换关系，该国央行就不得不大量地持有该种外币，以备用于干预外汇市场。[1]人民币成为外国央行的干预货币的前提之一是外国央行能够便利地、低成本地获得人民币。外国央行获得人民币的途径除了央行货币合作、对外贸易和投资等途径，还包括在人民币离岸市场或者在岸市场上发行与交易人民币金融工具。但是，离岸市场人民币规模有限，且人民币金融产品较为单一，这就从根本上决定了离岸市场在提供人民币流动性、促进人民币发挥交换媒介职能方面所能发挥的作用较为有限。以香港离岸市场为例，虽然通过香港地区发生的人民币支付量占所有离岸市场人民币支付量的比例较高，但在这一市场上，除了债券以外，其他人民币结构化金融产品的规模微不足道。因而，我国应当降低外国央行或者货币当局的进入成本，提高境内资本市场的开放水平，允许、鼓励上述机构在我国资本市场上发行与交易人民币金融产品，以满足其获得人民币、用人民币进行外汇市场干预的需要。

3. 储藏价值职能的发挥需要人民币成为保值与避险货币

在私人领域，人民币的储藏价值职能主要表现为其成为跨境存款与投资货币。当人民币随着国际贸易或者金融交易在境外的流通量日益增加时，境外人民币持有人就产生了以人民币进行投资的需要。同时，人民币在对外经济交往中计价与结算规模的扩大，也增加了境外主体对人民币资金的需求。上述投资和融资需求对我国资本市场开放提出了更高的要求。[2]境外人民币持有人和需求者要更为便利地进入我国资本市场，以实现其保值增值、规避风险和获得流动性的需求。美元国际化为我国提供了有益的经验。当美元随着美国持续的贸易逆差源源不断地流向美国以外的国家，境外的美元持有人就产生了以美元进行投资或者存款的需要，美国资本市场成为满足上述投资需求的重要场所。美国拥有纽约这一发达的金融市场，纽约证券交易所和纳斯达克能够为全世界的美元持有人提供丰富的投资产品，而美国极为发达的国债市场是境外美元持有人最重要的投资场所。美国资本市场与美元国际化之间的关系对人民币国际化的启示意义在于，高度开放、发达的资本市场是满足国际货币供需双方投融资

---

[1] 罗航：《外汇储备与风险管理》，武汉出版社，2009，第53页。

[2] 李东荣：《人民币跨境计价结算：问题与思路》，中国金融出版社，2009，第4—5页。

需求的重要场所，是实现货币储藏价值职能的牢固基础，而资本市场上的国债、股票等长期投资工具则是促使货币持有人由投机性持有转向投资性持有的重要机制。如果我国资本市场开放程度不高，那么，境内资本市场将难以承担起促进人民币成为投资货币的历史使命。

在官方领域，人民币的储藏价值职能体现为其成为其他国家的外汇储备货币。一般而言，各国持有外汇储备的目在于进行国际支付、清偿外债、平衡国际收支、平抑汇率和应对金融风险等。[1] 经济金融实力、市场的开放水平是外国确定外汇储备币种的最重要决定因素。这是因为，从资产形态来看，一国外汇储备包括外币存款、债券、股票等金融资产以及战略物资、房地产等非金融资产。由于金融资产更容易变现，更能满足持有外汇储备的目的，各国都将金融资产作为外汇储备的重要组成部分。我国要使人民币成为外国的储备货币，从而推动人民币国际化进入高级阶段，就应当推动我国资本市场成为各国经营管理外汇储备的重要场所。实现上述目的的资本市场必然是一个高度开放的市场。只有在这样的市场上，外国央行或者货币当局才能够便利地进入，并通过债券、股票等投资组合方式，满足其安全性、流动性和营利性的需求。

（二）开放资本市场需要我国证券法域外适用

我国自改革开放以后就开始开放资本市场，但是，当时主要开放的是非证券市场。更确切地说，当时我国将资本市场开放的重点放在了引进外商直接投资，而忽视了证券和其他投资组合工具的使用。[2] 因而，证券市场的开放以及与之相关的证券法对外适用制度远远滞后于实践发展的需求。当我国于2009年启动人民币国际化进程以后，证券市场的相对封闭使得人民币难以通过股票、债券等证券和证券衍生品发挥价值尺度、交换媒介和储藏价值的职能。

按照开放的领域，证券市场开放可以分为融资性开放、投资性开放和服务性开放。其中，融资性开放是指一国既允许境内机构到境外融资，又允许境外机构到境内融资。投资性开放是一国允许境外投资者在境内证券市场进行投资，同时也允许境内投资者到境外证券市场进行投资。服务性开放是指一国既允许境外金融服务机构到境内证券市场提供金融服务，又允许境内的金融机构

---

1 戴序：《中国外汇储备资本化研究》，中国金融出版社，2013，第66页。

2 郭树清：《中国资本市场开放和人民币资本项目可兑换》，《金融监管研究》2012年第6期。

到境外提供金融服务、参与国际资本市场竞争。[1] 由于人民币国际化主要是通过境内外的投融资活动实现的，因而，此处主要关注资本市场的投资性开放和融资性开放制度。在证券法领域，对外适用包括两方面的含义：一是指一国将其本国的证券法适用于外国人在本国领域内从事的所有证券发行与交易行为；二是指一国将其本国证券法适用于发生在该国领域外的特定证券发行与交易行为。因而，证券法的对外适用同时包括了域内适用和域外适用两种情形，前者的依据是属地原则，后者则是对属地原则的突破。证券法对外适用制度与人民币国际化的关系如表5-3所示。总体来看，我国现行证券法融资性开放制度和投资性开放制度无法为人民币国际化提供足够的动力，不利于人民币发挥国际货币职能。

表5-3　证券法对外适用制度与人民币国际化的关系

现行证券法对外适用制度			人民币所发挥的货币职能		
			价值尺度	交易媒介	储藏价值
证券市场融资性开放制度	境内机构境外发行上市制度	H股/N股/S股/L股	是	否	否
		点心债/宝岛债/狮城债	是	是	是
		人民币合成绩	是	否	否
	境外机构境内发行上市制度	股票	否	否	否
		熊猫债券	是	是	是
证券市场投资性开放制度	境内投资者境外证券投资制度	QDI/IRQDII/沪港通/深港通	是	是	是
	境外投资者境内证券投资制度	QFII/RQFII/沪港通/深港通/债券通	是	是	是
		B股	是	否	否

以境内公司的境外上市为例，我国证券法对境内公司的境外上市规定了双轨制，对直接上市和间接上市分别作出不同的要求。直接发行上市的法律依据主要有国务院于1994年发布的《关于股份有限公司境外募集股份及上市的特

1　彭岳：《跨境证券融资的法律规制：以境外公司在境内上市的监管为视角》，法律出版社，2011，第62页。

别规定》（以下简称《境外直接上市特别规定》）、原国务院证券委和体改委于
1994 年制定的《到境外上市公司章程必备条款》（以下简称《公司章程必备条
款》）、证监会于 2012 年制定的《关于股份有限公司境外发行股票和上市申报
文件及审核程序的监管指引》等。间接上市的法律依据主要是商务部和证监会
等 6 部门于 2006 年联合制定的《关于外国投资者并购境内企业的规定》、外汇
管理局于 2014 年制定的《关于境内居民通过特殊目的公司境外投融资及返程
投资外汇管理有关问题的通知》等。上述规定对境内发行人的境外上市行为规
定了严格的审批要求，这极大地增加了境内发行人到境外发行上市的成本，也
增加了境外人民币回流境内证券市场的成本，不利于人民币充分发挥价值尺
度、交换媒介和储藏价值职能。例如，根据《关于外国投资者并购境内企业的
规定》的要求，境内公司要实现间接上市，须同时获得商务部的 SPC 设立审
批和关联并购审批、证监会的境外上市审批以及外汇管理局的外汇登记。由于
程序烦琐、监管严格、审批周期长，《关于外国投资者并购境内企业的规定》
被业界认为是"将境内企业境外上市带入冰河期的重磅炸弹"[1]。虽然国务院于
2010 年发布了《关于进一步做好利用外资工作的若干意见》，要求有关部门促
进外资利用方式多样化，鼓励外资以参股、并购等方式参与国内企业改组，利
用好境外资本市场，支持符合条件的企业到境外上市。为实现上述目的，国家
外汇管理局先后于 2014 年和 2015 年分别发布了《国家外汇管理局关于境内
居民通过特殊目的公司境外投融资及返程投资外汇管理有关问题的通知》（汇
发〔2014〕37 号，以下简称"37 号文"）和《关于进一步简化和改进直接投资
外汇管理政策的通知》（汇发〔2015〕13 号，以下简称"13 号文"）。上述规定
简化了外汇登记要求，取消了境内直接投资和境外直接投资项下的外汇登记核
准要求，并将相应的登记业务下放到银行。但是，应当看到，红筹上市涉及商
务部、外汇管理局和证监会等不同监管部门的监管要求，规范红筹上市的纲领
性文件《关于外国投资者并购境内企业的规定》依然有效，其所建立的监管格
局也并未发生根本性的改变。我国要通过这一通道进一步提升人民币国际化水
平，就应当对红筹上市的监管框架进行更为深刻的变革。

---

1 李寿双、苏龙飞、朱锐：《红筹博弈——10 号文时代的民企境外上市》，中国政法大学出版社，2012，
第 52 页。

就境外发行人在境内发行上市而言，我国证券法规定了严格的准入要求。目前，我国证券法禁止境外发行人进入 A 股市场。因而，境外发行人不能通过在我国发行股票募集人民币资金，人民币也不可能通过境外发行人所发行的股票输出境外并在境外发挥国际货币职能。此外，我国证券法对外国发行人进入债券市场存在严格的准入要求和审批程序等各种管制措施。行政权力的过度行使限制了境外发行人的数量和种类。以熊猫债券为例，境外发行人在发行熊猫债券前，要经过国家发改委、财政部、外汇管理局、中国人民银行和证监会审核，并获得国务院同意。[1] 此外，我国对境外发行人在境内发行债券所募集的人民币资金规定了用途方面的限制，即其应当优先用于向我国境内的项目提供中长期贷款或者股本资金。[2] 发行人将人民币资金汇出境外时，还要遵守中国人民银行的规定，当其购汇汇出，则要经过外汇管理局的批准。[3] 上述规定使境外发行人不能自由使用人民币或者将人民币汇出境外。诸如此类层层审批要求增加了境外发行人的发行成本，降低了我国熊猫债券市场对境外发行人的吸引力。境外央行或者货币当局已经开始在我国发行熊猫债券以获取人民币资金，但是，对于此类主体发行熊猫债券的行为，我国目前尚无相应的法律依据，这种法律空白增加了其在我国境内通过熊猫债券市场募集人民币资金的不确定性，这对人民币在官方领域发挥储藏价值职能极为不利。

与熊猫债券相比，美国扬基债券[4] 的发行要求就简单得多，美国证券法仅要求发行人进行信用评级并向 SEC 注册，其对发行人所募资金的用途和资金汇出入几乎没有限制。由于程序简单、准入要求宽松、发行成本低廉，美国扬基债券市场成为美国证券市场最重要的组成部分和美元国际化的重要途径。反观我国，对境外发行人规定如此之多的准入限制，使得人民币的获取成本过高，而人民币资金用途以及汇兑要求则提高了人民币的使用成本，这些规定难以满足境外发行人的成本收益要求，不利于提高境外主体持有和使用人民币的

1《国际开发机构人民币债券发行管理暂行办法》（中国人民银行、财政部、国家发改委、证监会公告〔2010〕第 10 号），第 4 条。

2《国际开发机构人民币债券发行管理暂行办法》（中国人民银行、财政部、国家发改委、证监会公告〔2010〕第 10 号），第 9 条。

3《国际开发机构人民币债券发行管理暂行办法》（中国人民银行、财政部、国家发改委、证监会公告〔2010〕第 10 号），第 17 条。

4 扬基债券是美国以外的发行人在美国发行的、以美元标明面值的债券。

积极性。充分的人民币国际化在客观上要求我国建立发达、开放的证券市场，包括外国发行人在内的各种资金需求者都能够通过发行不同期限、不同种类的证券来较为便利地获得人民币资金，因而，我国证券法对外适用制度的改革势在必行。

二、我国证券法信息披露制度对外适用的法律冲突与制度协调

如前所述，人民币国际化需要我国证券市场对外开放，证券市场对外开放需要我国建立证券法的域外适用制度。而我国证券法对外适用会引发一系列的法律冲突，此类法律冲突既包括不同国内法之间的冲突，也包括我国证券法与外国法之间的冲突。寻求人民币国际化过程中我国证券法对外适用法律冲突的解决之道，有必要借鉴美国证券法对外适用过程中的成功经验。20 世纪 30 年代的经济危机催生了美国《证券法》《证券交易法》。此后，美国在放松管制——市场危机——加强管制这一循环中不断完备其证券法，以信息披露和反欺诈两大制度促使美国证券市场成为举世瞩目的"明星"。当下，美国更是凭借纽约等发达的金融中心，以纽约证券交易所和纳斯达克交易所为依托，执国际资本市场之牛耳，吸引着各国的投资者和发行人。美国证券市场以及证券法对美元国际化的影响在于，美国极其完备的证券法为证券市场的高度开放提供了制度保障，并促使这一市场成为全世界最大的美元流通场所，各国的美元需求者和供给者都可以在这一市场上发行或者投资美元证券。与此同时，美国证券法的每一次重大修订都成为资本市场的风向标，因为美国证券法的对外适用制度直接影响着那些赴美上市的发行人以及美国境外的证券发行与交易行为。美国证券法对外适用中的法律冲突也由此产生。为了维持美国证券市场和美元在全球资本市场中的地位，美国采取了种种措施以消除或者缓解有关的法律冲突。其综合运用政治、法律等各种手段，开展双边或者多边对话，进行谈判，签署协议，修改国内法。在这一协调的过程中，美国始终在两种立场间徘徊：保护投资者与保持本国资本市场对境外发行人的吸引力。为了保护投资者，美国势必要加强监管，但这又会挫伤外国发行人到美国融资的积极性。为了增强美国资本市场对外国发行人的吸引力，美国就需要降低监管要求，这在一定程度上又会损害投资者的利益。在这两难的抉择中，美国总是奋力地将投资者保护作为优先目标。在不危及这一目标的前提下，美国适度降低对外国发行人的监管要求。这

种立场和坚守是我国开放资本市场推动证券市场国际化过程中应当借鉴的。

（一）信息披露制度对外适用中的法律冲突

信息披露法律冲突是一国证券法对外适用过程中必然出现的问题，其包括不同国内法之间的冲突以及不同国家或者地区之间的法律冲突。国内法冲突产生的直接原因在于立法机构的多元化以及经济法律文化等社会因素的变迁。在当代证券法实践中，许多机构可以制定与证券发行交易有关的法律规则，最重要的是一国的最高立法机构和证券执法机构。前者的典型代表是制定了美国1933年《证券法》和1934年《证券交易法》的美国国会，颁布了《中华人民共和国证券法》的全国人大常委会。后者如美国证券交易委员会（SEC）和我国的证券监督管理委员会。不同机构制定的证券法规则之间存在差异以至于相互冲突的现象就成为证券法实践的常态。此外，随着证券市场和经济发展阶段的变迁，立法理念也不断发生变化，这导致了一国在不同时期出台的证券法规则之间存在差异。最后，由于各国证券市场的发展阶段、证券法传统与其他国家的证券法和公司法存在较大差异，一国证券法上的信息披露制度与境外公司法或者证券法上的信息披露要求也可能发生冲突。

1. 信息披露制度对外适用中的国内法冲突

我国信息披露制度对外适用中的法律冲突主要体现在境内企业境外发行上市以及境外机构境内发行上市的过程中。

（1）境内机构境外发行上市的信息披露法律冲突。

针对在境外发行上市的境内机构的信息披露问题，我国证监会作出了一系列规定。证监会于1999年3月26日发布了《关于境外上市公司进一步做好信息披露工作的若干意见》（以下简称《信息披露若干意见》），该意见对境外上市公司的信息披露提出以下要求：严格按照境内及境外上市地的要求履行信息披露义务，重视对重大事件及关联交易的信息披露、审慎对待预测性信息披露、适时披露公司重大风险及潜在风险、严格按照境内境外上市要求做好定期报告的披露工作。此外，《信息披露若干意见》还要求，在境内外以及境外不同市场同时发行股票并上市的公司，公开披露信息时要遵从"报告内容从多不从少、报告编制时间从短不从长、报告要求从严不从宽的原则"。

上述规定涉及上市公司定期报告和临时报告的披露内容，实质上是上市后的持续信息披露。但是，证监会在获得这种权力时，却没有相应的上位法依据。因为根据当时的《证券法》第 238 条的规定，境内企业直接或者间接到境外发行证券或者将其证券在境外上市交易，须经国务院证券监督管理机构依照国务院的规定批准。从该条的规定来看，其仅授权证监会批准境外发行与上市的申请，而未授权其对上市后的信息披露进行持续监管。也就是说，证监会通过《证券法》只获得了公司境外上市前的审批权，这属于事前监管。这表明，《信息披露若干意见》有立法越位的嫌疑，下位法与上位法在到境外发行上市公司的信息披露问题上发生了冲突。这种冲突也使得证监会根据《信息披露若干意见》制定的一系列披露规则面列着合法与否的问题。2020 年 3 月开始施行的《证券法》的第 224 条关于"境内企业直接或者间接到境外发行证券或者将其证券在境外上市交易，应当符合国务院的有关规定"的内容，依然没有解决这一问题。

（2）熊猫债券市场上的信息披露法律冲突。

与境内机构到境外发行上市不同的是，境外机构到境内发行上市要遵守我国法律的规定。目前，境外机构在境内还不能发行股票而只能发行债券。在境外机构所发行的债券中，熊猫债券（境外机构在我国境内发行的债券）占有重要比重。此处以熊猫债券发行人的信息披露法律冲突为代表来探讨境外机构在境内发行上市过程中的信息披露法律冲突问题。

目前，在我国发行熊猫债券的主体多样，包括国际开发机构、境外金融机构、境外非金融机构以及外国主权政府。如表 5-4 所示：

表 5-4　熊猫债券法律框架

发行人类型	国际开发机构		境外金融机构	境外公司 / 企业		境外主权政府
法律依据	《国际开发机构人民币债券发行管理暂行办法》	《全国银行间债券市场金融债券发行管理操作规程》	《全国银行间债券市场金融债券发行管理操作规程》	《公司债券发行与交易管理办法》	《银行间债券市场非金融企业债务融资工具管理办法》	无
发布机关	中国人民银行、财政部、国家发改委、证监会	中国人民银行	中国人民银行	证监会	中国人民银行	无

发行人类型	国际开发机构		境外金融机构	境外公司/企业		境外主权政府
发布日期	2010.9.16	2009.3.25	2009.3.25	2015.1.15	2008.4.9	无
监管部门	国务院、中国人民银行、财政部、国家发改委、外汇管理局、证监会	中国人民银行	中国人民银行	证监会	中国人民银行	不明确
债券交易场所	银行间债券市场		银行间债券市场	证券交易所/全国股转系统	银行间债券市场	银行间债券市场

从发行与交易场所来看，国际开发机构在银行间债券市场发行与交易熊猫债券。境外金融机构发行的熊猫债券也在银行间债券市场交易。境外公司发行的熊猫债券，可以在交易所市场或者在全国中小企业股份转让系统（以下简称"全国股转系统"）交易。[1]境外企业根据《银行间债券市场非金融企业债务融资工具管理办法》发行的熊猫债券，则在银行债券市场交易。[2]外国主权政府发行熊猫债券的过程尚无明确的法律依据，实践中，我国主要通过"一事一议"、个案审批的方式决定是否允许境外政府发行熊猫债券，这表明我国在该问题上存在大量的法律空白。

熊猫债券的交易场所主要包括银行间债券市场、交易所市场、全国股转系统，而不同交易场所的监管机构和信息披露要求各不相同。就信息披露要求而言，在银行间市场发行熊猫债券的境外机构无须披露中期报告，其仅需在每年4月30日前披露年度报告，在每年7月31日以前披露债券跟踪信用评级报告。[3]对于在交易所市场和全国中小企业股份转让系统交易的债券而言，发行人应当在每一会计年度的上半年结束之日起2个月内披露半年度报告，[4]在每一会计年

---

1 《公司债券发行与交易管理办法》（证监会令〔2015〕113号），第2条。
2 《银行间债券市场非金融企业债务融资工具》（中国人民银行令〔2008〕1号），第6条。
3 《全国银行间债券市场金融债券信息披露操作细则》（中汇交发〔2009〕254号），第12条。
4 《公开发行证券的公司信息披露内容与格式准则第39号——公司债券半年度报告的内容与格式》（证监会公告〔2016〕9号），第8条。

度结束之日起 4 个月内披露年度报告及其审计报告。[1] 不同信息披露要求导致熊猫债券市场的严重分割，使得熊猫债券市场流动性严重不足，市场参与主体不得不承担较大的流动性风险。上述状况会增加熊猫债券的发行和交易成本，不利于人民币在熊猫债券发行与交易过程中发挥价值尺度、交换媒介和储藏价值的职能。

2. 信息披露制度对外适用引发的我国证券法与外国法冲突

当境外机构在我国发行证券时，会同时受到我国证券法和其母国公司法的双重规制，当二者规定了不同的要求时，就会产生法律冲突。如果外国发行人也在其他国家上市，还可能面临着我国证券法与境外上市地证券法的冲突。对于人民币国际化而言，如果境外机构在我国境内发行证券要面临严重的信息披露法律冲突，那么，其融资成本将会大幅度提高。由于我国与境外国家在会计标准和审计标准等方面存在差异，这种法律冲突所引发的融资成本如果超出了境外机构的收益，那么，境外机构进行了成本收益分析后就可能放弃在我国境内的融资计划。届时，人民币将难以通过国际证券发挥国际货币的职能。

在此方面，美国的证券法实践为我国提供了较好的观察视角。美国证券法对外适用时，其与境外的公司法和证券法等不同部门的法律也有冲突。美国采取了一系列的措施协调这种冲突。与美国所面临的情况类似，我国证券法信息披露制度对外适用时，也会产生一系列的法律冲突，这类冲突主要包括以下四个方面：

（1）关于信息披露期限的法律冲突。

根据我国证券法的要求，境外机构在我国发行债券时，应当在每一会计年度的上半年结束之日起 2 个月内，披露半年度财务报告，[2] 在每一会计年度结束之日起 4 个月内披露年度财务报告。[3] 也就是说，我国证券法对境外发行人的半年度报告和年度报告规定的披露期限分别是 2 个月和 4 个月。

---

1 《公开发行证券的公司信息披露内容与格式准则第 38 号——公司债券年度报告的内容与格式》（证监会公告〔2016〕3 号），第 8 条。

2 《证券法》第 65 条，《公开发行证券的公司信息披露内容与格式准则第 39 号——公司债券半年度报告的内容与格式》，第 43 条。

3 《证券法》第 66 条，《公开发行证券的公司信息披露内容与格式准则第 38 号——公司债券年度报告的内容与格式》，第 44 条。

但是，境外公司法和证券法的披露期限可能与我国不同。例如，对于在我国境内发行债券并同时在美国上市的外国公司而言，其应当同时按照我国证券法和美国证券法的规定披露定期报告。美国证券法要求发行人披露的是季度报告和年度报告，而且披露期限分别是45天和2个月。即便外国公司未在境外上市，那么，也有可能面临着我国证券法与其母国公司法的冲突。例如，对于在我国公开发行债券的日本公司而言，其应当按照我国证券法的要求披露半年度报告和年度报告，同时还应当按照日本公司法的要求，于会计年度结束后3个月在股东大会上向股东披露年度报告，并在股东大会结束后立即向公众披露年度报告。可见，日本公司法根本就不要求公司披露半年度报告，而我国证券法要求其必须披露半年度报告。此外，日本公司法上年度报告的披露期限与我国证券法也不相同。

由于披露期限的差异，在我国境内发行债券的境外机构就不得不同时按照有关各国的要求频繁地披露中期报告和年度报告，这将使得其不得不承担巨额的披露成本。

（2）关于信息披露年限的法律冲突。

信息披露年限是指发行人在财务报告中披露的财务数据所覆盖的年份。我国证券法要求公司债券发行人在年度报告中披露最近2年的会计数据和财务指标。[1]在半年度报告中，公司债券发行人应当披露报告期末和上年末的数据，或者本期与上年同期的可比数据。[2]也就是说，外国发行人根据我国证券法披露半年度报告时，既可以披露该半年度与上一会计年度结束时的财务数据，也可以披露该半年度与上年同期的财务数据。但是，上述信息披露年限要求通常与外国公司法或者证券法发生冲突。

以信息披露要求最为严格的美国为例，其证券法要求发行人在年度报告中披露最近5年的精选财务信息、最近2年的资产负债表、最近3年的损益表、股权变动表和现金流量表。日本公司法则遵循多样性理念，根据不同的披露途径规定了不同的披露年限要求。具体而言，如果公司的财务报告是置备于总部

1《公开发行证券的公司信息披露内容与格式准则第38号——公司债券年度报告的内容与格式》，第23条。

2《公开发行证券的公司信息披露内容与格式准则第39号——公司债券半年度报告的内容与格式》，第23条。

用以披露的，公司应当提供最近 5 年的财务报告。若公司在报纸上进行披露，仅需提供最近 2 年的财务报告。显而易见，美国证券法、日本公司法中的财务报告披露年限要求与我国证券法的相应要求发生了直接的冲突。

（3）关于发行人应当披露的财务报表种类的冲突。

对于在我国发行债券的境外机构而言，其应当披露资产负债表、利润表、现金流量表和股东权益变动表。[1]但是，外国公司法或者证券法往往会对发行人应当披露的财务报表类型有不同的规定。虽然美国证券法要求发行人披露的是资产负债表、损益表、现金流量表和股东权益变动表，这与我国证券法的要求相一致，但是，这些财务报表中会计科目的设置也存在较大差异。日本公司法仅要求发行人披露资产负债表、利润表和股东权益变动表而无须披露现金流量表，这与我国证券法的有关规定也存在冲突。这些相互冲突的披露要求极大地增加了外国发行人的披露成本。

（4）关于财务报告编制依据的法律冲突。

财务信息是发行人披露的重要内容，反映了公司的经营状况和经营成果，是投资者作出投资决策的重要依据。但是，由于各国会计传统和法律框架的不同，发行人编制财务报告的会计准则也各不相同。

根据我国证券法的规定，在我国发行债券的外国公司应当根据我国的《企业会计准则》编制半年度报告和年度报告中的所有财务报表。[2]国际开发机构则可以按照我国的《企业会计准则》或者与我国等效的境外会计准则编制财务报告。但是，外国公司通常需要根据其母国公司法或者境外上市地证券法规定的会计准则编制财务报告。例如，美国证券法要求境外发行人根据美国一般公认会计准则或者国际财务报告准则编制财务报告，而日本公司法则要求日本公司根据日本的企业会计准则编制财务报告。[3]由于我国《企业会计准则》与外国会计准则在会计确认和会计计量等方面存在着较大差异，外国公司在编制财务报表时将面临不同会计准则的要求和不同法律之间的冲突。

1《公开发行证券的公司信息披露内容与格式准则第 39 号——公司债券半年度报告的内容与格式》，第 43 条。《公开发行证券的公司信息披露内容与格式准则第 38 号——公司债券年度报告的内容与格式》，第 44 条。

2《公开发行证券的公司信息披露内容与格式准则第 39 号——公司债券半年度报告的内容与格式》，第 43 条。《公开发行证券的公司信息披露内容与格式准则第 38 号——公司债券年度报告的内容与格式》，第 44 条。

3〔日〕千代田邦夫：《日本会计》，李文忠译，上海财经大学出版社，2006，第 104 页。

（二）对信息披露法律冲突的制度协调

美国证券法作为世界上发达的证券法之一，不仅是因为其适合了美国证券市场发展的需求，更是因为美国能够及时通过各种途径协调证券法对外适用的法律冲突，减少国际发行人和投资者在美国融资和投资的交易成本，维持美国证券市场的吸引力。美国证券市场的繁荣进一步促进了美元更好地跨境流通，从而在国际债券市场发挥价值尺度、交易媒介和储藏价值的职能。美国的做法可以归结为：更完备的证券法—更健全的证券市场—国际化水平更高的货币。建立这种良性循环机制，应当是我国在人民币国际化过程中完善证券法的方向。人民币被普遍地接受为金融交易的计价与结算货币，成为投资货币，内在地要求与人民币证券有关的信息能够及时、全面、准确地披露。在人民币国际化和证券市场开放的背景下，《证券法》上的信息披露制度应当适用于我国证券市场上的所有发行人。无论是境外机构，还是境内机构，只要其在我国发行股票、债券等证券，就应当遵守《证券法》上的信息披露要求。

为协调信息披露引发的我国证券法与境外法律的冲突，在制定具体信息披露要求时，我国既要考虑现阶段人民币国际化和证券市场开放的现实需要，又要保障境内投资者的公平知情权。因而，我国应当在《证券法》中对境外发行人作出"同时披露"的原则性规定，即境外发行人在境外披露的信息，应当在我国境内同时进行披露，以使我国境内投资者及时、全面了解公司的运作情况和经营成果。其实，我国证监会早在2007年的《上市公司信息披露管理办法》中已经建立了同时披露制度，但是，由于该办法属于法律位阶较低的部门规章，权威性不足，因而，有必要将实践中已经成熟的做法在证券市场基本法《证券法》中确定下来。

在制定具体的信息披露制度时，我国应当从以下几个方面对《证券法》进行发展或完善：

1. 明确证监会在跨境监管过程中的规则制定权

证监会是我国证券市场的最高监管者，具有最高的监管权威。在现代政府治理实践中，依法行政的理念已经牢固树立，包括证监会在内的各类监管机构都须在法律规定的范围内行使职权。针对跨境证券发行与交易过程中的信息披露法律冲突，我国应当在《证券法》中进一步明确证监会的规则制定权。

在证券市场上，证监会对于跨境证券发行与交易的监管应当依法进行。但是，我国证监会根据《证券法》第224条只获得了境内机构境外发行上市的审批权。对于境内机构境外发行上市的其他有关事项，证监会却不具有相应的监督权。这会使得证监会针对境内机构的境外发行上市行为所制定的许多规则因为不具有相应的上位法依据而面临着合法与否的问题，这会进一步使得证监会的执法陷入被动。与我国证监会相比，美国SEC便不会面临此类"窘境"。这是因为，美国不仅通过《证券法》和《证券交易法》对SEC进行了广泛的授权，美国国会还根据证券市场发展阶段和开放的需求，通过法律修正案的形式不断扩大SEC的职权范围。在美国联邦证券法广泛的授权之下，SEC就能够对跨境证券发行与交易活动制定大量的信息披露要求，并根据这些信息披露要求进行执法。这一做法有利于证券监管部门根据证券市场发展的实际需要灵活制定各类监管规则，而且保证证券监管部门能够在法定职权范围内采取行动。在我国通过开放证券市场促进人民币国际化这一背景之下，《证券法》也应当对证监会持续监管跨境证券发行的现有做法予以认可，使证监会的信息披露规则制定权有法可依。因而，我们建议，《证券法》第224条应增加如下规定：境内企业到境外发行上市的持续监管，由证监会根据现行法律、法规和规章的有关规定实施。

2. 完善我国证券法的定期报告披露制度

定期报告制度涉及年度报告、季度报告等各类定期报告的披露期限、披露内容等问题，因而，我国应当从这些方面进行完善：

首先，我国宜对境内发行人和境外发行人的披露期限作出不同的规定。具体而言，可以将境内发行人的季度披露期限规定为1个月，将外国发行人季度报告的披露期限规定为45日。这是因为，我国证监会早在2002年就发布了《公开发行证券的公司信息披露编报规则第13号——季度报告的内容与格式》要求在我国境内公开发行股票的公司披露季度报告，而且其披露期限是1个月。《上市公司信息披露管理办法》也将上市公司季度报告的披露期限规定为1个月。这表明，我国境内的上市公司在季度报告披露方面已有了长期的实践，因而，对境内发行人规定1个月的季度披露期限完全可行。但是，对于外国发行人而言，如果也将其报告期限规定为1个月，将不利于法律冲突的协调。即便以严厉著称的美国证券法，都只将季度报告的披露期限规定为45日，我国证券市场的发达程度远不及美国，因而没有必要将规定为 1 个月。如果我国也规定 45 日的披露期限，将有利于协调我国《证券法》与美国等国证券法之间关于季度报告披露期限的法律冲突，可以降低发行人同时在我国和美国发行上市的披露成本。

此外，我国还可以在一定程度上豁免外国发行人的信息披露义务。这可以使我国在协调信息披露法律冲突过程中获得主动权。实际上，这种做法在美国的实践中得到了较好的运用。美国证券法上的中期财务报告是季度报告，但是一些国家不要求发行人提交季度报告，如德国要求发行人提供的就是半年度报告而不是季度报告。为了降低外国发行人进入美国证券市场的成本，SEC 修订了有关的规则和表格，豁免了外国发行人在 20-F 表格[1] 中提交季度财务报表的要求，而只要求其披露半年度财务报表。[2] 同时，SEC 规定，如果发行人提交的 20-F 表格在财务年度结束之日起 9 个月内有效，发行人就无须提供季度财务报表。只有 20-F 表格在财务年度结束之日起的 9 个月以后生效时，外国发行人才需要提供该年度最少前 6 个月的中期财务报表，同时提供上一年度的可比数据。[3] 可见，根据 SEC 修订后的披露要求，只要发行人提交的 20-F 表格在财务年度结束之日起 9 个月内生效，而且其在第一个财务季度结束后进入美国证券市场，就无须提交该季度的季度报告。即便 20-F 表格在财务年度结束之日起 9 个月后有效，发行人也无须提供季度报告，而只需提供本年度前 6 个月的半年度报告即可。通过这一规定，SEC 豁免了特定情形中外国发行人提交季度报告的义务，这一措施有效地缓解了美国证券法上的季度报告制度和其他国家证券法中半年度报告制度之间的冲突。

当我国《证券法》规定了季度报告制度时，也必然会面临着与其他国家半年度报告制度之间的冲突。为了协调这一冲突，我国有必要借鉴美国的做法，在《证券法》中授权证监会对外国发行人的中期报告制度进行变通适用，允许

1　20-F 表格是外国发行人提交年度报告和注册说明书时所使用的表格，该表格要求外国发行人披露季度报告的有关内容。此外，外国发行人通过"外国综合信息披露系统"披露注册说明书时，应当使用 F-1 表格。

2　Adoption of Final Amendments to Rule and Form Requirement Which Governs Age of Financial Statements of Foreign Private Issuers, Securities Act Release No. 7026, 58 Fed. Reg. 60, Nov. 3, 1993, p.304.

3　Item 8. A. 5, Form 20–F.

那些在境外只提交半年度报告的外国发行人在境内豁免适用季度报告制度。但是，这一豁免规则的适用应当有严格的前提条件，即外国发行人仅能在其首次进入我国证券市场时豁免适用季度报告制度，而且外国发行人在我国以外的国家已经发行证券或将其证券在其他国家上市交易。豁免外国发行人在我国境内第一次信息披露时的季度报告义务，一方面可以增强我国证券市场的吸引力，使我国的季度报告制度不至于对外国发行人造成过重的负担，另一方面也能够给予外国发行人充分的时间，使其能够熟悉我国的季度报告制度，从而在以后的信息披露过程中更好地遵守我国的季度报告制度。

其次，完善定期报告披露的内容和方式。对于年度报告和季度报告披露的内容和方式，我国应当首先遵循会计法律法规关于财务报表种类的基本要求。在此基础上，由《证券法》根据投资者保护的需要作出进一步的规定。证监会应当在法律授权和法定职责范围内制定各种准则、办法、指引以及表格，为发行人的信息披露提供指南。

在此方面，我国可以借鉴美国的做法。对于发行人应当披露的具体内容和方式，美国证券法授权 SEC 制定有关要求。因而，SEC 发布了各种规则和表格，如适用于外国发行人的 F-1、F-2、F-3 等 F 系列表格，以满足不同发行人的要求。其中，F-1 表格的披露要求最为严格，F-2 次之，F-3 表格的披露要求最为宽松。外国发行人在美国已经披露的信息越多，其通过 F 系列表格在年度报告中披露的内容就越少。美国的这种立法模式能够实现法律稳定性和灵活性的统一，即由《证券法》和《证券交易法》建立基本的披露框架，由 SEC 审时度势对法律未规定的内容进行规定，并随着市场发展的需求进行修改。我国也可以采取这种做法，由证监会根据发行人已经公开披露信息的多少，决定其在年度报告和季度报告中披露的具体内容。

对于信息披露的方式，我国应当在保护投资者利益的前提下，减轻发行人的披露负担。即便以监管严格著称的美国证券法，也在许多情形下授权 SEC 制定信息披露的豁免规则，降低外国发行人在美国的信息披露成本，增强美国证券市场的吸引力。我国应当吸纳美国的这一有益经验。具体做法是，《证券法》授权证监会视发行人已经在境内披露信息的具体情况，允许其在注册文件和募集说明书、招股说明书等信息披露文件中通过交叉索引或者超链接的方式进行披露。也就是说，如果发行人在境内已经进行了较为充分的披露，那么，其可以在证券交易场所的互联网网站或者证监会指定的刊物上通过招股说明书等文件中提供境外信息披露文件的索引目录或者链接地址，由投资者根据上述提示获得更为详细的信息。

3. 实行差异信息披露

对于信息披露内容引发的我国证券法与外国法的冲突，我国还可以通过调整信息披露内容进行协调。具体做法是，要求外国发行人根据境外信息披露要求制定的年度报告或者中期报告等信息披露文件，以保护境内投资者权益为导向，依照我国信息披露制度进行补充和调整，指出有关会计准则差异对公司重要财务数据的影响。此即差异信息披露。

这一协调措施同样受到了美国的启发。美国一般公认会计准则和其他国家与地区的会计准则之间存在差异，这使得许多意欲赴美上市的公司对美国证券市场望而却步。例如，由于美国和德国之间在会计准则上的差异，直到 20 世纪 90 年代才有了赴美上市的第一家德国公司。为了吸引境外发行人到美国上市，美国采取了差异信息披露原则，要求外国发行人将其根据境外的会计准则（包括国际财务报告准则和外国发行人母国的会计准则）制定的财务报告与美国一般公认会计原则相协调，对两种会计准则中的差异进行说明并调整财务报告中的相应数据。2007 年以后，美国 SEC 出台了相关的规定，允许根据国际财务报告准则制定财务报告的外国发行人不再进行上述说明和调整。这一做法值得我国借鉴。因为国与国之间的等效互认和国际财务报告准则的采纳需要双方进行较多的协调，是一项长期的、耗时耗力的工作。在实现等效互认和允许境外发行人采用国际财务报告准则以前，我国应当采取差异信息披露原则，为那些不愿采用我国会计准则的境外发行人提供进入我国证券市场融资的便利。尤其是，在我国开放证券市场和推动人民币国际化的当下，这种协调措施可以扩大在我国发行上市的境外机构的来源，提高我国证券市场对境外发行人的吸引力。

4. 继续坚持会计准则的等效原则

会计准则的差异，是造成跨境证券发行人信息披露内容差异的重要原因。为了降低境外发行人的信息披露成本，我国采取了等效原则，在互惠的基础上，与境外监管者之间互认有关的会计准则，这使得境外发行人可以根据其母国的会计准则编制财务报告并将之在我国境内进行披露。这种协调方式对资本市场所在国投资者的要求较高。此时，投资者不仅应当能够理解本国会计准则的内容，还应理解根据境外会计准则编制的财务报告。由于这种协调方式是建立在双方同意的基础上，因而需要我国与不同的境外国家之间进行逐一谈判，协调的成本较高。

目前，我国财政部已经认定欧盟和香港地区的会计准则与我国会计准则等效，这就意味着来自欧盟和香港地区的机构在我国境内发行上市时，无须根据我国的会计准则编制财务报告。这一措施可以显著降低来自欧盟和香港地区发行人在我国境内的融资成本。为了进一步提高人民币国际化水平，我国应当扩大对境外其他主要资本市场所在地，尤其是伦敦、新加坡等离岸人民币中心所在地会计准则的认可。这是因为，人民币离岸中心是人民币发挥国际货币职能的重要场所，如果来自这些国家的公司能够便利地在我国发行人民币证券并获得人民币资金，那么，这些资金将随着境外机构的境外投资等活动在更广的范围内发挥价值尺度、交易媒介和储藏价值的职能。此外，基于美国资本市场在全球资本市场中的地位以及中美日益紧密的经贸关系，我国也应当加快与美国的协商与谈判，在条件成熟时认定美国一般公认会计准则与我国会计准则等效。欧盟已经同时认定我国会计准则、美国会计准则与欧盟会计准则等效，说明我国会计准则与美国会计准则之间有许多相通之处，将二者认定为等效准则具有现实可行性。

5. 采用国际披露标准

国际披露标准是指国际组织制定的、适用于跨境证券发行与交易的信息披露规则。国际披露标准能够有效消除各国信息披露要求不同所引发的冲突，是一种较为理想的协调方式，能够大大减少跨境证券发行人的信息披露成本，在国际范围内提高与证券及其发行人有关的各类信息的可比性。

目前，许多国际组织都制定了与跨境证券发行与交易有关的国际披露标准，如联合国跨国公司委员会、欧盟委员会、经济合作与发展组织（OECD）、国际证监会组织（IOSCO）和国际会计准则理事会（IASB）等。其中，对跨国证券监管影响最为深远的是 IOSCO 和 IASB，二者制定的有关标准在世界范围内得到了广泛适用。1995 年两个机构开始合作，自此以后，二者关注的重点有了分工。IOSCO 主要关注跨境证券发行与交易的非财务信息披露，而有关的财务信息披露规则由 IASB 这一专业性的国际组织承担。例如，IOSCO 于

1998 年、2002 年和 2007 年分别发布了《外国发行人跨国发行和首次上市的国际披露准则》《上市公司持续披露与重大事项报告的原则》《外国发行人跨境发行与上市债务性证券的国际披露原则》等，规定了跨境证券上市的首次披露、持续披露过程中的非财务信息披露要求。国际会计准则理事会于 2000 年发布了《国际财务报告准则》，这是跨境证券发行与交易过程中的财务信息披露的最重要的国际标准。

在采纳国际标准的问题上，美国的做法较为积极，其主要原因之一在于美国证券法与境外公司法、证券法在信息披露问题上的矛盾与冲突较为尖锐，美国通过采纳国际标准的途径来增强美国证券法的包容性。因而，在 IOSCO《国际披露准则》发布的第二年即 2000 年，美国就采纳了这一披露标准。SEC 在 2000 年对外国发行人提交的 20–F 表格进行了较大幅度的修订，并以 IOSCO 发布的《国际披露准则》取代了原 20–F 表格的大部分要求。通过此次修订，SEC 豁免了外国发行人在 20–F 表格中披露最近 3 年中第 1 年资产负债表的义务。也就是说，外国发行人在提交注册说明书或者年度报告时，无须再提交最近 3 年的资产负债表，而仅需提供最近 2 年的资产负债表即可。该豁免规则适用的前提是外国发行人根据其母国法的要求无须提交此类表格。[1] 这一豁免制度体现了 SEC 对外国公司法和证券法中信息披露制度的尊重，其希望通过豁免外国发行人披露特定财务报表的方式，减少外国发行人的披露成本和其所面临的信息披露法律冲突。此外，为了协调信息披露引发的美国证券法与外国公司法、证券法的冲突，美国还在《国际财务报告准则》发布的当年，就采纳了这一准则。SEC 于同年发布了关于首次使用《国际财务报告准则》进行信息披露的规则：《国际财务报告准则的首次采用》。[2] 该规则的适用对象是 2007 年 1 月 1 日以后根据《国际财务报告准则》制作财务报告的外国发行人，该发行人须明确地、无保留地声明其财务报告遵守了《国际财务报告准则》的要求。当其根据《国际财务报告准则》制作 20–F 表格时，外国发行人可以只提供最近两年的财务信息，还可以在满足特定条件的前提下使用《国际财务报告准

1　International Disclosure Standards, SEC Release No. 33–7745, September 30, 2000, p.9.

2　First-time Application of International Financial Reporting Standards, SEC Release No. 33–8567，May 20, 2005, pp.6–7.

则》制作中期财务报告。[1] 而且，首次采用《国际财务报告准则》的外国发行人无须对该准则规定之外的财务数据的重要性进行定量描述。然而，《国际财务报告准则》并不是美国采纳的唯一国际标准，因为 SEC 还允许外国发行人采用欧盟发布的国际财务报告准则。[2] SEC 规则《国际财务报告标准的首次采用》规定，当外国发行人提供了经过审计的、与国际会计准则理事会发布的《国际财务报告准则》相协调的财务报告时，其可以根据欧盟发布的国际财务报告准则制作有关的财务报告。[3]

美国为了协调跨境证券发行交易中的信息披露法律冲突，采取了一系列的国际标准。这一做法值得我国借鉴，因为信息披露国际标准的制定过程，也是不同国家信息披露的有关规定相互融合的过程。信息披露国际标准的代表性越广泛，其被各国接受的可能性就越大。一旦一个国家接受了某一信息披露国际标准，该国信息披露制度与其他采纳同一国际标准国家的信息披露制度之间的冲突就可以得到有效协调。采用统一的国际披露标准，意味着采用有关标准的国家或者地区的信息披露制度在披露内容上的一致性，因而这一措施是跨境证券发行交易过程中信息披露法律冲突最为理想的协调途径。我国为了推动人民币国际化而开放证券市场进而修订证券法的有关规定，应当就要采纳国际市场的通行做法，积极合理地采用有关的国际披露标准。

根据采用方式的不同，一国对国际标准的采用有两种方式：直接适用和趋同。直接适用是指有关的国家或者地区放弃使用境内披露标准的要求，而直接将有关的国际披露标准一字不差地在本国适用。与直接采用这一方式不同的是，趋同是指一国或者地区保留自身的信息披露标准制定权，在所有重要方面与国际披露标准保持一致。[4] 由于保留了自身的规则制定权，该国或者地区就

---

1 20–F 表格的项目 8.5.A 规定，如果有关文件在发行人财务年度结束之日起 9 个月后生效，那么，发行人应当提交至少涵盖其前 6 个月财务信息的中期报告。See Item 8.5.A.

2 2002 年，欧盟颁布了一项条例，规定：根据欧盟成员法律成立且其证券在欧盟境内公开交易的公司应当根据 IASB 发布的会计准则制作财务报告。See Regulation（EC）No. 1606/2002 of the European Parliament and of the Council of 19 July 2002 on the Application of International Accounting Standards, OJ L 243, 11.09.2002, pp.1–4.

3 First-time Application of International Financial Reporting Standards, SEC release No. 33–8567，May 20, 2005, p.7.

4 杨敏、陆建桥、徐华新：《当前国际会计趋同形势和我国企业会计准则国际趋同的策略选择》，《会计研究》2011 年第 10 期。

可以在采用国际披露标准时考虑本国或者本地特殊需求，并将其融入到本国或者本地的信息披露规则中。相较而言，我国采用《国际财务报告准则》的积极性远高于 IOSCO 的信息披露标准，其表现之一是我国早在 2005 年发布《企业会计准则》时就实现了与《国际财务报告准则》的趋同，并在此后实现了二者的持续趋同。但是，IOSCO 制定的许多标准，例如，《外国发行人跨国发行和首次上市的国际披露准则》我国目前还未采用。我们认为，我国应当对上述国际准则进行研究、评估并选择适合我国国情的方式予以采用。对于境外发行人的财务信息披露而言，我国现行法律仅允许境外发行人根据我国的《企业会计准则》或者与我国实现了等效的境外会计准则制作并披露财务报告，这一规定已经不能满足吸引境外发行人、增加人民币流通渠道的需要了。

在人民币国际化和证券市场开放背景下，我国应当积极采用国际披露标准。在适用对象上，我国应当在《证券法》中作出如下规定："境外发行人可以根据国际披露标准在我国境内进行信息披露。"IOSCO 制定的许多披露规则已经在美国、欧盟、我国香港地区等许多国家和地区得到了广泛适用，这使得跨境证券发行人能够根据国际披露标准这一通用的"语言"向不同国家的证券监管者和投资者进行信息披露，提高了信息的可比性。

在适用的方式上，我国宜赋予境外发行人选择适用的权利，其既可以适用我国《企业会计准则》，也可以适用国际披露标准。这种选择适用的方式有利于发行人根据自身的特点选择对其较为有利的会计准则。因为在资本市场开放的背景下，许多境外发行人可能来自与我国具有类似会计传统的国家或者地区，因而其更倾向于使用与其本国差异较小的《企业会计准则》进行信息披露。同时，还有许多境外发行人具有在不同国家发行上市的需要，或者其来自于那些会计准则与国际披露标准较为接近的国家，其可能更倾向于采用国际披露标准。上述规定都能够极大地减轻境外发行人的信息披露负担。

三、我国证券法反欺诈制度对外适用的法律冲突与制度协调

在证券市场开放的背景下，证券欺诈呈现出了跨境性，这使其区别于市场封闭条件下的证券欺诈行为。在封闭条件下，对于境内的证券欺诈行为，一国在管辖对象、管辖依据和管辖主体等方面具有一致性。但是，在开放市场条件下，同一个主体可能在不同的国家或者地区进行证券交易，甚至一个完整的证

券发行与交易过程也会涉及多个国家。跨境性使得同一主体的同一证券欺诈行为可能受到不同国家证券法的同时管辖，并面临着相应的法律冲突。

金融创新和计算机通信技术成为上述法律冲突的"催化剂"，使其在更广的范围内以更快的速度发生。这是因为，金融市场的活力在于金融创新，而金融创新使得证券交易具有跨市场性和跨产品性。而证券交易的跨境性则使这种跨市场和跨产品的证券交易在世界范围内延伸。例如，在 2010 年的保时捷汽车控股公司案中，原告与被告保时捷汽车公司在美国签署了大众汽车公司股票的掉期合同。原告在美国法院起诉，指控被告在德国通过短线交易等形式，引起了大众汽车公司股票的大幅波动，从而使其遭受损失。[1]这是典型的境外基础证券交易引起境内证券衍生交易价格变动的情形。此外，借助于快速发展的计算机技术和日新月异的通信手段，各种复杂的交易与定价模型能够在顷刻之间产生海量的巨额订单，并以毫秒为单位进行申报或者撤单，这能够在短时间内对证券市场的供求关系产生重大影响，从而使证券价格随之发生剧烈波动。2016 年，美国司法部对一名英国交易员萨劳提起了刑事诉讼，指控其利用程序化交易软件，通过高频交易、分层等手段买卖芝加哥商品交易所的标普 500 股指期货合约，导致美国股市在 2010 年 5 月 6 日下跌近 1000 点，市值蒸发近 1 万亿美元。这一事件被称为"美股闪跌"，其再次证明了在国际化证券市场中境外发起的证券交易对境内股市的重大影响。

总之，证券交易的跨境性使得国别化的证券监管与国际化的证券市场发生了严重的"碰撞"，并最终通过法律冲突的形式表现出来。而现代金融创新和计算机通信技术则推波助澜，使得法律冲突在更广的范围内以更频繁的速度、更激烈的程度呈现出来。我国证券法反欺诈规则的对外适用将会在这样的背景下展开，美国证券法反欺诈规则对外适用引发的其与外国证券法、外国保密法之间的冲突，将会以同样的方式在我国重现。

（一）证券欺诈引发的我国证券法与外国法冲突

证券欺诈引发的我国法律与外国法律的冲突，包括两类：一是我国证券法与外国证券法冲突，二是我国证券法与外国银行保密法冲突。第一类冲突之所以存在，是因为各国都普遍通过反欺诈制度来规制证券市场上的内幕交易与市场

---

1 Elliott Associates v. Porsche Auto. Holdings SE, 759 F. Supp. 2d 469（S.D.N.Y. 2010）.

操纵等证券欺诈行为，而各国基于本国证券市场发展特点和证券法传统等因素制定的反欺诈制度与外国证券法中的同类制度存在差异。第二类冲突之所以存在，是因为许多跨境证券交易行为同时涉及证券法和银行保密法，而两类立法在立法宗旨和制度设计上截然不同。一国证券法与外国证券法的冲突以及一国证券法与外国银行保密法之间冲突，可能使得该国证券法的对外适用遭遇重大挫折。如果我国在《证券法》发展过程中不考虑此类冲突，待我国将《证券法》对外适用时则会碰壁。在此方面，美国的证券法实践可以为我们提供有益的经验。

1. 证券欺诈引发的我国证券法与外国证券法冲突

由于证券交易的跨境性，一次证券交易的实现可能跨越多个国家。该行为构成证券欺诈时，各有关国家或者地区的反欺诈规则就可能同时适用。2016年唐汉博跨境操纵案，就是上述情形的真实演绎。在本案中，唐汉博辩称，违法行为发生在香港地区，因而，我国证监会无权对其进行管辖。证监会认为，唐汉博为我国公民，其通过沪港通对我国内地的上市公股票实施了反向操纵，因而，我国证监会具有合法的管辖权，能够根据《证券法》对其进行制裁。[1]在本案中，由于我国香港证监会和我国证监会已经签署了证券监管合作备忘录，而且二者都是 IOSCO 的成员，因而，我国证监会能够较为便利地从香港证监会获得账户开户资料、交易记录、银证转账流水单、通信记录等信息，并最终实现了对证券市场操纵行为的认定。试想，如果跨境证券交易发生在其他国家，尤其是我国尚未与之建立有效的证券监管合作机制的国家，我国证监会的域外取证将会遭遇何种障碍？对在我国发行证券的境外发行人而言，其应当披露的大部分文件，如财务报告、内控报告等，都可能在境外制作，路演也可能在境外多个国家或者地区进行，承销合同和分销合同也可能在境外签署，当发行人在上述任何一个环节进行了与事实不符的虚假披露时，就可能引发我国证券法反欺诈规则的适用。然而，上述行为也可能违反了行为地证券法的要求。例如，美国证券法明确规定，只要有关的证券发行与交易行为利用了美国

1　2016 年 2 月至 6 月间，唐汉博控制着王涛、桂某选等 4 个证券账户（上述账户中有 3 个是在香港地区开立的，1 个是在内地开立的）。唐汉博利用上述账户通过对倒、虚假申报撤单、拉涨停等方式，使得在上海证券交易所上市交易的"小商品城"股票价格大幅波动，其从中获利 4188 万余元。证监会于 2017 年 3 月 10 日对其作出行政处罚，罚没款项共计约 2.5 亿元。见《中国证监会行政处罚决定书（唐汉博、王涛）〔2017〕21 号》。

的州际商务设施，就应当受到美国证券法的管辖。此时，证券发行过程中的有关行为就必须同时遵守美国证券法和我国证券法的有关要求。这是在跨境证券交易中我国主张适用本国证券法进行管辖所必然面临的法律冲突。

上述法律冲突进而可以分为两个方面：管辖权冲突和法律适用效果上的冲突。管辖权冲突的实质是一国证券法域外适用标准与其他国家证券法域外适用标准之间的冲突，其决定了对证券欺诈行为具有管辖权的国家或者地区的数量。例如，一个位于美国的加拿大投资者向其中国香港地区的经纪商打电话，要求买卖在沪港通下的某只沪股通股票。如果该股票交易构成了内幕交易或者市场操纵等证券欺诈行为，美国、加拿大、中国以及中国香港地区都可能基于各自证券法反欺诈规则的域外适用标准对该次证券交易主张管辖权。

除了反欺诈规则域外适用标准上的冲突，我国证券法与外国证券法还存在适用效果上的冲突，这一冲突的实质是我国证券法与境外证券法在证券欺诈的构成要件上存在差异，而这种差异决定了证券欺诈行为人所承担具体法律责任的不同。此处以严厉的美国证券法为例，分析我国证券法与美国证券法在构成要件上的冲突。

第一，在证券欺诈行为人的惩罚力度上，我国证券法与美国证券法也存在差别。以2020年3月开始实施的《证券法》第191条对内幕交易的处罚为例，其规定证券交易内幕信息的知情人或者非法获取内幕信息的人从事内幕交易的，责令依法处理非法持有的证券，没收违法所得，并处以违法所得一倍以上十倍以下的罚款；没有违法所得或者违法所得不足五十万元的，处以五十万元以上五百万元以下的罚款。单位从事内幕交易的，还应当对直接负责的主管人员和其他直接责任人员给予警告，并处以二十万元以上二百万元以下的罚款。国务院证券监督管理机构工作人员从事内幕交易的，从重处罚。就刑事责任而言，我国《刑法》规定，只有当行为人的不实披露、内幕交易和市场操纵达到了"情节严重"这一标准才会被追究刑事责任，此时，行为人可能会被判处5年以下有期徒刑或者拘役。只有在"情节特别严重"的情况下，行为人才可能会被判处5年以上、10年以下有期徒刑或者拘役。另一方面，美国对证券欺诈行为的制裁措施表现出复合式特征，即民事责任、行政责任和刑事责任并用。因证券欺诈而受到损害的投资者可以根据反欺诈规则提起民事诉讼，要求行为人进行赔偿。SEC也可以对行为人处以民事罚款、发布禁止令，还可以向法院起诉，寻求对内幕交易行为人处以所获利润或者所避免损失3倍的民事罚款。[1] 此外，美国证券法还对内幕交易规定了刑事责任，《1933年证券法》第24节和《1934年证券交易法》第32（a）节都规定，故意违反该法的任何条款以及有关的SEC规则的，行为人都要承担刑事责任。《1933年证券法》第24节规定的刑罚是单处或者并处5年以下监禁、10000美元以下的罚金，《1934年证券交易法》第32（a）节对自然人规定了20年以下的监禁、500万美元以下的罚金，对法人规定了2500万美元以下的罚金。刑事责任在2002年的《萨班斯—奥克斯利法》中得到了进一步加强，该法第807节对证券欺诈行为规定了最高25年的监禁处罚。由于上述法律冲突的存在，同一行为人的同一证券欺诈行为在中国和美国证券法上所承担责任的大小相差很大。

　　第二，关于归责原则的法律冲突。目前，我国证券法对内幕交易和市场操纵行为没有明确归责原则。理论界认为，内幕交易和市场操纵是一般侵权行为，因而行为人应当承担过错责任。2020年3月开始实施的《证券法》第85条对不实披露规定了归责原则。其中信息披露义务人即发行人和上市公司承担无过错责任，发行人的控股股东、实际控制人、董事、监事、高级管理人员和其他直接责任人员以及保荐人、承销的证券公司及其直接责任人员承担过错责任。[2] 可见，我国《证券法》按照责任主体类型的不同，确定了不同的归责原则。与我国这一做法不同的是，美国《证券法》第11节规定，对于不实披露行为，承担无过错责任的主体只有发行人这一类。而发行人以外的被告，如发行人的董事、监事、高级管理人员、承销商、律师等，则需承担过错推定责任。因而，当投资者根据美国证券法提起证券欺诈诉讼时，其无须证明被告存在主观上的过错，因为美国证券法对证券欺诈行为人只规定了无过错责任或者过错推定责任。当投资者根据我国《证券法》第85条的规定提起民事赔偿诉讼时，则应当根据不同被告的类型承担不同的证明责任。

　　总之，在证券市场开放的条件下，我国证券法与境外证券法之间存在冲突，

1　〔美〕罗思、赛里格曼：《美国证券监管法基础》，张路译，法律出版社，2008，第756页。

2　第85条：信息披露义务人未按照规定披露信息，或者公告的证券发行文件、定期报告、临时报告及其他信息披露资料存在虚假记载、误导性陈述或者重大遗漏，致使投资者在证券交易中遭受损失的，信息披露义务人应当承担赔偿责任；发行人的控股股东、实际控制人、董事、监事、高级管理人员和其他直接责任人员以及保荐人、承销的证券公司及其直接责任人员，应当与发行人承担连带赔偿责任，但是能够证明自己没有过错的除外。

这种冲突也将增加跨境证券发行与交易的法律风险。这种风险不利于我国证券市场与世界证券市场的融合，也不利于我国通过证券市场提高人民币国际化的水平。

2. 证券欺诈引发的我国证券法与外国银行保密法的冲突

我国证券法对外适用时，必然会与外国银行保密法发生冲突。这种冲突的产生主要是因为两类法律的立法宗旨、价值导向和具体规则存在显著差异。

证券法以保护投资者利益和证券市场诚信为宗旨，因而要求与证券和发行人有关的信息能够全面、详细、及时地披露，以促使投资者作出理性的投资决策。而银行保密法以保护客户秘密为宗旨。在银行保密法极为严格的"避税天堂"国家，法律禁止或者严格限制银行向任何第三方披露客户信息，即便面对本国的政府部门也是如此。因为银行保密法的立法者认为，银行所掌握的客户信息实质上是一种金融隐私权。此种权利是信息持有者对于其信用与交易相关的信息所享有的控制支配权，指向的是具有财产利益的信息，包括客户的个人信息、交易记录、信用记录等，兼具人格利益和财产利益。[1] "保密天堂"国家认为金融隐私对个人极为重要，属于基本人权的范畴，因而应当通过法律对这一隐私权进行保护，使其不受外在主体的非法干涉。此外，银行的保密义务是保护存款人利益的重要机制，因而，"避税天堂"的银行保密法往往对违反保密义务的行为人处以民事甚至刑事责任。

我国证券法对外适用时，执法机关为了制裁证券欺诈行为，势必要根据我国证券法的规定获取有关的证券发行或者交易信息，包括我国境内的信息和位于我国境外的信息，尤其是由一些银行等中介机构保管的信息。当这些机构所在的国家禁止其提供信息时，我国执法机关就难以或者不能获得境外的有关信息并进一步作出相应的处罚。此时，境内证券欺诈受害人也将难以提起相应的民事诉讼。

美国证券法对外适用时，也遭遇了外国银行保密法这一障碍。美国证券法与以银行保密法著称的瑞士之间，曾经进行了长达数十年的"较量"。美国证券法从20世纪60年代末开始域外适用，并在司法能动主义的沃土中快速发展。20世纪80年代以后，美国证券法与瑞士等"避税天堂"银行保密法的冲突不断加剧。例如，在1981年的瑞意银行案[2]中，瑞意银行（Banca Della Svizzera

---

[1] 谈李荣：《金融隐私权与信息披露的冲突与制衡》，中国金融出版社，2004，第58页。

[2] SEC v. Banca Della Svizzera Italiana（SDNY, Nov. 16, 1981）.

Italiana，简称 BSI）是一家瑞士银行，在纽约拥有一家子公司。美国 SEC 要求被告 BSI 提交瑞士银行保密法所保护的信息，因为其认为 BSI 涉嫌内幕交易，指控 BSI 和其他匿名购买人违反了美国证券法的内幕交易条款、反欺诈条款及有关的 SEC 规则，要求 BSI 提供有关交易受益所有人的身份信息，但 BSI 拒绝了 SEC 的这一要求。由于有关信息受到瑞士银行保密法的保护，一旦向外披露，BSI 及其高管就要承担瑞士刑法和银行保密法的刑事及民事法律责任。SEC 随后向纽约南区法院提起了诉讼。法院认为 BSI 故意利用了瑞士银行保密法的相反规定，侵犯了美国证券市场并获得不正当收益，因而 BSI 不能因为瑞士银行保密法的规定而逃避其应当承担的美国证券法下的责任。法院最终签发了临时限制令，冻结了被告在纽约的银行账户，并要求其全面履行 SEC 的披露要求。为了满足 SEC 的要求，BSI 从其客户处获得了弃权声明，在不违反瑞士银行保密法的前提下，最终向 SEC 提交了有关信息。在该案中，作为被告的瑞士银行通过获得当事人的同意而免除了银行保密法下的责任。

但是，并不是所有的外国银行都能获得客户的弃权声明，美国证券法与外国银行保密法之间的冲突仍然难以调和。在 2007 年的瑞士联合银行集团案中，[1]

---

1 该案还涉及美国联邦调查局（FBI）、司法部、联邦法院对瑞士联合银行集团（UBS）进行调查、指控以及和解的整个过程。2007 年，FBI 正式向瑞士发出请求，要求调查涉及 UBS 的逃税案。面对 FBI 的调查，UBS 宣布其在 2008 年 7 月以前将只通过受美国监管的分支机构办理美国居民的跨境私人银行业务。

2009 年 2 月 18 日，UBS 与美国司法部签订了《暂缓起诉协议》。该协议主要包括三项内容：第一，UBS 向美国提供涉嫌偷逃税款的 250 个美国纳税人的身份和账户信息；第二，UBS 向美国政府支付 7.8 亿美元的和解费；第三，UBS 保证不在美国境内外开展离岸私人理财业务。作为对等条件，美国司法部在 18 个月内暂停对 UBS 的调查或者起诉。作为协议的一部分，UBS 与 SEC 和解，SEC 撤销对其作为未注册经纪交易商和投资顾问开展业务的指控。

虽然司法部不再对 UBS 提起刑事诉讼，但是，这并不意味着美国税务局等其他执法机关不会对 UBS 提起民事诉讼。在 UBS 提供了 250 个美国客户名单后的 2009 年 2 月 19 日，美国国税局在迈阿密联邦法院对 UBS 提起了民事诉讼，要求 UBS 向其提供 52000 个美国纳税人的信息。美国法院最终认定，应当审查美国和瑞士之间的税收协议，以认定 UBS 向美国提供美国纳税人账户信息的合法性问题。2009 年 3 月 13 日，瑞士联邦政府发表声明，决定按照 OECD 的避免双重征税标准，向其他国家提供有关银行客户的信息，而且瑞士不再区分偷税漏税和税务欺诈，并将二者一律视为犯罪。这标志着瑞士银行保密法的重大转折，因为在此之前，瑞士严格区分偷税漏税和税务欺诈，只有税务欺诈才是犯罪行为。但是，美国将偷税漏税和税务欺诈都规定为犯罪，瑞士银行保密法与美国税法的冲突集中体现在偷逃税款领域。

2009 年 8 月 19 日，美国与瑞士政府之间就 UBS 案进行谈判，并签署了《和解协议》。根据该协议，美国将通过司法协助途径获得 4450 个美国纳税人在 UBS 的账户信息，瑞士应当在协议签署后 90 日提供第一批的 500 人名单，其余名单应在 370 日之内提供。美国不再要求 UBS 提交 52000 个客户信息的要求，且放弃对 UBS 的诉讼。

美国证券法和瑞士银行保密法之间的冲突空前激烈，使得瑞士政府不得不一再从幕后走向前台直接与美国政府谈判，以解救身处司法险境的瑞士银行。与此同时，瑞士不断放松其银行保密法的要求，允许瑞士银行向外国政府提供有关的银行客户信息。

除了美国的压力，金融危机也成为"避税天堂"放松银行保密法的重要原因。在 2008 年国际金融危机中，以离岸金融业为支柱的"避税天堂"受到国际社会的强烈谴责，其被认为是隐藏金融风险、掩饰非法所得、偷逃税款的重要场所。上述批评的矛头直指这些国家过于严格的银行保密法。以经济合作与发展组织（Organization for Economic Co-operation and Development，OECD）为代表的国际组织不遗余力地推动"避税天堂"提高信息的透明度。如 OECD于 2000 年公布了一份"避税天堂"名单，将其中的 35 个"避税天堂"认定为不合作国家。[1] 许多"避税天堂"为了不被贴上"不合作国家"的标签，纷纷签署承诺书，愿意在税务信息交换方面采取有效的措施、进行合作。虽然瑞士没有被列入"避税天堂"名单，但是，其在 2009 年被列入"避税天堂"国家"灰名单"。为了避免被列入"避税天堂"名单，瑞士在 5 个月之内迅速与 12 个国家签订了新的避税协议。根据新的协议，如果涉及个人或者企业的偷逃税款事项，瑞士不能再以银行秘密为由，拒绝向其他缔约国提供有关的银行信息。由此，以严厉著称的瑞士银行保密法打开了缺口，外国政府可以在调查偷逃税务案件的名义下，获得瑞士银行中的客户信息。

在国际社会的努力之下，到 2009 年，没有任何一个国家被认定为"不合作国家"。但是，这绝不意味着"避税天堂"与其他国家之间在信息披露方面的冲突已经消弭，而仅说明所有的国家都愿意遵守 OECD 的最低披露标准。[2]即便瑞士等"避税天堂"放松了银行保密法，证券欺诈所引发的一国证券法与境外银行保密法之间的冲突也不可能消除。银行保密法和证券法的根本差异在于：前者以维护客户的个人信息为手段实现对客户金融隐私权的保护，而后者以信息公开为手段并以反欺诈规则为后盾制裁证券不法行为，从而保护投资者

---

1 OECD, Countering Offshore Tax Evasion: some Question and Answers,（2009-09-28）[2017.12.13]，http://www.oecd.org/dataoecd/23/13/42469606.pdf.

2 Carolyn B. Lovejoy, "UBS Strikes a Deal: The Recent Impact of Weakened Bank Secrecy on Swiss Banking", *North Carolina Banking Institute*, 2010, 14（1），p.442.

的利益。这种差异决定了银行保密法和证券法必然在制度设计和保障措施方面相背而行。如果我国将证券法适用于境外的证券欺诈行为，而证券欺诈行为人是通过设立在"避税天堂"的金融机构开立的账户进行了交易，那么，证券交易的有关数据将受到"避税天堂"银行保密法的保护而极难获得。美国与瑞士长达数十年的博弈将再次在我国和"避税天堂"之间上演。要想克服境外银行保密法的障碍，获得有关当局的配合，我国应大力推动证券市场的改革开放和证券法的完善，并在此基础上与这些国家进行谈判、合作。

总之，我国证券法对外适用时，会在信息披露和证券欺诈两个方面与境外的法律发生冲突。法律冲突的严重程度与发行人跨境融资的成本成正比，而跨境证券融资成本与人民币跨境流动的成本之间也存在正比例关系，即法律冲突越严重，发行人跨境融资的成本越高，人民币通过熊猫债券、离岸人民币债券等金融载体跨境流动的成本也越高。为了促进人民币通过金融渠道提升国际化水平，我国有必要综合运用各种措施，来减少证券法对外适用中的法律冲突，以降低人民币在国际金融交易中的获得、使用和持有成本。

（二）证券欺诈法律冲突的制度协调

对于证券欺诈引发的我国证券法与外国法之间的冲突，我国应当从修改国内法和完善国际合作机制两方面进行协调。前者主要涉及证监会的权限，这是国际合作机制能够发挥应有作用的前提条件之一。如果证监会不能或者难以对外提供协助或者向境外监管者提出协助请求，那么，证券欺诈法律冲突的国际合作机制就缺少了其赖以存在的基础。因而，完善证监会职权的有关规定与发挥国际合作机制是一个互促的过程，二者共同致力于证券欺诈法律冲突的减少和消除。

1. 完善证监会开展国际合作的国内法规范

这应当包括两方面的内容：完善证监会在证券监管执法国际合作方面的法律规范，强化证监会的执法权。前者能保证证监会在开展证券监管执法的国际合作时有法可依，后者则能够保证证监会有充分的权限来执行境外监管者提出的协助请求，从而为境外监管者执行我国证监会的协助请求产生激励作用。

（1）完善证监会在证券监管执法国际合作方面的法律依据。

我国证券法在授权证监会对外进行合作时，往往只作出了原则性的规定，而没有规定具有可操作性的具体要求。《证券法》第 177 条规定："国务院证券监督管理机构可以和其他国家或者地区的证券监督管理机构建立监督管理合作机制,实施跨境监督管理。"《境外直接上市特别规定》第 4 条也有类似的规定:"国务院证券委员会或者其监督管理执行机构中国证券监督管理委员会,可以与境外证券监督管理机构达成谅解、协议,对股份有限公司向境外投资人募集股份并在境外上市及相关活动进行合作监督管理。"

上述规定对于如何签订谅解协议以及签订谅解协议时应当考虑的因素,都没有提及。可见,证监会在开展对外合作时,缺乏明确的法律授权。其直接后果就是证监会在与境外证券监管机构建立合作机制时,存在无法可依的现象。更为重要的是,有关法律规则的缺失,意味着证监会与境外证券监管机构进行谈判时缺少具体详细的、一以贯之的法律指南,进而导致其在不同时期建立的证券监管合作机制存在较大的差异。这种状况显然无法满足我国证券市场日益开放和人民币国际化的现实需要。随着进入我国证券市场的境外机构越来越多,其发行的各类证券,包括人民币证券也持续增加,证监会本应当对之一视同仁地进行监管与执法。但是,证监会在对来自不同国家的境外机构进行监督或执法时,其监督与执法能力受到宽严不一的监管执法合作机制的限制,不利于统一执法。

证券市场发达的美国对证券监督机关的对外合作权限作出了明确的规定。例如,美国证券法规定,SEC 可以根据外国证券监管机关的协助请求进行调查,此时,SEC 无须考虑美国境内的有关行为是否违反了美国证券法的规定,而仅需考虑请求机关是否也向 SEC 提供类似的协助,提供协助是否会违反美国的公共利益。可见,美国国会立法从正反两方面规定了 SEC 进行对外合作时的注意事项,一方面明确放弃了双重违法原则,另一方面详细规定了 SEC 在对外提供协助时应当考虑的事项。此外,为了促进 SEC 更为有效地开展对外合作,美国国会在 1990 年通过了《国际证券执法合作法》,对《证券交易法》的相关条款进行了修改,扩大了 SEC 在对外合作方面的权限。例如,《国际证券执法合作法》允许 SEC 在特定条件下向外国私人提供有关的信息,对于 SEC 从外国证券监管机关获得的信息,该法豁免了 SEC 在国内法上的公开义务,对于外国金融监管机构认定的违反外国法律的美国证券从业人员,SEC 也将进行相应的处罚。上述一系列规定,明确了 SEC 的权力边界,使得 SEC 在开展对外合作时,能够清楚地知道其可以采取的行动以及采取行动时应当注意的事项。

反观我国，在涉及证监会的对外合作时，我国证券法的相关规定几近空白，其既未明确证监会在对外合作中的权限，又未明确对外合作权限的行使方式与限制条件。此外，我国证券法也未规定在缺少备忘录的条件下，证监会是否可以在个案中进行自由裁量，自主决定是否对外提供协助。实践中，证监会在此类案件中基本上持一概拒绝的立场。证监会的这种立场不利于建立有效的证券监管执法合作机制，也不利于其从境外监管者获得类似的协助。

我们建议，我国在《证券法》中应明确规定证监会在建立证券监管合作机制中的权限。这一权限应当包括两方面的内容，一是授权证监会建立常规性的证券监管合作机制，二是在缺乏常规性合作机制的前提下，允许甚至鼓励证监会在个案中对境外证券监管者提供有关信息、资料与证据。针对第一方面的内容，我国可以在《证券法》中作出下列规定：国务院证券监督管理机构开展证券监管执法合作时，应当考虑执行有关的协助请求是否会违反其法定职责，是否会损害我国的公共利益以及境内投资者的合法权益。对于第二方面的内容，《证券法》可以作出下列规定：当不存在现行有效的证券监管合作机制且境外监管者提出请求时，国务院证券监督管理机构可以根据证券市场开放和投资者保护的需要，在考虑请求机关是否能够提供类似协助的基础上，决定是否对境外监管者提供协助。

（2）强化证监会的执法权。

2020 年 3 月实施的《证券法》规定，证监会有依法查处证券违法行为的职责。为此，证监会可以进行现场检查、询问有关当事人、查阅复制有关的记录、冻结和查封涉案当事人的违法资金、证券等涉案财产或者重要证据、查询有关银行账户等。这些权力大大增强了证监会的执法能力，有利于更好地保存证据和涉案财产。然而，与美国 SEC 所具有的广泛执法权相比，我国证监会的执法权还比较有限。这表现为：SEC 能够强制传唤违法行为人与证人，而我国证监会不具有这一权限，其仅能对有关人员进行询问；SEC 可以对证券违法行为人提起民事诉讼或者禁制令诉讼，而我国证监会显然不具有起诉权，其仅能对违法行为人进行行政处罚或者将有关案件移交公安司法机关。这就意味着，与 SEC 相比，我国证监会在对证券市场进行监督以及对证券违法行为进行制裁时，其所采取措施的种类以及威慑力都较为有限。

我国证监会只能在职权范围内为境外证券监管者提供协助，境外证券监管者也仅会在同样的范围内为我国证监会提供协助。证监会执法权不足，将会直接导致其跨境执法能力的不足。这直接影响证券监管执法国际合作的效率。仍以美国 SEC 为例，SEC 具有相当广泛的"准立法权""准司法权"和行政权，这使得 SEC 成为一个超级监管者，其能够采取多种措施来执行境外监管机关提出的协助请求。作为回报，SEC 也能从境外监管机关获得广泛的协助。与之相比，当我国证监会执行外国的协助请求时，其能够采取的执行措施种类有限。此外，我国证监会在决定是否对境外监管者提供协助时，只能依据已经建立起来的证券监管合作机制，而没有临机决策的自主权。因而，与美国 SEC 在证券监管国际合作中的"游刃有余"相比，我国证监会则显得"力不从心"。上述状况导致我国证监会在跨境证券执法方面陷于被动局面，其既不能有效执行境外监管者提出的协助请求，也不愿意或者不能够向境外监管者提出协助请求。

证监会执法权有限，使其不得不依赖其他有关部门的配合。例如，针对证券犯罪行为，我国目前的做法是由公安机关进行查处。证监会稽查总队在内部稽查后，如果认为有关行为涉嫌犯罪，就会将犯罪嫌疑人移送公安机关。为了加强公安机关的执法能力，公安部在证监会设立了证券犯罪侦查局。可见，在查处证券犯罪过程中，证监会与公安机关已经开展了合作，以充分发挥证监会的专业优势和公安机关的侦查优势，共同打击证券犯罪行为。在仅涉及国内证券犯罪行为时，上述协作机制能够较好地发挥作用。但是，一旦涉及跨境证券犯罪，证监会执法权限不足的劣势即刻显现。这是因为，如果没有强有力的执法权，证监会在对境外证券监管者提供协助时将受到限制，其执行协助请求的效率将会受制于证监会与其他部门在对外协助中的合作。如果其他部门不能满足证监会的执法需求，证监会将无法及时、有效地对外提供协助。

我们建议，《证券法》应进一步增加如下内容："对于案情重大、复杂的证券犯罪行为，经主要负责人批准，国务院证券监督管理机构可以传唤涉嫌证券违法的行为人到指定地点接受询问；在调查证券违法行为时，证监会可以向法院申请强制令、破产令或者执行令等命令"。

2. 完善证券欺诈法律冲突的国际合作机制

在证券法对外适用的过程中，虽然我国可以通过国内协调机制对有关的法律冲突进行协调，但是，还有许多法律冲突无法通过国内机制进行协调，而是需要国家及证券监管者通过国际合作的途径进行协调。国际协调的途径包括备忘录、条约或者监管对话。但是，我国签订的证券监管执法合作备忘录存在内容不完善的问题，我国签订或者加入的国际条约也难以在法律冲突的协调过程中发挥应有的作用，境外证券监管者经常使用的对话机制在我国也没有被充分利用。上述因素都使得法律冲突的国际协调效果不尽如人意。针对上述问题，我国应当从以下方面进行完善：

（1）完善备忘录机制。

截至 2020 年 12 月，我国证监会已经与境外的证券监管机构签署了 66 个证券期货监管合作备忘录。从整体来看，与我国签署备忘录和条约的国家还较为有限。例如，在 28 个欧盟成员国中，仅有 13 个与我国签署了备忘录。此外，在 OECD 公布的全球 37 个"避税天堂"名单中，[1] 我国仅与塞浦路斯、开曼群岛等签订了监管合作备忘录。此外，我国与美国、澳大利亚等国家和地区签署的备忘录内容较为简单、操作性较差。

对于欧盟，我国可以先在欧盟层面上与欧洲证券与市场管理局签署备忘录，对我国与欧盟及其成员国之间的证券监管合作作出一揽子的安排，规定我国可以通过上述备忘录与那些尚未与我国签署备忘录的欧盟成员国进行合作。然后，我国再根据欧盟各成员国证券法和证券市场的特点，达成更具有针对性的备忘录。对于"避税天堂"，我国应当以限制其银行保密法的适用为主要目的，进行个别谈判，并签署备忘录。对于美国等国家，我国应当建立更为详细的、一般性的合作机制，而不是维持现有的框架性的、个案基础上的合作机制。在此基础上，我国再从以下几个方面进行完善，以促进备忘录在法律冲突中发挥更大的作用。

第一，完善备忘录的内容，提高其可操作性。

目前，我国所签订的许多备忘录仅确立了框架性的原则，而未建立相应的

---

1 37 个"避税天堂"分别是：安道尔、安圭拉、安提瓜和巴布达、阿鲁巴、巴哈马、巴林、贝利兹、百慕大、英属维尔京群岛、开曼群岛、库克岛、塞浦路斯、多米尼加、直布罗陀、格林纳达、根西、马恩岛、泽西、利比里亚、列支敦士登、马耳他、毛里求斯、摩纳哥、蒙特塞拉特、瑙鲁、荷属安的列斯、纽埃、巴拿马、圣基茨和尼维斯、圣卢西亚、圣文森特和格林纳丁斯、萨摩亚、圣马力诺、塞舌尔、特克斯和凯克斯群岛、美属维尔京群岛、瓦努阿图。

实施机制。因而，对于协助请求内容与格式等具体问题，监管者需要在个案中进一步沟通与协商。这些备忘录的可操作性不强，降低了证券监管合作的效率，增加了相互协助的成本。例如，我国和美国于 1994 年 4 月 28 日签署的《证券合作、磋商及技术援助的谅解备忘录》（以下简称"1994 年中美备忘录"）仅提出了合作与磋商的一般原则，而未规定协助请求的内容、提供协助的方式、信息的使用范围和保密要求等重要内容。[1] 该备忘录更多地涉及美国在起草法律和培训工作人员方面对我国提供的技术援助。与其说 1994 年中美备忘录建立了中美两国监管机构之间的证券监管执法合作机制，不如说其是一份具有宣示意义的声明，表明双方愿意在证券监管方面进行合作。

美国在通过备忘录进行监管合作时，也签订了不少可操作性不强的备忘录。但是，美国并未停留于只签订这类备忘录的阶段。例如，美国和日本于 1986 年 5 月 23 日签署了《关于信息共享的备忘录》（以下简称"1986 年美日备忘录"），[2] 也只是规定了原则性的内容，要求双方在个案的基础上进行相互协助。由于 1986 年美日备忘录的概括性和不确定性，使得双方无法及时、有效地进行证券监管合作，SEC 与日本金融服务局于 2002 年 5 月 17 日签署了第二份备忘录，即《关于合作、磋商和信息交换的意向书》（以下简称"2002 年美日备忘录"）。[3] 该协议将双方合作的范围从证券领域扩展到期货领域，并建立了具体的合作机制和定期磋商机制。2006 年，日本大规模修订了证券法，并颁布了《金融商品交易法》，扩大了原《证券交易法》的适用范围。与这一立法进程相适应，美国和日本于 2006 年对 2002 年备忘录进行了修改，进一步扩大了合作的范围。

可见，美国在与日本进行证券监管执法合作的过程中，采取了循序渐进的做法。在必要的时候，双方开始建立初步的合作程序，以显示监管者进行合作的意愿和诚意。随着日本证券法的不断完备与证券市场的发展，美国与日本建立了更为具体的合作机制，使备忘录具有更强的可操作性。这一做法

1　《中美证券合作、磋商及技术援助的谅解备忘录》（1994 年 4 月 28 日）。

2　Memorandum of the United States Securities and Exchange Commission and the Securities Bureau of the Japanese Ministry of Finance on the Sharing of Information（May 23, 1986）.

3　Statement of Intent Concerning Cooperation, Consultation and the Exchange of Information（May 17, 2002）.

值得我国借鉴。我国应当从以下两个方面完善备忘录的内容，增加备忘录的可操作性：

一方面，我国应在备忘录中详细规定协助的范围。这是因为各国的证券法是一个庞大、复杂的系统，包含许多重要的原则与规则。如果备忘录仅仅笼统地规定双方在证券监管方面相互协助，可能使得跨境证券监管合作流于形式。基于此，我们建议，我国与境外监管者签署备忘录时，明确将证券发行与交易过程中的重要事项纳入协助范围，其至少应当包括下列内容：对内幕交易、市场操纵和虚假陈述等证券欺诈行为进行的调查；有关主体的报告义务；发行人、上市公司等信息披露义务人的披露义务；证券发行与交易过程中的授权、许可、注册或者豁免要求；对受监管主体的监督与视察；双方认为适当的其他任何事项。

另一方面，我国应在备忘录中明确协助请求的执行措施，以提高其可操作性。在我国与境外签署的备忘录中，往往仅规定了被请求机关可以提供信息的范围，而对于协助请求的执行措施却较少提及。这意味着被请求方可以在国内法允许的范围内自由裁量，自行决定如何执行协助请求。我们建议，我国在签署证券监管合作备忘录时，应当规定具体的执行要求，其至少要包括以下内容：协助请求的执行应当根据被请求机关所在国的法律规定进行；当请求机关提出要求时，可以对取证过程制作文字记录。此外，我国还可以根据与境外监管者合作的程度，在备忘录中允许请求机关在一定程度上参与取证、询问或者检查过程。例如，允许请求机关派员出席取证或者询问过程、允许请求机关代表向证人提出具体问题或者参与证人审查过程等。同时，为了保证证人或者提供声明的人的合法利益，我国应当允许证人律师在场，并保证证人或者提供声明的人能够享有法律规定的所有权利。

第二，减少协助请求在内容和形式方面的限制以提高协助的效率。

我国已经签订的备忘录通常会对协助请求的内容和形式规定诸多要求，这些规定增加了请求方获得协助的成本。如我国内地和香港地区于1993年签署的《监管合作备忘录》（以下简称"1993年香港备忘录"）就明确规定，协助申请中声明的内容包括请求机关的监管职能与有关法律法规的联系、请求获得的信息与有关法律法规的联系、可能获得该信息的第三方身份及向其进行此种披露的原因等。[1] 1996 年中澳备忘录也包含了同样的内容。[2] 上述规定意味着，请求机关在提出协助请求时，须对上述每一项内容进行声明。而被请求机关在决定是否提供协助时，也必须审查协助请求的每一项内容，如果协助请求中的某一项声明不能被接受，请求机关就无法获得协助。

此外，我国所签署的备忘录往往规定协助请求只能以正式的书面方式提出，而忽视了信息技术手段在协助请求执行过程中的作用。1996 年中澳备忘录和 1993 年香港备忘录都作出了此类规定："请求方应当提出书面协助请求，在紧急情况下，协助请求可以通过概要的书面形式提出，并在事后补交正式请求。"在各国政府交往的过程中，书面文件有其存在的价值和意义，但是，为了及时、快速查处跨境证券违法行为，备忘录中应适当引入电子通信机制，以视频会议、电话会议等方式获取有关的证言、声明。美国所签署的备忘录通常允许请求方在紧急情况下通过电子途径传递协助请求等有关信息，这使得美国能够快速地获得境外监管者的协助。在我国证券市场日益开放、与国际证券市场日益一体化的背景下，跨境证券违法行为具有调查取证难、违法所得与证据转移快等特点，过于呆板的书面形式和传递方式显然已经无法满足跨境证券监管的需要。

为了提高协助的效率，促使备忘录在法律冲突的协调过程中发挥更大的作用，我国应当减少协助请求在内容和形式方面的限制，仅将下列事项作为协助请求必须声明的内容：协助请求所涉及的事项以及获得有关信息的目的；请求机关要求提供的协助类型、文件、信息、证言或者声明；请求机关所拥有的、有助于被请求机关识别有关信息或者文件持有人的信息；请求机关期望获得被请求机关回复的时间。此外，我国还应在备忘录中引入有关文件和信息的电子传递方式。在信息化时代，与证券发行与交易有关的信息往往具有即时性和隐蔽性的特点，如果监管者不能在尽可能短的时间内获得有关的协助和信息，可能会错失查处违法犯罪行为的最佳时机。我们认为，我国在签订备忘录时应当大力提倡、充分利用现代通信技术，并在备忘录中作出下列规定：协助请求应当以书面形式提出；在紧急情况下，协助请求以及对该请求的回复可以通过概

---

1 《中国证监会、上海证券交易所、深圳证券交易所与香港证券及期货事务监察委员会、香港联合交易所有限公司签署监管合作备忘录》（1993 年 6 月 19 日），第 6 条。

2 §III. 5, Memorandum of Understanding regarding Securities and Futures Regulatory Cooperation between Australian Securities Commission and China Securities Regulatory Commission（May 23, 1996）.

要的形式作出，并能够通过电子邮件或者传真的方式传递；在条件允许的情况下，被请求机关可以通过视频会议、电话会议等形式传递证人证言、专家证言或者声明等信息。

第三，限制拒绝协助的情形。

目前，我国所签署的备忘录规定了广泛的拒绝协助的情形，因而，被请求机关可以在相当多的情形中拒绝协助。此类限制性规定不利于我国证监会在跨境执法过程中全面、快速地获得境外监管者的协助，更无助于证券法对外适用引发的法律冲突的解决。例如，1996年中澳备忘录规定，被请求机关在决定是否提供协助时，应当考虑以下因素：有关行为是否构成了双重违法；请求机关是否能从被请求机关获得同样的协助；协助请求是否涉及被请求机关不承认的管辖权；执行协助请求是否违反被请求机关所在国的公共利益。[1] 可见，被请求机关在决定是否提供协助时，必须审查协助请求的实质内容。

与我国的做法不同，美国所签署的备忘录大都只将形式问题或者公共利益作为拒绝协助的理由。例如，美国与中国香港地区以及新加坡、法国、荷兰等国家和地区签署的备忘录中都规定，只有在下述情形中被请求机关才能够拒绝协助："协助请求要求被请求机关以违反其本国法律的方式采取行动；协助请求并非根据该备忘录提出；执行协助请求将损害被请求机关所在国的公共利益。"美国将拒绝协助的理由严格限定在上述三种情形中，被请求机关在审查美国SEC的协助申请时，不会对美国的管辖权进行审查，也无须遵循双重违法原则，而只进行形式审查即可。对拒绝协助请求的限制，是美国SEC能够较为容易地获得境外监管机关协助的重要原因，我国应当借鉴美国的此类规定，提高证券监管国际合作的效率。

我国从正反两方面对拒绝协助的情形进行限制：首先，我国应当将拒绝协助的情形限制在以下特定范围内：执行协助请求将会使被请求机关违反其国内法的规定；协助请求并非根据该备忘录提出；执行协助请求将会违反被请求机关所在国的公共利益。之所以规定第一种情形，是因为如果被请求机关违反其国内法的有关规定，将会使其承担不利的法律后果，而这违反了备忘录所遵循

---

1 Section 5, Memorandum of Understanding Regarding Securities and Futures Regulatory Cooperation between Australian Securities Commission and China Securities Regulatory Commission (May 23, 1996).

的一般原则——不增加被请求机关的法律义务和责任，不得超越其国内法的有关规定。第二种拒绝协助的情形的存在，是为了维护备忘录的严肃性。作为政府间的协议，证券监管合作备忘录是一国证券监管部门对外作出的承诺，表明其将根据备忘录的规定采取行动。之所以规定第三种情形，则是因为一国证券监管部门有维护公共利益的职责。其次，取消双重违法原则以及管辖权方面的要求。由于各国证券法之间存在较大的差异，一国证券法下的证券违法行为可能并不构成其他国家证券法下的违法行为。此时，若遵循双重违法原则，请求机关就可能无法获得被请求机关的协助。此外，一国对跨境证券违法行为的管辖权涉及复杂的国际法与国内法问题，作为执法机关的证券监管部门难以承担这一责任。美国之所以能在跨境证券执法过程中获得广泛的协助，与美国在双重违法原则和管辖权问题的开放态度有重要关系：美国所签署的备忘录中几乎都没有提及双重违法原则和管辖权认定问题。为了提高证券监管国际合作的有效性，我们建议我国与境外监管者签署备忘录时，取消双重违法原则和管辖权方面的要求。

第四，扩大信息的使用范围。

我国所签署的备忘录对信息的使用范围进行了严格的限制，通常规定有关的信息只能用于协助请求所声明的具体目的，即只能将有关的信息用于特定的案件，而不能用于与该特定案件有关的其他案件。这种规定影响了有关案件的查处。例如，1993 年香港备忘录就规定，请求方只能出于履行监管职责的目的而使用有关的信息，在未获得被请求机关同意之前，不得将此类信息披露给任何第三方。1996 年中澳备忘录也作出了同样的规定。如果有关的信息只能用于满足协助请求中所声明的特定目的，而不能被用于其他有关案件的调查与制裁或者私人诉讼中，那么，与上述信息有关的其他案件的调查或者诉讼过程可能难以进行。2013 年中美审计监管备忘录更是明确规定，有关的信息只能是为了满足监管和行政执法的目的。[1]也就是说，我国证监会根据备忘录从境外监管者获得的信息以及证监会根据备忘录向境外监管者提供的信息，只能用于保证监管目标的实现，而不能用于司法程序。如果有关的信息要用于司法程

---

1 Section 1, Memorandum of Understanding on Enforcement Cooperation between the Public Company Accounting Oversight Board of the United States and the China Securities Regulatory Commission and the Ministry of Finance of China（May 7, 2013）.

序，监管者只能根据法律互助条约提出或者执行协助请求。例如，我国证监会于2013年首次向美国提供境内公司的审计底稿后，就曾明确表示，如果美国获得我国境内公司审计底稿的目的在于进行诉讼，那么，其必须通过司法协助程序获取有关文件。

与我国所签署备忘录的上述规定不同，美国与境外监管者签署的备忘录规定了广泛的用途，有关信息不仅可以用于美国 SEC 的调查、制裁或者行政诉讼过程，也可以用于协助自律机关履行自律监督职责，甚至还能用于有关的私人诉讼中。例如，1997年美德备忘录就允许请求方将有关的信息用于协助请求所声明的具体目的或者刑事、民事和行政程序等一般目的，而且请求方将有关信息用于上述目的时，无须征得被请求方的同意。[1] 此外，美国所签署的许多备忘录还规定了通知要求，即请求方将有关信息用于特定事项时，仅需要履行对被请求机关的通知义务而无须获得被请求机关的同意。例如，2013年美德备忘录就规定，请求方将有关信息传递给其他政府部门时，仅需要通知被请求机关即可。[2] 这类规定能够保证信息的使用效率，便利有关案件的调查与制裁。

我国应借鉴美国的上述做法，在签署证券监管合作备忘录时，适当地扩展信息的使用范围，允许有关信息被用于协助请求所声明的具体证券违法案件以外的其他有关案件中。这是因为证券违法行为不仅会引发行政责任，还会引起民事责任和刑事责任。因而，针对同一证券违法行为，可能启动多个调查或者诉讼程序。通常情况下，证券监管部门的查处会使得案情更为清晰，当证券监管部门从境外获得了有关信息后，才可能判断有关的证券违法行为是否造成了严重的后果或者存在其他严重情形，从而构成证券犯罪。如果有关的信息和证据等仅能用于证券监管部门在协助请求中声明的具体案件，而不能用于后续的刑事或者民事案件，将会使得公诉机关和个人提起的有关诉讼难以进行下去。因而，有必要扩大信息的使用范围，提高信息的使用效率，以更好地查处跨境

---

1 Section 5, Memorandum of Understanding between the United States Securities and Exchange Commission and the German Bundesaufsichtsamt fur den Wertpapierhandel Concerning Consultation and Cooperation on the Administration and Enforcement of Securities Laws（Oct. 17, 1997）.

2 Section 7, MoU Concerning Consultation, Cooperation and the Exchange of Information Related to the Supervision of the Relevant Entities in the Asset Management Industry（July 22, 2013）.

证券违法犯罪行为。

当然，扩展信息使用的范围，意味着会有更多的主体接触有关信息。因而，严格的保密措施是扩大信息使用范围的前提条件。我们建议，备忘录应当对此作出明确规定：请求机构在与第三方分享信息时，应确保双方都已经建立了相应的保密机制，以保证有关信息不会被传递给其他主体。

（2）充分发挥条约的作用。

截至 2022 年 7 月，我国共计与 69 个国家签订有民商事和刑事司法协助双边条约；其中，与 39 个国家签订了民商事司法协助条约，与 65 个国家签订了刑事司法协助条约。但是，所有这些法律互助条约中，没有一个是专门用于证券违法犯罪行为的。此外，虽然我国大量公司在纽约、伦敦和新加坡发行上市，但是，我国与美国、英国和新加坡签署的法律互助条约对跨境证券监管执法却保持着一种"漠然"的态度：有关法律互助条约并未对跨境证券监管与执法合作予以特别关注。在 OECD 公布的 37 个"避税天堂"中，我国仅签署了有限的法律互助条约。

在建立证券监管执法国际合作机制时，我国倾向于选择备忘录这一形式。例如，在决定是否批准合格境外投资者主体资格时，证监会将备忘录作为批准的必备条件之一。[1] 对于境外机构在我国设立合资证券公司、合资基金管理公司等金融机构，我国也有同样的要求。这表明，法律互助条约在我国证券监管国际合作机制中所发挥的作用有限。我国既未将条约作为与境外证券监管者合作的常规形式，也不经常启动条约来推动证券法的对外适用。由于我国的证券民事诉讼机制不健全，民事司法互助条约几乎未发挥作用。在联手打击跨境证券犯罪和过度投机方面，主要是双边刑事法律互助条约发挥作用。[2]

但是，在本已有限的、可资利用的法律互助条约中，绝大部分并非专门针对证券违法犯罪行为，其通常将对金融交易至关重要的金融信息视为一般的文件和记录，使得这些条约在证券监管执法的国际合作和法律冲突的协调过程中所发挥的作用有限。但是，金融交易信息与一般记录具有以下两个显著差异：

---

1 《合格境外机构投资者境内证券投资管理办法》（证监会、中国人民银行、国家外汇管理局令〔2006〕36 号），第 6 条。

2 韩龙：《防范与化解国际金融风险和危机的制度建构研究》，人民出版社，2014，第 362 页。

第一，金融交易信息的及时获得对于证券监管执法活动的顺利开展具有重要意义。因为证券账户和资金账户中的资产具有转移速度快、金额大的特点。如果请求方不能及时获得此类信息，那么，许多证券违法犯罪行为将难以认定。如果证券违法犯罪行为不能及时被认定，那么，有关金融账户中的资产可能会快速转移，最终使得相应的惩罚措施难以实现。

第二，金融信息，如银行账户信息、证券账户信息等往往受到账户所在地保密法的严格保护。当被请求方在本国境内收集并传递与证券发行与交易有关的文件和记录时，必然会受到保密法的制约。而我国签署的所有法律互助条约很少关注境外保密法的规定。例如，中美刑事司法互助条约、中日刑事司法互助条约都对银行保密法只字未提。虽然中法刑事法律互助条约禁止被请求方以银行保密为由拒绝协助，[1] 中澳刑事法律互助条约也要求被请求方调查有关的银行账户是否位于其管辖范围并将调查结果及时通知对方，[2] 但是，对于如何在满足银行保密法的前提下查询、查找有关的金融账户信息并采取相应的强制措施，上述条约并未设计出相应的机制。我国所签署的法律互助条约对外国保密法的过度回避，限制了执法部门从境外获得有关证券账户、银行账户等金融信息的能力。在实践中，我国证监会很少通过司法部等机关向境外提出司法协助请求，同时也往往拒绝对此类协助请求提供协助。

在这方面，美国能够为我国提供有益的经验。2000 年以前，美国与欧盟及其成员国签署了一系列的法律互助条约，这些条约也不关注银行保密法。进入 21 世纪后，美国加快推进证券法的对外适用。为了配合 SEC 和司法部对证券不法行为的调查与制裁，美国与欧盟在 2003 年签署了新的条约，规定被请求方应当查询并确认其境内的金融机构是否拥有特定人员的账户信息，这些条约甚至要求被请求方查询与账户无关的金融信息。[3] 2003 年的新条约还要求，所有的欧盟成员国都须将上述内容纳入其与美国签署的法律互助条约中。美国积极利用条约推动证券法对外适用的另一个表现是，SEC 经常直接或者间接利用法律互助条约向境外提出协助请求。此时，SEC 通过司法部直接向境外

1　《中华人民共和国政府和法兰西共和国政府关于刑事司法协助的协定》（2005.4.18），第 4 条。

2　《中华人民共和国和澳大利亚关于刑事司法协助的条约》（2007.3.28），第 19 条。

3　Section I. A, Agreement on Mutual Legal Assistance between the United States of American and European Union（June 25, 2003）.

提出法律协助的请求，或者通过其与国税局之间的信息共享机制获得境外信息：首先由美国国税局根据税务方面的条约从境外获得有关的账户信息，然后将此类信息与 SEC 共享，最后 SEC 将此类信息用于追究跨境证券欺诈等违法犯罪行为。SEC 之所以能够在跨境证券监管与执法中最大限度地利用条约从境外获得有关的信息、文件等证据，是因为美国与其他国家所签署的法律互助条约很少规定双重违法或者双重犯罪原则，使得 SEC 能够在较为宽松的条件下通过司法部等中央机关向境外监管部门提出协助请求。

美国的经验表明，虽然法律互助条约最初并未关注银行保密法，但是，随着证券市场一体化程度日益加深，一国证券法对外适用更加频繁，金融信息的交流必然会进入法律互助条约的视野。这对我国证监会的启示意义在于：要想更为有效地进行跨境执法，制裁证券违法犯罪行为，保护本国证券市场和境内投资者，同时避免我国与外国法律之间的冲突，证监会就应当充分利用所有已经签订或者加入的条约。尤其是，在我国所签订的证券监管合作备忘录存在各种缺陷的背景下，证监会应当更加重视条约的作用。

为了充分发挥条约在证券监管执法国际合作和法律冲突协调中的作用，我国应当强化证监会与司法部等有关部门的合作。因为这种合作可以增强证监会执行协助请求的能力和意愿，也能够便利证监会向境外监管者提出协助请求。我们建议，通过部际联席会议的形式将对外法律协助会商机制制度化、常态化。部际联席会议制度应当从主要职能、成员单位、工作规则等方面进行规定。具体而言，部际联席会议的主要职能应当以证券监管国际合作为核心，研究解决合作的形式、各成员单位可以采取的行动以及各成员单位之间的信息共享机制等有关问题，规定证券监管执法国际合作应当遵循的程序，协调解决证券监管执法国际合作过程中出现的重大问题。联席会议的成员单位至少应当包括证监会、司法部、外交部、公安部、国家金融监管总局等，其中证监会为牵头单位。联席会议可以根据工作的需要，增补相关部门为成员单位。在工作方式上，联席会议应由牵头单位负责人召集，通过季度例会和临时会议的方式履行工作职责。联席会议办公室应设在证监会，由其负责联席会议的日常工作。

在部际联席会议的框架下，当证监会向境外监管者提供协助，或者需要境外监管者提供协助时，其既可以通过备忘录直接与境外证券监管者开展合作，也可以通过条约途径开展对外合作。如果证监会根据条约提供协助或者发出协助请求，就应当启动上述部际联席会议制度。此时，联席会议可以决定是否允许证监会提供有关的信息、证据和文件，是否允许证监会请求境外主管部门提供有关的信息、证据和文件。如果联席会议允许证监会对外提供协助或者请求协助，司法部或者外交部等中央指定机关将根据我国已经加入或者签署的条约传递有关文件。通过部际联席会议，我国能够强化证监会、司法部、外交部等有关部门在证券监管国际合作方面的配合，提高证券监管国际合作的效率，充分发挥条约在这一过程中的作用。

（3）提高监管对话的有效性。

在证券监管与执法过程中，法律冲突的国际协调机制不仅包括签署有关的备忘录和条约，还包括建立监管对话机制。监管对话是不同国家监管机构进行沟通与理解的重要机制。在合作的初期，监管对话是双方建立互信的良好开端。在合作过程中，监管对话能够在双方之间建立更为紧密的联系。

但是，在跨境证券监管执法合作和法律冲突的协调过程中，我国未能充分发挥监管对话的功能。例如，2016 年的第八轮中美战略与经济对话肯定了我国证监会和美国 SEC 在公众公司审计监管跨境合作方面所开展的大量工作，并肯定了我国证监会与美国 SEC 之间建立的定期电话会议机制。该电话会议机制的目的在于促进跨境执法合作和其他信息共享，[1]对于促进双方相互理解具有重要的意义。然而，定期电话会议机制毕竟是建立在工作层面的，属于低层次的合作，其着眼于解决具体工作中遇到的问题。更为宏观的跨境监管执法合作问题，如会计标准和审计标准的协调、公司治理要求的协调等问题，目前还无法通过工作层面的定期电话会议解决，有关法律冲突的协调需要双方开展更为深入的、更高层次的监管对话。

监管对话所能发挥的作用，不仅仅取决于证券监管机构就某一问题达成的共识，更取决于双方在各自职权范围内对有关共识的落实情况。我国证监会在这一方面的做法也有些不尽如人意。例如，根据 2015 年中美战略与经济对话的相关成果，美国 SEC 建立了通报机制，定期向我国证监会通报中国概念公司在美国 SEC 注册和在美国上市的情况。但是，我国证监会却未"投桃报李"，

---

1 《第八轮中美战略与经济对话框架下经济对话联合成果情况说明》，访问日期：2018 年 1 月 18 日。http://news.xinhuanet.com/2016-06/08/c_1119015522.htm.

建立类似的机制。或许是因为我国目前未允许境外机构在境内发行股票或将其股票在境内上市交易，但是，美国公司在我国发行债券却是不争的事实，而我国证监会却未针对此类公司与 SEC 建立相应的沟通机制，更无需向美国 SEC 通报有关情况。再如，早在 2011 年举行的第四次中英经济财金对话就宣布要启动资本市场审计监管合作谈判。然而，时隔 5 年，2016 年第八次中英经济财金对话仍在致力于增进我国证监会与英国金融行为监管局的相互了解，促进双方监管部门就达成双边审计监管安排进行对话。[1] 或许是意识到资本市场上全面的审计监管合作存在诸多难以克服的障碍，2017 年，中英双方采取了更加务实的立场，主张在"沪伦通"框架下就跨境证券监管执法合作、会计准则与审计监管开展对话，以达成相关的合作安排。[2]

从我国证监会与美国 SEC、英国金融行为监管局之间的对话与合作可以看出，我国证监会较为保守，其所开展的监管对话未能就全局性、长远性的问题达成一致。即便对于某些问题达成了一致，在实施对话成果的过程中也打了折扣。这种情形不利于我国证券法的对外适用和有关法律冲突的协调，因为证监会的保守立场将对其跨境执法能力产生消极影响。如果境外证券监管者对我国提供有关信息，而我国证监会并未为对方提供同类信息，或者有关监管对话进度缓慢，迟迟无法就跨境证券发行与交易中的重大问题达成一致，那么，有关的法律冲突就难以协调，跨境证券发行与交易的成本就会大幅度增加。伦敦和纽约是我国境内公司境外融资的重要市场，伦敦更是除香港之外最重要的人民币离岸中心，如果证监会不能通过有效的监管对话对这些市场上的有关证券发行与交易进行监管，那么，不仅证券法的对外适用遭遇困境，人民币通过离岸市场发挥国际货币职能的进程也会受到制约。

针对监管对话未能在法律冲突的协调过程中发挥应有作用的问题，我国应当从以下方面提高监管对话的有效性：

首先，我国应当提高监管对话的层次，因为对话的层次直接决定着监管对

---

1 《第八次中英经济财金对话政策成果》，访问日期：2018 年 1 月 18 日。http://news.xinhuanet.com/2016-11/12/c_1119899702.htm.

2 《第九次中英经济财金对话政策成果》，访问日期：2018 年 1 月 18 日。https://www.gov.uk/government/uploads/system/uploads/attachment_data/file/668725/UK-China_9th_Economic_and_Financial_Dialogue_policy_outcomes-Chinese.pdf.

话的权威性。实践中，证券监管机构主席或者主要部长参与对话，能够对国与国之间的合作提供更大的可信度，政治参与者能够拓展双边对话的谈判空间，使之涵盖更大范围的议题。[1] 在这一方面，美国为我国提供了有益的经验。美国与欧盟从 2002 年开始建立了金融市场高层次对话机制即"美国与欧盟金融市场对话"，SEC 是该对话的参与方之一。在这一基础上，SEC 和欧盟证券监管者 CESR 从 2004 年开始就证券监管问题展开双边对话，双方每年都在主席层面和工作层面进行多次对话。为了实施上述对话达成的内容，美国与欧盟成员国进一步展开相应的对话，并签署了有关的备忘录。美国与欧盟之间的监管对话提高了监管对话的层次，有效地减少了证券法对外实施中的法律冲突，因为对话的重要议题就是如何减少或者消除对方公司到本地发行上市所面临的法律冲突。美国 SEC 与境外监管者开展的监管对话呈现出了明显的综合性，涉及证券监管与执法的多个方面，这为 SEC 对外适用证券法提供了坚实的基础。

我国应当结合证监会对外合作的实际情况，并在借鉴美国 SEC 经验的基础上，提高监管对话的层次与权威，以完善证券监管对话机制。为此，我国应建立并完善与境外证券监管机构在主席和工作层面上的监管对话。就主席层面的对话而言，我国应当明确主席开展对话的频率、目标和实施步骤。由于我国《证券法》目前对外适用情况不明，境外公司和境外监管者可能对我国证券法的内容不够熟悉，所以，主席层面监管对话的近期目标应当在于促使我国证券法为境外发行人和监管者所了解、接受，中长期目标则在于协调我国证券法与境外有关法律的冲突，尤其应当关注涉及信息披露以及证券欺诈等方面的冲突。

为了实现上述目标，有关的监管对话应当制定切实可行的实施步骤。这一工作应当通过工作层面上的监管对话实现。工作人员应当就有关的会计标准、审计标准等交换意见，以进一步讨论其统一解释和适用的问题，从而降低到本地上市的对方公司的信息披露负担。对于可能的内幕交易、市场操纵等证券欺诈行为，双方的工作人员应及时交换信息，以便利对方进行查处。

其次，我国应当提高监管对话的频率，以使得我国证监会与境外证券监管机构的对话常态化。我国应当建立定期对话和不定期对话机制。定期对话主要涉及某一类监管对象、某一会计标准或者审计标准的实施等问题，如国际活跃

---

1 韩龙：《防范与化解国际金融风险和危机的制度建构研究》，人民出版社，2014，第363页。

公司、资产管理机构、证券自律机构、国际会计标准等。因为上述问题更多的是一种常规性的工作，有关的监管决定一旦作出就会产生持续的影响力。为了避免双方监管者作出相互冲突的决定，减少跨境证券发行与交易的法律冲突，监管者在决定作出之前应当进行有效的沟通。为了保证定期对话作用的发挥，此类对话应当建立在半年度或者季度的基础之上，即证券监管机构主席和工作人员应当至少每半年进行一次对话，就共同关心的问题进行沟通。不定期对话机制应当主要关注监管过程中的具体问题，是以个案为基础展开的。例如，就某一发行人的某次信息披露行为进行对话。当出现此类状况时，双方监管机构应当尽快开展对话，就具体事项进行协商并达成一致意见。

再次，证券监管机构应当充分利用现代通信手段，以降低监管对话的实施成本，提高监管对话的效率。现代通信手段使监管对话不仅可以通过传统会议的方式开展，还能够通过视频会议或者电话会议等其他方式开展。

最后，为了使监管对话的内容能够落到实处，监管者应当在必要的时候，通过会议等方式对监管对话的实施效果进行评估，分析其中存在的问题和实施障碍，并制定切实可行的解决方案。

综上，本节主张在国内和国际两个层面上完善证券法对外适用法律冲突的协调机制，以达到"内外兼修""标本兼治"的目的。其中，完善我国证券法的相关规定是根本，是我国开展证券监管执法国际合作的基本保障，而签订有关的备忘录或者条约、开展监管对话是证券监管执法国际合作和法律冲突国际协调的重要方式。国内协调机制和国际协调机制不应当相互割裂，而应相互配合，共同发挥作用。当有关法律冲突的国内和国际协调机制得以有效建立，跨境证券发行与交易也必将更为便捷，投资者保护水平也必然会得到提高。在这一背景下，人民币国际化才有更为坚实的法律和市场基础。

第四节　证券间接持有与投资者权益保护的法律问题

人民币国际化需要我国实行证券市场对外开放，而间接持有模式是跨境证券交易最主要的证券持有方式。因此，构建间接持有模式是人民币国际化的需要。间接持有模式的构建需要以完善的法律制度为支撑，保护投资者权益应是相关法律制度构建的首要任务。虽然我国已通过 B 股、合格境外机构投资者

（QFII）和合格境内机构投资者（QDII）等制度对证券间接持有进行了实践，但相关立法严重滞后。首先，我国间接持有冲突规范缺失。其次，我国尚未从法律层面确立间接持有模式，亦未对投资者权益进行定性。最后，我国没能构建配套的实体法律规范。这些问题对投资者权益保护造成重大挑战，严重限制了间接持有模式的进一步发展。因此，我国亟须构建并完善相关法律制度，保护投资者对我国证券市场的投资，保护投资者对人民币的使用和人民币国际化。

一、证券持有模式

证券持有模式可分为直接持有（Direct Holding of Securities）与间接持有（Indirect Holding of Securities）两大基本模式。直接持有是指投资者直接拥有证券凭证，或将证券以自己的名义登记在发行人或由其代理人维护的证券登记簿册中，表明拥有证券所有权，并以此确定投资者的权益。"直接"是指投资者与发行人具有直接的法律关系，可以直接向发行人主张证券权利，"不需要通过其他中间机构就能够表明证券所有权的归属和权益享受"[1]，投资者享有确定的证券所有权。在不同时期，证券直接持有的体现形式不尽相同。在中央存管制度建立前的凭证式证券时代，直接持有可体现为对无记名证券的持有，即谁持有证券凭证，谁就被视为证券所有人；也可以体现为在记名证券的情况下投资者在发行人或其代理人维护的证券登记簿册中将证券记录在投资者自己名义下；还可以体现为中央存管制度构建后，在证券被集中托管在中央存管机构的情况下，证券被记录在中央存管机构直接为每个投资者开设的证券账户中。在最后一种情况下，证券通过在投资者证券账户中进行相应贷记和借记的方式完成转让，证券凭证不再流转，证券的"非移动化"和"无纸化"得以实现。

间接持有，是指证券以中介机构而非投资者的名义进行登记，发行人或其代理人维护的证券登记簿册并不体现投资者的身份信息和证券持有情况。投资者与发行人之间存在多层中介机构持有层次，且投资者的身份信息和证券持有状况只出现在为其开立账户的中介机构的簿记记录之中，投资者只能通过该中介机构"间接"地持有证券。在投资者与发行人之间往往存在多层中介机构的持有层次。在上一层次的中介机构的登记簿册中，证券被登记在下一层次的中

1　纪文华：《间接持有证券的权益性质及法律界定》，《金融法苑》2003年第3期。

介机构名下，层层传递，投资者只在直接为其开设证券账户的中介机构的登记簿册中被登记为证券持有人，因而只与这一层次的中介机构具有直接的法律关系，通常不能"越级"直接向其他层次的中介机构和发行人主张权利。"间接"意味着投资者与发行人间无直接的法律关系，投资者不能直接向发行人主张任何权利，发行人也没有向投资者负责的义务。投资者只能依据其与中介机构的协议，将证券托管至中介机构处，并从中介机构处获得证券权益，从而间接地实现对发行人享有的权利。

在国际资本市场上，跨境证券的发行和交易通常都有多层次的中介机构的参与，从而形成的复杂的证券间接持有链条，对跨境证券发行中发行人与境外投资者之间的关系形成遮蔽。例如，一国发行人在境外证券市场面对投资者发行证券，通常需要通过发行和交易地的证券清算系统进行清算、交割（体现为钱券交换），而该系统又有多层次的结算参与人介于投资者与发行人之间，通常导致投资者只被记载于直接为其开设证券账户的中介机构或清算参与人的登记簿册中，成为这一层次的证券投资者。而在发行人、证券清算系统和更高层次的中介机构那里，相关中介机构却成为证券持有人，投资者只是证券的实益持有人。

如图 5-2 所示，不同国家投资者因相关法律的规定、存管机构和市场中介的不同，因而间接持有国际证券的方式也不同。B 国投资者通过与中央存管机构（上连中央存管国际机构）连接的中介人的登记簿册中持有跨境证券。D 国

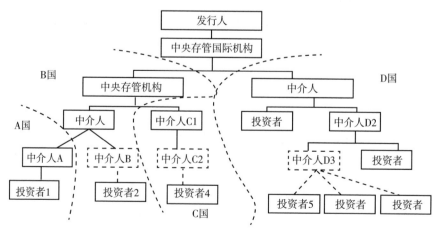

图 5-2　证券跨境间接持有结构示意图

投资者通过其最上端中介人与中央存管国际机构连接下的中介人的登记簿册中持有跨境证券。在这些情况下，这些国家的中央存管机构或中介机构可以与中央存管国际机构建立联系，将证券托管至中央存管国际机构，通过与多国有业务联系的中央存管国际机构进行证券的交易、托管和结算。C 国投资者是通过该国最上端中介机构与另一国中央存管机构联系，即成为图示中 B 国中央存管机构的参与人的方式持有证券。而 A 国的投资者又不相同，其是通过该国中介机构委托另一国的中介机构为自己建立证券账户的形式而间接持有证券。国际证券间接持有的具体形式虽然不同，但一般都具有多层持有结构，并且整个持有结构成金字塔状。

从证券结算的角度来看，证券结算包括证券交割和资金交付两大部分。证券交割通过对证券账户进行操作完成，资金交付则通过资金账户进行。现今，许多国家的中央存管机构（Central Securities Depository，简称 CSD）和国际中央存管机构都同时具备证券托管、登记和结算的职能，能够充分支持间接持有的运行。由于证券交割和资金交付在间接持有下的操作原理基本一致，此处以证券交割为例进行说明。总言之，在间接持有中，证券交割通过簿记系统完成。具体而言，在证券交易中，只需在相应的证券账户中进行贷记或借记即可完成证券交割，证券凭证不再移动。与直接持有模式不同的是，在间接持有模式下并非所有的证券转移都由 CSD 进行簿记。相反，多数的簿记工作被下层的中介机构分担，CSD 的压力大大减轻，从根本上缩短了交易周期，提高了交易效率。[1]

间接持有模式虽然使投资者丧失了与发行人的直接联系，各方法律关系变得复杂，但弥补了直接持有模式的三大缺点：①耗时、耗力、效率低、代价高。②证券凭证丢失、磨损、被盗和冒用的风险。③ 管道流动性或流动性不足的风险。总之，证券间接持有模式提高了证券交易、结算的效率。此外，在跨境证券间接持有中，中介机构的业务范围广泛，包括跨境证券结算、汇率转换等专业问题，降低了投资者跨境证券投资的难度，使其可以通过一个证券账户持有不同国家的证券，并免于证券价格波动与汇率波动的实时计算，为证券

1　20 世纪 60 年代后期"文书工作危机"的时候，纽约证券交易所的清算和结算系统满负荷运转，每天的交易量在 1000 万股左右。如今，系统在日常的交易日就能轻松地处理上亿股的成交量。参见〔美〕美国法学会、美国统一州法委员会：《美国〈统一商法典〉及其正式评述》（第二卷），高圣平译，中国人民大学出版社，2006，第 494 页。

的跨境持有提供了途径，现已成为主流的持有模式。

二、国际证券间接持有模式下的投资者权益保护问题

在证券间接持有模式下，证券通常并没有登记在投资者名下，投资者通常并不是证券的直接或名义持有人，中介机构取而代之成为证券持有人。在这种情况下，投资者与发行人不具有直接的法律关系，不能直接向发行人主张权利，同时还要承受各级中介机构出现的风险，包括破产风险。因此，国际证券普遍采取的间接持有模式之下的投资者权益保护便成为十分重要的问题。为了落实、保护投资者权益或实施其他监管要求，相关国家进行了必要的制度创新，如英国实行的信托所有权，美国创设的证券权益体系（UCC 第 8 编第 5 章），欧陆国家采取的共有所有权制度。

在国际层面，海牙国际私法会议于 2006 年 7 月主持制定了《关于经由中间人持有的证券的某些权利的法律适用公约》（以下简称《海牙证券公约》），并于 2017 年 4 月 1 日生效。国际统一私法协会于 2009 年通过了《关于中介化证券的实体法公约》（以下简称《日内瓦证券公约》）。

（一）国别层面

1. 英国的信托所有权

英国将普通法系的信托理论引入到间接持有的立法之中，认为投资者处于信托关系中的委托人地位，同时也是信托的受益人，对间接持有链条中的证券享有"衡平法所有权"，中介机构则处于信托关系中的受托人地位，享有"普通法所有权"。通过这种安排，中介机构成为名义上的所有人，而投资者则享有实质的所有权。中介机构须将自有证券和名义上持有的证券，分别建立自有证券权账户和客户证券账户进行区分。客户证券账户内的证券作为一个整体，被视为信托财产。而信托最为突出的功能就是财产独立、破产隔离和衡平追索，这便使得客户账户内的证券独立于中介机构的其他财产，当中介机构破产时客户账户内的证券位于中介机构破产财产之外，不构成其破产财产。同时，依照信托原理，中介机构对投资者负有诚信义务（fiduciary duty），包括谨慎义务和忠实义务，不得损害投资者的利益。

2. 美国的证券权益

美国在《统一商法典》第 8 编第 5 章中创设了"证券权益"（securities

entitlement），构建了一套调整证券间接持有的规则。该法典第 8-501 条确定了账户持有人获得证券权益的基本规则：自证券中介人将证券贷记到投资者账户之时，投资者即享有证券权益。第 8-502 条规定任何人不得对支付了对价且未取得针对证券的对抗性主张通知而取得证券权利的人的金融资产提起诉讼，以便为投资者善意取得的证券权益提供保护。第 8-503 条规定了权益持有人对证券中介人持有的金融资产享有的广泛财产权益，如证券中介人为权益持有人持有的金融资产不是中介人的财产，不受中介人的普通债权人的权利主张等。第 8-504 至 8-509 条则是对证券中介人应当履行的义务的规定，分别为：维持金融资产的义务、关于付款和分派的义务、按照权益持有人的指令行使权力的义务、遵从权益持有人命令的义务和把权益持有人的头寸转换为其他证券持有形式的义务。最后，8-511 条对担保权益和权益持有人之间的优先权进行了规定。总之，美国为证券间接持有创设了一套不同于信托权的独立完整的证券权益体系。

3. 欧陆国家以所有权为基础而采取的共有权制度

大陆法系对物权惯行单一所有权原则，因此，英国信托法"二重所有权"（普通法所有权与衡平所有权）的做法，无法直接适用于大陆法系。然而，欧陆国家"一物之上不得存有两个所有权，但一个所有权可以为数人同时享有"的所有权共有理论，为了解决证券间接持有情况下的投资者保护问题提供了路径。首先，共有理论要求证券中间人须将自有证券和客户证券分别开立账户，进行托管。其次，法律规定，将中间人名义下属于投资者的客户账户内的证券视为全部投资者享有共同所有权的证券，赋予投资者在证券中间人破产时对证券享有取回权。

（二）国际层面

以上信托所有权、所有权基础上的共有权、证券权益体系，都是一国适应证券间接持有所带来的问题而创立的投资者权益保护的重要制度，但对于涉及多个国家（或地区）的跨境证券间接持有并不当然适用。恰恰相反，跨境证券间接持有涉及的多个国家（或地区）所具有的不同法律制度，会为跨境证券间接持有的投资者权益保护带来法律上的不确定性，包括法律适用的不确定性和各国实体法规范之间协调的问题。对于这些问题，相关国际机构尝试在国际层面建章立制。2006 年海牙国际私法会议主持制定的《海牙证券公约》与 2009 年国际统一私法协会通过的《日内瓦证券公约》，就是取得的成果。前者已于

2017年4月1日生效，后者尚未生效。

1.《海牙证券公约》

《海牙证券公约》是专门就国际证券间接持有的法律冲突和法律适用问题所制定的一项专门性公约。然而，国际证券法律冲突至少可以有两种不同的理解：一是国际私法将法律冲突界定为在国际民商事领域，涉外因素指向的两个或者两个以上不同国家的法律调整同一个法律关系，而不同国家的法律对同一法律关系的规定存在差异而发生的冲突。二是不论所涉对象是否是民商事法律关系，只要该法律关系与两个或两个以上国家的法律相联系，而不同国家的法律对该法律关系的规定存在差异所发生的显形或隐形的冲突。二者的区别在于前者限于民商事私法领域，而后者则不区分所涉法律规范属于公法性规范还是私法性规范。因此，前者可以称之为狭义的法律冲突，后者则为广义的法律冲突。《海牙证券公约》就是有关狭义法律冲突和法律适用的公约，但在对该公约进行阐述之前，有必要对跨境发行模式下广义的法律冲突和法律适用问题进行必要的说明，以便于对国际资本市场的法律适用状况进行把握。

（1）广义的法律冲突。

抛开狭义的法律冲突暂且不谈，从广义来看，跨境发行模式的法律冲突，主要体现为境外发行人本国的公司法与发行交易地（又称"资本市场所在地""目标市场地"）国以证券法为代表的资本市场法之间的冲突。公司法具有私法性质，而现代证券法虽包含公法规范和私法规范，但主要具有公法性质。[1] 因此，以上公司法与证券法之间适用上的冲突并不能为狭义的法律冲突所涵盖。

在跨境证券发行中，发行人根据一国法律成立，但证券却在另一国发行和交易。该证券因系公司发行而与公司所属国的公司法具有联系，同时与发行交易地国的证券法亦有密不可分的关系。事实上，在跨境发行和交易的条件下，国际社会通行的做法是，一方面，公司事项适用公司本国法。公司本国法的确定通常有成立地标准和住所地标准。以成立地国法为公司本国法是较为常见的做法，但也有些国家采用住所地标准，以公司的真实本座来确定公司的本国法。在证券跨境发行和交易中，公司的真实本座一般是公司实际管理和控制机

---

1 See Amir N. Lichta, "International Diversity in Securities Regulation: Roadblock on the Way to Convergence", *Cardozo Law Review* 1998, p.73.

构所在地，易言之，以真实本座确定公司住所的国家通常以公司实际管理和控制机构所在地国法为本国法。此外，还有些国家将设立地标准与真实本座标准结合起来确定公司本国法。而另一方面，资本交易事项，即跨境证券的发行和交易，则适用资本市场所在地国的证券法。

问题就在于什么是公司事项，什么是资本交易事项，从而据此可以初步勾勒出跨境发行和交易条件下发行人本国的公司法与资本市场所在地国适用的证券法大体界线。一般来说，如下事项属于公司事项，因而潜在地落入发行人本国公司法适用的范畴：公司设立、重组、清算，公司的权利能力与行为能力，代表权，内部运营、组织和财务体系，账目、审计和信息披露，股东身份的取得、放弃，股东对公司的权利、义务，公司、管理层、股东对公司的责任，发行证券的决策，证券表现形式，优先认购权，对已发行股份的赎回等。而另一方面，资本市场所在地国的证券法，特别是其中的公法规范是有关资本市场的制度安排，调整市场的设立和运营，包括市场准入条件和交易方式等，并受到相关当局的监管。资本市场所在地国证券法所包含的私法规范是交易合同的达成、履行和市场侵权行为的规定。一般而言，资本市场所在地国的证券法涵盖如下事项：披露信息的范围和方式，对发行人及其发行、上市证券的监管要求，上市公司的治理标准，信息更新与持续披露，证券投资分析，证券发行、上市中合同的达成、履行，证券交易的清算、结算，资本市场上的侵权行为，对虚假陈述、操纵市场、内幕交易等行为的惩处等。

尽管我们可以试图作出以上概念上的界分，但众所周知，证券法与公司法具有密切的联系。例如，证券法规定了信息强制披露制度，其目的在于更好的保证证券交易行为的高效安全进行，但披露的信息是否从公司及时、准确、完整地传递给了股东也是公司内部事务的重要内容，受到公司法和公司章程的约束。再如，证券法的另一大制度——禁止欺诈中的证券欺诈体现为发行人或上市公司对投资者即中小股东的欺诈，或体现为股东之间，特别是大股东对中小股东的欺诈，说到底是发行人或上市公司与股东之间，或股东之间的关系问题，这种关系也是公司法涵盖的领域。可见，证券法与公司法具有密切的联系，但具有密切联系的二者不得不在跨境证券发行和交易中进行撕裂性的分割。

一般而言，由于资本市场所在地国的公法规范旨在保护公众利益，且具有属地性，该国依据本国公法行使权力，单边适用本国法，故证券跨境发行、交易涉及的公法事项，须遵守和适用资本市场所在地国的公法规范。对于私法规范涵盖的交易达成、履行以及侵权等事项，各国通常允许当事人意思自治，但实践中多以资本市场或清算中的中介机构所在地国的法律为准据法。此外，资本市场所在地国的一些公法规范包含民事救济的内容，体现了在"私法中体现公法"的现象。可见，在发行人本国的公司法与资本市场所在地国的证券法发生冲突的情况下，资本市场地国有关证券跨境发行、交易的规制性公法规范排他适用，资本市场或中介机构所在地国的私法性规范占先适用，资本市场所在地国的证券法挤压了境外发行人本国公司法的适用空间。这是当下国际资本市场的现实。

（2）狭义的法律冲突。

《海牙证券公约》的第 2 条对国际证券的狭义法律冲突和法律适用问题划出了该公约的适用范围，明确规定公约仅适用于证券间接持有，且只规定了冲突法规范，不包含间接持有的实体法规范，也不对实体法规范造成任何影响。

具言之，《海牙证券公约》第 2 条第 1 款规定，以下有关证券间接持有的准据法由公约决定：①因证券贷记到证券账户而产生的对抗中间人和第三方的权利的法律性质和效力。②对间接持有证券的处分行为在对抗中间人和第三方方面的法律性质和效力。③处分间接持有证券的要件。④优先权问题，即某人对中间人持有证券享有的权益是否使另一人的权益消灭，或与之相比具有优先权。⑤第三人就间接持有的证券主张竞争性权益时，中间人应尽的义务。⑥中间人持有的证券权益的实现要件。⑦对中间人持有的证券的处分是否扩展到享有红利、收入或其他分红的权利，或扩展到回赎、出售或享有其他变卖所得的权利。公约规定以上问题全部由同一准据法进行调整。从以上规定可知，该公约规定的是与间接持有证券的取得、处分或权益有关问题的准据法，与前述广义法律冲突所关注的境外发行人本国公司法与资本市场所在地国证券法的关系不同。

对以上范围的问题，如何确定其法律适用规则？《海牙证券公约》在总体上采用了当事人意思自治原则和"回归规则"（Fall-back Rules）。公约第 4 条规定的"基本规则"（Primary Rule），体现了意思自治的原则，但该原则也受到一定的限制。公约第 4 条第 1 款明确规定：第 2 条第 1 款所含问题的准据法是账户协议明确约定的调整账户协议的国家的现行有效的法律，或者账户协议明确约定的另一国的现行有效的法律。账户协议中约定的法律只有在达成协议时有关中间人在该国有"合格营业所"时才适用。可见，公约允许当使人通过协议选择所适用的法律，体现了对当事人意思自治的尊重，同时用中间人"合格营业所"对当事人的意思自治进行限制，避免约定适用的法律与相关行为不存在任何联系。

公约第5条规定的"回归规则"，体现了"相关中介机构所在地方法"（Place of the Relevant Intermediary Approach，简称 PRIMA）。依据公约，只有当根据公约第4条无法确定准据法时，才适用公约第5条规定的确定准据法的回归规则。第5条共有3款，各确立一项回归规则，三者具有顺位关系：如果依据前述第4条不能确定准据法，应首先适用在第5条第1款中规定的第一项回归规则，即如果书面账户协议明确地、毫不模糊地表明，相关中间人是通过某一特定营业所订立账户协议，则准据法是该账户协议订立时该营业所所在国家或所在多单元国家（Multi-unit States）的特定单元的现行有效的法律。如果依第一项回归规则还不能确定准据法，则适用规定在第5条第2款中的第二项回归规则，即以证券账户开立时，相关中间人成立所依据的法律所属国的现行有效的法为准据法。在依第二项回归规则仍不能确定准据法时，则适用规定在第5条第3款中的第三项回归规则，即适用书面账户协议签订时（如果无此协议，则在开立证券账户时），相关中间人营业所（如中间人拥有多个营业所，则为其主营业所）所在国家或所在的多单元国家的某一领土单元的现行有效的法律。

2.《日内瓦证券公约》

与《海牙证券公约》专注于冲突法问题不同，《日内瓦证券公约》则专注于跨境证券发行和交易的实体法问题。并且，《日内瓦证券公约》以"中介化证券"取代了"间接持有证券"，而中介化证券不仅包括间接持有证券，还包括直接持有证券。依据公约，中介化证券是贷记或借记到证券账户的证券所产生的权利或利益。可见，与间接持有证券不同，中介化证券不再强调证券的持有方式，而是强调直接持有和间接持有都具备的特征，即证券的持有都需要通过证券账户的借记或贷记等簿记形式来体现取得或处分的证券权利。与此对应，投资者亦被"证券账户持有人"所取代。尽管如此，这一公约当然适用于证券间接持有，因此，其仍然是有关跨境证券间接持有的实体法公约。此外，公约还采用了"功能主义"方法，并引入了"透明持有体制"的概念。功能主义方法是以功能或结果为导向来协调各国中介化证券法律规范，公约使用中立性语言对要实现的结果作出规定，以便其能够适用于不同的法律传统，促进不同法域的法律概念的协调一致。以上"中介化证券"的使用就是例证。至于透明持有体制，是公约放弃从证券持有人与发行人之间的关系出发划分证券持有体系，转而着眼于 CSD 的账簿记载能否直接体现投资者的持有状况，将证券持有体系分为透明与不透明持有体制的结果。在透明持有体制下，CSD 能够直接掌握与"看穿"终端投资者的证券账户情况。

对于《日内瓦证券公约》的适用范围，公约第 2 条作出了规定。据此，以下两种情形下均需适用公约。第一种情形：所适用的冲突法规范指向某缔约国现行有效的法律作为准据法时，应适用公约。第二种情形：客观情形没有引起缔约国有效法律之外的任何法律的适用时，亦应适用公约。

公约规定的实体内容主要包括：①账户持有人的权利，此项权利包括：取得并行使证券附随权利的权利，包括分红派息、其他权益分派和表决权；处分证券的权利；向中介人下达指令以证券账户以外的其他方式持有证券的权利；公约之外的法律所赋予的包括证券权利和利益在内的其他权利。②中介人的义务与责任，包括：采取适当措施保障账户持有人取得并行使证券权利；遵从账户持有人的指令；持有或可提供充足证券；依账户持有人权利分配证券。③处分中介化证券的方式，这些方式包括：贷记和借记方式；其他方式，包括账户持有人通过协议向相关中介人让与中介化证券权益，账户持有人通过"指定簿记""控制协议"让与中介化证券权益。此外，公约还规定了以公约规定之外的方式获得或处分中介化证券或权益的问题。④对善意取得人的保护，强调对中介化证券或中介化证券权益的获得者的利益进行保护。此外，公约还对竞争性权益间的优先权，中介人、系统运营者或参与人破产问题，越级追索，担保交易等问题，亦进行了规定。

三、我国跨境证券间接持有投资者权益保护制度的构建与完善

我国证券市场在 20 世纪 90 年代初已实现了全面无纸化，所有证券均以电子化的簿记方式登记、托管、交易和结算。2001 年 3 月，经中国证监会批准，上海证券交易所和深圳证券交易所的中央证券登记结算公司合并成立了中国证

券登记结算有限责任公司（以下简称中登公司）。自 2001 年 10 月 1 日起，所有在中国上市的证券的登记、托管和结算，均由中登公司统一负责，其证券持有记录是确定证券所有权的法定依据。自此《证券法》规定的全国集中统一运营的证券登记结算体制得以形成。就持有方式而言，我国构建了"直接持有为主，间接持有为辅"的证券持有体系。一般情况下，中登公司直接为投资者开设证券账户，将证券登记在投资者名下，属于证券直接持有体系（如绝大多数的 A 股）。但境外投资 B 股、QFII 和 QDII 等，则比较特殊，是我国对证券间接持有体系的实践。以 QFII 为例，多数情况下 QFII 并非实际投资者，而是境外投资架构中最上层的中间人，以自己的名义或名义人的名义为其客户持有证券。2006 年，证监会、中国人民银行、国家外汇管理局联合发布的《合格境外机构投资者境内证券投资管理办法》第 16 明确规定，QFII 在证券登记结算机构申请开立的证券账户可以是实名账户，也可以是名义持有人账户。具体而言，QFII 在中登公司申请开立的证券账户，可以是实名账户，也可以是名义账户，但无论是何种账户，都并不体现境外最终投资者的信息。境外投资者只能通过 QFII 进行投资，QFII 可能并非是最终投资者的直接中间人，但必然是境外投资结构最上层的中间人。因此，QFII 属于跨境证券间接持有结构。

如前所述，人民币国际化需要我国资本项目的充分开放，而证券市场的开放是资本项目开放最为重要的内容之一。因此，发展和对外开放国内证券市场，对人民币国际化的实现具有极为关键的作用。证券市场的开放，既应使国内投资者能够自由投资境外证券市场，也应让境外投资者能够自由地投资国内证券市场。在资本在国内外证券市场自由流动的情况下，跨境证券持有不可回避。由于跨境证券持有涉及多国的证券法律制度，而跨境证券结算需要进行证券跨境交割和外汇兑换，在实践中具有诸多法律障碍和技术操作难题，个人投资者很难依靠自己的力量来实现。更为严重的是，一些国家的证券市场根本不允许个人投资者进入，要求必须通过中介机构进行投资。如上问题都是直接持有体系难以克服的。相反，间接持有体系的构建，不仅能够很好地解决如上问题，还能便于一国进行资本监控，现今已经成为各国公认的、也是适用最多的跨境证券持有体系。考虑到我国适用人民币国际化的需要而进一步开放证券市场，不难发现构建间接持有体系理应是服务于人民币国际化的重要组成部分。

那么，在人民币国际化需要我国开放证券市场的条件下，我国建构跨境证券间接持有体系面临哪些法律问题？又该如何建立跨境证券间接持有体系所需要的法律制度呢？对此以下进行探讨。

（一）我国建立跨境证券间接持有模式面临的投资者权益保护法律问题

如前所述，我国虽已有跨境证券间接持有的相关实践，但至今仍未能构建完备的证券间接持有法律制度。无论是间接持有的冲突规范，还是间接持有的实体法规范，其滞后性均十分严重，某些方面甚至仍处于缺失状态。现今我国跨境证券间接持有的规模尚比较小，间接持有引发的问题尚不十分突出，但随着我国证券市场的深度开放，间接持有规模扩大，相关问题必然接踵而至，须给予足够的重视。分析起来，我国建构跨境证券间接持有模式面临的投资者权益保护法律问题主要如下：

1.冲突规范的滞后性

我国目前为止并无专门的证券间接持有的冲突规范，只能从《涉外民事法律关系适用法》（以下简称《以下法律关系适用法》）中寻找。2011年施行的《法律关系适用法》规定的涉外有价证券冲突规范，仍然建立在对证券直接持有模式的理解之上。该法第39条规定"有价证券，适用有价证券权利实现地的法律或者其他与该有价证券有最密切联系的法律"，但是，何为"有价证券权利实现地"？是证券行为地，还是证券所在地？其可能包含的范畴过于宽泛，无论是在立法层面，还是在实践中都很难确定。就实物证券时期的直接持有模式而言，尚可以借助实物凭证确定有价证券权利的实现地点，但在证券无纸化的间接持有体系中，往往都具有多层持有结构，可能会涉及多个行为地，增加了该规则适用的难度，对"有价证券权利实现地"的确定充满了争议和不确定性，这可能导致在司法实践中无法适用，或操作空间过大，难以预测。此外，《法律关系适用法》的第39条是第5章"物权"项下的法律规范，而我国尚未明确间接持有中的证券权利性质，且直接将其视为物权有失偏颇。以QFII为例，QFII可能并非是最终投资者的直接中间人，其间可能还隔有多层中间人，最终投资者实现证券权利不仅依赖QFII以下各方中介人的配合，同时还难与我国境内中介机构相分离，那么究竟何处是证券权利实现地呢？这便造成了法律适用的重大难题。此外，本条对最密切联系原则的引入，缺少具体的操作指引，最终无非要依靠法官的自由裁量，但就我国本土化情况来看，法官未必有足够的信心与资质准确寻求最密切的标准，反倒可能诱发涉外案件裁判风险。[1]

总之，我国现存的跨境证券间接持有的冲突规范具有极为明显的滞后性，不能适应跨境证券间接持有的多层持有结构，在实践中难以适用，容易诱发法律适用的不确定性。在证券市场逐步开放的当下，必须高度重视该问题，健全跨境证券间接持有的冲突法规范。

2. 间接持有证券法律性质不明

间接持有模式下证券权属及法律性质问题是间接持有法律框架的基础，若不能解决该问题，间接持有法律体系便难以构建，投资者的权益也将处于不确定状态，这在实践中也会引起诸多问题。然而，目前我国法律并没有明确间接持有证券的法律地位，相关权利性质也未有定论，证券权益的归属尚处于模糊状态。虽然《证券法》第157条的规定为QFII、境外投资B股等非中国居民投资国内证券提供了一定空间，[2]但是无论B股、QFII，还是QDII制度的创建，其直接的法律依据都仅是一些规范性法律文件，这些规范性法律文件仅仅出自证监会、中国人民银行、外汇管理局或中登公司，效力层级较低，只是对以上实践的确认。因此，无论是从效力等级还是内容来看，其发挥的作用都十分有限。这种状况严重阻碍了我国证券间接持有模式的进一步发展，也不利于投资者权益的保护。以QDII为例，QDII在投资境外证券市场时，以自己的名义代客户持有证券，而我国并没有明确投资者享有权益的性质。是债权，还是所有权？从现有法律体系来看更容易被视为债权。因此，当QDII破产时，即便以我国法律为准据法，投资者的证券也难免被视为QDII的资产，投资者只能作为一般债权人，等待破产清算。

由此可知，我国立法并没有做好全面构建间接持有模式的准备，时至今日也未能从法律层面对间接持有模式予以确认。此外，2006年7月中登公司发布的《中国证券登记结算有限责任公司证券登记规则》（以下简称《登记规则》）第5条具有确定间接持有证券权属、名义持有人义务、名义持有人与实际投资者关系的意味，通过对该条的分析，可以解读到如下内容：（1）中登公司的证

1　张建：《我国的跨境证券持有体制：现状·问题·建言》，《河南财经政法大学学报》2015年第6期。

2　《证券法》第157条规定："投资者委托证券公司进行证券交易，应当通过证券公司申请在证券登记结算机构开立证券账户。证券登记结算机构应当按照规定为投资者开立证券账户。投资者申请开立账户，应当持有证明中华人民共和国公民、法人、合伙企业身份的合法证件。国家另有规定的除外。"

券登记记录是确定证券持有人的合法证明，证券应当被登记在证券持有人名下。这是我国直接持有模式的本质体现。(2) 特定情况下，证券可以登记在名义持有人名下，名义持有人享有证券持有人的相关权利。该规定虽未直接规定间接持有证券的权属，但结合第 (1) 点解读可知，该规定实际上将证券权利划归名义持有人所有。这是对我国间接持有模式的规范。(3) 名义持有人应当对其名下的证券权益的实际拥有人负有相关义务，在行使相关权利时，应征求证券权益实际拥有人的意见，并按其意见行使权利，证券权益实际拥有人通过名义持有人享有证券权益。这一点似乎是对证券权益最终由实际投资者享有的保证，然而此点不但难以实行，还与第 (2) 点分析具有矛盾之处。[1] 具体到 QFII 而言，中登公司将证券登记在 QFII 名下，QFII 为法定的证券持有人，享有证券权利，中登公司并不能识别 QFII 背后的实际投资者。因此，在实践中 QFII 行使证券权利是否征求并遵循实际投资者的意见，都不影响 QFII 作为证券持有人行使证券权利的有效性，QFII 对第 (3) 点分析中的义务的履行，便完全依赖 QFII 的自觉性。最后，需要特别注意的是《登记规则》仅是中登公司的行业规范，其效力等级过于低下，且难以作为法律加以适用。

总而言之，我国尚未从法律层面对现有的间接持有相关实践予以确认，也没有明确间接持有的法律性质和证券权属。目前，我国的间接持有规模较小，因此而引起的法律问题尚不明显，但随着我国证券市场的进一步开放，间接持有规模逐步扩大，如上问题终将成为难以回避的难题。

3. 其他实体法律规范的不足

跨境证券间接持有法律体系的构建，应当是系统全面的。法律性质和权属的确定是整个体系构建的前提和基石，在此基础上还需构建相关实体法规范，对间接持有中存在的诸多问题予以调整，诸如善意取得、上层扣押、中介机构破产、损失分担、结算系统的统一性以及担保交易等问题。我国虽然形成了"直接持有为主，间接持有为辅"的证券持有体系，但却并未从法律层面明确间接持有的法律性质，确定证券权属，无法适应间接持有模式发展的需要。就《证券法》而言，其构建的是直接持有模式下的法律体系，难以适用于间接持有。其中，第 151 条表明中登公司代理发行人进行证券登记的职责，该证券登

---

[1] 参见《登记规则》第 5 条。

记具有法律效力，中登公司将该记录提供给发行人，发行人应当以此为据将权益所有人的证券持有情况记入发行人的证券持有名册之中。[1] 而第 157 条第 1 款则要求证券登记结算机构以投资者本人的名义为投资者开立证券账户。[2] 结合第 151 条与第 157 条可知，实际投资者就是证券的法定所有人，其与发行人具有直接的法律关系，如果持有的证券是股票或债券，则投资者就是发行人的股东或债权人。

《证券法》第 151 条和第 157 条的规定与间接持有模式具有本质差异，而《证券法》的其他规则的制定均以此为基础，故而难以适用于间接持有。例如，虽然《证券法》第 131 条第 2 款规定证券公司客户的交易结算资金和证券不属于证券公司破产财产或清算财产，证券公司不得将客户的交易结算资金和证券归入其自有财产，禁止任何单位和个人对客户的交易结算资金和证券进行挪用，但该规定显然是直接持有的应有之果，并非是对间接持有相关问题的调整，不能适用于间接持有模式，即如何使间接持有模式下投资者的财产，免受中介人债权人的不利诉求，或免于归入中介人的破产财产，在我国仍缺少实体法规范的调整。

此外，关于间接持有的其他方面，我国尚存在立法空白，如禁止越级追索规则的构建，对间接持有模式具有重要意义，然而我国目前并没有能够构建该规则。不仅如此，间接持有模式下证券不足时的损失分担问题、担保交易问题、善意取得问题等重要问题，在我国均缺乏相关的法律规范予以调整。这些问题最终都将成为我国证券市场进一步开放中难以逾越的问题，也终将对间接持有中投资者的权益造成重大挑战。

（二）我国跨境证券间接持有冲突规范的构建

1. 采纳 PRIMA 原则

如前所述，《法律关系适用法》第 39 条是我国首次对涉外有价证券法律适用规范的规定，该规定建立在对证券直接持有模式的理解之上，具有明显的滞后性，难以适应跨境证券间接持有的实践需要，不但无法达到适用法律的确定性目标，甚至会造成选择法院的问题。我国有关跨境证券间接持有法律适用问

---

1 参见《证券法》第 160 条。

2 参见《证券法》第 166 条第 1 款。

题的冲突规范的构建仍处于起步阶段，而我国证券市场不断开放的趋势越来越强。因此，该问题亟须解决。现今，从国际层面来看，PRIMA 原则已被广泛采纳，对 PRIMA 原则的运用已相当成熟，欧盟、美国、国际私法会议在跨境证券间接持有法律规范的制定中都不同程度地引入了该原则。PRIMA 原则是在传统的物之所在地原则、透视方法等难以适用，无法确定准据法的情况下，对间接持有冲突规范构建的创新，能够有效确定准据法，其优势前已详述，故不赘述。

我国已经实现证券的无纸化，所有证券均通过电子账户记录的形式存在，并构建了现代化的证券登记和结算体系。但传统的物之所在地原则、透视方法或有价证券权利实现地或最密切联系地，不能适应我国跨境证券法律适用的实际，而 PRIMA 原则的适用在国际已经相当成熟。所以，我国在跨境证券间接持有冲突规范的构建中引入 PRIMA 原则，不失为可行的选择。

2. 借鉴或适时加入《海牙证券公约》

虽然我国跨境证券间接持有法律规范的构建可以考虑引进 PRIMA 原则，但如前所述，各国对 PRIMA 原则的理解也不甚相同，单纯的 PRIMA 原则同样会存在一些问题，如无法体现当事人的意思自治。因此，如何理解 PRIMA 原则的具体含义，才能最大程度地增加跨境证据间接持有的法律确定性，成为在构建 PRIMA 原则之前必须解决的问题。对此，不妨借鉴《海牙证券公约》的做法。《海牙证券公约》的目的就是统一跨境证券间接持有的冲突规则，体现证券间接持有的市场现实，增加法律适用的确定性，该公约是诸多国家和专家共同努力的结果，被视为目前最为合理的相关冲突法规则。2016 年 12 月 15 日美国对《海牙证券公约》批准书的提交，触发了其生效条件，该公约于 2017 年 4 月 1 日正式生效，美国、瑞士和毛里求斯作为公约缔约国同时受到公约的约束。该公约将在更大程度上促进跨境证券间接持有冲突规范的统一，增加跨境证券间接持有法律适用的确定性和可预见性。

基于以上分析，借鉴《海牙证券公约》的相关做法构建我国跨境证券间接持有冲突规范，不失为一种可行的选择。具体而言，我国可以将意思自治原则与 PRIMA 原则相结合，允许当事人在特定情况下对适用的准据法进行约定。具体而言，可明确规定当事人可以约定准据法的具体事项和有效约定的要式条件，并加入"合格中介人"的要求。在确定意思自治优先的同时，我国可借鉴

《海牙证券公约》构建类似的"回归规则"，以相关中介机构所在地作为连接点，构建间接持有的冲突规范。这样我国构建的间接持有冲突规范，一方面可以体现当事人的意思自治，使当事人能够对可能适用的法律进行预测；另一方面可以避免当事人所选择适用的法律与所需调整的法律关系之间没有任何实质的联系；最终达到增加跨境证券间接持有法律适用确定性的目的。

至于我国是否应当加入《海牙证券公约》，则需要从更多方面进行分析。虽然《海牙证券公约》是专门的证券间接持有冲突法规范，但这绝不意味着只有采用单一的间接持有体系的国家才能成为其缔约国。从各国的证券持有体系来看，绝大多数均是间接持有体系与直接体系共存，只是两者间的主次不同。我国形成了"直接持有为主，间接持有为辅"的证券持有体系，如果加入《海牙证券公约》，该公约仅对我国的间接持有实践进行约束。这需要我国事先从法律层面厘清间接持有与直接持有的界限，以便应对因界定不清可能引发的争议。其次，《海牙证券公约》的调整范围相当宽泛，涵盖了间接持有模式下可能具有实际意义的几乎所有问题，而我国相关的冲突规范尚处于起步阶段，一旦加入《海牙证券公约》便需遵循其所有规定，而《海牙证券公约》可声明保留的事项又十分有限，如果贸然加入恐怕会造成现有法律体系的混乱，引发诸多后续问题。所以，目前来看并不是加入《海牙证券公约》的最佳时机。因此，我国可以积极关注相关国际动态，加快我国间接持有法律体系的构建，在时机合适之时再行加入《海牙证券公约》。

（三）我国跨境证券间接持有实体法规范的完善

1. 明确间接持有证券的法律地位和证券权利性质

（1）明确证券间接持有的法律地位。

证券间接持有法律性质的明确是相关法律体系构建的基础，在我国跨境证券间接持有实践伊始之日，便应予以确定。然而，直到目前该问题仍悬而未决。在人民币国际化条件下，资本市场开放是我国的必然选择，跨境证券间接持有的规模和实践会越来越多，相应的问题也将接踵而至，如不能事先从法律层面对间接持有模式予以确认，难免会诱发诸多争议，最终阻碍我国证券市场的发展。因此，我国应当从法律层面对间接持有模式予以确认，做到"有法可依"。

对此，我国可修改《证券法》，引入间接持有模式的做法，增加"经国务院证券监督管理机构批准，证券公司可以受托持有法律、行政法规规定的证券，成为证券的名义持有人"的规定，同时对相关条文进行相应更改。如此一来，即可从法律的层面正式引入间接持有证券模式，为证券市场的开放进一步预留空间。当然，这种修订方式是对间接持有模式最低限度的承认，只是有限制地引入间接持有模式，即名义人只能是证券公司，且需经国务院证券监督管理机构批准，在对《证券法》的实际修改中，减少相关限制也未尝不可。总之，无论是有限制还是无限制地引入证券间接持有模式，我国均应尽快从法律层面明确间接持有模式的地位，为间接持有模式"正名"。

（2）明确证券间接持有下的证券权利性质。

为间接持有模式"正名"，只是构建间接持有法律体系最为基础的要求。此外，还须明确间接持有模式下投资者享有的证券权益的法律性质。间接持有模式下，证券被登记在中介人名下，投资者与发行人不再具有直接法律联系，依据现有的法律规范，其并非证券权益的法定所有人。因此，如何保证投资者实际享有证券权益，使其间接持有的证券能够免受中介人的债权人的诉求，或免于归入中介人的破产资产，对投资者权益保护而言至关重要。这便需要对投资者享有的证券权益进行定性。而对投资者所享有的证券权益性质的界定，有三种最具代表性的做法：英国的信托所有权、欧陆国家为代表的以物权理论为基础的共有权和美国创设的证券权益。然而，这三种方式究竟何种更加符合我国的实际情况，需要进一步的分析。

从理论上讲，对某种新的法律关系最直接清晰的调整，莫过于针对该法律关系构建专门的法律制度。在以上三种界定中，美国创设的证券权益，即是这种专门的法律制度，其从根本上摆脱了固有的所有权概念和原则，是对间接持有证券中的权益的全新界定，规则清晰明确而自成一体，并且能够随着证券持有的实践不断调整，故具有巨大优势。但是，美国的证券权益构建的是一整套相当复杂的专业规则，一方面投资者难以理解掌握，另一方其需要大量精通该套体系的律师和专业法官的配合才能有效发挥作用。出于此考虑，虽然美国创设证券权益的方法广受赞赏，但迄今为止并无其他国家效仿跟进。此外，美国证券权益的构建还得益于其开放的金融市场环境和长久的金融实践下形成的证券经纪商令人满意的规模、能力和诚信。结合我国实际而言，我国并不具备美国构建证券权益的背景，证券市场的相关法律规范尚存在诸多问题，金融市场的开放程度也很有限，对证券经纪商的监管有待加强，其规模、能力和诚信度均难以令人满意。此外，目前我国还严重缺少精通此道的专业律师和法官，投资者对证券权益的理解也相当困难。综上，立足于我国实际，构建独立的证券权益体系难度极大。如果贸然采用此种方法，不仅难以增加跨境证券间接持有法律的确定性，还可能会使之更加混乱。因此，不建议我国采取该种方式对跨境证券间接持有模式下的证券权益进行界定，仅可适当借鉴其中的一些规则。

欧陆国家为代表的以物权理论为基础的共有权是建立在实物证券之上的做法，尚停留在实物证券时代，该方法通过权利物化将证券作为有体物来对待，赋予投资者对混同托管的证券享的共有权。虽然该种方法可以使投资者在中介人破产时取回证券，使其免受中介人的债权人的追索，但是该方法忽视了证券被登记在中介人名下的事实，难以对中介机构和投资者的权利进行划分，投资者无法对托管在中介人处的证券进行溯源，只能请求返还相同种类、相同数量的证券，这从本质上看还是契约性权利。从各国的实践来看，证券无纸化已是大势所趋，即便是德国、日本和韩国也已经在不同程度上实现了无纸化操作，证券仅仅表现为证券账户中的电子数据，无须再以物化凭证的形式存在，这无疑已使证券权利超越所有权的调整范围，证券权利应该自成一类。因此，时至今日，证券应当还原抽象权利本身，证券权利亦不能作为所有权的客体，否则将与所有权以有体物为客体的原则相违背，共有权的理论已经过时。具体到我国而言，虽然我国《民法典》第115条规定"本法所称物，包括不动产和动产。法律规定权利作为物权客体的，依照其规定"，但是在我国其他法律规范中也只将权利作为担保物权的客体，而不能作为所有权的客体。所以，欧陆国家为代表的以物权理论为基础的共有权，与我国的所有权框架亦是难以融合。综上，该方法已经难以适应证券间接持有的实际情况，本身充满了问题，故而不建议我国采取该种方式。

英国的信托所有权是将普通法系的信托理论引入间接持有制度之中，在该制度的安排下投资者作为信托关系中的委托人与受益人，享有衡平法所有权，中介机构作为受托人为法定所有人，享有普通法所有权。信托理论下的物权"二元理论"恰好能够对证券间接持有模式中的名义人登记制度作出解释，而信托财产独立原则可确保客户账户内的证券不受中介机构的债权人追索，并可在中介机构破产时别除在破产财产之外。可见，英国的信托所有权方法具有内在合理性。不可否认的是，英国的信托理论与大陆法系国家"一物一权"的原则相违背，信托理论似乎难以在大陆法系国家推行。然而，就各国实践来看，许多大陆法系国家出于实践的需要也已引进信托法，如法国、日本、韩国等，并在《信托法》和《物权法》之间进行各种方式的协调。我国于2001年颁行了《信托法》，正式构建了信托制度。从内容上来看，我国《信托法》体现了信托理论的本质特点：第16条的规定体现了信托财产独立原则。第2条的规定表明信托受托人是按委托人的意愿以自己的名义，为了受益人的利益或者特定目的进行管理或处分信托财产。第7条则将权利纳入信托财产的范围。此外，为了保护信托受益人的利益，我国《信托法》的其他条款还规定了受托人所应当承担的广泛义务和责任。结合上文的分析，我国的信托制度已基本形成一套完整的体系。因此，以我国《证券法》为依托，借鉴英国信托所有权的做法，在现有法律体系之上进行相应修改调整，从而构建我国证券间接持有的权益基础，明确投资者享有的权益性质，不失为一种可行的做法。

2. 借鉴《日内瓦证券公约》构建相关制度

证券间接持有法律地位和证券权利的明确，是构建跨境证券间接持有实体法规范的核心组成部分，也是其基础和起点。在此基础上，还需构建完善的配套实体法律规范，从而形成健全的跨境证券间接持有实体法体系。《日内瓦证券公约》的制定体现了国际上对统一跨境证券间接持有实体法律规范的需求。国际证券市场的主要参与国家对该公约高度重视，广泛吸纳相关专业人士参与公约的起草，高度重视专业意见，确保了公约规范的专业性。《日内瓦证券公约》采纳的功能主义方法，从事实出发规定了跨境证券间接持有中实体法应达到的结果，可广泛地适用于不同的法律体系，且这些结果是国际证券市场法律环境需求的核心与关键。

我国对待《日内瓦证券公约》的态度相当积极，在公约起草过程中曾应国际统一私法协会的邀请，指派商务部、银监会、证监会和中国证券登记结算公司的人员出席了"关于协调中介持有证券实体法公约草案"政府专家研讨会，积极表达了我国的观点和主张，同时还对公约草案的内容进行了跟踪研究。中登公司在其报告中指出，我国自身存在间接持有体系，但是有关间接持有的规定却很少，公约草案很多方面的规定对我国具有适用性。实际上，在间接持有体系方面，我国除国务院、财政部和中国人民银行发布的法规和部门规章有所规定外，尚没有从更高的法律层面对间接持有体系直接加以规定，而且国务院、财政部和中国人民银行的规定仍不够详尽，不少问题在现有规定中并没有很明确的答案。因此，我国间接持有法律规范与公约规范的冲突较少，基本可以直接借鉴公约构建我国间接持有实体法规范。具体而言，我国应当特别注意对竞争性权益间的优先权、善意取得规则、禁止越级追索规则、中介人破产的损失分担和有关担保交易的特别规则的借鉴，在对这些制度构建的过程中充分考虑公约的规则所要达到的效果。此外，明确账户持有人的权益内容和中介人的义务也是必不可少的。这不仅需要对我国的《证券法》进行修改，还应考虑这些规则与我国《民法典》等相关法律的关系。

最后，我国是否应加入《日内瓦证券公约》？公约提出"透明持有体制"和"中介化证券"的概念，改变了间接持有和直接持有的划分，使公约超越了证券持有体系，如果我国加入公约则直接持有体系也须受到公约的调整。虽然，我国间接持有法律规范与公约规范冲突较少，但直接持有法律规范与公约规范间存在冲突的地方，在适用中存在对接难题。其中，最为明显的问题是谁为中介人的问题，依据公约规定，我国 CSD 应当被认定为中介人并且是直接中介人，因为我国 CSD 履行维护账户的职能，且直接为投资者维护证券账户。因此，我国 CSD 应承担中介人的义务。然而，根据《证券法》第106 条规定："投资者应当与证券公司签订证券交易委托协议，并在证券公司实名开立账户，以书面、电话、自助终端、网络等方式，委托该证券公司代其买卖证券"，CSD 只与证券公司进行业务往来，并不与投资者签订任何账户协议，并且我国是"二级结算"体制，先由 CSD 与证券公司进行一级证券和资金的清算交收，再由证券公司与投资者进行二级证券和资金的清算交收。《证券法》的以上制度设计试图阻断 CSD 与投资者的法律关系，使 CSD 无须对投资者承担义务与责任。这使得我国《证券法》与公约规范难以对接适用。此外，公约有关善意取得制度、越级追索制度、中介人破产制度和担保交易制度，与我国现行的法律制度也存在出入，这些问题有些是可以通过对公约内容进行保留暂时解决的，如担保交易制度，而有些是需要对我国相关制度进行修改才能解决的修改才能，如善意取得制度。因此，我国目前并不适合加入该公约。

综上，我国应借鉴《日内瓦证券公约》构建我国有关间接持有的实体法律制度，着眼于国内法的完善。由于公约超越了证券持有体系，我国目前的法律制度与公约规定难以对接。所以，目前并不适合贸然地加入公约，可积极对公约进行研究分析，逐步对我国的法律制度进行修改，在时机成熟时再考虑加入该公约。

国家哲学社会科学成果文库
NATIONAL ACHIEVEMENTS LIBRARY
OF PHILOSOPHY AND SOCIAL SCIENCES

人民币国际化的法律问题研究

（下）

韩龙 著

人民出版社

第三编　人民币国际化清算的法律问题

完善的支付清算体系是货币国际化实现和运行的基础条件。货币的国际化及其运行，需要借助清算系统来完成，故没有清算体系的国际化，就没有货币的国际化。人民币国际化也不例外。而清算法律体系则是保障清算安全、高效进行的法律制度基础。健全的法律在发展现代支付系统中的重要性就如同该系统的基石（building block），与系统的运营机构、操作具有同等重要的地位。[1]

人民币国际化清算的法律制度之于人民币国际清算的至关重要性突出地体现在以下方面：首先，在宏观上，人民币国际化清算的设计和建构，离不开法的支持和保障。人民币国际化清算作为人民币国际化一项重要基础性内容，须以立法为引领，以法治为保障。从美欧来看，在推进美元和欧元的全球化使用过程中，美欧非常注重立法的引领和保障作用，分别制定了《统一商法典》第4A编、《支付服务指令2》等一系列法律制度文件，形成了法律等级高，立法层次丰富，系统协调的货币清算法律体系。其次，在中观上，防控人民币国际化清算风险离不开法。风险是金融活动包括支付清算活动和金融市场的内在属性之一。人民币国际化清算面临信用风险、流动性风险、法律风险、操作风险和系统性风险等。在资金密集和聚集的支付清算领域，如果支付系统运行的法

---

1 Bruce J. Summers, "The Payment System-Design, Management, and Supervision", *IMF Publications*, 1994, p.5.

律依据不充分、不确定或不透明，则会使支付系统、支付系统参与者及其客户在资金清算中面临不确定的或无法管理的信用风险或流动性风险等风险，并可能造成系统性风险。健全的国家支付体系制度框架可以降低参与者在支付系统运行中的风险，构成管控清算风险的基础。如防范支付系统清算中的信用风险，就需要结算最终性以及抵押担保等法律制度安排。因此，2012 年，国际支付结算体系委员会（Committee on Payment and Settlement Systems，CPSS）和国际证监会组织（IOSCO）在其发布的《金融市场基础设施原则》（Principles for Financial Market Infrastructures，PFMI）中指出，具有健全的法律依据对金融市场基础设施（FMI）的整体稳健性至关重要。[1] 在微观上，人民币国际化清算当事人权利和义务的配置需要法。权利和义务是法律规范的核心内容。国家支付体系的法律是确定体系中各方权利和义务的法典。[2] 在清算中，支付参与各方在通信、清算和结算中的权责界定，发出支付工具或信息的要求，金融风险的分配，若没有法律的翔实规定，是难以想象的。从美欧等货币国际化经济体的立法实践来看，对货币清算中各方当事人之间权利义务进行详细、系统规定是其共同的一大特点。那么，人民币国际化清算究竟面临和需要解决哪些法律问题呢？对此宜从人民币国际化清算体系的构造入手进行回答。本编下设四章，即第六至第九章，对以上问题进行研究。

---

1 CPSS, IOSCO, Principles for Financial Market Infrastructures, 2012, p.21, http://www.bis.org/cpmi/publ/d101.htm.

2 CPSS, General Guidance for National Payment System Development, 2006, p.39, http://www.bis.org/cpmi/publ/d70.htm.

第六章
人民币国际化清算现状与主要法律问题识别

从严格意义的地域范围的视角看，人民币国际化的清算包括境内清算（中国境内居民对中国境内居民）、跨境清算（中国境内居民对境外非居民或境外非居民对中国境内居民）和离岸清算（中国境外非居民和中国境外非居民之间）。但从国际化货币清算的本质上看，在现代货币金融条件下，一种存款货币不会离开一国的清算体系而独立存在，因此，人民币国际化清算体系只是我国境内清算系统以某种形式向境外的延伸或对外开放。而这种延伸或对外开放的中间环节就是人民币跨境清算体系。

第一节　人民币国际化清算现状及存在的主要问题

一、人民币跨境清算现状

目前，我国人民币跨境清算主要有四种模式：

（一）人民币跨境支付系统

考察和理解人民币跨境支付系统，宜从其依托的央行第二代支付系统入手。

1.人民币跨境支付所依托的央行第二代支付系统

货币清算的最大特点是其最终由该货币的发行当局进行清算，任何一种清算模式都以这一特点为基础。货币当局提供的清算手段一般为实时全额清算，而货币当局清算系统的参与者可以是金融机构，也可以是二级清算机构。就美国而言，其货币当局的清算系统是 Fedwire，是美元支付清算体系的中枢，二级清算机构是纽约清算所银行同业支付系统 CHIPS。就我国而言，全球人民币清算所依托的清算系统就是 2013 年 10 月 6 日上线和运行的中国人民银行第二代支付系统。该系统是我国最重要的金融基础设施之一。与第一代支付系统相比，第二代支付系统的新特征主要包括：提供灵活的接入方式和清算模式；更加全面的流动性风险管理功能；支撑新兴电子支付的业务处理；支持外汇交易市场的同步交收（Payment versus Payment，PvP）；支付报文标准逐步国际化；具备健全的系统备份功能；进一步强化安全管理措施等。

在图 6-1 中，除人民币跨境支付系统（CIPS）外，其他系统都是第二代支付系统的子系统。其中，大额支付系统（High Value Payment System，HVPS）、小额支付系统（BEPS）、网上支付跨行清算系统（IBPS）均为第二代支付系统的应用子系统。清算账户管理系统（SAPS）作为辅助系统，通过集中存储清算账户处理支付业务的资金清算，并对清算账户进行管理。支付管理信息系统（PMIS）作为辅助系统，主要是对支付信息进行管理、存储和统计监测。公共控制系统（CCMS）作为辅助系统，旨在对以上各系统提供运行控制、参与者管理、参数管理等统一服务，提高系统整体业务处理效率。

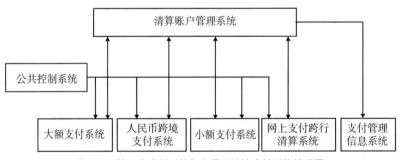

图 6-1　第二代支付系统与人民币跨境支付系统关系图

第二代支付系统与跨境人民币业务相关的优化主要有：一是第二代支付系统的报文设计参照国际标准（ISO 20022），可一定程度上与 SWIFT 报文系统实现对接（SWIFT 不支持中文报文，且一些字段与 HVPS 报文不兼容，往往需要人工处理），为境内代理银行的资金清算服务提供更大程度便利。二是提供了多种国际结算方式。第二代支付系统除了支持电汇、信用证、托收和保函等国际结算工具的资金结算，还可提供信息传输服务。三是在汇兑报文中可对跨境业务种类进行一定程度细分。[1]

2. 人民币跨境支付系统

为提升人民币跨境清算效率，2012 年初，中国人民银行开始组织建设跨境人民币支付清算系统即 CIPS，是为境内外金融机构人民币跨境和离岸业务提供资金清算结算服务的重要金融基础设施。CIPS 一期已于 2015 年 10 月 8 日上线运行，CIPS 独立于我国 2013 年 10 月正式上线的第二代支付系统中的大额实时支付系统，但也互联互通。2018 年 5 月，CIPS（二期）全面运行。CIPS（二期）在制度安排、结算模式、运行时间、参与者管理、流动性机制等方面进一步实现优化。

在制度安排方面，人民银行发布了《人民币跨境支付系统业务规则》（以下简称《业务规则》）。《业务规则》以国际通用业务术语为基准，便于 CIPS 国际业务推广；关注流动性风险管理要求，审慎防范结算风险；新增境外直接参与者准入标准、金融市场业务处理要求等；明确混合结算机制的实现方式和清算纪律。CIPS 运营机构根据《业务规则》相应修改并发布《人民币跨境支付系统业务操作指引》等配套运行规则及技术规范等，保持 CIPS 制度体系的完整性和一致性。在结算机制方面，为满足跨境人民币业务的差异化支付结算需求，并向参与者提供更为灵活的流动性节约安排，CIPS（二期）在 CIPS（一期）实时全额结算（RTGS）模式的基础上引入定时净额结算（DNS）模式，实现混合结算功能。RTGS 模式适用于时效性强、金额大、逐笔的支付业务场景；DNS 模式适用于频次高、金额小、笔数多的支付业务场景，在设计上综合权衡了安全与效率，并采用流动性节约算法，便于参与者的头寸管理。在运行时间方面，自 2018 年 5 月 2 日起，CIPS 在我国法定工作日全天候运行，运行时间调整为 5×24 小时 +4 小时，[2] 这是顺应人民币国际化和我国金融市场双向开放的需要。在参与者管理方面，进一步细化了参与者管理要求，加强事前、

1　中国人民银行北京营管部：《人民币全球清算网络建设研究》，《跨境人民币业务信息汇编》2013 年第 3 期。

2　CIPS 在我国法定工作日全天候运行，运行时间为 5×24 小时 +4 小时。系统业务处理分为日间场次和夜间场次。一般工作日的日间场次运行时间为当日 8 时 30 分至 17 时 30 分（其中 17 时至 17 时 30 分为清零等场处理时间）。考虑到我国所处的时区，周末及法定节假日后第一个工作日的日间场次运行时间提前为当日 4 时 30 分。夜间场次的运行时间为当日 17 时至下一自然日 8 时 30 分（其中 8 时至 8 时 30 分为清零等日终处理时间）。

事中和事后全流程管理，规范参与者业务行为，及时识别并防范相关风险。一是拓展直接参与者类型，引入金融市场基础设施类直接参与者，支持金融交易资金结算。二是基于"同类业务，同样标准"、中外资一视同仁等原则，按照参与者类型、所在司法辖区、业务特点和风险特征等，分别明确准入要求。三是建立动态评估机制，强化参与者日常管理，强调纪律约束要求。四是建立参与者事后管理机制，规范争议解决方式。在流动性机制方面，CIPS 一是设置直接参与者准入和退出机制，确保只有具备良好流动性管理能力的机构才能加入系统，并开展相应业务。二是支持直接参与者从本机构（或资金托管行）在大额支付系统的账户获得流动性。三是提供队列管理、余额预警、自动缺款通知等辅助管理功能。此外，考虑到 CIPS（二期）时序调整后的夜间时段正值欧美金融市场的营业时间，且开通定时净额结算业务对参与者的流动性管理要求提高，人民银行决定银行间货币市场加开夜盘，满足境内外直接参与者夜间调剂流动性的需要。[1]

截至 2022 年 10 月末，CIPS 系统共有参与者 1353 家，其中直接参与者 77 家，间接参与者 1276 家，业务覆盖全球 107 个国家和地区。需要说明的是，CIPS（一期）上线后，基于市场需求，当前境外清算行、境内代理行等将依然发挥作用。但随着境外机构作为直接参与者加入 CIPS，以及净额结算、日间透支、与债券结算系统连接等功能的完善，CIPS 将成为人民币国际化清算的主渠道，发挥与美国 CHIPS 类似的作用。

需要说明的是，除通过 CIPS 外，人民币跨境清算还可通过清算行模式和代理行模式等进行。清算行模式下，港澳清算行直接接入大额支付系统，其他清算行通过其总行或者母行接入大额支付系统，所有清算行以大额支付系统为依托完成跨境及离岸人民币清算服务。代理行模式下，境内代理行直接接入大额支付系统，境外参加行可在境内代理行开立人民币同业往来账户进行人民币跨境和离岸资金清算。与美元相比，人民币国际化具有独特性，在资本项目尚未完全可自由兑换、香港等离岸市场率先发展的背景下开启进程，跨境支付清算体系也与之匹配，呈现多种清算模式并存的独特结构。但从长期来看，跨境人民币支付清算体系会走向统一。

---

1 谢众：《CIPS 建设取得新进展》，《中国金融》2018 年第 11 期。

（二）境外清算行模式

目前，人民币境外清算行由中国人民银行根据相关协议，会商境外相关国家或地区的中央银行（或金融监管部门），在其他国家授予一家中资国有大行在海外的分行或子行担任，承担人民币跨境清算和离岸清算任务。

以是否接入中国人民银行大额支付系统即 HVPS 为标准，清算行可分为两种，一种是港澳清算行，中银香港和中银澳门作为香港和澳门人民币业务清算行分别在比邻的深圳市和珠海市接入境内 HVPS 的城市处理中心，成为 HVPS 的直接参与者，在中国人民银行深圳市中心支行和珠海市中心支行开立人民币结算账户，通过 HVPS 与境内银行进行直接跨境人民币清算。另一种是其他境外清算行，其并不直接接入 HVPS，而是通过其中国大陆的总行或者母行间接接入 HVPS，在境内代理行（一般是总行、母行或指定分行）开立同业往来账户实现资金清算。以上两种境外清算行均需以 HVPS 为依托完成跨境及离岸人民币清算服务。实际上，不直接接入 HVPS 的清算行本质上是一种新型的代理行，其最大的优势是与中国人民银行直接签订清算协议，比普通参加行享受更大的清算权限和信用保障。如根据中国人民银行和中国银行台北分行签订的清算协议，台湾人民币结算参加行在中国银行台北分行开立同业账户，中国银行台北分行在大陆母行或母行指定分行开立同业往来账户（目前清算账户在中国银行上海总部），并可进入大陆银行间外汇市场、同业拆借市场、债券市场等开展业务。截至 2021 年末，中国人民银行在中国大陆以外的 25 个国家和地区设立了 27 家人民币清算行。

（三）境内代理行模式

代理行模式下，境内代理行直接接入 HVPS，境外人民币业务参加行在境内代理行开立人民币同业往来账户，在账户中存入铺底资金，通过境内代理行完成人民币跨境和离岸资金清算。当跨境资金通过代理行模式清算时，境外参加银行首先通过 SWIFT 将资金收付信息传递至境内代理行，境内代理行通过 HVPS 或行内清算系统代理境外参加行办理资金汇划。如根据 2012 年台北富邦银行与厦门银行签署的人民币清算结算协议，台北富邦银行在厦门银行开立人民币同业往来账户，厦门银行作为富邦银行的代理行，通过人民币同业往来账户，为富邦银行提供人民币跨境清算等服务。

这种境内代理行模式与清算行模式的第二种模式（不直接接入 HVPS 的其他境外清算行模式）在本质上都是代理境外银行与境内银行进行资金划拨。

两者主要区别在于：境外清算行并不直接接入 HVPS（境内代理行直接接入 HVPS），而要通过其在境内代理行（一般是大陆母行或母行指定分行）开立的同业往来账户实现资金清算；境内代理行是与境外参加行之间签署人民币代理结算协议，而境外清算行是在与中国人民银行直接签订清算协议后（中国人民银行赋予了境外清算行享受更大的清算权限，使得境外清算行可通过其大陆母行或母行指定分行进入大陆银行间外汇市场、同业拆借市场、债券市场等开展业务），再与境外参加行签订人民币结算协议；一般一个国家或地区仅指定一家人民币境外清算行，而境内代理行没有数量限制，只要具备国际结算业务能力的商业银行都可以成为境内代理行。

（四）境外机构人民币结算账户模式

境外机构人民币结算账户（Non-Resident Account，NRA）是指经中国人民银行当地分支机构核准，境外符合条件的机构可申请在境内银行开立 NRA 账户，通过该账户完成跨境人民币收付，整个银行间清算链条完全处于境内。境内开户银行直接通过境内银行行内清算系统或 HVPS 进行人民币资金的跨境清算和结算。根据《境外机构人民币银行结算账户管理办法》（银发〔2010〕249 号）规定，非经中国人民银行批准，人民币 NRA 账户不得用于办理现金业务。除另有明确规定外，账户内的资金不得转换为外币使用。因此，人民币 NRA 账户在本质上是境内账户，在该模式下人民币资金仅在境内流转，没有形成实质上的跨境流动。此外，NRA 账户模式与境外清算行和境内代理行模式明显不同，它的参与主体主要是境外企业，而不是境外银行。人民币 NRA 账户的主要业务优势在于：境内和境外机构可以在同一家银行开户，并使用其内部系统转账，从而节约资金成本和资金划转时间。同时，NRA 账户币种种类比较丰富，并可以办理贸易融资。

二、当前人民币跨境清算存在的主要问题

现有的清算模式是否能满足人民币充分国际化条件下的清算需要呢？业界的观点是，现有离岸人民币清算安排在目前环境下是适当的。但从人民币充分国际化的需要来看，当前的清算模式还存在不足。

（一）现有清算模式在满足人民币充分国际化清算的需要上有待改进

首先，就 CIPS（二期）来说，其虽然基本上能够满足直接参与者和间接

参与者在我国现有制度和政策框架下人民币国际化清算的需要，但需要指出的是，清算只是对我国法律所允许交易而产生的债权债务进行支付转移和结清的行为。换言之，如果相关交易不被我国法律所允许，其所生债权债务是不能通过 CIPS（二期）进行清算的。前已述及，我国资本项目还存在管制，因此，这些受管制的交易既不允许发生，更不允许借助 CIPS（二期）进行清算。可见，虽然 CIPS（二期）为人民币国际化清算提供了适宜的基础设施，但我国对人民币国际化的其他限制会制约该设施覆盖的业务范围。特别是，包括 CIPS（二期）在内的货币国际化清算系统，并不是在法律的真空中存在的，需要有适宜的法律制度为之提供坚实的支持和保障。我国与 CIPS（二期）相关的法律制度是否能够提供这样的充分支持和保障呢？如后所述，围绕人民币国际化清算，我国还有大量的法律任务需要完成。

其次，就清算行的两类模式来说，港澳清算行模式不具有广泛的可复制性。港澳清算行模式是基于我国独特的一国两制模式，主权的统一使得 HVPS 能延伸至香港和澳门的指定银行，为特别行政区内其他银行提供便捷的清算服务。但因涉及主权问题，如果将 HVPS 延伸到境外，我国需与他国协商网络延伸和设备布放事宜，并有可能要接受外方法律管辖和监管。如位于香港的美元实时全额结算系统，就受香港金融监管局（HKMA）监管。所以，目前我国仅在香港和澳门实行了这种清算模式。就境外其他清算行模式而言，该模式隐含垄断性和风险可控性问题。境外指定的清算行拥有同业代理账户增多、中间业务收入增加及资金沉淀等好处，但其垄断性不利于银行的公平竞争和人民币清算子系统在全球的延伸，也使得清算业务的经营风险高度集中。同时，人民币境外清算行除需要具备适当途径可及时获得人民币流动性外，还要具有足够高的信用评级，以便参与行可放心存放隔夜结余。这使得交易对手风险控制成为问题。如根据《海峡两岸货币清算合作备忘录》第 7 条的规定，当货币清算机构发生流动性或清偿性危机时，由其总行及总行所在地的货币管理机构共同处置，总行负责提供流动性并承担全部清偿责任。而货币清算机构所在地的货币管理机构为维护当地货币市场稳定，可以协助解决其流动性问题。所以，目前的境外指定清算行除摩根大通公司（JPM）担任美国人民币业务清算行外，其余均是国有大型银行在境外的分行或子行。

再次，就代理行模式而言，其操作过于复杂。代理行模式作为一种国际结算和清算的传统模式，在只涉及 SWIFT 系统和行内会计系统时，具有很好的可操作性。但 SWIFT 主要支撑美元结算和美元主导权，目前若人民币通过 SWIFT 系统进行结算，境内企业与境外企业的交易结算基本需要通过人民币兑换美元和美元兑换当地货币的过程，结算汇率和手续费难以控制，效率低下。这主要是因为我国国内支付系统难以与 SWIFT 实现无缝连接。HVPS 报文与 SWIFT 报文中的外语代码等无法完全兼容，需要增加信息转换等手工干预流程，既造成了结算效率的损失，又影响支付的安全。[1]

最后就 NRA 模式而言，其账户资金使用限制较多。NRA 账户资金用途最主要集中在结算上，账户内资金不得结汇，也不得取现，除另有明确规定外，也不得转换为外币使用，且该账户只享受活期存款的利率。受 NRA 账户自身业务特点限制，决定其难以形成清算规模效应，只能作为一种补充。

（二）全球人民币跨境清算基础设施有待完善

一是我国第二代支付系统自身有待改进。如前所述，人民币国际化清算依托的是第二代支付系统。除了第二代支付系统中 HVPS 的报文与 SWIFT 报文无法完全兼容外，HVPS 在普通汇兑报文中还存在跨境人民币分类标签覆盖不完全等问题，依然无法满足跨境人民币清算的信息传递需求。如 HVPS 普通汇兑报文中经常项目除货物贸易和服务贸易外，还有收益与经常项目转移未列入，容易导致银行操作人员的误解。[2]

二是境外人民币实时全额支付系统（RTGS）的缺失。支付系统是金融市场基础设施的核心，一个充分国际化的货币应在全球主要国家及地区都存在能够提供实时全额支付的子系统，这些系统可以为该国际化货币在当地的各类金融交易提供实时最终性清算。例如，香港就有美元、欧元的 RTGS。境外人民币 RTGS 的缺乏，制约了人民币离岸清算业务的开展。

三是境外人民币清算网络有待加强。清算网络典型的结构就是拓扑结构（树状结构）。在该拓扑结构中，清算网络的核心是清算系统和直接参与者，而

---

1 See Eswar Prasad, "China's Efforts to Expand the Internationalization of the RMB", 2016, p.69, (2016-02-04) [2017-08-05], https://www.brookings.edu/research/.
2 中国人民银行北京营管部：《人民币全球清算网络建设研究》，《跨境人民币业务信息汇编》2013 年第 3 期。

清算网络的外围结构则由直接参与者和间接参与者组成。每一个直接参与者或者间接参与者都可作为另一个子清算网络的核心连接更多的参与者，从而经济有效地拓展清算网络。美国的 CHIPS、欧盟的 TARGET 2 都是通过直接参与者、间接参与者以及代理银行等为全球的美元、欧元清算提供高效服务。人民币的广泛国际使用在很大程度上是由离岸人民币流动性的多少和被授权作为人民币交易清算中心的金融中心的多少决定的。[1] 为了推动境外人民币清算网络发展，我国应加强与世界各国和地区金融当局的合作，支持伦敦、纽约等金融中心的主要银行成为 CIPS 的直接参与者，充当当地的人民币清算行，再由清算行在当地建立 RTGS 等拓展人民币清算网络，为当地人民币的各类金融交易提供即时最终性清算。通过清算网络拓扑结构的发展，为全球人民币清算提供高效服务。

第二节　人民币国际化清算中的主要法律问题识别

尽管建立与人民币国际化清算相适应的法律体系面临大量的法律问题和法律任务，但将这些问题一网打尽不是一个课题，更不是一个子课题所能承载的。在此现实条件的约束下，所能采取的方法就是将对人民币国际化清算具有实质影响的主要法律问题识别出来加以解决。那么，哪些问题对人民币国际化清算具有实质性影响，从而是需要重点加以解决的重要问题呢？对此进行识别不能脱离人民币国际化的现状而空谈。在人民币国际化清算体系的建构中，我国第二代支付系统是基础，CIPS 是核心和关键。人民币国际化清算的相关法律旨在保障包括第二代支付系统、CIPS 等在内的金融基础设施的运行，确保其在所有相关的法律领域内，在其活动的各实质方面，具有稳健的、清晰的、透明的且可执行的法律依据。而 CIPS 等支付系统清算活动"实质方面"的确定标准是：如果 CIPS 等支付系统活动的某个方面构成信用风险、流动性风险等实质性风险的源头，则该方面就是实质性的。[2] 以此审视，人民币国际化清算体系构造中的主要法律问题包括：

---

1 Eswar Prasad, "China's Efforts to Expand the Internationalization of the RMB", 2016, p.58, https://www.brookings.edu/research/chinas-efforts-to-expand-the-international-use-of-the-renminbi/.

2 See CPSS, IOSCO, Principles for Financial Market Infrastructures, 2012, p.5.

一、人民币国际化清算的法律体系构造问题

如果说安全、高效的全球人民币清算体系是人民币国际化的清算基础，那么，完善的人民币国际化清算法律体系则是保障清算顺利进行的法律制度基础。健全的法律制度体系对人民币国际化清算体系安全、高效运行至关重要。我国作为后发型与外源型的法治化国家，在法律制度建构中占据一定的有利地位，这使得法制建设的目标性更强，效率也更高。但由于缺乏内源型与社会演进型现代化体系所能凝聚的社会共识与价值保障，且在具体制度建构时一般"博采众长"，总体的考量、相互间的衔接相对缺乏，因而经常呈现出规范冲突与体系不融贯（融贯意味着相互的支持与证立）的现象。[1] 为适应支付清算体系的发展，我国在支付清算方面已经制定了大量的规定，集中在规章、规范性文件层面上，且支付清算法律"技术性"非常强，对其进行系统的梳理，确定其基本的架构，将有利于明晰法律完善的方向，也是实现法律融贯性的基础。因此，我们将法律体系构造问题作为人民币国际化清算法律问题的一个重要基础性问题和主要问题。此问题，前已论述。

二、人民币清算资金电子划拨中当事人权利义务配置问题

人民币国际化一如其他货币国际化一样，主要通过清算的方式，借助国际代理行机制、资金划拨机制进行着跨境和境外流通。[2] 国际货物买卖与国际金融交易在越来越大的程度上都依靠大额电子资金划拨来调拨资金和清偿债务。[3] 正因为如此，本著所言国际清算资金划拨或人民币国际化中清算资金电子划拨特指大额电子资金划拨，并将此作为主要研究对象。为确保人民币国际大额电子资金划拨安全、高效进行，需通过专门立法的方式，对相关当事人权利、义务提供通用法律和合同不能提供的确定性支持。[4] 与人民币国际化清算有关的

---

1 雷磊：《融贯性与法律体系的建构——兼论当代中国法律体系的融贯化》，《法学家》2012 年第 2 期。

2 韩龙：《人民币国际化重大法律问题之解决构想》，《法学》2016 年第 10 期。

3 吴兴光、蔡红、刘睿等：《美国〈统一商法典〉研究》，社会科学文献出版社，2015，第 291 页。

4 CPSS 在 2006 年发布的《国家支付体系发展指南》，将支付法律体系中的法律分为"通用法律"（General Laws）、"专用法律"（Specific Laws）。通过法律主要包括六类：财产和合同法，银行法，破产法，信贷和抵押品的法律，电子文件和数字签名法，法律适用法。专用法律亦分为六类：主要包括支付工具的法律，与计算和清偿支付义务有关的法律，支付违约和支付纠纷处理的法律，中央银行在国家支付体系中的作用、责任

当事人可以从两个维度进行分类。一是以 CIPS 等支付系统为核心的人民币跨境清算的各当事方，包括 CIPS 运营者、直接参与者、间接参与者、资金划拨客户等。二是资金划拨链条上的各当事方。美国《统一商法典》、联合国国际贸易法委员会（UNCITRAL）《国际贷记划拨示范法》规定，电子资金划拨的直接当事方有五个：发端人（Originator）、发端人银行（Originator's bank）、受益人（Beneficiary）、受益人银行（Beneficiary's bank）、中间银行（Intermediary bank）。这个资金划拨链条中的当事人的权利和义务应该怎样配置？通过什么形式（法律或运营规则等）来配置？这些都是人民币国际化清算法律制度需要重点研究的法律问题。

三、结算最终性法律问题

从人民币国际化清算中信用风险、流动性风险、法律风险、操作风险、系统性风险等诸项风险的特点可以看出，它们之间具有关联性，各种风险之间存在明显的传导性、方向性，形成了完整的传递链条，其中信用风险和流动性风险是关键和核心。[1] 为有效防范支付系统参与者结算失败导致的信用风险乃至可能导致的系统性风险，结算最终性问题成为支付系统中压倒性的重要法律问题。[2] 为此，欧盟制定了适用于支付系统的《结算最终性指令》，美国也在《统一商法典》《破产法》等法律中确立了结算最终性规则。CPSS 和 IOSCO 在 2012 年制定的 PFMI 中，用原则 8 对支付系统等金融市场基础设施（FMI）的结算最终性进行了系统、专门的规定，并明确要求结算最终性需在法律、规则等层面予以确立。有结算就必然有结算的终结。目前我国 CIPS（二期）采用了更加节约流动性的混合结算方式。而混合结算模式，既涉及全额结算，又涉及净额结算。无论采取以上哪种模式清算，都会有结算最终性法律问题。基于此，我们将结算最终性法律问题作为要研究的人民币国际化清算的主要法律问题之一。

和权力的法律，基础设施服务提供者和市场构成、运行的法律，管理证券基础设施服务的法律。CPSS, General Guidance for National Payment System Development, 2006, p.39.1.

　　1 柴小卉、靳力华：《加强我国现代化支付系统风险管理的思考》，《金融研究》2006 年第 3 期。

　　2 Bruce J. Summers, *The Payment System-Design, Management, and Supervision*, IMF Publications, 1994, p.135.

四、抵押品法律问题

在金融市场中，为了防控信用风险、流动性风险这两大最基本的风险，在包括资金清算等在内的金融市场交易活动中一般都要求有抵押品做支持。例如，抵押品在回购、证券借贷中作为履约的保证；在证券市场中，作为参与者向中央对手方提供的清算备付金和保证金等。在支付系统运行中，抵押品既是中央银行信用风险管理的核心要素，也是流动性风险防范的基础性制度安排。为改善流动性管理，提升支付系统清算效率，世界各国都强调中央银行在支付系统中的责任和义务，注重为系统参与者提供日间融资便利，一般采用质押融资或日间透支两种机制，其中质押融资因有资产担保，为各国中央银行所普遍采用。[1] 鉴于抵押品管理在防范风险中的重要作用，CPSS 和 IOSCO 在 2012年制定的 PFMI 中，用原则 5 对抵押品管理进行了专门的规定；欧盟制定了《金融抵押品指令》，美国也在《统一商法典》《美联储抵押品指引》等法律法规中构建了较完备的抵押品制度。为此，我们将抵押品法律问题作为研究人民币国际化清算的主要法律问题之一。

五、支付系统的监管问题

有效规制和监管对金融风险防范至关重要。规制是指通过制定和实施规则而实现对经济生活的调整和管理，包含有规则的内涵，也具有调整和管理的含义。监管是监管机构对监管对象及其活动是否符合要求所进行的监督、检查、管束和处理等一系列行为的总称，以此来实现法律和政策旨在达到的目标和目的。规制和监管主要起因于金融市场失灵和金融业的特性。[2] 这一规律，对作为支付清算体系核心的支付系统，特别是大额支付系统（大额支付系统一般也是系统重要性支付系统）的监管来说同样适用。大额支付系统不仅结算批发银行间市场的债务，也结算产生于零售支付系统等其他支付系统的净额债务，服务对象包括以货币、黄金、外汇形式在金融市场从事交易活动的商业银行以及从事国际贸易的工商企业。该支付系统直接支持一国的货币市场、资本市场、

---

1 宋焱：《央行有关负责人就自动质押融资业务答记者问》，《金融时报》2006 年 4 月 29 日第 2 版。
2 韩龙：《金融法与国际金融法前沿问题》，清华大学出版社，2018，第 19—20 页。

跨国界多币种交易，不仅是一国支付系统的主动脉，还是国际资金融通的桥梁和纽带。[1] 在市场失灵方面，大额支付系统存在垄断问题，一般一个国家只有少数几个，甚至一个大额支持系统；在外部效应问题方面，一个系统参与者的违约，可能导致各种连锁反应，进而危及系统安全，甚至金融稳定；在信息不对称问题方面，一个大额支付系统可能有几百上千个甚至更多参与者，这些参与者一般都没有实力和技能去收集所有交易对手的信息。因此，加强对支付系统特别是加强具有系统重要性的大额支付系统的规制监管，是需要重点研究的主要法律问题之一。但鉴于本著第四编探讨人民币国际化风险防控的法律制度建构，故本编不展开研究。

---

1 吴兴光、蔡红、刘睿等：《美国〈统一商法典〉研究》，社会科学文献出版社，2015，第291页。

第七章
人民币跨境电子资金划拨中当事人权利义务配置问题

货币的国际化通常是借助代理行机制和电子资金划拨机制通过清算进行的。根据所涉系统及业务的不同，电子资金划拨可分为小额电子资金划拨和大额电子资金划拨。[1]前者主要处理零售业务，通过自动柜员机和销售终端设备等系统进行，其服务对象主要是大众消费者，涉及的主要法律关系是客户和金融机构。后者是指通过银行间支付系统等进行的，主要为货币市场、外汇市场等金融市场处理商业性的资金划拨业务，涉及的法律关系主要包括金融机构之间以及金融机构和客户之间的关系等。通过支付系统的电子资金划拨，已成为国际上（特别是在大额资金转移方面）居于主导地位的清算方式。同时，零售支付和大额电子资金划拨犹如枝干与主干的关系，大部分都需汇集到银行间大额电子资金划拨渠道完成最终清算。正因为此，本章所言人民币清算资金电子划拨或国际清算资金电子划拨特指大额电子资金划拨，并将此作为主要研究对象。人民币国际化条件下的国际清算资金电子划拨不同于国内电子资金划拨，需要我们对发行国际货币的经济体的制度进行借鉴。那么，为规范和调整货币清算中的大额电子资金划拨行为，美国、欧盟等货币国际化经济体有着怎样的立法经验？各方当事人权利和义务如何配置？相关国际机构又有哪些规定？我国目前跨境清算的电子资金划拨的法律是否能满足人民币充分国际化情况下清算的需要？应该如何进一步完善相关法律保障？这些都是值得研究的重要法律问题。

---

[1] 小额电子资金划拨也称为消费性电子资金划拨（零售电子资金划拨、借记划拨）是相对于大额电子资金划拨（商业性电子资金划拨或批发电子资金划拨、贷记划拨）而言的，但是二者之间并没有明确的数量界限，其主要区别在于服务对象、划拨方式的不同。

第一节 国际清算机制及相关法律关系分析

在对人民币清算资金划拨中当事人权利义务配置研究展开之前，有必要将货币国际清算机制的发展和模式予以简要考察。然后，结合人民币国际化清算的实际，厘清人民币国际化清算中所涉当事人之间的主要法律关系，为人民币清算资金电子划拨中当事人权利义务配置研究提供基础。

一、国际清算的发展历程

国际清算是指因跨境贸易、跨境投资及跨境金融交易等所发生的国际债权债务，通过支付清算系统和相应的结算工具进行清算，实现资金跨境转移的行为。[1] 国际清算业务是伴随着经济金融全球化的不断发展而发展起来的，并随着电子信息等科技的进步，不断向着安全、高效的方向发展。

（一）早期的国际清算

20 世纪 70 年代以前的早期国际清算主要分为三个阶段。一是贵金属清算。18 世纪，世界主要是以金、银等贵金属充当世界货币，实行的是以黄金和白银为国际货币的复本位制（Gold and Silver Bimetallism），通过贵金属的直接运送来清算国际的债权债务。19 世纪，复本位制向金本位制（Gold Standard）过渡，到 1914 年时，实行金本位制的国家达 59 个，黄金自由流通，充当国际清算的主要支付手段。二是纸币清算。纸币是各国普遍使用的货币形式，英镑、美元等可自由流通的纸币，都曾担负过或正担负着跨境清算的国际货币职能。三是纸质转账清算。随着国际银行业的不断发展，为了克服贵金属和纸币清算风险大、效率低、成本高的不足，国际支付清算业务逐步进入纸质转账清算阶段。订有双边协定或多边贸易协定（如 1950 年成立的欧洲支付同盟等）的国家或地区的银行间使用各种纸质支付工具，通过纸质账户轧差和资金划拨来清算债权债务关系。在纸质转账清算阶段，纸质单据是重要载体，但由于贸易条件的多样化，单据制作、审核、传递等要花费更多的人财物及时间。

---

1 曹红辉、田海山：《支付结算理论与实务》，中国市场出版社，2014，第 195 页。

（二）电子资金划拨清算

电子数据交换技术（Electronic Data Interchange，EDI）诞生于 20 世纪 60 年代，到 70 年代时，电子数据交换技术开始广泛运用于银行支付与结算系统中，大大提高了国际清算的效率。1973 年 5 月，在布鲁塞尔依据比利时法律成立的环球银行金融电信协会（Society for Worldwide Interbank Financial Telecommunications，SWIFT），开始为银行间会员多种货币的资金清算等业务提供电子数据交换技术通信服务。世界各大银行的电子清算中心大都设有直线电传，通过电脑联机自动转拨电传系统，快速地传递资金划拨信息。[1]

传统纸质票据资金划拨与电子资金划拨的共同点在于：从付款人到收款人的划拨是通过借记付款人的银行账户和贷记收款人的银行账户得以实现的。但是，票据资金划拨与电子资金划拨也存在重要区别。票据在出票后，收款人向银行提示票据后才开始资金划拨的程序，即票据的资金划拨是由收款人发动的。这种由资金划拨收款人发动银行程序的资金划拨称为借记划拨（Debit Transfer）。在电子资金划拨中，发动资金划拨的是付款人，它向银行发出支付命令，指示银行借记付款人自己的账户并贷记收款人的账户。这种由付款人发动银行程序的资金划拨称为贷记划拨（Credit Transfer）。可见，计算机在资金划拨中的广泛应用使支付产生了巨大的变化。联合国国际贸易法委员会秘书处指出，这一变化从支付工具上讲，更多地使用电子支付命令；从支付方式上讲，从普遍使用借记划拨转变为普遍使用贷记划拨。[2]

实际上，借记划拨的付款指令也可通过电子工具传递，贷记划拨的付款指令也可通过纸面工具传递。诸如公用事业费及其他费用的定期支付，一般都是由付款客户预先授权，允许银行在特定发起人发出电子资金划拨指令时，借记其银行账户。虽然如此，目前通过电子工具传递支付指令的贷记划拨支付方式普遍应用于 Fedwire、CHIPS、TARGET 2、HVPS 等大额电子资金划拨系统。在大额电子资金划拨中，"电子"与"纸基"这两种支付工具的差别小于"贷记划拨"与"借记划拨"的差别。从某种意义上说，贷记划拨与大额电子资金划拨是同义词。正因为如此，以大额电子资金划拨为其调整对象的美国《统一

---

[1] 曹红辉、田海山：《支付结算理论与实务》，中国市场出版社，2014，第 197—199 页。
[2] 刘颖：《电子资金划拨法律问题研究》，法律出版社，2001，第 138 页。

商法典》第 4A 编将其调整对象界定为贷记划拨，联合国国际贸易法委员会也将其 1992 年通过的调整国际电子资金划拨的示范法定名为《国际贷记划拨示范法》。[1]

二、当前国际清算机制及法律解析

（一）国际清算典型模式

国际清算的目的是通过位于不同国家或地区的银行在货币清偿地往来账户余额的增减变化来结清债权债务关系。根据银行之间清算借助的支付系统的不同，国际清算可分为通过清算机构的清算和代理银行的内部转账两种模式。

1. 通过清算机构清算模式

通过清算机构清算是指通过清算公司或类似的机构进行清算，如美国CHIPS、欧盟 TARGET 2 的运营机构。通过清算机构清算的国际清算流程和主要参与方如图 7-1 所示，A 国的汇款人（发端人）指示其开户银行向 B 国收款人支付一笔款项。汇款人银行（发端人银行）将汇款人的汇款指示通过SWIFT 发送给其代理行（汇款人银行代理行、中间银行），该代理行借记汇款

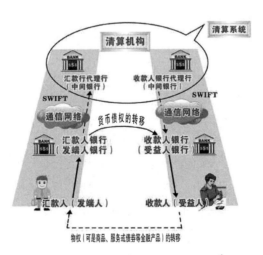

图 7-1　国际清算通过清算机构的流程[1]

---

1 刘颖：《电子资金划拨法律问题研究》，法律出版社，2001，第 141 页。

2 苏宗祥、徐捷：《国际结算》，中国金融出版社，2015，第 60 页。

行账户后将该笔付款指令传送给清算机构（支付系统运营机构），在清算机构内完成资金清算后，该笔款项进入收款人银行的代理行（中间银行）的账户，收款人银行的代理行根据指示通过 SWIFT 将汇款信息发送给收款人银行（受益人银行），同时贷记收款人（受益人）银行的账户，最终银行将款项解付给收款人（受益人）。

2.代理银行内部转账（Book Transfer）模式

如果汇款银行与收款银行均在某家代理银行开有账户，资金的流动可以不经过银行间支付系统，仅在代理行的账面进行调整处理，具有速度快、成本低的特点。如图 7-2 中，假设汇款人银行和收款人银行在代理行——汇丰银行（HSBC）纽约分行都开有美元账户。汇款人银行将汇款人的汇款指令通过 SWIFT 发送给汇丰银行纽约分行，则可通过内部转账的清算方式，由汇丰银行纽约分行直接借记汇款人银行的账户并同时贷记收款人银行的账户，资金的清算无须通过 Fedwire、CHIPS 支付系统，而仅通过行内支付系统即可完成。

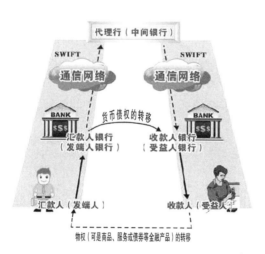

图 7-2　国际清算代理银行内部转账清算流程[1]

（二）所涉主要核心法律概念及当事方

图 7-1 和图 7-2 所涉每个交易方及其行为在相关法律中都有特定的法律定义。因在美元等国际货币的跨境清算中，通过清算机构清算的模式占据绝对主

1　苏宗祥、徐捷：《国际结算》，中国金融出版社，2015，第 60 页。

导地位，我们主要以图 7-1 为基础，并置于人民币跨境清算背景之中进行解析，但两图中所涉当事人法律概念一致。同时，为了更直观、更清晰地说明人民币国际化清算中所涉主要法律概念、各参与方的主要法律关系及其权利、义务，以下将图 7-1 借助于一个虚拟的人民币跨境结算案例进行情景展现。

1. 虚拟的人民币跨境结算案例

虚拟的人民币跨境结算案例是：（1）中国大陆的电脑公司 A，向境外芯片公司 B 购买价值人民币 100 万元的芯片用于生产电脑。芯片公司 B 将芯片交给电脑公司 A，电脑公司 A 以资金转账向芯片公司 B 付款。（2）电脑公司 A 通过境内开户行 C 向芯片公司 B 的开户行 D（该银行为境外银行）进行付款。（3）电脑公司 A 通知其开户行 C 向芯片公司 B 的开户行 D 支付 100 万元人民币。支付指令包括芯片公司 B 的名称和账号，芯片公司 B 的开户行 D 的名称和代号等。（4）由于电脑公司 A 的开户行 C 和芯片公司 B 的开户行 D 没有直接的账户关系，需分别通过中间银行 E（汇款人银行代理行）和中间银行 F（收款人银行代理行）进行付款和收款。（5）在通过中间银行 E 和中间银行 F 进行付款和收款时，需要通过我国境内的 HVPS 或 CIPS 进行清算和结算，并通过 SWIFT 传递支付信息。需要说明的是，为了更全面反映人民币国际清算中所涉主要法律概念、各参与方的主要法律关系及其权利、义务，本案例的设计考虑了极端情况，人民币跨境结算并不都需要中间银行。下面将借助该案例来说明人民币国际化清算中所涉主要法律概念。

2. 美国《统一商法典》第 4A 编和《国际贷记划拨示范法》中核心法律概念及当事方

作为最有影响的调整大额电子资金划拨的法律，美国《统一商法典》第 4A 编对大额电子资金划拨中，每个交易参与方及其支付行为都给予了特定的法律定义。图 7-1 和虚拟的人民币跨境结算案例中，汇款人（中国大陆电脑公司 A）对收款人（芯片公司 B）的付款在《统一商法典》第 4A 编中是一个典型的"资金划拨"（Funds Transfers）行为。作为核心概念的"资金划拨"是指全部的"从发端人的支付命令开始，以向该支付命令的受益人进行支付的一系列交易"[1]。它包括由发端人银行和中间银行签发的支付命令，因为这些支付命令是用来执行

---

1 See UCC Article 4A -104（a）.

发端人的支付命令。即一个资金划拨是由一系列可以单独识别的支付命令构成。[1] 从以上资金划拨的法律定义来看，电子资金划拨的核心是支付命令或支付指令。在《统一商法典》第 4A 编中"支付命令"是指由发送人将确定的或可确定的资金交由受益人支配的无条件指令，其形式不限（口头方式、电子方式或书面方式均可）。[2,3] 图 7-1 和虚拟的人民币跨境结算案例中，"资金划拨"包括由汇款人银行（电脑公司 A 的开户行 C）、中间银行签发的支付命令，这些支付命令是用来执行汇款人（中国大陆电脑公司 A）的支付命令。

　　大额电子资金划拨主要当事方包括：一是发端人（Originator）。发端人指在一项资金划拨中第一个资金划拨命令的签发人。在图 7-1 中，汇款人就是发端人。人民币国际化清算中发端人一般是债务人。在虚拟的人民币跨境结算案例中就是中国大陆的电脑公司 A。二是发端人银行（Originator's Bank）。发端人银行就是发端人的支付命令的接收银行。在图 7-1 中，发端人银行就是汇款人银行，在虚拟的人民币跨境结算案例中就是中国大陆的电脑公司 A 的境内开户行 C。发端人银行一般是人民币国际化清算中债务人划拨命令的接收银行。在目前的人民币国际化清算中，境内结算银行、境内代理银行、境外参加银行或境外人民币清算行都可承担发端人银行角色。三是中间银行（Intermediary Bank）。在支付命令的传递过程中，中间银行是指位于发端人银行和受益人银行这两个末端银行之间的接收银行。在一项资金划拨中，中间银行不是必须的，也可以是一家或多家。在目前的人民币国际化清算中，境内代理银行以及中银香港等境外人民币清算行都有可能是中间银行。在虚拟的人民币跨境结算案例中有汇款人银行代理行、收款人银行代理行两家中间银行。四

1　James Brook, *Payment System: Examples and Explanations*, Aspen Publishers Inc., 2003, p.352.

2　UCC Article 4A -103（a）.

3　根据《统一商法典》第 4A 编对"支付命令"的定义，《统一商法典》第 4A 编中的支付命令必须是无条件的。因此，第 4A 编是否适用的一个重要决定因素是：支付命令是有条件的还是无条件的。对该问题已经有了一些重要的诉讼。在 Piedmont Resolution, L.L.C. v. Johnston, Rivlin & Foley 案中，Piedmont（银行客户）是一起银行票据诈骗案受害者，通过 SWIFT 的资金划拨被骗 300 万美元。如果划拨指令受《统一商法典》第 4A 编管辖，一旦支付指令被接受，资金的所有权将转移给受益人银行。追索权（Recourse）将主要依据第 4A 编的损失分配规则进行。虽然通过 SWIFT 的资金划拨一般是无条件的（即应为第 4A 编所管辖），但在该案中却不是无条件的。法院认为本案中的资金划拨可以被视为有条件的，即使使用 SWIFT 进行了资金划拨，也不受第 4A 编的管辖。See Fred H. Miller, Alvin C. Harrell, *The Law of Modern Payment Systems*, St. Paul, Thomson West, 2003, pp.472–474.

是受益人银行（Beneficiary's Bank）。受益人银行也称为目的银行，是支付命令中指定的直接向受益人支付的银行。在图 7-1 中，也就是收款行。受益人银行一般是人民币国际化清算中债权人的收款行。在目前人民币国际化清算中，境内结算银行、境外参加银行或境外人民币清算行都可担任受益人银行。在虚拟的人民币跨境结算案例中，受益人银行是芯片公司 B 的开户行 D。五是受益人（Beneficiary）。受益人指发端人在支付命令中指定的贷记划拨的收款人。贷记划拨的目的是为了偿还发端人所欠受益人的债务，在人民币国际化清算中受益人一般是债权人，也就是图 7-1 中的收款人，在虚拟的人民币跨境结算案例中就是境外芯片公司 B。

此外，《统一商法典》第 4A 编还规定了"发送人"与"接收银行"两个与支付命令密切联系的一个概括性称谓。"发送人"指向接收银行发出指令之人，发端人、发端人银行及中间银行都可以是发送人。在人民币国际化清算中，除债权人和债权人银行外，因跨境交易而产生债权债务关系的各方当事人，都可以是发送人。在虚拟的人民币跨境结算案例中，电脑公司 A 及其境内开户行 C、中间银行 E 和中间银行 F 都是发送人。而"接收银行"指发送人的指令发往的银行，即发送人指令的接收者。在图 7-1 中，汇款人银行、收款人银行及其两者的代理行都是接收银行。在人民币国际化清算中，境内结算银行或境外参加银行或境外人民币清算行也都可以是接收银行。在虚拟的人民币跨境结算案例中，电脑公司境内开户行 C、中间银行 E 和中间银行 F、芯片公司 B 的开户行 D 都是接收银行。

《国际贷记划拨示范法》，也采用了《统一商法典》第 4A 编所创造的贷记划拨、支付命令等核心法律概念及发端人、发端人银行、中间银行等当事人的概念。

3. 欧盟《支付服务指令 2》中核心法律概念及当事方

欧洲议会和欧盟理事会 2007 年制定的《支付服务指令》及 2015 年在对《支付服务指令》等进行修订基础上发布的第 2015/2366/EU 号指令——《支付服务指令 2》（2018 年 1 月 13 日施行），均使用了"支付服务""支付交易"等核心法律概念。根据《支付服务指令 2》附件 1 的规定，支付服务包括：（1）向支付账户存入现金及所需的对该支付账户的所有操作行为；（2）从支付账户中取出现金及所需的对该支付账户的所有操作行为；（3）支付交易的执行，包括一个支付账户使用者的支付服务提供者和另一个支付服务提供者之间的资金划拨（含直接借记和贷记划拨的执行、通过支付卡或类似工具的支付交易执行）；（4）支付服务使用者信贷额度（Credit Line）所覆盖的支付交易的执行（含直接借记和贷记划拨的执行、通过支付卡或类似工具的支付交易执行）；（5）支付工具的签发、支付交易的获取；（6）汇款；（7）支付发起服务；（8）账户信息服务。[1] 在图 7-1 和虚拟的人民币跨境结算案例中，中国大陆的电脑公司 A 的开户行 C（汇款人银行）、芯片公司 B 的开户行 D（收款人银行）、中间银行 E（汇款人银行代理行）和中间银行 F（收款人银行代理行）在中国大陆的电脑公司 A 向境外芯片公司 B 转账支付过程中，都提供了支付服务。而支付交易是指付款人或由收款人发起，存放、转移或提取资金的行为，与付款人和收款人之间任何基础义务无关。[2] 显然，《支付服务指令 2》中支付服务和支付交易的概念已把贷记划拨和借记划拨包含在内。在图 7-1 和虚拟的人民币跨境结算案例中的国际清算，就属于贷记转账的支付服务，也是由付款人（电脑公司 A）发起的支付交易。《支付服务指令 2》第 4 条对支付命令等一些核心概念进行了明确。支付命令是指付款人或收款人对支付服务提供者作出的要求执行支付交易的指示。[3]

《支付服务指令 2》中主要当事方包括：一是付款人。付款人指持有付款账户，允许或指令从其付款账户支付的自然人或法人，或没有付款账户，发出支付指令的自然人或法人。[4] 在图 7-1 和虚拟的人民币跨境结算案例中，付款人也就是汇款人（中国大陆的电脑公司 A），即人民币国际化清算中的债务人。二是收款人。收款人指有意接收支付交易所付资金的自然人或法人。[5] 在图 7-1 和虚拟的人民币跨境结算案例中，收款人就是受益人（境外芯片公司 B），即人民币国际化清算中的债权人。三是支付服务提供者。支付服务提供者包括信贷机构（商业银行和电子货币机构）、邮政汇款机构、中央银行、欧盟成员国或其地区的货币当局等。[6] 支付服务提供者是一个概括性称谓，图 7-1 和虚拟的人民币跨境结算案例中汇款人银行（电脑公司 A 的开户行 C）、收款人银

1　See Directive（EU）2015/2366, ANNEX I.

2　Directive（EU）2015/2366, Article 4（5）.

3　Directive（EU）2015/2366, Article 4（13）.

4　Directive（EU）2015/2366, Article 4（8）.

5　Directive（EU）2015/2366, Article 4（9）.

6　See Directive（EU）2015/2366, Article 4（11）and Article1（1）.

行（芯片公司 B 的开户行 D）及代理行（包括中间银行 E 和中间银行 F）都是支付服务提供者。四是支付服务使用者。支付服务使用者是以付款人、收款人或两者身份使用支付服务的自然人或法人。[1]支付服务使用者也是一个概括性称谓，在图 7-1 和虚拟的人民币跨境结算案例中，汇款人（电脑公司 A）、收款人（芯片公司 B）都是支付服务使用者。

4. 相关核心法律概念和主要当事人的比较

《统一商法典》第 4A 编和《支付服务指令 2》反映资金清算实质的核心法律概念有同也有异。相同之处包括：从名称上讲，两部法律都有"支付命令"等核心概念。不同之处包括：在支付结算的概括性名称上，《统一商法典》使用的是"资金划拨"，而《支付服务指令 2》使用的是"支付交易"。实际上，依据资金从一个银行账户到另外一个银行账户，无论是否是同一个或两个不同的银行，通过银行系统的支付交易可以描述为"资金划拨"。依据指令怎样与付款人银行联系，资金划拨分为借记和贷记划拨。在借记划拨中联系的信息流和资金流是相反的，但在贷记划拨中是同向的。因此，两者在支付意义上没有本质上的不同。不同的是，《统一商法典》第 4A 编将"资金划拨"仅限于贷记划拨。

在当事人名称方面，美欧的表述虽然不同，但也有一定的对应性。《统一商法典》第 4A 编中的"发端人""受益人""发端人银行""受益人银行"，分别相当于《支付服务指令》中的"付款人""收款人""付款人支付服务提供者""收款人支付服务提供者"。[2]整体来看，支付服务提供者绝大多数是银行或者存取机构，因此，支付服务提供者与银行有时可交替使用。[3]在支付命令内涵上，《统一商法典》第 4A 编强调支付命令不包括除支付时间以外的其他任何条件，而《支付服务指令 2》对支付命令没有强调无条件性。之所以会有以上不同，主要是这两部法律调整的范围不同，从而导致需要表述的法律概念要有所不同所致。《统一商法典》第 4A 编主要是调整"从发端人的支付命令开始，以向

1　See Directive（EU）2015/2366, Article 4（10）.

2　Benjamin Geva, "Payment Transactions Under the EU Payment Services Directive: AU. S. Comparative Perspective", *Penn State International Law Review,* 2009, 127, p.721.

3　Benjamin Geva, "Payment Transactions Under the EU Payment Services Directive: AU. S. Comparative Perspective", *Penn State International Law Review,* 2009, 127, p.715.

该支付命令的受益人进行支付的一系列交易"的贷记资金划拨关系，且第 4A
编第 108 条明确将《1978 年电子资金划拨法》消费者交易排除在外。而《支
付服务指令 2》适用的范围包括借记转账、贷记转账等各类支付服务。

三、人民币国际化清算中的主要法律关系

（一）客户之间（汇款人和收款人）的关系

在虚拟的人民币跨境结算案例中，中国大陆的电脑公司 A（汇款人）之所
以要向境外芯片公司 B（收款人）进行资金划拨，是因为这两者之间存在着一
种基础的债权债务关系。而该债权债务关系的基础是电脑公司 A 和芯片公司
B 之间的芯片买卖合同，即根据买卖合同的要求，芯片公司 B 有向电脑公司
A 交付（转移标的物芯片的所有权）价值为 100 万元人民币的芯片的义务，相
应地，电脑公司 A 有向芯片公司 B 支付 100 万元人民币的义务。需要特别说
明的是，电脑公司 A 和芯片公司 B 之间的合同关系与它们和银行之间的合同
关系是不同的。电脑公司 A 和芯片公司 B 分别通过它们各自的银行账户进行
资金划拨，构成资金划拨关系，其目的是为了履行基础合同义务。

（二）银行与客户之间的关系

无论客户之间债权债务关系如何复杂，客户与银行之间的关系都可区分为
两类情况，一是开立银行账户和向该账户转入资金，通常为存款关系；二是银
行接受客户指令划出资金，通常为资金划拨关系。[1] 在虚拟的人民币跨境结算
案例中，电脑公司 A 与开户行 C 首先是一种存款关系，该种关系始于账户的
开立和资金的存入。银行与客户围绕着账户建立的最基本法律关系是存款合同
关系。之所以说存款关系是银行与客户之间最基本的法律关系，不仅在于银行
与客户的关系始于账户的建立即存款关系的确立，银行要发展各项业务，客户
要从银行取得各项服务一般都需以账户的开立为始发点。更为关键的是，银行
与客户关系的维系依赖于账户的存在，也就是依赖于存款关系的存在。因此，
把握存款关系正是理解银行与客户关系的基础和关键。

而在资金划拨关系中，当银行根据客户的指示，向第三人付款或代收票据
时，银行是以客户代理人的身份出现的，故二者的法律关系是本人与代理人之

---

[1] 韩龙：《离岸金融的法律问题研究》，法律出版社，2001，第 46 页。

间的关系。[1] 在这种代理关系中，汇款人银行承担的主要义务之一是谨慎娴熟地（with care and skill）进行资金划拨。谨慎娴熟义务包括三个方面：按照客户指示行事的义务；与可信赖的代理行往来的义务；及时划拨资金的义务。[2] 我国《电子支付指引（第一号）》（中国人民银行公告〔2005〕第 23 号）第 6 条第 1 款规定，"发起行"是指接受客户委托发出电子支付指令的银行。很明显，根据以上分析和规定，我国将银行根据客户的指示收付款时的关系，定位为一种委托代理合同关系。但是，一旦收款人委托收取的款项收进以后，收款人与收款人银行二者之间的关系即成为存款合同关系。[3] 而在美国《统一商法典》第 4A 编和《国际贷记划拨示范法》，将这种代理关系在法律上明确为"资金划拨关系"或"贷记划拨关系"，详见下节详述。

需要特别说明的是，在银行间资金划拨中，除了银行与直接的客户关系外，还存在银行对没有直接合同关系的客户责任问题。在美国《统一商法典》第 4A 编施行前的 Securities Fund Services Inc. v. American National Bank and Trust Company of Chicago 一案中，原告 Securities Fund Services Inc.（以下简称 Securities Fund）（资金划拨的发端人）是一家证券登记公司，1980 年 10 月 14 日，原告收到一项声称是某公司股东的人签发的载有伪造签名的指令，指示其卖出约 200 万美元公司股票，并将所得资金以电子方式划拨到该股东在被告银行 American National Bank and Trust Company of Chicago（以下简称 American National Bank）（受拨人银行或受益人银行）开立的某编号账户上。原告执行了该交易，并指示 New England Merchants National Bank of Boston（划拨人银行或发端人银行）将这笔资金电子划拨到被告银行，被告银行将其贷记编号账户。然而，事实是该编号账户的持有人却不是公司股东。被告银行的账户持有人知道其账户贷记约 200 万美元后，根据其事前与欺诈人达成的买卖合同，将相应价值的钻石和珠宝交付给欺诈人。原告请求被告返还划拨的金额，从而引起诉讼。

审理该案的法院认为，被告即受拨人银行实际上是划拨人银行的收款银行（Collecting Bank），而划拨人银行是原告支付资金的托管代理人（Custodial

---

1　盛学军：《银行与客户的法律关系》，《现代法学》1999 年第 6 期。
2　韩龙：《离岸金融的法律问题研究》，法律出版社，2001，第 47—49 页。
3　韩龙：《离岸金融的法律问题研究》，法律出版社，2001，第 52 页。

Agent），原告也应视为被告受拨人银行的客户。因此，无论是依据过失理论还是合同理论，被告受拨人银行都应对原告的直接损害赔偿承担责任，即返还划拨的款项。根据过失理论，在进行电子资金划拨时，被告对原告负有注意义务，而被告却在账户号码和名称不一致，且没有询问原告、划拨人银行、某公司股东的情况下将资金贷记到编号账户。而根据合同理论，被告对作为划拨人银行和原告承担责任。因此，被告应将资金划拨到出售股票的真正所有人的账户上。Securities Fund 案的关键在于，在电子资金划拨中出现欺诈时，法院承认受拨人银行在一定条件下应对划拨人银行的客户承担责任。[1]

在货币跨境清算中，我国也出现了涉及银行对与没有直接合同关系客户责任的案例。喜宝集团控股有限公司（以下简称"喜宝集团"）诉中国农业银行股份有限公司青岛城阳支行（以下简称"农行城阳支行"），就是其中的代表性案例。2009 年 3 月 30 日，原告喜宝集团申请中国银行（香港）有限公司（以下简称"中银香港"）从其在该行所开立的外币活期储蓄存款账户分三笔电汇支付 180 万美元、140 万美元、180 万美元，收款银行为农行城阳支行，收款人名称为青岛荣星投资管理有限公司（以下简称"荣星公司"），收款人账号为 3810××××××××××4274，给收款人附言为投资款（法院查明实际为外币借款）。汇出行中银香港于 2009 年 3 月 30 日向被告即汇入行发出 MT103 电汇报文，被告于当日收报，并在系统中打印贷记通知书，将上述三笔汇款入账至荣星公司在该行所开立的账号为 3810××××××××××4274 外汇资本金账户内。后因原告发现荣星公司有诈骗嫌疑，遂全力追款，并于 2009 年 4 月 6 日、4 月 15 日两次分别以收款公司无经营范围和收款人名称错误为由向汇出行中银香港提出退汇申请，被告农行城阳支行收到汇出行电文后，联系荣星公司退汇事宜，但均被荣星公司拒绝。2009 年 4 月 16 日，原告 500 万美元的汇款结汇，其中 371 万美元被荣星公司违法占有并迅速转移，且公司人员下落不明，无奈原告将荣星公司诉至山东省青岛市中级人民法院。法院判荣星公司败诉，但法院仅执行回 129 万美元。由于荣星公司未有其他可以执行的财产，青岛市中级人民法院于 2010 年 9 月 10 日裁定终结该案执行。后原告以被告农行城阳支

1 Robert C. Effros, "A Banker's Primer on the Law of Electronic Funds Transfers", *Banking Law Journal*, 1988, pp.530–534.

行存在严重的违约和违章行为为由，[1]诉请判令被告赔偿原告 371 万美元。在审理中，青岛市中级人民法院认为尽管原、被告之间未直接以书面或口头形式订立合同，但根据跨境结算的特征以及双方从事的民事行为，可以认定原、被告作为银行结算合同关系主体与其他方共同实施跨境结算。本案争议焦点为：银行在办理结算时对于指定收款人与实际收款人名称表面不完全一致，导致指定收款人与实际收款人不符（指定收款人为青岛荣星投资管理有限公司，实际收款人为青岛荣星投资管理有限责任公司）的特定情形予以解付是否应当承担民事责任。虽然本案法院最终判决，原告的损失非被告的过错造成，被告不承担赔偿责任，但银行对与没有直接合同关系的客户责任问题显露出来。[2]

（三）银行之间的关系

在虚拟的人民币跨境结算案例中，银行之间的关系主要包括：电脑公司 A 的开户行 C 与中间银行 E 的关系、中间银行 E 与中间银行 F 的关系、中间银行 F 与芯片公司 B 的开户行 D 之间的关系。这些银行之间是什么性质的法律关系呢？按照代理的一般规则，代理人没有本人的明示或默示授权，不能再授权、再指定代理人代理本人从事任何交易。依此规则，划拨行没有客户授权就不能让其他银行协助划拨。这一规则在付款人与收款人在划拨行同时开立账户的情况下不会遇到很大的问题。超出这一情形就需要其他银行的介入。对此，普通法目前的态度是，只要需要代理行进行再代理，划拨行就被认为从客户那里获得了为资金划拨而指定代理行作为再代理人的默示授权，原因有二：一是划拨的性质决定了如果不指定再代理划拨就无法进行，由此可以推测客户有意让划拨进行再授权；二是使用再代理来协助划拨行划拨资金，是离岸货币市场的通行做法。[3]

《跨境贸易人民币结算试点管理办法》（中国人民银行公告〔2009〕第

---

1 原告认为被告违背了《支付结算办法》第 16 条和第 166 条的规定，导致指定收款人与实际收款人不符（本案中指定收款人"青岛荣星投资管理有限公司"与实际收款人"青岛荣星投资管理有限责任公司"之间存在表面上不完全一致）；违背《中国农业银行外汇汇款业务操作规程》第 21 条第 2 款、第 37 条的规定，未尽审核义务、主动查询义务、主动退汇义务，在不具备解付的条件下予以解付，导致损失发生。

2 《喜宝集团控股有限公司诉中国农业银行股份有限公司青岛城阳支行银行结算合同纠纷案》，《最高人民法院公报》2014 年第 12 期。

3 韩龙：《离岸金融的法律问题研究》，法律出版社，2001，第 48—49 页。

10 号）第 9 条规定："试点地区内具备国际结算业务能力的商业银行（以下简称"境内代理银行"），可以与跨境贸易人民币结算境外参加银行（以下简称"境外参加银行"）签订人民币代理结算协议，为其开立人民币同业往来账户，代理境外参加银行进行跨境贸易人民币支付。"从以上分析和规定来看，在人民币跨境结算中，境内代理银行和境外参加银行是代理合同关系。代理行是按划拨行的指示行事的，因而也是划拨行的代理人，前述有关代理人审慎娴熟义务等规则对代理行亦适用。也就是说，代理行（可以是本案例中的中间银行 E、中间银行 F、开户行 D）有义务按其被代理人即划拨行的授权行事，并应当具有相同情况下同业银行所具有的审慎娴熟。[1] 同时，如果本案例中，所涉支付系统为 CIPS，而中间银行 E 与开户行 C 分别为 CIPS 的直接参与者和间接参与者时，2018 年 5 月中国人民银行发布的《人民币跨境支付系统业务规则》第 24 条规定："银行类直接参与者应当根据其客户指令或间接参与者的委托等，以逐笔或批量方式通过 CIPS 办理支付业务。"很明显，人民币国际化清算中，CIPS 直接参与者的银行与作为间接参与者的银行之间是一种代理合同关系。

（四）银行与清算机构之间关系

支付清算系统一般由中央银行、一家大银行或银行集团或银行协会等来组建和经营。该系统的运营者根据制订的规则或根据与参与银行订立的格式合同，为参与银行或其他机构提供清算服务。目前，我国与人民币国际化清算密切相关的银行间支付系统，主要是 HVPS 和 CIPS。其中，HVPS 由中国人民银行授权清算总中心运行。而 CIPS 由跨境银行间支付清算（上海）有限责任公司负责运营，该机构为公司制企业法人，目前股东只有一个，为中国人民银行清算总中心。[2] 运营支付系统的清算机构和其成员之间主要是服务合同关系，内容主要是资金的清算结算。如《大额支付系统业务处理办法》第 12 条规定："贷记支付业务由付款行发起，经发起清算行发送大额支付系统，大额支付系统完成资金清算后，将支付业务信息经接收清算行转发收款行。"《人民币跨境

1　韩龙：《离岸金融的法律问题研究》，法律出版社，2001，第 49 页。

2　中国人民银行清算总中心是中国人民银行直属的事业法人单位。目前，清算总中心负责建设、运行、维护、管理的支付清算系统包括：大额支付系统（HVPS）、小额支付系统（BEPS）、全国支票影像交换系统（CIS）、境内外币支付系统（CFXPS）、电子商业汇票系统（ECDS）等。

支付系统业务规则》第 4 条规定："CIPS 为其参与者的跨境人民币支付业务和金融市场业务等提供资金清算结算服务。"《人民币跨境支付系统参与者服务协议》第 3 条规定："本协议适用于甲方向乙方提供的人民币跨境资金清算结算服务等"。那么，清算机构与银行的协议具有什么性质？借鉴美国《统一商法典》，该法典第 4A 编第 206 条第（a）款规定："如果发往接收银行的支付命令传送到资金划拨系统或其他第三方通信系统以传送给该银行，那么，该系统视为以传送支付命令到该银行为目的的发送人的代理人。"以此审视，清算机构与直接参与银行的服务协议具有代理合同的性质。

（五）银行与通信网络机构之间关系

银行间的电子资金划拨实质上是借助网络信息技术进行的跨行资金信息转移。为了开展国际电子资金划拨业务，银行通常都要与一家或数家通信网络机构订立合同。其中，SWIFT 是 1973 年为了解决跨境金融通信不能适应国际支付清算的快速增长，而由美国、加拿大和欧洲 15 个国家的 239 家银行发起设立的非营利性组织，SWIFT 设计、建立和管理的国际网络已成为各类国际结算业务通信主渠道。目前，SWIFT 为全球 200 多个国家或地区的 10000 多家金融机构提供信息传递服务。在虚拟的人民币跨境结算案例中，就是通过 SWIFT 传递支付信息的。

SWIFT 依据共同的合同框架为全球的使用者提供信息传递服务，使用的是与 SWIFT 用户协商制定的标准合同文本。合同文本的内容一般主要包括：通信程序的要求、信息电文格式、违约的责任、信息的保密、信息电文存储等。从以上合同内容来看，双方合同关系的性质应当是以提供资金信息发送转移及相关服务为内容的服务合同关系。[1] 就更具体的合同性质而言，在美国《统一商法典》第 4A 编中，根据第 206 条第（a）款"如果发往接收银行的支付命令传送到资金划拨系统或其他第三方通信系统以传送给该银行，那么该系统视为以传送支付命令到该银行为目的的发送人的代理人"之规定，SWIFT 与服务的银行之间是一种代理服务合同关系。就我国来说，目前法律上对银行与通信网络机构之间的合同关系的性质没有明文规定。但实践中，一般也将其作为代理合同关系看待。

---

1 韩龙：《离岸金融的法律问题研究》，法律出版社，2001，第 53—54 页。

第二节　国际清算中电子资金划拨权利义务配置的域外实践及启示

国际清算是随着跨境货物、服务、投资及金融交易而产生的，目前其占主导地位的清算方式是国际银行间的大额电子资金划拨。美欧等货币国际化经济体是跨境大额电子资金划拨技术的先行者，也是相关跨境大额电子资金划拨规则的主要制定者，并在 CPSS 等支付清算国际机构中居主导地位。因此，对美欧等货币国际化经济体及相关国际机构的规定进行分析、比较，对人民币国际化清算中的大额电子资金划拨制度的建构具有重要的借鉴、参考价值。

一、国际清算中电子资金划拨权利义务配置的域外实践

（一）美欧及国际机构有关国际大额电子资金划拨的主要规定

1. 美国的主要法律

在美国，适用于美元国际清算的法律主要有：

一是联邦和州法。鉴于美国特殊的历史条件和历史沿革，美国的各州在立法方面享有很大的权力，凡宪法未授予联邦或未禁止各州行使的权力，均属于各州。为统一各州商事法律，便利美国的"经济全球化"，1952 年美国法律协会（ALL）和美国统一州法全国委员会（NCCUSL）拟定了美国《统一商法典》作为示范法供各州采纳。其中《统一商法典》第 4A 编——"资金划拨"正式文本在 1989 年发表后，快速得到了所有的州和哥伦比亚特区采用，使得第 4A 编成为《统一商法典》中被采用最广的一编。[1]目前，直接适用于 CHIPS 大额资金划拨的法律是《纽约统一商法典》。此外，美国的其他法律也可能会影响 CHIPS 参与者的权利和义务。这其中就包括了《多德—弗兰克法》《破产法》《国际紧急经济权力法》等。

二是联储规章。根据《统一商法典》第 4A 编第 107 条规定，美联储的规章和其联邦储备银行的操作规则，在与第 4A 编不一致时优于第 4A 编的规定。因此，美联储的规章在大额电子资金划拨中具有重要的法律地位。如美联储 J 条例（Regulation J）对 Fedwire 资金转账服务系统中，金融机构及美联储的权

---

[1] 吴兴光、蔡红、刘睿等：《美国〈统一商法典〉研究》，社会科学文献出版社，2015，第 292 页。

利和义务作出了规定。此外，美国财政部海外资产控制办公室（OFAC）发布的各种反洗钱法规，[1]也适用于通过 CHIPS 的资金划拨。

三是支付系统规则。资金划拨系统的规则是调整系统参与者之间资金划拨关系的主要依靠。现行的《CHIPS 规则》共有22条，对 CHIPS 支付信息的传递、储存、接收、法律选择、收费、赔偿责任、结算、应急处置、运行时间、参与者请求权等进行了系统全面的规定。此外，为了更好解决 CHIPS 参与者之间因美元结算引起的索赔，CHIPS 公司制定了《CHIPS 银行间赔付规则》，无论付款的原始来源或最终受益人是本国或外国人，也无论涉及的资金类型、交易标的的性质（例如，证券交易、外汇交易等）以及发起、处理或接受交易时所涉银行部门，该规则均适用。《CHIPS 银行间赔付规则》第 1 部分第 1 条明确规定，如果本赔付规则和其他组织的赔偿规则之间有任何冲突，本规则将适用于 CHIPS 参与者之间通过 CHIPS 的支付，除非索赔的当事人间另有协议。

2. 欧盟的主要法律

在欧盟，有关欧元国际化清算的法律主要体现在三个方面：

一是欧盟层面的法律。为了促进跨境清算效率的提升，欧洲议会和欧盟理事会于 1997 年 5 月制定了《跨境贷记划拨指令》，对个人和企业，特别是中小企业能够快速、可靠并以较低成本在欧共体内进行贷记转账进行了规定，是欧盟首部专门调整跨境贷记划拨的法律。2001 年 12 月欧盟又颁布《跨境欧元支付条例》，[2]促使跨境支付的收费标准与国内同类支付的收费标准逐步趋于相同（即所谓的国民待遇原则），以创建欧元支付单一市场。为进一步促进欧盟内货物、人员、服务和资本的流动，对分散的支付法律体系进行改革，在欧盟层面对支付服务建立一个现代、协调的法律框架，欧盟于 2007 年在整合《跨境贷记划拨指令》《电子支付行为规范建议》《关于支付系统特别是持卡人与发卡机构之间关系的建议》等基础上，制定了《支付服务指令》。[3]《支付服务指令》对欧盟成员国有关审慎监管要求、市场准入标准、信息需求、支付服务使用者

---

1 OFAC 直接隶属于美国总统战时和国家紧急情况委员会，经特别立法授权可对美国境内的所有外国资产进行控制和冻结。

2 See Regulation（EC）No. 2560/2001 of the European Parliament and of the Council of 19 December 2001 on Cross-Border Payment in Euro, Official Journal of the European Communities, 28.12.2001, L. 334.

3 See Directive 2007/64/EC of 13 November 2007 on Payment Services in the Internal Market, Official Journal of the European Union, 5.12.2007, L 319.

和提供者的权利义务进行了系统协调，奠定了欧盟支付单一市场的基石。《支付服务指令》适用于欧盟内提供的支付服务，包括国内和跨境的。

由于《支付服务指令》既包括明确的条款，也包括抽象的条款，导致了实施的困难，一些成员国附条件地实施《支付服务指令》相关条款。[1] 此外，出于对国内市场的特殊性考虑，《支付服务指令》中还有 25 个选择性条款。为了将欧元区支付清算效率提升到更高层次，欧盟在 2015 年 11 月对《支付服务指令》等进行修改完备，制定了《支付服务指令 2》。《支付服务指令 2》充分考虑了新兴的支付服务，以更好地保障支付安全、促进公平竞争和鼓励创新，并要求成员国在 2018 年 1 月 13 日前将指令转化为国内法。《支付服务指令 2》与《支付服务指令》的主要区别是：《支付服务指令 2》涵盖了由金融服务创新所形成的新支付服务方式（如支付发起服务），拓展了已存在的服务范围（如允许没有管理支付服务使用者账户的发行支付工具的支付服务提供者，根据严格的支付账户访问权限规则，进入支付账户），其适用范围将更加广泛。《支付服务指令 2》还加强了欧洲央行、欧洲银行业管理局（European Banking Authority）、欧盟成员国中央银行等管理部门在支付机构认证、监管以及信息交换等方面的合作。此外，欧洲议会和欧盟理事会还制定了《结算最终性指令》等法律。

二是成员国法律。在欧盟，欧盟指令是具有普遍适用性和约束力的法规，要求成员国通过法律、法规和行政管理规定予以落实。如比利时为落实《支付服务指令》，2009 年采取了 5 个方面的法律行动：制定支付服务法；制定支付机构法；修订金融部门和金融服务监管法；颁布有关保证支付机构自有资金的法令（Decree）；修订阻止洗钱和恐怖融资的法律。为落实《支付服务指令 2》，截至 2018 年 1 月 31 日，已有德国、法国、意大利、爱沙尼亚等 12 个国家制定或修订了相关法律。如爱沙尼亚于 2017 年 11 月通过《支付机构和电子货币机构法》《债权法》这两部法律的修订，将《支付服务指令 2》的要求转化为其国内法。

三是欧洲央行规章。欧洲央行制定了《欧洲央行泛欧自动实时全额结算系统指引》（以下简称《TARGET 2 指引》），为欧元区成员国中央银行根据

---

[1] European Commission, Report from the European Parliament and of the Council on the Application of Directive 2007/64/EC on Payment Services in the Internal Market and on Regulation（EC）No. 924/2009 on Cross-Border Payments in the Community, 2013, p.2.

其所在国法律建立和设计构成 TARGET 2 重要组成部分的实时全额结算系统（RTGS）提供了基础。《TARGET 2 指引》内容主要包括：有关 TARGET 2 运行的主要法律概念、组成系统、参与条件、参与者的权利和义务、服务收费、流动性安排、治理安排、审计规则、争议解决和法律适用等。此外，TARGET 2 协议为非欧元区国家中央银行连接 TARGET 2 提供了法律机制。

3. 国际机构的相关规定

为加快全球化背景下国际银行间电子资金划拨法律统一的进程，联合国国际贸易法委员会（UNCITRAL）秘书处 1986 年发布了《电子资金划拨法律指南》供各国立法参考，并借鉴当时唯一一部调整大额电子资金划拨的成文法——美国《统一商法典》第 4A 编，着手制订电子资金划拨的"示范法律规则"，并于 1992 年通过了《国际贷记划拨示范法》。该法受到了第 4A 编的广泛影响，其相关定义与大部分规则均源于第 4A 编。[1]

4. 美欧及国际机构法律调整方式的比较

为确保美元、欧元清算安全、高效进行，美欧两大货币国际化经济体都构建了比较完整的、多层次的适用于包含货币跨境清算的大额电子资金划拨的上述法律制度体系。

在美国，电子资金划拨立法在形式上采取了分别立法的方式，大额电子资金划拨主要由《统一商法典》第 4A 编调整，而小额电子资金划拨由 1978 年《电子资金划拨法》（EFT Act）调整。《电子资金划拨法》规定："电子资金划拨指除发端于支票（check）、汇票（draft）或类似纸质工具的交易行为以外的，通过电子终端、电话工具或计算机或磁带命令（magnetic tape）等授权金融机构借记或贷记账户的任何资金的划拨。本术语包括但不限于：销售点终端划拨（point-of-sale transfers）、自动柜员交易、直接存款或提取资金及由电话发起的划拨。"[2] 同时，《电子资金划拨法》规定"以规定个人消费者的权利为首要目标"[3]。《统一商法典》第 4A 编第 108 条相应地规定，任何由《电子资金划拨法》调整的电子资金划拨均不在第 4A 编的调整范围之内。不同于仅调整贷记划拨的《统一商法典》第 4A 编，欧盟的《支付服务指令 2》适用范围既包括贷记划拨，

---

1 闻银玲、马海荣：《电子资金划拨的立法研究》，《当代法学》2002 年第 5 期。

2 See 15 U.S.C. § 1693a（6）.

3 See 15 U.S.C. § 1693a（6）（B）.

也包括借记划拨；既包括消费性（小额）资金划拨，也包括商业性（大额）资金划拨。

从制定背景来看，联合国国际贸易法委员会对国际支付法律的关注可追溯到 20 世纪 60 年代末，到了 70 年代末有关电子资金划拨的立法开始提上议事日程。与此同时，美国开始起草《统一新支付法典》，但《统一新支付法典》因过于复杂被放弃之后，美国统一商法典常设编辑理事会决定起草仅调整大额电子资金划拨的《统一商法典》第 4A 编。与此同时，联合国关于《国际贷记划拨示范法》的工作也开始了。然而，《统一商法典》第 4A 编先于《国际贷记划拨示范法》完成。因此，《统一商法典》第 4A 编和《国际贷记划拨示范法》的起草相互影响。但总体来说，《统一商法典》第 4A 编对《国际贷记划拨示范法》的影响，要大于《国际贷记划拨示范法》对《统一商法典》第 4A 编的影响。[1] 虽然两部法律相互影响，但也有一些重要区别。如《统一商法典》第 4A 编属于美国法律，而《国际贷记划拨示范法》是国际"软法"。此外，因关注重点和制定背景不同，二者的某些规定也存在差异。如《统一商法典》第 4A 编更加关注高速、低价电子资金划拨的使用，而贷记划拨的完成则是《国际贷记划拨示范法》的关注重点，且在《国际贷记划拨示范法》的制定过程中，联合国贸易法委员会需考虑不同国家的情况，做一些折中和妥协。而《支付服务指令 2》的核心目标是建立一个单一的欧盟支付服务市场。为此目的，欧盟内的跨境（国际）支付被作为国内支付一样对待，同样的规则既适用于跨境支付，也适用于国内支付。

（二）国际电子资金划拨中当事方权利义务配置之考察

法是以权利和义务为机制来调整社会关系的。美国《统一商法典》第 4A 编、欧盟《支付服务指令 2》及《国际贷记划拨示范法》作为世界电子资金划拨领域最有影响的三部规定，对电子资金划拨主要当事方的基本权利、义务进行了详细、明确的规定，为人民币国际化清算中当事人权利义务的配置提供了借鉴框架。正如 CPSS 在《国家支付体系发展指南》中所指出的那样，"支付体系法律改革可以参照国际法律组织制定的相关'示范法'，或者其他国家相类似

---

[1] See Julius Kiss, "International Payments Law Reform: Introduction of Global Code of Payments", *Banking & Finance Law Review*, 2010, 25（3），p.405.

的法律，经改造使它们有效地适应本国特定的法律制度"[1]。

1. 美国《统一商法典》第 4A 编的主要规定

（1）权利义务产生时间。

权利义务的开始时间是电子资金划拨过程中相关责任分配的起点，对当事方行使权利和履行义务意义重大。在图 7-1 和虚拟的人民币跨境结算案例中，所涉各方当事人对资金转账的权利、义务是何时形成的呢？第 4A 编第 209 条规定：权利和义务产生于支付命令的接收方银行对支付命令的"接受"，即资金划拨各方权利义务产生的"触发事件"是银行对支付命令的接受。Sigmoil Resources，N.V. v. Pan Ocean Oil Corporation（Nigeria）一案对"接受"的重要性做出了很好的诠释。在该案中，一笔属于《统一商法典》第 4A 编管辖的划拨资金被受益人银行接受，从债务人 Pan Ocean Oil Corporation 的账户转出后，债权人 Sigmoil Resources，N.V. 寻求扣押（attach）债务人银行账户的该笔资金，结果被法院拒绝。法院认为："一笔资金划拨在接收银行接受支付命令时完成，而不是受益人取得该资金时……一旦资金划拨因接收银行的接受支付命令而完成时，发送人和发端人对该笔资金就没有能被扣押的所有者权益。"[2]

而"接受"根据接收银行的不同分为两类，图 7-1 中的非收款人银行（受益人银行）以外的银行，如汇款人银行（发端人银行）和中间银行，只能通过执行命令来接受支付命令，而"执行"是指签发与从发出方那里获得的支付命令所规定的条款相一致的另一份支付命令。在虚拟的人民币跨境结算案例中，如果适用《统一商法典》第 4A 编的规定，中国大陆的电脑公司 A 的开户行 C、中间银行 E（汇款人银行代理行）和中间银行 F（收款人银行代理行），只能通过执行命令来接受支付命令。而受益人银行的"接受"方式有三种：向受益人支付，通知受益人支付命令已收到，收到签发支付命令的发出方的付款（三种之中最先发生者即算接受）。[3] 除非接受银行与发送人有约定，或资金划拨系统

---

1 CPSS, General Guidance for National Payment System Development, 2006, p.39.

2 See Fred H. Miller, Alvin C. Harrell, *The Law of Modern Payment Systems*, St. Paul, Thomson West, 2003, pp. 471–472.

3 See Bruce J. Summers, *The Payment System-Design, Management, and Supervision*, IMF Publications, 1994, pp.63–64.

规则另有要求，否则，接受银行无义务接受支付命令，即不承认"推定接受"。

关于支付命令的撤销，《统一商法典》第4A编规定的总原则是：支付命令的撤销须在接受银行接受该支付命令前到达该接收银行才能生效。在某些特定的情况下，如果接收银行同意或资金划拨系统规则规定了更迟的有效撤销时间，那么，在接收银行接受支付命令后，发送人签发的支付命令仍然可以撤销。[1]

（2）有关当事方的权利义务。

①发送人的权利和义务。图7-1和虚拟的人民币跨境结算案例中，汇款人（发端人或人民币国际化清算中的债务人电脑公司A）、汇款人银行（发端人银行或电脑公司A的开户行C）及各中间银行（汇款人银行代理行和收款人银行代理行，即中间银行E和中间银行F），都可以是支付命令的发送人。《统一商法典》第4A编第403条规定，发送人有得到适当执行和退款担保两项权利，并具有正确签发支付命令和向接收银行支付的义务。其中，得到适当执行的权利是指发送人有权使其签发的、被接收银行接受后的支付命令，在正确的时间，以正确的金额，向正确的受益人得到执行。退款担保（Money-back Guarantee）是指在并无义务支付的情况下，如果支付命令的发送人已向接收银行支付其支付命令的金额，那么，接收银行有义务在发送人无义务支付的范围内，向发送人退还其接收的支付，接收银行的此项义务即为发送人退款担保的权利。[2]虚拟的人民币跨境结算案例中，在电脑公司A向芯片公司B的资金转账未完成情况下，每个支付指令的发送人——电脑公司A、电脑公司A的开户行C、中间银行E、中间银行F等都有权在其已支付金额的范围内得到相应的退款。

②受益人银行的权利和义务。受益人银行的权利主要是享有得到支付的权利，即一旦图7-1和虚拟的人民币跨境结算案例中芯片公司B的开户行D（受益人银行）接受了向受益人（芯片公司B）支付的支付命令，就享有从对受益人银行签发支付命令的银行（中间银行F）得到支付的权利。[3]受益人银行承担的义务主要有两项：在接受为受益人利益发出的支付命令后，向受益人支付的义务。在支付后，对受益人进行通知的义务。在虚拟的人民币跨境结算案例

1　See UCC Article 4A-212（b）（c）.

2　刘颖：《电子资金划拨法律问题研究》，法律出版社，2001，第159—160页。

3　See UCC Article 4A-402（a）.

中，芯片公司 B 的开户行 D 在接受为芯片公司 B 利益的支付命令后，有向芯片公司 B 支付和支付后通知的义务。

③受益人银行以外的接收银行的权利和义务。接收方的"接受"不仅是义务和责任的来源，也产生权利。[1] 图 7-1 和虚拟的人民币跨境结算案例中，汇款人银行、中间银行等受益人银行以外的接收银行承担遵守、执行发送人支付命令的义务，也享有要求发送人支付被接受的支付命令的金额权利。

④受益人的权利和义务。图 7-1 和虚拟的人民币跨境结算案例中受益人（芯片公司 B）享有得到受益人银行（芯片公司 B 的开户行 D）支付和通知的权利。[2] 但《统一商法典》第 4A 编没有规定资金划拨受益人的义务。

⑤资金划拨的完成。资金划拨在受益人银行接受为受益人利益发出的支付命令时完成。[3] 在虚拟的人民币跨境结算案例中，当芯片公司 B 的开户行 D 接受为芯片公司 B 的利益的支付指令时，电脑公司 A 对芯片公司 B 的资金给付义务就完成了。但如因欺诈或错误等原因，受益人银行接受的支付命令被撤销，那么，该接受无效，且任何人不享有基于接受的任何权利，也不承担基于接受的任何义务。[4]

2. 欧盟《支付服务指令 2》的规定

《支付服务指令 2》第四章以支付交易过程为主线，规定了支付服务中有关当事人的权利和义务，是对支付交易主要方面的实质性法律规定。

（1）支付交易授权方面的权利义务。

图 7-1 中汇款人、收款人（在虚拟的人民币跨境结算案例中，汇款人、收款人分别为中国大陆的电脑公司 A 和芯片公司 B，即人民币跨境清算中的债务人和债权人）等支付服务使用者与支付工具有关的主要权利和义务包括：根据相关规定使用支付工具；及时通知支付服务提供者支付工具遗失、被盗、挪用或非授权使用；采取合理措施保护其个性化安全证书的安全；在及时履行未授权或不正确支付交易通知义务后，有权从支付服务提供者处获得更正。[5]

1　Benjamin Geva, "The Evolving Law of Payment by Wire Transfer--An Outsider's View of Draft UCC Article 4A", *Canadian Business Law Journal*, 1988, 14（2）, p.219.

2　See UCC Article 4A-404（a）.

3　See UCC Article 4A-404（a）.

4　See UCC Article 4A-211（e）.

5　See Directive（EU）2015/2366, Article 69, Article 71.

图 7-1 中汇款人银行、收款人银行（虚拟的人民币跨境结算案例中，二者分别为中国大陆的电脑公司 A 的开户行 C 和芯片公司 B 的开户行 D）等支付服务提供者与支付工具有关的义务：确保支付工具安全；不得发出未经申请的支付工具，除非用于替代已经给予支付服务使用者的支付工具；根据规定提供解锁服务；在依规定得到通知后，阻止支付工具的所有使用；承担发送支付工具或发送个性化安全证书给付款人的风险；[1]承担正确执行支付交易的责任（包括正确的支付交易金额、正确的执行时间、正确的收款人）；[2]对非授权支付，应立即退还付款人未经授权交易的付款金额。[3]

（2）支付交易执行方面的权利和义务。

一是支付命令的接收。如果支付命令收到的时间点，不是付款人支付服务提供者工作日，支付命令在下一个工作日视为已收到。支付服务提供者可设定与营业日结束比较近的一个截止时间，在截止时间之外收到的任何付款命令，应被视为在下个工作日收到。如果支付服务使用者（在虚拟的人民币跨境结算案例中为中国大陆电脑公司 A 等）发起一个支付命令，其支付服务提供者同意在特定日期或一定时段结束时或付款人设定的其支付服务提供者处理资金的时间，支付命令收到的时点可以是约定日（agreed day）。如果约定日不是支付服务提供者的工作日，支付命令应被视为在下一个工作日收到。[4]

二是支付命令的拒绝。支付服务提供者拒绝执行支付命令，应将拒绝原因和纠正错误的程序及时通知支付服务的使用者，除非欧盟或相关国家立法有禁止性规定。在付款人合同框架设定的所有条件被满足的情况下，付款人的支付服务提供者不得拒绝执行授权的支付命令，除非欧盟或成员国法律有相关禁止性规定。已经被拒绝执行的支付命令，将被认为是没有收到。[5]

三是支付命令的不可撤销。《支付服务指令 2》第 80 条对支付命令的不可撤销进行了明确规定，其中该条第 1 款至第 4 款分别规定：除非有特别规定，欧盟成员国应确保支付命令收到后不能撤销；由收款人发起的支付交易，在支

付命令传送后或付款人同意执行该支付交易后，付款人不能撤销该支付命令；然而，在直接借记和不损害退款权利的情况下，付款人可最迟在同意借记资金前一天的营业日结束前撤销支付命令；在《支付服务指令2》第78条第2款规定的对支付命令收到时间进行约定的情况下，支付服务使用者可以最迟在约定日前的营业日结束前撤销支付命令。同时，《支付服务指令2》第80条第5款规定，在《支付服务指令2》第80条第1款至第4款所规定的上述时间限制之后，只有支付服务使用者和其支付服务提供者同意，支付命令才可以撤销；在符合《支付服务指令2》第80条第2款和第3款规定的情况下，还需收款人的同意。支付服务提供者可在协议中约定对撤销收费。

四是转账金额和收款金额。支付服务提供者应全额划拨支付交易金额，不得从划拨金额中扣费，但收款人和其支付服务提供者同意扣费的除外。在后一种情况下，支付给收款人金额的信息与收费的信息应分离。[1] 在虚拟的人民币跨境结算案例中，一般情况下，中国大陆电脑公司 A 的开户行 C、芯片公司 B 的开户行 D 以及中间银行 E 和中间银行 F，应全额转移支付交易金额。

五是支付交易执行时间和起息日（value date）。《支付服务指令2》第83条规定，对通过支付账户进行的支付，付款人的支付服务提供者应按照《支付服务指令2》第78条有关支付命令接收的规定，在收到支付命令后的时点，最迟在下一个营业日结束前，将支付的金额贷记到收款人支付服务提供者的账户。对纸基支付来说，这些时间可延长到下一天。收款人的支付服务提供者依据《支付服务指令2》第87条规定，在接受资金后，应对收款人账户收到的资金开始计息并确保该资金可用。[2] 若收款人在支付服务提供者处没有支付账户，收款人的支付服务提供者为收款人利益接受该资金后，在《支付服务指令2》第83条规定的期限内，应确保该资金可被收款人使用。对于付款账户上的现金，支付服务提供者应确保收到的资金可用并在收到资金后立即计息。当支付服务使用者不是消费者时应确保资金可用，并最迟在收到资金后的下一个营

---

1 See Directive（EU）2015/2366, Article 81.

2 《支付服务指令2》第87条规定了"起息日和资金可用性"，主要内容包括：（1）各成员国应确保收款人账户的贷记起息日，不迟于支付服务提供者将该支付交易资金贷记收款人账户的营业日。在支付交易资金被贷记收款人支付服务提供者的账户后，收款人的支付服务提供者应确保支付交易资金立刻在收款人掌控中（disposal）。（2）各成员国应确保付款人支付账户的借记起息日不早于支付交易资金被借记该支付账户的时点。

业日开始计息。[1]

3.《国际贷记划拨示范法》有关当事人义务的主要规定

《国际贷记划拨示范法》没有对当事人的权利进行规定，仅对义务进行了规定，主要内容如下：

（1）发送人义务。《国际贷记划拨示范法》第 5 条第 6 款规定"当接收银行接受支付命令时，发送人即有向接收银行支付相应款项的义务"。如在虚拟的人民币跨境结算案例中，在支付命令被接受后，中国大陆的电脑公司 A 有向其开户行 C 支付 100 万元人民币的义务；银行 C 又有向中间银行 E 支付 100 万元人民币的义务。

（2）受益人银行的义务。根据《国际贷记划拨示范法》第 10 条第 1 款规定，受益人银行接受支付命令后，有义务依据相关法律及支付命令，贷记受益人账户或以其他方式将资金交由受益人支配。如在虚拟的人民币跨境结算案例中，芯片公司 B 的开户行 D 应将 100 万元人民币贷记芯片公司 B 在该银行的账户或将 100 万元人民币的现金交由芯片公司 B 支配。关于受益人银行对支付命令的接受或拒绝，《国际贷记划拨示范法》第 9 条分三个方面作了详细的规定。第一，支付命令的接受。受益人银行在下列情况下即为接受了支付命令，其时间以最先发生者为准：①在发送人和该银行已约定该银行收到该发送人的支付命令时即予执行的情况下，该银行收到了支付命令；②发出接受通知；③作为该银行对该项支付命令的付款，该银行借记了发送人在其开立的账户；④贷记了受益人账户或以其他方式将资金交由受益人支配；⑤发出有权提取资金或使用贷记的通知；⑥依据划拨指示以其他方式处理了贷记；⑦将贷记用于偿付受益人欠该银行的债务或依照法院等有权机关的命令处理了贷记；⑧发出拒绝接受的通知时间已过而未发出拒绝通知。第二，支付命令的拒绝。受益人银行如不接受一项支付命令，则须在执行期终了前的营业日将拒绝通知发出，除非：①在付款方式是借记发送人在受益人银行的账户的情况下，该账户中可用资金尚不足以支付该支付命令的金额；②如付款应以其他方式进行，尚未进行付款；③资料不足，无法确定发送人身份。第三，支付命令的失效。如果一项支付命令在执行期终了后的第五个银行营业日终止营业之前，既未被接受，也未被拒绝，则

---

[1] See Directive (EU) 2015/2366, Article 84, Article 85.

该项支付命令即告失效。

（3）受益人银行以外的接收银行的义务。接收银行接受支付命令之前应承担协助发送人完成该贷记划拨所需程序的义务，以及将拒绝支付命令通知发送人的义务（除非无法确定发送人身份等原因）。在接受支付命令后应遵守镜像规则（Mirror Image Rule），按时向受益人银行或某一中间银行签发与所接受的支付命令内容一致的支付命令，并附有执行该贷记划拨所需的指示。[1] 在虚拟的人民币跨境结算案例中，中国大陆的电脑公司 A 的开户行 C、中间银行 E、中间银行 F，在接受支付命令后，应按时向芯片公司 B 的开户行 D 或某一中间银行签发与所接受的支付命令内容一致的支付命令。关于受益人以外的接受银行对支付命令的接受方式，《国际贷记划拨示范法》第 7 条分 3 类明确规定：第一类是签发自己的支付命令以执行其收到的支付命令、发出接受通知以及借记相应账户等明示接受行为。该类方式也是最通用的方式。第二类是在从发送人处收到支付命令时就执行支付命令（需事先与发送人达成协议）。第三类是接收银行发出拒绝通知时限已过而没有发出拒绝通知。不接受支付命令的接收银行，发出拒绝通知的时间一般不得晚于执行期终了后的第一个银行营业日，除非：①付款方式是借记发送人在该接收银行的账户者，而该账户内尚无按支付命令付款所需的充足资金；②应以其他方式付款的情形下，尚未进行付款；③资料不足，无法确定发送人身份。

（4）受益人的义务。对于受益人的义务，《国际贷记划拨示范法》没有作出明确规定。

（5）贷记划拨的完成。《国际贷记划拨示范法》第 19 条第 1 款规定："一项贷记划拨在受益人银行接受了划拨给受益人的支付命令时即告完成。此时，受益人银行即有向受益人支付的义务。"第 19 条第 2 款规定，"即使受益人银行接受的支付命令的金额因一家或几家接收银行从中扣除了手续费而少于发端人支付命令的金额，贷记划拨亦视为已完成。贷记划拨的完成并不影响受益人依据准据法向发端人索回上述手续费款额的任何权利"。

4. 美欧及国际机构规定的比较

《统一商法典》第 4A 编、《支付服务指令 2》和《国际贷记划拨示范法》

---

1 UNCITRAL Model Law on International Credit Transfers, Article 8（2）.

对电子资金划拨中各方当事人的权利义务规定都非常详细、具体，包括对支付命令的接受、拒绝、执行、撤销、起息日和资金可用性等。所不同的是，《统一商法典》第4A编是以支付链条中涉及当事人顺序为逻辑主线，对权利和义务进行详细规定。而《支付服务指令2》以支付交易过程（支付交易的授权、支付交易的执行）为主线，对支付服务使用者、支付服务提供者等的权利、义务进行了详细规定。《国际贷记划拨示范法》则仅规定当事人的义务。在具体的权利和义务配置上，三者均较好体现了相互依存性和结构上的相关关系。如《统一商法典》第4A编中，受益人银行得到支付的权利，就是向其签发支付命令的发送人的义务。同时，三者也体现了公平责任的原则。如《统一商法典》第4A编规定，除非另有协议或法律及系统规则另有规定，接收银行没有接受支付命令的义务。此外，由于《支付服务指令2》整体上适用于消费性和商业性电子资金划拨，但又需考虑到两种电子资金划拨性质的不同，所以，《支付服务指令2》明确了一些权利义务条款不适用于非消费性划拨。

（三）国际电子资金划拨过程中风险责任承担

在日复一日无数的电子资金划拨中，错误及损失难免。为此，承担风险所造成的损失，是大额电子资金划拨立法的又一主要内容。

1.《统一商法典》第4A编的规定

《统一商法典》第4A编主要从4个方面对风险责任进行了明确。

（1）欺诈损失的承担。电子资金划拨中的欺诈问题一直以来都是银行界和法律界持续关注的问题。在虚拟的人民币跨境结算案例中，假如有一个冒充电脑公司A的骗子向电脑公司A的开户行C发送支付指令，要求该开户行向在英属维尔京群岛的某银行账户付款100万元人民币。该笔因欺诈而导致的100万元人民币的损失怎样承担呢？《统一商法典》第4A编规定，只有客户根据代理法对签发的支付命令进行了授权时，接收银行接收的支付命令视为授权的支付命令，客户才受非本人签发支付命令的拘束。因此，一般的规则是银行承担非授权支付命令造成的损失。该规则的例外是，如果协议明确，以客户名义签发的支付命令通过安全程序核证且银行遵守了该安全程序时，无论支付命令授权与否，均有效地作为客户的支付命令。此时，通过安全程序核证的支付命令称为证实的（verified）支付命令。即使事实上该支付命令未经授权，损失风险也由客户承担。[1]而现实中所有的银行均设立了安全程序，以致"例外吞食了一般规则"[2]。

（2）支付命令存在错误的损失承担。在每天大量的电子资金划拨中，行名与行号不符、金额错误等问题在所难免。为此，《统一商法典》第4A编对资金划拨中支付命令存在错误的处理作了详细严密的规定。支付命令的错误主要包括：

一是错误的支付命令。《统一商法典》第4A编第205条将错误的支付命令分为向发送人不欲支付的受益人支付、超额支付、重复支付，并分别规定了不同的责任承担方式。例如，发送人证明其已遵守安全程序，如果接收银行也遵守安全程序，错误本可检测出来，则发送人没有对该支付命令进行支付的义务；如果资金划拨在错误的支付命令的基础上完成，即资金向发送人非意图支付的受益人完成支付或重复支付，那么，发送人就该支付命令没有支付的义务，且接收银行有权从受益人处索回已向受益人支付的金额（如果是超额支付的话，则是从受益人处索回其已接收的多余金额）。

二是误述。《统一商法典》第4A编第207条和第208条将误述分为受益人的错误描述、中间银行或受益人银行的错误描述两类，分别规定了不同的责任承担方式。例如，如果支付命令指定的受益人不存在，则任何人无权作为该命令的受益人且不发生对该命令的接受；支付命令的受益人名称与受益人银行账号确定的人不一致，除非另有规定或受益人银行知道该不一致，否则，受益人银行可依据账号作为该支付命令受益人的身份确认方法。

三是支付命令的错误执行。关于支付命令的错误执行，《统一商法典》第4A编总的原则是谁的错误谁承担。[3]《统一商法典》第4A编第303条将支付命令的错误执行分为支付命令金额的错误执行、受益人不同于发送人支付命令中的受益人两类，并规定了不同的责任承担方式。例如，接收银行签发的支付命令的金额大于发送人签发的支付命令中所确定的款项数额，此时该接收银行有权从错误支付命令的受益人处索回其接收的多余支付。接收银行签发的支付命令中的金额少于发送人支付命令中列明的金额，此时该接收银行有权得到发送人支付命令金额的支付，并应为发送支付命令的受益人的利益，签发补充支

1　See UCC Article 4A-202（b）.

2　刘颖：《电子资金划拨法律问题研究》，法律出版社，2001，第193页。

3　James Brook, *Payment System: Examples and Explannations*, Aspen Publishers Inc., 2003, p.375.

付命令来更正其错误。接收银行通过签发不同于发送人支付命令的支付命令来执行发送人的支付命令，且资金划拨在该错误的基础上完成，那么，其支付命令被错误执行的发送人及其前手发送人无支付其签发的支付命令的义务，并有权从该支付命令的受益人处索回其接收的支付。

（3）间接损害赔偿。《统一商法典》第4A编第404条第（a）款规定了银行承担间接损害赔偿责任的唯一情形，即"在受益人要求受益人银行支付且通知受益人银行不支付将产生间接损害后果后，受益人银行仍不支付，则在受益人银行已知道的损失范围内，受益人可得到该间接损失的赔偿。在其他情况下，除非协议另有规定，否则，银行不承担间接损害赔偿的责任"。在1989年《统一商法典》第4A编施行前，美国已经有了有关跨境大额电子资金划拨中间接损害赔偿的重要判例。在Evra公司诉瑞士银行（Evra Corp v. Swiss Bank）间接损害赔偿一案中，原告通过其开户行伊利诺伊大陆国民银行（Continental Illinois National Bank），经中间银行瑞士银行，用电子资金划拨方式划拨资金到船主在瑞士的巴黎银行（Banque de Paris）的账户上，向船主支付运费。1973年4月26日，被告瑞士银行因疏忽没有执行原告一项2.7万美元的划拨命令，造成了原告租船合同被解除，遭受210万美元间接损害，并引发了一起旷日持久的间接损害赔偿之诉。在美国第七巡回上诉法院看来，此案应遵循著名案例Hadley v. Baxendale确立的原则。这项原则主要内容是：被告不应该在没有得到特别情况通知下，对因违约导致的间接损害负责；违约赔偿应以可预见的损害为限。1982年上诉法院最终裁定，驳回了原告间接损害赔偿请求，限制了银行的责任。判决的主要理由是：电子资金划拨并非如此不同寻常，以致在划拨出错时能自动通知银行极端的后果。瑞士银行没有足够的信息去推断如果其丢失一张2.7万美元的划拨指令，它将面临超过200万美元的赔偿责任。[1]

---

[1] 该案的第一个问题是法律适用问题。在原告与瑞士银行无直接合同关系情况下，如果适用瑞士法律则原告不能对瑞士银行主张权利，因为瑞士法律规定，银行对与其无合同关系的另一方不承担责任。美国联邦地区法院根据最密切联系原则判定美国伊利诺伊州法律管辖该案。根据该州法律，瑞士银行存在过失，对因合同解除引起的210万美元的利润损失需承担责任。法院也判定瑞士银行无权从大陆国民银行得到补偿，因为大陆国民银行未违背对原告的义务。联邦地区法院认为："原告通过电子方式而不是邮寄划拨资金的事实足以使瑞士银行意识到交易的重要性。"该案上诉至美国第七巡回上诉法院，该院驳回了原告对瑞士银行的指控。See Thomas J. Miles.Posner on Economic Loss in Tort: EVRA Corp v. Swiss Bank, *University of Chicago Law Review,* 2007, 74, pp.1813–1829.

（4）接收银行无力支付的损失承担。无力支付发生的时间和银行身份是决定该问题的两个关键因素。[1] 在接受支付命令前，发端人银行尚未接受发端人的支付命令，该银行也不承担支付义务。但如果发端人银行接受支付命令后因破产等特殊情况无力支付，则发端人有义务就其支付命令向发端人银行支付。如果中间银行在资金划拨完成前因破产等原因无力支付，则选择该中间银行的发送人承担无力支付的责任。[2] 在虚拟的人民币跨境结算案例中，在接受支付指令前，电脑公司 A 的开户行 C 因为破产导致无力支付，由于尚未接受电脑公司 A 的支付指令，为此，开户行 C 也不承担向芯片公司 B 的付款义务。如果是开户行 C 接受支付指令后因破产等特殊情况无力支付，则电脑公司 A 有义务就其支付指令向开户行 C 支付。如果中间银行 E 在资金划拨完成前因监管机构关闭、法院宣告破产等原因无力支付，则由选择该中间银行 E 的电脑公司 A 的开户行 C 承担无力支付的责任。

2. 欧盟《支付服务指令 2》的有关规定

欧盟《支付服务指令 2》对支付服务中的责任承担也进行了明确规定。

（1）唯一标识符不正确（Incorrect Unique Identifiers）。《支付服务指令 2》第 88 条规定，如果一个支付命令是按照收款人指定的唯一标识符执行，该支付命令将被视为已正确执行；如果支付服务使用者提供的唯一标识符不正确，支付服务提供者不承担不执行或有缺陷地执行支付交易的责任。但付款人的支付服务提供者须合理努力追回所涉支付交易的资金，并可根据合同约定，收取服务费。在虚拟的人民币跨境结算案例中，电脑公司 A 的支付指令如是按照芯片公司 B 指定的具有唯一性的在开户行 D 的账号执行，则根据《支付服务指令 2》的规定，该支付命令被视为已正确执行，即产生电脑公司 A 对芯片公司 B 的债务清偿的效果。

（2）没有执行、瑕疵执行或延迟执行。《支付服务指令 2》第 89 条规定，在支付命令由付款人发起的情况下，支付服务提供者应就正确执行支付交易向付款人负责。付款人的支付服务提供者承担上述责任时，不得无故拖延退还付款人未执行金额或有瑕疵的付款交易，在可能的情况下，恢复至瑕疵支付发生

1　Bruce J. Summers, *The Payment System-Design, Management, and Supervision*, IMF Publications, 1994, p.70.
2　See UCC Article 4A-402.

前的账户状态。收款人的支付服务提供者，应对收款人的支付交易正确执行承担责任。在收款人的支付服务提供者承担上述责任时，该服务提供者应立即将该支付交易的资金交给收款人处置，可能的话，贷记收款人相应的账户。在支付命令通过收款人发起，支付交易不执行或执行不当的情况下，收款人的支付服务提供者应当立即作出努力，追查支付交易，并通知收款人结果。支付服务提供者分别对他们的支付服务使用者收费。[1]

（3）附加的经济赔偿（Additional Financial Compensation）。附加的经济赔偿是指因唯一标识符不正确，或支付命令没有执行或有缺陷地执行所产生的除退款之外的其他经济赔偿，包括利息损失、汇兑损失等的赔偿。根据《支付服务指令2》第91条规定，附加的经济赔偿依据支付服务使用者和其支付服务提供者之间协议适用的法律确定。

（4）追索权。《支付服务指令2》第92条第1款规定，当《支付服务指令2》第73条（支付服务提供者对于非授权支付交易的责任）和第89条（支付服务提供者没有执行、瑕疵执行或延迟执行的责任）规定的支付服务提供者的责任，系归因于另一支付服务提供者或中介机构时，该支付服务提供者享有对另一支付服务提供者或中介机构的追索权，可要求该另一支付服务提供者或中介机构赔偿其发生的损失。即追索权的发生需具备三个条件：第一，支付交易发生了非授权交易、没有执行、瑕疵执行或延迟执行的情形；第二，发生以上情形系归因于另一支付服务提供者或中介机构；第三，支付服务提供者因此发生了损失。关于追索权的行使方式，《支付服务指令2》第92条第2款规定，具体的赔偿可依据支付服务提供者之间，或其与中介机构之间的协议，以及适用于协议的法律确定。

（5）免责。《支付服务指令2》第93条规定，当出现不可抗力或不可预见的情况，尽管做出所有努力，《支付服务指令2》第4章第2节（支付交易的授权）或第3节（支付交易的执行）规定的责任后果仍不可避免时，或支付服务提供者受其所在国或欧盟其他法律的约束时，支付服务提供者不负法律责任。[2]在虚拟的人民币跨境结算案例中，如果因巨灾原因或受其他国家的法律

1　See Directive（EU）2015/2366, Article 89.

2　See Directive（EU）2015/2366, Article 93.

约束（如联合国安理会或相关国家发布的具有法律效力的资金冻结令）时，导致电脑公司 A 对芯片公司 B 的转账付款未能执行或延迟执行，则电脑公司 A 的开户行 C 等相关银行不承担法律责任。司法实践中，跨境支付争端的两个典型案例——利比亚阿拉伯银行诉银行家信托公司案件（Libyan Arab Foreign Bank v. Bankers Trust Co.）和亚洲富国银行诉花旗银行案件（Wells Fargo Asia V. Citibank）中，均是因资产冻结令而产生。其中，前者是因美国颁布冻结令，冻结利比亚阿拉伯银行的财产，银行家信托公司据此拒绝支付。后者是因菲律宾政府颁布法令，禁止外国银行支付，存款机构花旗银行以此拒绝支付。虽然相关法院最终都主要通过支付清算履约行为（存取款收取地）准据法的选择，排除了资金冻结令对所审案件中拒绝支付行为的适用（即未采纳资金冻结令对拒绝支付行为的合法性抗辩），判决两案的被告败诉，但在案件审理中法院都确认了因资产冻结令而导致的支付非法性问题。[1]

（6）数据保护。《支付服务指令 2》第 94 条规定，作为预防、调查和支付欺诈检测的保障，允许支付系统和支付服务提供者处理个人数据。这种个人数据的处理将依据《个人数据保护指令》进行。此外，《支付服务指令 2》第 95 条至第 98 条对属于行政管理方面的操作和安全风险管理、风险事件报告、客户认证等进行了规定。第 99 条至第 103 条对支付服务争议的非诉讼纠纷解决程序（Alternative Dispute Resolution，ADR）和惩罚进行了规定。

3.《国际贷记划拨示范法》的有关规定

根据《国际贷记划拨示范法》，在贷记划拨完成前，每个接收银行均有义务协助发端人及随后的发送银行，并努力得到下个接收银行的协助，以完成该贷记划拨的银行程序。[2] 在虚拟的人民币跨境结算案例中，电脑公司 A 的开户行 C、中间银行 E（汇款人银行代理行）和中间银行 F（收款人银行代理行）等作为支付指令的接收银行，均有协助随后的支付指令发送银行完成该资金转账的义务。当贷记划拨发生差错或延迟后，《国际贷记划拨示范法》规定了四种补救措施。一是退款。贷记划拨如未完成，则发端人银行有义务将其收到的、发端人已支付的款项及相应利息，退给发端人。发端人银行及随后的每一

---

[1] 韩龙：《离岸金融的法律问题研究》，法制出版社，2001，第 60—71 页。

[2] UNCITRAL Model Law on International Credit Transfeers, Article 13.

个接收银行亦有权索回它已支付给其接收银行的任何款项及相应利息。[1] 二是补足欠缺款。如果某一接收银行执行的支付命令的款额少于它所接受的支付命令的款额，除非这是扣除其手续费的结果，否则该银行有义务发出一项支付命令来补足欠缺的差额。[2] 三是退回多付款。如贷记划拨已完成，但某一接收银行执行的支付命令的款额大于它所接受的支付命令的款额，则该银行有权根据法律规定，向受益人索回上述差额。[3] 四是利息的赔偿责任。《国际贷记划拨示范法》第 17 条对银行在延迟支付、未按规定履行支付命令等情况下的利息赔偿责任进行了明确的规定。如《国际贷记划拨示范法》第 17 条第 1 款规定，在贷记划拨已完成的情况下，不遵守《国际贷记划拨示范法》第 8 条第 2 款义务的接收银行，对受益人负有赔偿责任。该接收银行应按照支付命令上的金额支付延迟期间的利息来赔偿受益人。如这种延迟仅涉及支付命令上的部分款项，则赔偿责任是支付延迟款项的利息。[4]

4. 美欧及国际机构规定的比较

《统一商法典》第 4A 编、《支付服务指令 2》和《国际贷记划拨示范法》，都区分不同的情形对支付服务风险责任承担进行了明确规定，并原则上否定了间接损害赔偿的适用。但三者在制度架构、法律用语上存在一定区别。《统一商法典》第 4A 编主要是从欺诈损失承担、支付命令错误、接收银行无力支付的损失、间接损害赔偿等四个方面对风险责任的承担进行了规定。《支付服务指令 2》主要是从不正确的唯一标识符、没有执行、有缺陷地执行或延迟执行等方面对风险责任进行了规定。此外，《支付服务指令 2》除了规定支付服务提供者等民事实体上的权利与义务外，还规定了属于行政法的操作和安全风险管理、风险事件报告、监管技术标准等内容，以及属于程序法方面的支付服务争议解决的庭外投诉和赔偿程序。《国际贷记划拨示范法》主要对贷记划拨未能完成或发生差错或延迟的后果进行了详细规定。与《统一商法典》第 4A 编相比，《国际贷记划拨示范法》规定的退款担保规则存在以下几方面差异：第一，

1　UNCITRAL Model Law on International Credit Transfeers, Article 14（1）.

2　UNCITRAL Model Law on International Credit Transfeers, Article 15.

3　UNCITRAL Model Law on International Credit Transfeers, Article 16.

4　《国际贷记划拨示范法》第 8 条第 2 款规定，支付命令的接收银行，有义务按照该支付命令，在第 11 条规定的时间内向受益人银行或某一中间银行签发一项支付命令，其内容应与该接收银行收到的支付命令一致，且应载有以适当方式执行该贷记划拨所需的指示。

允许在一定条件下协议变更退款担保规则，即审慎的发端人银行认为某项贷记划拨支付命令所涉风险重大，如不变更退款担保，则不会接受该支付命令。第二，"越级规则"（Skip Rule），即允许有权获得退款的发端人，从有义务作出退款的任何银行收回其应退未退款项。但如果越级规则影响银行根据任何协议或资金划拨规则规定的权利或义务，则该规则不适用于该银行。[1]这主要是因为如果退款链条中的一家中间银行失去清偿能力，退款仍通过该银行进行的话，则退款资金很可能成为该银行破产财产的一部分，该中间银行的发送人的退款担保请求权就会转变为破产债权，从而使发端人的退款担保失去保障。

（四）国际电子资金划拨的法律适用问题

在货币的国际清算中，大额电子资金划拨行为可能涉及多个国家，确定对某一跨境大额电子资金划拨的一连串行为的所适用法律显得十分重要。

1. 美国《统一商法典》第 4A 编有关法律适用的规定

美国《统一商法典》第 4A 编采取了将资金划拨分解成一连串独立行为的办法。这样，资金划拨过程中的各参与银行的合同关系及责任彼此独立。关于法律适用问题，根据《统一商法典》第 4A 编第 507 条第（a）款的规定，除非当事人另有约定或本条第（c）款适用，资金划拨适用下列规则：发送人和接收银行之间的权利和义务，由接收银行所在法域的法律调整。受益人银行和受益人之间的权利和义务，以及发端人通过资金划拨向受益人进行支付中的事项，由受益人银行所在法域的法律调整。在虚拟的人民币跨境结算案例中，如适用《统一商法典》第 4A 编以上规定，则电脑公司 A 和其开户行 C 之间的权利、义务，应适用开户行 C 所在地的法律调整。中间银行 F 和芯片公司 B 的开户行 D 之间的权利、义务，应适用开户行 D 所在地的法律。

但根据《统一商法典》第 4A 编第 507 条第（b）款规定，如果当事人达成法律选择协议，那么，由该被选择的某一特定法域的法律调整他们之间的权利和义务，而无论资金划拨是否同该法域存在合理联系。实践中，电子资金划拨系统居于主导地位，银行要成为其参与者，接受该系统规则的约束是基本前提之一。同时，《统一商法典》第 4A 编第 507 条第（c）款和第（d）款明

---

1 See UNCITRAL Model Law on International Credit Transfeers, Article 14.

确规定，资金划拨系统可选择某一特定法域的法律来调整资金划拨各方当事人的权利义务。如果电子资金划拨系统规则所选择的法律和当事人协议选择的法律不一致，则适用当事人协议选择的法律。第 4A 编第 507 条第（e）款规定，当资金划拨通过多个资金划拨系统进行，而系统间所选择的法律规则不一致，则由与该问题具有最密切联系的法域的法律调整。在虚拟的人民币跨境结算案例中，如适用《统一商法典》第 4A 编以上规定，则在中间银行 E（汇款人银行代理行）和中间银行 F（收款人银行代理行）都是我国 HVPS 或 CIPS 直接参与者的情况下，它们之间的权利、义务适用 HVPS 或 CIPS 规则所选择的法律管辖。

2. 欧盟《支付服务指令 2》有关法律适用规定

欧盟《支付服务指令 2》没有对电子资金划拨中的法律适用进行直接、明确的规定，但一些条款的规定也体现了私法自治原则。如《支付服务指令 2》第 91 条规定，附加的经济赔偿依据支付服务使用者与支付服务提供者之间协议适用的法律确定。《支付服务指令 2》第 98 条规定，《罗马公约》适用于《支付服务指令 2》中的合同义务。根据《罗马公约》第 3 条规定，当事人具有选择合同适用法律的自由。同时，《罗马公约》第 4 条第 1 款规定，在没有依据本公约第 3 条选择法律的情形下，应适用具有最密切联系国家的法律。如果合同中某一可分部分与另一国家或地区存在更密切联系，则该部分可适用另一国家或地区的法律。以上规定直接或间接体现了以意思自治原则为主，以最密切联系原则为辅的国际私法准据法一般规则。同时，《支付服务指令 2》的有关条款也对法律的适用进行了明确。根据《支付服务指令 2》第 14 条规定，支付机构（包括代理机构和分支机构）登记注册后，才能根据其所属国家法律提供支付服务。评估支付服务使用者可能的疏忽，涉嫌过失的证据和程度，也应根据其所在国法律进行评价。

3. 《国际贷记划拨示范法》有关法律适用的规定

对于国际贷记划拨的法律适用，《国际贷记划拨示范法》也将国际大额电子资金划拨过程中的一连串行为分解为多项独立的合同行为（可分割的混合交易），其中的每一项业务，受适用于该业务的法律支配。这一解决问题的思路与《统一商法典》第 4A 编相同。《国际贷记划拨示范法》第 Y 条第（1）款规定："由支付命令产生的权利和义务，受当事人选择的法律约束。如果协议没有选择，则适用接收银行所在地国家或地区的法律。"根据该条规定分析，《国际贷记划拨示范法》在法律适用上，首先采用了意思自治原则，即因支付命令产生的权利和义务适用于当事人协议选择的法律。若当事人没有协议选择的法律，则适用支付命令接收银行所在地国家或地区的法律，支付命令接收银行所在地根据最密切联系原则应是最能体现该资金划拨合同履行的本质特性因素之一。

4.法律适用的比较

《统一商法典》第4A编、欧盟《支付服务指令2》和《国际贷记划拨示范法》均对电子资金划拨中的法律适用问题进行了规定，且都体现了以当事人意思自治优先，最密切联系为辅的原则。从意思自治优先来看，《统一商法典》第4A编第507条第（a）款和《国际贷记划拨示范法》第Y条第（1）款均明确规定，只有在当事人没有约定情形下，才适用其他的法律适用规则。适用于《支付服务指令2》的《罗马公约》第4条第1款明确规定，在当事人没有依据《罗马公约》第3条选择法律的情形下，才适用最密切联系国家的法律。从最密切联系为辅来看，《统一商法典》第4A编第507条规定在当事人没有约定情形下，接收银行所在法域的法律、受益人银行所在法域的法律等可能与相关的电子资金划拨存在最密切的联系。《罗马公约》第4条第1款和《国际贷记划拨示范法》第Y条第（1）款则明确规定，在当事人没有选择适用法律时，分别适用最密切联系国家的法律和能体现最密切联系原则的支付命令接收银行所在地的法律。从有关法律适用的规定方式来看，《统一商法典》第4A编的有关法律适用的规定更直接和详细。《支付服务指令2》则采用的是直接规定和间接规定相结合的方式，除了在"序言"中明确《罗马公约》适用于《支付服务指令2》中的合同义务外，还对评价支付服务使用者涉嫌过失的证据和程度等法律的适用进行了直接明确规定。《国际贷记划拨示范法》有关法律适用的规定则比较原则和简要。

需要特别说明的是"当事人意思自治优先"的问题。在国际电子资金划拨中，电子资金划拨系统往往居于主导地位，其参与者通常在加入资金划拨系统时，几乎别无选择地需要对电子资金划拨系统规则中的法律选择同意。如根据欧洲央行2007年发布的《TARGET 2-ECB条款和条件》第38条规定，欧洲央行和TARGET 2参与者之间的双边关系适用德国法律（TARGET 2由德国、法国和意大利央行联合开发运营），并专属于法兰克福法院管辖。又如，

SWIFT 是目前国际银行间资金划拨支付信息的主要传递者，根据《SWIFT 章程》（SWIFT By-laws）第 41 条规定，系统和用户之间的纠纷适用比利时法。[1]在虚拟的人民币跨境结算案例中，如果中间银行 E（汇款人银行代理行）或中间银行 F（收款人银行代理行）因支付信息的传递与 SWIFT 发生纠纷的话，根据《SWIFT 章程》规定，其纠纷解决应适用比利时法律。

二、国际电子资金划拨中权利义务配置域外实践之启示

国际清算资金电子划拨中权利义务配置的域外实践，透射出以下制度启示。

（一）制定专门立法并及时修订完善

法律是以调整社会关系为使命。法律对具体社会关系的调整可分为一般法律调整和专门法律调整两种方式。就跨境大额电子资金划拨而言，因为支付方式的新型性、支付命令的无因性、各划拨环节法律关系的独立性等，针对性的专门立法可使得对大额电子资金划拨的法律调整更具体、更具可预见性。美国作为世界上最早对大额电子资金划拨立法的国家，其法律实践证明专门立法对大额电子资金划拨的促进作用明显。具体的法律规范，给参与者及各方当事人的权利、义务提供了明确的法律指引，进而增进了此种结算方式的采用。欧盟也适应大额电子资金划拨发展的需要，制定《跨境贷记划拨指令》（《支付服务指令》的前身之一），实现了由一般法律调整向专门法律调整的转变。为给电子资金划拨提供坚实的法律基础，美欧两个货币国际化经济体都制定了高位阶的专门法律，形成了以法律、央行规章、支付系统规则及协议为表现形式的多层次的系统而协调的规则体系。只是在立法形式上，有所不同。美国对贷记划拨（大额电子资金划拨或商业性划拨）与借记划拨（小额电子资金划拨或消费性划拨）在立法上分开处理，《统一商法典》第 4A 编仅适用于贷记划拨。欧盟的《支付服务指令 2》则适用于借记划拨和贷记划拨。虽然欧盟没有分开立法，但在法律条款的适用上作了很多区分。如《支付服务指令 2》在有关支付服务使用和提供的权利和义务的规定中，第 61 条规定，当支付服务使用者不是消费者

1　SWIFT SCRL, SWIFT By-laws, 2013, p.14, https://www.swift.com/about-us/legal/corporate-matters/swift-by-laws.

时，第 62 条第 1 款、第 64 条第 3 款、第 72 条、第 74 条、第 76 条、第 77 条、第 80 条和第 89 条将整体或部分地不适用。以第 72 条为例，当支付服务使用者不是消费者时，第 72 条有关支付交易执行和认证的举证责任的分配就不适用。

"法律必须是稳定的，但不可一成不变。"[1] 美欧不但对电子资金划拨进行专门立法，同时注重及时地对法律进行修订完善。2010 年《多德—弗兰克法》第 1073 条有关"汇款"（remittance transfers）的规定为《电子资金划拨法》增加了第 919 条规定，将 1978 年《电子资金划拨法》的覆盖范围扩大到任何汇款，并将汇款定义为在美国的消费者对位于外国的任何人发起的电子资金划拨。[2] 而原来的《纽约统一商法典》第 4A 编第 108 条规定，第 4A 编将不适用于"任何部分受 1978 年《电子资金划拨法》监管"的资金划拨。这个修订对支撑资金转账系统的法律框架形成了挑战，给 CHIPS 的法律基础造成了可能的不确定性。为此，清算所和纽约州积极采取行动，以消除这样的不确定。2012 年 3 月，清算所对《CHIPS 规则》第 3 条进行了修订，主要内容包括：（1）发送或接收 CHIPS 支付信息的参与者的权利和义务受本规则和纽约州的法律管辖，包括《纽约统一商法典》第 4A 编，而无论资金划拨的支付信息是否是被《电子资金划拨法》第 919 条"转账汇款"规定管辖；（2）当 CHIPS 支付信息是资金划拨的一部分时，该资金划拨参与者的权利和义务，将在最大程度上受联邦法律、CHIPS 规则和纽约州法律所管辖，包括《纽约统一商法典》第 4A 编，除非在纽约法与《电子资金划拨法》不一致的情形下，应由《电子资金划拨法》管辖。除了 CHIPS 规则的修改，纽约的立法部门也采取行动，最大可能地保持《纽约统一商法典》第 4A 编对"汇款"的适用性。2012 年 8 月，纽约州议会通过了对《纽约统一商法典》第 4A 编第 108 条的修订，对第 4A 编第 108 条增加了两款规定：（1）第 4A 编适用于《电子资金划拨法》所定义的汇款；[3]

---

1 E. 博登海默：《法理学：法律哲学与法律方法》，邓正来译，中国政法大学出版社，1999，第 325 页。

2 在《多德—弗兰克法》第 1073 条规定之前，《电子资金划拨法》中"电子资金划拨"的含义覆盖范围不包括：任何非通过自动清算所处理的，由金融机构为消费者利益通过划拨在联邦储备银行或其他存款机构持有的资金进行的，并非以消费者利益划拨资金为其首要目的的资金划拨。

3 根据《电子资金划拨法》15 U.S.C.§1693a（6）的规定，"电子资金划拨指除发端于支票（check）、汇票（draft）或类似纸质工具交易行为以外的，通过电子终端、电话工具或计算机以磁带命令（magnetic tape）等授权金融机构借记或贷记账户的任何资金的划拨；本术语包括但不限于：销售点终端划拨（point-of-safe transfers），自动柜员交易或直接存款或提取资金，及由电话发动的划拨"。

（2）第 4A 编适用的资金划拨，在第 4A 编的条款与《电子资金划拨法》的规定不一致时，以《电子资金划拨法》为准。很明显，通过《CHIPS 规则》第 3 条和《纽约统一商法典》第 4A 编第 108 条的修改，使《纽约统一商法典》第 4A 编将继续适用于通过 CHIPS 处理和结算的资金划拨。[1]

同样，为不断提高跨境清算效率，欧盟也适时对相关法律进行修改和完善。2007 年，欧盟在整合《跨境贷记划拨指令》《跨境欧元支付条例》等基础上，制定了《支付服务指令》。为进一步提升欧元区支付清算效率，欧盟在 2015 年对《支付服务指令》等进行修订的基础上，制定了《支付服务指令 2》，并于 2018 年 1 月 13 日开始施行。

（二）国际电子资金划拨制度以效率、安全、公平为价值取向

国际清算资金电子划拨法追求的价值目标主要有：一是效率。大额电子资金划拨法与一般法律相比，效率价值体现最为明显。这一立法本身就是为适应现代经济活动快速高效的电子资金划拨发展而出现的，体现了对效率价值的追求。效率价值在"同日执行规则"等相关清算规则中得到了很好体现。如《统一商法典》第 4A 编明确规定支付命令须在接收支付命令当日执行，除非发送人另行指定支付日，这样就极大缩短了支付结算时间。又如对瑕疵支付命令的处理，《国际贷记划拨示范法》明确了接收银行的通知义务，以提升资金划拨效率。

二是安全价值取向。在支付清算领域，效率与风险是一对孪生兄弟。国际大额电子资金划拨高度依赖计算机及其网络系统，尽管比传统的资金划拨要安全得多，但由于金融网络不受时空限制，可能的隐患难以杜绝。为此，相关立法通过设立安全程序等来强化大额电子资金划拨安全保障。同时，为使资金划拨过程中损失的最小化，美国《统一商法典》第 4A 编、《国际贷记划拨示范法》都明确了退款担保规则。完成由发端人向受益人的支付，是大额电子资金划拨的目的，但如果资金划拨没有完成，那么，所有接收了支付的当事人都有退款义务，所有支付了资金的当事人都有权得到退款，且退款担保不能协议变更。当发生某中间银行退款不能时，其风险由指定该中间银行的发送人承担。[2]

---

[1] See CHIPS, Self-Assessment of Compliance with Core Principles for Systemically Important Payment Systems, 2016, p.15.

[2] See UCC Article 4A-402（e）.

《支付服务指令2》第 92 条也明确规定了追索权规则，支付服务提供者对于发生非授权交易、没有执行、瑕疵执行或延迟执行的情形，而这些情形系归因于另一支付服务提供者或中介机构时，该支付服务提供者享有对另一支付服务提供者或中介机构的追索权，可要求该另一支付服务提供者或中介机构赔偿其发生的损失。

三是力求公平。公平是法律追求的永恒价值目标。各国在制定支付法律时，有必要对支付系统参与各方的利益进行权衡。因为不管是支付服务提供者，还是使用者，都会寻求一种可以将风险或损失转嫁给他人的法律规定。[1]公平价值在大额电子资金划拨法中主要表现是确立了间接损害赔偿的规则。大额电子资金划拨过程中由于迟延划拨、错误划拨等履行瑕疵或过失造成的间接损失可能比直接损失更大且难预计。这种潜在成本是资金划拨系统及其参与者成本考量的重要因素。如果大额电子资金划拨中的参与者要承担难以预估的间接损失，则其很可能选择其他交易风险较低的支付工具或将这种损失纳入运营成本中，提高服务价格，从而降低大额电子资金划拨的使用率。为此，《CHIPS 银行间赔付规则》在第一部分第 2 条明确规定，不能让付款行或收款行不公平地得益或受损（unjustly enriched or injured），赔付金额不能超过银行因支付所衍生的收益。

（三）法律适用遵循意思自治优先和最密切联系为辅的原则

依当前国际通行做法，当事人意思自治和最密切联系是确定财产关系准据法的两项主要原则。在国际清算资金电子划拨的法律适用中，当事人意思自治原则处于优先位置，而最密切联系原则是对当事人意思自治原则的补充。《统一商法典》第 4A 编、《国际贷记划拨示范法》以及适用于《支付服务指令2》的《罗马公约》均明确规定，在当事人没有对法律适用约定的情形下，适用与资金划拨存在最密切联系的接收银行所在地、受益人银行所在地等法域的法律。

需要说明的是，实践中，有关国际清算资金电子划拨法律适用的当事人意思自治一般也会体现最密切联系。如虽然根据《统一商法典》第 4A 编第

---

[1] Bruce J. Summers, *The Payment System-Design, Management, and Supervision*, IMF Publications, 1994, p.135.

507 条规定，无论当事人协议选择的法律是否与资金划拨所涉问题存在合理联系均有约束力，但实际上，《CHIPS 规则》第 3 条所选择适用的纽约州法律与 CHIPS 还是有着合理性联系。这是因为，纽约是 CHIPS 公司总部所在地，即使在比较传统的法律选择分析下，《CHIPS 规则》对纽约州法律的选择也是有效的。[1]

（四）国际电子资金划拨具有统一化趋势

为加快国际银行间电子资金划拨法律统一的进程，联合国国际贸易法委员会以《统一商法典》第 4A 编为蓝本，在 1992 年通过了《国际贷记划拨示范法》，供各国在立法时参照采纳，该法对指导各国国内相关立法发挥了重要的借鉴作用。受《国际贷记划拨示范法》的影响，欧盟委员会于 1994 年提出了《跨境贷记划拨指令》（系《支付服务指令》的前身）提案，经过数年的谈判，于 1997 年 5 月通过了正式指令文本。《跨国贷记划拨指令》也使用了"发端人""受益人""中间机构"等与《统一商法典》第 4A 编和《国际贷记划拨示范法》相同或极为相近的核心概念，是国际大额电子资金划拨法律统一进程中迈出的重大一步。如《跨境贷记划拨指令》将"跨境贷记划拨命令"（Cross-Border Credit Transfer Order）定义为"由发端人以任何形式向金融机构直接发出的，执行跨境贷记划拨的无条件指示"，[2]就与《国际贷记划拨示范法》中的"支付命令"概念极为相近。《跨境贷记划拨指令》生效后，被当时的奥地利、比利时、德国、法国等 15 个欧盟成员国通过立法方式转化为国内法。可见，国际化、统一化已成为大额电子资金划拨立法的趋势，我国的大额电子资金划拨立法也应与国际接轨。

第三节　对人民币跨境电子资金划拨权利义务配置的构想

为确保货币国际清算的顺利进行，美欧都构建了较完备的法律规定，联合国国际贸易法委员会也制定了示范性立法。我国目前有关人民币国际清算资金划拨的法律规定有哪些？现有规定在适应人民币国际化清算需要上存在哪些主

---

1 CHIPS, Self-Assessment of Compliance with Standards for Systemically Important Payment Systems, 2016, p.12.

2 See Directive 97/5/EC, Article 2 （g）.

要问题？随着人民币国际化的推进，我国完善人民币国际化清算中当事人权利义务配置法律规定的路径、原则是什么？有哪些核心法律制度规定需要构建？这是本节所要研究的主要内容。

一、我国有关人民币跨境电子资金划拨的法律规定

为适应人民币充分国际化的清算需要，我国借鉴美元清算的 CHIPS 系统，在 CIPS 一期基础上于 2018 年正式运行的 CIPS 二期，形成了人民币国际化清算的 CIPS 模式、境外清算行模式、境内代理行模式、境外机构人民币结算账户模式。随着 CIPS 功能的完善，CIPS 和以此为载体的跨境电子资金划拨必将成为人民币国际化清算的主渠道。因此，我国也需要制定专门的跨境大额电子资金划拨立法，而制定这一立法离不开对我国现有的人民币国际化大额电子资金划拨法律规定的检视。

在有关人民币国际化清算电子资金划拨的通用法律方面，我国已有以《民法典》《电子签名法》《涉外民事关系法律适用法》为代表的法律，为人民币国际化清算资金电子划拨提供了通用法律的基础。在专用法律方面，我国形成了有关人民币国际化清算资金电子划拨的一些综合性规定和有关支付工具、支付系统的规定等。上一章已述，故不赘述。

二、现有规定适应人民币国际化清算需要应改进的问题

在国际清算资金电子划拨中，一项国际清算任务的完成往往由处于两个或两个以上的国家、地区的当事人之间的一连串划拨行为连接而成。在这种情况下，预防、减少风险以及解决纠纷的法律制度设计尤为重要。但在我国当前立法框架下，相关立法在适用于跨境大额电子资金划拨方面仍存在局限性，尚不能完全适应人民币充分国际化的清算需要。

（一）立法内容不能适应跨境大额电子资金划拨发展的需要

相关立法在适用于跨境大额电子资金划拨方面存在的局限性主要体现如下：

一是传统银行法的局限性。《中国人民银行法》《商业银行法》《银行业监督管理法》均主要以银行业务经营、业务管理及监管为内容，缺乏对国际清算资金电子划拨或国际大额电子资金划拨的具体规范。《票据法》以传统的纸质

支付方式为制定基础，同样无法对大额电子资金划拨行为进行针对性地调整。制定《支付结算办法》是为了贯彻实施《票据法》和国务院批准的《票据管理实施办法》，主要规范的是纸质支付方式和以信用卡为载体的小额电子资金划拨，不适用于跨境的大额电子资金划拨。这已经得到我国司法实践的确认。在喜宝集团诉农行青岛城阳支行结算合同纠纷案中，原告喜宝集团认为被告农行青岛城阳支行在办理结算过程中，违背了《支付结算办法》第16条和第166条的规定，导致指定收款人与实际收款人不符（指定收款人为青岛荣星投资管理有限公司，实际收款人为青岛荣星投资管理有限责任公司）。[1] 但山东省青岛市中级人民法院认为，"中国人民银行印发并自1997年12月1日起施行的《支付结算办法》第2条规定：'中华人民共和国境内人民币的支付结算适用本办法，但中国人民银行另有规定的除外。'本案属美元跨境结算，不适用该办法。"[2]

二是既有的小额电子资金划拨法的局限性。《电子银行业务管理办法》虽涉及电子支付方面的内容，但主要是针对适用于大众消费者的小额电子资金划拨，并缺乏对大额电子资金划拨的针对性规定。虽然在立法宗旨、立法技术上，2005年的《电子支付指引（第一号）》相较之前有关电子资金划拨的规定都更为成熟，但其立法目的主要是规范小额电子资金划拨。同时，《电子支付指引（第一号）》以调整银行和客户之间的关系为主线，引导和规范境内发生的银行为客户提供的电子支付业务，[3] 其第2条第3款明确规定，其适用范围是境内银行业金融机构开展的电子支付业务。因此，《电子支付指引（第一号）》不能覆盖到境外金融机构的电子资金划拨，也缺乏对银行间电子资金划拨调整的法律规范，与人民币国际化条件下国际清算资金电子划拨的需要不相适应。

三是既有支付系统管理规定的局限性。《中国人民银行支付系统运行管理

---

1 《支付结算办法》第16条规定：单位、个人和银行办理支付结算必须遵守下列原则：一、恪守信用，履约付款；二、谁的钱进谁的账，由谁支配；三、银行不垫款。第166条规定：按照本办法的规定必须在结算凭证上记载汇款人、付款人和收款人账号的，账号与户名必须一致。

2 《喜宝集团控股有限公司诉中国农业银行股份有限公司青岛城阳支行银行结算合同纠纷案》，《最高人民法院公报》2014年第12期。

3 中国人民银行：《央行就〈电子支付指引（第一号）〉答记者问》，访问时间：2005年10月31日。http://politics.people.com.cn/GB/1027/3812689.html.

办法》《大额支付系统业务处理办法》《大额支付系统业务处理手续》等主要解决的是系统顺畅运行的问题，对各参与者在清算过程中的权利义务缺乏系统的规定。例如，《大额支付系统业务处理手续》侧重于电子资金划拨中会计业务的处理。而《人民币跨境支付规则》《人民币跨境支付指引》主要是对 CIPS 运行中操作业务层面的处理进行了规定。而《人民币跨境支付系统参与者服务协议》在严格意义上是 CIPS 运营者与系统参与者之间的合同。《中国人民银行支付系统运行管理办法》实质上是一部有关岗位设置、运行维护、应急管理等内容的内部管理手册，对参与者的权利、义务并没有涉及。《中国人民银行支付系统参与者监督管理办法》从行政管理的角度，对中国人民银行支付系统参与者的监督管理进行了规定，主要内容包括：参与者在软硬件设施、内控制度、应急管理等方面的总体要求；参与者需要向人民银行报告、报备的情形；监管或强制的具体措施（包括现场检查、要求参与者就有关问题作出说明或限期整改、清算账户余额控制、暂停新增间接参与者、暂停业务权限或转为间接参与者等），而缺乏对电子资金划拨清算中各方当事人具体权利、义务分配的规定。

总之，我国目前还没有专门调整国际清算资金电子划拨或大额电子资金划拨的法律，其他相关法律也缺少对这一划拨中当事人之间民事权利义务的针对性、系统性的规定。而这恰恰是《统一商法典》第 4A 编、《国际贷记划拨示范法》和《支付服务指令 2》的重点所在。也正因为如此，在喜宝集团诉农行青岛城阳支行跨境结算合同纠纷案中，法院才在该案的审理中不得不适用《合同法》和《公司法》。青岛市中级人民法院认为，在指定收款账号与实际收款账号一致的情况下，指定收款人"青岛荣星投资管理有限公司"与实际收款人"青岛荣星投资管理有限责任公司"之间存在表面上不完全一致，但根据《公司法》第 8 条第 1 款"依照本法设立的有限责任公司，必须在公司名称中标明有限责任公司或者有限公司字样"的规定，上述不完全一致，并不导致相互之间产生歧义，不应认定为不符。既然不存在收款人不符或不明的情形，则不存在不尽主动查询、主动退汇义务的问题。而关于损失赔偿问题，青岛市中级人民法院则是根据《合同法》第 113 条第 1 款、第 60 条、第 125 条第 1 款的规定，认为结算行为本身并不必然导致损失，结算行为与损失之间缺乏客观、必然的联系，原告喜宝集团的请求缺乏事实根据与法律依据。[1]

（二）相关规则法律位阶低，法律规范的确定性欠缺

目前，有关电子资金划拨的法律文件大多是由中国人民银行、中国银保监会制定，除《电子银行业务管理办法》属于部门规章外，《支付结算办法》《电子支付指引（第一号）》等都属于规范性文件。当然，采用这些规范性文件来规范电子资金划拨中的问题，也有其特定的时期背景。如2005年《电子支付指引（第一号）》的制定，主要是因为当时我国电子支付业务处于创新发展时期，而涉及电子支付业务的许多法律制度问题仍处于研究和探索阶段。为了给电子支付业务的创新和发展创造较为宽松的制度环境，中国人民银行决定先通过"指引"这种规范性文件的方式引导和规范电子支付行为，待条件成熟后再上升至相应的部门规章或法律法规。[2] 而这些规范性文件的规定一旦与现行有关法律或是行政法规相冲突，就会因法律位阶问题，遭遇适用尴尬，进而影响预测作用的发挥。一例明证就是划拨是否未经授权这一长期困扰着电子资金划拨使用者的问题。根据《电子签名法》第9条规定，不论是否授权，只要收件人发送的指令得到银行的相关程序认可或验证，便是合法有效的，由客户自己

1　关于损失赔偿问题，山东省青岛市中级人民法院认为：《合同法》第113条第1款规定："当事人一方不履行合同义务或者履行合同义务不符合约定，给对方造成损失的，损失赔偿额应当相当于因违约所造成的损失，包括合同履行后可以获得的利益，但不得超过违反合同一方订立合同时预见到或者应当预见到的因违反合同可能造成的损失。"原告喜宝集团可获支持的损失，应当是由于被告农行青岛城阳支行的违约行为所造成。从原告在本案中提出的索赔主张看，其索赔数额是基础交易债务人追偿是其采取的补救措施，与被告的行为所应承担的责任无关，但就同一款项已获生效判决支付清偿的情况下，又基于其他事由再寻求判决支付清偿，从内在逻辑上即存在其损失究竟是因何种行为所造成的问题。山东省青岛市中级人民法院认为，导致损失的直接原因在于基础交易债务人的行为，尽管本案跨境结算行为构成基础交易的条件，但结算行为本身并不必然导致损失，结算行为与损失之间缺乏客观、必然的联系。如果说，被告若作退汇处理，可能避免损失的最终发生，但根据原告在庭审质证时所作陈述，"我们是故意漏掉两个字电汇的，目的是为了让被告方提出查询，其中有10—15个工作日时间，以便给原告法定代表人到青岛考察荣星公司的真实情况。"那么，原告在申请汇款时更可以避免通过跨境结算而产生所谓的损失。原告出于规避基础交易风险的考虑，掩饰其真实意图，导致被告本着合理信赖履行结算合同，原告将最终基于基础交易产生的损失转由被告承担，有违诚实信用原则。原告的损失非被告的过错造成，被告不承担赔偿责任。综上所述，原告喜宝集团的请求缺乏事实根据与法律依据，法院不予支持。据此，山东省青岛市中级人民法院依照《中华人民共和国合同法》第60条、第125条第1款，《中华人民共和国民事诉讼法》第259条的规定，于2013年9月22日作出判决：驳回原告喜宝集团的诉讼请求。一审宣判后，双方当事人在法定期间内均未提出上诉，一审判决已经发生法律效力。参见《喜宝集团控股有限公司诉中国农业银行股份有限公司青岛城阳支行银行结算合同纠纷案》，《最高人民法院公报》2014年第12期。

2　参见中国人民银行：《央行就〈电子支付指引（第一号）〉答记者问》，访问时间：2005年10月31日。http://politics.people.com.cn/GB/1027/3812689.html.

承担相关损失。[1]而根据《电子银行业务管理办法》第89条规定，在客户无过错的情况下，若其身份认证的信息被他人盗用，应由银行承担相关资金损失。显然按照上位法优于下位法的原则，当《电子签名法》与《电子银行业务管理办法》对同一事项发生适用竞合时，应适用《电子签名法》。

（三）相关规定分散，法律规范的逻辑性欠缺

我国关于电子资金划拨的规定欠缺逻辑性，主要体现如下：

一是对个人和法人客户没有区分。对于一般个人客户来说，银行处于一种强势地位，拥有技术和资金上的绝对优势。而法人客户由于其本身流转的资金额度较大，风险意识和防范能力较强。若遭遇未经授权交易损失，要银行承担与其服务费极不对称的大额资金划拨全部损失，显然是不公平的。在美国、欧盟有关电子资金划拨的立法中，明显将个人客户与法人客户未经授权交易责任的承担加以区分，采取不同的归责原则。而我国的《电子支付指引（第一号）》等没有对电子资金划拨过程中的个人客户和法人客户进行区分处理。

二是对责任承担的规定欠明确。如《银行卡业务管理办法》第52条第5款规定，因银行卡挂失、密码丢失等引起的责任，在有关银行卡的章程或有关协议中明确。与美国《统一商法典》等相比，我国有关电子资金划拨的规定过于简单、抽象，且没有明确区分经授权与未经授权划拨的责任分担。司法部门在调整持卡人和银行之间的法律关系行为中，一般依据《民法通则》《合同法》（《民法典》生效前）和《民法典》相关条款进行案件审理。又如根据《电子支付指引（第一号）》第41条规定，由于银行保管、使用不当，导致客户资料信息被泄露或篡改的，银行应采取有效措施防止因此造成客户损失，并及时通知和协助客户补救。但该规定回避了银行是否应因保管、使用不当而需承担赔偿责任的问题。《电子支付指引（第一号）》第46条规定，因银行自身系统、内控制度等非客户原因，造成电子支付指令没按约定传递或被篡改，相应客户损失由银行按约定赔偿。但具体是间接损害赔偿还是直接损害赔偿，却没有明确的规定。强制性规范约束的缺乏，使得实践中处于优势地位的银行经常会通过服务协议免除自身责任。

---

[1]《电子签名法》第9条规定：数据电文有下列情形之一的，视为发件人发送：（一）经发件人授权发送的；（二）发件人的信息系统自动发送的；（三）收件人按照发件人认可的方法对数据电文进行验证后结果相符的。当事人对前款规定的事项另有约定的，从其约定。

三、完善人民币国际清算资金电子划拨当事人权利义务配置的构想

随着人民币国际化的推进，作为人民币国际化清算主要途径的大额电子资金划拨，将肩负更重大的使命，但我国在跨境大额电子资金划拨领域法律缺位所带来的法律风险，对资金划拨各方当事人来说都是难以承受的。为确保跨境清算的安全、高效，大额电子资金划拨立法势在必行，以下重点就该法中当事人权利义务配置提出构想。

（一）立法模式和原则

1. 立法模式选择

目前，世界上对于大额电子资金划拨的立法有三种方式。一是以美国为代表的专门单独立法调整方式。美国 1973 年发生的 Evra 案及 1985 年 11 月 21 日纽约银行电子计算机系统软件错误问题等事件，促使美国在 1989 年修订《统一商法典》时增设第 4A 编，[1] 也使美国在全球率先弥补了规范大额电子资金划拨的法律空白。同时，美国各州也都采用了《统一商法典》第 4A 编。二是综合立法模式。如欧盟的《支付服务指令 2》同时适用于小额和大额电子资金划拨，只是在具体法律条款的适用上做了区分。三是一般法律调整的方式。主要是以英国和一些大陆法系国家没有专门大额资金划拨立法，而是适用一般的法律、法院判决以及法律学说。

当前，我国关于大额电子资金划拨方面的立法，主要是中国人民银行等部门制定的规范性文件，针对性不强、效力层级低、规定分散、内部逻辑性欠缺。从这一现状来看，我国应制定一部专门规范大额电子资金划拨的法律，以调整人民币跨境清算中各方当事人的法律关系。关于该立法有两个问题需要明确：一是对大额电子资金划拨是单独立法，还是作为电子资金划拨法的一个组成部分。二是如何结合我国实际并有效借鉴域外成熟的立法经验。

对于第一个问题，美国的立法历程或许可以为我们的立法选择提供良好的借鉴。美国在 1978 年制定适用于小额电子资金划拨的《电子资金划拨法》后，美国统一商法典常设编辑理事会提出了《统一新支付法典》的草案，意图制定

1　1985 年 11 月 21 日，由于计算机软件的错误，造成纽约银行与美联储电子结算系统收支失衡，发生了超额支付，纽约银行当日账务出现 230 亿美元短款，而这个问题一直到晚上才被发现。

一个适用于所有支付形式的共同核心法律规则。然而，对使用特殊技术的支付形式，一般通用的规则是不够的，必须有特殊规则适用于特定的支付形式。因此，新的支付法典既包括适用于所有支付的通用规则，也包括仅适用于特定支付形式的特殊规则。但还是因为新的支付法典"过于复杂"，以至于"过于空想，无法获得理论界以外的支持"。最终，制定《统一新支付法典》的计划被放弃，美国统一商法典常设编辑理事会决定起草仅调整大额电子资金划拨的《统一商法典》第 4A 编。[1] 相较于《统一商法典》第 4A 编和《国际贷记划拨示范法》，欧盟的《支付服务指令 2》法律条款就显得非常复杂烦琐。

鉴于此，我们认为，我国大额电子资金划拨立法可参照和借鉴美国《统一商法典》第 4A 编和《国际贷记划拨示范法》，将大额和小额电子资金划拨分别立法，对人民币国际化条件下的大额电子资金划拨制定单行法。这样立法风险小，技术难度低，利于针对性地解决人民币国际化清算中跨境大额电子资金划拨遇到的现实问题。待电子资金划拨综合立法条件成熟后，再考虑制定统一的《电子资金划拨法》，对大额和小额电子资金划拨进行统一的规范。不过，综合立法的难度较大，需要相当的前瞻性和立法技巧。

对于第二个问题，我国在制定大额电子资金划拨法时，应充分考虑与人民币国际化相适应的电子资金划拨的国际化趋势，借鉴国外成功立法，参照国际惯例，与国际接轨。"支付体系法律改革可以参照国际立法组织制定的相关'示范法'，或者其他国家相类似的法律，经改造使它们有效地适应本国特定的法律制度。"[2] 因此，我们应大胆吸收借鉴美国《统一商法典》第 4A 编、《国际贷记划拨示范法》和《支付服务指令 2》的经验，有些适合我国国情的法律条文，可以直接进行移植，但也要防止机械主义和形式主义。

至于如何借鉴，从法律体系的建构来看，为适应人民币国际化过程中跨境大额电子资金划拨发展的需要，应从法律、法规、部门规章、规范性文件四个层面加快构建丰富、完善的法律制度体系。建议借鉴美国《统一商法典》第4A 编、《国际贷记划拨示范法》的规定，在《电子支付指引（第一号）》的基

---

1 Julius Kiss, "International Payments Law Reform: Introduction of Global Code of Payments", *Banking & Finance Law Review*, 2010, 25（3），p.405.

2 CPSS, General Guidance for National Payment System Development, 2006, p.39, http://www.bis.org/cpmi/publ/d70.htm.

础上，进行创新、融合和发展，制定《大额电子资金划拨法》。从法律关系的建构来看，应该把大额电子资金划拨中各方当事人间的权利义务关系定位为一种新的法律关系——资金划拨关系，以利于大额电子资金划拨创造性立法的开展。在法律概念上，摒弃"功能等同"的思路，采用"支付命令"与"安全程序"等全新的概念和规则。在权利义务的配置上，《统一商法典》第4A编的一大特点就是针对具体情况规定针对性解决办法，而不仅仅是原则性规定，以保障大额电子资金划拨效率、低成本和确定性等利益的实现。同时，美国《统一商法典》第4A编原则上允许资金划拨系统规则变更与该编不一致的规定。[1]这主要是基于降低支付系统风险是一个系统工程，资金划拨系统规则比大额电子资金划拨立法在风险控制上更具主动性和灵活性。因此，为更好适应电子资金划拨快速多变的发展形势，我国大额电子资金划拨法律还应明确支付系统规则的地位、与立法的关系以及对第三方的适用性。[2]

2. 立法原则

人民币国际化条件下的大额电子资金划拨立法，应坚持安全、效率、公平的立法原则。具而言之，第一，大额电子资金划拨系统的单笔清算金额以及整体清算量往往很大（如跨境的外汇交易清算、跨境的证券交易清算等），有些甚至关系一国金融稳定，安全问题至关重要。尤其在人民币国际化清算中付款行和收款行地理相距较远，加之时区、离岸人民币流动性等原因，与境内人民币清算相比，人民币跨境清算中信用风险、流动性风险发生的可能性更大。所以，制定大额电子资金划拨法须反映市场主体对大额电子资金划拨安全性的特殊期待和要求。第二，与传统的支付方式相比，大额电子资金划拨更具有追求效率的特征，体现了低成本、高效率的特点。特别是在人民币国际化清算中，客户和银行所涉的地域范围覆盖全球，结算的效率价值尤为重要。因此，在权利和义务的分配等主要方面，相关立法须体现对效率的追求。第三，大额电子资金划拨立法在追求安全、效率的同时，要尽量公平实现各方利益需求，以促进大额电子资金划拨快速而稳健发展。如在人民币国际化清算中，相较于人民币的国内清算，银行等中介机构在跨境的大额电子资金划拨中，除面临更大的

1　See UCC Article 4A-501（b）.

2　李莉莎：《论大额电子资金划拨系统规则的法律地位》，《暨南学报（哲学社会科学版）》2007年第1期。

信用风险、流动性风险外，还要面临国家风险、国际洗钱风险等，要其以极少的服务收费去承担间接损害赔偿等过高的风险是不公平的，也不利于跨境人民币清算发展。

（二）主要具体内容和制度

1. 明确基本概念

法律概念是法律的主要构成要素之一。就法律概念而言，美国《统一商法典》第 4A 编所创设的"支付命令""安全程序"等概念具有革命性的意义，也被《国际贷记划拨示范法》《支付服务指令 2》所借鉴。它不同于使用"电子合同""电子签字"等概念来对传统的法律概念修补，而是适应新技术发展的需要，创造了全新的法律概念，代表了大额电子资金划拨立法的历史发展方向。为此，我国应借鉴《统一商法典》第 4A 编、《支付服务指令 2》等立法，在未来的大额电子资金划拨立法中，明确资金划拨、支付命令、安全程序等大额电子资金划拨法律的核心概念。

（1）明确"资金划拨"的法律概念，将资金划拨关系定位为一种全新的法律关系。在《统一商法典》第 4A 编施行前，美国不存在调整大额电子资金划拨的统一法律，大额电子资金划拨的各当事方究竟为何种法律关系，存在不同的认识。不同于前述 Securities Fund 案判决（该案的关键在于：在电子资金划拨中出现欺诈时，法院承认受拨人银行在一定条件下应对划拨人银行的客户承担责任），在 Bradford Trust Co. v. Tex American Bank—Houston（以下简称 Bradford 案）一案中，依据类似的案情，审理 Bradford 案的法院却认为受拨人银行不应对划拨人银行承担责任。在 Bradford 案中，欺诈人使用化名与 Colonial Coins, Inc.（以下简称 Colonial）约定，以 80 万美元从 Colonial 处购买稀有硬币和金块。而支付方式是从其在原告 Bradford 划拨人银行的账户上用电子资金划拨将款项划拨到 Colonia 在休斯敦的被告即受拨人银行的账户上。然后，欺诈人向 Bradford 发出一封伪造信和股票转让授权书，指令 Bradford 从 Frank Rochefort 共同基金账户上清算价值 80 万美元的证券，并将所得资金用电子方式划拨到 Colonial 在被告受拨人银行的账户上。原告 Bradford 在没有遵守其内部程序的情况下，指令其代理银行 State Street Bank of Boston 将该笔资金划拨给了被告，指令的内容包含 Colonial 在被告的账号，并指出该账户是以 Colonial 的名义开立的。被告接收资金后，通知 Colonial

其账户已贷记的金额。Colonial 在收到价款情况下，向欺诈人交付了稀有硬币和金块。

当原告客户 Frank Rochefort 收到从原告即划拨人银行账户划出资金的通知并坚持认为未授权时，原告划拨人银行才发现存在欺诈。原告划拨人银行重新贷记其客户 Frank Rochefort 的账户，而当被告受拨人银行和 Colonial 拒绝返还资金时，引发诉讼。初审法院应用比较过失理论将损失在划拨人银行与受拨人银行间进行了平摊，但两个银行均不接受该判决。原告划拨人银行上诉称被告受拨人银行因过失未能遵循原告划拨人银行的指令将资金存入 Frank Rochefort 在受拨人银行的账户，因此应承担全部损失。被告受拨人银行辩称，是原告划拨人银行与欺诈人打交道，接收欺诈人伪造的信函，处于防止欺诈和损失的最佳位置，应承担全部损失。

美国上诉法院认为，初审法院所依据的比较过失理论不适用于此案。美国《统一商法典》第 3 编规定，有关票据的类似争论产生时，损失由与伪造者打交道的当事人承担，因为其处于避免损失的最佳位置。同时，上诉法院认为美国《统一商法典》第 3 编中规定的这一原则也应适用于电子资金划拨。在此案中，原告划拨人银行直接与欺诈人打交道，不去核实声称发自 Frank Rochefort 的指令是否真的发自 Frank Rochefort，而是通过账户清算和电子划拨资金使欺诈人的计划得以继续实施。因此，原告划拨人银行是产生损失的主要原因，根据美国《统一商法典》第 3 编规定的原则，应对全部损失承担责任。[1] 美国上诉法院判定，尽管被告受拨人银行存在过失，但相对于原告划拨人银行的过失来说，其过失是第二位的，因而原告划拨人银行须承担全部损失。综上所述，Securities Fund 案与 Bradford 案判决不同的原因就在于，在 Securities Fund 一案中，法院认为电子资金划拨当事方间存在侵权关系或合同关系，法院所依据的是普通法的侵权规则或合同规则。而在 Bradford 一案中，法院认为电子资金划拨当事方间的权利义务关系类似于票据关系，类推适用了美国《统一商法典》第 3 编和第 4A 编中票据法所确立的原则。[2] 因此，明确电子资金划拨各当事方关系的法律性质具有重要意义。美国《统一商法典》第 4A 编的起草

1　See Robert C. Effros, "A Banker's Primer on the Law of Electronic Funds Transfers", *Banking Law Journal*, 1988, Vol.105, pp.510-543.

2　刘颖：《电子银行法律风险的几个问题》，《暨南学报》2014 年第 12 期。

与施行，不仅明确了各当事方的权利义务，而且创立了一种新的法律关系，即"资金划拨关系"或"贷记划拨关系"。

同样，我们也无须争论大额电子资金划拨各当事方间的法律关系是票据关系，还是合同关系，而应认为大额电子资金划拨的各当事方形成"资金划拨关系"或"贷记划拨关系"，内容正如美国《统一商法典》第4A编所规定的发端人、发端人银行、中间银行、受益人银行及受益人等当事方的权利义务。[1] 在我国未来的大额电子资金划拨立法中，可将"资金划拨"定义为"从付款人发起的支付指令开始，以向该支付指令的收款人进行支付的一系列交易。它包括由发起行和中间银行为执行付款人的支付指令签发的支付指令"。同时，根据我国大额电子资金划拨立法中"资金划拨"的法律定义，对"付款人""发起行""收款行"等进行相应的法律界定。如可将"付款人"定义为"直接或授权他人发出支付指令，以实现货币支付与资金转移的人（包括自然人和法人）"。将"发起行"定义为"接受付款人委托发出电子支付指令的银行"。在虚拟的人民币跨境结算案例中，中国大陆的电脑公司 A 就是付款人，即人民币跨境清算中债务人，境外芯片公司 B 就是收款人，即人民币跨境清算中的债权人。而电脑公司 A 的境内开户行 C 是 100 万元人民币支付指令的发起行。

（2）明确"支付指令"的法律概念。从以上大额电子资金划拨立法中资金划拨的法律概念可以看出，电子资金划拨的核心就是支付指令。为此，建议我国大额电子资金划拨立法借鉴美国《统一商法典》第4A编的规定，明确支付指令的法律概念。大额电子资金划拨立法中可将"支付指令"定义为，由发送人将确定的资金交由收款人无条件支配的指令，而不论指令的形式。[2]

（3）明确"安全程序"的法律概念。欺诈是电子资金划拨中存在的较为常见的问题。为了防止欺诈，就需要对客户向银行签发的支付指令以及对银行间的指令进行认证。为此，建议我国未来的大额电子资金划拨立法明确设立安全

1　刘颖：《支付命令与安全程序——美国〈统一商法典〉第 4A 编的核心概念及对我国电子商务立法的启示》，《中国法学》2004 年第 1 期。

2　因为我国现有的文献中一般将美国《统一商法典》、欧盟《支付服务指令 2》中的"payment order"翻译为"支付命令"，而我国《电子支付指引（第一号）》等使用的是"支付指令"，实际上，支付命令和支付指令的英文都是"payment order"，我们根据历史使用（翻译）习惯和特定的案例环境（语境），分别使用"支付命令"和"支付指令"。

程序等来强化大额电子资金划拨安全保障。为保障电子支付安全性，2005 年中国人民银行制定的《电子支付指引（第一号）》已引入了"安全程序"的概念，但没有对其进行直接的法律定义。只是在《电子支付指引（第一号）》第 10 条和第 17 条中分别规定："银行为客户办理电子支付业务，应根据客户性质、电子支付类型、支付金额等，与客户约定适当的认证方式，如密码、密钥、数字证书、电子签名等。""电子支付指令的发起行应建立必要的安全程序，对客户身份和电子支付指令进行确认，并形成日志文件等记录，保存至交易后 5 年。"为此，建议我国未来的大额电子资金划拨立法应明确安全程序的定义，可借鉴《国际贷记划拨示范法》，将"安全程序"定义为：为核实支付指令是否确由名义发送人签发而协议确立的一种程序，其形式包括密码、密钥、数字证书、电子签名等。同时规定，"安全程序由发送人和接收行协议设立，并具有商业上的合理性"。

2. 构建权利义务配置的核心规则

（1）明确权利义务开始时间规则。有关资金划拨当事人的权利义务开始时间，《统一商法典》第 4A 编规定，接收银行接受支付命令，是发送人和接收银行间权利义务开始的唯一时间，较好体现了确定性利益。[1]《统一商法典》第 4A 编的被动接受只适用于受益人银行，且建立在受益人银行已得到或可得到发送人支付的前提下。[2]这是由于受益人银行位于电子资金划拨链的末端，立法更倾向于促成受益人银行承担起资金划拨的义务。而在《国际贷记划拨示范法》中，被动接受有事先约定以及推定接受两种情形，而推定接受对所有接收银行普遍地适用（而不限于受益人银行），从而使不确定性扩散到所有接收银行。为增强法律确定性，我国未来的大额电子资金划拨立法应明确规定接收银行对支付指令的接受，是发送人与接收银行间权利义务开始的时间，除非另有约定，接收银行无接受支付指令的义务。而被动接受仅适用于收款人银行。

而关于支付指令接受的方式，可在借鉴《统一商法典》规定的基础上，结

---

1 See Bruce J. Summers, *The Payment System-Design, Management, and Supervision*, IMF Publications, 1994, p.63.

2 See UCC Article 4A-209（d）.

合当前《电子支付指引（第一号）》的第 19 条规定，[1] 在我国大额电子资金划拨立法中予以明确。对于非收款人银行以外的银行，接受支付指令是执行通过安全程序的电子支付指令。而"执行"是指签发与接受的支付指令所规定的条款一致的另一份支付指令。而收款人银行的"接受"方式可有三种：向收款人支付、通知收款人支付指令已收到、收到签发支付指令的发出方的付款，以上三种之中最先发生者即算接受。在虚拟的人民币跨境结算案例中，芯片公司 B 的开户行 D，作为收款人银行有"向收款人支付、通知收款人支付指令已收到、收到签发支付指令的发出方的付款"三种接受方式。

（2）明确支付指令的执行时限规则。《国际贷记划拨示范法》考虑到各国和地区在大额电子资金划拨技术上的差异，对"同日执行规则"进行了折中处理，即以同日执行为原则，以第二日执行为例外。随着信息技术的快速发展，更多国家已具备同日执行所需的设备和技术水平，并在立法中确立了该规则。我国未来的大额电子资金划拨立法也应明确"同日执行规则"，除另有法律规定或约定外，接收银行应在接收支付指令的当日执行支付指令，即将当前《人民币跨境支付系统业务规则》第 28、29 条规定的"直接参与者应当向 CIPS 提交期望结算日期为 CIPS 当前系统工作日的支付业务。对期望结算日期不为当前系统工作日的支付业务，应当予以拒绝"，"直接参与者应当在日间（夜间）处理阶段的规定时间内，及时向 CIPS 提交支付业务，不得拖延"上升到国家法律层面。

（3）明确瑕疵支付指令的处理规则。为确保资金划拨的高效，当接收银行接收存在瑕疵的支付命令时，《统一商法典》第 4A 编第 205 条、《支付服务指令 2》第 89 条、《国际贷记划拨示范法》第三章等均分别就不同情况明确了相应的处置措施，包括及时通知、努力追查、不无故拖延退还款项等。为确保大额电子资金划拨的高速性，我国未来的大额电子资金划拨立法应借鉴这些法律的规定，根据据实、公平、准确和及时的原则，区分瑕疵的不同情形，分别适用不同的规则。一是支付指令中的必要记载事项（如收款人、划拨金额等）欠缺，则不构成支付指令，不发生对支付指令的接受。此时如能确认发送人身

---

1 《电子支付指引（第一号）》第 19 条规定，发起行应确保正确执行客户的电子支付指令，对电子支付指令进行确认后，应能够向客户提供纸质或电子交易回单。发起行执行通过安全程序的电子支付指令后，客户不得要求变更或撤销电子支付指令。

份，接收银行可通知发送人，要求其补正该指令而使之构成支付指令，但这不应成为其法定义务，否则，将影响接收银行处理支付指令的速度。我国可借鉴欧盟《支付服务指令2》的规定，如果支付指令的拒绝是客观正当的，协议可约定接收行对通知进行收费的条件，以提高支付处理效率。二是当支付指令通过名称和号码（行号或账号，在跨境人民币支付系统中直接参与者和间接参与者均具有唯一性的行号）两者同时来确认接收行或受益人，而两者对应关系错误，如果接收银行知道此种情形存在，则不发生对支付指令的接受；如果接收银行不知此种情形，则应以号码为准，且接收银行不承担核对名称和号码是否一致的义务。这样可适应 CIPS 计算机自动处理的需要，提升结算效率。三是当支付指令中记载的拟划拨货币金额的信息存在不一致时，如果接收银行知道此种情况，则不发生对支付指令的接受；当接收银行不知道时，应以接收行自动化设备能够辨别的字符为准，确定拟划拨的货币金额，让支付指令生效，以提高资金划拨的速度。[1]

（4）明确法律适用规则。我国未来的大额电子资金划拨立法应将资金划拨视为一连串独立行为，使各参与银行的责任彼此独立。具而言之，在我国未来的大额电子资金划拨立法中，应明确法律适用条款，主要核心内容包括：第一，"支付指令产生的权利和义务受当事人所选择的法律约束。如果协议没有选择，则适用接收银行所在地国家或地区的法律"。这样的规定，既体现了人民币国际化清算对我国《涉外民事关系法律适用法》中"意思自治原则"（协议选择）和"最密切联系原则"（支付指令接收行所在地显然符合与该支付指令具有最密切联系的条件）的遵循，也体现了合同相对性的原则，即因支付指令产生的权利和义务由各当事人所选择的法律约束，这样资金划拨过程中各参与银行的合同关系及责任彼此独立。第二，明确规定"资金划拨系统规则可选择特定法域的法律"，且"如果资金划拨通过多个资金划拨系统进行，而系统间的法律选择规则不一致的，则所涉问题由所选择的与该问题具有最密切联系法域的法律管辖"。这样可以为人民币跨境支付系统规则或参与者协议中的法律适用条款，提供更明确、更具有针对性的法律依据。

---

[1] 刘颖、李莉莎：《利益视角下的大额电子资金划拨法》，《河北法学》2008 年第 6 期。

3.完善法律责任承担机制

（1）明确支付命令错误执行或不适当执行时的损害赔偿规则。在支付命令错误执行或不适当执行时，因为银行、支付系统运营机构等收取的划拨和通信费用相对于划拨的金额微不足道，要其以极少的服务收费去承担过高的间接损害赔偿等风险是不公平的。同时，即使间接损害赔偿是或然性极低的事件，其潜在的压力也会使银行等提高划拨服务费，不利于客户对此种划拨方式的积极运用。因此，《统一商法典》第4A编、《支付服务指令2》和《国际贷记划拨示范法》都在原则上否定了间接损害赔偿的适用。我国未来的大额电子资金划拨立法也应明确银行等清算系统参与者对客户承担的责任范围一般不包括间接损害赔偿。但为了强化银行的责任，也应明确银行等支付中介在例外情况下承担间接损害赔偿责任的情形，如客户向银行提出支付要求，且告知银行如不支付将产生间接损失的情况下，银行仍不支付，应承担间接损失的赔偿责任。而间接损害赔偿限额应不超过银行预见到的或应预见到的因不履行或不适当履行电子资金划拨义务所可能造成的损失。

（2）明确未经授权的资金划拨风险责任归属。电子资金划拨是通过开放的网络来实现的，划拨信息容易受到来自各种途径的攻击、破坏和欺诈等，这些侵权行为一旦得手，往往会给用户带来巨大损失。如2016年2月，孟加拉国央行在纽约联储开设的账户遭到黑客攻击，被盗取8100万美元。就资金被盗事件，孟加拉国央行拟起诉纽约联储。为此，纽约联储声称，没有任何迹象表明其安保系统存在问题，转账指令符合"标准认证协议"（Standard Authentication Protocols）。[1]鉴于风险防范主体的确定性以及法律关系的复杂性，我国未来的大额电子资金划拨立法应明确欺诈损失分配规则。支付指令经具有商业上合理性的安全程序识别通过后，支付指令视为由发送人签发，风险责任由其承担。这样规定的合理性在于：与小额电子资金划拨中的消费者不同，大额电子资金划拨使用者一般是大型金融机构或跨国企业，具有较强的风险识别和承担能力。[2]

（3）因第三方原因导致损失的处理规则。对因第三方原因导致电子资金划

---

1 Federal Reserve Bank of New York, Statement on Media Reports About Bangladesh, https://www.newyork-fed.org/newsevents/statements/2016/0311-2016.

2 刘颖、李莉莎：《利益视角下的大额电子资金划拨法》，《河北法学》2008年第6期。

拨过程中客户损失的赔偿，我国未来的大额电子资金划拨立法可借鉴欧盟《支付服务指令 2》第 92 条和《电子支付指引（第一号）》第 42 条有关追索权的规定，[1]明确规定"因第三方服务机构的原因造成客户损失的，银行应先予赔偿，再根据与第三方服务机构的协议进行追偿"，也可在大额电子资金划拨中引入保险制度，分散大额电子资金划拨风险。同时，我国还可借鉴 CHIPS 的共担机制，所有 CIPS 参与银行签订一个共同分担损失的协议，当一个或数个成员银行出现清偿问题，其他各成员银行提供必要的资金以完成 CIPS 清算，并将成员银行分担损失的计算公式以协议形式固定下来，写进 CIPS 规则。

（4）退款担保规则。《统一商法典》第 4A 编第 402 条等规定，在银行不能支付的情况下，划拨行为所涉及的每个指令发送方均有权得到支付本金及其利息的退款，且有权获得退款的发端人可向任何有退款保证义务的接收银行提出退款要求，以充分保障发端人退款请求权。我国大额电子资金划拨法应借鉴美国《统一商法典》第 4A 编对退款担保规则予以明确：第一，退款担保不得经当事人的协议变更，以确保退款保证规则的落实。第二，在退款程序中，明确"越级规则"，当资金划拨没有完成，从而资金划拨的目的未能实现时，已经进行了支付的当事人有权得到退款，已经接收了支付的当事人有义务进行退款。[2]

1《电子支付指引（第一号）》第 42 条规定："因银行自身系统、内控制度或为其提供服务的第三方服务机构的原因，造成电子支付指令无法按约定时间传递、传递不完整或被篡改，并造成客户损失的，银行应按约定予以赔偿。因第三方服务机构的原因造成客户损失的，银行应予赔偿，再根据与第三方服务机构的协议进行追偿。"

2 刘颖、李莉莎：《利益视角下的大额电子资金划拨法》，《河北法学》2008 年第 6 期。

第八章
人民币国际化的结算最终性的法律问题

结算与清算是紧密联系和不可分割的，在实务和研究中，清算与结算经常交叉混合在一起。一般而言，结算是经济和社会生活中债权债务人清偿债权债务的行为和结果，而清算则侧重银行间结清债权债务关系的货币收付行为和结果。众所周知，在现代经济生活中，债权债务人为终结债权债务所为支付一般都需要借助银行、银行账户和银行清算。[1] 在清算与结算密不可分又难以分开的情况下，本文将结算最终性与清算最终性在同一意义上交叉使用。

通过支付系统和相应结算工具进行的清算，在为债权人和债务人之间债权债务的清偿带来巨大方便的同时，也隐含着支付系统参与者的结算失败可能导致整个系统瘫痪的风险，并可能对整个社会经济带来灾难性后果。而为了克服和避免此种后果，结算最终性问题成为支付系统中压倒性的重要（Overriding Importance）法律问题。[2] 结算最终性有多种含义：与支付终结（Finality of Payment）相联系的支付过程的不可反转性（Irreversibility），特别是在破产情形中支付过程的不可反转性；[3] 金融市场基础设施或其参与者根据合约条款，对资产和金融工具转让或债务清偿的不可撤销性（Irrevocable）、无条件性（Unconditional）。[4] 我们对结算最终性的定义是：支付清算系统的参与方通过不可撤回和无条件地进行资金划拨，终结债权债务关系的一项制度。清算最

---

1 韩龙、毛术文：《人民币国际化条件下清算最终性与破产法的冲突与协调》，《清华法学》2020 年第 4 期。

2 Bruce J. Summers, *The Payment System-Design, Management, and Supervision*, IMF Publications, 1994, p.135.

3 Benjamin Geva, "Payment Finality and Discharge in Funds Transfers", *Chicago-Kent Law Review*, 2008, 183（2），pp.633–634.

4 CPSS, IOSCO, Principles for Financial Market Infrastructures, 2012, p.64.

终性意味着银行之间清算义务的解除，也意味着清算不被破产法逆转。[1] 鉴于结算最终性的重要性，中国人民银行 2012 年发布的《关于中国支付体系发展（2011—2015 年）的指导意见》（银发〔2012〕4 号）将明确结算最终性的法律地位及法律效力等作为健全支付体系法律法规制度，夯实支付体系发展法律基础的主要任务之一。《中国人民银行"十二五"立法规划》（银发〔2011〕290 号），也将结算最终性制度的确立作为《制定〈支付系统管理条例〉立法需求书》的重要内容之一。《法治央行建设实施方案（2016—2020 年）》（银发〔2016〕256 号）也要求夯实结算最终性等支付与市场基础设施的法律基础。随着近年来人民币国际化的快速发展，在人民币全球清算体系的安全、高效运行中，结算最终性法律制度的保障问题愈加重要和迫切。为确保货币清算的顺利进行，美国、欧盟以及国际机构作出了怎样的结算最终性法律安排或协调？这些结算最终性法律安排或协调，对我国人民币国际化清算中结算最终性制度的构建，具有哪些借鉴和启示？我国结算最终性法律制度如何适应人民币充分国际化清算的需要进行设计？以下将依序研究解决。

第一节 结算最终性问题概述

在对结算最终性法律问题深度切入前，为进一步深化对结算最终性的感性认识，有必要通过有关结算最终性典型案例、假设示例对结算最终性在保障清算安全，防范支付系统风险中所起重要作用进行分析。

一、典型案例

1974 年发生的联邦德国的 Bankhaus Herstatt（以下简称 Herstatt 银行）倒闭事件的后果，远远超出了联邦德国边界，引起了两件在美国和英国法院的有关资金划拨何时终结的诉讼，且影响巨大，以至于人们后来以该银行冠名此类国际清算风险——赫斯特风险。这一事件对于我们思考资金划拨结算最终性很有启发。

Herstatt 倒闭事件，宜结合 Delbrueck and Co. v. Manufacturers Hanover

---

1 Benjamin Geva, "Settlement Finality and Associated Risks in Funds Transfers--When does Interbank Payment Occur?", *Penn State International Law Review*, Summer 2003, p.59.

Trust Company 案进行说明。该案起因于原告 Delbrueck and Co.（以下简称 Delbrueck） 通 过 被 告 Manufacturers Hanover Trust Company（以 下 简 称 Manufacturers）向 Herstatt 银行在 Chase Manhattan Bank, N.A.（以下简称 Chase）的账户划拨资金。其中，Manufacturers 是 Delbrueck 在纽约的付款行和接收行；Chase 是 Herstatt 银行在纽约的账户行；Manufacturers 和 Chase 都是美国纽约清算所同业支付清算系统（Clearing House Interbank Payment System，CHIPS）的参与者。该案所涉资金划拨的基础法律关系是：Delbrueck 与 Herstatt 银行之间的两份外汇交易合同约定，Delbrueck 于 1974 年 6 月 26 日向 Herstatt 银行交付 1000 万美元及 250 万美元，以从 Herstatt 银行兑换德国马克。（详见图 8-1）

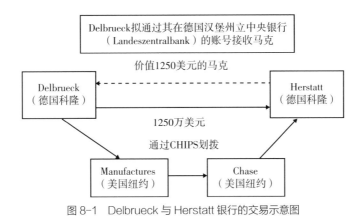

图 8-1　Delbrueck 与 Herstatt 银行的交易示意图

6 月 25 日，Delbrueck 指令 Manufactures 在第 2 天从其账户中划拨 1250 万美元到 Herstatt 银行在纽约 Chase 银行开立的账户上。但因在外汇交易中的重大损失，6 月 26 日，Herstatt 银行在当天营业日结束时（纽约时间约为 26 日上午 10：30，本案例中以下均是纽约时间），被联邦德国监管当局勒令关闭。Chase 在知悉 Herstatt 银行关闭信息后，对 Herstatt 账户的进账款继续接收，并冻结该账户的所有付款。根据 Delbrueck 的电传指令，26 日上午 11 时 36 分和 37 分，Manufactures 通过 CHIPS 向 Herstatt 银行在 Chase 银行的账户中分别划拨 1000 万美元和 250 万美元。中午 12 点前后，Delbrueck 先后通过电话和电报通知 Manufacturers 停止或撤回划拨的 1250 万美元。下午 1 点前后，Delbrueck 和 Manufacturers 又分别电话要求 Chase 将划拨资金返转，但没有成功。26 日晚 9 时，Chase 将这笔款项贷记 Herstatt 银行开立的账户中。在该案中，Delbrueck 支付了美元，却没有从 Herstatt 那里获得相应的马克，故将 Manufacturers 诉至法院。

诉讼中，Delbrueck 指控 Manufacturers 存在疏忽：一是 Manufacturers 在进行资金划拨时知道或应该知道 Herstatt 银行被关闭的情况；二是未能撤销 Delbrueck 认为在晚 9 点才进行的划拨，违反了它们之间的合同。这个案件的关键点是 26 日上午 11 时 36 分和 37 分，通过 CHIPS 的资金划拨是否具有最终性。对此，本案初审法院和上诉法院均认为上午 11 点 36 分和 37 分通过 CHIPS 进行的资金划拨是最终的和不可撤销的。美国上诉法院也指出，26 日晚 9 时进行的贷记是账户的最后过账（final posting of this account），仅是做会计分录（accounting entry），[1] 而资金划拨一经进行就不能撤销，因此，Manufacturers 对因无力撤销的资金划拨没有责任。[2]

在伦敦，Herstatt 银行倒闭事件，也导致了 Momm v. Barclays Bank International（以下简称 Barclays 银行）案。德国 Delbrueck 银行和 Herstatt 银行在英国 Barclays 银行均有账户。根据 Delbrueck 银行与 Herstatt 银行之间的合同，Herstatt 银行指令 Barclays 银行从其账户划拨 1.2 万英镑到 Delbrueck 银行的账户。1974 年 6 月 26 日，Barclays 银行在借记 Herstatt 银行账户 1.2 万英镑的同时，贷记 Delbrueck 银行的账户 1.2 万英镑。虽然 Herstatt 银行在 Barclays 银行的账户上无透支权利，但该账户却经常发生透支。一般情况下，在被告知存在透支后，Herstatt 银行会立即更正。6 月 27 日，Barclays 银行在得知 Herstatt 银行于 6 月 26 日停止营业并进入清算后，发现 Herstatt 银行的账户上净借记为 15350 英镑，Barclays 银行更改 6 月 26 日的会计分录以逆转（reverse）交易。

---

1 会计分录（accounting entry），简称"分录"。是按照复式记账的要求，对每项经济业务以账户名称、记账方向和金额反映账户间对应关系的记录。借贷记账法下，则是指对每笔经济业务列示其应借和应贷账户的名称及其金额的一种记录。

2 上诉法院对该判决的主要理由包括：第一，本案的结算最终性符合 CHIPS 规则；第二，虽然《统一商法典》第 3 编和第 4 编不适用本案，但通过支票一旦接受后的结算最终性概念（《统一商法典》第 3 编第 410 条、第 4 编第 303 条）的类推适用，将支持本案资金划拨的最终性。第三，根据诉讼财产（Delbrueck 在 Manufacturers 处的存款）转让的普通法原则（common law principles），在 6 月 26 日早上 Chase 收到资金划拨通知时，必要的转让通知已经发出并有效。关于第三点，上诉法院注意到：Chase 是受托人（assignee）。Delbrueck 的电传指令已经传给 Chase。当 Manufacturers 将资金划拨给 Chase 时，Chase 在其计算机终端收到了一个书面贷记传票（slip），这就是对 Chase 划拨资金的通知。See Jeffrey S. Tallackson, Norma Vallejo, International Commercial Wire Transfers: The Lack of Standards, *North Carolina Journal of International Law & Commercial Regulation*, 1986, 11, p.649.

当 Momm 和 Delbrueck 银行的其他股东向 Barclays 银行提起诉讼时，Barclays 银行答辩道：第一，26 日对 Delbrueck 的支付未完成，因为在会计分录撤销前，其并未发出贷记 Delbrueck 银行账户的通知，所以，26 日对 Delbrueck 银行的支付并未完成；第二，26 日对 Delbrueck 银行账户的贷记是临时的，因而是可撤销的。但法院认为贷记通知不具有实质意义，Barclays 银行在 26 日对 Delbrueck 银行的账户支付已完成，结算已终结。[1]

上述案件凸显的核心问题就是结算最终性。在国际清算中，怎样预防和化解因某一参加方破产等清算不能所带来的风险？联系到上一章虚拟的人民币跨境贸易结算案例，境外芯片公司 B 什么时间才算真正收到货款？如果中间银行 F(收款人银行代理行) 贷记芯片公司 B 在开户行 D 的账户 100 万元人民币，该笔贷记是可撤销的，还是最终性的？货币国际化清算，需要确定解决这类问题的明确规则。

二、结算最终性的功能

支付系统可以按照不同的方式进行分类，其中一个最基本的分类就是按照结算发生的方式，支付系统可以分为实时全额结算系统和净额结算系统，相应地，银行间结算也可分为全额结算和净额结算。需要强调的是，不同支付系统之间的区别只在于结算形式，而不在于传输和处理方式。[2]以下在全额结算和净额结算这两个最基本的分类基础上，对结算最终性的功能进行阐述。

（一）全额结算和净额结算

所谓全额结算，即通过借记和贷记发送银行和接收银行的账户，逐笔结算债权债务。美国 Fedwire、我国大额支付系统（HVPS）就采取实时全额结算。如表 8-1 和图 8-2 所示，如果银行体系采取全额结算，就每一单位单独进行资金划拨，那么，在一结算周期内，由假设的 4 家银行构成的银行体系中，共发生 9 项资金划拨，交易总金额为 450 货币单位。为进行此 9 项资金划拨，银行体系需要 6 条通讯渠道及 450 货币单位的清算余额。对此银行体系来说，各银

1　See Robert C. Effros, "A Banker's Primer on the Law of Electronic Funds Transfers", *Banking Law Journal*, 1988, 105, pp.535–537.

2　The Committee on Payment and Settlement Systems of the Central Banks of the Group of Ten Countries, *Real-Time Gross Settlement Systems*, 1997, p.3.

行的债权之和等于各银行的债务之和。A 分别向 B、C、D 发送 90、40、80 货币单位；B 分别向 A、C、D 发送 70、0、0 货币单位；C 分别向 A、B、D 发送 0、50、20 货币单位；D 分别向 A、B、C 发送 10、30、60 货币单位。如果银行使用相互代理行账户（correspondent accounts）进行结算，那么每家银行还须在其他银行开户。[1]

表 8-1　全额结算资金划拨情况表

接收行 / 发送行	A	B	C	D	债务总额
A	无	90	40	80	210
B	70	无	0	0	70
C	0	50	无	20	70
D	10	30	60	无	100
债权总额	80	170	100	100	450

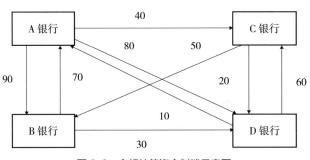

图 8-2　全额结算资金划拨示意图

所谓净额结算，指先就银行间债权债务予以抵销（轧差），仅对抵销（轧差）后的余额进行结算。[2] 根据净额结算参与当事人的数量，可分为双边净额结算和多边净额结算。如图 8-3 所示，如果银行体系采双边净额结算制度，虽仍是

---

1 See Bruce J. Summers, *The Payment System-Design, Management, and Supervision*, IMF Publications, 1994, pp.36–38.

2 但是，在净额结算系统中，系统的参与者之间电子信息的传送可以是实时的，只是在规定的时间，如营业日终止营业时，就债权债务抵销后的差额进行结算。

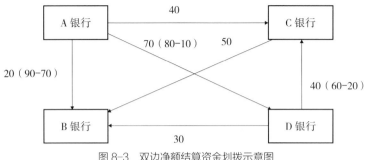

图 8-3　双边净额结算资金划拨示意图

9 笔交易，银行体系仍需 6 条通信渠道，但是银行间相互抵销了一些双边债务，资金转账的实际笔数是 6。虽然交易总额仍为 450 货币单位，但是实际资金划拨总额仅 250 货币单位，亦即银行体系需要维持的清算余额从 450 货币单位下降到 250 货币单位，减少了近一半。

如果银行体系采多边净额结算制度，那么各商业银行的支付命令传送到清算所或中央银行等中央处理机构，由该处理机构记录各商业银行资金划拨指令的发送与接收，通信渠道无须在商业银行间建立，每家银行只需在中央处理机构开设一条连接线路。在结算周期结束时，中央处理机构将各商业银行的净差额或净盈余头寸通知相关商业银行，通过各商业银行在中央银行或某商业银行的代理行账户进行资金的清算。可见，虽然仍是 9 笔交易、450 货币单位总交易金额，但是银行体系的通信减少为 4 次，资金转账的实际笔数为 3，实际划拨金额只有 130 货币单位，亦即银行体系只需要维持 130 货币单位的清算余额，如图 8-4 所示：

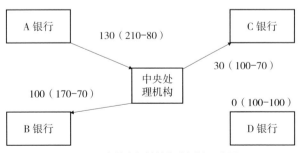

图 8-4　多边净额结算资金划拨示意图

在中央处理机构进行多边净额结算之后，各银行的净债权（+）或净债务

(一) 如表 8-2 所示。

表 8-2　多边净额结算后债权债务表

银行	A	B	C	D	净额
净债权 (净债务)	−130	100	30	0	0

　　由以上分析可知，全额结算和净额结算对银行体系需在中央银行账户中持有的金额相差巨大。在多边净额结算制度中需要银行在中央银行账户中持有的总清算金额较之在全额结算制度中的总清算金额减少 90%。[1] 如果银行间的结算是通过代理行账户进行，那么，净额结算方式也使银行在代理行账户中持有的清算金额大为减少，从而极大地减少银行体系的信用风险和流动性风险。此外，因为结算次数的减少，后台需要的支持就会减少，因为结算总金额的减少，所需的抵押品等也就会相应减少。当然，全额结算也有其优点：因为结算以离散的时间间隔 (discrete intervals) 发生，本质上减少了信贷的时间，[2] 以及流动性和交割风险的暴露；[3] 排除了支付解退 (unwinding payments) 的可能性；结算压力也没有集中在某一个特定的时点。[4]

(二) 结算最终性的风险控制和风险分配功能

　　虽然净额结算有很多优点，然而其容易掩盖风险暴露水平，增加系统性风险，[5] 特别是当净额结算没有坚实的法律基础，划拨指令存在解退风险的时

---

[1] See Bruce J. Summers, *The Payment System-Design, Management, and Supervision*, IMF Publications, 1994, pp.38–39.

[2] 在净额结算中，每个银行对其他银行的债权和债务加起来最终在每个结算周期结束时形成一个净借方余额或贷方余额，因此，在结算发生前净额结算实质上就是接收银行向发送银行提供了信贷。

[3] 参与者信贷的持续时间，流动性风险和交割风险暴露在结算过程中是潜在系统性风险的基本影响因素。风险暴露的时间越长，一些参与者不能履行其义务的可能性就越大。任何参与者结算义务履行的失败，将更严重的影响其他参与者结算最终性。相反，信贷持续时间的减少，流动性和交割风险暴露时间会缩短，并降低系统性风险。

[4] See Marc Vereecken, Albert Nijenhuis, *Settlement Finality in the European Union*, Kluwer Legal Publishers, 2003, pp.40–43.

[5] The Group of Experts on Payment Systems of the Central Banks of the Group of Ten Countries, Report of the Committee on Interbank Netting Schemes of the Central Banks of the Group of Ten Countries, 1990, p.2.

候，更是如此。[1] 因为净额结算方式是将营业周期中所有支付命令的金额累计起来，在营业周期结束时将各银行的差额头寸通过清算银行或中央银行进行资金划拨，所以，无论是双边净额结算，还是多边净额结算，在营业周期内，参与清算的净债权银行因向净债务银行提供了当日信贷，存在信用风险和流动性风险，且风险在营业周期结束时集中。为此，债务银行应确保在营业周期结束时，其清算账户上有足够清算资金，否则，该结算周期的结算将无法完成。此时，如果解决资金不足的办法是将结算失败参与者的某些或全部支付从其多边轧差结果头寸中清除，则各银行的头寸情况将在其他银行间重新计算，即发生支付或结算解退。而结算解退把流动性压力及因资金不足结算失败的银行带来的内在损失，重新分配给系统中的其他参与者。仍以图 8-4 多边净额结算为例，如果 A 银行无法履行其 130 货币单位的债务，与 A 银行有关的所有支付命令全部取消，各银行的头寸在 B 银行、C 银行、D 银行间重新计算，那么各银行的债权债务情况如表 8-3 和表 8-4 所示。[2]

表 8-3 多边净额结算中全部取消 A 银行的交易后重新结算情况表

发送行 ＼ 接收行	A	B	C	D	债务总额
A	—	—	—	—	—
B	—		0	0	0
C	—	50	—	20	70
D	—	30	60	—	90
债权总额	—	80	60	20	160

表 8-4 重新计算后各银行净债权（+）或净债务（−）表

银行	A	B	C	D	净债权额
债权额	—	80（80−0）	−10（60−70）	−70（20−90）	0

1 Marc Vereecken, Albert Nijenhuis, *Settlement Finality in the European Union*, Kluwer Legal Publishers, 2003, p.40.

2 Bruce J. Summers, *The Payment System-Design, Management, and Supervision*, IMF Publications, 1994, p.98.

若如此，则 B 银行的头寸情况从 100 单位债权减少为 80 单位债权，C 银行的头寸从 30 单位债权变为 10 单位债务，D 银行的头寸情况从 0 变为 70 单位债务。因此，如果银行 A 发出的支付命令和接收的支付命令全部取消，则其他各银行的头寸将发生重大变化，C 银行与 D 银行将成为新的债务银行，须筹措到足够的资金以清偿重新计算后的债务。如果 C 银行与 D 银行中有一家银行无法在短期内筹措到所需资金，则与该银行有关的支付命令将再次取消，债权债务再次在剩余的银行间重新计算。如此进行下去，很可能产生连锁效应，打乱整个清算体系和电子资金划拨系统的正常秩序，极易造成系统性风险。如果中央银行为缓解危机向发生流动性困难的银行提供中央银行贷款，那么，不仅会使中央银行面临信用风险，而且还会使中央银行向商业银行体系注入的流动性造成一国货币供应量无法预期的变化，严重干扰中央银行货币政策的执行。[1] 基于以上原因，各国都从法律上明确净额结算的最终性，以避免参与者不能结算时可能产生的震荡。

虽然实时全额结算与净额结算相比，上述交易解退等造成的系统性金融风险大大减少了，但采用实时全额结算系统也存在系统性风险。在实时全额结算系统中，如果一家银行没有资金或信贷能力有限，相关大额转账资金会大量延误，其影响与净额结算系统结算失败的后果类似。如果中央银行为实时全额结算系统提供信贷，风险也就转移到了中央银行。特别是大银行如果不能进行支付，就会对其他参与者产生连锁反应，甚至导致清算系统瘫痪，即某些转账的失败妨碍了大量的其他参与银行的转账处理，最坏的情况下使整个金融市场的清算无法进行。[2] 如 1985 年 11 月 21 日早上，纽约银行行内系统失灵。这导致其托管功能只能接收但不能转移证券。由于该银行是美国政府债券最大的托管和结算银行之一，因而造成了结算处理的巨大灾难。一方面，系统失灵意味着纽约银行不能指示 Fedwire 证券系统转移证券到买方账户，这导致买方不能向纽约银行释放资金。另一方面，卖方继续转移证券到纽约银行，而纽约银行继续对其进行资金结算。因为不能将这些证券转移给最终买家并接收资金，纽约银行的流动性迅速短缺。最后，美联储提供了大量的日间流动性，直到纽约银

---

1 刘颖：《电子资金划拨法律问题研究》，法律出版社，2001，第 421—422 页。

2 Bruce J. Summers, *The Payment System-Design, Management, and Supervision*, IMF Publications, 1994, p.103.

行系统问题解决。[1] 此外，与净额结算系统相比，实时全额结算系统的结算金额大。如果在实时全额结算系统中因参与者破产等原因发生交易解退，除影响参与者流动性预期外（支付系统参与者一般都期望利用别人的流动性来进行日间支付），还可能导致市场的流动性风险和系统性风险，并可能因划拨金额特别巨大，而导致资金受拨方破产、倒闭的风险。

特别是，当破产法"零点法则"适用于支付系统时，破产的参与者在破产或类似事件当天的最初时刻（"零点"）以后进行的所有交易都是无效的。在实时全额结算系统中，其影响可能是撤销已经结算的支付，对净额结算系统而言，可能造成所有交易的轧差都要进行解退，重新计算所有净额头寸，导致通过轧差总额来实现信用风险和流动性风险管理的目的不能实现。在以上每一种情形中，都可能会产生系统性风险。为此，通过结算最终性的法律安排，消除"零点法则"以及保证轧差合同的可执行性，就成为最关键的措施。但严格的结算最终性是需要流动性等成本的。实际上，之所以很多支付系统不采取"支付进行即为不可撤销、无条件"这一原则，最重要的原因就是采用该原则需要增加额外的成本。但无论如何，结算最终性制度将支付结算结果从法律上予以确定，其目的是在当事人间分配风险，并鼓励各方采取减少风险的措施，即将结算失败所具有负外部性的成本予以内部化，使市场参加者对结算失败的成本予以控制。[2]

支付系统外部成本内部化的方式大致可以分为三类，即"违约者支付""幸存者支付"以及"第三方支付"。在违约者支付安排中，参与者须以某种方式为其头寸担保，一般由参与者提供规定的抵押品。幸存者支付安排是将损失以某种方式在其余的参与者（幸存者）之间进行分担。如 CHIPS 在 1990 年 10 月起实行的"清算最终性"方案中建立了风险共担机制：所有 CHIPS 成员银行签订分担损失的协议，当有成员银行不能履行支付义务时，且找不到为其代理的清算银行的话，则被视为倒闭，这时为确保一天清算的完成，其他各参与银行需提供必要资金以完成 CHIPS 清算。"必要资金"，又称成员银行的额外

1　Mark Manning，Eriend Nier，Jochen Schanz：《大额支付结算的经济学分析：中央银行视角的理论与政策》，田海山、童牧、李汉等译，中国金融出版社，2013，第 160—161 页。

2　David B. Humphrey，*The U. S. Payment System: Efficiency, Risk and the Role of the Federal Reserve*，Kluwer Academic Publishers，1990，p.146.

清算义务（Additional Settlement Obligations），最高不超过各成员银行给予其他任何一家成员银行最大双边信用额度的 5%。CHIPS 将成员银行分担损失的计算公式以成员银行间协议的方式进行规定，并写进 CHIPS 规则。签订该协议是参加 CHIPS 或继续保留 CHIPS 成员银行资格的前提条件。[1] 此外，一些流动性或损失分担机制可通过第三方支付安排。如在有的支付系统中，中央银行起着结算最终性最后担保人的作用。以美国的 Fedwire 为例，在实行逐笔清算过程中，美国联邦储备银行就提供着担保。

第二节　结算最终性法律安排的国际实践与启示

鉴于结算最终性在预防和降低支付清算风险方面所起的重要作用，美欧都建立了完善的结算最终性法律制度，CPSS 等相关国际机构也以国际软法的形式对结算最终性问题进行国际协调。这些为我国完善结算最终性制度规定提供了有益借鉴。

一、主要国际货币发行经济体结算最终性法律安排

鉴于结算最终性的重要性，美欧都建立了完备的结算最终性法律制度，为其货币的国际化清算提供保障。

（一）美国结算最终性的法律安排

美国主要从联邦法律、州法律、美联储规章、清算系统运行规则四个层面对结算最终性进行了规定。

1. 联邦法律层面

美国在联邦法律层面主要确立了三项有关结算最终性的规则：

一是接收人终结规则（Receiver Finality Rule）。接收人终结规则即一旦受益人银行向受益人支付，其就履行了向受益人付款的义务（这一义务是受益人银行代表受益人接受支付命令后产生的），该支付是最终性的。[2] 接收人终结规则最直接的来源是美国《统一商法典》第 4A 编第 405 条第（c）款，其规定：

1　李兰、章济平：《美国银行体系和支付制度概况》，中国金融出版社，1993，第 77 页。

2　Bruce J. Summers, *The Payment System-Design, Management, and Supervision*, IMF Publications, 1994, p.65.

"如果受益人银行向支付命令的受益人支付时附有支付条件，或与受益人的协议规定如受益人银行未接收到支付命令的支付，则受益人银行有权从受益人处索回支付，那么，该有条件的支付或协议不得强制执行。"据此，受益人银行向支付命令的受益人支付时不能附支付条件，也不能通过协议规定受益人银行有权从受益人处索回支付，即受益人银行不得撤回在资金转账中所作出的支付。而接收人终结规则最根本的来源则是支付的无条件性，即支付命令的无条件性。根据《统一商法典》第 4A 编第 103 条第（a）款规定，支付命令是指由发送人将确定的或可确定的资金交由受益人支配的无条件指令（除支付时间外），其形式不限。该定义最为显著的特点就是明确了支付命令不得包括除支付时间以外的其他任何条件，即支付命令是无条件的。"接收人终结规则"的作用是将在资金划拨中受益人银行完成了对受益人的支付，而没有得到相应付款的结算失败的风险分配给受益人银行。[1]

　　但接收人终结规则有两个重要例外：第一，根据《统一商法典》第 4A 编第 405 条第（d）款的规定，资金划拨系统的规则可以规定，在接受支付命令的受益人银行就该支付命令接收支付前，通过该资金划拨系统向资金划拨的受益人进行的支付是临时的（provisional）。相较于法律，资金划拨系统规则在风险控制上更具主动性和灵活性，该例外在法律上确立资金划拨系统规则在控制或降低系统风险中的主导作用。第二，根据《统一商法典》第 4A 编第 405 条第（e）款的规定，在多边净额资金划拨系统中，如果受益人银行接受了支付命令，但由于受银行结算失败链的影响，仍然无法完成当天的结算，则受益人银行对支付命令的接受无效，从而产生资金解退的法律效果。该例外在支付清算界也称为"世界末日例外"（doomsday exception）。这一例外有效地促进了资金转账系统损失分担安排等方法的发展。[2]

　　二是轧差有效性规则。由于存在接收人终结规则，受益人银行在收到支付命令发送人的支付之前，因担心向受益人支付后不能从发送人处得到支付而往往不愿意向受益人支付。为减少接收银行的风险，美国《统一商法典》第 4A 编等法律规定了轧差有效性规则，即在多边净额结算中，依据资金转账系统规

---

[1] See Benjamin Geva, "Payment Finality and Discharge in Funds Transfers", *Chicago-Kent Law Review*, 2008, 83（2）, pp.646–647.

[2] 刘颖、李莉莎：《利益视角下的大额电子资金划拨法》，《河北法学》2008 年第 6 期。

则完成的轧差具有法律上的可执行性。《统一商法典》第 4A 编第 403 条第（b）款规定，在多边净额结算债务的资金转账系统参与者之间，结算义务按照该系统规则完成时，接收银行应接收最终结算。同时规定，在该系统规则允许的范围内，资金划拨系统中的每一发送人欠每一接收银行的累计债务余额可按如下方式履行：在该系统规则允许的范围内，通过抵销，且将该系统其他成员欠该发送人的累计债务余额，用于抵偿该债务。此外，1991 年《联邦存款保险公司改进法》（FDICIA）的净额结算条款也与此相关。该法第 403 条第（a）款、第 404 条第（a）款规定：尽管有任何其他法律条文规定，任何两家金融机构或清算机构，可将包含合同约定的付款义务和合同付款权利，依据适用的净额结算合同的条款，予以轧差。[1]

三是安全港规则。安全港规则是学者们对美国破产法（Bankruptcy Code）相关规定进行归纳的学理名称。它是指当事人所签订的金融合约（包括商品合约、证券合约、回购协议、金融互换协议与净额结算主协议等），在合约一方发生破产事件时，可以在继续履行、终止、抵销、结算等方面享有一系列破产机制豁免待遇的一项法律制度。如果没有安全港规则，在金融合约的债务人发生破产时，金融市场将可能遭受严重的清偿危机，并可能使金融市场瘫痪。安全港规则提供的豁免待遇，好比是在惊涛骇浪的大海中给了金融合约一个受保护的安全港，故形象名之为"安全港规则"。[2] 所有 CHIPS 参与者须是美国存款机构或外国银行的美国分支机构。这样，有了安全港规则，如果参与者倒闭，无论是适用美国联邦或各州的银行法或破产法，都不会导致参与者通过 CHIPS 进行的支付无效。但如果是涉及欺诈性财产转移（fraudulent conveyance）或非法的优先权（unlawful preference），涉及破产人的结算可以无效。[3] 这一结果将要求受让人返还支付，但不会导致 CHIPS 的结算最终性问题。此外，2005 年的《防止破产滥用及消费者保护法》第九章有关金融合约条款的规定，进一步确立并丰富了"安全港规则"，受保护的主体包括了商品经纪人、证券经纪人、金融机构、证券结算机构或净额结算主协议参与人。

---

1 CHIPS, Self-Assessment of Compliance with Core Principles for Systemically Important Payment Systems, 2016.

2 冯果、洪治纲:《论美国破产法之金融合约安全港规则》,《当代法学》2009 年第 5 期。

3 冯果、洪治纲:《论美国破产法之金融合约安全港规则》,《当代法学》2009 年第 5 期。

2. 州法层面

到 1996 年，美国各州以及哥伦比亚特区均采用了《统一商法典》第 4A 编，使其成为被采用范围最广的一编。其中，直接适用于 CHIPS 资金划拨的是《纽约统一商法典》第 4A 编。《CHIPS 规则》第 3 条规定，参与者和所有其他资金划拨的相关方因该规则产生的权利和义务，受纽约州法律的管辖。因此，适用于 CHIPS 的接收人终结规则和轧差有效性规则具有法律上的确定性。[1, 2]

3. 美联储条例层面

一是《HH 条例》（Regulation HH）。美联储的《HH 条例》（最新修订版 2014 年 12 月 31 日生效）对包括支付系统在内的金融市场设施的结算最终性进行了明确，要求指定的金融市场设施应该于日间或酌情实时提供清晰、确定的最终结算，最低标准是须在日终提供最终结算。指定的金融市场设施应清楚地定义结算最终的时点，在该时点之后，未结算的支付及划拨指令或其他结算指令不得被参与者撤销。[3] 为什么指定的金融市场设施要清楚地定义结算最终的时点呢？美联储对此的解释是：一个定义清晰的截止时点，有助于提升支付结算的总体确定性，并帮助参与者管理流动性风险。[4] 二是《J 条例》（Regulation J）。美联储制定的《J 条例》（该条例于 1990 年 10 月通过，后经多次修订，最新的版本为 2014 年 12 月修订）的 B 部分，对通过 Fedwire 进行资金划拨的各方当事人权利和义务进行了明确。《J 条例》采用《统一商法典》第 4A 编作为 B 部分的附件 B，并将有关 B 部分的官方注释作为 B 部分的附件 A。《J 条例》附件 A 通过提供一些条款的背景材料，以解释美联储的立法目的。[5]《J 条例》

1　CHIPS, Self-Assessment of Compliance with Core Principles for Systemically Important Payment Systems, 2016.

2　根据《CHIPS 规则》第 13 条规定，CHIPS 结算的完成由支付信息（payment message）的最终结算、支付信息的最终执行和发送参与者对接收参与者支付义务的偿付构成。对每一个支付信息来说，"完成"代表着各参与者账户的调整或其在 CHIPS 预存资金账户头寸的调整。See Benjamin Geva, Payment Finality and Discharge in Funds Transfers, *Chicago-Kent Law Review*, 2008, 83（2），p.657.

3　Regulation HH 有关结算最终性的该条规定，源于《金融市场基础设施原则》第 3.8.8 条（未结算支付、转账指令或其他债务的撤销）规定："金融市场基础设施（FMI）应该明确定义结算具有最终性的时点，在该时点之后，未结算的支付、转账指令或其他债务不得被参与者撤销。通常来说，金融市场基础设施应该禁止在结算日某个时点后单边撤销已经被受理但未结算的支付、转账指令或其他债务，以防范流动性风险。"

4　Federal Reserve System, Regulation HH Proposed Rules, Federal Register, 2014, p.9.

5　See The Federal Reserve, Assessment of Compliance with the Core Principles for Systemically Important Payment Systems（Revised July 2014），2014, pp.11–13.

B 部分的第 210.31 条从两个方面对结算最终性进行了规定：第一，对受益人银行的支付。当支付命令的划拨金额被贷记到接收银行账户或当支付命令被发送给接收银行时（两者以更早的时间为准），联邦储备银行对一个接收银行（非联邦储备银行）的支付义务发生。第二，对受益人的支付。在联邦储备银行是受益人银行情况下，当支付命令的划拨金额被贷记到受益人账户或贷记通知发送给受益人时（两者以更早的时间为准），联邦储备银行对该支付命令的受益人的支付义务发生。同时，《J 条例》B 部分的附件 A 注释：根据《统一商法典》第 4A 编第 403 条（发送人对接收银行的支付）等规定，第 210.31 条规定的两种情况发生时，支付是最终的和不可撤销的。

4. 支付系统规则层面

为确保结算的最终性，《CHIPS 规则》规定，CHIPS 向接收参与者发出支付信息后，发送参与者有义务向接收参与者支付。[1]《CHIPS 规则》第 13 条从支付信息的发送方法、日间结算程序、日终关闭程序、未发送信息的通知四个方面对通过 CHIPS 的结算进行了系统、全面的规定。任何根据《CHIPS 规则》第 13 条规定完成的支付信息，构成该支付信息的最终结算，以及发送参与者对接收参与者支付义务的最终解除（final discharge）。根据《CHIPS 规则》第 13 条中的最终结算安排，无论支付信息单个或成批的发送，结算都是最终的。如果一个付款信息单独发出，将根据支付信息的总金额，通过调减发送参与者的当前头寸，增加接收参与者的当前头寸，来履行发送参与者的付款义务。这些发送参与者和接收参与者头寸的调增和调减价值的转移，根据《统一商法典》第 4A 编第 403 条第（a）款规定，构成通过资金转账系统的即时最终性结算。如果支付信息成批发出，所有参与者的净余额（无论是双边净额或多边净额）也同批处理，根据成批支付信息的总额，每个参与者的余额进行轧差后确定净额，并通过调增或调减结算参与者当前头寸，完成最终的结算。根据《统一商法典》第 4A 编第 403 条规定，这个净额和当前头寸的调整构成最终的结算和支付。同时，根据《CHIPS 规则》，所有的 CHIPS 参与者要求签署参与者协议，接受清算所规则的约束。CHIPS 参与者协议规定，该协议对参与者合法有效、具有约束力，其条款可强制执行，从而为《CHIPS 规则》对所有参与者具有

---

1 CHIPS Rules 2（d）.

法律约束力提供了保证。[1]

（二）欧盟结算最终性法律安排

欧盟结算最终性法律安排包括欧盟层面的法律、欧盟成员国的法律、欧洲央行的规章，同时也体现在非欧元体系成员国与欧元体系中央银行（Eurosystem CB）订立的协议之中。

1. 欧盟层面的法律

为了提供稳定和高效的支付基础设施来支撑跨境支付，促进欧盟有效的跨境清算，降低跨境交易的系统性风险，1998 年 5 月，欧洲议会和欧盟理事会颁布了《结算最终性指令》，以确保支付系统参与者进入破产程序时，国内外破产法不会危及支付系统的稳定运行。《结算最终性指令》共 5 部分 14 条，主要内容包括：

一是明确适用范围和核心定义。根据《结算最终性指令》第 1 条，该指令适用于：该指令第 2 条第（a）款定义的支付结算系统；系统参与者；与参与系统或成员国中央银行履行央行职能操作有关的抵押担保品管理。根据《结算最终性指令》第 2 条第（a）款，系统由以下要素构成：(1) 正式的安排；(2) 有 3 个或以上的参与者；(3) 对划拨指令的执行，参与者之间有着共同的规则和标准化的安排；(4) 受欧盟成员国法律管辖；(5) 被其母国指定为系统；(6) 其母国就该系统向欧盟委员会进行了通知；(7) 可运营的货币种类不限。[2]据此，《结算最终性指令》可适用的"系统"是指有 3 个或以上的参与者就资金划拨所作的，具有资金划拨共同规则和标准的一种正式安排；该安排被其母国指定为系统，并向欧盟委员会进行了通知，接受欧盟成员国法律管辖，且可运营的货币种类不限。此外，《结算最终性指令》第 2 条还对破产程序、结算代理人、划拨指令、参与者等相关专业名词进行了定义。

二是建立结算最终性和轧差有效性规则。《结算最终性指令》第 3 条第 1 款明确规定划拨指令和净额结算应具有法律强制执行性，即使在系统参与者进入破产程序的情况下，如果划拨指令在破产程序开始前一刻进入系统，对第三

1　See CHIPS, Self-Assessment of Compliance with Core Principles for Systemically Important Payment Systems, 2016.

2　Marc Vereecken, Albert Nijenhuis, *Settlement Finality in the European Union*, Kluwer Legal Publishers, 2003, p.23.

方当事人具有约束力。即使在破产程序开始后，划拨指令才进入系统，如果结算机构、中央对手方或清算所能够提供其不知道，也不应该知道系统参与者进入破产程序的证据，划拨指令在法律上仍具有强制执行性，并对第三方具有约束力。根据以上规定，进入支付系统的划拨指令在法律上具有强制执行性，能够对抗破产法中的"零点法则"，使支付具有结算最终性的基础。《结算最终性指令》第 3 条第 2 款进一步明确，没有法律、法规、规则或惯例（practice）能导致净额结算的解退。由于划拨指令进入系统的时刻是决定结算最终性最为关键的时点，因此，指令进入系统时刻的标准显得至关重要。为此，《结算最终性指令》第 3 条第 3 款明确规定，划拨指令进入系统时刻由该系统的规则定义。如果管辖该系统的国家法律规定了指令进入系统时刻的条件，该系统的规则须遵循这样的条件。此外，《结算最终性指令》第 4 条规定，在破产程序开始的当日，破产程序的开始不应妨碍系统参与者在结算账户的资金或证券用来履行其作为系统参与者的义务。

三是对破产程序启动时刻进行明确。《结算最终性指令》第 6 条第 2 款规定，破产程序的启动时刻应为有关司法或行政当局作出决定的时刻。有关司法或行政当局作出破产程序启动的决定后，应立即将决定通知成员国的相关当局。《结算最终性指令》第 7 条和第 8 条进一步规定，破产程序对其开始前的系统参与人的权利与义务不具有溯及力。系统参与人的权利与义务由管辖该系统的法律确定。破产程序的开始，不影响持有抵押品的参与者或对手方的权利，抵押品将被释放以满足这样的权利。2006 年，欧盟对《结算最终性指令》的实施情况进行了评估，认为该指令得到了较好落实。但由于系统之间连接的数量增加（《结算最终性指令》起草时支付系统大多数在一个国家、独立的基础上运作）等情况，一些法律规定需要明晰和简化，故欧盟于 2009 年对《结算最终性指令》进行了一些适应性修改，并以 2009/44/EC 指令（Directive 2009/44/EC）的形式发布。[1] 修订的《结算最终性指令》对互通系统（Interoperable System）的概念及其运营者的责任等进行了明确。其中，"互通系统"是指运营者之间就跨系统划拨指令的执行达成了安排的两个或两个以上的系统。

---

1 See Directive 2009/44/EC of the European Parliament and of the Council of 6 May 2009.

2. 欧盟成员国的法律

据《结算最终性指令》第 11 条第 1 款的规定，成员国须在 1999 年 12 月 11 日前，通过法律、法规和行政规定实施《结算最终性指令》。欧盟各成员国，通过制定或修改相关法律等方式对《结算最终性指令》进行了落实。如卢森堡、德国等对其国内法律进行修改，以落实《结算最终性指令》。比利时 1999 年制定了《支付结算最终性法》，该法在形式上和内容上都与《结算最终性指令》极为接近，且该法第 9 条规定，在支付系统的某个运营商或某个结算代理商开设的资金结算账户，不能以任何方式被参与者（支付系统的运营商或结算代理商除外）、交易对手和第三方所冻结。[1]

3. 欧洲央行规章

欧元清算系统即 TARGET 2，在法律结构上是一个由各成员国实时全额结算系统（RTGS）连接起来的多样性、开放式系统。每个欧元体系中央银行都运行其自己的 TARGET 2 组成系统。为了确保结算最终性，欧洲央行制定的《TARGET 2 指引》第 3 条规定，每个 TARGET 2 组成系统都是相关国家实施《结算最终性指令》的法律而指定的系统，故每个组成系统都要满足结算最终性要求。《TARGET 2 指引》第 22 条规定了划拨指令的输入及其不可撤销，并明确规定相关参与者的支付机制账户（Payment Mechanism Account，简称 PM 账户）被借记的时点是支付命令输入 TARGET 2 的时刻。[2]支付命令输入 ARGET 2 后，不能被撤销。《TARGET 2 指引》还在附件的定义中明确"破产程序"依据《结算最终性指令》的规定来确定，并对组成系统的结算最终性做了进一步强调和说明。此外，欧洲央行 2014 年 7 月发布的《系统重要性支付系统监管要求规定》第 9 条（最终结算）明确规定：系统重要性支付系统运营者应制定系统规则和程序，确保最终结算不迟于意图结算日的当天结束时发生。

4. 协议

非欧元体系成员国的中央银行如果要连接 TARGET 2，须与欧元体系中央银行达成协议。协议规定连接 TARGET 2 的中央银行须遵守《TARGET 2 指

---

1 Marc Vereecken, Albert Nijenhuis, *Settlement Finality in the European Union*, Kluwer Legal Publishers, 2003, p.113.

2 PM 账户是 TARGET 2 的参与者在欧洲央行支付机制中欧元体系中央银行持有的账户，主要作用有：通过 TARGET 2 提交支付命令或接受支付；与欧元体系中央银行进行结算。

引》，以及接受相互同意的对该指引的适当修改的约束。

二、国际机构的结算最终性相关规定

鉴于结算最终性的重要性，相关国际机构对此给予广泛重视、持续关注，并以国际软法的形式对结算最终性问题进行国际协调。

（一）《系统重要性支付系统核心原则》中结算最终性规定

支付系统是银行之间转移资金的手段，安全、高效的支付系统对于发挥金融体系的作用至关重要。但最有影响力的支付系统，即系统重要性支付系统也是传播国际和国内金融体系以及金融市场冲击的主要渠道。CPSS 在广泛吸收《十国集团中央银行银行间轧差机制委员会的报告》基础上，于 2001 年 1 月制定了《系统重要性支付系统核心原则》（Core Principles for Systemically Important Payment Systems，CPSIPS），为各国支付系统建设提供指导。CPSIPS 关于结算最终性的讨论和规定主要包括：

1. 关于最终结算的基本要求

为了确定主要金融风险于什么时候在支付系统中转移以及规定风险管理系统的结构单元（building block），确定支付系统何时实现最终结算尤为重要。破产法与最终结算的关系非常密切。支付系统设计者和相关管理部门须考虑支付系统中某个参与者破产的情况，如一些国家破产法中所谓"零点法则"可撤销支付系统中已结算的支付。[1] 为此，CPSIPS 强调，各国应通过消除"零点法则"以及保证轧差合同的可执行性，加强结算的法律基础，确保结算最终性。[2] 关于如何消除"零点法则"和保证轧差合同的可执行性，CPSIPS 提供的主要解决方法是：（1）支付清算法律（包括支付系统法律）、破产法须确认系统参与者之间的有关资金划拨的债务清偿是最终的。（2）具体可参考欧盟《结算最终性指令》的相关规定：保护轧差结果免受具有破坏性的破产法的影响。禁止破产法对系统中参与者的权利义务具有溯及力。抵押品要与破产程序的效力相

---

1 当"零点法则"应用于支付系统时，破产的参与者在破产（或者类似的事件）当天的最初时刻"零点"以后进行的所有交易都是无效的。在实时全额结算系统中，其影响可能是要撤销明显已经结算的支付，这条法则可能造成所有交易的轧差都要解退。这意味着将重新计算所有的净额头寸，而且可能造成参与者的余额发生重大改变。在每一种情形中，都会存在系统性影响。

2 See CPSS, Core Principles for Systemically Important Payment Systems, 2001, p.16.

隔离，以保证抵押品能用于破产参与者清偿其对系统的债务。

2. 关于最终结算的时间要求

在支付系统接受支付与最终结算发生的时间之间（部分原因是有关管理机构关闭破产机构的可能时间是在两个营业日之间），参与者可能面临着信用风险和流动性风险，即时的最终结算有助于减少这些风险。为此，CPSIPS 的原则 4 规定，支付系统应当在生效日提供即时的最终清算，最好在日内，最迟在日终完成清算。生效日最终结算的要求主要包括：在系统的制度办法中要明确规定已由系统受理的清算支付不能从结算过程中消除；明确界定法律上有效的最终结算时间；确保系统支付的受理时间和最终结算时间之间的间隔不会隔夜，二者间隔时间越短越好；确保严格执行运行时间和结算过程。

3. 关于最终结算的确定

明确定义最终结算时间（即支付债务的结算是不可撤销的和无条件的时间）十分重要。在形式上，系统的制度和法律框架通常决定了最终性；在时间上，是否及时地发生最终结算，是由系统中一笔支付的结算受理和该支付的最终结算之间的时间间隔决定的。所有的系统都应当明确定义和严格遵守截止时间。[1]

（二）《金融市场基础设施原则》结算最终性规定

2012 年，在汲取国际金融危机的教训，借鉴原有系统重要性支付系统、证券结算系统和中央对手方等国际标准执行经验的基础上，CPSS 和 IOSCO 联合发布《金融市场基础设施原则》（Principles for Financial Market Infrastructures，PFMI）。PFMI 识别和消除了原有国际标准之间的差异，强调全面风险管理要求，提高了金融市场基础设施（Financial Market Infrastructure，FMI）安全高效运行的最低标准。PFMI 高度重视结算最终性，并将其作为原则 8 单独列出，规定"FMI 应该最迟于生效日日终提供清晰和确定的最终结算。如有必要或更可取，FMI 应该在日间或实时提供最终结算"。[2]

1. 关于结算最终性的基本要求

一是明确最终结算的时点。最终结算延至下一工作日，会对 FMI 的参与者和利害关系人造成信用压力和流动性压力，还可能成为潜在的系统性风险

---

1 See CPSS, Core Principles for Systemically Important Payment Systems, 2001, pp.30–31.

2 CPSS, IOSCO, Principles for Financial Market Infrastructures, 2012, p.64.

来源，所以，在生效日日终完成具有最终性的结算非常重要。根据 FMI 的规则和程序，受理结算的支付、转账指令或其他债务，应该在预定的生效日进行最终性的结算。如果有必要或更可取，FMI 应该提供日间或实时最终结算来减少结算风险。FMI 应具备清晰的法律基础来界定 FMI 中结算最终性的发生时点。二是轧差的法律有效性。如果 FMI 有轧差安排，该安排应得到法律的明确认可和支持，以避免违约参与者破产时轧差结果被解退，影响结算的最终性。

2. 关于结算最终性的法律确定

FMI 结算最终性的法律确定可从三个层面进行：一是在法律层面，须确认 FMI 和系统参与者之间、两个或多个参与者之间有关交易的支付、转账指令或其他债务的清偿都是最终的。二是在 FMI 的规则和程序层面，应明确地定义结算最终性的时点。三是在协议层面，FMI 与任何结算银行的相关协议要明确结算账户之间资金划拨的最终性。

3. 关于最终结算的时点限制

一是当日结算。最终结算推迟至下一个工作日可能会产生隔夜风险暴露，为此，PFMI 明确最低标准是当日结算。二是日间结算。根据 FMI 结算的债务类型，批量或实时的日间结算是减少结算风险的必要方式甚至是理想方式。[1]因此，应该考虑采用实时全额结算或多批量结算来完成日间最终结算。为了加快结算，FMI 应鼓励参与者及时提交交易。为确认结算最终性，FMI 还应告知参与者其账户的最终余额，如果可行的话，还应尽快（最好是实时）告知其结算日期和时间。

4. 未结算支付、转账指令或其他债务的撤销

FMI 应明确定义结算具有最终性的时点。一般来说，FMI 应禁止在结算日某个时点后单方面撤销已经被受理但未结算的支付、转账指令或其他债务，以免产生流动性风险。同时，FMI 应该清晰定义截止时间和有关例外情况的重要规则，并说明正当理由。例如，出于货币政策执行或金融市场大规模中断的原因，FMI 可能要允许延长结算运行时间。但规则以及延长的期限应该向参与

---

1 批量结算是指在处理日中的一个或多个离散的、事先设定的时点，分组对支付、转账指令或其他债务完成结算。在批量结算时，交易从受理到最终结算应保持较短的时间间隔。在某些情况下，可在营运日对交易进行全额批量结算。

者明示。[1]

（三）《国际贷记划拨示范法》结算最终性规定

为适应国际资金划拨从使用纸基支付命令到更多使用电子支付命令，以及普遍使用借记划拨转变到普遍使用贷记划拨的巨大变化，联合国国际贸易法委员会于 1992 年通过了《国际贷记划拨示范法》，以促进国际社会统一贷记划拨法律，该法将结算最终性作为重要的制度予以明确。

一是明确了支付命令的无条件性。《国际贷记划拨示范法》第 2 条第（b）款规定，"支付命令是指发送人以任何形式向接收银行发出的，将固定或可确定数额的款项交由受益人支配的无条件指令"。

二是明确了结算最终性的时间。根据《国际贷记划拨示范法》第 19 条第（1）款规定，"当受益人银行为受益人利益接受支付命令时，贷记划拨完成"。《国际贷记划拨示范法》采取的也是受益人银行决定接受贷记划拨时间规则，这将促使受益人在选择受益人银行时尽可能谨慎行事。

三是规定了结算终结的法律后果。根据《国际贷记划拨示范法》第 19 条第（2）款规定，当贷记划拨完成时，受益人银行在其接受的支付命令的范围内对受益人负有债务。贷记划拨的完成并不在其他方面影响受益人和受益人银行之间的关系，也不损害受益人根据支配基础义务的准据法，向发端人索回因一家或多家银行扣除收费而使受益人银行接受的支付命令的金额少于发端人支付命令的金额的任何权益。《国际贷记划拨示范法》第 19 条还通过脚注的方式规定了一个供各国选择有关结算终结的法律后果条款："如果贷记划拨的目的是为清偿发端人对受益人的债务，且该债务可通过贷记发端人指定的账户来清偿，那么，当受益人银行接受支付命令时，该债务得到清偿，且清偿的程度等同于通过以现金支付同样金额来清偿的程度。"此项规定主要解决贷记划拨清偿债务的程度和时间问题。该条款之所以成为选择性条款，主要是因为该情形不属于《国际贷记划拨示范法》调整的银行交易关系的范围，而遭到了强烈的反对。[2]

1　See CPSS, IOSCO, Principles for Financial Market Infrastructures, 2012, pp.65–67.

2　UNCITRAL, *Explanatory Note by the UNCITRAL Secretariat on the UNCITRAL Model Law on International Credit Transfers*, United Nations Publication, 2000, pp.23–24.

（四）《电子资金划拨法律指南》关于结算最终性探讨

由于金融的电子化、全球化发展，不同国家或地区间的电子资金划拨法律问题亟待协调统一。为此，联合国国际贸易法委员会 1986 年发布了《电子资金划拨法律指南》（以下简称《法律指南》）供各国立法参考，《法律指南》列出了世界各地在电子处理资金划拨方面的各种做法，并指出了这些做法所引起的法律问题，因此，《法律指南》本身就是促进有关电子资金划拨的各种做法和法律规则的国际协调。[1]《法律指南》认为资金何时划拨终结，或特定法律后果何时发生，常与银行特定行为相联系。就贷记划拨而言，《法律指南》列举了 8 种可能被认为是资金划拨终结的时间：

一是借记划拨人账户的时间。即在借记划拨人账户后，贷记划拨终结，划拨指令不能再撤回。即使划拨人随后要进入破产程序，也应该认为资金划拨终结。但该规则一般不适用于有中间银行的情形，在中间银行贷记受拨人银行的账户前，资金在划拨人的代理人手中，划拨人可撤销代理权。[2] 美国《统一商法典》第 4A 编第 403 条第（a）款第 3 项规定：如果接受银行借记发送人在接收银行的账户，则当作出借记且该借记由该账户中可用贷方余额所覆盖时，支付发生。在这种情况下，借记划拨人账户时，资金划拨终结。

二是贷记受拨人银行账户的时间。当划拨人银行或中间银行已贷记受拨人银行的账户，或该受拨人银行账户已在清算所或通过清算所贷记时，银行间的贷记划拨终结。[3]《统一商法典》第 4A 编、《国际贷记划拨示范法》均原则上将贷记受拨人银行账户的时间作为资金划拨终结的时间。

三是贷记受拨人银行账户通知的时间。当贷记受拨人银行账户的通知向受拨人银行发出时，资金划拨对划拨人与受拨人终结。[4] 如《统一商法典》第 4A 编第 405 条第（a）款将"受益人已得到其有权提取该贷记款项的通知"作为受益人银行向受益人支付发生的三种情况之一予以确认。

---

1 UNCITRAL, *UNCITRAL Legal Guide on Electronic Funds Transfers*, United Nations Publication, 1987, p.4.

2 UNCITRAL, *UNCITRAL Legal Guide on Electronic Funds Transfers*, United Nations Publication, 1987, pp.72–73.

3 UNCITRAL, *UNCITRAL Legal Guide on Electronic Funds Transfers*, United Nations Publication, 1987, pp.72–73.

4 UNCITRAL, *UNCITRAL Legal Guide on Electronic Funds Transfers*, United Nations Publication, 1987, pp.72–73.

四是受拨人银行决定接受贷记划拨的时间。在许多普通法国家，当受拨人银行决定接受贷记划拨时，贷记划拨终结。该决定可由体现受拨人银行意图的任何行为表示。该规则的优点是，在受拨人银行接受贷记划拨指令并有机会进行必要的证实后，资金划拨在尽可能早的时间终结。该规则来自票据兑付而制定的终结规则。《法律指南》认为，早年就票据兑付而制定的该终结规则，在当前批量处理和联机远程通信广泛应用的时代，可能不太适用。[1]

五是受拨人账户贷记入账的时间。在批量处理贷记划拨时，受拨人银行并非有意思作出兑付决定。受拨人银行可能采取的第一个客观行为就是贷记受拨人账户。许多法律制度认为，正是这一客观行为使资金划拨终结。在许多大陆法系国家，贷记一过账，资金划拨就终结。在普通法系国家则可能有不同的结果。当划拨的支付日是一个未来的时间时，通常的做法是延迟入账，直到指示的日期才对受拨人账户贷记入账。[2]

六是不可撤销的贷记的入账时间。银行借记和贷记其客户的账户在一定时期内是可撤销的，如《统一商法典》第 4A 编第 405 条第（d）款规定，资金划拨系统的规则可以规定，在接受支付命令的受益人银行就该支付命令接收支付前，通过该资金划拨系统向资金划拨的受益人进行的支付是临时的。如果客户无力结算，该贷记可撤销。当结算终结时，临时贷记和贷记划拨成为不可撤销的。对因广泛的原因而可撤销的贷记划拨类型，当系统允许撤销贷记的时间已过，对受拨人账户的临时贷记则成为不可撤销的。[3]

七是通知受拨人的时间。基于银行在每天营业日终或下一营业日，就账户贷记入账向客户发出通知的习惯，有些国家法律规定，当银行向受拨人发出贷记通知时，视为贷记划拨终结。然而，目前通过联机客户启动终端，客户可以实时得到其账户余额及变动情况，该规则的适用会导致只要银行向客户的账户过账，贷记就会发生终结的法律后果。在这种情况下，以资金划拨终结为目的的贷记通知，实际意义不大。[4]

---

1 UNCITRAL, *UNCITRAL Legal Guide on Electronic Funds Transfers*, United Nations Publication, 1987, pp.72–73.

2 See UNCITRAL, *UNCITRAL Legal Guide on Electronic Funds Transfers*, United Nations Publication, 1987, pp.73–74.

3 UNCITRAL, *UNCITRAL Legal Guide on Electronic Funds Transfers*, United Nations Publication, 1987, p.74.

4 UNCITRAL, *UNCITRAL Legal Guide on Electronic Funds Transfers*, United Nations Publication, 1987, p.75.

八是现金支付的时间。当在受拨人住所地或营业地，受拨人银行向受拨人交付现金时，资金划拨终结。这是许多面向消费者的贷记划拨网络的做法。如果受拨人拒绝领受现金，则资金划拨未终结。[1]一般而言，货币占有的转移与所有权的转移同时发生，且通过现金支付的转移是一个瞬间的活动，因此，现金支付时，资金划拨终结是不存在问题的。

（五）有关国际机构结算最终性规定的比较

以上三个国际机构发布的具有国际软法性质的文件，虽然都对结算最终性进行规定，但也具有一定的差异。

一是从制定目的和视角来看。CPSIPS 和 PFMI 分别是从保障支付系统和金融市场基础设施（包括支付系统）的安全、高效运行的目的出发，由 CPSS 等国际机构制定的。而《国际贷记划拨示范法》则是联合国国际贸易法委员会为发展国际贸易，适应国际资金划拨手段发生巨大变化，促进国际贷记划拨法律的统一而制定的。这一变化主要涉及两个方面：更多地使用电子手段的支付命令，而不是纸基的支付命令；从普遍使用借记划拨转变到普遍使用贷记划拨。[2]而《电子资金划拨法律指南》的目的是努力寻找各国法律和银行资金划拨做法的共同要素，以便使以票据为依据的划拨所适用的法律易于适应电子处理资金划拨技术的需要，进而为相关各国的立法提供参考。[3]同时，《国际贷记划拨示范法》《电子资金划拨法律指南》主要是从资金划拨流程中会计账务处理（贷记或借记）的视角对结算最终性进行了规定或探讨，而 CPSIPS、PFMI 则主要是从支付系统等金融市场基础设施运行的视角来对结算最终性作出规定和要求。

二是从适用范围来看。如其名称所示，CPSIPS 中的结算最终性规定仅适用于支付系统，而 PFMI 中的结算最终性规定则适用于包括支付系统在内的证券结算系统、中央对手方等其他金融市场基础设施。《电子资金划拨法律指南》则对电子资金划拨中的贷记划拨、借记划拨中结算最终性等问题进行了探讨，并对 8 种可能被认为是资金划拨终结的时间进行了深入分析。而《国际贷记划拨示范法》仅适用于具有跨境因素的贷记划拨，因而，其相关结算最终性规定

---

1 UNCITRAL, *UNCITRAL Legal Guide on Electronic Funds Transfers*, United Nations Publication, 1987, p.75.

2 UNCITRAL, *Explanatory Note by the UNCITRAL Secretariat on the UNCITRAL Model Law on International Credit Transfers*, United Nations Publication, 2000, p.14.

3 UNCITRAL, *UNCITRAL Legal Guide on Electronic Funds Transfers*, United Nations Publication, 1987, p.1.

也是跨境贷记划拨中的结算最终性规定。

三是从继受性来看。PFMI 是 2008 年国际金融危机爆发后，于 2012 年，CPSS 和 IOSCO 在汲取金融危机的教训，吸收现有重要支付系统、证券结算系统和中央对手方等国际标准执行经验的基础上，即在协调并适当强化《系统重要性支付系统核心原则》即 CPSIPS、《证券结算系统的建议》、《中央对手方的建议》三个标准的基础上制定的，并对上述三个标准具有替代作用。[1] 但 CPSIPS 的有关结算最终性规定，对理解 PFMI 中的结算最终性规定具有一定参考价值，对支付系统的结算最终性规定也更具针对性。而《电子资金划拨法律指南》与《国际贷记划拨示范法》无论是从内容上，还是适用范围上来看，都不具有替代性关系，而是一种互补的关系。联合国国际贸易法委员会于 1986 年批准《电子资金划拨法律指南》时，同时决定制定示范法规则以便"影响"适用于资金划拨新手段（电子资金划拨）的各国实践和法律。[2]

三、适应货币国际化的结算最终性的制度要素提炼

（一）健全的结算最终性法律制度体系

资金划拨的最终性会产生重大的法律后果。这些后果包括破产法中"零点法则"的效力、可否撤销错误的资金划拨等。例如，银行在借记划拨人账户或贷记受让人账户后，发现在处理资金划拨时发生差错，该错误资金划拨能否撤销就与结算最终性的确定有关。实际上，支付系统所面临的信用风险、流动性风险、法律风险、操作风险和系统性风险等，都最终体现为一个或多个结算参与者违约时面临的风险。正因为如此，"结算最终性"成为支付系统风险控制的关键。[3] 为此，美欧两个货币国际化经济体在实践中都形成了法律位阶高，立法层次丰富，比较系统、协调的结算最终性专用法律体系。就美国而言，《统一商法典》第 4A 编、破产法、《联邦存款保险公司改法》、《HH 条例》、《J 条例》、《CHIPS 规则》等从不同层面和维度，对结算最终性进行了明确规

1　See CPSS, IOSCO, *Principles for Financial Market Infrastructures*, 2012, p.6.

2　UNCITRAL, *Explanatory Note by the UNCITRAL Secretariat on the UNCITRAL Model Law on International Credit Transfers*, United Nations Publication, 2000, p.16.

3　Benjamin Geva, "Settlement Finality and Associated Risks in Funds Transfers--When Does Interbank Payment Occur?", *Penn State International Law Review*, 2003, 22, p.34.

定。就欧盟而言，除在联盟的法律层面出台《结算最终性指令》外，各成员国也制定了相应的实施法律，欧洲央行出台《系统重要性支付系统监管要求规定》《TARGET 2 指引》等，对支付系统结算最终性进行明确规定。

（二）完备的结算最终性具体规则

美国通过在《统一商法典》第 4A 编等联邦法律层面明确接收人终结规则、轧差有效性规则、安全港规则等具体制度，完成了对结算最终性制度的立体建构。欧盟则在《结算最终性指令》等立法中，通过明确划拨指令和净额结算的法律强制执行性、结算最终性的时点、破产程序的启动时刻等关键要素，构建了系统的结算最终性法律制度。国际机构对结算最终性的要求也越来越明晰，措施也越来越具体。相较于 CPSIPS，2012 年的 PFMI 对最终结算的时点、轧差的法律有效性、结算最终性的法律确定方法等进行了更明确的规定。

（三）明晰结算最终性的具体时刻

最终结算（结算最终性）是一个法律定义的时刻，[1] 是产生重大法律后果的关键点。为此，银行界和法律界对电子处理资金划拨的终结时间，是否与以票据为依据的资金划拨的终结时间一致或者不同，极为关注。选择满意的解决办法成为很多争议的焦点。[2] 在《电子资金划拨法律指南》中借记划拨人账户的时间、贷记受让人银行账户的时间、贷记账户通知的时间等多种可能的时间被提出。PFMI 明确规定，支付系统等金融市场基础设施应在日内提供清晰和确定的最终结算。实践中，美欧也都对大额电子资金划拨的结算最终性具体时刻在法律上进行了明确。如美联储制定的《J 条例》明确规定，通过 Fedwire 的支付，当贷记接收参与者账户或当支付命令已送达接收参与者时（二者之间以更早的为准），是最终的和不可撤销的。[3]《CHIPS 规则》第 13 条规定，支付信息被释放后，根据参与者的余额进行轧差后确定的净额，来调增或调减结算参与者在CHIP 的账户头寸（头寸的调减、调增本质上就是账户的借记与贷记），构成《统一商法典》第 4A 编第 403 条所规定的最终结算。对 TARGET 2 而言，根据欧

---

1 CPSS, IOSCO, Principles for Financial Market Infrastructures, 2012, p.64.

2 UNCITRAL, *UNCITRAL Legal Guide on Electronic Funds Transfers*, United Nations Publication, 1987, p.72.

3 The Federal Reserve, Assessment of Compliance with the Core Principles for Systemically Important Payment Systems (Revised July 2014), 2014, p.23.

盟《结算最终性指令》第 3 条规定，划拨指令进入支付系统的时刻是结算最终性的时刻，且划拨指令进入系统时刻由该系统的规则确定。而《TARGET 2 指引》第 22 条规定，相关参与者的 PM 账户被借记的时点是支付命令进入 TARGET 2 的时刻。因此，TARGET 2 在法律上采用的是借记划拨人账户的时间作为结算最终性的时刻。

（四）破产法与结算最终性的关系的处置

结算最终性，通常由系统规则和与其相关的法律、法规所决定。实际上，要实现结算最终性可能有许多障碍，有些可由当事人之间的协议克服，有些则需要相关法律的支持。破产法就是与此密切相关的法律，该法通常优于契约法。[1] 破产法与结算最终性的关系密切主要体现在两个方面：一是破产无效行为可能影响结算最终性。破产无效行为是指债务人在破产状态下实施的使破产财产不当减少，或违反公平清偿原则，使债权人的一般清偿利益受到损害，依法应被确认无效的财产处分行为。现代破产法的发展趋势是以破产程序开始为确定破产无效行为时间界限的标准。而破产程序开始的标志通常不是破产宣告而是破产案件的受理。在支付系统中，破产无效行为可让一个破产的参与者从破产或类似的事件当天开始（零点）的所有交易无效。例如，在实时全额结算系统中，其产生的作用可能是撤销一个已经被结算的终结性交易。在延迟净额结算系统（DNS）中，这样的规则可能会造成所有交易的轧差结果被解退，由此可能会造成所有净头寸的重新计算以及参与者余额的变化。二是破产撤销权可能影响结算最终性。清算系统参与者的破产管理人可利用破产法的保护，使对破产参与者不利的合同无效，并强制执行对破产参与者有利的合同，出现"摘樱桃"（cherry-picking）的风险，即参与者的破产管理人可能会强制执行对破产参与者有利的债权，而否定破产参与者对外债务。例如，银行 A（一家在营业中的银行）从银行 B（破产的银行）接受金额为 10 万美元的支付命令，当银行 A 执行银行 B 的支付命令向受益人支付后，如果银行 A 与银行 B 未完成结算，则银行 B 欠银行 A10 万美元。此时，假设破产的银行 B 又接受银行 A1 万美元的支付命令，那么，在有净额结算安排的情况下，银行 B 欠银行 A9 万美元。在无净额结算安排情况时，银行 B 的破产管理人可以否认银行

---

1 CPSS, The Role of Central Bank Money in Payment Systems, 2003, p.14.

B 欠银行 A 的 10 万美元的债务，而强制执行银行 A 欠银行 B 的 1 万美元的债务。银行 A 从 9 万美元的净债权人变成了 1 万美元的净债务人。

破产法与结算最终性的上述冲突的根源，在于两者追求的目标不同。破产法基于给破产人再生机会以及最大程度地保障破产人的债权人公平受偿的目的，会注重尽可能保存甚至扩展破产人的财产权利。而结算最终性制度的目的在于降低单个交易者的交易风险，并从整体上降低整个清算系统风险，提高金融市场清算效率。为缓和两种制度的价值取向和目标差异，确保支付清算高效进行，许多经济体立法对结算最终性予以特殊保护。如美国在《统一商法典》中明确了接收人终结规则、轧差有效性规则，在破产法中明确了"安全港规则"。欧盟专门制定了《结算最终性指令》，明确规定划拨指令和净额结算应具有法律强制执行力，即使在参与者进入破产程序的情况下，也是如此。CPSIPS、PFMI 也都对支付系统结算最终性进行了明确规定，要求破产法中的"零点法则"不具备撤销支付系统中已完成结算的效力。

第三节　我国有关结算最终性的法律规定、问题及完善建议

结算最终性作为支付清算市场通用做法，在我国的相关法律、法规、规章和规范性文件中有所体现，并初步具有了一定法律基础。但与美欧等货币国际化经济体结算最终性法律制度安排以及具有国际软法性质的 PFMI 的要求相比，我国有关结算最终性的规定还不适应人民币充分国际化条件下清算的需要，结算最终性仍存在法律风险，为此需进行完善。

一、我国有关结算最终性的法律规定

（一）通用法律规定

1.《民法典》有关合同的规定

我国《民法典》第 5 条规定，民事主体从事民事活动，应当遵循自愿原则，按照自己的意思设立、变更、终止民事法律关系。第 119 条规定，依法成立的合同，对当事人具有法律约束力。这些规定为支付清算系统采用结算最终性约定条款提供了法律基础。特别是，《民法典》第 567 条明确规定："合同的权利

义务关系终止，不影响合同中结算和清理条款的效力。"这是一个承认结算或清算安排的一个原则性规定。此外，《民法典》第 568 条和第 569 条有关抵销的法律规定，为轧差有效性提供了一定的法律基础。[1]

2.破产法

破产法与最终结算的关系非常密切。如美国在破产法中确立了金融安全港规则，在金融合约一方当事人发生破产事件时，可以在继续履行、终止、抵销、结算等方面享有一系列破产豁免待遇。但在我国，根据我国 2007 年 6 月施行的《企业破产法》第 134 条规定，金融机构实施破产的，由国务院依据该法和其他有关法律制定实施办法，但至今尚未出台相关实施办法，因此，支付结算系统豁免于破产法"零点法则"之类规定的制度尚未建立，影响人民币国际化清算结果的确定性。如在 CIPS 某一清算参与者被宣告破产的情形下，其对 CIPS 其他参与者支付义务的履行，可能被法院认定为对个别债权人的清偿，进而发生清算结果无效等问题。

（二）专用法律规定

目前，我国没有结算最终性的专门立法。与人民币国际化清算中结算最终性密切相关的规定，主要体现在《大额支付系统业务处理办法》《人民币跨境支付系统业务规则》等规范性文件中。

1.《大额支付系统业务处理办法》的结算最终性规定

大额支付系统（HVPS）在我国支付清算体系中居于核心地位。该系统采用逐笔实时方式处理支付业务，全额清算资金。当前人民币跨境清算中的港澳清算行就是通过接入 HVPS 进行清算的，CIPS 也在大额支付系统中开立清算账户。2016 年 4 月，中国人民银行发布的《大额支付系统业务处理办法》与 2003 年《大额支付系统业务处理办法（试行）》相比，对结算最终性的规定更加明确、具体。

一是有关结算最终性的规定更加明晰。2016 年 4 月修订的《大额支付系统业务处理办法》第 7 条规定："参与者发起的支付业务应符合中国人民银行

1《民法典》第 568 条规定："当事人互负到期债务，该债务的标的物种类、品质相同的，任何一方可以将自己的债务与对方的债务抵销，但依照法律规定或者按照合同性质不得抵销的除外。当事人主张抵销的，应当通知对方。通知到达对方时生效。抵销不得附条件或者附期限。"第 569 条规定："当事人互负债务，标的物种类、品质不相同的，经双方协商一致，也可以抵销。"

规定的业务及技术标准，经大额支付系统受理后即具有支付效力。"[1]同时，《大额支付系统业务处理办法》第 8 条规定："支付业务在大额支付系统完成资金清算后即具有最终性。"《大额支付系统业务处理办法》第 22 条还进一步规定："参与者发起的支付业务需要撤销的，应通过大额支付系统发送撤销请求。大额支付系统未清算资金的，立即办理撤销；已清算资金的，不能撤销。"

二是强化不能撤销的规定。对于通过清算系统所为支付能否撤销的问题，查考美国 Fedwire 的做法，通过 Fedwire 的资金转账对发出和接收划拨指令的双方来讲，划拨指令是不可撤销的、无条件的，即使由于差错导致的错误支付也不能撤销，但这种问题可在 Fedwire 支付系统以外谈判解决。[2]根据我国《大额支付系统业务处理办法》第 22 条规定，已清算的资金不能撤销。同时，该办法第 23 条第 2 款也明确规定"接收行收到发起行的退回请求，对未贷记收款人账户的，立即办理退回；已贷记收款人账户的，应通知发起行由发起人与收款人协商解决"，即要求 HVPS 以外的当事方协商已经贷记的错误划拨问题。中央银行之所以在大额支付系统中限制使用"撤销"或"解退"的方法管理流动性风险，主要是因为：第一，如果使用"撤销"或"解退"的方法，很可能导致金融市场中严重的系统流动性问题；第二，支付系统中的结算失败会是严重的金融危机的一部分，而通过支付系统"撤销"，会放大其他领域的问题。[3]

2.《人民币跨境支付系统业务规则》有关结算最终性规定

我国出台的有关人民币国际化清算的规定包含有清算最终性规则。早在 2015 年 11 月由中国人民银行发布的《人民币跨境支付系统业务暂行规则》（以下简称《暂行规则》），就规定了清算最终性。《暂行规则》第 32 条规定："CIPS 在成功借记发起直接参与者账户并贷记接收直接参与者账户后，该支付业务

1　汉语中"效力"的一般解释是"约束力"或"拘束力"，如"法律效力"一般理解为"法律约束力"。"支付效力"就是具有"支付约束力"，即支付业务经大额支付系统受理后，在支付系统参与者之间产生了支付的义务和接收支付的权利。同时，根据《大额支付系统业务处理办法》第 20 条规定，大额支付系统收到支付业务后，如清算账户头寸充足，立即进行资金清算；如清算账户头寸不足，将支付业务纳入排队处理。也就是说，在经我国大额支付系统受理的支付业务，一般应立即进行资金清算（清算账户头寸不足除外），而不得随意撤销。

2　Bruce J. Summers, *The Payment System-Design, Management, and Supervision*, IMF Publications, 1994, p.135.

3　See Bruce J. Summers, *The Payment System-Design, Management, and Supervision*, IMF Publications, 1994, p.139.

不得撤销。"2018 年 3 月 23 日，中国人民银行发布的、用于取代《暂行规则》的现行人民币国际化清算规则——《人民币跨境支付系统业务规则》，对清算最终性作出了进一步的规定。《人民币跨境支付系统业务规则》第 35 条规定："CIPS 实时全额清算的支付业务，在成功借记发起直接参与者账户并贷记接收直接参与者账户后，该支付业务不得撤销。CIPS 定时净额清算的支付业务，一经轧差不得撤销。"与《暂行规则》相比，《人民币跨境支付系统业务规则》区分实时全额清算和定时净额清算两类情况，对清算最终性分别进行了规定。之所以出现这一差异，是因为《暂行规定》适用的 CIPS 一期采用实时全额清算方式，故其仅规定了实时全额清算的最终性，而《人民币跨境支付系统业务规则》适用的 CIPS 二期采用实时全额清算和定时净额清算相混合的清算方式。依据《人民币跨境支付系统业务规则》，现运行的 CIPS 二期在采用实时全额清算时，一旦有关资金借记发起直接参与者账户并贷记接收直接参与者账户，清算即具有最终性。而在采用定时净额清算时，一经轧差，清算即告完成。同时，《人民币跨境支付系统业务规则》第 28 条规定："直接参与者应当向 CIPS 提交期望结算日期为 CIPS 当前系统工作日的支付业务。对期望结算日期不为当前系统工作日的支付业务，应当予以拒绝。"第 29 条规定："直接参与者应当在日间（夜间）处理阶段的规定时间内，及时向 CIPS 提交支付业务，不得拖延。"这与 PFMI 中当日结算要求相符。此外，与人民币国际化清算具有密切联系的《大额支付系统业务处理办法》第 8 条也规定，"支付业务在大额支付系统完成资金清算后即具有最终性"，但没有对清算最终性规定明确的标准。总之，人民币国际化清算制度规定了清算最终性。[1]

二、我国有关结算最终性的制度须改进的问题

虽然中国人民银行在《大额支付系统业务处理办法》《人民币跨境支付系统业务规则》等规范性文件层面对有关人民币清算的结算最终性有了初步规定，但与美欧等货币国际化经济体结算最终性法律制度以及 PFMI 等标准相比，我国目前对结算最终性的规定还不适应人民币充分国际化条件下清算的需要，结算最终性仍存在法律风险。

---

[1] 韩龙、毛术文：《人民币国际化条件下清算最终性与破产法的冲突与协调》，《清华法学》2020 年第 4 期。

（一）我国破产法对人民币国际化清算最终性的挑战

清算最终性规则的主旨是抵御以"零点规则"为代表的破产法规则对清算及清算体系造成的不确定性和动荡。然而，清算最终性规则能否收到预期的效果，并不是有此规则就万事无忧。欲使清算最终性规则收获预期效果，除需恰当厘定这一规则之外，还需要解决好破产法对其影响问题。就我国而言，我国破产法对人民币国际化清算最终性规则构成严重挑战，主要体现如下：

第一，破产法未被豁免适用于人民币国际化清算。审视我国《企业破产法》（以下简称《破产法》）及其司法解释，虽并不能寻见"零点规则"的字样，但《破产法》与清算最终性规则仍存在以下冲突：一是清算最终性与破产无效行为的冲突。《破产法》第16条规定，"人民法院受理破产申请后，债务人对个别债权人的债务清偿无效"。在人民币国际化清算中，在 CIPS 某一清算参与方被宣告破产的情形下，按照破产宣告内含的"零点规则"，该参与方对 CIPS 其他参与方所做支付，就会被法院认定为对个别债权人的清偿，进而导致清算结果无效。二是清算最终性与破产管理人代履行合同选择权的冲突。《破产法》第18条规定，"人民法院受理破产申请后，管理人对破产申请受理前成立而债务人和对方当事人均未履行完毕的合同有权决定解除或者继续履行，并通知对方当事人"。这一规定使破产管理人可以选择解除对破产人不利的合同，也可以要求破产人的债务人履行对破产人有利的合同。由于清算最终性尚未被《破产法》豁免适用，这可能导致人民币国际化清算参与方的破产管理人将该参与方进行的清算识别为"未履行完毕"。这种"选摘樱桃"现象会导致破产管理人强制执行清算体系中对破产人有利的债权，而解除破产人对外债务，从而严重动摇人民币国际化清算体系的稳定性。三是清算最终性与破产撤销权冲突。《破产法》第31条至第32条规定，人民法院受理破产申请前一年内破产人处置其财产的特定行为，或受理破产申请前六个月内破产人对个别债权人进行特定清偿，破产管理人享有撤销权和索回权。[1] 依此，如果人民币国际化清算体

---

[1]《企业破产法》第31条规定："人民法院受理破产申请前一年内，涉及债务人财产的下列行为，管理人有权请求人民法院予以撤销：（一）无偿转让财产的；（二）以明显不合理的价格进行交易的；（三）对没有财产担保的债务提供财产担保的；（四）对未到期的债务提前清偿的；（五）放弃债权的。"第32条规定："人民法院受理破产申请前六个月内，债务人有本法第二条第一款规定的情形（即企业法人不能清偿到期债务，并且资产不足以清偿全部债务或者明显缺乏清偿能力——作者注），仍对个别债权人进行清偿的，管理人有权请求人民法院予以撤销。"

系的某一参与方发生破产，破产参与方人在破产申请受理前 1 年或 6 个月里在清算体系进行的清算可能被认定为可撤销的资产处置行为或债务清偿行为，对人民币国际化清算最终性的影响更为巨大。

第二，人民币国际化清算最终性规则因位阶低下无法阻挡《破产法》的挑战。清算最终性规则与《破产法》相关规定之间的冲突是否会导致清算最终性规则的无效，取决于二者之间的法律位阶。如果《破产法》的法律位阶高于清算最终性规则，那么，《破产法》对清算最终性的影响就会从潜在的挑战变为现实的否定。而这恰恰是目前人民币国际化清算最终性规则与《破产法》之间关系的真实写照。[1] 我国的《破产法》是由第十届全国人大常务委员会通过的法律，具有很高的法律位阶。相比之下，包含人民币国际化清算最终性规则的规定，无论是前述《人民币跨境支付系统业务规则》，还是《大额支付系统业务处理办法》，只是由中国人民银行出台的规章。二者法律位阶相差悬殊。根据《最高人民法院关于裁判文书引用法律、法规等规范性法律文件的规定》（法释〔2009〕14 号），在案件审理中，对于部门规章这类规范性文件经审查认定为合法有效的，可作为裁判说理的依据，而不是直接适用。[2] 因此，按照上位法优于下位法的原则和最高人民法院的解释，《人民币跨境支付系统业务规则》等规范性文件及其包含的清算最终性规定，不能有效对抗《破产法》的规定，甚至不能直接作为法院审理人民币跨境清算民事纠纷的法律依据。这使得在人民币国际化清算中根据清算最终性规则已完成的清算可能因《破产法》的介入而面临无效或解退的风险。

此外，我国有关结算最终性的标准有待进一步明确。例如，《大额支付系统业务处理办法》第 8 条规定："支付业务在大额支付系统完成资金清算后即具有最终性。"同时，《大额支付系统业务处理办法》第 22 条规定："参与者发起的支付业务需要撤销的，应通过大额支付系统发送撤销请求。大额支付系统未清算资金的，立即办理撤销；已清算资金的，不能撤销。"但什么是未清算资金，什么是已清算资金？标准是什么？对此，《大额支付系统业务处理办法》

---

[1] 韩龙、毛术文：《人民币国际化条件下清算最终性与破产法的冲突与协调》，《清华法学》2020 年第 4 期。

[2] 《最高人民法院关于裁判文书引用法律、法规等规范性法律文件的规定》（法释〔2009〕14 号）第 6 条规定："对于本规定第 3 条、第 4 条、第 5 条规定之外的规范性文件，根据审理案件的需要，经审查认定为合法有效的，可以作为裁判说理的依据。"

缺乏明确的规定。

（二）域外破产法对人民币国际化清算最终性的挑战

人民币国际化清算体系的参与方来自众多国家，因此，维护人民币国际化清算最终性不仅需要理顺人民币国际化清算最终性规则与我国《破产法》之间的关系，而且还需要应对人民币国际化清算的域外参与方所属国的破产法对人民币国际化清算最终性的影响。唯其如此，方能够周全地保障人民币国际化清算体系的稳定。综而观之，人民币国际化清算域外参与方所属国的破产法，主要通过以下渠道对人民币国际化清算最终性产生影响。

1. 域外破产法对清算体系的豁免不适用于人民币国际化清算体系

世界各国通常都有自己的破产法，而破产法为保护破产债权人的利益一般都规定了破产撤销权和索回权等条款。另外，世界各国又都有自己的清算体系和清算制度。为了维护清算体系的稳定和秩序，许多国家对其破产法与清算制度的关系进行了明确，将破产法中的"零点规则"等规定豁免适用于清算体系及完成的清算。这就出现了这些国家破产法对破产人所为债务清偿行为的溯及适用与豁免溯及适用的两大并存景象。但他国破产法中对清算体系"不溯既往"的豁免规定，一般仅适用于该国清算体系及借此进行的清算，并不适用于境外清算体系，包括人民币国际化清算体系。而另一方面，他国破产法中溯及适用的不利规定，仍可适用于境外的清算体系。在这种情况下，如果人民币国际化清算体系的境外参与方出现破产，其所属国的破产法有关溯及适用的规定仍然可适用于人民币国际化清算体系。破产的域外参与方在人民币国际化清算体系进行的清算，就可能面临被境外法院依据其破产法撤销和索回的风险。可见，由于人民币国际化清算体系的域外参与方所在国拒绝将其破产法对其本国清算体系的豁免适用，延伸适用于我国的人民币国际化清算，那么，人民币国际化清算就面临所进行的清算被撤销的风险。[1]

2. 破产利己主义可能损害人民币国际化清算

众所周知，国际社会在破产法和破产程序的域外效力问题上并不存在一定之规。虽然我们在理论上可以将各国在破产法和破产程序的域外效力问题上的态

---

[1] 韩龙、毛术文：《人民币国际化条件下清算最终性与破产法的冲突与协调》，《清华法学》2020 年第 4 期。

度划分为普及主义、地域主义以及折中主义，[1]但在实践中各国多实行以利益为取向的"相机抉择"。利己主义推动下的"相机抉择"通常会导致破产受理法院主张域内企业破产具有域外效力，而域外企业破产没有域内效力的局面。在人民币国际化条件下，人民币国际化清算体系的域外参与方若发生破产，撤销其已清算的交易，取回其在清算体系已完成的支付，无疑最能够满足域外破产债权人及其所属国的利益，因此，域外参与方的破产受理法院主张将其破产法中溯及适用的规定适用于人民币国际化清算，就会成为一种倾向性选择。但这种做法无疑会严重损害人民币国际化清算所追求的终局性。可见，追求利益最大化的域外破产，会促使域外破产法扩及人民币国际化清算体系，给人民币国际化清算最终性带来颠覆性影响。这是人民币国际化清算面临的又一域外风险来源。

三、完善我国结算最终性法律制度的建议

由于人民币国际清算最终性同时受到我国《破产法》和域外破产法的双重挑战，因此，完备人民币国际化条件下的清算最终性制度，既需要恰当厘定我国清算最终性规则，特别是需要妥善协调该规则与我国破产法的关系，也需要应对域外破产法对人民币国际化清算最终性的影响。

（一）完善清算最终性规则的构想

清算最终性规则的恰当厘定，是收获清算最终性效果的基础。如前所述，中国人民银行出台的《人民币跨境支付系统业务规则》第35条区分实时全额清算和定时净额清算。对于前者，该规则规定一旦资金借记发起直接参与者账户并贷记接收直接参与者账户，清算即告终结。对于后者，该规则规定一经轧差，清算亦即告终。这与美国《统一商法典》第4A编第405条与第403条分别规定的接收人终结规则和轧差有效性规则具有近似性。[2]然而，与美欧的清

1　普及主义认为，一国法院所作的破产宣告具有域外效力，破产人的财产不管在哪一个国家或地区，均应纳入破产财产。地域主义将破产视为一种与一国公共秩序紧密相关的强制执行程序，认为一国法院所作破产宣告的效力仅于破产人在该国领域内的财产，破产管理人无权收回其位于其他国家的财产。折中主义是普及主义和地域主义的折中。

2　接收人终结规则最直接的来源是美国《统一商法典》第4A编第405条第（c）款，规定一旦受益人银行向受益人支付，就履行了向受益人付款的义务，该支付是最终性的。轧差有效性规则主要体现在美国《统一商法典》第4A编第403条，其规定当多边净额清算的参加者成员之间的清算义务按照该系统规则完成时，接收银行接受最终清算。

算最终性制度相比,《人民币跨境支付系统业务规则》第 35 条的规定突出地暴露出了两大缺陷:一是第 35 条单就清算终局性进行了规定,没有从清算最终性与《破产法》关系的角度作出进一步的规定,从而导致清算最终性成为清算规则的"一厢情愿",不能获得《破产法》中与清算最终性相抵触的破产规则的"幸免"。二是《人民币跨境支付系统业务规则》法律位阶低下,难以抵御具有更高法律位阶的《破产法》的颠覆性影响。

如何解决以上两大问题,以完备人民币国际化清算最终性制度呢?我们不妨从欧元发行的经济体——欧盟的经验中寻找有益的借鉴。欧盟对清算最终性出台了《清算最终性指令》。就法律位阶而言,这一专门性规定具有极高的法律位阶,凡欧盟各成员国与之冲突的法律均应撤销或无效。就清算最终性与破产法的关系而言,该指令第 3 条第 1 款明确了划拨指令和净额清算具有强制执行性。以划拨指令为例,如果划拨指令在清算体系参与方的破产程序开始之前进入清算体系,该指令对第三方具有约束力。即使划拨指令在破产程序开始后才进入清算体系,如果清算机构、中央对手方等能够提供其不知道也不应该知道参与方进入破产程序的证据,划拨指令在法律上仍具有强制执行性和对第三方的约束力,以此来对抗破产法的冲击。该指令第 4 条还规定,在破产程序开始的当日,破产程序的开始不应妨碍清算体系参与方的清算账户资金用来履行其作为清算体系参与方的义务。不止于此,指令第 7 条和第 8 条还进一步规定,破产程序对其开始前的清算体系参与方的权利与义务不具有溯及力。[1] 可见,欧盟《清算最终性指令》不只是高位阶地规定了衡量清算最终性的标准,而且还明确了清算最终性与破产法的关系。

我国应借鉴欧盟的经验,提高清算最终性规则的法律位阶并协调其与《破产法》的关系。适合完成这一任务的重要渠道之一,是借助《民法典》合同编对清算最终性进行明确。然而,遗憾的是《民法典》并未对支付清算合同进行规定,从而使清算最终性失去了抵挡《破产法》侵袭的一道屏障。在此情况下,我们建议由全国人大常委会制定《支付清算法》,对清算最终性规则进行明确。为此,我们应当总结人民币国际化清算的经验,提取和整合分布于《人民币跨境支付系统业务规则》以及其他规范性文件之中的包括清算最终性规则在内的

---

[1] 韩龙、毛术文:《人民币国际化条件下清算最终性与破产法的冲突与协调》,《清华法学》2020 年第 4 期。

有益规定，使之升华为《支付清算法》的内容。就清算最终性规则而言，《支付清算法》除应在吸收和细化《人民币跨境支付系统业务规则》第35条的技术性规定之外，还应明确规定："企业破产对于破产企业在我国支付清算系统已发生的支付清算不具有溯及力。清算合同在合同一方发生破产时，仍具有法律效力。资产经清算体系清算后即具有最终性。"《支付清算法》由于由全国人大常委会制定，因而与《破产法》具有相同的法律位阶，从而可以起到抵御《破产法》颠覆人民币国际化清算最终性的效果。

（二）在我国《破产法》中协调其与清算最终性规则关系的构想

欲使清算最终性规则获得期冀的效果，需要一方面妥善厘定清算最终性规则；另一方面妥善处理这一规则与我国破产法的关系，以避免清算最终性被破产法颠覆。从美欧来看，美国和欧盟作为当前世界头号货币和二号货币的发行经济体，也都从此两个方面构筑完备的清算最终性制度。当下，我国对清算最终性规则与我国《破产法》的关系该如何协调和处置，缺乏法律规定。在未来，即便我国《支付清算法》对清算最终性与《破产法》的关系作出了以上设想的规定，但如果《破产法》没有配合和响应，那么，清算最终性难免仍有"一厢情愿"之嫌。因此，欲将清算最终性贯彻到底，还需对我国《破产法》进行修改。从域外经验来看，欧美也是从清算制度与破产法两个向度，共同协调清算最终性与破产法关系的。

就欧盟而言，《清算最终性指令》不仅规定了清算最终性标准，而且还规定了清算最终性与破产法的关系，前已述及。就美国来说，美国除了在《统一商法典》中分别规定接收人终结规则和轧差有效性规则等来明确清算最终性之外，还在其破产法中规定了所谓的安全港规则。依据该规则，包括清算在内的金融合约一方当事人发生破产时，该合约在继续履行、终止、抵消、清算等方面享有破产豁免。这些豁免待遇好比是在惊涛骇浪的大海中给了金融合约一个受保护的安全港，故形象称之为安全港规则。[1]有了安全港规则提供的保护，如果清算体系的参与方发生倒闭，美国联邦或州破产法的"零点法则"以及与清算最终性相抵触的其他破产规则，就不能使该参与方进行的清算归于无效。虽然欧美的立法模式不同，欧盟以一部《清算最终性指令》同时涵盖清算最终性及其

---

[1] 冯果、洪治纲：《论美国破产法之金融合约安全港规则》，《当代法学》2009年第5期。

与破产法的关系，美国则分别从清算制度与破产法两个方面交互地对二者的关系进行明确，但欧美的共同点是非常明确的：欲使清算最终性获得毋庸置疑的效力和效果，清算规则本身的完备与破产法对于清算的豁免适用都是需要的。

前已述及，我国并没有在《破产法》中对于其相关规则豁免适用于人民币国际化清算作出规定。借鉴欧美的经验，我国除应在清算制度中厘定清算最终性与《破产法》的关系之外，还应在《破产法》中对该法的豁免适用作出响应。具体构想是修改我国《破产法》，在该法总则部分，增加一条，规定"企业破产对于破产企业在我国支付清算系统已发生的支付清算不具有溯及力"。另外，在《破产法》第16条、第18条、第31条和第32条中增加一款，规定"本条规定不适用于我国清算系统进行的清算"。从法益上考量，清算体系作为系统重要性基础设施在人民币国际化条件下影响整个国际社会，而破产法之下单个破产企业及其债权人的法益相形之下要小得多。修改《破产法》作出以上规定，仅限于摒除国内和域外破产人破产对我国清算系统所为清算的影响，并不涵盖（也无法涵盖）这些破产对他国清算系统所为清算的影响。这样，《破产法》作出以上修改既可以呼应《支付清算法》对清算最终性及其与《破产法》关系的规定，也可以从《破产法》自身的角度将这一法律中与清算最终性相抵触的条款免除适用于清算体系参与方进行的清算，消除《破产法》的这些条款对清算最终性的威胁。[1]

（三）协调人民币国际清算最终性与域外破产法关系的构想

由于人民币国际化清算体系的参与方来自于世界各国，因此，人民币国际化条件下清算最终性的实现，不仅需要妥善协调我国《破产法》与清算最终性规则的关系，而且也需要应对域外破产法对人民币国际化清算最终性的影响。而要解决域外破产法对人民币国际化清算最终性的影响，我们认为以下两项措施应当并举：一是我国清算立法应排斥域外破产法对人民币国际化清算体系的适用，二是我国应恰当厘定和运用人民币国际化清算体系的国际私法规则。

1.我国清算立法应排斥域外破产法的适用

我国清算立法对域外破产法的态度十分重要。它不仅表明我们在承认域外破产法对人民币国际化清算是否具有效力问题上的立场，而且也关系到人民币国际化清算体系参与方在通过国际私法规则选择适用域外法律时所具有的效

---

1 韩龙、毛术文：《人民币国际化条件下清算最终性与破产法的冲突与协调》，《清华法学》2020年第4期。

果。在处理域外破产法对人民币国际化清算的影响问题上，我们可以从我国香港的实践中获得借鉴。香港是世界重要的国际金融中心，其清算法律制度事关香港金融业的繁荣和稳定。由香港立法会通过的、于2015年11月实施的《支付系统及储值支付工具条例》（以下简称《支付条例》）第20条规定，资金划拨指令、依据该指令所做财产产权处置、清算体系的违责处理安排、与清算体系有关联的附属抵押品等，不得因为与分配破产人或清盘人的资产有关的破产清盘法有抵触而在任何程度上被视为无效……再由该法第15条对破产清盘法范围的厘定来看，第20条述及的破产清盘法不仅包括香港的破产法，而且也包括香港法院按照国际私法规则适用的香港之外涉及任何人破产、清盘或无偿债能力或在任何方面关乎任何人破产、清盘或无偿债能力的任何成文法律或法律规则。[1] 可见，香港《支付条例》第20条不仅覆盖香港的破产清盘法，而且也覆盖港外的破产清盘法。也就是说，香港的清算最终性不仅不受香港破产清盘法的影响，而且也不受港外破产清盘法的影响。

受我国香港《支付条例》的启发，为维护人民币国际化清算最终性，我们在未来的《支付清算法》中不仅要规定我国《破产法》与清算最终性规则的关系，而且还要明确域外破产法与清算最终性规则的关系。具体而言，我们可以摒弃香港《支付条例》的不同条款在清算最终性规则与域外破产法关系上绕曲式的规定，吸收其精髓，在我国《支付清算法》直接规定域外破产法对人民币国际化清算不具有效力，人民币国际化清算最终性不受域外破产法的影响。这样，即便人民币国际化清算体系的域外参与方发生破产，我国法律规定的清算最终性也不会受到域外破产法的冲击，从而维护人民币国际化清算体系的稳定。[2]

2.我国应恰当厘定和运用人民币国际化清算体系的国际私法规则

虽然我国法律排斥域外破产法的适用，可以为维护人民币国际化清算最终性提供法律依据，但在人民币国际化清算体系包括众多域外参与方，特别是间接参与方的情况下，这些域外参与方之间以及域外参与方与我国参与方之间仍然可以借助国际私法规则，选择适用我国之外的其他法域的法律，从而绕开我国法律的规定，并给人民币国际化清算最终性带来变数。可见，人民币国际化

清算体系如缺乏恰当厘定的国际私法规则，人民币国际化清算最终性的维护仍然存在罅隙，故不可等闲视之。

为了防范人民币国际化清算体系的参与方通过当事人意思自治等手段引入域外破产法，损害人民币国际化清算的最终性，我国对于人民币国际化清算的法律适用应采用单边冲突规范的立法例。具体而言，我们不妨在未来的《支付清算法》中规定，参与人民币国际化清算体系的各直接和间接参与方的权利义务关系，只能适用中华人民共和国的法律，包括《支付清算法》的规定。在实际操作中，人民币国际化清算体系须执行以上法律规定，在吸纳每一个参与方加入该清算体系时，在提供供各参与方签署的格式合同中应包含与上述规定相一致的法律适用的约定条款。由于人民币国际化清算体系的间接参与方，如基础交易中的付款行和接受行、付款人和收款人等，通常不需要与人民币国际化清算体系订立合同，而只需要与该体系的直接参与方订立合同。因此，人民币国际化清算体系的格式合同应特别要求该系统的直接参与方保证在与间接参与方的合同中只能选择适用我国的法律，以避免在间接参与方发生破产倒闭的情况下其本国破产法影响人民币国际化清算最终性。这样，人民币国际化清算最终性就不会因清算参与方的法律选择而被规避。[1]

总之，由于清算体系及其所为清算蕴含巨大的法益，因此，世界多国，无论其货币是否国际化，都将与清算最终性相左的规定免除适用于清算体系。我国完备人民币国际化条件下的清算最终性制度，也需要将国内外破产法中的相左规定免除适用于人民币国际化清算。不止于此，清算最终性于人民币国际化而言具有于非国际化货币无与伦比的重要性，主要原因就在于：在当今货币信用本位时代，人民币国际化需要国际社会自愿接受，因而人民币国际化实质上是人民币信用的国际化。这就迫切地需要我们借助清算最终性等制度对于清算体系汇聚的国际社会财富给予应有的法律保护和保障，否则，人民币就难以积累起足够的国际信用和信赖，就被"避而远之"而难以国际化。可见，清算最终性制度是保障人民币国际化实现的基础性制度之一。但超出人民币国际化清算范围之外，破产法为保护破产债权人利益而规定的破产撤销权和索回权等条款仍具有重要价值，在其他领域仍应适用。

1　韩龙、毛术文：《人民币国际化条件下清算最终性与破产法的冲突与协调》，《清华法学》2020 年第 4 期。

第九章
人民币国际化清算中抵押品法律问题

抵押品（collateral）是指抵押人用于担保债务向抵押品接收人提供的资产或第三方承诺。[1] 目前在批发性金融市场上，使用抵押担保已成为最重要、最普遍的风险缓释技术之一。金融机构在信贷、证券交易、衍生产品市场和支付清算体系已广泛采用抵押品制度。为适应人民币国际化清算需要，我国人民币跨境支付系统即 CIPS 已运行数年。人民币充分国际化后，以 CIPS 为枢纽的人民币全球支付清算体系，将面临更加复杂的日间和日终流动性需求。为提高支付清算效率并保持支付系统稳定运行，减少流动性风险及由日间信贷产生的信用风险，清算参与者通过提供抵押品向中央银行获得日间信贷是国际上的通行做法。故支付清算中的抵押品制度研究对人民币国际化清算具有重要的现实意义。美欧作为当前两个最主要的货币国际化经济体，为确保其货币清算的顺利进行，其抵押品管理有哪些具体制度？相关国际机构为推动抵押品的安全、高效运用又作出了哪些规定？我国目前的抵押品制度是否适应人民币充分国际化清算需要？如果不适应，又需要建构哪些制度？这些都是人民币国际化清算体系安全、高效运行需要解决的重要法律问题。

第一节　支付清算体系抵押品管理的主要国际实践

在现代市场经济中，支付清算一般通过由中央银行和商业银行构成的银行体系来进行。前者系以钞券及存款负债方式提供中央银行货币，后者通常以

---

1 CPSS, A Glossary of Terms Used in Payment and Settlement System, 2003, p.14.

存款负债方式发行商业银行货币；中央银行的支付系统和商业银行的行内系统构成了货币资金的流动管道。在一个复杂的、拥有许多参与者的银行体系中，商业银行之间建立大量的双边关系并保持大量的往账（Nostro Accounts）是低效率的。[1,2] 因而银行间的清算一般都是通过它们在中央银行的往账来进行的，通过这些往账，商业银行得以使用中央银行货币获得最终的清算。[3] 支付清算的时间错配导致商业银行在中央银行账户透支，为保证在中央银行存款账户为零或正，商业银行会向中央银行拆借日间资金以维持账户平衡。为提高支付效率、降低提供日间信贷的信用风险，确保其货币清算的顺利进行，美欧都建立了与其货币国际化清算相适应的抵押品制度。鉴于抵押品的重要作用，CPSS等国际机构也对支付系统等金融市场基础设施运行中的抵押品进行了明确规定。这些也为人民币国际化清算的抵押品制度完善提供了有益的借鉴。

一、国际化货币的主要经济体支付清算体系中抵押品制度

美欧作为主要货币国际化经济体，金融抵押品市场巨大，支付清算抵押品制度较为健全。其支付清算中抵押品制度架构主要包括：可接受的抵押品范围、标准、风险评价机制以及抵押品托管处置等。

（一）美欧有关金融抵押品的主要法律

1. 美国有关金融抵押品的主要法律

在美国，当一个存款机构在联邦储备银行账户的资金不足以覆盖即将进行的结算时，日间透支就会发生。[4] 为了保证支付清算体系的高效、稳健运行，在满足存款机构因日间透支而产生的日间信贷需求的同时，降低由此产生的信用风险，存款机构一般需向联邦储备银行提供抵押品。目前，适用于美国支付清算体系中抵押品管理的法律主要有：

---

1 Bruce J. Summers, *The Payment System-Design, Management, and Supervision*, IMF Publications, 1994, p.22.

2 往来账户（Correspondent Account）是由银行为其他金融机构设立用来接收存款、代为支付或处理其他金融交易的账户，分为往账（Nostro Account）和来账（Vostro Account）。往账是我行去其他行，特别是境外银行开户。在境外银行设立往账，该账户通常用外国货币开立。来账是其他行包括境外银行来我行开户，主要以本国货币开立，也可以以外币开立。

3 Bruce J. Summers, *The Payment System-Design, Management, and Supervision*, IMF Publications, 1994, p.28.

4 Federal Reserve System, Overview of the Federal Reserve's Payment System Risk Policy on Intraday Credit, 2012, p.5.

（1）联邦和州层面的法律。在美国，包括动产担保在内的商事立法权主要属于各州，各州间不甚协调的商法成为阻碍美国经济发展的一大法律障碍。为了顺应经济发展的需要，美国在 19 世纪末形成强大的统一商法运动。在《统一商法典》第 9 编动产担保交易起草时，起草者原拟通过一系列的特别法分别调整不同的融资类型，如商用机械、消费品、农产品、存货和应收账款、无体财产。随着起草工作的进展，起草者们发现：这些各种融资交易之间的共同之处超过了差异。于是他们决定起草一体化的法典以涵盖所有的动产担保交易形态，并对各担保交易的特殊内容作出特别规定。[1] 因此，美国在联邦和州法律层面没有专门的金融抵押品立法，作为金融抵押品的通用法律基础是《统一商法典》第 9 编。该编被公认为《统一商法典》所有章节中最富有创新的部分，被誉为"皇冠上的明珠"。

在 1952 年《统一商法典》发布后，为了适应不断发展的经济和日益繁荣的商品流通对动产担保交易的新要求，美国法学会和美国统一州法委员会对第 9 编进行了修改，并相继形成了 1972 年文本、1999 年文本，至 2001 年 12 月 31 日美国各州都通过了 1999 年版的《统一商法典》第 9 编。[2] 为了确保《统一商法典》第 9 编适用于美联储向金融机构提供信贷中的抵押品，美联储有关《贷款》的第 10 号运营通告第 2 条明确规定，有关应收账款、担保债权凭证、控制、储蓄账户、物权凭证、金融资产、担保声明书、一般无体财产、票据、投资财产、证券账户和证券中介等，均适用《统一商法典》第 8 编"投资证券"和第 9 编所定义的法律概念。[3] 同时，根据美联储第 10 号运营通告第 8 条的规定，有关借贷协议（包括与此相关的任何交易），由联邦储备银行总部所在地的法律管辖，并明确借贷协议是以《统一商法典》为目的的一个保证协议，对任何相关的法域和其他适用法律来说，借贷协议均是有效的。

（2）美联储规章。在美联储规章层面，适用于支付清算体系中的抵押品的法律文件主要有：一是《美联储支付系统风险政策》（Federal Reserve Policy on

---

1 高圣平：《美国动产担保交易法与我国动产担保物权立法》，《法学家》2006 年第 5 期。

2 吴兴光、蔡红、刘睿等：《美国〈统一商法典〉研究》，社会科学文献出版社，2015，第 364 页。

3 控制（control）的概念定义于《统一商法典》第 8 编第 106 条，是指购买人根据持有证券的方式，已经采取了任何必要措施，使自己处于无须所有权人进一步行为即可出卖证券的状况。李昊、刘云龙、戴科等：《美国〈统一商法典〉及其正式评述》第二卷，中国人民大学出版社，2005，第 545—546 页。

Payment System Risk，PSR）及其有关规定。PSR 是美联储对相关支付系统和系统参与者流动性管理的一个重要制度文件，自 1985 年发布后已经多次修订，最新版本是 2016 年 9 月 23 日修订的版本。PSR 原先只针对美联储核心支付系统 Fedwire 的单项资金划拨进行监管，后来逐渐扩展到小额自动支付、债券结算、票据清算、现金调拨等其他使用美联储银行账户的领域，监管的系统也延伸至其他多边支付系统和债券结算系统。[1] 2014 年，基于 CPSS 和 IOSIO 2012 年联合发布的《金融市场基础设施原则》即 PFMI 成为新的国际监管标准，美联储对 PSR 做了相应修订，相应地将其范围涵盖了有关支付、清算、结算和记录活动中的风险防范。PSR 明确规定，美联储通过有抵押的日间信贷给健康的存款机构提供流动性，并以此控制联邦储备银行的日间信贷风险暴露。为了给存款机构更多地使用抵押品进行透支提供激励，PSR 规定自愿提供抵押品的透支费用是零，而无抵押的透支费用是 50 个基点。此外，为了实施 PSR 中的日间信贷政策，美联储制定了两个规范性文件：《美联储支付系统风险政策——日间信贷政策概要》和《美联储支付系统风险政策——日间信贷指引》。前者主要是为少量使用日间信贷的存款机构提供有关符合美联储日间信贷政策（包括抵押品）需求条件的指导，而后者则为经常性或大量使用日间信贷的存款机构提供不同情形下，美联储有关日间信贷政策（包括抵押品）需求条件的更综合和详细的指导。

二是《美联储抵押品指引》。抵押品管理是美联储信用风险管理实践的核心要素。因此，美联储会定期审查抵押品保证金（Margins）和估值方法，并根据需要作出调整。[2] 目前，最新的《美联储抵押品指引》是 2015 年 3 月 6 日更新后发布的。《美联储抵押品指引》对可接受的抵押品范围、可接受的抵押品标准等进行了详细、明确的规定。

三是美联储第 10 号运营通告。美联储第 10 号运营通告对联邦储备银行向存款机构提供信贷中的抵押品程序、法律适用等进行了明确规定。如该通告第 7.5 条第（a）款规定："借款人授权联邦储备银行，随时在任何被联邦储备银行认为适合于实现其签署的担保声明书（包括任何修订或继续的声明）项下

---

1 范进义：《支付系统日间透支及其风险管控——美联储支付系统风险政策的解读和分析》，《国际金融》2016 年第 4 期。

2 See Federal Reserve System, New Collateral Margins Table.

担保权益，向任何法域的登记机关进行登记或记载。借款人应该按照第 10 号运营通告附件 1 的规定对抵押品作出担保声明，并按照联邦储备银行的要求提供《统一商法典》第 9 编所要求的附加信息。在任何相关的法域内，担保声明的充足性和可接受性均有效。"根据第 10 号运营通告第 2 条、第 7.5 条第（b）款等规定，所有从联邦储备银行借贷的存款机构，都须递交接受第 10 号运营通告约束的《同意信》。

2. 欧盟有关清算抵押品的法律

在欧盟，为了解决支付结算中的资金错配，欧元体系提供日间信贷给支付系统参与者。目前，适用于欧盟支付清算体系中抵押品管理的法律主要有：

（1）欧盟层面的法律。《欧洲中央银行体系与欧洲央行章程》第 18.1 条规定，所有欧元体系的流动性贷款，须以足够的抵押品为基础。为进一步整合金融市场，提升效率，2002 年欧洲议会和欧盟理事会制定了《金融抵押品指令》，该指令从法律上对金融抵押品定义、范围、形式要求、抵押安排的执行、抵押品使用有关的权利、抵押品的结算等进行了规定，为金融抵押品的跨境使用创建了一个统一的欧盟法律框架，简化了抵押过程，提高了抵押品使用的法律确定性，降低了市场参与者风险。[1]

（2）欧盟成员国的法律。《金融抵押品指令》第 11 条规定，各成员国要通过法律、条例和行政规定，实施《金融抵押品指令》。各欧盟成员国根据《金融抵押品指令》，制定了本国的金融抵押品管理法律，或者通过修订已有条款、增加新条款等方式在其法律框架中加入了《金融抵押品指令》的要求，对于金融抵押品安全、高效运用起到了极大保障作用。其中，德国、奥地利、丹麦、荷兰等通过法律的形式落实《金融抵押品指令》。法国、意大利、葡萄牙、西班牙等通过发布行政命令等方式实施《金融抵押品指令》。爱尔兰、马耳他、英国等通过条例的形式实施《金融抵押品指令》。[2]

（3）欧洲央行规章层面。在欧洲央行规章层面适用于支付清算体系中抵押品管理的法律制度文件主要有：一是《欧洲央行欧元体系货币政策实施框架指

---

1 Commission of the European Communities, Evaluation Report on the Financial Collateral Arrangements Directive（2002/47/EC）, 2006, p.3.

2 European Financial Market Lawyers Group, Survey on the Implementation of Directive 2002/47/EC on Financial Collateral Arrangements, 2006, pp.8–10.

引》。该指引对可用于抵押的合格资产，分类型按照一般标准和特别标准予以详细规定。[1] 二是《系统重要性支付系统监管要求规定》。2014 年欧洲央行制定的这一规定，将 PFMI 中有关抵押品管理的最新国际准则纳入其中，详细规定了抵押品范围、抵押品估值、跨境抵押品以及使用有效灵活抵押品管理系统等一系列稳健的抵押品管理方法。三是《TARGET 2 指引》。该指引的附件 3《日间信贷规定》将合格抵押品作为日间信贷的一个重要条件，并明确规定对 TARGET 2 参与者的日间信贷须基于合格抵押品，通过有抵押的日间透支或日间回购交易来提供。合格抵押品资产和工具的构成与欧元体系货币政策操作相同，其估值和风险控制也一样需要遵守《欧元体系货币政策工具和程序指引》附件 1 的规定。

（二）美欧央行可接受的抵押品范围

1. 美联储可接受的抵押品

美国在联邦和州法律层面没有专门的金融抵押品立法，作为抵押品通用法律基础是《统一商法典》第 9 编。《统一商法典》第 9 编第 109 条规定，本编适用于"依合同在动产或不动产附着物之上创设担保物权的交易，其形式如何，在所不问"；第 9 编第 202 条规定："无论动产所有权归属于担保物权人，还是债务人，本编均适用之。"很明显，确定是否存在担保物权并进而决定是否受《统一商法典》第 9 编调整，并不仰赖于动产所有权的归属和交易的形式。[2] 据此，美国可作为担保交易的抵押品种类丰富可见一斑。

《统一商法典》第 9 编根据担保物的性质或用途将担保物分为四大类别，各大类别中又分为若干小类。第一大类为有体动产，其中包括消费品、存货、农产品以及设备。第二大类为投资财产，其中包括凭证式证券、非凭证证券、证券权益、证券账户、期货合约、期货账户。第三大类为其他准无体财产权，其中包括：物权凭证、证券、担保债权凭证、信用证权利。[3] 第四大类为其他

---

1 See Guideline（EU）2015/510 of The European Central Bank on the Implementation of the Eurosystem Monetary Policy Framework（ECB/2014/60），Official Journal of the European Union，2.4.2015，L 91.

2 高圣平：《美国〈统一商法典〉及其正式评述》第三卷，中国人民大学出版社，2006，第 34 页。

3 其他准无体财产权中的"证券"是指流通证券（仅指《统一商法典》第 3 编所调整的流通证券，而不包括投资证券。此种意义上的流通证券与我国票据法上所称票据大体相当。）或者其他用以支持金钱债权而其本身并非担保合同或者租赁合同，且在正常经营活动中，其移转须有必要的背书或交付的书面文件。这一术语不包括：投资财产；信用证；用以证明因使用信用卡、赊账卡或其中所含信息所产生的偿付请求权的书面文件。高圣平：《美国〈统一商法典〉及其正式评述》第三卷，中国人民大学出版社，2006，第 7 页。

无体财产权，其中包括：应收账款、储蓄账户、商事侵权损害赔偿请求权、一般无体财产权。[1] 为了保证支付清算体系的高效、稳健运行，在满足存款机构日间信贷需求的同时降低由此产生的信用风险，《美联储支付系统风险政策——日间信贷指引》规定，存款机构可以基于贴现窗口贷款或者出于防范支付系统风险等目的，向联邦储备银行提供抵押品。[2] 通常美联储贴现窗口贷款可接受的抵押品类型，对基于 PSR 目的的抵押也是可接受的。[3] 根据《美联储抵押品指引》的规定，美国联邦储备银行接受的抵押品主要分为证券和贷款两大类别，证券类抵押品主要包括美国国债、公司债券、资产支持证券（ABS）等 20 余种证券。贷款类资产有农业贷款、房地产商业贷款、消费贷款等 10 余种类型。此外，基于 PSR 目的，联邦储备银行有权接受在途证券（In-Transit Securities）为合格抵押品。[4, 5]

2.欧元体系可接受的抵押品

根据 2002 年《金融抵押品指令》第 1 条第 4 款第（a）项规定，金融抵押品须由现金或金融工具构成。而关于金融工具的概念，《金融抵押品指令》第 2 条第 1 款第（e）项规定，"金融工具"指公司的股票和等同于公司股票的其他证券、债券和其他形式的可在资本市场转让的债务工具。在 2008 年国际金融危机中，市场对高质量的抵押品需求大量增长，而信贷资产作为抵押品具备量大、机会成本低的优势。为提高资产流动性，保持欧元区金融体系的平稳运行，欧盟 2009 年对《金融抵押品指令》第 1 条第 4 款第（a）项进行了修订，明确规定"金融抵押品须由现金、金融工具或信贷债权构成"。而"信贷债权"是指一个信贷机构源自协议的金钱债权。[6] 由此，《金融抵押品指令》将金融抵

---

1 高圣平：《美国〈统一商法典〉及其正式评述》第三卷，中国人民大学出版社，2006，第 6—7 页。

2 Federal Reserve System, Overview of the Federal Reserve's Payment System Risk Policy on Intraday Credit, 2012, p.12.

3 Federal Reserve System, Guide to the Federal Reserve's Payment System Risk Policy on Intraday Credit, 2012, p.20.

4 在途证券是通过美联储证券转账服务系统（Fedwire Securities Service）交易的簿记证券（book-entry securities），该证券已被存款机构购买但还没有付款或被其拥有。

5 Federal Reserve Banks, Federal Reserve Policy on Payment System Risk, 2016, p.19.

6 See Directive 2009/44/EC of The Europan Parliamentandof The Council of 6 May 2009 Amending Directive 98/26/EC on Settlement Finality in Payment and Securities Settlement Systems, Official Journal of the European Union, 10.6.2009, L 146.

押品的范围从现金和证券扩展到信贷资产，对使用信贷资产作抵押提供同样的法律保护。为消除使用信贷资产作为抵押品的障碍，提高信贷资产作为抵押品的便利性，《金融抵押品指令》在 2009 年修改时作出了一些创新性规定，如清除了实现抵押权利的一些权利限制，包括在不影响消费者权益的情况下，债务人放弃抵销权（set-off）和银行保密规则规定的有关权利等。

欧元体系采用单一的合格资产框架，没有对保证金贷款便利（Marginal Lending Facility）、公开市场操作、日间信贷的抵押品进行区分。[1] 日间信贷的抵押品要求与欧元体系其他信贷的抵押品要求一致。《欧洲央行欧元体系货币政策实施框架指引》将欧元体系合格抵押品分为两类，市场化资产和非市场化资产。市场化资产是指符合一定资格条件，允许在市场上交易的债务工具，[2] 包括欧洲央行债务凭证和其他市场化的债务工具，如中央政府、中央银行、地方政府发行的债务工具，超国家机构的债务工具，信用机构债务工具，公司债务工具，其他发行者的资产支持证券（ABS）等。非市场化资产包括信贷债权、零售抵押贷款债务工具（RMBDs）、合格交易对手的定期存款等，但以信贷资产为主。

3. 美欧央行可接受的抵押品范围比较分析

综上所述，美联储和欧元体系可接受的抵押品范围都比较宽，主要是因为作为国际化程度很高的货币，美元、欧元清算的主体非常广泛，其持有的资产种类也非常多。虽然美联储和欧元体系可接受抵押资产的名称不同，美联储的用词是证券和贷款，欧元体系的用词是市场化资产和非市场化资产，但实质上都可以归结为证券类合格抵押品和贷款类合格抵押品。同时，从抵押品资产种类的名称不同也可看出，欧元体系为抵押品设定的定义更为宽泛。如作为欧盟非市场化资产的信贷债权是一种要求还款的权利，构成债务人对对手方的债务义务。信贷债权还包括凭证式贷款、政府或其他有政府担保的合格债务人的私人债权。[3] 这主要是由于欧盟的银行系统不仅在规模上比美国大，且相互间的差异也更大，这些银行分处于多个成员国不同的法律和历史体系之下，[4] 且金融

---

1 BIS Markets Committee, Monetary Policy Frameworks and Central Bank Market Operations, 2009, p.23.

2 See Guideline (EU) 2015/510, Article 2 (59).

3 See Guideline (EU) 2015/510, Article 2 (13).

4 Guntram B. Wolff：《欧元体系的抵押品政策：调整是否适当?》，《世界经济研究》2015 年第 7 期。

市场尚未实现完全一体化。

（三）美欧央行可接受的抵押品标准

1. 美联储可接受的抵押品标准

《美联储抵押品指引》对证券和贷款作为可接受的抵押品标准进行了详细、明确的规定。证券作为抵押品的标准是：（1）抵押机构须对抵押的证券有充分的权益，以确保联邦储备银行对抵押证券能够获得可强制执行的担保权益。联邦储备银行须能够获得完全的、第一优先的担保证券权益，并免于第三方不利的索赔。（2）没有任何损害抵押品清偿的监管约束或其他约束。（3）证券不能是申请抵押机构或其分支机构或财务上相关联机构的义务。（4）除非另有规定，证券一般须达到"投资级"，在特别注明的某些情况下，须评为 AAA 级。如果证券有一个以上的评级，将使用最低的评级。（5）"间接持有证券"须转移到当地联邦储备银行在美国证券托管公司（DTC）、欧洲结算（Euroclear）或明迅银行（Clearstream）的账户或联储证券转账服务系统（FSS）的账户。[1] 合格的证券须被联邦储备银行批准的托管人或联邦储备银行持有。（6）以外币计价的符合条件的证券可以作为抵押品。符合条件的外币有：日元、欧元、澳元、加元、英镑、丹麦克朗、瑞士法郎和瑞典克朗。

美联储对于贷款作为抵押品的接受标准主要包括：（1）抵押机构须对抵押的贷款有充分的权益，以确保联邦储备银行对抵押贷款能够获得可强制执行的权益。联邦储备银行须能够获得完全的、第一优先的对担保贷款权益，并免于第三方不利的索赔。（2）没有任何损害抵押品清偿的监管约束或其他约束。（3）贷款在形式上须易于流通、转让。（4）贷款交易结构必须清晰。（5）贷款原始凭证或其他必需文件，须存储在抵押执行机构或联邦储备银行，除非另有联邦储备银行认可的替代性安排。（6）贷款须在票据水平（Note Level）上进行抵押。（7）贷款不能是关注、次级、可疑、损失等级的贷款，或对董事、管理人员、主要股东等关系人的贷款，或对申请抵押存款机构的附属机构的贷款

1　在传统证券市场上，投资者自行持有实物证券，其名字直接记录于发行人的证券持有人名册，发行人能够清楚知晓实际投资者的身份及其持有情况。证券间接持有是指在发行人同实际投资者之间存在多个中介性的持有层次，投资者的名称和证券持有情况不直接体现在证券持有人名册中，而只是在与其最邻近的中间人——所谓直接中间人（immediate intermediary）处开立账户，通过该中间人的账簿记录而"间接"持有相关证券。

等。(8)以申请抵押机构及其子公司股票、信用作为保证的贷款,只能在特定情况下用作抵押品,且须经联邦储备银行批准。(9)联邦储备银行将审查抵押机构的内部风险评级政策,以确定抵押贷款可接受的风险等级。(10)对外国人的贷款,仅在有限情况下接受,并需当地联邦储备银行批准。[1]

2. 欧元体系可接受的抵押品标准

《欧洲央行欧元体系货币政策实施框架指引》对可用于抵押的合格资产的类型按照一般标准和特别标准予以详细规定。对于市场化资产其一般标准包括:(1)本金要求。直到最终赎回,债务工具应具有固定和无条件的本金金额,或在平价基础上,无条件的本金金额与某单一时点的一个欧元区通胀指数相联系。(2)结构要求。直到最终赎回,债务工具的结构不会导致负现金流。(3)非附属要求。合格债务工具不得产生附属于发行人的其他债务工具持有人的本金或利息要求权利。(4)计价货币要求。应以欧元计价或欧元区成员国的原货币计价。(5)发行地要求。发行地一般应在欧洲经济区(European Economic Area,EEA),或在非欧洲经济区 G10 国家发行。对多边开发银行、国际组织发行的债务工具无地点限制。(6)结算程序要求。债务工具应以簿记形式转让,并且通过货币是欧元的成员国中央银行账户,或者是通过已按照欧元体系用户评价框架(Eurosystem User Assessment Framework)评估的欧洲经济区证券结算系统(Securities Settlement Systems,SSS)持有和结算。这样,抵押的完成和实现都将受到欧元区国家的法律管辖。(7)可接受的交易市场。债务工具可以在《金融工具市场指令》所定义的受监管的市场交易,或者一些认可的非监管市场交易。[2]对非监管市场评估的原则是交易的安全性、市场的透明性和可参与性。受监管的市场和非监管市场是根据欧元体系抵押品管理职能进行的特定定义,不应视为由欧元体系对任何市场的内在质量的评估。对于可接受的非监管市场的名单,欧洲央行至少每年更新一次。(8)发行人或保证人要求。债务工具应由成员国中央银行、公共部门实体或机构、信贷机构、非信贷机构的金融公司、非金融公司,以及多边开发银行或国际组织等发行或保

---

1 See Federal Reserve, Federal Reserve Collateral Guidelines, 2015, pp.1–18.

2 See Directive 2014/65/EU of the European Parliament and of the Council of 15 May 2014 on markets in financial instruments and amending Directive 2002/92/EC and Directive 2011/61/EU, Official Journal of the European Union, 12.6.2014, L173.

证。债务工具发行人的成立地应位于欧洲经济区或非欧洲经济区的 G10 国家。债务工具的保证人一般应位于欧洲经济区。对多边开发银行或国际组织没有设立地要求。（9）信用评级要求。对用于抵押的市场化资产需使用欧元体系信用评估框架（Eurosystem Credit Assessment Framework，ECAF）进行评估，并满足较高的信用标准。[1] 除了以上一般标准外，《欧洲央行欧元体系货币政策实施框架指引》还对资产支持证券、资产担保债券等一些市场化资产规定了特殊要求。

表 9-1　欧元区市场化资产合格性标准基本情况表[2]

合格抵押品标准	市场化资产
资产类型	欧洲央行债务凭证；其他市场化的债务工具：例如，中央政府发行的债务工具、中央银行发行的债务工具、地方政府的债务工具、超国家的债务工具、银行债券、信用机构债务工具、公司债务工具以及其他发行者的资产支持证券。
信用标准	须满足较高的信用标准，使用 ECAF 进行评估。
发行地	欧洲经济区或非欧洲经济区 G10 国家发行；对多边开发银行和国际组织无限制。
结算/处理程序	结算地点：欧元区；债务工具须以簿记形式集中存放欧元区国家中央银行（NCBs）或证券结算系统（SSS），能被欧元体系使用 ECAF 规定的标准和程序进行明确的评估。
发行人/债务人/保证人	中央银行；公共部门；私营部门；国际和超国家机构。
发行人（债务人、保证人）的注册地	发行人：欧洲经济区或非欧洲经济区 G10 国家；债务人：欧洲经济区；保证人：欧洲经济区。
可接受的市场	受监管的市场和被欧洲央行接受的非监管市场。
货币	欧元（此外，欧元区国家的原货币也可）。
是否可跨境使用[3]	是。

[1] See Guideline（EU）2015/510, Article 60 to Article 71.

[2] ECB, Marketable Assets.

[3] 根据《欧洲央行欧元体系货币政策实施框架》第 2 条第 16 款的定义，跨境使用是指一个对手方将以下资产作为抵押品提交给其所在国中央银行：（1）另一欧元区成员国的市场化资产；（2）在另外一个成员国发行的市场化资产，并在其所在国央行持有；（3）贷款的贷款协议被另外一个欧元区国家法律管辖，而不是其本身所在国法律；（4）零售抵押债务工具（RMBDs）按照中央银行代理模式适用。

欧元体系对非市场化资产分别规定了合格标准。其对贷款的要求主要包括：（1）本金和利率要求。直到最终赎回，贷款应具有固定的、无条件的本金金额，并且其利率不会导致负现金流。（2）非附属的要求。如贷款不能向附属于同一发行人的债务工具持有人提供本金或利息的权利。（3）信用评级的要求。抵押的贷款需使用 ECAF 进行评估，其信用评级依据债务人或保证人的信用评级为基础确定。（4）最低规模要求。在成员国国内使用时，贷款作为抵押品应满足所在国央行的最低规模要求。对于跨境使用，适用的最低规模门槛是 50万欧元。（5）计价货币要求。贷款应以欧元计价或欧元区成员国的原货币计价。（6）债务人或保证人。合格贷款的债务人或保证人是非金融公司、公共部门实体、多边发展银行或国际组织，且一般应在欧元区成员国成立（多边发展银行或国际组织的设立地没有要求）。（7）管辖法律。贷款协议以及交易对手与所在国央行将贷款作为抵押品的协议，都接受欧元的成员国法律管辖。（8）处理流程。贷款依据欧元体系中成员国中央银行的相关规定处理。（9）额外法律要求。为了确保交易对手违约时贷款能够迅速变现，欧元体系规定了额外的法律要求：对贷款真实性验证、没有信贷资产转移或变现的限制、没有银行保密条款的限制等。此外，对定期存款的合格性要求主要包括：对手方将定期存款存放在其所在国中央银行；具有固定期限和固定利率（可以为正或零）。对零售抵押贷款债务工具（RMBDs）的合格性要求包括：有固定的、无条件的本金，且其利率不会导致负现金流；符合 ECAF 评级要求；欧元计价或欧元区成员国的原货币计价；发行人至少每月提供一次资产存在的自我证明；转移、使用和处置将依据其所在国中央银行规定的程序等。[1]

3. 美欧央行抵押品合格标准的比较分析

虽然美联储和欧元体系对于抵押品的合格性要求有所不同，如美联储的计价货币包括美元、日元、欧元、澳元、加元、英镑等 9 种货币，欧元体系的计价货币一般情况下仅包括欧元或欧元区国家的原货币，[2] 但核心要求大体相当。

---

[1] See Guideline (EU) 2015/510, Article 89 to Article 112.

[2] 为应对国际金融危机，为金融市场提供更多的流动性，欧洲央行在《有关抵押品资格的临时变更规定》（ECB/2008/11）中对市场化抵押品列表进行了临时扩展（临时调整时间为 2008 年 10 月 25 日至 2008 年 11 月 30 日），包括一些以美元、英镑和日元计价的在欧元区发行和持有的资产，且发行人在欧洲经济区（EEA）成立。

具体包括以下几方面：第一，抵押品的安全性和流动性，充分体现在抵押品须满足一定的外部评级或内部评级要求。第二，抵押品的可监管性，即抵押品须处于抵押品所在地的法律监管范围内。第三，抵押品的相对独立性，抵押品不是申请抵押机构或其分支机构或财务上有关联机构的义务。第四，抵押品的可控性，即抵押品应在中央银行允许的清算系统中进行结算，确保中央银行可实质性控制抵押品。

（四）抵押品风险控制机制

1. 美联储对抵押品的风险控制

美联储对抵押品的风险控制措施主要包括：（1）抵押评级。美联储的信用评价体系包括采取骆驼（CAMELS）信用评级指标体系，对交易对手方进行评价（即主体评价）和对抵押品价值进行评价。美联储除接受穆迪公司、标准普尔、惠誉国际和杜邦这四个"全国认定的评级组织"（Nationally Recognized Statistical Rating Organization，NRSRO）的评级结果外，还接受 Realpoint（一家投资人付费的评级公司）的评级结果。如可获得多个评级，最保守的评级将作为判定其是否符合要求的依据。（2）抵押品估值。美联储一般力求以公允市场价值评估抵押品。对证券的估值通常使用每天的外部市场价格。对于那些不能便捷获得价格的合格证券抵押品通常使用内部模型，基于可比证券评估市场公允价值。抵押贷款估值使用内部模型，用现金流特征和代表性信贷息差（Proxy Credit Spreads）来计量每笔抵押贷款的公开市场价值。当单笔贷款的现金流无法获得时，美联储使用通用的假设去估计贷款池的公允市场价值。（3）保证金。抵押品公允市场价值确立后，美联储用保证金来确定金融机构抵押品可借贷的价值。初始保证金＝抵押品价值 × 折损比例。证券资产的保证金依据资产类型和到期期限来确定，根据每类资产的历史价格波动，通过典型清偿期来计量。贷款抵押品的保证金根据无风险利率和信贷息差的历史波动率确定，考虑计息方法、到期日等因素，通过典型清偿期来计量。（4）抵押品监测。抵押品管理系统作为联邦储备银行抵押品记录和估值系统，将实时更新抵押品余额表，并将此信息发送到账户管理信息系统和账户余额监测系统。抵押机构也能够按时间顺序查看和下载从当天营业开始到结束的抵押活动，包括抵押品余额表、交易后的信息等。

2.欧元体系抵押品风险控制

为了保证欧元体系在使用抵押品的交易中免遭损失，欧元体系抵押品风险控制的主要措施有：（1）抵押评级。为确保各类抵押资产遵从同一信用标准，欧洲央行通过欧元体系信用评估框架定义了信用评级的程序、规则和技术，各类资产只有达到了欧元体系信用评估框架所指定的信用评级标准，才能在货币政策工具的执行或支付体系中充当抵押品。欧元体系信用评估框架整合了外部信用评级机构（ECAIs）、成员国央行内部信用评级（ICASs）、交易对手方内部信用评价体系（IRB）、第三方评价体系四种来源的信用评级。（详见表9-2）。（2）估值折价（Valuation Haircuts）。估值折价即把资产账面价值在市场价格基础上进行打折。对市场化资产，按照估值日前的最有代表性的交易日价格计算价值。对缺少代表价的特定资产，欧元体系将确定一个理论价格。对非市场化资产，欧元体系将确定一个相当的理论价格或债务总额。（3）盯市（mark to market）。因金融抵押品内在价值和相对价值会随着收益的不确定性而波动，给抵押品持有人带来风险。为此，欧元体系要求折价后的抵押品价值在其回购期限内保持在一定的价值区间内。在对抵押品每日估值过程中，如果抵押品不足，则需追加保证金。（4）初始保证金（Initial Margins）。在欧元体系提供流动性的操作中，交易对手的抵押品价值至少要等同于提供的流动性，并加上一定的保证金。

表9-2　欧元区信用评级体系基本情况表 [1]

信用评级来源	评级机构	评级对象
外部信用评级机构	标普、穆迪、惠誉和杜邦	欧元区或G10国家中的合格发行人/债务人/担保人
成员国央行内部信用评级	各成员国央行	相应各成员国的非金融企业（爱尔兰央行内部信用评级资产为爱尔兰信贷机构发行的按揭抵押支持票据）
交易对手内部评级	各交易对手	对合格债务工具的债务人、发行人或担保人的信用评级

1 ECB, Eurosystem Credit Assessment Framework.

信用评级来源	评级机构	评级对象
第三方评价体系	Cerved Group 和 Creditreform Rating AG	分别为意大利非金融企业和德国非金融企业

3.美欧央行抵押品风险控制的比较分析

为汲取因过度依赖外部信用评级机构的教训，提升风险评价的独立性、可判定性和可比性，美联储和欧元体系均在加强内部信用评级的基础上，通过内外部评级结合的方式加强对合格交易对手和抵押品的信用风险评价，并强调有条件接受或认可外部评级结果。从内部评级来看，美联储的风险内部评级体系包括针对主体的骆驼信用评级指标体系和针对抵押品内部评价体系，而欧元体系则采取了欧元区各国央行的内部评价机制、交易对手内部评价体系和第三方评价工具共同对合格抵押品风险和价值进行内部评价。由于欧元体系的内部评级体系也考虑了交易对手的内评建设情况，因此，欧美央行的内部信用评级大体相当，并无太大差异。从外部评级来看，美联储和欧元体系都非常注重对信用评级机构本身的监管，分别通过全国认定的评级组织（NRSRO）和欧元体系信用评估框架（ECAF）对信用评级机构进行认证。在内外部评级结果具体认定上，证券类合格抵押品均主要以外评为主，内评为辅；贷款类合格抵押品则相反。除了信用评级外，美联储和欧元体系均还通过抵押品估值折价来进行信用风险规避。从估值折价需考虑的因素来看，美欧央行都主要考虑抵押品类别、信用等级、期限、利率、计价货币等因素。如美联储对以外币计价的超主权国家机构证券、外国政府或机构证券、公司债，比以美元计价的证券一般要多折价4个百分点。2008年欧洲央行为应对国际金融危机，发布的《有关抵押品资格的临时变更规定》对一些以美元、英镑和日元计价的在欧元区发行和持有的市场化资产明确要求额外的8%的估值折价。从折价比例来看，目前欧洲央行规定的折损比例要明显比美联储高，但抵押品品种和折损比例的对应关系基本一致。（详见表9–3）[1]

---

[1] 胡彦宇、张帆：《央行货币政策操作中合格抵押品制度框架介绍与启示》，《金融发展评论》2013年第5期。

表 9-3　美联储和欧洲央行合格抵押品折损比例基本情况表 [1]

	第一类：政府机构等公共部门发行的债券	第二类：非金融机构发行的各类企业债券	第三类：金融机构发行的传统债务工具、抵押债券或全覆盖债券	第四类：资产支持证券（ABS）	第五类：各类银行贷款
美联储	国债：1%—8%；公共机构债券、超主权债2%—9%；市政债、其他国家主权债、其他国家机构公共债：2%—11%。	3%—12%	全覆盖债券：3%—8%；商业抵押担保债券（CMBS）等：2%—10%；商业票据：2%。	2%—18%	5%—56%
欧洲央行	国债、央票：0.5%—13%；公共机构债券、其他国家主权债等：1%—29%。	1.5%—38%	全覆盖债券：1%—29%；其他全覆盖债券：1.5%—38%；其他：6.5%—46%。	16%	8%—64.5%

（五）抵押安排的实施机制

1. 美联储抵押安排的实施机制

合格抵押品须通过一定的程序和形式，才能确保其融资功能和担保功能的有效发挥。在美国，美联储支付清算中的抵押品程序与贴现窗口贷款的抵押品程序是一样的。有意进行抵押的存款机构须按照美联储第 10 号运营通告——《贷款》的要求完成授权决议和协议等法律文件，提交给联邦储备银行。《统一商法典》第 9 编为抵押的实施提供了法律上的依据。

一方面，《统一商法典》第 9 编第 3 章第 3 节（第 9 编第 317 条至第 339 条）就抵押担保规定了完整明晰的优先权规则体系：担保物权有效成立后，即使未进行公示，也具有优先于一般债权人的效力。已公示的价金担保物权具有永恒的优先性，优先于其他担保物权。已公示的担保物权，优先于未公示的担保物权。均已公示的担保物权间，先公示者优先。均未公示的担保物权间，先设定的担保物权优先。[1] 而关于公示的方法，《统一商法典》第 9 编主要规定了三种：第一，担保物权人可以在美国《统一商法典》所规定的登记署登记一份符

---

1 高圣平：《美国〈统一商法典〉及其正式评述》第三卷，中国人民大学出版社，2006，第 48 页。

合要求的担保声明书。第二，担保物权人可以取得担保物的占有，在某些情况下，可以控制担保物。第三，某些担保物可以因有效成立而自动公示（推定公示）。不同种类的担保物，应采取不同的公示方法（公示方法主要包括：登记、占有、控制和自动公示四种）。[1]《统一商法典》第9编的以上有关规定，为联邦储备银行能够获得完全的、第一优先的担保证券权益，提供了法律依据。另一方面，《统一商法典》第9编提倡在合同之上基于善意达成的抵押担保协议，为抵押权简易高效实现提供法律基础。

就抵押品的执行而言，第9编第609条规定，在债务人违约事件发生时，抵押权人可以在没有"违反和平"（breach of peace）的情况下，占有或处置抵押品，以保障交易安全，控制交易风险。[2]债务人违约后，担保物权人实现担保物权的方式主要有：占有、收款、处分、以担保物冲抵担保债务、非现金收益的处分、债务人赎回等。[3,4]在具体实施上，抵押品放置在单一的美联储抵押账户，该账户可记录和维护抵押品估值、日间跟踪、取回等抵押信息。该抵押账户可反映用于抵押的抵押品总价值，不管抵押品是用于《美联储支付系统风险政策》目的或贴现窗口的目的。美联储对债券等市场化资产和信贷等非市场化资产的托管处置有多个渠道。（详见表9-4）。此外，在抵押安排的法律适用上，美联储第10号运营通告第18条规定，贷款协议包括任何前置的或依据协议的交易（含抵押品），均由贷款的联邦储备银行总部（联邦储备银行共分为12家地区银行）所在地的州法律管辖。贷款协议

1　高圣平：《美国〈统一商法典〉及其正式评述》第三卷，中国人民大学出版社，2006，第12页。

2　吴兴光、蔡红、刘睿等：《美国〈统一商法典〉研究》，社会科学文献出版社，2015，第383页。

3　高圣平：《美国〈统一商法典〉及其正式评述》第三卷，中国人民大学出版社，2006，第28—30页。

4　"占有"是指债务人违约后，担保物权人可以占有担保物或控制担保物，但以不到违反公共秩序为条件。"收款"是指债务人违约后，担保物权人即有权通知应收账款债务人和证券债务人直接向担保物权人清偿债务，从而直接向应收账款债务人和证券债务人收款；储蓄账户上依控制而成立的担保物权人有权以储蓄账户中的余额清偿储蓄账户所担保的债务，或者有权指令储蓄银行向担保物权人或代表担保物权人支付储蓄账户的余额。担保物权人可以从所收款项中扣除合理的收款和执行费用（包括合理的律师费）。"处分"是指债务人违约后，担保物权人可以依担保物当时的状况或任何商业上合理之措施，出卖、出租、许可使用或以其他方式处分担保物之一部或全部，并以处分担保物的受益清偿担保债务。"非现金收益的处分"是指担保物权人通过收款或处分担保物取得非现金收益，则担保物权人应以商业上合理的方式评估该非现金收益并以之清偿担保债务。"债务人的赎回"是指在债权人处分或合意许可处分担保物或以担保物充抵债务之前，债务人可以清偿债务以赎回担保物。高圣平：《美国〈统一商法典〉及其正式评述》第三卷，中国人民大学出版社，2006，第28—30页。

是依《统一商法典》订立的担保协议，对任何相关法域和其他适用法律来说都具有效力。[1]而抵押品放置在抵押金融机构所属的联邦储备银行单一的美联储抵押账户上，因此，美联储抵押品适用的法律可以说是依据"账户所在地法"。

表9-4　美联储抵押资产托管情况表

市场化资产托管		非市场化资产托管	
托管系统	托管范围及方式	托管人	托管范围及方式
联储证券转账服务（Fedwire Securities Service，FSS）	主要服务美国国债、政府支持企业（GSE）证券、外国政府债券等抵押品，这些抵押品可通过该系统交付或转移，并以电子形式记录在系统中各申请融资机构的美联储账户。	借款人保管（Borrower-in-Custody）	由借款人自己保管，虽然有利于融资申请机构保留对其信贷资产的物理控制，但只有联邦储备银行认可的合格金融机构才能采用这种形式。
美国证券集中保管结算公司（Depository Trust Company，DTC）	主要服务于所有美国国内发行的各类证券、债券，美联储成员银行均在该公司开立一个抵押品账户，借此通过电子形式实现抵押品交付或转移，非会员机构可通过会员银行流转抵押品。	第三方保管	要求保管者须具备健康的财务状况、合适的文档存储设施、记录查询系统等条件，并定期报告所保管抵押品的相关情况，同时同意联邦储备银行对抵押品处置具有优先权。
证券结算与托管国际系统（Clearstream）、和欧洲结算系统（Euroclear）	主要服务美国以外的国外政府、机构或企业的证券、债券，但需要申请机构、清算系统公司和联邦储备银行签订一个三方协议。	联邦储备银行保管	主要针对的是一些有形资产（如期票），联邦储备银行不需要金融机构的进一步操作，就可将其直接变现。

2. 欧洲央行抵押安排的实现机制

为了增强金融抵押品安排的法律确定性，欧盟于2002年制定了《金融抵押品指令》，要求欧盟各国确保金融抵押品管理不受破产法的约束。《金融抵押品指令》第2条明确了对金融抵押品法律安排的两种结构。一是所有权转移抵押安排（Title Transfer Financial Collateral Arrangement）。所有权转移是指在金

---

1 See Federal Reserve Banks, Operating Circular, No. 10-Lending, 2013, p.19.

融交易或金融活动中，债务方将抵押品所有权转移给债权方。如无违约，债权方将归还同类抵押品，如违约债权方可不归还该抵押品。这种抵押安排也称为让与担保。[1]二是质押抵押安排（Security Financial Collateral Arrangement）。质押是指在金融交易或金融活动中，债务方在保有抵押品所有权的情况下，质押给债权方。如无违约，债权方须将同类质押品归还给债务方。但当债务方违约时，债权方可留置该抵押品并有权处置。这种抵押安排也称为一般担保。《金融抵押品指令》第4条规定，各成员国应确保在执行事件发生时，抵押权人应当能够依出售、转移占有、债务抵销等方式实现抵押安排。而执行事件是指与抵押协议有关的违约事件或其他事件发生时，担保权人有权依据抵押协议或法律实现抵押担保权益或使违约轧差条款生效。[2,3]

欧元区不同成员国关于抵押品的法律规定不同，法律程序也不相同。[4]为此，欧元体系创建了中央银行代理模式（Correspondent Central Banking Model，CCBM），使合格抵押品可在跨境基础上使用，[5]或者通过合格连接的证券结算系统（Securities Settlement Systems，SSS）使用。CCBM模式在1999年1月欧元诞生时，就被欧元体系引入。CCBM模式中，通过一系列的账户网络使得一个金融机构存于某一国家中央银行的证券，可被另外一家机构在与另外一国的中央银行进行回购交易时作为抵押物，从而使分属不同国家的不同金融机构之间跨境交易的抵押品交换得以实现。在CCBM模式中，通过中央银行互为代理央行（Correspondent Central Bank，CCB），使金融机构用其他国家发行或在其他国家持有的资产进行抵押获取信贷。就市场化资产来说，通过欧洲经济区SSS之间或者SSS与CCBM连接，实现抵押品的管理。就非市场化资产来说，可以通过CCBM模式，使用跨国的信贷资产作为抵押品从本国中央银

1　让与担保是以移转担保标的物的所有权或其他权利之整体的方式来担保债权的实现，担保权人对担保标的物享有"全部"的权利而非"定限性"的权利，属于"权利移转性"担保。

2　See Directive 2002/47/EC, Article 2.

3　违约轧差是指交易一方违约，交易各方立即终止尚待履行的合同（executory contract）交易，对已交易的部分进行的轧差操作，各个合同产生的损失和收益相抵销后，一方向另外一方仅支付（或申报）一个余额。该轧差的主要目的是为了减少一方于结算日前破产给敞口合同带来的风险。

4　Kentaro Tamura，Evangelos Tabakis，"The Use of Credit Claims as Collateral for Eurosystem Credit Operations"，*European Central Bank Occasional Paper Series*，2013，p.148.

5　胡彦宇、张帆：《央行货币政策操作中合格抵押品制度框架介绍与启示》，《金融发展评论》2013年第5期。

行（Home Central Bank，HCB）获取信贷，并由 CCB 代表 HCB 接受信贷资产作为抵押。[1]（详见表 9-5）

此外，欧盟《金融抵押品指令》序言第 8 条规定，根据有关账户所在国的法律，如果抵押人有合法有效的担保安排，那么，有关抵押品的所有权或利益以及可强制执行性应仅适用该国法律，从而防止由于其他不可预见的立法导致的法律不确定性。因此，欧元体系抵押品适用的法律也是依据"账户所在地"法律。通过 CCBM 模式进行跨境抵押时，跨境抵押品适用的是各成员国的法律，欧盟通过《金融抵押品指令》对成员国法律在最低要求上进行了协调。[2]

3. 美欧央行抵押安排实施机制比较分析

从以上可以看出，为确保抵押品机制作用的发挥，美联储和欧元体系都从法律制度上建立了较为完备的抵押实施机制，确保了抵押安排实施的安全、高效。一是在法律上均明确了让与担保的法律地位，允许抵押品接受者或管理人对抵押品进行高效处置，有利于抵押品的有效利用。二是在具体技术安排上，申请抵押的存款机构都在中央银行建立了抵押账户（美联储在各联邦储备银行，欧元体系在各成员国中央银行），资金的清算都是通过中央银行的资金转账系统完成。出于安全、效率和专业化投资服务的考虑，由第三方集中管理抵押品，并针对不同类型的抵押品实行不同的托管处置：美联储对市场化资产的托管处置渠道有联储证券转账服务（FSS）、美国证券集中保管结算公司（DTC）、证券结算与托管国际系统（Clearstream）和欧洲结算系统（Euroclear）等；对非市场化资产，主要有借款人保管、第三方保管、联邦储备银行保管三种形式。欧元体系对市场化资产的托管处置渠道有 Clearstream、Euroclear 等证券结算系统，对非市场化资产由 CCB 代表 HCB 接受信贷资产作为抵押；抵押品通过簿记的形式，实现跨境抵押安排，这样回避了很多法律、监管规定和技术上的难点。三是在抵押安排的法律适用上，均适用抵押品"账户所在地"法律。

---

[1] See ECB, Correspondent Central Banking Model（CCBM）--Procedures for Eurosystem Counterpartes, 2017, pp.1-15.

[2] See Directive 2002/47/EC, Article 11.

表 9-5　CCBM 程序类型表

资产类别	CCBM 类型	运行方式
市场化资产	标准 CCBM	如果一个交易对手持有在国外证券结算系统（SSS）中的合格资产，并希望抵押给本国的中央银行（Home Central Bank，HCB），则该交易对手可通知 HCB 和国外的 SSS 转移资产到本国中央银行的代理中央银行（Correspondent Central Bank，CCB）账户。CCB 提供必要的关于抵押资产传递的信息给 HCB，然后，HCB 处理该信息、对抵押品进行估值，再提供流动性给该交易对手。
	与证券结算系统连接的 CCBM	如果两个 SSS 之间存在合格的连接，交易对手也可通过 CCBM 使用一个 SSS 持有的资产（不是该 SSS 发行的）。如果一个交易对手希望通过有合格联系的 CCBM，抵押合格的市场化资产给 HCB，将指令给所在国央行和持有资产的 SSS，转移资产到 HCB 在代理央行的账户。
	第三方（TPA）CCBM	即第三方抵押品管理服务，有三种模式。模式 1：明讯银行（法兰克福）；模式 2：明讯银行（卢森堡）；模式 3：欧洲清算银行（法国）。
非市场化资产	代表或以 HCB 的名义，信贷资产传递/分配/质押程序	对手方提供的抵押品被 CCB 为 HCB 持有。满足一定法律和技术条件的交易对手向 CCB 传递信贷申请将适用以下程序：按照 CCB 格式要求，发送必要的信息确认信贷申请；交易对手向 HCB 发送抵押收据信息后，启动 HCB/CCB 标准的通信程序；取回抵押资产时，交易对手须指示 HCB，然后由 HCB 指示 CCB。
	零售抵押贷款债务工具	以爱尔兰抵押支持本票（MBPNs）为例：一个爱尔兰央行的交易对手与 HCB 的交易对手（合格交易对手）达成协议后，指示爱尔兰央行为 HCB 持有 MBPNs。爱尔兰央行收到指示后，通知 HCB 为其持有了 MBPNs，此时，MBPNs 不再属于合格交易对手账户。

二、国际机构对支付清算体系中抵押品管理的规定

鉴于抵押品的重要作用，2001 年 CPSS 发布的 CPSIPS，2012 年 CPSS、IOSCO 联合发布的 PFMI，对支付系统等金融市场基础设施运行的抵押品进行了规定，PFMI 更是将抵押品作为 24 项原则之一，进行了更详细和明确的规定。

（一）关于可接受的抵押品

对于可接受的抵押品类型，CPSIPS、PFMI 并没有明确具体规定，但都提

出原则要求。一是关于抵押品的一般要求。CPSIPS 认为在考虑适合于抵押品库的各种证券的可接受性时，需要考虑的相关因素是发行人的信用风险以及证券的市场风险、流动性风险。PFMI 规定金融市场基础设施即 FMI 接受的抵押品限制为低信用风险、低流动性风险和低市场风险的资产。二是关于抵押品的附加要求。PFMI 规定，FMI 应考虑相关风险的变化，定期调整可接受抵押品的要求；FMI 在评估各类抵押品时，应该考虑由于转让资产的结算惯例导致延迟获得抵押品的情况；参与者不得将自身或与其紧密关联公司的债券或股票作为抵押品，FMI 通过限制接受这些抵押品，以化解特定的错向风险（当交易对手的资信恶化时可能增加的风险）。这是因为在提供抵押品的参与者违约时，其自身或与其紧密关联公司的债券或股票会贬值。[1]

（二）关于抵押品估值

一是采取审慎的估值惯例并设定折扣。CPSIPS 的规定比较抽象和简单，仅规定应当对抵押品库中的证券经常（至少每天）重新估价，并以抵押资产的市场价值与其抵押价值之间的差额，即"折扣"为条件对市场风险进行估价，以调整抵押品资金价值。PFMI 规定为了确保抵押品的变卖价值，FMI 应该形成审慎的估值惯例并设定折扣，考虑市场紧张环境，进行定期检测。如果市场价格不能恰当地反映资产的真实价值，FMI 有权根据预先确定的、透明的方法自主为资产估值。二是设置抵押品价值的动态调整机制。抵押品的市场风险外生性较强，当市场状况恶化时，其价值将会受到影响，设置动态调整抵押品机制，就可保证中央银行向金融机构提供的流动性支持始终有足额的抵押品担保，PFMI 规定 FMI 应该对抵押品进行逐日盯市。三是限制顺周期性。顺周期通常指风险管理的改变与市场、业务、信用周期波动正相关，这可能引起或加剧金融不稳定。[2]当抵押品价值的变化趋于顺周期时，折扣水平随着市场压力的增加而增加，随着市场压力的减小而减少。例如，在市场受挫时期，因为资产价格下降和折扣水平上升，FMI 可能要求额外的抵押品。而上述行为可能会加剧市场紧张，并进一步压低资产价格，进而又导致额外的抵押品要求。这个循环可能会对资产价格施加进一步的压力。如 2015 年在股市大幅波动的情况

---

1 See CPSS, IOSCO, Principles for Financial Market Infrastructures, 2012, pp.46–47.

2 Committee on the Global Financial System, "The Role of Margin Requirements and Haircuts in Procyclicality", *CGFS Papers*, 2010（36），p.12.

下，我国部分证券公司就出现了质押物价值大幅下降、质押物无法及时变现等问题。[1] 为降低顺周期调整的需要，在切实可行且审慎的范围内，FMI 应设立稳定和保守的折扣，并在市场受挫时期做相应调整。四是避免抵押品集中化。FMI 应该避免集中持有某些资产，以免损害其快速变现的能力。FMI 可通过限制集中度或对集中度征收费用来避免高集中度持有的情况。[2]

（三）关于抵押品托管处置

创设一种机制以确保抵押品能够用来如约完成支付系统和其他金融市场基础设施计划的结算，是抵押品管理的一个关键问题。为此，CPSIPS 规定支付系统运营者须确保托管机制和控制机制高效，一旦需要就可以得到抵押品。[3] PFMI 要求 FMI 应当使用设计良好、运行灵活的抵押品管理系统，以适应抵押品监测和管理的变化。必要时，抵押品管理系统应该能够及时计算和追加保证金，解决争议，以及每日准确报告初始保证金和变动保证金的水平。此外，PFMI 规定抵押品管理系统应该能够追踪抵押品再使用情况，以及交易对手赋予 FMI 有关抵押品的权利。FMI 的抵押品管理系统还应具有充足的资源，具备及时存管、撤销、替换和变卖抵押品等功能。

（四）关于跨境抵押品

大的跨国银行不同程度地参与了多国的大额支付系统，银行有抵押品的地方未必是需要流动性的地方。如果这样的银行在每个支付系统中提供抵押以便按所在国中央银行的要求管理其流动性，就会增加清算的成本，并增加流动性风险。而跨境抵押安排可以在市场间搭建有效的流动性桥梁，提高跨境银行资产的效率。跨境抵押品至少包括其中一种境外属性：计价货币、资产所在地或抵押人所在地。然而，跨境抵押的连接会产生严重的相互依赖关系，并为 FMI 带来风险。为此，PFMI 要求接受跨境抵押品的 FMI 应该具有法律和运行方面的适当措施，确保跨境抵押品可及时使用，并识别和化解任何显著的流动性影响；在抵押品与产生风险暴露的计价货币不同时，FMI 还应考虑外汇风险，并将折扣设置在高置信度上以应对额外风险；FMI 要有能力应对跨境运行中时差、

1　中国人民银行金融稳定分析小组：《中国金融稳定报告（2016）》，中国金融出版社，2016，第 56 页。

2　See CPSS, IOSCO, Principles for Financial Market Infrastructures, 2012, pp.47–48.

3　CPSS, Core Principles for Systemically Important Payment Systems, 2001, p.32.

托管人运行时间不同带来的潜在挑战。[1]

三、货币国际化支付清算体系的抵押品制度要素的提炼

（一）健全的抵押品法律框架

管理抵押品安排的法律制度，对于支付系统风险管理机制的设计非常重要。支付系统的参与者和运营者，可以借助这些法律来提供和接受抵押品。CPSIPS 和 PFMI 均要求所有用来支持系统重要性支付系统等金融市场基础设施的抵押品安排在法律上须是健全的。一是高位阶的法律依据。尽管美国没有专门针对金融抵押品管理的立法，但《统一商法典》第 9 编对动产担保交易的系统规定，构成了支付清算体系中抵押品管理的通用法律依据。欧盟的《金融抵押品指令》及各成员国依此制定或修订的金融抵押品管理法律，对金融抵押品安全、高效运用起到了极大保障作用。二是翔实的抵押安排实施制度。《美联储支付系统风险政策》《美联储支付系统风险政策——日间信贷指引》《美联储抵押品指引》等，对抵押品范围、抵押品的合格性、抵押品估值、抵押的实施以及抵押品取回、监测、托管等进行了详细系统的规定。欧洲央行发布的《欧元体系货币政策框架实施指引》《系统重要性支付系统监管要求规定》等对抵押品分类、合格性标准、估值折扣、抵押执行等进行了详细规定。欧洲的金融抵押品市场是除美国之外发展最为迅速的市场，这与欧盟对金融抵押品管理的重视和法律支持密不可分。随着人民币国际化的发展，我国的支付清算体系也必将国际化，这就需要我国从法律、央行规章等层面完善支付清算抵押品管理的制度框架。

（二）广泛的合格抵押品种类

为了降低支付体系流动性风险，中央银行可在较宽松的条件下（支付较低利率或接受较广范围抵押品等）向支付系统参与者提供日间流动性。作为货币国际化经济体中央银行，美欧央行接受的合格抵押品非常广泛。一是从抵押品类型范围看，美联储和欧元体系都接受非常广泛的抵押品。美联储在支付清算体系中接受的抵押品包括证券和贷款两大类别。欧元体系支付清算中合格抵押品分证券等市场化资产和贷款等非市场化资产。上述金融资产作为抵押品，

---

1 See CPSS, IOSCO, Principles for Financial Market Infrastructures, 2012, pp.48–49.

具有管理成本低（无纸化和中央托管，使其在发行、登记、托管以及交易结算过程中，能够迅速地完成）、价值易于确定（交易更加市场化，价格可通过金融市场得到及时发现）、流动性好（无纸化、中央托管以及金融市场的发展使金融抵押品较其他抵押品更具流动性）等优势。二是可接受抵押品资产的发行主体比较丰富。外国政府机构债券、超国家机构发行的债券等，都纳入了可接受的抵押品范围。三是美欧都接受满足一定条件的跨境抵押品。事实上，随着全球性活跃银行越来越多地参与多个支付系统，业界要求中央银行增加可接受的、以外币计价的抵押品的呼声日益高涨。[1] 为此，适应人民币国际化全球支付清算体系安全、高效运行的需要，我国也应明确较广泛的合格抵押品种类，以便利人民币跨境支付系统即 CIPS 参与者从中央银行获取日间流动性。

（三）严格的合格抵押品要求

虽然美欧央行可接受的抵押品非常广泛，但都明确将合格抵押品限制为低信用风险、低流动性风险和低市场风险的资产。一是对实现担保权益的优先权或排他性要求。美欧均要求中央银行能获得抵押资产完整的、不受第三方约束的、第一优先的担保权益。二是抵押品不得有清算和交割方面的限制。三是抵押品评级要求高。如美联储要求外国政府机构债券、超国家机构发行的债券、商业抵押证券等的信用评级都须是 AAA 级。欧洲央行规定只有国际评级机构评为 A 级以上的资产才被认为是合格抵押品。四是建立内外部结合的双评级机制。为增加评级结果的独立性、可判定性和可比性，美联储和欧洲央行均通过内外评级相结合的方法对合格交易对手和抵押品的信用风险进行评价，有条件接受或认可外部评级结果。为此，我国应在央行规章层面从实现担保权益的优先权、信用评级等维度，进一步明确规定合格抵押品的认定标准，在防范中央银行面临的信用风险的同时，提高 CIPS 等支付系统参与者通过提供抵押品获得流动性支持的效率。

（四）统一高效的抵押品运用

一是抵押品政策的统一性。《美联储支付系统风险政策》明确规定，基于

---

[1] Mark Manning, Eriend Nier, Jochen Schanz：《大额支付结算的经济学分析：中央银行视角的理论与政策》，田海山、童牧、李汉等译，中国金融出版社，2013，第6页。

《美联储支付系统风险政策》目的的抵押品资格和保证金（折扣率）政策，也适用于贴现窗口贷款。欧洲央行也没有对保证金贷款便利（Marginal Lending Facility）、公开市场操作、日间信贷的抵押品进行区分。从适用的金融市场基础设施来讲，PFMI 中的"抵押品原则"除对支付系统适用外，还对中央证券存管（SSS）和中央对手方（CCP）适用。二是抵押品处置的简易高效。抵押品的处置，亦即担保物权的实现，是整个担保体系链的末端，也是最终检验担保权益保障交易安全作用的试金石。如何在较短时间内，通过便捷的手续，以最低的成本实现抵押品的担保权益，是支付清算抵押品管理需解决的重要问题。在美国，《统一商法典》第 9 编第 609 条等规定，赋予了债权人占有该担保物后处分担保物的权利，称之为"担保人的终结权"，具体可以分为：占有、收款、处分、以担保物冲抵担保债务、非现金收益的处分、债务人的赎回等。[1] 此外，《统一商法典》第 9 编第 202 条规定，担保交易当事人和相关第三人的权利义务由该编规定，与担保物之所有权属无关，无论担保物的所有权属于担保物权人还是债务人；第 9 编第 207 条第（c）款和第 314 条第（c）款，赋予了担保物权人有转质的权利。[2] 为了维护金融稳定和限制违约一方在金融抵押安排情况下的传染效应，欧盟《金融抵押品指令》提供了快速的和非形式主义的执行程序，抵押权人可以商业上合理的方式对抵押品进行出售、转移占有等处置。为此，我国应借鉴美欧等主要货币国际化经济体从统一中央银行抵押品政策、高效的抵押品处置安排等方面构建完善的抵押实现机制，确保支付清算体系中抵押品安全、高效的运用。

---

　　1 吴兴光、蔡红、刘睿等：《美国〈统一商法典〉研究》，社会科学文献出版社，2015，第 383 页。

　　2《统一商法典》第 9 编第 207 条第（c）款规定，担保物权人占有或者控制担保物时的权利和义务包括：可以持有自担保物所收取的货币、资金之外的任何受益，以作为额外担保；除返还债务人之外，可以用自担保物所收取的金钱或者资金来抵充担保债务；可以在该担保物上创设担保物权等。第 9 编第 314 条第（c）款规定，投资财产之上的担保物权自担保物权人取得控制起依据第 9 编第 106 条规定的控制而公示，并持续依控制而公示直到：（1）担保物权人不再控制。并且（2）发生以下情形之一：（A）如果担保物是凭证式证券，债务人已经占有该证券凭证或者取得该证券凭证的占有；（B）如果担保物是非凭证式证券，发行人已经登记或者登记该债务人为登记所有人；或者（C）如果担保物是证券权益，债务人是或者成为权益持有人。一旦担保物权人取得作为担保物的凭证式证券的占有，成为作为担保物的非凭证式证券的登记所有人，或者成为作为担保物的证券权益的权利人。这一结果在"转质"中是至关重要的。高圣平：《美国〈统一商法典〉及其正式评述》第三卷，中国人民大学出版社，2006，第 190—192 页。

第二节　我国支付清算体系中抵押品制度现状、问题及完善建议

流动性管理是影响支付系统清算效率的重要因素。流动性过低，清算账户余额不足，将会影响支付业务的及时处理和社会资金的周转。流动性过高，清算账户保留大量余额，将会增加参与者的资金运用成本，影响商业银行的获利水平及社会资金的运用。因此，世界各国都强调中央银行在支付系统中的责任和义务，注重为系统参与者提供日间融资便利，一般采用质押融资或日间透支两种机制，其中质押融资因有资产担保，为各国中央银行所普遍采用。[1] 为加强银行体系流动性管理，提高清算效率，防范和化解支付风险，我国现代化支付系统即 CNAPS 设计了自动质押融资机制，支付系统直接参与者日间头寸不足时，可通过自动质押融资系统向人民银行质押债券融入资金，待资金归还后自动解押质押债券。由于人民币跨境支付系统即 CIPS 的直接参与者，在 CIPS 结算账户的资金需要从我国现代化支付系统中的大额支付系统调拨，所以，CIPS 的流动性很大程度上依赖直接参与者在大额支付系统的结算账户的头寸，即支付系统自动质押融资机制对 CIPS 运行中流动性风险防范具有重要意义。

一、我国支付清算体系中的抵押品法律制度

（一）我国支付清算中抵押品的法律构成

1. 有关支付清算抵押品的通用法律

为促进资金融通和商品流通，保障债权的实现，我国较早在法律层面对抵押担保进行了规定。就目前来说，我国有关支付清算抵押品的通用法律主要体现在《民法典》以及《破产法》的相关规定中。对于对"权利质押"的种类、权利质押程序等，《民法典》第 440 条规定，债务人或者第三人有权处分的下列权利可以出质：（一）汇票、本票、支票；（二）债券、存款单；（三）仓单、提单；（四）可以转让的基金份额、股权；（五）可以转让的注册商标专用权、专利权、著作权等知识产权中的财产权；（六）现有的以及将有的应收账款；（七）法律、行政法规规定可以出质的其他财产权利。第 441 条规定，以汇票、

---

1 宋焱：《央行有关负责人就自动质押融资业务答记者问》，《金融时报》2006 年 4 月 9 日第 2 版。

本票、支票、债券、存款单、仓单、提单出质的，质权自权利凭证交付质权人时设立；没有权利凭证的，质权自办理出质登记时设立。法律另有规定的，依照其规定。对于抵押权的实现，《民法典》第 410 条规定，债务人不履行到期债务或者发生当事人约定的实现抵押权的情形，抵押权人可以与抵押人协议以抵押财产折价或者以拍卖、变卖该抵押财产所得的价款优先受偿。协议损害其他债权人利益的，其他债权人可以请求人民法院撤销该协议。抵押权人与抵押人未就抵押权实现方式达成协议的，抵押权人可以请求人民法院拍卖、变卖抵押财产。抵押财产折价或者变卖的，应当参照市场价格。对于清偿顺序，《民法典》第 414 条规定，同一财产向两个以上债权人抵押的，拍卖、变卖抵押财产所得的价款依照下列规定清偿：（一）抵押权已经登记的，按照登记的时间先后确定清偿顺序；（二）抵押权已经登记的先于未登记的受偿；（三）抵押权未登记的，按照债权比例清偿。其他可以登记的担保物权，清偿顺序参照适用前款规定。第 415 条规定，同一财产既设立抵押权又设立质权的，拍卖、变卖该财产所得的价款按照登记、交付的时间先后确定清偿顺序。除《民法典》上述规定外，我国的《企业破产法》第 109 条明确规定，对破产人的特定财产享有担保权的权利人，对该特定财产享有优先受偿的权利。

2. 有关支付清算抵押品的专用法律

我国有关支付清算抵押品管理的专用法律除《证券法》（2013 年修订）第 167 条规定外，[1] 主要体现在规范性文件层面：

一是有关支付系统的管理办法。《大额支付系统业务处理办法》第 27 条规定："中国人民银行根据协议和管理需要，可以对直接参与者的清算账户设置质押融资额度。质押融资管理办法由中国人民银行另行制定。"《大额支付系统业务处理手续》对自动质押融资操作进行了明确、详细规定。此外，《小额支付系统业务处理办法》第 24 条第 3 款规定："质押品是指直接参与者向中国人民银行提供的、用于小额轧差净额资金清算担保的央行票据和中国人民银行规定的其他债券。"《小额支付系统业务处理手续》中对质押品价值的调增、调减

---

1 我国《证券法》（2013 年修订）第 167 条规定："证券登记结算机构为证券交易提供净额结算服务时，应当要求结算参与人按照货银对付的原则，足额交付证券和资金，并提供交收担保。在交收完成之前，任何人不得动用用于交收的证券、资金和担保物。结算参与人未按时履行交收义务的，证券登记结算机构有权按照业务规则处理前款所述财产。"

进行了明确规定。

二是有关质押融资的具体管理办法。为优化自动质押融资业务，提高支付清算效率，2017年12月，中国人民银行将2005年制定的《中国人民银行自动质押融资业务管理暂行办法》修订为《中国人民银行自动质押融资业务管理办法》（中国人民银行公告〔2017〕第18号，以下简称《管理办法》），自2018年1月29日起实施。《管理办法》与其前身的主要区别在于：《管理办法》扩大了质押债券范围和成员机构融资空间，统一了自动质押融资利率。为规范小额支付系统质押业务管理，中国人民银行还制定了《小额支付系统质押业务管理暂行办法》和《小额支付系统质押业务主协议》（银办发〔2006〕24号）。为更好地支持中国人民银行完善自动质押融资业务，提高支付清算效率，防范和化解支付清算风险，规范自动质押融资业务具体操作，根据以上规定，中央国债登记结算有限责任公司制定了《自动质押融资业务实施细则》等，在2014年人民银行第二代支付系统上线以及2017年《管理办法》出台后，中央国债登记结算有限责任公司又对以上规定分别进行了适应性修订。此外，根据《管理办法》第9条规定，支付系统参与成员机构办理自动质押融资业务应与人民银行签署《自动质押融资主协议》。

（二）我国支付清算抵押品制度的主要内容

1. 可接受的抵押品范围

根据《管理办法》第5条规定，我国支付系统自动质押融资可接受的抵押品仅包括证券类资产。《管理办法》将合格质押债券范围，由《中国人民银行自动质押融资业务管理暂行办法》所规定的国债、中央银行债券、政策性金融债券等，扩大到人民银行认可的地方政府债券及其他有价证券。具体来讲包括：记账式国债、中央银行票据、开发性和政策性银行金融债券，以及人民银行认可的地方政府债券及其他有价证券。

2. 抵押品标准

关于抵押品的合格标准，《管理办法》取消了《中国人民银行自动质押融资业务管理暂行办法》所规定的政府、中央银行、政策性银行等发行部门和单位的主体限制。同时，《管理办法》从自动质押人即抵押品提供人的角度间接对抵押品提出了要求，主要包括：一是大额支付系统直接参与者；二是为银行间市场甲类或乙类结算成员；三是在人民银行指定的债券登记托管结算机构开立债券托管账户；四是人民银行规定的其他条件。

3. 抵押品质押率

2005 年的《中国人民银行自动质押融资业务管理暂行办法》第 17 条规定，债券质押率由人民银行确定，各类债券质押率最高不超过 90%。这在一定程度上能够有效剔除债券价值波动所带来的潜在损失。但与美欧央行的规定相比，这个质押水平明显要低于对应等级的债券。当时，人民银行作出这一相对较低的质押率规定，其原因主要还是，一方面，客观上我国当时金融市场，特别是债券二级市场还不成熟，债券价值波动及不确定性较大。另一方面，主观上人民银行对债券的微观市场估值还略显不足，较低的质押率规定能够在制度上弥补因为主观上的不足而无法过滤的风险。[1]2017 年新出台的《管理办法》取消了"各类债券质押率最高不超过 90%"的规定，对债券质押率的规定则更为灵活。《管理办法》第 11 条规定："成员机构开展自动质押融资业务须足额质押债券。人民银行根据宏观审慎管理需要和市场情况确定和调整质押债券范围及质押率等要素，并通知成员机构。"

4. 抵押实施

目前，我国支付系统质押融资主要以中国现代化支付系统、中国人民银行公开市场业务系统、中央银行会计集中核算系统，中央国债登记结算有限责任公司簿记系统为依托，实现债券自动质押、融资、还款、解押。根据《管理办法》规定，自动质押融资实施的具体要求主要包括：用于质押的债券须在债券登记托管结算机构托管；办理自动质押融资业务的金融机构应与人民银行签署《自动质押融资主协议》；自动质押融资的单笔融资资金最低金额为人民币 50 万元；日间和隔夜自动质押融资利率统一按业务发生时的人民银行隔夜常备借贷便利（Standing Lending Facility，SLF）利率确定，其中日间融资利息按小时计算，隔夜融资利息按实际占款天数计算。关于融资的限额，根据《管理办法》第 10 条规定，开发性和政策性银行、国有大型商业银行的融资余额上限由实收资本的 2% 提高至 4%，全国性股份制银行由实收资本的 2% 提高至 10%，城商行等其他金融机构由实收资本的 5% 提高至 15%。由于中小型存款

类金融机构实收资本少、准备金规模小，为避免遇大额清算指令时出现排队现象，其融资空间上调幅度相对较大。此外，人民银行可根据宏观审慎管理需要和成员机构个体情况调整有关参数。[1]

二、我国现有规定难以适应人民币国际化清算的需要

随着人民币国际化的推进，我国大额支付系统即 HVPS、人民币跨境支付系统即 CIPS 的清算参与者和业务量将不断增加，其流动性风险和信用风险的防范问题也将进一步凸显。但与美欧等主要货币国际化经济体中央银行通过日间信贷及相应的抵押品来防范流动性风险和信用风险，保障清算体系高效运行相比，我国清算体系中抵押品制度仍处于起步阶段，尚未形成成熟的系统制度框架，不能充分适应人民币充分国际化条件下的清算需要，主要问题如下：

（一）通用法律有待改进

金融抵押品需要有效的法律支持，才能充分发挥其金融担保功能，保证和提升金融市场的流动性，进而充分发挥防范流动性和信用风险。我国没有金融抵押品管理的专门法律，金融抵押品管理等同于一般抵押担保品，适用《民法典》等相关规定。但相对于人民币充分国际化后支付清算中对抵押品安全、高效运用的需要，抵押品管理的通用法律基础还存在一些不足，不能支持支付清算中抵押品业务的高效开展。

在法律层面，《民法典》第 428 条规定，质权人在债务履行期限届满前，与出质人约定债务人不履行到期债务时质押财产归债权人所有的，只能依法就质押财产优先受偿。第 436 条规定，债务人履行债务或者出质人提前清偿所担保的债权的，质权人应当返还质押财产。债务人不履行到期债务或者发生当事人约定的实现质权的情形，质权人可以与出质人协议以质押财产折价，也可以就拍卖、变卖质押财产所得的价款优先受偿。质押财产折价或者变卖的，应当参照市场价格。第 438 条规定，质押财产折价或者拍卖、变卖后，其价款超过债权数额的部分归出质人所有，不足部分由债务人清偿。债务人出质给债权人的财产，债权人可以使用，不需要经过出质人的同意。虽然相对于之前《物权

法》第 211 条和《担保法》第 66 条有关出质人和质权人在合同中不得约定在债务履行期届满质权人未受清偿时，质物所有权转移为质权人所有的规定相比，《民法典》的上述规定没有直接禁止当事人订立未受清偿时质物所有权转移为质权人所有的协议，但仍然规定债务人不履行到期债务时，质权人只能依法就质押财产优先受偿，方式包括协议折价、拍卖、变卖，其实质上仍然属于"禁止流质"的规定，主要目的是为了保护出质人的利益。这是因为设立质权时，出质人处于资金需求者的地位，可能为了眼前的急迫需要，不惜以自己价值很高的质押财产去为价值远低于该质押财产的债权担保。从法理上看，支付清算体系中证券、信贷资产等抵押品属于《民法典》规定的权利质权。但《民法典》上述规定使支付清算抵押品接受方不能快速处置违约方的质押券，使之面临较大的重置风险。

在操作层面，《中国人民银行再贷款与常备借贷便利抵押品指引（试行）》（银发〔2015〕42 号）第 24 条规定："因金融机构违约而持有的抵押品，由分支机构向总行上报抵押品处置方案，经总行批准后选择适当的时间和方式处置抵押品，处置收益用于偿还再贷款本息。"《自动质押融资主协议》仅在第 5.1.4 条规定，当成员机构发生信用风险时，中国人民银行有权委托中央国债登记结算有限责任公司对质押债券进行处置以清偿融资本息。《中央国债登记结算有限责任公司自动质押融资业务实施细则》（中债字〔2017〕181 号）第 31 条则规定："对成员机构融资未还款超过规定期限，或确认成员机构已无法履行还款义务的，人民银行可在专用终端对该笔业务进行人工终止扣款处理并依法处置相关质押债券。"而《中央国债登记结算有限责任公司自动质押融资业务实施细则》仅强调"依法处置相关质押债券"。但对于如何"处置"抵押品，以上规范性文件语焉不详，从法理上推演，应当受到《民法典》上述规定的限制，因此，支付清算抵押品快速处置存在障碍。

（二）专用法律制度有待完善

1. 抵押品管理权威性和统一性有待加强

一是抵押品制度权威性不高。2017 年中国人民银行出台的《管理办法》，主要侧重对抵押操作程序的规定，缺乏对合格抵押品的标准等详细规定。同时，该办法仅是中国人民银行制定的规范性文件，与欧盟通过联盟层面的法律、美国通过美联储规章相比，立法层次低，其效力和权威不足以支撑支付清算中中国人民银行抵押品的高效管理。二是抵押品管理统一性有待加强。为提高支付系统的清算效率，防范支付系统参与者的流动性风险和自身的信用风险，《管理办法》对中国现代化支付系统运行中质押融资可接受的抵押品范围、抵押品标准、抵押品估值、抵押实施等进行了初步规定。2015 年中国人民银行制定的《中国人民银行再贷款与常备借贷便利抵押品指引（试行）》（银发〔2015〕42 号），对再贷款与常备借贷便利中抵押品管理的原则、抵押品类型、合格抵押品的标准、价值评估、变更与处置等作了较详细的规定，基本勾勒出了我国中央银行流动性管理的抵押品制度框架。但中国人民银行对支付系统运行中质押融资的抵押品管理（包括合格抵押品的标准、价值评估、变更与处置等）没有详细的规定。与欧洲央行和美联储分别通过《金融抵押品指令》和《美联储抵押品指引》等法律和规章，加强对抵押品的统一管理相比，目前我国中央银行抵押品管理还处于分散状态，不利于抵押品的充分利用和清算成本的降低。

2. 可接受的抵押品类型范围较窄

关于可接受的抵押品类型，美联储和欧洲央行可接受的合格抵押品包括证券类资产和信贷类资产，这样可以提升支付系统参与者流动性的同时，降低其清算成本。虽然《管理办法》将合格质押债券范围，由《中国人民银行自动质押融资业务管理暂行办法》所规定的国债、中央银行债券、政策性金融债券等，扩大到中国人民银行认可的地方政府债券及其他有价证券，但我国支付系统自动质押融资的抵押品尚未包括信贷资产。实际上，在支付系统直接参与者中，相对容易出现流动性短缺或支付风险的地方法人金融机构所持有价证券较为有限。而且，2012 年我国国债由包销转承销后，中小法人金融机构不具备国债承销商资格，国债的持有量较小，符合合格抵押品要求的资产也较少。

3. 合格抵押品标准有待完善

中央银行日间信贷，是支付体系风险防范的一项基础性制度安排，[1] 而中央银行在支付清算中采取抵押品制度在于限制日间信贷风险，因此，应重点关注抵押品的价值和流动性。而《管理办法》对支付系统自动质押融资中的抵押品标准仅从抵押品提供人的角度间接对合格抵押品提出了要求。根据《管理办法》

1　谢群松：《央行日间信贷——RTGS 系统的一项基础制度安排》，《金融研究》2007 年第 3 期。

第 3 条和第 6 条规定，申请办理自动质押融资业务的金融机构法人条件主要包括四个方面：大额支付系统直接参与者；为银行间市场甲类或乙类结算成员；在人民银行指定的债券登记托管结算机构开立债券托管账户；人民银行规定的其他条件。与美欧央行对合格抵押品标准的安全性、流动性等详细要求相比，我国支付系统自动质押融资业务中的抵押品标准有待充实和完善。

虽然目前我国支付体系风险防范中中央银行日间信贷抵押品合格标准比较抽象，但为确保中央银行在向市场提供流动性的同时，确保中央银行资产安全，中国人民银行 2014 年制定了《中国人民银行再贷款与常备借贷便利抵押品管理指引（试行）》（银发〔2014〕90 号），并通过银发〔2015〕42 号对该指引进行了修订，为日间信贷抵押品合格标准的完善提供了良好的借鉴。修订后的《指引（试行）》第二章对再贷款与常备借贷便利中合格抵押品的标准进行了较系统的规定：（1）合格抵押品的范围包括证券资产、信贷资产和总行认可的其他合格抵押资产。（2）合格的证券资产抵押品要求。合格的证券资产抵押品指在中央国债登记结算有限责任公司、银行间市场清算所股份有限公司托管的以人民币计价的债券，但不包括借款金融机构及其关联机构发行的债券。证券资产的信用评级主要参考总行认可的外部信用评级。合格的证券资产抵押品包括记账式国债、中央银行票据、国家开发银行及政策性金融债、中央政府代发的地方政府债、同业存单、主体信用评级和债券信用评级均为 AAA 级的企业债券和中期票据、主体信用评级为 AAA 级和债项评级为 A-1 级的短期融资券和超短期融资券等。（3）合格的信贷资产抵押品的要求。贷款为符合条件的非金融企业的正常类贷款，且不涉及诉讼和仲裁；贷款不包括银团贷款及金融机构向其管理人员、大股东等内部人以及关联机构发放的贷款；贷款为人民币贷款，且期限固定，剩余期限在 3 个月（含）以上；贷款的发放程序符合金融机构内部控制及风险管理要求；形态真实，还本付息正常，未进行过展期；贷款未被质押或冻结；单笔贷款的主体是唯一的中国非金融企业，只接受完整合同层面上的整体质押；根据征信中心、反洗钱中心、金融机构内部风险评估系统可得的信息，非金融企业近 1 个年度没有违约记录和黑名单记录；贷款方式为除股权质押之外的抵押贷款、质押贷款及保证贷款，保证贷款的担保人是非金融企业，且担保符合法律对担保的规定；不包括严重违反中国人民银行信贷政策导向要求的贷款和影响中国人民银行优先受偿权的贷款；贷款企业的中央银行内部评级结果为优秀、很好、好、正常和可接受等五类之一等。另一方面，《指引（试行）》有关抵押品合格标准在适应人民币充分国际化支付清算体系风险防范方面，还存在抵押品合格标准有待明确、证券发行主体有待拓宽、计价货币有待拓展等问题。

三、完善我国支付清算抵押品制度的建议

完善的法律制度环境，是抵押品业务安全高效运作的基础条件。随着人民币国际化的发展，我国支付清算体系将通过人民币跨境支付系统即 CIPS 不断延伸，使用人民币进行清算的频率、清算规模、交易对手等也将不断增加，对清算抵押品的需求将大幅增长，这就要求我国进一步建立健全支付清算抵押品法律制度。

（一）完善支付清算抵押品通用法律基础

1. 创新抵押担保模式，确认让与担保的法律地位

"让与担保"是债务人或第三人为担保债务人之债务，将担保标的物的财产权移转于担保权人，使担保权人在不超过担保目的的范围内，取得标的物财产权。在债务清偿后，标的物应返还债务人或第三人；债务不履行时，担保人可就该标的物优先受偿。为了确保抵押品处置的简易高效，欧盟《金融抵押品指令》从法律上明确了所有权转移抵押安排和质押抵押安排两种抵押方式。其中所有权转移抵押安排是指在金融交易或金融活动中，债务方将抵押品所有权转移给债权方。如无违约，债权方将归还同类抵押品，如违约，债权方可不归还该抵押品。美国也在《统一商法典》第 9 编赋予了抵押权人占有抵押品、处分抵押品、以抵押品冲抵担保债务等广泛的权利。

我国《民法典》并未明文规定让与担保，制约了支付清算中证券等抵押品的高效处置。实践中，让与担保作为一种非典型的债的担保方式，相较于传统的抵押、质押等担保方式，其生命力在于：有利于兼顾效率和安全，平衡担保权人和债务人之间的利益关系；有利于充分发挥担保物的效用，促进资金融通；有利于简便担保手续和操作环节，降低担保成本。[1] 所以，我国 2006 年以来先后通过《证券公司融资融券业务试点管理办法》（证监发〔2006〕第 69 号）、

---

1 邱永红：《我国融资融券担保制度的法律困境与解决思路》，《证券市场导报》2007 年第 3 期。

《证券公司融资融券业务管理办法》（证监会公告〔2011〕第 31 号）、《证券公司融资融券业务管理办法》（证监会令第 117 号，2015 年 7 月 1 日发布）来不断提升具有让与担保性质的融资融券业务规范的法律层级（先后由一般文件到公告，再到部门规章），[1]以缓解具有让与担保性质的融资融券业务缺乏规则指引的问题，但也因缺乏上位法的支持而受合法性质疑。

为给包括支付清算抵押品管理在内的金融抵押品高效运用提供坚实的法律基础，我国需要在《民法典》中正式对让与担保作出规定。虽然最高人民法院在《民法典》出台前发布的《九民纪要》第 71 条作出了类似让与担保的规定，即"债务人或者第三人与债权人订立合同，约定将财产形式上转让至债权人名下，债务人到期清偿债务，债权人将该财产返还给债务人或第三人，债务人到期没有清偿债务，债权人可以对财产拍卖、变卖、折价偿还债权的，人民法院应当认定合同有效"，但《九民纪要》不是法律法规和司法解释，只可以在法院裁判进行说理。因此，满足人民币国际化对高效、安全支付结算的需要，我国应修改《民法典》，对让与担保作出明确规定。

2. 构建高效的抵押品处置法律安排

抵押品的处置是最终检验担保权益，保障交易安全作用的试金石。为此，美国《统一商法典》赋予了债权人占有该担保物后，占有、收款、处分、以担保物冲抵担保债务、非现金收益的处分、债务人的赎回等"担保人的终结权"，并明确规定了担保物权人有转质权利。欧盟《金融抵押品指令》提供了快速的和非形式主义的出售、转移占有等处置执行程序。

我国应在《民法典》或相关法律法规中，明确用于保证金融交易结算正常履行的相关抵押品，在出现交易违约情形时，允许抵押权人直接对抵押品进行拍卖、出售或占有、再使用（包括转质）该抵押品，并进一步明确处置方式、程序，为抵押品的快速处置和再使用等奠定坚实法律基础。如可借鉴美国《统一商法典》第 9 编第 601 条第（b）款，明确规定违约发生后让与担保物处置的方式、时间、地点等方面的要求，并要求处置具有商业合理性。

1《证券公司融资融券业务管理办法》第 2 条第 2 款规定：本办法所称融资融券业务，是指向客户出借资金供其买入证券或者出借证券供其卖出，并收取担保物的经营活动。

（二）完善支付清算抵押品专用法律基础

1. 构建中央银行抵押品统一管理框架

建议我国将目前有关中国人民银行支付系统自动质押融资的管理办法、再贷款和常备借贷便利中等有关抵押品管理规定，进行整合和统一，在中国人民银行行政规章的层面制定《中国人民银行抵押品操作指引》，这样可以克服目前中国人民银行"一种货币政策工具，一种担保方式，一种管理办法"模式带来法律效率问题，以及中央银行抵押品管理法律效力层级低下的问题，有效提升中央银行合格抵押品制度的法律适用效力。[1]《中国人民银行抵押品操作指引》主要内容包括中国人民银行抵押品管理的原则、合格抵押品的范围和标准、合格抵押品的价值评估、抵押品的变更与处置等内容。如抵押品管理的原则主要包括：保障中央银行资产安全、审慎选择和接受抵押品、客观合理评估抵押品价值、实行全程跟踪和动态监测等。

2. 扩大合格抵押品法定范围

确定一个适度的合格抵押品范围，是中央银行抵押品框架最核心的内容。[2]中央银行在制定抵押品政策时，为防范可能的损失，需要权衡所需抵押品的种类与抵押品充足性之间的关系。如果中央银行接受的抵押品太稀缺，那么，中央银行就可能无法进行必要的公开市场操作来有效实施货币政策，并支持支付系统的稳健运行。为此，随着人民币国际化的发展，我国应适时扩大中央银行合格抵押品范围，主要建议如下：

一是将信贷资产纳入抵押品范围。信贷资产作为抵押品具有机会成本低、发行量大等优势，因此，美欧都将信贷资产纳入抵押品范围，以提高抵押品池的流动性，并由此保持金融体系的稳定。我国应在制度（包括中国人民银行规章）上明确将贷款列入支付清算体系合格抵押品之一，并明确信贷资产抵押品的法律定义、合格标准和托管方式等。如可借鉴《中国人民银行再贷款与常备借贷便利抵押品管理指引（试行）》第8条规定，将信贷资产抵押品限定为金融机构对非金融企业和自然人的正常类贷款（按贷款五级分类标准），但不包括金融机构向管理人员、大股东等内部人以及关联机构发放的贷款。二是将境

1　黄小强：《央行合格抵押品制度的法律思考》，《武汉金融》2014年第11期。

2　李文森、戴俊、唐成伟：《央行抵押品管理框架分析》，《中国金融》2015年第16期。

外主权国家及国际机构发行的债券纳入抵押品范围。三是明确将境外抵押品列入合格抵押品范围。以美元、欧元等主要经济体货币计价或境外以人民币计价的跨境抵押品的常规性使用，能够发挥"外部冲击缓冲器"的功能；在危机期间，跨境抵押品的紧急使用有助于支付清算体系的稳定，进而有助于金融稳定。随着人民币国际化的快速发展，金融机构持有跨境资产的形式、种类和数量也将会有较大变化，将跨境抵押品（至少包括其中一种境外属性：计价货币、资产所在地或抵押人所在地）逐步审慎纳入中国人民银行合格抵押品范围，对于提高中央银行货币政策操作效率、弥补支付清算中金融机构人民币抵押品的不足等。此外，宜借鉴美联储和欧元体系"账户所在地法"的原则，明确规定跨境抵押品适用抵押品账户所在地法律。

3. 明确合格抵押品法定标准

中央银行采取抵押品制度在于限制信贷风险，因此，应重点关注抵押品的价值和流动性，将价值稳定、流动性较强作为确定合格抵押品的基本原则。中国人民银行应对证券类抵押品和信贷类抵押品分别规定抵押品合格标准，并适时公布合格抵押品清单，以方便交易对手方及时准确地了解合格抵押品标准、要求，提高通过提供抵押品获得流动性支持的效率。具体而言，抵押品合格标准至少应包括以下几个主要方面：一是担保权益的实现要求。抵押机构须对抵押的证券类或贷款类资产有充分的权益，以确保中国人民银行能够获得完全的、第一优先的可强制执行的担保权益。二是计价货币要求。原则上要求以人民币计价，只有在危机期间等特殊情况下才接受以外币计价的抵押品，这样可以避免汇率等风险。三是信用评级要求。抵押品须有较高的信用评级，针对不同类型的抵押资产应建立最低信用评级门槛。在评级来源的选择方面，贷款类资产主要参考中国人民银行的内部评级结果，证券资产的信用评级主要参考中国人民银行总行认可的外部信用评级。外部信用评级结果的应用可考虑"双评级"原则，从两个或两个以上评级机构给出的评级结果中选择最低评级等次作为该资产的信用等级。中国人民银行要加强对信用评级机构的合规性监管，及时纠正或排除不适合的信用评级机构。

4. 完善抵押品估价和管理机制

一是完善抵押品估值方法。根据信用评级结果，结合抵押品质量和流动性差异，对抵押品进行合理的估值折扣，对特定抵押品和交易对手还可确定附加折扣，降低信用风险、流动性风险以及利率、汇率风险，确保担保权益能够完全覆盖日间信贷等贷款损失。抵押品的估值计价以市场价格反映为基础，当没有可参考的市场价格时，可运用适当的定价模型进行估值。同时，建立抵押品价值调整机制，当抵押品评估价值低于或高于再贷款本息余额达到触发点水平时，启动追加或释放抵押品机制，要求交易对手追加或向交易对手释放抵押品，防范抵押品市场价值波动的风险。二是完善抵押品托管和处置机制。统一银行间债券市场和交易所债券市场托管系统，为更加丰富的抵押品交易交割和变现提供便利。加强与证券结算与托管国际系统（Clearstream）等国际托管机构的合作，提高境外抵押品使用效率。同时，在《中国人民银行抵押品操作指引》中明确违约发生后，中国人民银行对抵押品可以拍卖、变卖等具有商业上合理的方式进行快速处置，并将《中国人民银行抵押品操作指引》作为抵押协议内容的一个组成部分。

第四编　人民币国际化风险防控的法律制度建构

人民币国际化在给我国带来诸多益处的同时，也会给我国带来许多潜在的风险，例如，加速国内金融机构风险暴露，导致货币政策失调以及由跨境资本流动引发的风险等。如何有效防控这些风险，关乎人民币国际化条件下我国货币金融的稳定，也关乎人民币国际化的成败，因而构成亟需解决的课题。目前从理论研究来看，从法律制度角度对人民币国际化风险防控的研究十分少见。本编力图采用国际社会在金融监管制度上取得的最新重要成果——宏观审慎监管制度来防控人民币国际化带来的系统性风险，并辅以货币措施、微观审慎监管以及资本项目管制暂时性恢复等配套措施，以图构建一个较为完整的人民币国际化风险防控的法律制度体系。

为了取得良好的研究效果，本编采取如下结构和思路：人民币国际化会带来诸多风险→这些风险的防控需要有效的风险防控制度→宏观审慎监管是防控人民币国际化风险的主要依靠→人民币国际化风险的防控需要其他配套措施→宏观审慎监管制度与其他配套措施之间的协调。基于此，本编首先挖掘了人民币国际化背景下的风险来源、特征以及现有风险防控制度用于防控人民币国际化风险的不足。其次，研究人民币国际化风险与宏观审慎监管制度的适配性问题，进而从宏观审慎监测制度、宏观审慎监管措施和宏观审慎监管体制等方面入手，构建适合防控人民币国际化风险的宏观审慎监管制度。再次，鉴于宏观审慎监管瞄准的是金融系统性风险，而人民币国际化的风险并不完全限于这类风险，且即便是金融系统性风险的防控和化解，有时也需要采取其他措施或与其他措施相配套，故防控人民币国际化风险还需要宏观审慎监管制度之外的制度措施，如微观审慎措施、货币措施（如利率、存款准备金等）、资本项目管制暂时性恢复等措施。最后，本编尝试解决宏观审慎监管制度与其他制度在防控人民币国际化风险过程中如何协调与配合的问题，旨在保障各项制度既能够追求自身的目标，又能够相互为用，有效地防控人民币国际化的风险。本编下设四章，即第十至第十三章，对以上问题进行研究。

第十章
人民币国际化风险及防控制度概述

在人民币国际化背景下，人民币国际化所需要的资本项目开放会引发风险，人民币汇率自由浮动会招致风险，欠发达的国内金融市场与监管薄弱会导致风险，最终这些风险表现为金融机构的风险暴露、货币政策失调、跨境资本流动风险以及汇率超调风险等。这些风险具有全局性、高度传染性和强大破坏力等特征。而传统的金融风险防控制度用于治理人民币国际化条件下的风险具有局限性，因此，人民币国际化条件下金融风险的防控，需要构建一套新的制度体系。而要建构防控人民币国际化风险的制度，宜从人民币国际化风险成因入手。

第一节　人民币国际化风险成因

人民币国际化可以给我国带来诸多益处，例如，可以有效降低我国企业在对外经济活动中面临的汇率风险，提高我国金融机构的融资效率；降低外汇储备的价值风险，有利于外汇储备的保值和增值；获得国际铸币税的收益等。特别是，人民币国际化有助于增强我国的国际金融竞争力，提升我国的国际地位，在国际经济的竞争与合作中掌握主动权。但我们需要清醒地认识到，人民币国际化也伴随着不容忽视的风险。这些风险的产生源自于人民币国际化的要求，即充分的资本项目开放、实行浮动汇率制和建立发达的金融市场等，而资本项目的开放、人民币汇率的自由浮动以及金融监管存在的问题，正是这些风险产生的主因。

一、资本项目开放会引发风险

货币国际化需要以资本项目的充分开放为前提条件。[1]资本项目开放是指不对资本跨国交易进行限制，或不对其采取可能影响其交易成本的相关措施，是一个放松资本管制、实现货币自由兑换、允许居民与非居民持有跨境资产以及从事跨境资产交易的状态。资本项目开放与资本项目可兑换既有联系又有区别。资本项目可兑换强调取消资本项目下交易的货币汇兑限制，而资本项目开放则强调放开对交易的限制。资本项目可兑换并不代表资本项目是开放的，而资本项目开放必然要求资本项目可兑换。资本项目可兑换是资本项目开放的前提，但并不等于资本项目开放。因为资本项目开放不仅应取消汇兑和支付方面的限制，还应取消对交易本身的限制，不仅应取消对资本流动的限制，还应取消任何可能对资本交易成本产生影响的相关措施，例如交易税收和补贴。[2]

但是，资本项目的开放和可兑换并不排除一些国家出于维护经济和金融安全、保持货币政策独立性、保护社会公共利益等方面的考虑，对某些资本项目的交易方式、交易数额和交易方向进行限制。资本项目开放也不意味着资本项目下每个子项目都完全开放，不少国家出于维护国家安全、保持货币政策的相对独立性和考虑自身宏观经济状况和金融体系发展实际情况，或多或少会对资本项目下的某些项目进行限制。目前，没有一个国家的资本项目是完全开放的，美国、英国等资本开放度高的国家也存在一定的限制，如美国就对非居民在其境内的特定投资和非居民以小企业优待方式在美国证券市场发行、上市证券进行禁止或限制。[3]

那么，我国资本项目开放度如何呢？IMF 将资本项目划为七大类 40 个子项，七大类包括：资本市场和货币市场措施、衍生措施和其他交易措施、信贷业务、直接投资、直接投资清盘、不动产交易和个人资本流动。在《2017 年汇率安排与汇兑限制年报》中，IMF 认为 2016 年我国资本账户不可兑换项目有两大项，主要集中在非居民参与国内货币市场和衍生工具的出售和发行。部分可兑换的项目主要集中在债券市场交易、股票市场交易、房地产交易和个人

---

1 韩龙：《资本项目制度改革流行模式不适合人民币国际化》，《法商研究》2018 年第 1 期。

2 成思危：《人民币国际化之路》，中信出版社，2014，第 24 页。

3 详见本书第三章第二节。

资本交易等方面。基本可兑换项目 14 项，主要集中在信贷措施交易、直接投资、直接投资清盘等方面（见表 10-1）。综合量化后计算出我国的资本项目开放度为 0.690。[1] 总体来说，目前我国资本管制程度有所降低，与资本账户完全开放的距离逐步缩小。

表 10-1　我国资本账户开放情况

相关交易	开放程度				
	不可兑换	部分可兑换	基本可兑换	完全可兑换	合计
资本市场和货币市场措施交易	1	11	4	—	16
衍生措施和其他措施交易	1	3	—		4
信贷业务	—	1	5		6
直接投资	—	1	1		2
直接投资清盘	—		1		1
不动产交易	—	2	1		3
个人资本流动		6	2		8
小计	2	24	14	—	40

注：部分可兑换指存在严格准入限制或额度控制，基本可兑换指有所限制，但限制较为宽松，经登记或核准即可完成兑换。

人民币国际化需要资本项目充分开放这一前提条件。资本项目开放有利于我国企业走出去，通过对外投资获取市场和资源，提升技术和管理水平，提升跨境投资和交易的便利化，促进资源在全球有效配置，也有利于在全球范围内分散风险，有利于调整经济结构，通过产业的国际转移优化产业机构，促进产业升级。然而，资本项目开放是一把双刃剑，既带来机遇，也伴随着风险。随着我国资本项目开放的广度和深度进一步拓展加深，在深化我国金融市场和国际金融市场的一体化程度的同时，也会增加我国金融体系面对外部冲击的脆弱性，面临着汇率的大幅度波动、货币政策的独立性降低以及资产泡沫和经济过热等一系列风险。尤其是资本项目开放导致的跨境资本大规模流动会成为引发我国货币金融体系不稳定的主要风险因素：跨境资本的大规模流动不仅会增加

---

[1] 由于 IMF 公布的《2017 年汇率安排与汇兑限制年报》描述的是 2016 年的资本账户管制情况，时间上滞后较多，所以报告测算的资本账户程度相对保守。中国人民大学国际货币研究所：《人民币国际化报告 2018》，中国人民大学出版社，2018，第 46—52 页。

我国金融机构面临的信用风险，加大我国商业银行的风险敞口，而且更极易诱发系统性风险，引发金融危机甚至波及实体经济，影响人民币国际化进程。

二、人民币汇率市场化会招致风险

众所周知，汇率是一种货币对另一种货币的比价关系。汇率制度是指一国对货币当局确定与管理汇率水平的原则、方法以及组织机构作出的一系列安排或规定。[1] 影响汇率制度选择的因素有很多，对于不同经济发展水平的国家，这些影响因素差异很大，而且这些因素还会随着政治、经济和金融等因素的发展而变化，从而导致汇率方面的具体安排极为复杂。总体来说，一国所采取的汇率制度须与经济发展水平相适应，并根据经济社会发展的需要而调整。然而，实现一国货币国际化的前提条件是汇率完全放开，人民币也不例外。也就是说，实现人民币国际化需要市场化的自由浮动汇率制。

自改革开放以来，人民币汇率制度就处于一个不断发展和完善的过程。总体来说可以分为以下四个历史阶段：第一阶段：1979—1985 年人民币名义汇率盯住一篮子货币。这一阶段人民币汇率制度的特点是：实行双重汇率制度（官方汇率和贸易外汇内部结算价），官方汇率的基准为盯住一篮子货币，但实际上人民币定价时实行的是"中等偏上"原则，贸易外汇内部结算价的定价方式是出口换汇成本加上 10% 利润，当时的定价为 1 美元 = 2.8 元人民币。其间，官方汇率逐步下调，于 1984 年底与内部结算价格基本持平，从而使内部结算价格失去存在价值。人民币经过频繁小幅的变动，逐渐退出了盯住汇率制。第二阶段：1986—1993 年人民币实行盯住美元的可调整固定汇率制度。这一阶段人民币汇率制度的特点有：一是名义上实际单一汇率，但由于各地外汇调剂中心的存在，事实上出现了官方牌价与市场调剂汇率并存的新双轨制，两个汇价间存在较大差价；二是官方汇率调整缺乏灵活性，多数情况下采用大幅度跳跃式贬值，给国民经济特别是进出口带来很大影响；三是汇率总体上不断下降，但官方汇率仍然长期高估。第三阶段：1994—2005 年 7 月正式确立了以市场供求为基础的、单一的、有管理的浮动汇率制度。这一阶段人民币汇率制度的特点有：一是推行多轨合并，实行单一的有管理的浮动汇率制。所有公开市场的

---

[1] 成思危：《人民币国际化之路》，中信出版社，2014，第 14 页。

外汇交易均以人民银行公布的汇率为基准价，并允许各外汇指定银行针对不同交易对象可采取一定的上下浮动幅度。人民银行通过国家外管局和外汇交易中心对外汇交易和汇率变化进行管理，人民币汇率制度中的行政化色彩逐渐淡化。二是实行强制结售汇制度。三是人民币经常项目的可兑换进程加快。1996年底我国正式成为 IMF 的第 8 条成员国。第四阶段：2005 年 7 月至今，实行以市场供求为基础的、参考一篮子货币的、有管理的浮动汇率制度。这一阶段人民币汇率的特点是：一是人民币汇率不再盯住美元单一货币，而是以市场为基础，参考一篮子汇率变动进行管理和调节，形成更富弹性的人民币汇率机制。人民银行根据市场发育状况和经济金融形势，适时调整汇率浮动区间，保持人民币汇率在合理均衡水平上的基本稳定。二是人民银行于每个工作日闭市后公布当日银行间外汇市场美元等货币对人民币汇率的收盘价，作为下一工作日该货币对人民币交易的中间价格。三是每日银行间外汇市场美元对人民币的交易价浮动幅度为以人民银行公布的美元交易中间价上下 0.3%，非美元货币对人民币的交易价在人民银行公布的该货币交易中间价上下一定幅度内浮动。

可见，人民币汇率制度经过多次改革，虽然具有一定的弹性，但还没有实现完全的自由浮动。人民币汇率的逐步放开，叠加境内机构对汇率波动的承受能力较差、缺乏风险管理经验等，会引发诸多风险。例如，当人民币单边升值预期越强，资本流动的羊群效应就越明显，投机风险就越大。一旦未来人民币估价预期和流向发生逆转，境外企业与居民抛售人民币资产的情况就可能发生，负面消息和预期有可能导致汇率变动的"超调"，这将对人民币汇率产生新的冲击。[1]而短期资本的持续外流，有可能使我国陷入贬值预期自我强化、自我实现的恶性循环，短期内会造成市场价格失灵，长期里会积累汇率超调压力。此外，当私人企业过度举借外债且币种错配时，面临汇率的大幅波动会引发外债币种和期限错配风险，对货币体系甚至是实体经济会造成致命冲击。

三、欠发达的国内金融市场与监管薄弱会导致风险

一国货币的国际化需要资本账户开放，而资本账户开放对金融市场发育程度有着较高的要求。对于金融发展较好的国家而言，开放资本项目是有利的，

1　沈悦、董鹏刚、李善燊：《人民币国际化的金融风险预警体系研究》，《经济纵横》2013 年第 8 期。

但对金融发展较差的国家来说，开放资本项目可能会产生不利的影响，[1] 这是因为没有稳健的金融体系，资本项目开放会造成国内金融震荡，并会进一步增加宏观经济和金融体系的脆弱性，甚至导致金融危机和经济动荡。只有建立起有深度和广度的金融市场体系，才能较好地吸收资本流动的冲击。同时，在顺序方面，IMF 认为中国的资本项目开放应该在国内金融体系和汇率制度改革取得显著进展的情况下谨慎进行。[2] 实行资本项目开放的国家须强化其金融机构的稳定性，以保证资本项目开放平稳进行，并且在自由开放的环境中达到货币政策目标和维持宏观经济稳定。

建立强大金融市场的首要任务，是建立一个适当的监管框架，即资本项目的开放需要建立一个稳定的金融系统和完善的金融监管框架。[3] 一个健全、严密的金融监管框架是投资者对金融市场信心的最佳保障，有利于提高本国金融市场的吸引力。同时，金融监管体系的有效性也是防控货币国际化风险的重要因素。一方面，有效的金融监管体系是金融市场正常运行的重要保障；另一方面，有效的金融监管体系可以降低国外资本流动或逆转的风险，从而保证国内货币政策的有效调控。一国在本币国际化背景下，将面临日益增大的金融业务及市场规模，因此，货币国际化对监管体制、监管手段和监管目标都提出了新的要求。如果国内金融监管体系不完善，在货币国际化背景之下，该国的金融市场将变得不稳定，在金融自由化和经济全球化的过程中，面对外部负面冲击会感到束手无策，易感染金融危机，不仅影响国内金融体系正常运行，还有可能中断经济增长并造成社会经济持续动荡。

人民币国际化需要一个发达的金融市场和健康的金融市场环境，而我国目前金融市场发展水平和监管现状还不能与人民币国际化需求完全匹配。在金融市场方面，我国的金融体系在经营模式和风险管理上仍存在较大的问题，多层次的金融市场体系尚未建立，金融产品和投资措施缺乏、金融市场分割，在存贷款利率长期管制之下银行和企业对风险的定价和管理能力仍然缺乏等。在金

---

1 Sebaslian Edwards, On the sequencing of structural reforms, National Bureau of Economic Research, 1989, p.70.

2 PEOPLE'S REPUBLIC OF CHINA 2013 ARTICLE IV CONSULTATION, IMF Country Report No. 13/211, July 2013, https://www.imf.org/external/pubs/ft/scr/2013/cr13211.pdf.

3 R. Barry Johnston, Salim M. Darbar, Claudia Echeverria, Sequencing Capital Account Liberalization: Lessons from the Experiences in Chile, Indonesia, Korea, and Thailand, *IMF Working Paper*, 1997, p.157.

融监管方面，目前的监管体制侧重于市场准入和合规性管理，以行政手段为主，重审批轻管理、重事前轻事后、重形式轻内容，既有监管重叠，又有监管空白，影响监管效率，难以适应资本项目开放后市场状况的瞬息万变、市场风险的千变万化。特别是，随着人民币国际化的开展和国内金融体制改革的深入，我国金融市场向更多外国投资者开放，国内各金融市场之间、境内外金融市场之间的资产价格联动性和金融风险传染性明显提高，这对于我国作为一个发展中国家顺利实现人民币国际化构成了挑战。

第二节　人民币国际化风险及其特征

一、人民币国际化的风险

人民币国际化需要资本项目开放、人民币汇率自由浮动和国内金融市场进一步自由化，在实现这些目标的过程中会引发一系列风险，不论是从货币国际化的历史经验，还是过去新兴市场国家金融危机的教训都显示，涉及资本项目开放与汇率制度的改革是一把双刃剑。这些改革的副作用可能对一国的经济和金融稳定造成巨大冲击，特别是在一国金融市场与金融监管制度均存在不足的情况下，这些制度变革将会潜伏风险，我们对此需要有清醒的认识，寻求有效的治理之策，以便在人民币国际化中趋利避害。人民币国际化遭遇的风险主要如下：

（一）金融机构风险暴露

人民币国际化对我国金融机构的挑战，集中表现为资本项目开放和人民币汇率波动会使我国金融机构遭受不同程度的风险暴露，由此可能埋下金融不稳定的隐患。

1. 我国金融机构面临的信用风险

人民币国际化会使我国金融机构易于遭受信用风险。这主要是指资本账户开放允许境外市场主体到我国资本市场从事信贷融资、证券发行等活动，一旦境外市场主体违约或无力清偿债务，会使我国银行、其他机构投资者和债权人面临巨大的信用风险。同时，随着我国金融机构越来越多地到境外从事信贷或证券投资活动，其在境外遭受的严重信用风险也会通过跨国渠道传导回国内。

一般而言，人民币国际化使我国金融机构遭受信用风险有许多发生的路径，以下仅举例而述。例如，我国金融机构对境外市场主体的债权到期而得不到清偿，使该金融机构陷入流动性与清偿力危机。此外，金融机构之间相互关联的资产负债表，会使金融机构得不到清偿的倒闭风险传导到其他机构，从而加大该金融机构与其他金融机构的共同风险暴露，这极易引起国内金融机构倒闭的连锁反应。又如，随着我国债券市场的开放，境外发行人可以在我国发行债券。一旦境外发行人到期不履行债务，投资该债券的金融机构会遭受信用风险，并影响其对其他金融机构的清偿能力，这样，单个金融机构面临的信用风险就有可能在多个资产负债表相互关联的金融机构间传导。[1] 由此造成的最严重后果就是多个重要金融机构倒闭，金融市场陷入瘫痪与危机。

2. 加大我国商业银行的其他风险敞口

银行业在一国金融体系中具有重要地位。相比于证券公司、保险公司等其他金融机构，我国商业银行遭受的人民币国际化风险最为显著。人民币国际化导致的资本大规模流动和汇率波动，对我国金融机构，特别是商业银行的风险管理提出了更高要求。具体而言，人民币国际化不仅会使我国商业银行遭受前述信用风险，还会加大其汇率风险、资产负债期限失配以及竞争压力。首先，就银行面临的汇率风险而言，一方面，随着人民币汇率市场化程度不断提高，汇率波动加大，这会打开银行的外汇风险敞口，加大银行的汇兑损失风险；另一方面，在我国商业银行外汇占款过高时，银行将面临巨大的外汇风险。这是因为一旦人民币急剧升值，银行资产负债表中以外币计值的资产就会遭受损失，当这种损失过大时，会影响银行的资产负债结构，加剧我国商业银行的汇率风险、资产负债期限失配等，不利于商业银行的稳健经营。此外，在混业经营、机构合并背景下，人民币国际化给证券部门造成的风险也会传导到银行部门，由此加大商业银行的风险暴露。

其次，就银行资产负债期限失配问题而言，如前所述，资本大规模流入会引发国内投资热潮，导致银行大举放贷。而银行具有借短放长的特点，其资产具有长期性而负债具有短期性，这导致银行资产负债存在期限失配的问题。若处理不当，银行极易在遭受挤兑或其他信心因素冲击时陷入流动性危机。因此，在人民币国际化条件下，银行大量放贷无疑会加剧银行资产与负债的期限失配，并可能使银行遭遇流动性困难直至引发偿付危机，导致银行倒闭。同

---

1 Peter B. Kenen, "Currency Internationalisation: an Overview", *BIS Papers*, No. 61, December 2011, p.15.

时，单个商业银行面临的偿付危机，会通过银行间的相互存款以及人民币支付与清算系统，在金融机构间引发连锁震荡反应。

最后，就商业银行面临的竞争压力而言，人民币国际化不仅会迫使我国商业银行与更多的境内外资银行争夺存贷款市场份额，还会使商业银行面临境外银行业金融机构在开展境外人民币业务上的竞争压力。具体来说，人民币国际化后，我国居民会有更多渠道将资金转移到境外以追求海外投资的高回报率以及资产多元化，而离岸人民币市场的发展也会吸引更多人民币存款。随着人民币流出量加大以及非居民广泛持有人民币，我国境内商业银行原有的人民币存贷款市场空间可能受挤压。商业银行为了拓展海外人民币业务，将会面临与境外银行业金融机构竞争的压力。境内外银行业竞争一方面对我国商业银行的业务与经营能力提出了挑战，另一方面也可能对我国金融稳定带来负面效应。例如，竞争会刺激部分银行从事过度金融冒险行为。[1] 银行为获取更大的收益，不断地开发复杂的金融衍生产品而将风险置之度外。同时，人民币国际化造成的资本大规模流入，会刺激银行为获取信贷份额竞争优势而不断降低信贷标准，由此导致银行信贷风险不断积聚，为我国金融不稳定埋下隐患。

（二）货币政策失调风险

在人民币国际化过程当中，我国货币政策遇到的风险主要体现在保持货币政策独立性，避免货币政策失调方面。人民币国际化对货币政策独立性的影响主要是通过货币供给量渠道、利率渠道和汇率渠道实现的。

1. 货币供给量渠道

一国货币在国际化进程中或国际化之后，必然形成两个市场，即离岸市场和在岸市场。离岸金融市场的存在对本国货币国际化起到很大的推动作用。然而，离岸金融市场的发展也给本国货币供应量的控制增加难度，从而对中央银行保持货币政策的稳定和独立构成挑战和威胁。一国货币成为国际货币后，该国的大量本币在国际流通，形成该货币的离岸交易中心。受利率、汇率、资产收益率等多种复杂因素的影响，居民和非居民对持有本币及其资产还是其他货币及其资产有充分的选择余地。资产选择偏好的转移会导致大量资本的跨境流动，频繁在离岸市场和在岸市场之间以及本币市场和外币市场之间交替流动，

---

1 IMF, Key Aspects of Macroprudential Policy, June 10, 2013, p.12.

大量的本币在国外定价、交易、流通，就会通过资本的流出入、跨境金融机构等渠道影响本国的货币供给，影响中央银行控制基础货币供给能力，增加货币政策的难度和复杂性，从而干扰该国货币政策的调控预期，降低货币政策的独立性。此外，离岸市场上的信贷规模，也会对货币政策的独立性产生一定的影响。由于离岸市场上的金融机构的管辖权、监管要求与国内金融机构有所不同，因而其不会面临国际货币发行国的存款准备金等约束，这样就有可能会使离岸市场的信贷扩张影响到一国的货币总量，从而降低国际货币发行国的货币政策的独立性。[1]

此外，人民币国际化会加大人民币存量统计与监测的难度，进而影响人民币货币政策的制定和调整。人民币货币存量的统计与监测是中国人民银行制定货币政策的重要基础之一，但是由于人民币国际化意味着人民币将成为国际支付手段和储藏手段，将来会有大量的包括国外私人部门和政府部门在内的非居民持有人民币，进而会形成人民币的离岸交易市场。这样，人民币在离岸交易市场上的定价、交易和流通会通过跨国银行及资本出入等渠道，对我国的货币供给量产生影响。这会对人民币存量的统计与监测带来诸多困难，进而会削弱央行调控人民币供给量的能力，增加货币政策的运用难度与风险。

2. 利率渠道

人民币国际化之前，为了应对通货紧缩与刺激经济增长，人民银行通常会采取扩大信贷投放、降低存款准备金率及降息等扩张性货币政策。而为了控制通胀，人民银行又会经常采取提高存款准备金率等反向的紧缩性操作。然而，人民币国际化之后，这些货币政策的效力将会受到较大的限制。因为人民币国际化意味着资本项目和经常项目的双重开放，资本可以自由进出。这样，人民银行在通过降息等手段意图实现扩张性货币政策时，以人民币计价的资产收益率下降会诱使居民和非居民将持有的人民币资产调整为外币资产，从而导致资本大量流出，进而抵消人民银行的扩张性政策。同理，当人民银行为了遏制通胀等而采取加息等紧缩性政策时，将会吸引全球大量资本流入，增加的人民币规模会抵消紧缩性货币政策的效果，导致货币政策遏制通胀的目标无法实现，甚至产生"加息悖论"的效果。

---

1 傅冰：《货币国际化进程中的金融风险与对策研究》，上海社会科学院 2012 年博士学位论文。

3. 汇率渠道

一国货币国际化影响其货币政策独立性的汇率渠道主要体现在以下两个方面。

第一，国际货币的显著特点之一是普遍接受性，这就要求该国际货币须具有稳定的币值。通常来讲，一国在短期内改善经常账户的最直接、最有效的经济手段是使本国货币（简称本币）贬值。而无论是境内居民还是境外非居民，都不希望持有贬值货币，硬通货更加符合他们的偏好。可见，贬值会影响居民和非居民持有本币的意愿，导致货币替代的发生，从而影响本币的国际地位。

第二，根据蒙代尔的"三元悖论"理论，对于任何一个国家而言，汇率的稳定性、资本的自由流动和货币政策的独立性三者不能同时实现，只能选择实现其中两项。假如一国央行实施宽松的货币政策，造成本币利率下降、资本流出、货币贬值，为维持汇率的稳定，央行将不得不对外汇市场进行干预，投放外币买入本币，使本币利率上升，最终导致货币政策无效。据此，一国的经济政策可以有以下三种组合，如图 10-1 所示：①货币政策独立 A+ 资本自由流动 B+ 浮动汇率制 c；②货币政策独立 A+ 固定汇率制 C+ 资本管制 b；③资本自由流动 B+ 固定汇率制 C+ 货币政策不独立 a。其中，A 代表货币政策独立，a 代表货币政策不独立；B 代表资本自由流动，b 代表资本管制；C 代表固定汇率制，c 代表浮动汇率制。例如，1997 年亚洲金融危机期间，泰国、菲律宾等国家在大规模热钱的攻击下，国家货币发生大规模贬值，其央行为了维持本币汇率的稳定，动用外汇储备干预外汇市场，但是这些国家的外汇储备规模较之热钱仍显不足，最终在其外汇储备消耗殆尽的情况下只能放任本币大规模贬值，固定汇率制崩溃，进而发生国际收支危机。又如，美国长期以来允许资本自由流动，保持了货币政策的独立性，其代价就是美元汇率的不稳定。这说明，任何一个国家在制定其经济政策时，只能选择"三元悖论"的一边进行操作。

但实现货币国际化客观上又要求发行国须维持一定的汇率稳定与资本的自由流动，为此，该国不得不在一定程度上牺牲货币政策的独立性。在开放经济条件下，任何国家货币政策的独立性都会受到影响，国际货币发行国受到的影响更明显。这是因为当一国的货币实现国际化后，作为国际性的储藏手段，非居民将持有大量的本币资产，如若该国执行扩张性的货币政策，此时，本国的利率水平下降，资产收益率下降，其后果会引起更大的资本流出，而国内货币

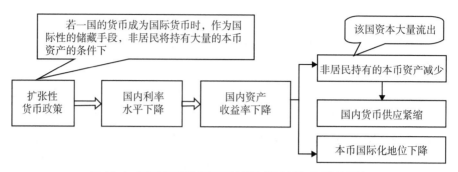

图 10-1　国际货币发行国采取扩张性货币政策时面临的困境

供应会出现紧缩（见图 10-1）。相反，如若该国执行紧缩性的货币政策，会产生大量资本流入本国，这又导致国内货币供应的扩张。此外，2008 年国际金融危机以来的经验又显示"三元悖论"逐步向"二元悖论"转化，即不论采用何种汇率制度，资本自由流动和货币政策独立性都不可兼得。[1]

要推行人民币国际化，资本自由流动成为必选项，那么就需要在货币政策独立和汇率稳定之间作出选择。选择货币政策独立，就要面对浮动汇率带来的汇率风险，但汇率的频繁波动将会对出口造成致命打击。若选择汇率稳定，在资本自由流动的情况下，任何利率微小的偏差都会引起套利，因此，我国就需要维持国内利率和国际市场利率一致，这样会造成货币政策无效。但货币政策是我国经济的重要调节措施。因此，人民币国际化条件下，我国货币政策的独立性将会面临考验。

（三）跨境资本流动风险

纵观近数十年发生的经济金融危机，无论是货币危机、银行危机，还是债务危机，都离不开资金的跨境流动。大规模资金的频繁跨境流动是这些危机发生时的共同特点之一，而货币国际化进程中的资本账户开放恰恰为资金的大规模频繁跨境流动创造了条件，在为本国经济发展创造条件的同时，也形成了对宏观经济和金融稳定的潜在威胁。世界银行的一项研究表明，20 世纪 80 年代以来，有 27 个发展中国家所发生的货币危机或银行危机与大规模的私人资金流入有关。[2] 在一国货币国际化的前期，相关国家往往缺乏对国际资金流动的

---

[1] 张晓晶、王宇：《金融周期与创新宏观调控新维度》，《经济学动态》2016 年第 7 期。

[2] Independent Evaluation Group, Lessons from World Bank Group Responses to Past Financial Crises, World Bank, December 2008, p.5.

有效监管，而此时又是资金流入的高峰期，故而容易埋下危机隐患。

随着人民币国际化进程的加快和资本账户的逐步放开，国际资本将逐渐在我国金融市场中自由进出，市场收益率与短期资本流动之间由单向影响改变为双向影响，短期跨境资本对我国经济的冲击力逐渐增强，可以更深入地影响到资本市场的价格和杠杆水平，我国将不可避免地暴露在投机资本冲击之下。实际汇率与名义汇率，或即期汇率、利率与远期汇率、利率出现偏离，更会为短期投机性资本提供套利的机会。

基于国际资本具有明显的投机性、逐利性等特征，如果我国利率水平明显高于世界利率水平，就会吸引国际资本尤其是国际游资大规模流入我国国内市场，增加我国的货币供给量，形成通胀压力，增加保持物价稳定的压力。大量资本可能会进入房地产、股市等行业，加大经济泡沫。资本的流入还将导致金融机构的过度借贷，促进投资的过度增长，造成信贷膨胀，加剧金融体系的脆弱性和经济增长的动力结构失衡问题。资本的大量流入将推动人民币汇率加速升值，恶化贸易条件，影响我国的出口。此外，资本的大量流入还会造成金融运行与实体经济脱节，加大我国宏观调控和金融监管的难度。而当资本大规模撤离我国市场时，会加剧国际收支逆差，造成汇率剧烈波动，尤其是在目前我国金融市场不健全、汇率尚未完全浮动的情况下，很容易成为投机炒作的对象，造成币值的不稳定。此外，资本大规模外逃，在一定程度上会削弱央行实施宏观经济政策的效果，增加央行对人民币流动性管理的难度，并且可能因流动性趋紧而导致国内金融体系出现更多的风险暴露。跨境资本过快流出也会给人民币带来较大的贬值压力，影响市场对人民币资产的看法，并可能形成汇率贬值、市场信心受挫、资本外流、汇率进一步贬值的恶性循环；在资产价格方面会导致国内资产价格剧烈调整，产生负财富效应并冲击整体经济（见图 10-2）。以上这些均会引发国内金融体系的动荡，严重威胁经济和社会的稳定。现阶段我国采取的"以市场供求为基础、参考一篮子货币进行调节、有管理的浮动汇率制度"是一种固定汇率向浮动汇率过渡阶段的汇率制度，汇率还没有完全市场化，容易出现高估或低估的情况，从而给投机者带来套利机会。人民币国际化条件下，我们需要密切关注国际资本的流动趋势与特点，关注国际经济的发展变化，加强防控资本大规模进出带来的风险。

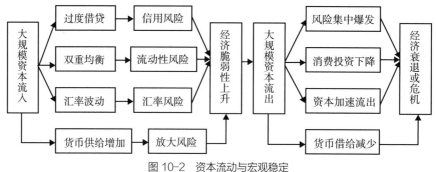

图 10-2 资本流动与宏观稳定

（四）人民币汇率超调风险

由于资本项目的不断开放，短期资本流动会增加人民币汇率波动的风险，影响资本市场稳定。汇率高估会降低外币借款成本，国内微观经济主体会产生过度举借外债的倾向，当外债累积到一定程度时，国外贷款人由于贷款风险增加而提高贷款成本，使我国金融机构和企业借款成本和借款难度上升。如果难以为继，会导致流动性危机和国际债务危机。

目前人民币汇率形成机制经过改革，虽然具有一定的弹性，但还没有实现完全的自由浮动，短期资本的持续外流有可能使我国陷入贬值预期自我强化、自我实现的恶性循环，短期看会造成市场价格失灵，长期看会积累汇率超调压力。当人民币单边升值预期越强，资本流动的羊群效应越明显，投机性风险就越大。一旦未来人民币估价预期和流向发生逆转，境外企业与居民抛售人民币资产的情况就可能发生，负面消息和预期有可能导致汇率变动的"超调"，这将对人民币汇率产生新的冲击。汇率的过度波动会直接影响到我国对外贸易和资本的流动，国内金融市场和实体经济都会受到较大冲击。[1]

（五）外债币种和期限错配风险

不管是私人债务还是公共债务，如以外币借债，需要转为本币在国内使用。在这种情况下，一旦经济受到冲击导致汇率发生大的波动，或者评级下调导致后续债务融资困难，就可能出现偿付问题，进而引发危机。以私人债务为例，亚洲金融风暴和 2008 年国际金融危机都有典型的表现。20 世纪 90 年代，泰国、韩国等亚洲国家的私人企业过度举借外债且币种错配，出现问题后外资撤走，

---

1 沈悦、董鹏刚、李善燊：《人民币国际化的金融风险预警体系研究》，《经济纵横》2013 年第 8 期。

本币贬值，对该国货币体系，甚至实体经济造成致命冲击，成为引发亚洲金融风暴的重要原因之一。2008 年国际金融危机中，一些东欧国家，如拉脱维亚、匈牙利等国的居民借用外债，即向当地的外资银行借用外币住房抵押贷款，用于国内买房，受到金融危机冲击后出现还贷困难。[1] 所以，我国在推进人民币国际化的过程中有必要对举借外债进行必要的管理，防止由此可能导致严重的币种错配和期限错配，有效防控系统性风险，维护经济金融的稳定。

二、人民币国际化风险的特征

通过上述对人民币国际化风险情形的考察，可以提炼出人民币国际化风险的共同特征，主要表现如下：

（一）全局性

人民币国际化本身是一项关涉经济、金融、社会、法律等多领域，具有对内与对外开放性的复杂系统工程。这决定了人民币国际化风险也通常会关涉到经济和金融体系的整体稳定，呈现出全局性特征。从具体的风险情形来看，人民币国际化会给我国金融体系稳定、宏观经济管理等方面带来挑战。这些挑战的背后暗含着人民币国际化风险外溢效应作用的两个主要层面——金融体系整体稳定与实体经济稳定。

首先，人民币国际化风险会对我国金融体系整体稳定造成冲击。第一，作为人民币国际化重要风险来源——短期跨境资本大规模流动与汇率大幅波动，当这二者单独或共同发生作用时，人民币国际化给我国外汇市场、资本市场造成的负面冲击必然牵一发而动全身。第二，就宏观经济管理风险而言，虽然这项风险并不仅仅在金融体系内发生效果，但是金融体系是发育在实体经济土壤之上的，若对这些风险防控不当，导致宏观经济不稳定，同样会危害人民币国际化所依赖的金融稳定。第三，就金融机构的风险暴露而言，一方面，人民币国际化的对外开放加大了金融机构特别是我国系统重要性商业银行遭遇信用风险、流动性风险、汇率风险、竞争风险等的可能性；另一方面，混业经营、机构合并背景下，金融机构之间关联性与集中度的增大会使它们面临共同的风险暴露。因此，人民币国际化会加剧我国金融机构的共同风险暴露。尤其是具有

---

1 陈元、钱颖一：《资本账户开放——战略、时机与路线图》，社会科学文献出版社，2014，第 22 页。

系统重要性的商业银行一旦遭遇风险冲击,风险会迅速在整个金融系统中蔓延,危害我国的金融稳定。

其次,人民币国际化风险会对我国实体经济稳定造成冲击。一方面,人民币国际化给宏观经济管理造成的挑战可以影响我国宏观经济态势。例如,人民币国际化造成的金融体系整体不稳定,可以通过金融体系与经济周期波动的正向反馈机制来影响实体经济的稳定。具体而言,在经济上行周期,人民币国际化导致的资本大规模流入会助推实体经济虚假繁荣,经济虚拟化问题加重。一旦经济活动达到顶峰而进入下行周期,资本大规模流出又会进一步加剧经济低迷,使实体经济陷入衰退之中。

综上所述,金融体系是外部冲击的放大器。我国现阶段金融风险层层嵌套,盘根错节,在资金流动链条的一环发生风险将引发一系列更具破坏力的风险,波及地方政府、企业、金融机构和个人投资者等众多相关方。人民币国际化风险会通过网络效应在整个金融体系内传导,主要体现为冲击金融市场稳定与金融机构稳健。同时,金融体系遭受的风险会通过正向反馈机制影响到实体经济的稳定,人民币国际化可能会刺激经济虚拟化,并加剧实体经济在下行周期的低迷情况。可见,人民币国际化风险一旦爆发,其影响范围及危害后果是全局性的,不仅涉及金融体系整体稳定,还会对实体经济产生负面溢出效应。[1]因此,人民币国际化风险是一种全局性风险,通常不仅仅局限于单一金融机构或单一金融市场等微观层面。

(二)传染性强

人民币国际化需要有一个健全的国内金融市场。如果国内金融体制改革,特别是汇率和利率形成机制、资本项目开放和监管程度、金融市场的竞争秩序及金融机构的改革等,落后于人民币国际化的步伐,将会引发诸多风险。

一般来讲,从微观层面来看,单个金融机构面临的风险主要包括信用风险、市场风险、流动性风险、操作风险、法律风险等。从宏观层面来看,单个金融机构的风险会远超越金融体系,与货币政策、财政政策以及实体部门的风险会紧密结合起来。而且随着我国对外开放的逐步扩大与深入,内部风险和外部风险相互强化的可能性逐渐增大。外部风险会在人民币国际化的背景下不断

---

[1] 陈可:《人民币国际化风险防控制度建构研究》,中南财经政法大学2017年博士学位论文。

放大。人民币国际化将使不同层面的风险更加复杂地关联起来，某一领域产生的风险会具有高度传染性。以资本项目开放为例，资本项目开放为人民币国际化所必需，但如果金融体系的脆弱性没有被消除，资本项目开放会使脆弱的金融市场暴露在国际资本的冲击之下，国际经济、金融危机等风险更容易传导到国内，从而威胁我国实体经济、金融体系的稳定发展。随着资本的自由流动，如果国内利率明显高于国际利率，势必会引起国际短期资本的大规模流入，这不仅会威胁到人民币汇率的稳定性，而且会直接或间接冲击银行体系，在国内监管不完备的情况下，会造成我国国内金融市场的巨大震荡，并容易引发泡沫经济，影响我国的经济安全。而当人民币汇率贬值，资产收益率下降时，国际游资又会迅速大规模撤离，这又会对我国经济金融安全带来巨大的风险，并加剧我国的经济衰退。[1] 此外，如果在人民币基本可兑换之后还未实现利率市场化，跨境资本的流动将使境内货币总量难以控制，利率扭曲致使金融资产错配现象更加严重，利率作为宏观调控措施的效果将难以见效，[2] 货币政策受到影响。资本项目开放还会加剧国内金融市场的竞争，使金融部门扩张风险交易的冲动加大，不仅会促使高风险借贷融资活动，而且还会激发衍生品及其他复杂的金融交易，使得风险的传递渠道更加多样化、复杂化。随着资本账户开放的逐步深入，越来越多的金融机构从事跨境资本交易，不同币种、不同国别市场的跨境资本交易面临复杂的信用风险、市场风险和流动性风险，远远超过传统封闭市场的风险类别，超越目前金融部门驾驭风险的能力，演变为整体性、结构性、叠加性的风险，并通过国内外货币市场、资产市场、外汇市场等媒介交叉传递，继而引发典型的系统性风险，甚至会引发货币及金融危机。

可见，人民币国际化风险具有广袤的传染网络，风险跨部门、跨行业、跨地区迅速传导，跨境资本流动等外部冲击与国内金融市场风险、宏观调控风险、实体经济风险等相互交织，使得由单个市场或者局部风险引起连锁冲击而导致系统性风险提升。同时金融体系的顺周期性[3]会放大人民币国际化对实体

1　毕海霞：《警惕人民币国际化推进过程中的风险及防范》，《现代经济探讨》2013 年第 7 期。

2　沈悦、董鹏刚、李善燊：《人民币国际化的金融风险预警体系研究》，《经济纵横》2013 年第 8 期。

3　金融体系的顺周期性是金融体系的固有缺陷，是指金融体系与实体经济之间的正向反馈机制，这一机制会加剧实体经济周期的波动并引发或加剧金融体系的不稳定。

经济周期波动和金融稳定的影响。

（三）破坏力强大

人民币国际化风险具有全局性与高度传染性特征，这决定了人民币国际化风险后果不会仅仅局限在对单个金融机构、单一金融市场的影响上，加之金融体系风险的复杂性和关联性上升，风险造成的后果具有强大的破坏力。

近年来，人民币国际化步伐不断加快，各种制度政策纷纷出台，资本项目开放力度逐步扩大，人民币汇率市场化改革有序推进，我国金融市场、金融体系不断发展，关联度和复杂性持续上升，具体表现在：金融机构之间资金依赖程度加深，相互持有的风险敞口不断增大；不同机构、不同市场之间的业务和资金联系更加密切，风险传染性上升；信用风险、利率风险、流动性风险等不同类别风险相互之间转化的渠道增加，风险相关性显著提升。[1] 而随着人民币国际化的推进，风险来源不断增加，风险传播途径相互交织，人民币国际化引发的风险会因为网络效应在整个金融体系内传导，风险覆盖面将更加广阔。以短期跨境资本大规模流动为例，在经济上行周期，人民币国际化导致的资本大规模流入会助推实体经济虚假繁荣。而一旦经济活动达到顶峰而进入下行周期，资本大规模流出又会进一步加剧实体经济的衰退。这不仅会给我国外汇市场、资本市场造成直接负面冲击，而且也会损害货币政策的独立性，影响整个金融体系和实体经济的健康运转。此外，由于系统重要性金融机构的存在，[2] 一旦它们遭遇风险冲击，将成为各类风险的传播放大器，单个金融机构以及金融市场的风险会迅速地在整个金融体系中蔓延，极大地增加了风险的破坏力，不仅会危害我国的金融稳定，而且也会使人民币海外业务难以正常进行，阻碍人民币国际化进程。可见，人民币国际化风险一旦爆发，风险会跨部门、跨行业、跨地区迅速地传导，跨境资本流动等外部冲击与国内金融市场风险、宏观调控风险、实体经济风险等相互交织、彼此传染，其危害后果具有极强的破坏力，不仅破坏金融体系整体稳定，还会对实体经济产生负面溢出效应，甚至引

---

1 中国人民银行货币政策分析小组：《中国货币政策执行报告——二〇一八年第一季度》，2018 年，第 13 页。

2 中国工商银行、中国农业银行、中国银行、中国建设银行已被认定为全球系统重要性银行，且在金融稳定委员会（FSB）的评估中得分和排名呈逐年上升趋势，已跻身全球系统重要性金融机构之列。中国人民银行金融稳定分析小组：《中国金融稳定报告（2018）》，中国金融出版社，2018，第 101 页。

发金融危机乃至经济危机，破坏力可见一斑。

综上所述，人民币国际化风险具有全局性、高度传染性和极具破坏力的特征，这些风险会危及我国金融体系的稳定，并对实体经济的健康发展造成不利影响。因此，我国应重视金融立法，创新风险监管制度，高度重视不同主体之间的风险联动与传染治理，有效防控金融风险的积聚和爆发，为人民币国际化的健康发展提供法制保障。

第三节　防控人民币国际化风险的制度路径选择

一、对风险进行金融规制与监管的正当性

金融关系着经济的稳定和发展，是经济的核心。但由于金融业普遍存在着由信息不对称、外部性等特征引发的金融市场失灵，并具有自身的特性，因此，能够给金融和实体经济的发展带来诸多风险。从目前来看，应对和防控风险的法律对策主要是法律规制与监管。法在为金融风险规制和监管提供法律依据和授权的同时，也在规束和防范公权力对市场的过度干预。对风险在法律上进行金融规制与监管的正当性主要体现在以下两个方面：

（一）金融市场失灵

1. 信息不对称

信息不对称是指在市场经济活动中，各类人员对有关信息的掌握存在差异。掌握信息比较充分的人员，往往处于比较有利的地位，而信息贫乏的人员，则处于比较不利的地位。[1] 由于存在信息不对称，金融合约各方当事人无法拥有同等信息的事实，会导致投资者可能面临着逆向选择和道德风险等问题，从而阻碍金融市场的高效运行。信息不对称还可能导致金融机构的大范围倒闭，引起金融恐慌。当向金融机构提供资金的人们对这类机构的总体状况产生怀疑时，由于无法辨别持有他们资金的金融机构是否健全可靠，他们可能选择从金融机构中抽回资金，无论是可靠的还是不可靠的机构，概莫能外。金融恐慌会导致公众遭受巨大损失，同时使经济运行受到严重破坏。信息不对称是市场经济的弊病，要想减少信息不对称对经济产生的危害，公权力应当适度介

1　韩龙：《防范和化解国际金融风险和危机的制度建构研究》，人民出版社，2014，第51页。

入。政府对金融市场的规制与监管可以帮助投资者获取更多的信息，使信息尽量由不对称到对称，从而减少逆向选择和道德风险等问题，促进金融市场的健康运行。而"有形之手"的介入需要法。

2. 外部性

外部性指在有相互联系、相互作用的经济主体之间，一个主体的活动对其他经济主体产生影响，而该经济主体又没有根据这种影响从其他经济主体获得报酬或向其他经济主体支付赔偿。外部性既可以是正面的和积极的，也可以是负面的和消极的，其所导致的重要后果是资源不能实现有效配置。为此政府需要对经济进行调节，控制负面的外部性，防止或制止外部性从微小的麻烦发展成为巨大的威胁，提高经济效率。外部性在金融业中有普遍的体现：以银行业的系统性风险为例，此类风险往往发端于单个银行的挤兑，挤兑是银行业的大忌，而银行却易于遭受挤兑之害。[1]

（二）金融业特性

对风险进行金融规制与监管的正当性不仅在于金融市场失灵，也在于金融业所具有的特性。这些特性主要有：

1. 战略重要性

金融业具有战略重要性，主要体现在：第一，金融业关系全社会资源的优化配置和经济增长。金融市场、金融机构的出现，与信息获取成本、交易成本有着密切关系，在减轻信息和交易成本方面，金融体系所具有的主要基本功能是在一个不确定的环境中能够为资源跨时空进行配置和缓解风险提供便利。以资本市场为例，资本市场要发挥有效资源配置和促进经济增长的作用，离不开真实的信息披露。由于信息披露具有公共利益的性质，因此，对虚假陈述以及操纵市场、内幕交易等行为进行制止和惩治，其意义不仅仅在于对具体行为的惩罚，更是为了防止和制止对资本市场和社会经济机制根基的动摇和侵蚀。第二，支付清算体系是经济活动的血脉。金融市场及其参与者的信心取决于市场使用的支付和清算系统是否有能力毫不延迟地担负对参与者的金融义务。复杂的商业交易和经济体系凭借支付和清算服务得以便利高效地运转，如果支付清算体系出现问题，则容易出现流动性头寸不足的问题，引发金融恐慌和挤兑，

---

[1] 韩龙：《防范和化解国际金融风险和危机的制度建构研究》，人民出版社，2014，第50页。

甚至造成银行大面积倒闭，造成严重的经济损害。在市场拒绝向遭遇流动性困境的银行提供借贷从而可能威胁到金融体系安全的情况下，由中央银行等机构通过提供流动性的最后救助贷款的形式进行公共干预就具有正当性，但这种干预也使纳税人面临在干预失败的情况下承受损失的风险，因此，救助和干预本身也需要有必要的规制。第三，银行是国家货币政策的"传送带"。银行体系在货币供应中具有核心作用，突出体现为货币创造和削减效应。国家借助银行体系来表达和实现所追求的货币政策，从而也导致银行业对整个社会经济生活的巨大外溢效果。这种具有影响社会经济发展的"公共产品"和巨大的外溢效果，使银行业不同于其他行业，所以，法律有正当的理由给予关注，进行必要的规制。[1]

2. 金融脆弱性

金融业具有脆弱性，以银行业所具有的高风险性和公共信心维系性为甚。银行采取少量准备金原则，实行借短放长的期限变换和高杠杆率，这些必然使银行经营受利率、存款结构的规模、借款人偿债能力等变化的影响，从而使其面临种种风险，特别是系统性风险。金融业的高风险性和公众信心维系性，客观上要求通过规制使金融机构依法运营，保持充足的资本、流动性等，以保护社会公众利益。[2]

3. 个体健康总体患病的难题

金融业中微观个体的健康不总是等于总体健康。例如，在经济上行期时，外部经济环境良好，银行资产状况乐观，各银行具有理性的强烈放贷意愿，但如果每家银行都这样做，就会导致全社会信贷膨胀、资产价格攀升和杠杆率加大，导致金融体系的系统性风险加速聚集，各银行也在感觉良好之中不知不觉同时染病。风险的释放通常伴随着危机的爆发，随之出现杠杆率降低，流动性枯竭，信贷萎缩，经济和社会需要的金融服务中断，实体经济受到摧残。对于金融业这一难症，需要进行相应的规制和监管，但仅靠关注单个金融机构安全稳健的微观审慎监管是无济于事的，需要建立以防范金融系统性风险为目标的宏观审慎监管制度，以维护整个金融业以及实体经济的稳定。因此，金融规制

1　韩龙：《金融法与国际金融法前沿问题》，清华大学出版社，2018，第31页。
2　韩龙：《金融法与国际金融法前沿问题》，清华大学出版社，2018，第34页。

不仅需要，而且应该从更广阔的视野覆盖整个金融体系以及实体经济。[1]

金融市场失灵和金融业的特殊性，是金融规制与监管的必要、正当和合理性的根基。[2]金融规制与监管是要防范和矫正金融市场失灵以及金融业特性所蕴含的风险，保障市场机制的正常运转。在充分发挥和尊重市场机制和市场自由过程中注重通过规制及监管防范金融风险，在规制和监管过程中为市场机制作用的充分发挥提供一个安全稳健的制度保障。金融规制与监管是出于社会和市场的整体利益和效率而为，是金融业健康稳定发展的重要保障。如前所述，人民币国际化潜伏种种风险，具有全局性、传染性强、破坏力大等特征，这些特征在人民币国际化条件下会放大金融市场失灵和金融业特性的负面效果。法在防控风险，包括人民币国际化条件下的风险所能采取的解决方法，就是建构恰当的规制和监管制度。

二、防控人民币国际化风险需要金融规制与监管制度

人民币国际化不可避免地会裹挟诸多风险，如何防控这些风险是亟需解决的重大问题。首要任务是建立一个适当的规制与监管制度体系。一个健全、严密的金融规制与监管制度体系是投资者对金融市场信心的最佳保障，有利于提高我国金融市场的吸引力。同时，有效的金融规制与监管体系也是防控货币国际化风险的重要依靠。一方面，有效的金融规制与监管体系是金融市场正常运行的重要保障。金融规制与监管体系在金融市场的完善和发展中起到了外部监督和指导的作用，能有效地减少金融市场上的信息不对称，规范市场交易主体的行为，最终有助于建立起有深度和广度的金融市场体系。另一方面，有效的金融规制与监管体系可以降低跨境资本流动或逆转的风险，从而保证国内货币政策的有效调控。

纵观各主要货币国际化国家，可以发现金融规制与监管制度扮演着重要角色。以美欧为例，美国适时制定的《多德—弗兰克华尔街改革和消费者保护法》虽并非直接指向防控美元国际化风险，但这部法律反映了当今以宏观审慎监管制度应对系统性风险的金融规制与监管法的发展趋势。在此背景下，该法律有

1　韩龙：《金融法与国际金融法前沿问题》，清华大学出版社，2018，第35页。

2　韩龙：《防范和化解国际金融风险和危机的制度建构研究》，人民出版社，2014，第69页。

助于维护美国金融稳定，通过金融规制与监管制度的完善来增强美元国际化风险防控能力，捍卫世界对美元的信心。欧元的诞生与发展也与欧元区统一的货币市场和超国家机构的建立密切相关，欧洲金融一体化程度不断加深，金融市场的深度、广度和流动性向纵深发展，欧盟为应对金融危机和欧债危机进行了大刀阔斧的改革，建立了一套以欧盟系统性风险委员会（European Systemic Rick Board，简称 ESRB）为核心的宏观审慎规制与监管制度以及以欧洲中央银行为核心的欧盟银行业联盟。欧盟层面统一规制与监管制度的建立，改善了欧元风险防控制度，保证了欧元的国际地位，推动了欧元的国际化进程。

综上所述，货币国际化需要与之相适宜的风险防控法律制度为之提供支持和保障，否则，货币国际化就无法实现。货币国际化意味着该货币发行国将同时面临国内、国际市场的变化和冲击，国内经济和金融的稳定与否直接关系货币国际化能否取得成功，而拥有完善的金融规制与监管体系才能支持金融市场的稳定发展和开放的顺利进行。因此，作为人民币国际化风险防控的重要制度，我国金融规制与监管制度建设的完善直接关系到人民币国际化风险防控的效果，为此我们应把完善金融规制与监管制度作为优先发展项，以降低国内外各种金融冲击对我国的影响。

三、人民币国际化风险防控制度现状

目前我国尚不存在一套专门用来防控人民币国际化风险的法律制度，现在的人民币国际化风险防控制度主要依赖于微观审慎监管制度、货币措施等既有的一般性风险防控制度。但这些防控制度在解决人民币国际化风险防控问题方面存在不足。以微观审慎监管为例，它的目的在于规范单个金融机构的市场交易行为，保护存款人、投资者的合法权益；关注单个金融机构的风险暴露情况，认为各个机构之间互相独立，并不存在关联和影响，因此，通过跟踪一系列监管指标的发展变化来监测和计量单个金融机构所面临的风险。监管者因此侧重于对单个金融机构经营行为、公司治理、信息披露进行监管，从而使金融消费者的利益得到保护。微观审慎监管的主要任务是通过对金融机构的个体监管，使之处于稳健运行状态，从而最终达到保护金融消费者的目的。

由此，我们可以得出微观审慎监管在应对人民币国际化风险防控方面有较大的局限性，主要体现在以下三个方面：

首先，在监管范围方面，政府、企业和居民等经济运行体系中的主要部门并不在微观审慎直接监管范围内，所以，其金融行为难以获得及时调控。

其次，在金融体系间关联关系方面，随着人民币国际化进程的加快、金融开放深化，金融体系各部分之间关联关系变得十分复杂，微观个体的状况即使稳健，由各个个体组成的整体仍有可能是系统性的不稳定。此外，微观审慎监管中存在不少顺周期或曰助周期因素。例如，市场在上升周期时，抵押物价格上升，会使企业账面负债状况显得更健康，从而进行更多借贷，形成风险隐患。基于此，现有的这些风险防控制度的主要特点可以归纳为是聚焦于特定的金融机构、金融部门或金融市场，只关注该机构、该部门、该市场出现的风险问题并给予规制，难免会出现"头痛医头，脚痛医脚"的现象，不能从整个宏观层面把握风险，缺乏一个整体视野的风险防控制度，这样在面对具有前述特征的人民币国际化风险时就无法有效地进行防控，会给我国的经济和社会的稳定发展造成巨大的隐患。

最后，虽然我国针对人民币国际化引发的跨境资本流动风险的防控进行了一些尝试，但距离人民币国际化风险防控的需要仍有差距。例如，2015年9月，基于人民币汇率出现波动、资本流动呈现一定顺周期性的背景，中国人民银行对开展远期售汇业务的金融机构收取20%的外汇风险准备金，从2016年1月起开始对境外金融机构在我国境内金融机构存放执行正常存款准备金率，[1]之后在人民币汇率水平趋于均衡，跨境资本流动和外汇供求都更加平衡的情况下，人民银行调整前期措施，规定自2017年9月11日起，调整外汇风险准备金政策和对境外金融机构境内存放执行正常准备金率的政策，将外汇风险准备金征收比例降为0。2018年5月，人民银行将港澳人民币业务清算行存放人民银行清算账户的人民币存款准备金率降为0，促使逆周期调控措施逐步回归中性。2018年8月，为防范宏观金融风险，促进金融机构稳健经营，加强宏观审慎管理，人民银行决定自8月6日起，将远期售汇业务的外汇风险准备金率

---

1 征收外汇风险准备金会进一步增加离岸人民币存款成本，抬高做空离岸人民币的代价，抑制套利行为，从而方便人民银行稳定汇市。对境外金融机构境内存放执行正常存款准备金率，是对我国存款准备金制度的进一步完善。对境外金融机构境内存放执行正常存款准备金率，建立了对跨境人民币资金流动进行逆周期调节的长效机制，有助于抑制跨境人民币资金流动的顺周期行为，引导境外金融机构加强人民币流动性管理，促进境外金融机构稳健经营，防范宏观金融风险，维护金融稳定。

从 0 调整为 20%。此举有利于增强人民币汇率的双向波动，使其相应回归中性，以强化外汇市场价格发现功能，提高市场流动性。[1]但我们需注意这种点状式的风险防控举措，因其缺乏制度保障而不利于人民币国际化条件下的风险防控。

综上所述，在人民币国际化背景下，我国将面临日益复杂的金融业务及日益庞大的市场规模，人民币国际化对监管体制、监管措施和监管目标等都提出了新的要求。金融监管制度唯有与时俱进地不断发展完善，才能有效避免人民币国际化的风险给我国造成的损害。

四、应对人民币国际化风险的制度防控新诉求

依据以上分析，人民币国际化会加大我国金融机构的风险暴露，使货币政策面临失调的风险，资本项目的开放会放大跨境资本流动风险等。在人民币国际化进程中出现的信用风险、流动性风险、高杠杆风险、外汇风险、资产价格风险以及与跨境资本流动风险等，因具有全局性、高度传染性与极具破坏力的特征，极易诱发系统性风险，导致金融服务提供中断，危及整个金融体系与宏观经济的稳定，甚至可能引发金融危机或经济危机。加之系统重要性金融机构的稳健经营不仅对我国整体金融体系的安全运行至关重要，而且也是决定人民币国际化成败的重要因素。随着人民币在国际市场扮演更重要的角色，这些机构必然要走向全球金融市场，迎接巨大的国际化发展空间，在客户和产品两个维度加快提升海外业务规模及收入来源，但也将面临更加复杂的市场环境和监管要求，风险暴露的数量和结构都将显著调整。如果对其风险失察，多米诺骨牌效应会带来连锁反应，引发金融市场动荡，对人民币国际化造成不利影响。传统的微观审慎监管制度的关注点在于单个金融机构和单一金融市场等微观层面的风险，制度设计依据是实现微观个体的安全稳健就能维护整个金融体系的整体安全的思维。但 2008 年国际金融危机表明，这种监管制度无法应对因诸多风险交织而极易演化形成的系统性风险。因此，面对人民币国际化引发的系统性风险，现有的风险防控制度是无力解决的。面对这类系统性风险，我们应当探索新的风险防控制度——宏观审慎监管制度，采用宏观审慎监管制度来破

---

1 中国人民银行金融稳定分析小组：《中国金融稳定报告（2018）》，中国金融出版社，2018，第 108 页。

解人民币国际化系统性风险防控的难题。

　　此外，由于人民币国际化的风险不完全限于系统性风险，例如，人民币国际化也会对我国货币政策的独立性带来影响，因此，防控人民币国际化的风险也需要货币措施等制度措施的加入。况且金融系统性风险的防范和化解有时也需要采用微观审慎监管制度以及资本项目临时管制恢复等其他制度。总之，现有的风险防控制度安排和相关措施无法满足全面防控人民币国际化风险的需要，我们需要新的规制与监管制度来回应这种诉求。

第十一章
防控人民币国际化风险的宏观审慎监管制度建构

　　既然人民币国际化会给我国金融体系的稳定、宏观经济管理以及金融机构的风险暴露程度等方面带来影响，那么，应当如何防控人民币国际化风险呢？人民币国际化风险防控需要于法有据，制度先行。这类法律制度就是应对金融风险所需要的金融规制与监管制度。那么，应如何选取与人民币国际化风险相适配的金融规制监管制度呢？作为后危机时代国际金融风险监管制度的最新发展和经验——宏观审慎监管制度，是否与人民币国际化风险防控具有适配性？若答案是肯定的，那么仅靠宏观审慎监管制度能否全面防控人民币国际化风险？若答案是否定的，防控人民币国际化风险还需要哪些制度的介入与制度间的协调配合？对这些问题的回答，宜从人民币国际化风险的特征入手，研究与之适配的风险防控制度。但鉴于人民币国际化风险的特征在本编第十章中已作揭示，故以下略去对该特征的重复考察，直接考察与人民币国际化风险相匹配的主要防控制度——宏观审慎监管制度。

第一节　人民币国际化风险与宏观审慎监管制度的契合性

一、宏观审慎监管制度及其目标、特征

（一）宏观审慎监管的概念

　　"宏观审慎"的提出可以追溯到 20 世纪 70 年代末。1979 年 6 月，巴塞尔银行监管委员会 (Basel Committee on Banking Supervision) 的前身库克委员会（Cooke Committee）在一次关于国际银行贷款期限转换的讨论会中首次提出了"宏观审慎"一词。当时，时任委员会主席的库克指出：委员会所

关注的微观经济问题已经与之前不受重视的宏观经济问题存在关联，呈现微观审慎向宏观审慎的转变；委员会应关注宏观审慎以及与微观审慎和本委员会利益有关的宏观经济。[1]之后 1986 年"宏观审慎"在公开的文件中出现，国际清算银行（BIS）在"国际银行业近期创新"会的研究报告中提出了"宏观审慎政策"这一概念。[2]在报告中，这一概念被定义为"广泛的金融系统和支付机制的安全性和稳健性"。到了 90 年代末期，特别是 1997 年亚洲金融危机爆发，宏观审慎的逻辑和理念开始受到关注。国际货币基金组织（IMF）在 1998 年 1 月份的报告"健全的金融系统框架"中指出宏观审慎管理的重要性，提出了建立更完备的统计指标即"宏观审慎指标"来度量金融系统的脆弱性。这套宏观审慎监管指标体系包括加总的微观审慎指标和宏观经济指标两个部分。其中微观审慎指标主要包括资本充足率、资产质量、管理和流动性指标等单个机构稳健的金融指标。而宏观经济指标则包括经济增长、国际收支平衡、通货膨胀率等影响金融失衡的重要指标。2000 年 9 月，时任国际清算银行总裁的安德鲁在一次银行监管的国际会议上首次对微观审慎和宏观审慎的目标进行了区分，认为金融稳定可以分为微观层面的和宏观层面的，而相对应的是保证单个金融机构稳定为目标的微观审慎监管和保证整个金融系统稳定的宏观审慎监管，最主要的挑战是如何在微观审慎和宏观审慎之间达到平衡，将二者有机结合起来。[3]在此之后 BIS 的工作文件和出版物中，这一概念多次被重复使用。2003 年，国际清算银行研究部克劳迪奥在一份工作报告中对宏观审慎监管和微观审慎监管进行了更加详细的区分，并将宏观审慎监管划分为两个维度，一是时间维度，主要考察风险在金融系统中如何随着时间而变化；二是截面维度，主要考察金融系统内的风险在某一时间点如何分布。[4]近年来发生的几次金融危机，政策关注的焦点大多聚集在时间维度，因此，主要研究内容体现在对金融系统进行顺周期监管

---

1 Piet Clement, "The Term 'Macro-prudential': Origins and Evolution", *BIS Quarterly Review*, March 2010.

2 Bank for International Settlements, Recent Innovations in International Banking, Report Prepared by a Study Group Established by the Central Banks of the G10 Countries, Basel, April (Cross Report), 1986.

3 Andrew Crockett, "Marrying the Micro- and Macro-Prudential Dimensions of Financial Stability", *BIS Speeches*, September 21, 2000.

4 Claudio Borio, "Towards a Macro-prudential Framework for Financial Supervision an Regulation", *BIS Working Paper*, No. 128, February 2003.

时对银行资本要求的影响以及监控与宏观经济相关的金融系统的脆弱方面。但随着 2008 年国际金融危机的发生，截面维度引起了人们的注意，原因在于对系统重要性金融机构的关注和"太大而不能倒"理论的提出。[1]

2008 年国际金融危机爆发后，多个国家长久以来的乐观的金融情绪被打破，预防系统性风险、维护宏观金融稳定成为举世瞩目的热点问题，在这一背景下，宏观审慎理论受到前所未有的强烈关注。宏观审慎与微观审慎相比来说是一个较新的、正在发展的监管理念和监管制度。金融稳定委员会（Financial Stability Board，简称 FSB）、国际货币基金组织（IMF）、欧盟系统性风险委员会（ESRB）分别在国际层面和欧盟层面上完善与之有关的组织框架，界定它的主要目标和措施范围，并在这些方面发挥着重大作用。金融稳定委员会、国际货币基金组织于 2011 年 2 月对宏观审慎作出了官方界定，认为其主要内容包括如下三个范畴：第一，目的范畴，是降低系统性风险或者说整个金融系统的风险；第二，分析对象范畴，是整个金融系统以及它与实体经济的联系；第三，措施组合范畴，为审慎管理的措施和指定宏观审慎当局采取的措施。[2] 在欧盟层面上，欧盟系统性风险委员会（ESRB）认为宏观审慎的最终目标是致力于维护金融系统的整体稳定，包括强化金融系统的弹性，减少系统性风险的聚积，进而确保金融系统的稳定和可持续发展，促进经济增长。

因此，结合宏观审慎监管理念与制度的历史发展，宏观审慎监管制度可概括为主要运用宏观审慎措施限制金融系统性风险，由此减少重要金融服务中断对实体经济造成严重后果的监管制度。[3] 可见，宏观审慎监管制度是对宏观审慎规制与监管理念的制度回应，旨在防范系统性风险及其对实体经济的溢出效应，维护金融与经济稳定。[4]

（二）宏观审慎监管的目标与特征

宏观审慎监管的目标主要包括：一是通过建立并适时释放缓冲，提高金融体系应对冲击的能力；二是减缓资产价格和信贷间的顺周期性反馈，控制杠杆率、债务和不稳定融资的过度增长，防止系统性风险的不断累积；三是降低金

1　Piet Clement, "The Term 'Macro-prudential': Origins and Evolution", *BIS Quarterly Review*, March 2010.

2　尹振涛：《对全球金融监管改革核心内容的再认识》，《国际经济评论》2011 年第 6 期。

3　IMF, Macroprudential Policy: An Organizing Framework, March 14, 2011, p.8.

4　韩龙：《人民币国际化重大法律问题之解决构想》，《法学》2016 年第 10 期。

融体系内部关联性可能带来的结构脆弱性，防范关键市场中重要金融机构的"大而不能倒"（too-big-to-fail）风险。[1]

透彻把握宏观审慎监管的特征，离不开对系统性风险的认知。根据国际货币基金组织的定义，系统性风险是指因金融体系全部或部分受损而导致金融服务提供中断，并会对实体经济产生严重消极影响的一种风险。[2]系统性风险有如下特征：一是它具有广泛性和普遍性。系统性风险不仅仅是单个金融机构自身的风险问题，还与国家宏观政策、金融系统的整体状况以及整个金融监管的有效性等密切相关。这是因为系统性风险波及和涉足的主体非常广泛，包括投资者、消费者、金融中介等金融主体，因各主体之间关联复杂，一旦某一点或某个区域出现风险，便会迅速扩散影响到其他部门，牵一发而动全身。二是它具有极强的负外部性。由系统性风险引发的金融机构的破产所强加于整个社会的成本要远远大于金融机构自身的成本，更何况是在经济金融全球化的今天，系统性风险所波及的范围会超出一国的金融范围和经济领域。三是它具有高度的传染性。系统性风险不仅影响金融行业自身，还会导致众多的存款者和投资者的损失乃至整个实体经济的损失。

系统性风险通常起因于单个金融机构事前相互关联的风险选择（内生性风险），而并非金融系统外部的风险（外生性风险），因此，对系统性危机的事后干预，如央行的流动性注入、政府的资产重组等应对方案，往往治标不治本，甚至由于忽视了道德风险问题，这些措施会导致更严重的事前风险承担，继而增大发生系统性金融危机的可能性。[3]因为系统性风险不是外生事件，而是来自金融部门内部因为金融中介自身动机产生的失衡所导致的，所以，对过度冒险和产生金融失衡的事前预防是宏观审慎监管的重要使命，而不仅仅是事后的危机管理和处置。因此，仅有事后干预是治标不治本的，并且可能会通过道德风险产生很高的事前系统性风险。因此，事前的宏观审慎监管对控制系统性风险和避免代价高昂的金融危机至关重要。据此，我们可以对宏观审慎监管的特征有较为全面的认识。

---

1 中国人民银行金融稳定分析小组：《中国金融稳定报告（2017）》，中国金融出版社，2017，第107页。

2 IMF, Key Aspects of Macroprudential Policy, June 10, 2013, p.6.

3 〔西班牙〕泽维尔·弗雷克萨斯、拉克·莱文、何塞·路易斯·佩德罗：《系统性风险、危机与宏观审慎监管》，王擎等译，中国金融出版社，2017，第57页。

1. 宏观审慎监管将金融体系视为一个整体，具有全系统视角，并非只聚焦于单个金融机构或金融市场

这是因为微观审慎监管存在"合成谬误"：有的活动对于金融机构个体而言是合适的，但若共同作用于全系统可能会产生或加剧金融不稳定问题。而且，鉴于系统性风险产生的过程复杂，而风险在整个金融体系里容易转移，所以，亟需对包含金融机构（银行以及非银行机构）、金融措施、金融市场和基础设施在内的整个领域予以广泛关注。

2. 宏观审慎监管关注由于机构之间的联系在金融体系内部产生的风险及其蔓延

第一，宏观审慎监管并不仅仅是要消除风险。宏观审慎监管是要增强金融体系的弹性和韧性，以防止风险和波动性的不断放大可能引发金融危机，从而维护金融体系的稳定。第二，宏观审慎监管具有前瞻性。与宏观经济政策相比，宏观审慎监管应具有前瞻性、预防性，事前的预防措施要比事后的补救措施更加重要。由此，宏观审慎监管机构应在系统性风险演化成危机之前及时发现风险，分析数据，发布预见性的指引或监管要求，管理和化解风险。第三，宏观审慎监管关注金融机构及各个市场参与者之间的相互关联性，以及经济波动下市场主体由于共同风险暴露所带来的风险。

3. 宏观审慎监管措施的目标是减少系统性风险，增强金融体系的弹性和韧性

使用宏观审慎监管措施增强金融体系的弹性和韧性，抑制顺周期性，并管理机构间的互相关联性风险，可以有效促使机构在繁荣时期抑制过度逐利行为，并为整个金融体系应对金融危机创造缓冲条件，从而内部化这些外部冲击。

4. 宏观审慎监管的最终目的是降低系统性风险对实体经济的影响

宏观审慎监管通过减少金融体系内部风险对实体经济造成的影响，保障金融服务的持续性，防范和化解金融系统性风险对实体经济产生的溢出效应。这既是宏观审慎监管的出发点，也是宏观审慎监管的落脚点。

总之，宏观审慎监管制度是运用宏观审慎措施控制金融系统性风险，降低重要金融服务中断对实体经济造成危害的监管制度。而系统性风险指金融体系部分或全部受损造成金融服务提供中断，并能够对实体经济造成非常严重的负

面后果的风险。[1] 可见，防范系统性风险及其对实体经济的溢出效应，维护金融体系以及实体经济的稳定，是宏观审慎监管的目标和特征。[2]

二、宏观审慎监管制度契合人民币国际化风险防控的需要

随着人民币国际化所需要的资本项目开放的扩大，金融市场主体将会进一步多元化，市场流动性也将不断提升，我国金融市场同国际金融市场的联系将日益紧密，风险的关联性日益增强。国际金融市场的波动将会更加迅速和多渠道地引起我国金融市场的波动，我国金融市场的风险暴露也将随之扩大。而有效的金融监管则可以通过减少信息不对称、规范市场主体行为、协调供求双方等方式来实现市场信心，提升金融运作效率，从而防控人民币国际化带来的风险。有效的金融监管一方面可以为金融市场的正常运行提供重要保障，另一方面可以降低包括热钱等在内的资本进出我国所造成的风险。人民币国际化使得我国将面临全新的、不断国际化的金融业务和金融市场，这就要求我国不断革新监管体制、监管手段及监管目标。[3]

如前文所述，人民币国际化风险包括金融体系不稳定风险、货币政策失调风险和跨境资本流动风险等，具有全局性、高度传染性与极具破坏力等特征。能够引发系统性风险的金融风险分为六类：信用风险、系统流动性风险、高杠杆风险、外汇风险、资产价格风险以及与资本流动相关的风险。[4] 这六种风险均存在于人民币国际化进程当中，且人民币国际化风险易演变为系统性风险。以跨境资本流动为例，跨境资本流动存在引发系统性风险的隐患。跨境资本流动各环节均存在风险：一是外债风险，包括过度借贷所致偿债危机、期限错配风险、币种错配风险（外币计价外债）、外债与内债间的风险传染；二是汇率风险，汇率波动对进出口、金融市场价格造成冲击；三是银行体系风险，资本流动对银行信用和货币供应量造成冲击，进而对利率、经济增长、资产价格产生影响；四是人民币资产池风险，人民币资产池是资本流入目的地和资本流出

---

1 IMF, Key Aspects of Macroprudential Policy, June 10, 2013, p.6.

2 韩龙：《人民币国际化重大法律问题之解决构想》，《法学》2016 年第 10 期。

3 李稻葵：《人民币国际化道路研究》，科学出版社，2013，第 238 页。

4 中国金融监管制度优化设计研究课题组：《中国金融监管制度优化设计研究——基于金融宏观审慎监管框架的构建与完善》，中国金融出版社，2016，第 85 页。

的发起地，可以看作"人民币卖出头寸"（即非居民或居民持有的、当风险爆发时可抛售、兑换外币的人民币资产余额。其对境内金融市场、外汇市场等构成潜在的抛压压力）的积累，跨境资本在境内资产配置和抛盘行为将对境内金融市场价格、实体经济投资造成冲击。[1] 跨境资本流动各环节的风险并非各自独立，在特定情形下会形成"资本流动—外债风险—本币汇率—国内流动性—资产价格"正反馈循环，出现风险的跨部门传染，成为实体经济顺周期性与金融加速器的一部分。同样，国内资产泡沫的增大和经济过热也会驱动跨境资本的流入，持续的流入又进一步推动了资产价格膨胀和过度投资。这种循环延续到明斯基时刻，此后经济下行，资产价格下跌预期开始驱动资本流出，加剧本币贬值和信用收缩，[2] 引发投资和资产价格下跌，以及更大规模的资本流出（见图 11-1）。跨境资本流动这种外部冲击与国内金融市场风险、机构风险、实体经济风险等相互交织在一起，彼此传染风险，使得由单个市场或者局部风险引起连锁冲击而导致系统性风险发生的概率不断提升。

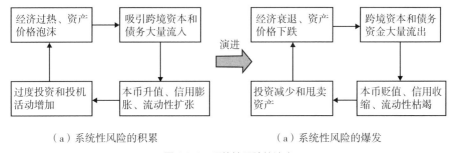

图 11-1　系统性风险的演变

此外，系统重要性银行的稳健经营对我国金融体系安全运行至关重要，因而也成为决定人民币国际化成败的重要变量。随着人民币在国际市场扮演更重要的角色，系统重要性银行必然要走向全球金融市场，迎接巨大的国际化发展空间，在客户和产品两个维度加快提升海外业务规模及收入来源，但也将面临更加复杂的市场环境和监管要求，风险暴露的数量和结构都将显著调整。系统重要性银行在国际化发展过程中需要经受国内、国外双重风险的

---

[1] 外汇局江苏省分局课题组：《跨境资本流动宏观审慎管理分析框架研究》，《中国外汇》2016 年第 1 期。
[2] 伍戈、严仕锋：《跨境资本流动的宏观审慎管理探索——基于对系统性风险的基本认识》，《新金融》2015 年第 10 期。

考验。在我国进一步融入国际货币和金融体系的过程中，应特别重视强化系统重要性银行的风险管控机制，防范个别风险事件发酵成为系统性金融危机，进而给实体经济带来灾难性后果。通过提高对系统重要性金融机构的资本监管要求或增加对逆周期监管措施的使用，如对系统重要性金融机构征收资本附加费或实行逆周期资本要求等，这类宏观审慎监管措施可以增强金融机构抵御冲击的能力。

自由浮动汇率制也会提高跨境资本流动和金融市场的关联度，使得外汇市场、货币市场、资本市场之间，以及离岸和在岸金融市场之间的价格联动性及风险传染性增强，使得国内金融市场存在不容忽视的脆弱性。"8·11汇改"之后，中国资本市场价格、杠杆率和跨境资本净流入之间的关系，由之前的单向驱动关系变为循环式的互动关系，而且显著正相关，对某一变量的冲击呈现反身性和不断强化的特征，市场收益率与短期资本流动存在双向互相影响，说明短期资本流动冲击足以影响到资本市场的价格和杠杆水平。[1]

通过对人民币国际化风险特征和宏观审慎监管制度瞄准的风险进行考察，我们可以发现，人民币国际化风险体现出系统性风险的特征，即风险后果会危及整个金融体系与宏观经济的稳定，人民币国际化风险易演变为系统性风险。而宏观审慎监管制度所瞄准的就是系统性风险，旨在运用宏观审慎措施限制金融系统性风险，降低重要金融服务中断对实体经济造成的危害。防范系统性风险及其对实体经济的溢出效应，维护金融体系以及实体经济的稳定，是宏观审慎监管所要解决的问题。可见，人民币国际化风险的特征与宏观审慎监管制度瞄准的风险具有高度契合性。用宏观审慎监管治理人民币国际化带来的系统性风险，可谓是"对症下药"。正是因为宏观审慎监管制度比较能够满足人民币国际化风险防控的需要，因此，应成为防控人民币国际化风险的主要制度选择。

三、宏观审慎监管制度能有效缓解"三元悖论"

根据"三元悖论"理论，一国货币当局在独立货币政策、资本自由流动和汇率稳定三个目标之间须要有所取舍，最多只能同时满足两个目标，而放弃另

---

1 陈元、钱颖一：《资本账户开放——战略、时机与路线图》，社会科学文献出版社，2014，第102页。

外一个目标。在经济金融全球化和资本大规模流动的背景下，考虑到资本流动既可能对一国经济带来正向溢出效应，也可能会对一国经济造成负面冲击，而单纯依靠汇率浮动已经不能完全抵消这一影响，如果要取得宏观总体平衡，需要我们在提高汇率灵活性的同时，完备跨境资本流动的宏观审慎监管框架。[1]这是因为宏观审慎监管的重要内容是结合传统的微观审慎监管措施和宏观审慎监管措施，逆周期调节经济运行，防范系统性金融风险，且这种风险防范的有效性不依赖于一国经济发达程度和汇率制度。那些面临大量资本流入或金融市场不发达、实行固定汇率或汇率管制的新兴市场国家，倾向于广泛使用宏观审慎监管措施。而这些措施在实行浮动汇率的国家和发达经济体同样有效。[2]

近年来，我国运用发行央行票据和差别准备金动态调整等创新型宏观审慎监管措施，部分冲销了外汇占款增加带来的流动性，使货币措施的有效性增加了"一个角"。按照一个政策目标需对应一个独立的政策措施的丁伯根法则（Tinbergen's Rule）[3]，在蒙代尔"三角"中增加宏观审慎监管措施，有助于缓解"三元冲突"。例如，智利对非居民存款的无息准备金要求、一些国家对金融机构的外汇头寸比例限制等宏观审慎监管措施，都在一定程度上缓解了"三元冲突"。[4]

鉴于人民币国际化风险防控与宏观审慎监管有较强的适配性，我们可以构建一套以宏观审慎监管制度为主体、辅之以其他制度的人民币国际化风险防控制度体系。那么，应该如何构建与人民币国际化风险相适应的宏观审慎监管制度呢？从构成来说，宏观审慎监管制度包括宏观审慎监测制度、宏观审慎监管措施、宏观审慎处置制度、宏观审慎监管体制，因此，构建与人民币国际化风险相适应的宏观审慎监管制度也宜从宏观审慎监测制度、宏观审慎监管措施、宏观审慎处置制度、宏观审慎监管体制着手。实行宏观审慎监管需以准确判断系统性风险和金融脆弱性为前提，故宏观审慎监测制度应选取能够反映金融体

1　孙国峰、尹航、柴航：《全局最优视角下的货币政策国际协调》，《金融研究》2017 年第 3 期。

2　廖岷、孙涛、丛阳：《宏观审慎监管研究与实践》，中国经济出版社，2014，第 99 页。

3　当一国面临多个经济目标，这些经济目标本身并不一致，并且一国有多种政策工具可供选择，各种政策工具实施的效果也可能相互冲突。针对这种情况，荷兰经济学家丁伯根（Jan Tinbergen）提出了将政策目标与政策工具相联系的模型。丁伯根法则的基本含义是：一国所需的有效政策工具数目至少和所想达到的独立的经济目标数目一样多，要达到一个经济目标至少需要一种有效的政策工具。由此推论，要达到 N 个独立的经济目标，至少需要 N 种独立的有效政策工具。

4　陈元、钱颖一：《资本账户开放——战略、时机与路线图》，社会科学文献出版社，2014，第 134 页。

系以及经济体系风险，包括人民币国际化风险的指标，确定其临界值，获取监测信号，并进行对策转化，相应地启动或调整宏观审慎监管措施。[1] 宏观审慎监管措施是宏观审慎监管制度的核心，寻找到风险的发生点，然后采取有针对性的措施加以防控，唯有如此才能实现宏观审慎监管制度的价值和目的。宏观审慎处置制度是在金融机构，特别是系统重要性金融机构经营失败时，能够对其进行安全、快速、有效的处置，保障关键金融业务和服务不中断，妥善解决金融机构"大而不能倒"的问题的制度，包括恢复计划、处置计划和自救机制等。宏观审慎监管体制是宏观审慎监管的组织机构保障，是实施宏观审慎监管的载体，具体负责宏观审慎分析、系统性风险的识别以及宏观审慎监管措施的运用，组织机构安排的合理性直接关系到我国整个宏观审慎监管框架的有效性。下文将详述之。

第二节　防控人民币国际化风险的宏观审慎监测制度建构

宏观审慎监测制度是指通过建立反映人民币国际化风险的宏观审慎指标（Macroprudential Indicators，MPIs），并为其设定阈值或临界值，再由宏观审慎监测机构运用宏观审慎分析方法，发出监测信号，判断 MPIs 是否在阈值上下发生了异常变动，并据此预测金融脆弱性与危机发生可能性的制度。宏观审慎监管的准确、及时实施，需要以准确判断金融风险和脆弱性为前提和起点。如果我们对可能导致金融危机的金融风险和脆弱性毫不预知，就无法采取相应的宏观审慎措施加以防范和化解，故而宏观审慎监测制度是建立防控人民币国际化风险的宏观审慎监管制度的重要内容。该制度的建立为宏观审慎监管机构采取有针对性的宏观审慎监管措施提供重要依据。

一、防控人民币国际化风险的宏观审慎预警指标

随着人民币国际化的推进，我国面临的金融风险会不断增加。在利率、汇率还未完全市场化、资本项目开放程度较低、经济金融结构还不太完善的情况下，人民币国际化的步伐和政策如有失误，都可能会引起国内金融系统的动

---

1 韩龙：《人民币国际化重大法律问题之解决构想》，《法学》2016 年第 10 期。

荡。因此，识别人民币国际化进程中的金融风险和传导机理，建立一套人民币国际化的金融风险预警体系，利用科学方法对人民币国际化的金融风险进行有效预警，是防范人民币国际化系统性金融风险和维护金融稳定的基础性工作。以下在分析人民币国际化进程中的金融风险与传导机理基础上，试图构建一套人民币国际化风险预警的指标体系。

人民币国际化风险预警体系的建立需要囊括诸多指标，如反映国家宏观经济基本面的政府财政赤字／名义 GDP 指标，反映国家财政运行情况的赤字率指标等。[1]但本节侧重研究防控人民币国际化系统性风险的宏观审慎预警指标，故以下根据引发人民币国际化系统性风险的主要来源渠道，认为人民币国际化条件下的风险预警指标体系应当至少包括六个子系统，分别是：汇率波动风险预警子系统、资本项目开放风险预警子系统、政策操作风险预警子系统、国内金融机构风险预警子系统、资产价格波动预警子系统、境外融资风险预警子系统。各项预警子系统的指标选择如下：

（一）汇率波动风险预警子系统

随着人民币国际化进程的加快，我国将会建立更加富有弹性的汇率制度。针对汇率波动情况，可选用人民币有效汇率指数（即人民币与主要货币的实际汇率、名义汇率及实际汇率与均衡汇率的偏离幅度）、外汇储备增长率、通货膨胀率等指标组成汇率波动风险预警指标子系统。该类指标主要用于监测境内与境外汇率的波动情况。当实际汇率贬值较大、外汇储备较低时，发生危机的概率极高。当通胀持续上升时，意味着本币需要贬值。如果货币当局不对汇率进行调整以反映其通货膨胀率的变化，便会导致国外投资者对本币贬值具有较高预期，可能引发资本外逃及国际游资对该国货币的投机性攻击。

（二）资本项目开放风险预警子系统

人民币国际化意味着人民币和外币可以跨境自由流动，大规模资金自由流动势必会加大外汇市场风险，影响国内金融市场。可选用短期资本流动占总资本流动比重、FDI 流出与 FDI 流入比值、证券资本流入与证券资本流出比值等指标组成资本项目开放风险预警指标子系统。[2]当短期资本流动占比较高或者

1　中国金融监管制度优化设计研究课题组：《中国金融监管制度优化设计研究——基于金融宏观审慎监管框架的构建与完善》，中国金融出版社，2016，第 266 页。

2　沈悦、董鹏刚、李善燊：《人民币国际化的金融风险预警体系研究》，《经济纵横》2013 年第 8 期。

FDI流入比值较高时说明国际投机资本较多地涌入国内市场，为资本大幅流出埋下隐患，可能会触发货币危机。证券资本流入流出比值较高也会引发这种危机。建立动态的资本流动风险预警指标体系，防止热钱大规模流入流出。建立此子系统，可以对可能引发系统性金融危机且与跨境资本流动高度相关的风险来源加以全面的识别、度量，并进行跨境资本流动风险预警以判断国际资本的流动趋势及特点。

（三）政策操作风险预警子系统

政策操作风险是指宏观经济政策出台后在执行过程中所出现的执行不力或过度执行的风险。人民币国际化背景下我国宏观经济管理受到影响，其中尤其以货币政策的独立性受到威胁为典型代表。我们可以选取人民币外汇占款/基础货币、财政赤字率等指标来对政策操作风险进行防范，避免失衡。外汇占款是银行收购外汇资产而相应投放的本国货币。银行购买外汇形成本币投放，所购买的外汇资产构成银行的外汇储备。一方面，我国外贸和外商直接投资增长较快，企业不断地将外汇出售给商业银行以换取人民币，商业银行又不得不将大量外汇出售给央行以换取人民币，导致外汇占款大幅增加；另一方面，随着我国资本项目的开放程度日益加深，国际热钱持续流入我国的资本市场（如股市、汇市），为保持汇率稳定，国家须购买交易市场上溢出的外汇，在外汇管理部门账目上的对应反映就是外汇占款。外汇占款与基础货币的比值较高意味着外汇占款过高，会导致经济过热、通货膨胀等一系列问题，迫使政府实行紧缩型的货币措施。财政赤字率是衡量财政风险的一个重要指标，表示的是一定时期内财政赤字额与同期国民生产总值之间的比例关系。如果财政收支没有明显改善，随着赤字和国债的增加，会对未来的经济发展产生负效应，产生财政风险和债务危机。如果财政状况长期恶化，会造成该国的货币在国际货币市场上被预期走低，从而引发该国货币贬值。

（四）国内金融机构风险预警子系统

国内金融机构的安全稳健事关人民币国际化成功与否。研发和推广以人民币计价的金融产品和服务离不开国内金融机构的参与。其中，以系统重要性金融机构发挥的作用尤为重要。例如，人民币跨境清算业务就严重依赖中国银行、中国工商银行等全球系统重要性银行。鉴于防范金融风险，保障金融机构的安全运行是推进人民币国际化的前提之一，因此，选择相关指标来衡量国内金融机构风险暴露状况，进而有针对性地进行风险防控，这对于人民币国际化有着重大意义。为此，我们可以选取反映资本与杠杆情况的资本充足率指标和杠杆率指标、反映资产负债状况的广义信贷指标和同业负债指标、[1]反映金融机构流动性情况的流动性覆盖率指标和净稳定资金比例指标、反映资产质量的不良贷款率指标和拨备覆盖率指标等来判断国内金融机构风险暴露状况。[2]

　　资本充足率作为衡量金融机构的规制资本总额对其风险加权资产的比率，是众多指标中的核心指标。该比率能够反映和衡量金融机构化解和吸收风险的能力，明确银行等金融机构正常运营和发展所必需的资本。各国金融管理当局一般都对商业银行资本充足率做出规定，目的是监测银行抵御风险的能力。杠杆率是指权益资本与资产负债表中总资产的比率，是有关衡量市场主体负债风险的指标。该指标从侧面反映出银行等金融机构的还款能力，同时明确银行体系杠杆率累积底线，控制银行资产负债表的过快增长，有助于缓释不稳定的去杠杆化带来的风险以及对金融体系和实体经济带来的负面影响。广义信贷是指金融机构人民币信贷收支中的各项贷款、债券投资、股权及其他投资、买入返售资产、存放非存款类金融机构款项的余额合计数。同业负债是指同业拆入、同业存放、同业借款、同业代付、同业存单、卖出回购等同业负债项目扣除结算性同业存款后的同业融入余额。采用广义信贷指标和同业负债指标能够全面地反映银行体系信用扩张状况，有助于落实防风险和去杠杆要求，促进银行体系稳健运行。流动性覆盖率旨在确保商业银行具有充足的合格优质流动性资产，能够在监管机构规定的流动性压力情景下，通过变现这些资产满足未来至少 30 天的流动性需求。净稳定资金比例是银行一年以内可用的稳定资金与业务所需的稳定资金之比。通过对各类资金来源及运用项给予不同的折扣系数，来设定特定的流动性压力，以衡量银行一年内的流动性状况。该指标有助于识别、计量、监测和控制银行等金融机构的流动性风险，降低因流动性短缺导致资金链断裂的风险，避免个体流动性风险叠加后进一步放大金融市场总体

1　信贷过度增长是金融危机的前兆之一。See Schularick M, Taylor A M, "Credit Booms Gone Bust: Monetary Policy, Leverage Cycles and Financial Crises, 1870-2008", *American Economic Review*, 2012, 102（2），pp.1029–1061.

2《中国银监会关于中国银行业实施新监管标准的指导意见》，访问时间：2018 年 9 月 20 日。http:// www.cbrc.gov.cn/chinese/home/docDOC_ReadView/20110503615014F8D9DBF4F4FFE45843249ABE00.html.

风险。不良贷款率指金融机构不良贷款占总贷款余额的比重。金融机构不良贷款率是评价金融机构信贷资产安全状况的重要指标之一。不良贷款率高，会对银行等金融机构的安全稳健运行造成直接威胁。拨备覆盖率是银行出于审慎经营防范风险的考虑，针对银行贷款可能发生的呆账、坏账计提的贷款损失准备对不良贷款的比率。比率越高说明抵御风险的能力越强。该项指标也从宏观上反映银行贷款的风险程度及社会经济环境等方面的情况。[1]

（五）资产价格波动预警子系统

随着人民币国际化的不断推进，越来越多的金融资产将会以人民币计价、结算与储备，资产价值的过度波动会加大人民币国际化的风险。可选用外资进入股市规模占股票市值的比重、房地产投资占 GDP 比重以及房价上涨率与GDP 增长率比值等指标作为金融资产价值波动风险预警指标子系统。外资进入股市规模占股票市值这一指标比重如果快速上升，意味着外资潜在的大进大出的可能性增大，可能给我国股市的稳定带来较大的风险，增大股市泡沫的概率。而房地产投资占 GDP 指标、房价上涨率与 GDP 增长率比值指标的比重上升，则意味着资产价格的上升，资产泡沫的变大，可能会引发金融危机，甚至出现"明斯基时刻"，威胁人民币的国际化。

（六）境外融资风险预警子系统

境外融资风险主要是偿债风险和由境外融资带动的跨境资金流动对境内市场的冲击风险。我们可以选择以下指标：外债总额 / 出口额、短期外债余额 / 出口额、短期外债余额 / 外债总额、外汇储备增长率、短期外债余额 / 外汇储备、M2/ 外汇储备增长率等指标。外债负担过重、短期外债占比过高是引发资本流入逆转的重要原因，所以，运用外债总额 / 出口额、短期外债余额 / 出口额来反映外债的偿付能力；运用短期外债余额 / 外债总额来反映外债的期限结构。债务集中在短期将增加一国面临外部冲击时的脆弱性，数值越大则表明目前面临的还债压力越大。此外，基于预防动机的外汇储备水平也反映一国抵御外部债务冲击的能力。外汇储备水平越高，抵御外债冲击的能力越强。所以选取外汇储备增长率、短期外债余额 / 外汇储备来衡量外汇储备的水平，并且采用 M2/ 外汇储备增长率来衡量国内银行体系的负债情况，如果该比例过高，则说明国内银行体系负

1　中国人民银行货币政策分析小组：《中国货币政策执行报告——二〇一七年第二季度》，2017 年，第 14 页。

债过多或外汇储备不足，都会加大系统性风险，增大危机发生的概率。[1]

在确定人民币国际化风险的宏观审慎预警指标之后，需要为每个指标确定风险发生的阈值，即金融脆弱性积聚到一定程度而发出预警的临界值，阈值指示监管机构何时要为采取有针对性的宏观审慎监管措施做好准备。例如，在人民币国际化造成资本大规模流入时，企业部门信贷激增并达到一定数值，就预示着经济虚假繁荣可能触顶，经济下行期发生危机的概率大大增加。在阈值确定方法上，一方面可以根据人民币国际化的实际，由监测机构根据数据分析得到的结果定值；另一方面，确定这些指标的阈值还可以参考同时期或过去发生的相似货币国际化风险中，各指标发出危机信号时的临界值，并重点关注高频率发出危机信号的那些指标。但需要指出的是，人民币国际化风险的宏观审慎预警指标是基于数据量化的指标，而系统性风险发生与传导的不确定性限制了量化分析对风险的预见性。因此，识别并侦测系统性风险，还要对这些指标进行定性评价，包括监管效果的反馈意见、市场的反应等。

二、防控人民币国际化风险的宏观审慎分析方法

宏观审慎预警指标和临界值确定后，要使这些指标准确地发出监测信号以进行金融脆弱性评估，就须采取宏观审慎的分析方法。宏观审慎分析方法是使用来自宏观审慎预警指标的信息以监控和评估金融及经济体系脆弱性的手段，目前主要有趋势分析法、宏观压力测试法等方法。需要指出的是，宏观审慎分析不仅要关注所选指标高于或低于临界点所体现的表征，而且要通过此表征查找金融脆弱性和金融危机的潜在源头，为此需要对相关指标或数据进行进一步的分析和核实。

（一）趋势分析法

该方法主要通过观察特定时间特定宏观审慎监测指标的变动，关注该指标

---

[1] 2015 年 2 月，中国人民银行发布了《中国（上海）自由贸易试验区分账核算业务境外融资与跨境资金流动宏观审慎管理实施细则》（简称《实施细则》），《实施细则》通过创造性地使用风险转换因子（包括期限风险转换因子、币种风险转换因子、类别风险转换因子）、杠杆率等工具，来合理引导经济主体的境外融资结构。这种新的管理方式，鼓励企业和金融机构使用人民币、中长期，以及用于支持实体经济的资金，不鼓励短期融资。最后，在境外融资行为引发大规模跨境资金流动的特殊情形下，人民银行上海总部可以通过对相关参数的调整或其他类型的调控工具来进行逆向调节。中国人民银行上海总部跨境人民币业务部课题组、施琍娅：《开放环境下跨境资金流动宏观审慎管理政策框架研究——基于上海自贸区的实践思考》，《上海金融》2016 年第 6 期。

是否对其既往走势或常态发生或出现了背离或大幅波动。如果答案是肯定的，则需关注金融体系是否存在脆弱性。宏观审慎监测指标背离常态或出现大幅波动，既可能是导致危机的金融脆弱性的表征，但也可能是规则或体制变化所致。此时的困难就在于趋势分析有时难以立刻显明宏观审慎监测指标异常变化的原因所在。正因为如此，趋势分析的可靠性在一定程度上有赖于操作人员的技能和经验。但这种方法透明且成本低，易被决策者掌握，因而在各国获得了较为普遍的运用。[1]

（二）宏观压力测试法

就压力测试而言，与微观审慎将压力测试界定为通过定量分析、测算和评估单个金融机构在极端不利市场环境下可能发生的损失不同，宏观审慎视野下的压力测试不限于对具体金融机构及其资产的测试，而是检验整个金融体系和经济体系的主要风险暴露和结构脆弱性的模拟方法。宏观压力测试假定在发生历史的或假设的异常（exceptional）但却可能（plausible）的震荡的情形下，测试指标因特定震荡而发生的变化，确定金融体系和经济体系能否经受得起这种市场突变的考验，强调风险冲击对金融体系和宏观经济的效应，注重金融体系的整体稳定状况。[2] 2008 年国际金融危机以来，压力测试法被国际组织以及各国中央银行、金融监管机构和金融机构广泛采用，比较有代表性的有美国的银行业监管资本压力测试（SCAP）和欧洲央行的银行偿付能力宏观压力测试框架。压力测试一般分为情景测试和敏感性测试两类。情景压力测试分为历史情景和假定情景，是在假设多种风险因素（如股价、利率、汇率、信用等）变化时，测试金融机构或系统出现的脆弱性情况。它是在假定某种现象或某种趋势会持续到未来的前提下，对预测对象未来可能出现的情况或引起的后果作出预测的一种直观定性预测方法。该测试把研究对象分为主题和环境，通过对环境的研究，识别影响主题发展的外部因素，模拟外部因素可能发生的多种交叉情景，以预测主题发展的各种可能前景。在此过程中尽可能地考虑将来会出现的各种状况和各种不同的环境因素，并引入各种突发因素，将所有可能尽量展示出来，进而及时发现未来可能出现的难题，以便采取行动消除或减轻影

---

[1] 韩龙：《宏观审慎监测制度建构之探》，《法学论坛》2014 年第 6 期。
[2] 韩龙：《宏观审慎监测制度建构之探》，《法学论坛》2014 年第 6 期。

响。[1] 敏感性压力测试则是观察当风险参数瞬间变化一定单位量时（如 5 个百分点的下跌或上涨情况下），金融机构或资产组合的市场价值出现多大幅度的变化。敏感性测试仅需指定风险参数变化，而无须确定冲击的来源，因此，相对简单，而且经常是即时的测试。压力测试主要包括四个步骤：一是识别风险因子；二是设计压力测试情景；三是通过敏感性分析或情景分析建立压力测试模型，并测算压力情景下测试对象的承压结果；四是用模型测算出的定量和定性分析结果，判断资产组合或金融机构的稳健性。

压力测试也有一定的局限性：一是开展压力测试需要大量数据为基础，如果数据基础薄弱，数据长度不足，将导致压力测试模型不能准确反映压力下的变化，从而低估风险；二是该方法比较主观，如果情景设定不合理，压力测试结果必定不准；三是不能很好地处理相关性问题，并且很难测定多种因素综合发生变化时所造成的影响。

（三）综合指数法

综合指数法是基于资产负债数据的指标而建立的模型，较为简单和滞后，但是对于数据量有限、金融市场不够完善的发展中国家而言，这些方法依然有着非常重要的意义。相比其他预警方法，综合指数法是一种极为灵活、可简可繁、明了清晰的系统性风险度量方法，无论对已发生过还是未发生过金融危机的国家均适用。综合指数并不关注风险是如何发生的，仅以金融体系中各指标的历史表现与金融危机之间的相关性作为指标定量构建的主要依据，再结合金融理论对这些指标进行选择，通过对指标现状的判断，分析金融系统的安全水平和发展趋势。此外，该类方法也可以和很多模型方法结合使用，如在指标的选择中可以通过时间序列模型选出，权重的选择也可以由模型来决定，还可运用模型构建复杂指标对原始指标进行加权。[2] 综合指数法的缺陷在于，对于各指标层次人为设定权重，一定程度上割裂了金融风险的动态演变过程，可能导致预测误差。

（四）早期预警法

该方法是根据所选取的宏观审慎预警指标的变动，运用定量或数量经济学

1　韩龙：《宏观审慎监测制度建构之探》，《法学论坛》2014 年第 6 期。
2　朱元倩、苗雨峰：《关于系统性风险度量和预警的模型综述》，《国际金融研究》2012 年第 1 期。

的技术，评估危机发生可能性的方法。该方法通常包含两种模型：综合指标模型和概率/罗吉特模型（probit/logit models）。综合指标模型运用一套综合的宏观审慎预警指标发出的监测信号的数量得出综合数字，并直接将该数字与危机发生的概率相挂钩。概率/罗吉特模型则根据指标在危机前的变化，计量危机发生的概率。然而，早期预警模型也不是没有局限。就综合模型而言，金融市场十分复杂，综合模型使用的综合指标通常过于简单，因而难以捕捉金融市场的细微变化。而概率/罗吉特模型则对发现金融危机和脆弱性存在模糊的缺陷。[1] 基于此，在监控导致金融危机的金融脆弱性时，单独使用早期预警模型亦不甚可取，而应将此方法与前述趋势分析、压力测试以及其他方法相结合以进行宏观审慎分析。[2]

那么防控人民币国际化带来的系统性风险应当采取哪些宏观审慎分析方法呢？通过以上分析我们得出不同的宏观审慎分析方法有各自的优势和缺陷，这些方法都只反映了系统性风险的某些方面。但系统性风险的评估应依赖一系列方法和措施，以涵盖金融体系的不同侧面、各种金融冲击和风险传递渠道。其监测对象既包括金融机构，也包括金融市场和金融产品；既覆盖表内业务，也覆盖表外业务；既关注金融体系自身风险，也关注外部冲击对金融体系的影响；既关注系统重要性机构，又关注金融机构之间的关联和风险传染。所以，人民币国际化带来的系统性风险分析应当结合以上所列的各种宏观审慎分析方法，利用趋势分析法和综合指数法判断金融体系是否存在脆弱性，利用宏观压力测试法找到主要风险暴露和结构脆弱性，提高对系统性风险衡量的前瞻性和准确度，利用早期预警法评估危机发生的可能性。唯有如此，才可以弥补各分析方法的缺陷，提前精准地确定风险脆弱性的来源，锁定爆发点和爆发时间，为设置科学合理的应对方案提供了宝贵的时间，有效地应对人民币国际化引发的系统性风险。

三、建立防控人民币国际化风险的宏观审慎监测制度的其他问题

随着我国金融体系市场化程度的提高，我国金融管理部门已经建立了分工

---

1 Andrew Berg, Eduardo Borensztein, and Catherine Pattillo, "Assessing Early Warning Systems: How They Worked in Practice", *IMF Working Paper*, WP /04 /52, March 2004.

2 韩龙：《宏观审慎监测制度建构之探》，《法学论坛》2014 年第 6 期。

较为清晰、内容较为全面的金融风险监测预警体系：人民银行负责整个金融体系的系统性风险，国家金融监管总局和证监会分别负责各自领域的风险监测预警，外汇局负责国际收支和跨境资金流动风险监测。自 2005 年以来，人民银行开始定期出版《中国金融稳定报告》，2016 年人民银行建立宏观审慎评估体系，均是对金融体系稳定状况进行全面评估，同时不断丰富系统性风险监测和调控措施，探索建立我国系统性金融风险预警指标体系，开展金融风险宏观压力测试，针对宏观经济、金融机构、金融市场、金融基础设施等进行稳定评估和脆弱性分析，强化对跨行业、跨市场产品和机构及影子银行的风险监测。国家金融监管总局和证监会也分别运用风险指标体系、压力测试、预警分析系统等定性或定量措施分析风险状况。但有效构建防控我国人民币国际化风险的宏观审慎监测制度，准确度量和客观评估系统性风险，仍需要我们进一步完善制度。

第一，应进一步完善数据和信息的披露制度。相关的数据统计工作、信息披露工作和风险预警工作，应当从以往只局限于人民银行、国家统计局等部门的状况，逐步、可控地扩展到所有有需要的部门。扩大信息数据的收集范围，保证各部门、各市场之间信息传递的通畅，是保证金融系统风险预测工作顺利进行的前提。

第二，应建立各预警部门之间的信息共享和交换制度。完整的指标体系仅仅是一种技术手段，不足以支持金融危机监测长效机制的运作。国家出台科学合理的法律制度，以法律的形式固化金融危机监测长效机制，保证其延续性、严肃性和有效性，才能更加有效。鉴于宏观审慎监管制度主要瞄准的是系统性风险，旨在维护金融以及实体经济的稳定，且各国一般都将防范和化解金融风险及维护金融稳定的职责赋予中央银行，故我国宏观审慎监测制度宜规定由人民银行牵头，组成由宏观调控机构、金融监管机构以及统计机构构成的结合体，规定其彼此间的沟通协调制度和信息交换制度。[1]同时辅以问责机制，对有关部门怠于履行职责的行为进行处罚，维护制度的权威性与刚性。

第三，建立我国的宏观监测制度，还需解决好规则与技术相结合的问题。不制定相关规则，就没有机构承担开发判断金融风险和金融脆弱性的方法、技术和以此进行检测及评估的义务与职责。另外，宏观监测又有很强的技术性和

1　韩龙：《宏观审慎监测制度建构之探》，《法学论坛》2014 年第 6 期。

专业性，因此，我国建立这一制度应当实现规则与技术的良好结合。但是，通过制定规则将技术指标和宏观审慎分析纳入法律之中，对我国的传统立法模式提出了挑战。我国传统立法鲜有将技术指标和相关分析纳入立法之中的。要建构我国宏观审慎监管的法律制度须有所突破，并对西方一些经济体的经验进行借鉴。在规则与技术相结合的宏观审慎监测制度的建构中，鉴于这一制度的技术性和灵活性强，因此，相关规则宜是宽泛性的和粗线条的，从而为负责宏观审慎监管的职能部门依法行使职权、履行宏观审慎监测义务所需要的灵活性留出空间和余地，同时也要对这些机构履职的行为和自由进行必要的法律约束和监督。

第三节　防控人民币国际化风险的宏观审慎监管措施建构

监测和识别系统性风险是施行宏观审慎监管的基础，而化解系统性风险是宏观审慎监管的目的。在对金融脆弱性及风险评估的基础之上，结合防控人民币国际化系统性风险的实际来确定应当采用的宏观审慎监管措施，是成功防控人民币国际化系统性风险的核心要点。

一、宏观审慎监管措施

按照监管措施是否专门用于防控系统性风险的标准，宏观审慎监管措施可分为专属类措施和校准类措施。专属类措施是指为宏观审慎监管机构防范和化解系统性风险而量身定做的措施。而校准类措施虽然最初并不与应对系统性风险直接相关，甚至原本属于微观审慎监管和宏观经济管理措施范畴，但经过修正后明确可用于防范系统性风险，称之为校准类措施。

（一）专属类措施

专属类宏观审慎监管措施有很多，例举如下：

1. 逆周期资本缓冲

逆周期资本缓冲是在信贷高速扩张的经济上行期计提超额资本，以提高银行贷款的边际成本，抑制资产负债表的扩张；在经济下行期银行可将逆周期资本缓冲用于吸收损失，维持信贷供给以支持经济活动，从而缓解因金融失衡的积累而形成系统性风险。建立逆周期资本缓冲在一定程度上能够控制整体信贷规模，这是 Basel Ⅲ 中明确提出来的针对系统性金融风险的时间维度措施。这样，银行就不必在整体信贷下降的条件下进一步减少信贷资产来满足资本要求，从而减轻金融周期对经济周期的影响。建立逆周期资本缓冲还可以增加金融系统应对外部冲击的弹性，逆周期缓冲资本的释放能够有效地缓解银行在经济衰退期由于风险扩大等原因导致的资本不足，进而帮助银行维持稳定的信贷量。

随着我国资本项目的开放，国内外之间资本流动性逐渐增强。当短期资本大幅流入时，会引发国内投资热潮，金融机构信贷扩张，银行大举放贷，这无疑会加剧银行资产与负债的期限失配，并可能使银行遭遇流动性困难直至引发偿付危机，最终导致银行倒闭。资本的流入还会导致金融机构的过度借贷，导致投资的过度增长，造成信贷膨胀，加剧金融体系的脆弱性和经济增长的动力结构失衡。而当这些资本流出时，又会加剧本币贬值和信用收缩，引发投资和资产价格下跌，给金融体系带来动荡。在人民币国际化背景下，建立金融机构逆周期资本缓冲，在信贷高速扩张的经济上行期计提超额资本，抑制资产负债表的扩张，在经济下行期将逆周期资本缓冲用于吸收损失，维持信贷供给以支持经济活动，增强金融机构应对外部冲击的弹性，减少由于短期资本的剧烈大幅波动对金融机构造成的负面影响。

2. 对特定部门风险权重的调整

这一调整要求银行针对某个部门的贷款在计算资本时提高其风险权重，从而使得相关贷款的成本增加，从而减少银行对这些部门的信贷供给和风险暴露。这些特定部门可以是某些行业，如房地产贷款、个人信贷，也可以是外汇贷款等某一类型的贷款。这一措施的优点在于针对性强，但是其有效性在一定情况下会被削弱。例如，当相关部门贷款的边际利润很高时，即使监管部门提高了其风险权重，成本有所增加，但银行仍有很强的意愿向该部门发放贷款。[1]在人民币国际化背景下，该项措施不仅可以有针对性地缩小某个领域或者行业给银行造成的风险敞口，维护国内金融机构的稳定，而且对外汇贷款的币种和期限等某些类型的贷款设置较高的风险权重，增加贷款成本，防止出现严重的币种错配和期限错配等问题。

---

1 韩国和以色列的经验表明，当房地产价格处于快速上涨区间时，该措施的效果有限，需与贷款价值比等措施共同使用。廖岷、孙涛、丛阳：《宏观审慎监管研究与实践》，中国经济出版社，2014，第76页。

3. 系统重要性金融机构的附加资本要求

系统重要性金融机构是指因自身业务规模较大、结构和业务复杂度较高、与其他金融机构关联性较强，在金融体系中提供难以替代的关键服务，一旦发生重大风险事件而无法持续经营，引发系统性风险，并对金融体系和实体经济产生重大不利影响的金融机构。系统重要性金融机构在金融体系中居于重要地位，其经营和风险状况直接关系到一国金融体系整体稳健性以及服务实体经济的能力。2008 年的国际金融危机表明，如果放任系统重要性金融机构无序破产将会对更广范围内的金融体系与经济活动造成严重干扰，甚至引发金融危机，损害实体经济。鉴于系统重要性金融机构的无序破产具有强烈的负外部性，为提高系统重要性金融机构的风险抵御能力，降低其破产对金融系统和实体经济造成的冲击，对系统重要性金融机构施加额外的资本要求，有助于提高系统重要性金融机构的风险抵御能力和损失吸收能力，减少倒闭的可能性及其对金融体系的冲击，有效维护金融稳定。[1] 系统重要性银行的稳健经营影响着人民币国际化的成败。随着人民币在国际市场扮演更重要的角色，这些银行必然要走向全球金融市场，面临更加复杂的市场环境和监管要求，风险暴露的数量和结构都将显著调整。通过对系统重要性金融机构提出附加资本要求，可以有效增强金融机构抵御冲击的能力，推进人民币国际化稳步推进。

（二）校准类措施

校准类宏观审慎监管措施也有很多，例举如下：

1. 贷款价值比（Loan-to-Value，LTV）上限

LTV 是指贷款总额与抵押品价值的比率，该比率越低，说明负担的还款数额越少，相应的还款能力也越强。该比率的迅速扩大表明银行业风险普遍提高，宏观审慎监管机构通过对该比例设置上限来缓解银行业的过度放贷行为，进而避免顺周期性的扩张，在一定程度上降低系统性风险。因此，LTV 上限可以限制抵押贷款的顺周期性。将 LTV 设置在合理的水平，不管是否经常调整，都有助于应对系统性风险。在人民币国际化背景下，当跨境资本大幅涌入

---

1 以巴塞尔委员会对系统重要性银行的附加资本要求为例，巴塞尔要求全球系统重要性银行根据不同重要等级分别最低提高 1% 至 2.5% 的附加资本。

某一部门或产业时，运用该措施进行逆周期调节，有助于减缓资本的大进大出对相关部门的冲击，增强风险抵御能力。

2. 债务收入比（Debt-to-Income，DTI）上限

DTI 指的是债务与贷款者收入的比值，作为宏观审慎监管措施被单独使用时主要是为了确保银行资产质量。当 DTI 与上述 LTV 联合使用时，相当于对相关方的贷款能力进一步限制，有助于进一步减弱抵押贷款的周期性。与 LTV 类似，对 DTI 进行逆周期调整，可以更好地针对系统性风险的时间维度，有助于化解系统性风险。该措施不仅有助于保障银行的资产质量，而且可以通过逆周期调整来缓释跨境资本的大幅波动对银行体系造成的风险。

3. 外币贷款上限

在人民币国际化条件下，外币贷款使没有对冲汇率风险的借款人面临外汇风险，而这反过来又使得贷款人面临信用风险。当共同敞口较大时，这些风险会演变成为系统性风险。因此，可使用外币贷款上限（提高风险权重、存款要求等）来控制汇率引发的系统性风险。在汇率自由浮动状况下，该措施可以有效防范金融机构因汇率波动产生的外汇风险，避免金融机构产生流动性危机，限制外币贷款风险敞口。

4. 信贷规模或增长上限

在人民币国际化条件下，这一措施既可以针对系统性风险的时间维度（对银行业总信贷规模的限制），也可以针对系统性风险的截面维度（对某一行业信贷规模的限制）。对总信贷规模或总信贷增长率的限制，有助于降低信贷及资产价格的周期性波动，即针对系统性风险的时间维度。对某一行业（如房地产）信贷上限限制，有助于控制特定资产价格膨胀或者限制对特定风险的共同暴露，即针对系统性风险的截面维度。当面对短期跨境资本大幅流入时，该措施的使用可以通过逆周期调整降低信贷和有关资产价格的助周期性，避免资产泡沫以及因跨境资本突然流出可能引发的信贷枯竭，减少对实体经济的冲击。

5. 货币错配限制

货币错配在发生外部冲击时不仅会降低货币措施的有效性，也会给一国汇率制度的选择及汇率政策的实施带来困难，使一国金融体系脆弱化，从而增加金融危机发生的概率。对货币错配加以限制可以限制银行对外币风险的

共同敞口，加强对银行体系的货币错配监管，有助于应对银行集中购买或销售外汇导致的汇率急剧波动的负外部性。这种负外部性会增加具有外币负债且没有对冲汇率风险的借款人的信用风险。随着人民币国际化的推进，国内外金融联系更加复杂，金融机构来往更加密切，有关海外资产的配置选择会更加多元化，届时有关货币错配风险防控措施不仅有助于维护货币措施的有效性，同时也可以缩小金融机构对外币风险的共同敞口，避免集中买卖外汇引发汇率剧烈波动。

6. 期限错配限制

如果风险缓释的期限比当前的风险暴露的期限短，就会产生期限错配。一旦发生金融危机，金融机构若由于期限错配而不能偿付其短期负债，就会面临被迫清算资产的处境，从而引发金融系统的其他机构降价抛售资产（降价抛售具有传染性），进而导致发生流动性危机。因此，金融机构对资产和负债期限的选择会产生外部性，对期限错配进行限制有助于避免产生流动性危机，防范系统性风险的发生。面对人民币国际化背景下金融机构资产负债情况会愈加复杂这一情况，我们更应当对金融机构的期限错配进行严格控制，减少负面溢出效益，避免出现流动性危机以及由此引发的资产价格下跌，维护金融和实体经济的稳定。

7. 差别存款准备金

存款准备金虽然是中央银行货币措施的重要措施之一，但差别存款准备金却作为一项宏观审慎监管措施在新兴国家得到广泛应用。该措施将金融机构适用的存款准备金率与资本充足率、资产质量状况等指标挂钩。实行差别存款准备金可以制约资本充足情况不佳、资产质量不高的金融机构的贷款扩张，是一项针对特定机构的监管措施，与存款准备金相比，对金融业整体影响较小。随着人民币国际化所需要的资本项目的开放，国外金融机构和资金会大举进入，国内外金融机构之间的竞争将更为激烈。为了避免金融机构的冒险或盲目扩张信贷，该措施可以阻止资本充足情况不佳、资产质量不高的金融机构的贷款扩张，在防范风险的同时，也提升资产状况良好的金融机构的竞争力。

8. 动态准备金要求

传统的动态准备金是根据银行损失的历史数据进行校准的，可以用来降低金融系统的周期性。在经济上行时提高准备金要求以建立缓冲，限制信贷扩张，在经济下行时降低要求以支持银行放贷，促进经济复苏。除了利用基于银行损失的历史数据构建动态准备金外，还可利用固定公式或者决策者相机抉择调整准备金要求，逆周期地影响银行的贷款行为。在人民币国际化条件下，在跨境资金大幅流入可能会导致信贷扩张的情况下，采用该措施可以灵活调整金融机构准备金要求，削峰填谷，不仅有利于金融机构的稳健运行，而且也增强金融机构应对危机的抵御能力，减少负外部性。

9. 托宾税

1972 年美国著名经济学家詹姆斯·托宾提出托宾税的设想，旨在通过对外汇交易征收一定比例的交易税，对跨境资本流动进行价格型管理，提高跨境资本流动成本，限制资本跨境流动的规模，增强资本账户开放条件下一国汇率及金融市场稳定，缓解浮动汇率制下因货币投机活动引发的汇率频繁波动，并提升货币政策的独立性和有效性。需要指出的是，托宾税不一定是税，更多是一种理念，是基于价格机制、用市场传导的方式来调整，也可以是以价格为基础的市场化措施或者手段，依靠市场传导进行逆周期的调节。通过调整交易成本来影响跨境资本流动，比简单限制或禁止一种交易更为柔性。

纵观各国实践，各种形式的托宾税已经从临时性的资本管制措施逐渐演变成为一个常规的宏观审慎监管安排，成为改善资本流动期限结构以更好地为生产性实体经济服务的有力措施。作为一种针对跨境资本流动实施的广义宏观审慎监管理念，托宾税在不同国家的具体实践中又进一步演化为预扣税、金融交易税、无息准备金、宏观审慎稳定税、外汇头寸限额等多种方式。[1] 其中，预扣税及金融交易税属于狭义托宾税范畴，实施对象则主要为股票、债券、存托凭证等金融资产交易，巴西、韩国都曾经借助这两种征税模式控制短期资本流动的规模。无息准备金是要求一国境外投资者或境内借款人将规定比例的跨境流入资本以无息方式存入中央银行账户一定时间。这种通过调整无息准备金率

---

[1] 例如，1993 年巴西政府根据外资、外债的不同流向，开始探索征收差别化的金融交易税和预扣税，并于 2009 以后多次调整征税对象和相关税率。亚洲金融危机期间，泰国、马来西亚等国政府分别推出了外汇交易税和资本利得预扣税。此后，泰国、韩国等新兴市场国家 2010 年重新对部分领域的利息收入和资本利得征税，而且韩国政府根据境内金融机构所持外债期限长短，首次推出了可动态调整的宏观审慎稳定税。

来改变隐形托宾税税率，进而控制短期资本流动并改善资本流动期限的宏观审慎监管措施被巴西、哥伦比亚等新兴经济体广泛采用。[1] 而宏观审慎稳定税的实施对象则为一国境内企业或金融机构持有的外债，其本质也是通过将差异化税率与外债不同期限相对应，以实现优化外债期限结构的监管目的。不同于无息准备金在新兴经济体中的广泛应用，宏观审慎稳定税主要在韩国得以成功实践，且其实施范围只局限在金融机构。[2] 外汇头寸限额是一种针对外汇头寸实施的数量型宏观审慎监管措施，主要是通过设定银行体系的外汇头寸上限来防止其过度对外负债。在资本流入过快的时期使用外汇头寸限额管理，其目的主要是防止银行通过外汇现货、远期以及衍生措施过多地借入外债，并防止银行过度地向境内发放外币贷款。[3]

从各国实践看，由于面临的环境以及措施设计不同，不同国家的宏观审慎措施在实践中大都取得良好的调控效果，在一定程度上都有助于抑制资本的过度流动和风险头寸的积累，尤其是对短期资本流入，作用更加明显。此外，银行短期外债比例限制、非居民资产购买税和衍生品准备金要求等措施，均可以用来防范因跨境资本流动引发的系统性风险问题。各种措施设计中都体现了事前管理和逆周期调控，可根据国内外环境的改变，适时进行动态调整（见表 11-1）。

---

1 2008 年国际金融危机以来，随着国际资本流动的剧烈波动，包括哥伦比亚、巴西等在内的新兴市场国家也相继推出了无息准备金政策。哥伦比亚先于 2007 年对债券和股票投资规定了比率为 40%、期限为 6 个月的无息准备金，后又于 2008 年 5 月将比率提高到 50%。巴西则于 2008 年 3 月对债券资本的流入课以 1.5% 的税率。金融危机爆发后曾一度取消，后又于 2009 年 10 月再度实施，不仅将税率提高到 2%，并将课税范围延伸到股票资本的流入。2010 年又分阶段地将债券资本流入的税率进一步提高至 6%。葛奇：《宏观审慎管理政策和资本管制措施在新兴市场国家跨境资本流出入管理中的应用及其效果——兼析中国在资本账户自由化过程中面临的资本流动管理政策选择》，《国际金融研究》2017 年第 3 期。

2 王书朦：《我国跨境资本流动监管：基于新兴经济体宏观审慎监管的国际借鉴》，《新金融》2015 年第 12 期。

3 2010 年以来，韩国、智利、巴西等国家分别对内资银行和外资银行持有的外汇衍生品头寸数量、银行的短期外汇借款额度以及银行外汇净头寸限额比率等方面实施了一定的限额管理。该措施灵活性高，实施权可直接划给中央银行或外汇管理部门，可根据不同银行类型进行多次调整，使之达到外债的结构性优化。

表 11-1　国外典型资本流动宏观审慎监管措施的设计及实践

措施	实践者或设计者	主要内容	措施效果评价
金融交易税	巴西	为应对危机后资本流入压力，2009 年至 2012 年，对证券投资、固定收益投资、短期外债等的外汇兑换环节征收 2%—6% 外汇交易税，税率和适用范围随宏观风险的变化而调整。	增加税收对控制本币升值效果显著，但后续减少税收以缓解本币贬值的作用较小。
无息准备金	智利西班牙	智利为抑制通胀和资本流入压力，于 1991 年至 1998 年要求短期外债、具有投机性质的贸易信贷、FDI 等收缴 20%—30% 的准备金，缴存比例和适用范围随短期资本流动的形势变化而调整；西班牙为缓解资本流出压力，对本币净卖出头寸征收 100%、期限为一年的准备金。	智利：对降低短期资本流入比例，帮助抑制通胀起到较好作用，但并未消除资本流入带来的本币升值压力。西班牙：未能完全阻止本币贬值。
宏观审慎稳定税	韩国	为应对资本流入压力，2011 年开始对国内和国外银行持有非核心类外币负债征收 0.2% 以下的宏观审慎稳定税，宏观风险加大时可提高税率。	在一定时期内可控制短期外债和投机性证券投资，但市场会设法找到规避管理的途径，削弱了政策管理的效果。
外汇衍生品头寸限制	韩国	为应对资本流入压力，2010 年要求国内银行持有的外汇衍生品头寸不得高于上月末权益资本金的 50%；外资银行不得高于 250%，风险增大后持续下调。	
累进特别费	马来西亚	为应对亚洲金融危机后的资本流出压力，于 1999 年对证券投资流出的外汇兑换环节征收特别费，费率与投资期限成反比。	该措施替代了先前的资本管制，增强了投资者信心，但对资本流出的限制效果难以评估。
银行短期外债比例限制	OECD IMF	银行对非居民的短期外债不得超过银行资本的一定比例，以限制银行对短期外债的依赖所产生的风险。	OECD 和 IMF 在其提交给 G20 会议的相关报告中推荐使用此类措施。
非居民资产购买税	OECD IMF	对非居民购买房地产等特定类型的在岸资产征收更高税率，以减少资本流入催生资产价格泡沫的系统性风险。	
衍生品准备金要求	OECD IMF	对国内银行与非居民间的外币互换，远期交易提出准备金要求，以减少短期资本流入导致币种和期限错配风险。	

资料来源：根据 OECD（2015）、IMF（2011）等文献整理。

在人民币国际化进程中，因资本项目开放带来的跨境资本流动易产生系统性风险，因此对这种因跨境资本流动（尤其是短期资本流动）产生的风险可以通过托宾税进行调节，对于预防和控制系统性风险、维护金融体系的稳定以及实现人民币国际化有着重要的现实意义。但为了推动人民币国际化的进一步发展，托宾税不应作为一种常态化的风险防控措施去使用，因为它会加大人民币境外使用者和持有者的交易成本，对人民币国际化产生消极的影响，不利于人民币国际化的深入推进，因此，托宾税是防控人民币国际化风险的最后选择措施之一，即只有在金融危机处在爆发的临界点时才可以使用。唯有如此，托宾税可以既发挥防控人民币国际化风险的作用，又可以最大程度地避免对人民币国际化进程带来的消极影响。

二、宏观审慎监管措施的考量与运用

（一）宏观审慎监管措施的考量

宏观审慎监管措施的使用需要全面考量有关系统性风险的来源和发展程度、宏观审慎监管措施的传导机制，以及评估因实施宏观审慎监管措施而带来的成本与收益。只有对这些因素进行全面的分析，才能对症下药，有效地解决系统性风险，减少负面溢出效应。

全面考察系统性风险来源和发展程度是宏观审慎监管措施运用的起点和基础。如果对系统性风险不甚了解，无法确立靶心，那么，宏观审慎监管措施的针对性和有效性就无从谈起。为了确保考察结果的全面性、及时性和准确性，需要宏观审慎监管部门和相关部门就系统性风险的来源以及分布情况、发展状况等方面的信息进行充分及时的沟通与交流，唯有如此，才能把控系统性风险的全貌。因此，对有关部门信息沟通的全面及时性提出了较高的要求，但考虑到实践中信息沟通、信息共享的制度构建可能存在空白或落后，出台和完善相关的法律制度，建立起制度化的沟通机制就非常必要。而明确相关方的信息报送义务和问责制，确保信息的沟通能够有法可依，可以大大增加系统性风险的研判准确度。

宏观审慎监管措施的传导机制是宏观审慎监管措施能否发挥作用的关键枢纽。明晰这些措施的传导机理，有助于明确宏观审慎监管措施是如何作用于系统性风险的防控。虽然某些措施的传导路径及其结果可以从理论上推演，但在实践中仍充满不确定性。不少文献聚焦宏观审慎监管措施对金融弹性、信贷和资产价格增长的关系研究，以及评估宏观审慎监管措施输出变量的短期成本等，然而，这些措施的传导机制及影响仍难以准确估量。此外，宏观审慎决策者需要及时监控宏观审慎监管措施一些关键指标的传导作用，以此来调整出现突发情况时的措施选择。措施的有效调整要求决策者能够进行一定程度的判断，以便能够对风险进行有效控制。静态的或基于规则的调整可以减少反对者对宏观审慎措施自由裁量权的质疑。然而，为了抵御系统性风险的聚集，静态调整并不总是有效，因为它会扭曲金融活动，规避监管。平衡这一利弊的方法之一就是引入基于关键变量之上的自由裁量权，另一种方法是完备作为自动稳定器的措施工具箱（如动态准备金），以此来防范系统性风险。

评估实施宏观审慎监管措施产生的成本与收益是决定采用某项宏观审慎监管措施的重要考虑因素。实施相关宏观审慎监管措施旨在防控系统性风险，但宏观审慎监管措施的适用不可避免地会产生溢出效应，因此，需要通盘考虑，评估不同措施下的成本与收益，权衡措施的利弊，做到成本最小化、利益最大化地防控风险。针对不同的宏观审慎监管措施，权衡会有所不同。例如，使用能够提高流动性的措施可以在危机期间维持信贷水平；还可以满足投资者偏好，在危机期间，提前收回资金，以免造成市场恐慌。当宏观审慎监管措施有其他领域的措施作为补充时，这种权衡将会更加有效。例如，稳健的破产框架和针对单个银行的压力测试披露，将有利于监管当局处置存在问题的机构，从而有利于资本缓冲发挥作用，维持信心。目前，有关减缓未来金融风险影响的广度和深度而采取宏观审慎监管措施的效用还难以量化，为此，需要进一步研究每种措施的收益和成本问题，以提高决策者的理解和运用。

（二）宏观审慎监管措施的运用

在宏观审慎监管措施的运用上，面临着相机抉择与规则抉择的关系问题。所谓相机抉择，是指当金融失衡上升到危险水平时，或造成系统性风险的资产泡沫累积时，监管当局可根据事态的进展情况灵活采取相应的措施干预。[1]规

---

1 聂召：《宏观审慎监管：政策工具与实践进展——基于应对信贷繁荣的视角》，《上海金融》2015 年第 2 期。

则抉择则是指在面临上述情况时，根据既有的规则确定应当采取哪些措施，监管当局没有自由裁量权，须严格依照既定规则来采取已定的措施。相机抉择的主要优势在于面临复杂事态和特定事件过程中所表现出来的灵活性，针对性较强，但其劣势在于当政策制定者以不可预见或超过寻常的力度对波动作出反应时，可能会作出短期看似正确，长期却是错误的决策。同时，对监管当局的分析判断能力要求较高，监管当局容易受外部力量左右，而且频繁调整监管标准也不利于微观主体形成稳定的监管预期，可能会损害监管机构的公信力。采取规则抉择的优势是决策过程透明，决策结果可期，在经济过热或萧条时期促使宏观审慎机构采取行动，有助于消除该机构的不作为，而且监管当局可以免受各种利益集团的游说压力，但劣势是可能会产生监管套利和规避等问题。[1]此外，当系统性风险积累时，基于规则的措施能帮助减少监管环境的不确定性，防止"政治俘获"或者"行业俘获"的问题，克服政策惯性。[2]与之相比，相机抉择的决策过程更具有不可预见性。这种不确定性会导致市场主体缺乏明确的预期，甚至对措施的方向作出错误的解读，进而导致传导机制不畅，毫无疑问最终会降低措施的实际效果。

在宏观审慎监管措施中，基于规则的措施有动态损失拨备和资本留存缓冲，例如，在西班牙和一些拉美国家，动态拨备的数量是基于特定的公式并随经济周期而变化的。然而，对于其他措施，几乎依赖政策制定者相机抉择来对措施进行设计和校准，如 LTV、DTI 上限、信贷增长率限制和储备需求。这主要是由于很难甚至无法设计这些措施的调整规则，尤其是当局势需要与多个措施组合使用时，更加无法确定。[3]

由于规则抉择与相机抉择各有利弊，最佳的方案应该是扬长避短，将二者有机地结合起来。如何实现二者的结合呢？一种思路是将应对系统性风险重要方面的宏观审慎措施实行规则抉择，如逆周期资本的加征旨在约束经济上升时期金融机构的行为和系统性风险的集聚，因而宜实行规则抉择。而对于其他宏

---

1 Claudio Borio, Mathias Drehmann, "Towards an Operational Framework for Financial Stability: 'Fuzzy' Measurement and its Consequences", *BIS Working Paper*, No. 284, June 2009.

2 Claudio Borio, I. Shim, "What Can (Macro-) Prudential Policy Do to Support Monetary Policy?", *BIS Working Papers,* No. 242, 2007.

3 中国金融监管制度优化设计研究课题组：《中国金融监管制度优化设计研究——基于金融宏观审慎监管框架的构建与完善》，中国金融出版社，2016，第 305 页。

观审慎措施，决策者则宜拥有裁量的空间，以作为规则抉择的补充，但应以一个规范的分析方法作为其决策依据，并公开解释行为背后的基本原理，提供政策的透明度和有效性，从而达到约束监管者的不作为或行动随意性的效果。[1] 计量系统性风险存在的难题也支持采取这种补充的方法，并避免因严格依赖规则抉择的自动机制而导致的僵化问题，同时赋予宏观审慎监管机构一定的自由裁量权以应对非预期的突发性金融系统震荡等。

此外，宏观审慎措施的运用需要监管部门之间充分的沟通协调作为支持。唯有如此，监管措施的运用才能全面、准确和及时地防控风险。同时，针对风险的不断变化，宏观审慎监管部门对所采用的宏观审慎措施也应及时进行校准。总之，宏观审慎措施的选择和运用应充分考虑到各国自身的情况，究竟是使用哪一种措施抑或是多种措施的组合，取决于具体失衡的对象、性质和规模。一国既要熟谙宏观审慎监管制度的理念以及他国的经验，又要扎根本土作出科学合理的选择。

三、防控人民币国际化风险的宏观审慎措施构建的其他问题

目前，我国防控人民币国际化系统性风险的实践较少，且无法律依据可遵循。有关宏观审慎监管的措施如果缺乏制度保障，措施的严肃性和有效性就难以实现。因此，我们建议从以下方面建立防控人民币国际化风险的宏观审慎措施制度。

第一，立法上需明确宏观审慎监管措施的决定主体和实施主体。我国应以法律的形式建立宏观审慎监管措施的长效机制，保证其严肃性和有效性。鉴于宏观审慎监管措施解决的是系统性风险，旨在维护金融以及实体经济的稳定，且各国一般都将防范和化解金融风险及维护金融稳定的职责赋予中央银行，故我国宏观审慎监管措施的决定主体宜授权给在履行货币政策和维护金融稳定职能中具有信息优势的人民银行，人民银行根据收集到的信息决定实施何种宏观审慎监管措施以及由哪个部门来实施该措施。由人民银行作为宏观审慎监管措施的决定主体可以在最大程度上实现宏观审慎监管措施的科学化和便利化，以

1　聂召：《宏观审慎监管：政策工具与实践进展——基于应对信贷繁荣的视角》，《上海金融》2015 年第 2 期。

此来保证宏观审慎监管措施的针对性和有效性。

第二，明确宏观审慎监管措施的退出情形。宏观审慎监管措施旨在解决系统性风险，因此，当系统性风险得到化解或者有效防控时，宏观审慎监管措施即可退出。这是因为宏观审慎监管措施具有金融抑制性，若在风险消除后仍然维持，那么，对金融活力以及实体经济的发展都将产生负面影响。以托宾税为例，当因跨境资本流动引发的系统性风险得到解决时，托宾税就应该退出，否则它的实施会加大人民币境外使用者和持有者的交易成本，对人民币国际化产生消极的影响，不利于人民币国际化。因此，我们需要在立法上明确宏观审慎监管措施的退出情形，即当系统性风险消除时，相应的宏观审慎监管措施就应当退出。

第四节　防控人民币国际化风险的宏观审慎处置制度建构

宏观审慎处置制度是在金融机构，特别是系统重要性金融机构经营失败时，能够对其进行安全、快速、有效的处置，保障关键金融业务和服务不中断，妥善解决金融机构"大而不能倒"的问题的制度，包括恢复计划、处置计划和自救机制等内容。虽然以宏观审慎监管制度为主，以其他相关制度为辅的制度设计能够助力人民币国际化风险的防控，但这样的制度安排并不能完全保证万无一失。以系统重要性金融机构为例，考虑到系统重要性金融机构具有规模大、关联性高等突出特点，一旦经营失败，如果依照有关企业破产的相关法律规定启动破产程序，不仅会影响人民币国际化的推进，也会给金融稳定和实体经济造成不可估量的损害，因此，对于风险防控失败的系统重要性金融机构，应当建立科学的处置制度。为系统重要性金融机构建立有效的处置制度即宏观审慎处置制度，以处置其"大而不能倒"的尾大不掉难题，可以增强市场约束，减少金融机构的过度冒险行为，降低宏观审慎监管的干预频度。相反，如果金融机构的处置缺少制度保障，一旦处置过程中出现问题，相关部门就可能需要采取更多的宏观审慎监管措施，这反而会促使金融机构产生更强烈的规避动机。[1] 因此，如何对系统重要性金融机构建立妥帖的处置制度，就成为建

---

1 IMF, Key Aspects of Macroprudential Policy, June 10, 2013, p.14.

立和完善宏观审慎监管制度的重要一环。在这一制度的贡献上，金融稳定委员会（Financial Stability Board，FSB）于2010年提出要重视对系统重要性金融机构的处置，并相继发布了一系列指导性文件，[1]阐述了系统重要性金融机构处置的相关内容和问题，为各国建构自己的宏观审慎处置制度提供了重要指引。以下在对这一制度的目标、内容和权能配置进行发掘的基础上，探索人民币国际化条件下我国宏观审慎处置制度的建构问题。

一、宏观审慎处置制度的目标

建构宏观审慎处置制度，首先需要明确这一制度所要追求的目标。结合宏观审慎监管制度的特点和价值理念，宏观审慎处置制度的主要目标有：

（一）防控系统性风险和保障系统重要金融服务的持续供给

由于系统重要性金融机构具有规模性大、复杂性强、关联度高等特征，所以，其一旦发生风险便会迅速蔓延，对整个金融体系和社会经济产生不可估量的影响。鉴于系统重要性金融机构这一特殊的地位，宏观审慎处置制度应当立足于防控系统性风险，在出现风险的系统重要性金融机构与其他健康的金融机构、金融市场之间建立起"隔离墙"，避免风险的蔓延，降低系统性风险发生的概率，并保障经济和社会活动所需重要金融服务的持续提供，尽量避免因重要金融服务中断而对经济和社会的发展造成重大损失。

（二）抑制道德风险

鉴于系统重要性金融机构的地位和作用，任何国家都不可能完全放弃对系统重要性金融机构的救助。但救助，特别是这类金融机构对危难之时国家救助的预期和依赖，又会助长这类机构采取过度的金融冒险行为，使为其行为买单的公共财政面临极大的威胁。在这样的背景下，如何避免金融机构采取过度的金融冒险行为，抑制道德风险，就显得尤为重要。同时，对于无法挽救的金融机构，通过处置制度及时对其进行清理，推倒"大而不能倒"的预期，实现市场出清，保持整个金融体系的健康运转，则有助于打破金融机构"大而不能倒"的历史惯性，有助于防控系统性金融风险，改善宏观审慎监管制度的效果。

1　如2010年的《降低系统重要性金融机构道德风险的政策建议及时间表》、2011年的《金融机构有效处置机制的关键要素》、2012年的《恢复和处置计划：促进关键属性的有效施行》、2013年的《系统重要性金融机构恢复与处置计划：开发有效处置政策建议》等。

二、宏观审慎处置制度的主要内容

从目前来看，宏观审慎处置制度的内容主要包括以下三个方面：一是恢复计划。恢复计划有多种形式，如通过向第三方出售或转移系统重要性金融机构的部分或全部业务，或直接或间接通过过桥机构，或者通过政府接管等方式，恢复该类机构的功能，使其正常运转，避免系统性风险的恶化及蔓延。二是处置计划。即当有问题的金融机构恢复无望时，为该金融机构提供有序的破产清算，在推翻"大而不能倒"的预期，降低金融机构的道德风险的同时，阻止系统性金融风险的爆发，最大可能地维护金融稳定。[1] 三是自救机制。自救机制（bail-in）是与传统上以政府注资为代表的救助（bail-out）相对应的新的救助机制，主要采取债务减记与转股两项资本手段，由银行、股东和债权人合理分担救助成本。

（一）恢复计划

从制定计划的主体和过程看，恢复计划由金融机构按法律的相关要求制定，并在与监管机构的互动过程中完成。恢复计划不是一成不变和一劳永逸的，而是动态变化的。从时间序列看，恢复计划适用于金融机构虽处困境，但仍然具备清偿能力，可持续经营而无须进入破产处置环节的阶段。在此阶段，金融机构仍由其管理层负责和控制，包括决定是否执行恢复计划。当然，监管当局也可以行使监管权力，监督或要求金融机构执行恢复计划。为使金融机构从困境中恢复，根据该类机构的困难程度，恢复计划包括以下措施：降低机构风险、保全和改善资本、剥离某些业务、债务重组、提高融资能力。恢复计划的具体内容主要有触发执行计划的定量或定性标准、执行计划的措施、恢复计划的准备工作等。[2]

（二）处置计划

从制定计划的主体和过程看，处置计划由监管机构负责制定，但由金融机构按相关要求执行，并在与金融机构的互动过程中完成。处置计划也不是一成不变和一劳永逸的，而是动态变化的。从时间序列看，当恢复计划不足

---

1 FSB, Key Attributes of Effective Resolution Regimes for Financial Institutions, 15 October 2014.
2 白瑞明、贺坤、赵欣：《银行处置与恢复计划的目标及工具》，《中国金融》2012 年第 2 期。

以使金融机构从困境中恢复过来，且由于清偿能力不足或丧失，导致金融机构无法持续经营时，监管机构应根据金融机构及时提供的信息，采取必要的行动和措施，确保破产金融机构得以有序处置或关闭。为做到有序处置和关闭金融机构，处置计划须确认潜在的障碍，并事先采取措施消除或缓释这些阻碍因素。[1]

处置计划的关键要素主要包括以下方面：处置当局应该确定备选的处置措施；评估处置过程中的先决条件和操作要求，包括跨境协调的安排等。此外，处置当局还应确定以下事项：处置计划启动的法定条件，可选择的处置措施，处置计划可能对其他实体产生的影响，处置基金来源的范围，通过存款保险和其他保险计划支付的具体程序，保护持续进入支付、清算、结算系统及贸易交易平台的程序，跨境处置合作与协调具体安排等。[2]

（三）自救机制

为克服以政府注资为主要手段的传统金融机构救助所生弊端，避免纳税人风险暴露以及强化市场约束，2010 年 3 月巴塞尔委员会发布《跨境银行处置建议报告》，率先提出了银行自救机制的策略建议。嗣后，自救机制受到广泛重视。自救机制的原理是通过债务减记和债转股两种资本手段，缓解有问题的金融机构面临的资本补充压力，以提高这类机构损失吸收能力，避免其沦入破产清算命运。至于风险处置成本，则主要由银行、股东和债权人合理分担。自救机制看重的是资本在吸收金融机构损失过程中所具有的核心功能。依吸收损失的作用不同，资本可分为持续经营资本（going-concern capital）和停止经营资本（gone-concern capital）。前者是指不附任何条件，能够随时吸收和弥补金融机构经营损失的资本，如普通股等。后者通常是指能够在金融机构破产清算情况下吸收损失的资本，即在金融机构破产清算时，受偿顺序在债权之后的资本工具，该类资本工具能够在金融机构破产清算的条件下吸收损失，为普通债权人和存款人提供保护。

那么，如何将债转化为资本，吸收有问题的金融机构的损失呢？各国有不同的制度和实践，以下略举两例述之。

1　白瑞明、贺坤、赵欣：《银行处置与恢复计划的目标及工具》，《中国金融》2012 年第 2 期。

2　FSB, Key Attributes of Effective Resolution Regimes for Financial Institutions, 15 October 2014, pp.38–39.

1. 合同型自救债

所谓合同型自救债是指在银行发行的债务合同中明确约定在触发条件得到满足时，债务将减记或转股的资本补充证券。原中国银监会 2012 年 11 月 29 日发布《关于商业银行资本工具创新的指导意见》（简称《资本工具指导意见》），首次引入"含减记条款"和"含转股条款"两种资本工具，并规定了债务减记或转股的触发条件。也就是说，一旦触发条件满足，这类债务要减记或转股。

2. 法定型自救债

所谓法定型自救债是指在满足触发条件时，处置当局有权强制实施债务减记或转股。2008 年国际金融危机后，欧盟金融改革的标志性成果是对有问题的银行实行"单一处置机制"（Single Resolution Mechanism，SRM）。SRM 体现自救精神的法律文件是欧洲议会于 2014 年 5 月 15 日通过的《银行恢复与处置指令》（EU Bank Recovery and Resolution Directive，BRRD），该指令序言第 45 段集中阐释了自救机制的立法理由。BRRD 规定有问题的银行风险处置目标具有"公共利益"属性，为此赋予处置机关在满足触发条件时强制实施减记或转股的权力，从而补充有问题的银行的资本。[1]

三、宏观审慎处置制度的权能配置

在建立宏观审慎处置制度过程中，处置主体、处置权力、处置责任以及处置资金的制度化是提高处置效率的关键所在。

（一）处置主体

法定独立的处置机构是宏观审慎处置制度的基础。有效的风险处置制度离不开实施主体的确立，唯有确定了负责宏观审慎处置的机构并赋予其法定的独立地位，才使得处置权力行使获得应有的保障。所以，为了实现对系统重要性金融机构的有效处置，预防系统性风险的发生，立法上首先需要确立处置机构的法律地位。同时，如果处置涉及多部门的联合行动，则需要对监管机构的职责进行明确划分，确定有问题的金融机构的主要处置机构。从 G20 国家的实践看，负责金融机构风险处置的机构可以是新设立的专门机构，也可以由中央银行、监管部门或存款保险机构担任。2014 年，欧盟出台的《银行业联盟法》，

---

1 靳羽：《问题银行自救机制研究》，《海峡法学》2019 年第 1 期。

设立了单一处置委员会，负责处置欧盟境内系统重要性金融机构。美国《多德—弗兰克法》，明确美联储会同联邦存款保险公司（FDIC）拟定金融机构有序清算方案，FDIC 负责依据该方案实施有序清算。

（二）处置权力

宏观审慎处置权力主要包括处置权力法定、处置权力协调等方面。规范权力运行是保障宏观审慎处置的核心内容。首先，处置权力法定是指处置权力应当由法律、法规来赋予或授权，其他规章和规范性文件不宜设定处置权力，以维护权力本身的权威性与稳定性。就权力的内容而言，为防止金融机构倒闭引起其承担的支付清算、信贷供给等社会经济功能中断，法律应当赋予有关部门足够的权力，以采取必要的措施，确保处置过程中关键业务和服务的连续性。这些权力如：①授权处置机构运营和处置金融机构的权力，包括通过对有问题的机构的接管，临时控制和运营该类机构。②对金融合同的提前终止权。③其他权力，如改变公司经营结构；无须股东及债权人事前同意，强制转移资产及负债；临时国有化；更换管理层；建立临时的过桥机构来接管和维护有问题的机构的关键服务和功能等。以英格兰银行为例，其就享有广泛的处置权力，包括减记或转股，可以不经股东和债权人同意就出售问题机构的全部或部分业务，设立过桥机构维持业务的持续运营，必要时对问题机构实施国有化等。[1]其次，就处置权力协调而言，宏观审慎处置制度通常会涉及不同的监管机构和处置机构。这就需要明确在不同事项、不同程序中各机构处置权力之间的协调与合作，保证分工明确。[2]

（三）处置责任

为了保证处置机构认真履行职责，处置机构必然需要承担相应的责任。在宏观审慎处置过程中，在法律上明确处置机构的责任可以敦促处置机构勤勉、谨慎地行使处置权力，避免不作为或者滥用职权等情况的发生，保证处置的有效性。此外，如果处置机构的工作人员与金融机构人员恶意串通，造成金融机构资产损失，或由于处置机构工作人员存在重大过失而影响处置实施、造成重大经济损失的，这些人员应该承担相应行政责任和刑事责任。

---

[1] 中国人民银行金融稳定分析小组：《中国金融稳定报告（2018）》，中国金融出版社，2018，第 152 页。
[2] 郭金良：《系统重要性金融机构危机市场化处置法律制度研究》，辽宁大学 2014 年博士学位论文。

（四）处置资金的安排

处置资金安排应该体现防范道德风险，减少对公共资金的依赖，强调"自救"等原则。在承担顺序上，金融机构经营失败的成本首先由股东及高级无担保债权人承担，即尽可能实施"自救"，并寻求市场化处置的可能性。其次，当股东和市场力量不足以化解风险时，由行业收费形成的基金，如存款保险基金可作为救助资金来源。最后，公共资金可作为兜底性资金安排进入，例如，使用中央银行的资金及财政资金对金融机构实施担保或注资，但需有相应的资金保全机制。以欧盟为例，《银行业联盟法》规定，当金融机构进入处置程序后，处置当局应按照如下顺序将债务类工具转化为股权类工具吸收损失：股东及无担保债权人首先吸收损失，吸收额度为总负债的 8％；专门的处置基金，吸收额度不得超过总负债的 5％；有关债权人及存款保险基金；公共资金。[1]

四、人民币国际化条件下我国宏观审慎处置制度的建构问题

（一）我国金融机构风险处置制度的现状

我国金融机构风险处置制度，以 2008 年国际金融危机爆发为界，大体分为前后两个不同阶段。2008 年国际金融危机爆发之前，我国立法就已经对金融机构风险处置问题给予了一定的关注，相关的法律条款主要体现在《企业破产法》《商业银行法》《银行业监督管理法》《证券法》《保险法》《金融机构撤销条例》等法律法规中。其中，《企业破产法》第 134 条规定："国务院金融监督管理机构依法对出现重大经营风险的金融机构采取接管、托管等措施的，可以向人民法院申请中止以该金融机构为被告或者被执行人的民事诉讼程序或者执行程序。金融机构实施破产的，国务院可以依据本法和其他有关法律的规定制定实施办法"。这反映出在金融机构风险处置方面我国采用的是以行政处置为主导、司法程序为辅助的法律制度安排。由于金融机构的特殊性，国务院被授予可以制定特殊的实施办法来处置问题金融机构的法定权力。此外，我国在传统的"分业经营、分业监管"的指导思想之下，在《商业银行法》《银行业监督管理法》《证券法》《保险法》等部门法中各自规定了在金融机构发生危机、影响正常运营时如何处置金融机构等问题。以《商业银行法》为例，该法在第

1　中国人民银行金融稳定分析小组：《中国金融稳定报告（2018）》，中国金融出版社，2018，第 152 页。

七章专门就商业银行的接管与终止问题进行了规定，明确接管的触发条件、接管的终止情形等内容。[1]《银行业监督管理法》中又进一步对相关部门的监督管理职责、监督管理措施等内容进行了规定。[2]《保险法》在第六章保险业监督管理一章中针对保险公司的不同情形对其采取整顿、接管等措施。[3]

2008 年国际金融危机爆发之后，系统重要性金融机构成为人们关注的焦点。加强对这类机构规制的一个重要方面，就是对其建立特别的处置机制，确保系统重要性金融机构发生风险防控失败时，能够得到安全、快速、有效的处置，保障其关键业务和服务不中断，维护金融业健康发展和金融市场平稳运行，同时降低"大而不能倒"的道德风险。这不仅对人民币国际化的稳步推进意义重大，而且也是防止风险蔓延为经济危机甚至社会危机的一道重要屏障。2018 年 11 月，中国人民银行、中国银保监会、中国证监会联合印发了《关于完善系统重要性金融机构监管的指导意见》（银发〔2018〕301 号，以下简称《指导意见》）。《指导意见》要求人民银行牵头银保监会、证监会及财政部等其他相关单位组建危机管理小组，负责建立系统重要性金融机构的特别处置机制，推动制定恢复和处置计划，开展可处置性评估。《指导意见》还明确了问题机

---

1 例如，《商业银行法》第 64 条规定：商业银行已经或者可能发生信用危机，严重影响存款人的利益时，国务院银行业监督管理机构可以对该银行实行接管。接管的目的是对被接管的商业银行采取必要措施，以保护存款人的利益，恢复商业银行的正常经营能力。被接管的商业银行的债权债务关系不因接管而变化。第 68 条规定：有下列情形之一的，接管终止：（一）接管决定规定的期限届满或者国务院银行业监督管理机构决定的接管延期届满；（二）接管期限届满前，该商业银行已恢复正常经营能力；（三）接管期限届满前，该商业银行被合并或者被依法宣告破产。第 71 条规定：商业银行不能支付到期债务，经国务院银行业监督管理机构同意，由人民法院依法宣告其破产。商业银行被宣告破产的，由人民法院组织国务院银行业监督管理机构等有关部门和有关人员成立清算组，进行清算。

2 例如，《银行业监督管理法》第 29 条规定：国务院银行业监督管理机构应当会同中国人民银行、国务院财政部门等有关部门建立银行业突发事件处置制度，制定银行业突发事件处置预案，明确处置机构和人员及其职责、处置措施和处置程序，及时、有效地处置银行业突发事件。第 38 条规定：银行业金融机构已经或者可能发生信用危机，严重影响存款人和其他客户合法权益的，国务院银行业监督管理机构可以依法对该银行业金融机构实行接管或者促成机构重组，接管和机构重组依照有关法律和国务院的规定执行。第 39 条规定：银行业金融机构有违法经营、经营管理不善等情形，不予撤销将严重危害金融秩序、损害公众利益的，国务院银行业监督管理机构有权予以撤销。

3 例如，《保险法》第 144 条规定：保险公司有下列情形之一的，国务院保险监督管理机构可以对其实行接管：（一）公司的偿付能力严重不足的；（二）违反本法规定，损害社会公共利益，可能严重危及或者已经严重危及公司的偿付能力的。被接管的保险公司的债权债务关系不因接管而变化。第 145 条规定：接管组的组成和接管的实施办法，由国务院保险监督管理机构决定，并予以公告。第 148 条规定：被整顿、被接管的保险公司有《中华人民共和国企业破产法》第 2 条规定情形的，国务院保险监督管理机构可以依法向人民法院申请对该保险公司进行重整或者破产清算。

构处置原则和处置资金使用顺序，以确保处置过程中处置责任明确，并防范系统性风险以及道德风险。《指导意见》的出台反映出国家在已有的金融机构风险处置制度的基础之上对系统重要性金融机构这一特殊对象给予的高度关注，初步回应了我国现阶段金融机构风险防控的迫切需要，对于完善系统重要性金融机构的安全防护网有着重要意义。

（二）我国金融机构风险处置制度体系存在的问题

考察我国金融机构风险处置制度的现状，可以发现我国现有的金融机构风险处置制度无法满足人民币国际化背景下金融机构风险处置的需求，主要体现在如下方面：

1. 金融机构处置制度缺乏系统性，不同位阶的规则未能有效衔接

当前，我国金融机构处置制度零散分布在《企业破产法》《商业银行法》《银行业监督管理法》《存款保险条例》等法律法规中，部分制度安排存在冲突，金融机构处置制度的科学性和系统性亟待提升。以有权接管问题银行的处置机构为例，《商业银行法》第 64 条规定国务院银行业监督管理机构（银保监会即当今的国家金融监管总局）有权对问题银行实行接管，而《存款保险条例》第 19 条规定存款保险基金管理机构（即存款保险基金管理有限责任公司）可以作为投保机构的接管组织，当某家银行风险防控失败时，行使处置权力的处置机构存在着矛盾，处置机构的处置权限也没有清晰的界定。此外，《商业银行法》作为一部法律，其法律位阶高于《存款保险条例》这一行政法规，根据上位法优先于下位法原则，下位法不能与上位法相抵触，《存款保险条例》与《商业银行法》相抵触的制度安排是否有效，不免存疑。

再以系统重要性金融机构风险处置为例，作为系统性风险的温床——系统重要性金融机构——因其规模大、复杂度高且与其他金融机构关联度高而居于金融体系核心，需对其建立专门的风险处置制度，而中国人民银行、中国银保监会、中国证监会联合发布的《关于完善系统重要性金融机构监管的指导意见》在法律位阶上仅属于部门规章。如何协调该《指导意见》与有关系统重要性金融机构处置规定之间的关系成为不可回避的问题。一旦系统重要性金融机构风险防控失败，因相关制度的位阶和内容的不一等问题的存在，将会导致风险处置的混乱与迟滞，而这些系统重要性金融机构作为推动人民币国际化的主力军，无疑会影响人民币业务在全球的开展。

2. 相关法律法规缺乏操作性，风险处置的有效性存疑

我国现有法律法规关于金融机构风险处置的部分规定内容较为笼统模糊，缺乏具体衡量标准以及实施过程中的程序性规定，不同程度地存在可操作性欠缺的问题，影响问题机构的处置效果。以启动对金融机构进行处置的触发条件为例，《银行业监督管理法》第 38 条与《商业银行法》第 64 条均规定当银行已经或者可能发生信用危机，严重影响存款人或其他客户合法权益时，国务院银行业监督管理机构可以对其实行接管，但是对于如何研判银行"可能发生信用危机"、如何界定"严重影响存款人的利益"等内容缺少具体明确的衡量标准，导致何时启动接管面临较大的不确定性。风险研判的科学性没有制度保障，直接影响风险处置的有效性。类似的情况也出现在《保险法》第 144 条之中，其规定当保险公司的偿付能力严重不足或者损害社会公共利益，可能严重危及或者已经严重危及公司的偿付能力时，国务院保险监督管理机构可以对其实行接管。对"偿付能力严重不足"以及对"可能严重危及或者已经严重危及"等模糊规定，都影响着风险处置的有效性。

3. 相关制度处于空白，风险处置可能无法可依

纵观现有风险处置制度的安排，有关系统重要性金融机构风险处置的法律法规不同程度地存在内容缺失问题。鉴于系统重要性金融机构在金融体系中居于的重要地位，应当配以详细科学的处置制度。但现有的《指导意见》仅属于一个宏观政策框架，在恢复及处置计划、可处置性评估等方面仅明确了基本原则，涉及特别处置机制的更多具体内容和操作细节处于空白状态，需要立法者加以明确。另外，《指导意见》在最后"实施"部分指出"金融控股公司适用国家有关金融控股公司监管的规定，但经金融委认定具有系统重要性的金融控股公司，同时适用本意见"[1]。虽然该条已经注意到与其他规定相互衔接，但由于有关金融控股公司监管方面的规定尚未出台，是否存在内容上的重叠与冲突、是否存在优先适用等问题是立法者需要进一步明确的问题。同样地，《存

---

[1] 目前，我国金融控股公司可以分为两类，其中一类是金融机构在开展本行业主营业务的同时，投资或设立其他行业金融机构，形成综合化金融集团，有的还控制了两种或两种以上类型金融机构，母公司成为控股公司，其他行业金融机构作为子公司。如工商银行、农业银行、中国银行、建设银行、交通银行等大型银行均已拥有基金、金融租赁、保险子公司；平安集团、中国人寿、中国人保已投资银行、基金、信托公司。中国人民银行金融稳定分析小组：《中国金融稳定报告（2018）》，中国金融出版社，2018，第137页。该类金融机构是人民币国际化的主要推手。

款保险条例》部分内容也存在着制度缺失。例如，尽管《存款保险条例》赋予了存款保险基金管理机构早期纠正和风险处置职能，但该条例未明确在什么情形下存款保险基金管理机构可以作为接管组织和实施清算。这些制度空白都会导致相关部门在处置问题机构时无相应的法律法规作为指引。

4.跨境处置合作协调机制有待加强

目前，我国工商银行、农业银行、中国银行以及建设银行是金融稳定理事会认定的全球系统重要性银行，平安保险集团是全球系统重要性保险集团。鉴于这些系统重要性金融机构的分支机构和业务遍布世界多地，一旦风险防控失败，由于各国改革进程不同步，实施处置过程中，可能存在某些处置权力和处置工具双边认可不一致的问题，导致境内外处置机构无法一致行动，特别是母国与非危机管理小组（Crisis Management Group，CMG[1]）成员的东道国或地区之间的配合难度可能更大，处置机构的决策可能无法在境外得到执行。一旦系统重要性金融机构进入处置阶段，不排除剥离境外实体和业务条线的可能，跨境危机管理机制的有效性有待实践检验。[2] 此外，未被认定为全球系统重要性金融机构的其他国内系统重要性金融机构如何进行跨境风险处置，也处于制度缺位状态。

（三）完善我国金融机构风险处置制度体系

随着我国人民币国际化的推进，金融机构的业务和规模逐步扩大，风险源的增加、风险的相互交织使得金融机构成为各种风险的渊薮。除了加强对金融机构监管力度之外，建立健全有效的金融机构风险处置制度则是在金融机构风险防控失败后减少对金融和实体经济负面溢出效应的重要制度保障。针对以上指出的我国金融机构风险处置制度存在的问题，我们可以从以下方面对其进行完善。

1.建立系统科学的金融机构风险处置制度体系，实现规则间的有效衔接

梳理我国现有的风险处置制度，在相关制度内容存在矛盾时，应对其进行协调。同时，提升立法技巧，为将来可能出现的立法对象以及立法事由留下足够的制度空间。此外，鉴于 2008 年国际金融危机后国际社会对系统重要性金

---

1 根据金融稳定委员会（FSB）的要求，所有全球系统重要性金融机构均应在入选一年后成立危机管理小组（CMG），该小组由母国和主要东道国或地区的监管当局组成，成员包括中央银行、监管当局、相关处置当局、财政部门和其他相关公共部门。中国人民银行金融稳定分析小组：《中国金融稳定报告（2018）》，中国金融出版社，2018，第 167 页。

2 中国人民银行金融稳定分析小组：《中国金融稳定报告（2018）》，中国金融出版社，2018，第 168 页。

融机构的高度关注，针对这一类特殊的金融机构，在制定有关系统重要性金融机构的处置规则时应当注意和已有的法律法规内容相衔接，增强立法的科学性，实现立法的有效性。

2.增强规则的可操作性，提升风险处置的有效性

针对部分规则内容操作性欠缺等问题，应当进一步明确和细化在不同情况下处置主体、处置对象、处置程序以及处置权限等方面的内容，使之具有较强的操作性，避免在处置金融机构过程中出现权责不清等问题。以处置金融机构的触发条件为例，要想实现问题金融机构早发现、早纠正、早处置，监管部门应当尽可能量化触发条件，确立一套明晰的指标来判断金融机构的风险情况是否达到启动标准，避免因规则的模糊而带来过度的相机抉择，以便及时形成处置方案。对问题金融机构介入越及时，越有利于提高处置效率，采取相应处置措施，避免问题金融机构风险的传染。

3.提供及时有效的制度供给，完善有关金融机构风险处置的法律保障

随着金融机构类型和金融产品呈现复杂化、多样化，与时俱进地构建所需的处置制度内容实属必要。以系统重要性金融机构为例，面对这类金融机构风险处置制度不足的情况，需要尽早完善系统重要性金融机构特殊处置制度安排，包括细化恢复计划与处置计划，建立科学的可处置性评估体系，充分认识处置可能导致的风险，确定影响处置措施有效执行的因素及条件，在问题机构处置原则的指导下增加对处置资金的具体使用等规则，实现有法可依，增强处置的及时性和有效性。

4.加强跨境处置协调，推进跨境危机管理框架不断完善

由于具有全球系统重要性的金融机构通常承担大量境外业务，其风险处置也会涉及跨境资产、负债的重组或清算。为此，应加强与危机管理小组成员在处置计划实施、处置权力行使和处置工具运用等方面的沟通，建立跨境合作处置协调制度，在流动性支持、存款人保护及处置成本分担等方面明确责任划分。同时，与非危机管理小组东道国或地区建立制度化的合作和信息共享机制。如果涉及司法破产程序，应推动对彼此司法行动及司法效力的互认。[1]对

---

1 Financial Stability Board, Intensity and Effectiveness of SIFI Supervision: Recommendations for Change, 2 Nov. 2010. www.financialstabilityboard.org.

于其他国内系统重要性金融机构，人民银行、国家金融监管总局、证监会应当不断提升与境外监管部门的合作水平，加强对系统重要性金融机构境外分支机构的监管。必要时与东道国相关部门签订跨境合作协议，建立信息获取和共享机制，强化监管和处置过程中的协调合作。

第五节　防控人民币国际化风险的宏观审慎监管体制建构

一、我国金融监管体制的演变与发展

（一）我国金融监管体制的演变

1979 年之前，中国人民银行包揽了一切金融业务。进入 20 世纪 80 年代后我国建立了专业银行体制，虽然对银行业务严格分工，但允许银行分支机构开展证券业务和信托业务。1995 年以前，虽然没有明确的法律规定，但我国金融业实际上采取的是混业经营体制，其后不断出现的各种风险严重影响了金融稳定，尤其 1992 年下半年的房地产热和证券投资热导致金融秩序的混乱，大量银行资金通过同业拆借等方式涌入热门行业，加大经济的泡沫程度。为了维护金融秩序的稳定，1993 年 11 月，党的十四届三中全会通过的《中共中央关于建立社会主义市场经济体制若干问题的决定》明确提出了"银行业与证券业实行分业管理"的改革方案，之后 1995 年全国金融工作会议正式提出了我国金融分业经营的体制。同年召开的八届全国人大常委会第十三次会议通过了《商业银行法》，正式确立了金融分业经营的体制。《商业银行法》第 43 条明确规定：商业银行在中华人民共和国境内不得从事信托投资和股票业务，不得投资于非自用不动产，商业银行在中华人民共和国境内不得向非银行金融机构和企业投资。接着 1999 年 7 月 1 日颁布实施的《证券法》又进一步明确了我国金融实行银行、证券、信托、保险分业经营和分业管理的体制。在监管体制方面，银行、证券和保险的监管职能先后从中国人民银行分离出来，成立了银监会、证监会和保监会，由此确立了银行业、证券业、保险业"分业经营、分业监管"的模式（简称"一行三会"）。[1]

---

[1] 岳彩申：《构建金融控股公司法律制度：中国金融经营体制改革的路径选择》，《经济法论坛》2006 年第 6 期。

在分业监管体制下，为了确保金融监管机构之间的合作，建立不同机构之间的金融监管协调机制显得非常必要。2000 年 9 月，人民银行首次尝试与证监会、保监会建立监管联席会议制度，迈出了金融监管协调机制第一步。当时混业经营趋势尚不明显，监管协调尚不急迫，联席会议制度一定程度上可以说是金融工作会议之前的通气会，发挥监管协调的实质性职能还有限。2003 年 6 月，成立不久的银监会与证监会、保监会成立专门工作小组，起草了"三会"《在金融监管方面分工合作的备忘录》，并于当年 9 月召开了第一次监管联席会议。同年通过的《银行业监督管理法》和修订后的《中国人民银行法》也对监管协调问题做了原则性规定。其中，《银行业监督管理法》第 6 条和《中国人民银行法》第 35 条规定银监会和人民银行应当在相互之间及同其他金融监管机构之间建立监管信息共享机制，《中国人民银行法》第 9 条则授权"国务院建立金融监督管理协调机制，具体办法由国务院规定"。2004 年 6 月，"三会"公布的《三大金融监管机构金融监管分工合作备忘录》中，"三会"的金融监管权力边界得到清晰界定，同时确立了"三会"监管联席会议机制和经常联系机制。2008 年 7 月，国务院批准的人民银行"三定"方案又明确指出，"在国务院领导下，中国人民银行会同银监会、证监会、保监会建立金融监管协调机制，以部际联席会议制度的形式，加强货币政策与监管政策之间以及监管政策、法规之间的协调。"

2008 年爆发的国际金融危机凸显了完善金融监管协调的重要性。各国总结金融危机教训，纷纷启动了以构建宏观审慎监管体系、防范系统性风险为主线的金融监管改革，我国也不例外。2009 年 11 月 11 日，中国人民银行公布的第三季度《中国货币政策执行报告》，指出"要将宏观审慎管理制度纳入宏观调控政策框架"，继而在召开的央行货币政策委员会第四季度例会再次明确要研究建立宏观审慎管理制度，有效防范和化解各类潜在的金融风险。2010 年，在准备第四次全国金融工作会议时，国务院便将"完善金融监管协调机制"列入 15 项重大金融课题之列。同年 5 月，国务院批转的国家发改委《关于 2010 年深化经济体制改革重点工作的意见》中明确提出"建立宏观审慎管理框架，强化资本和流动性要求，确立系统性金融风险防范制度"。我国于 2011 年 3 月发布的"十二五"规划纲要中也明确提出，"要深化金融体制改革，构建逆周期的金融宏观审慎管理制度框架"，成为我国进一步深化金融体制改革的重要举措之一。同年 5 月，中国银监会也在对外发布的《银行业实施新监管标准指导意见》中提出了将宏观审慎监管与微观审慎监管相结合的监管改革思路，并在参照 Basel Ⅲ 的基础上初步明确了资本充足率、杠杆率、流动性、贷款损失准备等监管标准。之后，在人民银行和银监会等部门 2012 年 9 月联合公布的《金融业发展和改革"十二五"规划》中，明确提出建立健全金融宏观审慎政策框架。

2013 年 8 月 20 日，新一轮金融监管机构改革展开，此次改革焦点为中国金融监管协调机制的制度化。国务院发布的《国务院关于同意建立金融监管协调部际联席会议制度的批复》指出，为进一步加强金融监管协调，保障金融业稳健运行，同意建立由中国人民银行牵头的金融监管协调部际联席会议制度（以下简称"联席会议"），按照国务院有关要求认真组织开展工作。联席会议由人民银行牵头，成员单位包括银监会、证监会、保监会、外汇局，必要时可邀请发展改革委、财政部等有关部门参加。金融监管协调部际联席会议第一次以制度化的形式固定下来，央行行长担任召集人，各成员单位主要负责人为组成人员。联席会议办公室设在人民银行，人民银行承担金融监管协调日常工作。联席会议通过季度例会或临时会议等方式开展工作，落实国务院交办事项，履行工作职责。联席会议建立简报制度，及时汇报、通报金融监管协调信息和工作进展情况。联席会议有六大协调职责：货币政策与金融监管政策之间的协调；金融监管政策、法律法规之间的协调；维护金融稳定和防范化解区域性系统性金融风险的协调；交叉性金融产品、跨市场金融创新的协调；金融信息共享和金融业综合统计体系的协调；国务院交办的其他事项。该制度旨在不打破原有监管体制，又不增加机构的情形下加强系统性风险的分析和防范，强化宏观审慎监管。在 2017 年 2 月召开的中央财经领导小组第 15 次会议上我国又一次强调防控金融风险，要加快建立监管协调机制，加强人民银行宏观审慎监管和系统性风险防范职责，强化统筹协调能力，防范和化解系统性风险，强化综合监管，突出功能监管和行为监管，加强金融基础设施的统筹监管和互联互通，推进金融业综合统计和信息共享，并于同年 7 月在全国金融工作会议上设立了"国务院金融稳定发展委员会"，以强化人民银行宏观审慎管理和系统性风险防范职责，落实金融监管部门监管职责。

国务院金融稳定发展委员会，与 2013 年创设的金融监管协调部际联席会议制度相比，级别更高、权力更大。由人民银行牵头的部际联席会议重点围绕金融监管开展工作，不改变现行金融监管体制，不替代、不削弱有关部门现行职责分工，不替代国务院决策，重大事项按程序报国务院。而国务院金融稳定发展委员会强化了人民银行宏观审慎管理和防范系统性风险的职责，落实金融监管部门监管职责，并强化监管问责，增强金融监管的权威性和有效性。这说明金融稳定发展委员会是一个具有监管协调与监管问责实际权力的高层级机构。此次会议也首次提出加强金融基础设施的统筹监管和互联互通，推进金融业综合统计和监管信息共享，监管统筹将更多地集中在基础设施、统计、信息等方面。在过去分业监管体系下，"一行三会"的监管模式均为"机构监管"，即"一行三会"仅监管自己审批的机构，这一方面导致"父爱主义"，对于自己审批的机构过度溺爱，同时另一方面导致市场分割、监管真空、监管套利。此次全国金融工作会议确认监管模式为"功能监管、行为监管"，这是首次在如此高规格的层面对监管模式的改变进行确认，标志着"机构监管"将成为过去式，这是监管模式的重大转变。

（二）我国金融监管体制的新发展

2018 年 3 月 13 日，十三届全国人大一次会议第四次全体会议上对我国的金融监管机构作出了重大调整：组建银保监会（简称银保监会），不再保留银监会、保监会；将银保监会拟订银行业、保险业重要法律法规草案和审慎监管基本制度的职责划入人民银行。随着银监会与保监会的合并，我国正式形成了"一委一行两会"新监管体系。此次监管体系的变革，顺应了综合经营发展的趋势。组建银保监会，有利于集中整合监管资源、充分发挥专业化优势，落实功能监管并加强综合监管，提高监管质量和效率。同时，将银监会和保监会拟订银行业、保险业重要法律法规草案和审慎监管基本制度的职责划入人民银行，有利于监管部门专注于监管执行，提高监管的专业性和有效性。在金融业综合经营趋势明显的背景下，金融风险跨部门、跨领域、跨行业传染并放大的特点明显，系统性金融风险防范超出了单个领域监管部门的能力范围。因此，由中央银行从维护金融系统全局稳定的角度，负责重大金融监管规则制定，包括制定跨市场交叉性金融产品的监管规则，实现穿透式监管，统一同类产品监管标准和规则，落实功能监管，有利于防控系统性金融风险和维护金融稳定。

2023 年 3 月，中共中央、国务院印发了《党和国家机构改革方案》，规定组建中央金融委员会和中央金融工作委员会。其中前者负责金融稳定和发展的顶层设计、统筹协调、整体推进、督促落实，研究审议金融领域重大政策、重大问题等，作为党中央决策议事协调机构。同时，组建国家金融监督管理总局，撤销银保监会，以强化机构监管、行为监管、功能监管、穿透式监管、持续监管，统筹负责金融消费者权益保护，加强风险管理和防范处置，依法处置违法违规行为。在金融监管实施机构的设置上，监管组织架构由之前的"一行两会"（人民银行、银保监会、证监会），变为"一行一局一会"（人民银行、国家金融监督管理总局、证监会）的架构，不再保留银保监会。

但是，金融机构改革方案实施之后，相关法律面临修改问题。金融机构改革不仅意味着机构和人员的变动，而且标志着金融监管部门法定职责的调整和法律实施主体的变化，意味着权力主体和法律依据的改变。

二、现有金融监管体制与人民币国际化风险防控的不适应性

党的十八届五中全会指出，"近来频繁显露的局部风险，特别是近期资本市场的剧烈波动说明，现行监管框架存在着不适应我国金融业发展的体制性矛盾"。改革并完善适应现代金融市场发展的金融监管体制，全面提升金融治理体系和治理能力，防范系统性金融风险，是我国在推进人民币国际化进程中维护金融稳定和金融安全的必然要求。

人民币国际化风险防控制度依存于我国金融监管法律制度的整体布局之中。目前，我国并未建立起支撑人民币国际化的法律体系，也无一部《金融监管法》对宏观审慎监管制度作出规定。《中国人民银行法》《商业银行法》《银行业监督管理法》《证券法》等金融监管法与国务院及其下属的中国人民银行、原来的银保监会、证监会、外汇管理局等制定或发布的一系列有关金融监管的行政法规、部门规章及其他规范性文件，构成了我国金融监管法律制度的主体。

人民币国际化，不仅意味着人民币的境外流通、使用，也意味着与之相关的交易、机构、市场和网络的国际化。开放使得金融体系不仅要承受来自国内市场的风险，还要承受来自国际市场的风险。而我国原有的金融监管体制已不足以满足开放条件下的风险管理需求，仍然存在很多深层次问题。

（一）人民银行的宏观审慎监管职责缺乏法律保障

在 2023 年 3 月党中央、国务院发布《党和国家改革方案》之前，我国实

行的是分业监管的体制，体现的是微观审慎监管理念。原来的银保监会、证监会各自负责对主管范围内金融机构的个体稳健性进行监管。虽然我国之前设立了国务院金融稳定发展委员会，强化人民银行宏观审慎监管和系统性风险防范的职责，但由于缺乏明确具体系统的法律保障，宏观审慎监管的效果具有不确定性。《中国人民银行法》第1条确立了"维护金融稳定"的立法宗旨，第2条则明确了人民银行"维护金融稳定"的法定职能。但目前法条中的"金融稳定"仅限于原则，鲜有落实的条款，更无金融稳定的问责机制。在机构设置上，央行虽设立了金融稳定局，并从2005年起每年都发布《金融稳定报告》，但其层级并不足以从宏观经济全局的高度来维护金融稳定。在立法目的上，《商业银行法》《证券法》《保险法》均以保护存款人、投资者、保险活动当事人等金融消费者的合法权益为目的，而非以维护金融体系整体稳定为目标。因此，我国金融监管法在传统体制与理念上是以微观审慎监管为原则，难以满足防范人民币国际化系统性风险对建立宏观审慎监管制度的要求。

而就金融监管措施或要求而言，《中国人民银行法》第五章具体规定了人民银行的金融监督管理职能，其中主要包括对金融市场运行情况的监控和对金融市场的宏观调控（第31条）；基于防范金融风险和维护金融稳定出发，经国务院批准后对出现支付困难的银行业金融机构进行检查监督（第34条）；要求银行业金融机构报送必要的资产负债表，统计报表等资料，并与金融监管机构建立信息共享机制（第35条）；负责全国金融数据统计，报表的编制和公布（第36条）。《人民银行"三定"方案》中还指出，人民银行负责会同金融监管部门制定金融控股公司的监管规则和交叉性金融业务的标准和规范，负责金融控股公司和交叉性金融措施的监测；并明确了人民银行承担最后贷款人的责任，负责对因化解金融风险而使用中央银行资金机构的行为进行检查监督。此外，人民银行从2016年起实施宏观审慎评估体系（Macro Prudential Assessment, MPA），该体系不再单纯囿于以前的差别准备金动态调整和合意贷款管理机制所体现的局部风险评估，而是将反映宏观层面的各项总体风险指标，如信贷政策、资本和杠杆情况等纳入评估范畴，从而建立综合全面的风险评估体系，加强对系统性风险的管理与防控。2017年初，人民银行发布了《中国人民银行关于全口径跨境融资宏观审慎管理有关事宜的通知》，规定"中国人民银行建立跨境融资宏观风险监测指标体系，在跨境融资宏观风险指标触及预警值时，采取逆周期调控措施"。人民银行采取宏观审慎监管措施，可以为防控人民币国际化引发的系统性风险提供一定的帮助。但是，我国尚缺乏一个全面的制度化体系来防控人民币国际化风险，因而无法满足人民币国际化风险防控的需要。

此外，有关银行业的规定，主要体现在《商业银行法》和《银行业监督管理法》两部法律中。2012年银监会发布了《商业银行资本管理办法（试行）》（简称《办法》），旨在实施Basel Ⅲ新资本监管标准，其中包括了对商业银行的逆周期资本要求、超额资本要求和附加资本要求等规定。而我国证券业、保险业监管标准则主要分别规定在《证券法》《保险法》以及相关规范性文件中。例如，证监会2016年修改《证券公司风险控制指标管理办法》，增加规定证券公司应建立全面风险管理体系。[1] 综上可见，我国金融体制改革在一定程度上反映了监管理念与措施由微观向宏观、从个体向总体的转变，包含了一些宏观审慎监管要求，但仍不足以防控人民币国际化引发的系统性风险。一方面，涉及宏观审慎监管内容的规定并不全面，没有形成整体性的制度框架；另一方面，这些规定也并非针对人民币国际化风险的特征而设计，只能在有限范围内防控人民币国际化系统性风险。2023年3月中共中央、国务院发布《党和国家改革方案》，之后进行的最新金融体制改革，为完善金融监管提供了重要保障，但要有效防控人民币国际化风险还需要进一步地出台有针对性的措施。

（二）金融统计立法缺乏协同性和权威性

金融业综合统计是金融领域的一项基础性工作，是指对包括银行、证券、保险及新型金融业态等在内的全部金融机构和组织的资产、负债、损益以及风险情况进行的全面统计。金融业综合统计对于交叉性、跨市场金融产品的风险监测和监管协调具有重要意义，但由于目前我国的金融统计立法滞后，法律法规间缺乏协同性和权威性，导致现有法律框架下，人民银行难以完成金融业统计的职责。《中国人民银行法》虽赋予人民银行负责金融业统计的职责，国务院办公厅《关于印发中国人民银行主要职责内设机构和人员编制规定的通知》也对人民银行开展金融业综合统计工作进行了明确，但未明确对证券业的数据

---

[1] 2016年《证券公司风险控制指标管理办法》增加一条作为第6条并规定"证券公司应当根据中国证监会有关规定建立符合自身发展战略需要的全面风险管理体系"。

采集权。由此导致《中国人民银行法》有关金融业统计的条款，难以很好地落实到各部门的规章制度中。这就造成监管部门间统计协调面临较大的困难。

人民币国际化需要统一共享的金融业综合统计体系，这是有效防控人民币国际化风险的基础。尤其是，有关人民币国际化风险预警所需要的监测指标，分布在不同的管理部门，例如，有关外汇储备的信息由国家外汇管理局所掌握，证券市场资本流动状况由证监会掌握，财政赤字情况由财政部掌握，金融机构的流动性数据由国家金融监管总局掌握。如何及时全面地获取这些部门的信息进行有效预警，对症下药地采取宏观审慎监管措施，这对于有效防控人民币国际化风险有着重大意义。然而，实践中人民银行采集金融数据受困，不利于对人民币国际化风险点的捕捉和发现，所采取的措施也会因为缺乏针对性和及时性而造成人民币国际化风险防控的失败。

（三）金融监管协调机制亟需完善

随着我国人民币国际化的推进，在新业态、新机构和新产品快速发展，金融风险跨市场、跨行业、跨区域、跨境传递更为频繁的形势下，我国金融监管协调机制不完善的问题日益突出。系统重要性金融机构缺少统筹监管，金融控股公司存在监管真空，统计数据和基础设施尚未集中统一，加大了系统性风险研判难度。[1] 这些都是金融监管协调制度的缺失带来的严重后果。

如前所述，人民币国际化的风险来自方方面面，涉及多个监管主体、多个金融领域和金融机构，需要不同的监管部门在出台措施的过程中应当加强协调。一般认为金融监管协调分为三个层次：第一个层次是立法基础，即由法律直接规定，或由法律作出原则性的要求；第二个层次是机构之间签署谅解备忘录，对法律中难以细化的事宜作出明确的规定；第三个层次是在操作层面上作出的一系列临时性安排。[2] 第一个层次的缺失往往导致谅解备忘录和操作安排流于形式，难以起到实质性作用。而金融监管协调方面的制度不足，易导致政策措施组合的非预期后果产生：不同部门为实现同一或不同政策目标而分别采取不同的措施，这些措施的组合要么是通过共振实现措施效应的强化，要么是由于不同的作用机理而削弱措施效应，甚至产生对目标的背离。因此，缺失金

1　周小川：《守住不发生系统性金融风险的底线》，《中国邮政》2018 年第 1 期。

2　廖岷、孙涛、丛阳：《宏观审慎监管研究与实践》，中国经济出版社，2014，第 202 页。

融监管协调的立法会极大地影响到决策执行力，影响人民币国际化条件下风险防控的效果。

为了提升监管的有效性，2023 年 3 月中共中央、国务院印发了《党和国家机构改革方案》，其中规定组建中央金融委员会和中央金融工作委员会。其中前者负责金融稳定和发展的顶层设计、统筹协调、整体推进、督促落实，研究审议金融领域重大政策、重大问题等，作为党中央决策议事协调机构。同时，组建国家金融监督管理总局，以强化机构监管、行为监管、功能监管、穿透式监管、持续监管，统筹负责金融消费者权益保护，加强风险管理和防范处置，依法处置违法违规行为。在金融监管实施机构的设置上，监管组织架构由之前的"一行两会"（人民银行、银保监会、证监会），变为"一行一局一会"（人民银行、国家金融监督管理总局、证监会）的架构，不再保留银保监会。但我国仍需对此改革，从法律层面给予制度保障。就目前来看，我国宏观审慎监管协调的长效工作机制还需要不断细化，协调的具体措施和细节仍需完善，从而不断满足人民币国际化风险防控的要求。

三、构建适应人民币国际化风险防控的宏观审慎监管体制之建议

宏观审慎监管的组织机构是实施宏观审慎监管的主体，是宏观审慎监管框架的核心制度安排，具体负责宏观审慎分析、系统性风险的识别以及宏观审慎监管措施的采取，组织机构安排的合理性直接关系到人民币国际化中我国整个宏观审慎监管框架的有效性，进而影响金融体系的稳定。[1] 宏观审慎监管的组织机构没有固定的模式，但无论采取哪种模式，都应遵守以下三条原则：一是有效的信息共享；二是充分的政策措施协调；三是合理的治理框架。既要明确责任，又应充分调动现有机构的积极性。[2] 结合人民币国际化风险防控的需要，宏观审慎监管体制可以从以下几个方面进行变革。

（一）赋予人民银行宏观审慎监管的法定地位和职权

人民银行具有进行宏观审慎监管、防范系统性风险的天然优势。一是人民银行具有管理宏观经济的专业知识和人员，因此，适合作出宏观审慎决策，管

---

[1] 李源：《中国金融宏观审慎监管组织机构安排与协调机制研究》，《现代管理科学》2016 年第 5 期。

[2] 中国金融监管制度优化设计研究课题组：《中国金融监管制度优化设计研究——基于金融宏观审慎监管框架的构建与完善》，中国金融出版社，2016，第 92 页。

理大型、复杂的金融机构，解决危及金融系统稳定的风险。而且作为宏观调控的主要机构，人民银行需要在货币措施制定和执行环节就经济形势进行分析，这可以帮助其在宏观层面把握金融部门的系统性风险。二是人民银行更能保障宏观审慎分析的全面性和完整性，避免由不同监管机构开展分析而出现条块分割，导致相互关联且复杂的跨市场、跨领域风险不能被准确判断出来。三是由人民银行负责开展宏观审慎监管，有利于在统一层面上加强对不同金融领域的监管，有效落实人民银行防范系统性风险、维护金融稳定的政策措施。四是人民银行自身负有的货币政策、最后贷款人等职责，也需在宏观审慎监管框架中发挥重要作用。

防控人民币国际化产生的系统性风险，须强化人民银行的宏观审慎监管职能。要充分发挥人民银行在宏观审慎监管中的核心作用，在立法层面上，我们可以通过修订《中国人民银行法》或出台专门的《宏观审慎监管法》，赋予人民银行宏观审慎监管机构的地位，明确人民银行在审慎监管中的职责，确保所收集信息的完整性，让人民银行更加科学及时地采取宏观审慎监管措施，以防控人民币国际化带来的系统性风险。

此外，人民银行应负责人民币国际化风险预警机制的建立与运行。《中国人民银行法》第 36 条规定，人民银行负责统一编制全国金融统计数据、报表并按照国家有关规定予以公布。《人民银行"三定"方案》中将人民银行主要职责的第 36 条界定为"制定和组织实施金融业综合统计制度，负责数据汇总和宏观经济分析与预测，统一编制全国金融统计数据、报表，并按国家有关规定予以公布"。由此可见，人民银行不仅负责金融数据信息的统计与汇总，还负责对宏观经济的分析和预测。对宏观经济的分析与预测是调整和确定货币措施的客观需求，对金融体系整体风险的分析与预警则是维护金融稳定的基础保障，我国现行相关立法仅规定人民银行负责宏观经济的分析与预测，却忽视了对金融整体风险的分析与预警，这不仅导致人民银行在履行法定职能的实践中重"货币政策"轻"金融稳定"，而且还间接致使保障人民银行履行维护金融稳定职能的具体配套制度迟迟未能出台，人民银行自然在实践中就难以落实宏观审慎监管的要求。因此，不论是基于人民银行在金融信息统计上的客观优势考虑，还是保障人民银行履行维护金融稳定的职责出发，都应在法律上明确授权由人民银行负责金融风险预警机制的建立与运行，而这也是建立防控人民币国际化风险预警机制的应有之义。而只有建立良好的风险预警机制，才能准确判断人民币国际化整体风险暴露情况，进而实施相应的宏观审慎监管措施，防止人民币国际化风险的发生和蔓延，保障人民币国际化的顺利进行。

（二）建立监管机构之间信息共享机制

人民币国际化风险的可能来源点遍布多个金融部门和领域，如何从整体上准确把握风险源及彼此之间的联系是有效防控人民币国际化风险的关键所在。因此，建立各监管部门之间信息共享机制就显得尤为重要，该机制是进行宏观审慎分析和人民币国际化系统性风险识别的基础性制度。人民银行与各监管机构均有各自的专长和信息优势，人民银行对整个经济和金融体系的运行状况比较熟悉，而监管机构对相关机构和相关行业的情况比较熟悉，因此在实施监管的过程中，应从不同角度发挥各自的作用，更应该实现人民银行与监管机构之间的相互合作、信息互通，以实现对人民币国际化风险的全盘把握和监督。

为了提高人民币国际化系统性风险监管主体的风险评估和判断的准确性，我们需要进一步细化《中国人民银行法》第35条有关信息共享的法律规定，明确人民银行对证监会等相关机构的金融数据采集权，建立和完善金融数据的共享制度，包括数据采集全面且规范，主要指标体系、数据口径和系统接口统一，数据信息及时、连续且能够确保真实性和完整性，数据的历史长度能够满足对不同经济周期下金融体系运行情况的描述，数据的覆盖范围能够反映金融体系的全貌等。同时，在《证券法》等法律中进一步明确相关监管机构对人民银行金融数据的报送义务，使得人民银行能够及时把握各个金融领域的人民币国际化风险状况及其变化趋势，确保金融数据的可获得性和及时性，为人民币国际化系统性风险的监测、分析和评估提供全面及时的信息。

（三）充分发挥中央金融委员会协调各监管主体的作用

宏观审慎监管与宏观调控、微观审慎监管密切相关。一方面，实现宏观审慎监管目标可能会对货币措施目标和微观审慎监管目标产生影响；另一方面，宏观审慎监管措施的实施有时也依赖于货币措施、微观审慎监管措施等的运用。因此，宏观审慎监管的有效实现，需要建立全覆盖的金融监管协调合作机制，加强相关部门之间的沟通和合作。

如前所述，在此次党和国家机构改革中，已组建中央金融委员会和中央金融工作委员会。其中，中央金融委员会负责金融稳定和发展的顶层设计、统筹协调、整体推进、督促落实，研究审议金融领域重大政策、重大问题等，作为党中央决策议事协调机构，是统筹协调各方的有力机构。接下来，通过建立相应的制度，确立运行机制，中央金融委员会必将在统筹协调各监管机构方面发挥重要作用。

第十二章
防控人民币国际化风险的配套制度建构

由于宏观审慎监管瞄准的是金融系统性风险，而人民币国际化的风险并不限于这类风险，因此，防控人民币国际化的风险需要其他措施的加入。此外，即便是金融系统性风险的防范和化解，有时也需要采取其他措施或与其他措施相配套。这些措施包括微观审慎监管措施、货币措施、资本项目管制的暂时性恢复等。以下在对防控人民币国际化风险需要配套制度的原因及构成进行探讨的基础上，以货币措施、微观审慎监管制度和资本项目管制暂时性恢复为代表，对防控人民币国际化风险所需配套制度进行考察。

第一节　防控人民币国际化风险需要配套制度：探因与构成

一、防控人民币国际化风险需要配套制度之探因

承前所述，人民币国际化系统性风险的防控依赖于宏观审慎监管制度的建立和完善。宏观审慎监管作为防控金融系统性风险的重要措施，对于有效防控人民币国际化风险至关重要。但不可忽视的是，宏观审慎监管制度用于防控人民币国际化风险也存在短板，因而需要其他制度的介入。宏观审慎监管制度用于防控人民币国际化风险存在的短板，主要体现在如下两方面：

第一，由于宏观审慎监管瞄准的是金融系统性风险，而人民币国际化的风险并不完全限于这类风险，因此，防控人民币国际化的风险就需要其他措施的加入。例如，人民币国际化会对我国货币政策的独立性带来影响。要推行人民币国际化，资本自由流动是必选项。在此情况下，根据罗伯特·蒙代尔提出、保罗·克鲁格曼发展的"三元悖论"，我国需要在货币政策独立和汇率稳定之

间作出选择。前已述及，自由浮动汇率制为我国开放资本项目条件下维护金融稳定所必需。货币政策作为我国经济的重要调节措施，在推进人民币国际化与资本账户开放的进程中亦十分需要，但会受到一定的影响，国家在实现物价稳定、国际收支均衡等内外经济目标的调控能力可能会减弱。这就需要货币政策适时和灵活调整。

第二，即便是金融系统性风险的防范和化解，有时也需要采取其他措施或与其他措施相配套。[1] 先以货币措施为例，货币措施可以通过对信贷周期和市场风险行为施加影响来防控金融系统性风险，还可以通过影响资产价格和资产负债表进而影响到金融系统的稳定性。再以微观审慎监管为例，宏观审慎监管需要微观审慎监管措施的辅助与配合，微观审慎监管措施是宏观审慎监管的基础，从单个金融机构的层面进行风险防范，从而也能为系统性风险的整体防范提供良好的微观基础，况且宏观审慎监管工具箱中的一些措施本身就来源于微观审慎监管措施。因此，人民币国际化风险的复杂性和多样性在客观上要求对人民币国际化风险防控所需要的制度进行全面综合的考量，建立起以宏观审慎监管制度为主、相关制度为辅的人民币国际化风险防控制度体系。

二、防控人民币国际化风险所需配套制度之构成

全面有效地防控人民币国际化风险，需要建立包括货币措施、微观审慎监管和资本项目管制制度在内的多种配套制度。

首先，价格稳定是金融稳定的重要条件，而货币措施的主要目标就是保持价格稳定。持续维持在较低水平的通货膨胀率，让市场主体形成稳定的预期，维持实体经济的正常运转，可以为经济的持续增长创造良好的条件。若经济环境中的价格水平不断波动且幅度较大，金融体系的不稳定性就会增加。此外，货币措施的有效实施，特别是利率措施的使用，会对商业银行的借贷业务产生影响。在经济过热的情况下，提高利率有助于收紧流动性，抑制经济中泡沫的积累，也为宏观审慎监管措施的使用提供了更大的空间。鉴于货币措施的使用对整个经济影响很大，可谓牵一发而动全身，因此，在维护金融稳定和防控风险方面，货币措施不能缺席。

---

1 韩龙：《人民币国际化重大法律问题之解决构想》，《法学》2016 年第 10 期。

其次，人民币国际化的系统性风险虽然依靠宏观审慎监管可以得到缓解，但微观审慎监管仍然不可或缺，且宏观审慎监管作用的有效发挥离不开微观审慎监管的有效实施。微观审慎监管是宏观审慎监管的基础。只有微观审慎监管的要求落实了，金融系统整体才可能保持稳定。加之部分宏观审慎监管措施是经由微观审慎监管措施校准而来，宏观审慎监管与微观审慎监管之间的关系更显得尤为密切。

再次，人民币国际化客观上要求取消对资本项目的管制，对由此所生之风险应主要通过宏观审慎监管制度加以防范，但资本项目开放后产生的极端情形通常体现为国际游资的大进大出，并可能对金融和经济造成宏观审慎监管制度所无法抵御的严重威胁或灾难。[1] 面对这种情形，我们应当认识到，人民币国际化条件下的资本项目充分开放这一制度设计，并不绝对排斥资本项目管制措施在特定条件下的暂时性恢复。[2] 当跨境资本流动造成了严重威胁金融或经济稳定的系统性风险，或已导致危机，且宏观审慎监管措施和其他措施已经用尽，或适用这些措施耗费时日，不能用以抵御上述威胁或危机的情况下，[3] 就需要资本项目管制措施的暂时性恢复，作为风险防控的最后一道防线。资本项目管制措施可以直接关闭风险来源渠道，立即有效地防止资本流动带来的危害。因此，在人民币国际化条件下，资本项目管制的暂时性恢复既符合资本项目保持开放的要求，又可以抑制跨国资本的极端异常波动对我国造成的影响，有助于防控人民币国际化带来的极端风险。

最后，财政措施和产业措施等，也会对人民币国际化风险防控产生影响。以财政措施中的税收制度为例，有关公司的税收制度使得企业倾向采取债务融资而非股权融资，主要原因是债务融资带来的利息费用可以抵扣企业的应税所得，而股权融资对应的红利则需要纳税，这样出于税收制度带来的融资成本的差异，企业更加偏向于债务融资。但与之矛盾的是，金融监管部门希望银行，特别是系统重要性银行，多持有股权资本并降低杠杆率，而有关公司的税收制度却激励银行少持有股权资本并提高杠杆，因此二者间存在着冲突，不利于维护金融稳定，需要对二者进行协调，使二者相向而行。再以产业措施为例，产

---

1 韩龙：《人民币国际化重大法律问题之解决构想》，《法学》2016 年第 10 期。

2 韩龙：《IMF 对跨境资本流动管理制度的新认知述评》，《环球法律评论》2018 年第 3 期。

3 韩龙：《人民币国际化重大法律问题之解决构想》，《法学》2016 年第 10 期。

业措施通过作用于相关行业，从而影响这些行业的投资和资金需求，并对金融机构的信贷投放产生影响，因此，宏观审慎监管机构应对产业措施保持密切关注。当这些产业由于产能过剩或资产价格泡沫等原因积聚风险、酝酿危机时，一方面需要采取针对性的措施，防范产业风险波及金融体系，触发系统性金融风险；另一方面，宏观审慎监管机构需要与产业措施制定者进行沟通协调，共同降低产业风险，维护整个金融体系和实体经济的稳定与发展。

限于篇幅，以下仅选取与人民币国际化风险防控密切相关的货币措施、微观审慎监管制度和资本项目管制暂时性恢复进行研究。

第二节　货币措施

一、人民币国际化风险的防控需要货币措施

中央银行的货币措施是国家调整宏观经济的主要方式。货币措施的调整不仅会影响实体经济态势的变化，也会改变金融体系的风险暴露状况，尤其是货币措施追求的币值稳定目标与维护金融稳定目标之间产生冲突时，如果忽视货币措施对金融体系风险暴露状况的影响，这将对金融体系的安全稳定形成潜在不利影响。换句话说，货币措施对于金融风险的防控发挥着重要的作用。人民币国际化风险防控也不例外。如果防控人民币国际化风险缺少货币措施的加入，那么，其他防控措施的效果可能会大打折扣。

货币措施作为一种总量规则，在应对某些结构性的金融失衡时可能是非常乏力的。[1] 货币措施并非金融稳定充分条件，并不能削弱它作为金融稳定的必要条件须承担的责任。事实上，货币措施失误（如错误地将利率长期保持在低水平）所引发的金融失衡不仅是全局性和系统性的，而且这种总量性的失衡很难通过后续的宏观审慎监管措施加以纠正。[2] 此外，货币措施还可以通过影响资产价格和资产负债表进而影响到金融系统的稳定性。货币措施作用于整个金融业，由于其目标是调节货币供应量，针对通货膨胀目标，因此，货币措施

---

1 对于结构性的金融失衡（如房地产等局部领域的信贷集中），宏观审慎监管可能更为敏感和有效。

2 以利率政策取向对金融资产价格的影响为例，若利率一直处于较低水平，融资成本的降低会鼓励普遍的高风险行为，此时仅仅提高信贷发放标准难以有效控制金融机构的扩张冲动。马勇：《基于金融稳定的货币政策框架：理论与实证分析》，《国际金融研究》2013 年第 11 期。

的调整对整个经济影响很大，可谓牵一发而动全身。可见，在维护金融稳定方面，货币措施影响范围具有广泛性，在制定和实施过程中需要考虑对金融稳定的影响，人民币国际化风险防控不可不重视。

货币措施对人民币国际化风险的防控主要体现在两方面：一方面是货币措施对系统性风险的防控作用；另一方面是中央银行的最后贷款人作用。

（一）货币措施对系统性风险的防控作用

对于货币措施对系统性风险的防控作用，在经济繁荣和金融高涨时期可以逐渐收紧货币措施，在经济衰退和金融收缩时可以适当放松货币措施，这种做法在某种程度上可以被视为针对潜在金融不稳定所购买的一种"危机保险"，虽然提早收紧货币措施可能会在一定程度上抑制经济繁荣，但购买"危机保险"仍然是必要的。[1]货币措施需要对潜在的金融失衡作出必要的反应。系统性风险最危险的内生性源头，是金融中介机构通过信贷杠杆和过度风险承担引起的金融失衡，由于货币措施影响信贷供求，因此，该措施自然而然地成为降低系统性风险的政策措施之一。[2]

不止于此，金融加速器理论的两大核心概念是"外源融资溢价"和"净值"。银行和企业的信息不对称造成企业从信贷市场获取资金需要支付更多的成本，即外源融资溢价，这是实体经济与金融系统之间最主要的施力媒介。在此基础上，由于流动性的不对称性和资产价值的不对称性，实体经济摩擦或金融摩擦会导致企业和银行的资产负债表效应，引起净值的波动，且表现出强烈的顺周期性。[3]在人民币国际化背景下，这种效应将更加明显。随着资本项目逐步放开，跨境资本将会大幅流入，国外金融机构也会涌入国门，这不仅会带来整个社会的信贷扩张，引发资产价格泡沫，而且也会刺激部分金融机构为了争夺人民币业务进行更为激进的冒险投资，资产负债表会急速扩大，而适当的货币措施可以通过信贷渠道和银行资产负债表渠道对此施加逆向影响。具体来说，第一个渠道是银行与企业间的信贷渠道。例如，法定准备金率的提高能使银行减少贷款供给，从而增加了那些依赖于银行信贷的借款人的资金成本，使得整个

1　马勇：《金融稳定与宏观审慎：理论框架及在中国的应用》，中国金融出版社，2016，第140页。

2　〔西班牙〕泽维尔·弗雷克萨雷斯、拉克·莱文、何塞·路易斯·佩德罗：《系统性风险、危机与宏观审慎监管》，王擎等译，中国金融出版社，2017，第231页。

3　马勇：《金融稳定与宏观审慎：理论框架及在中国的应用》，中国金融出版社，2016，第145页。

社会信贷减少，避免经济过热。相反，在经济衰退时，降低存款准备金率，可以加大贷款供给，刺激经济发展。第二个渠道是银行和企业的资产负债表渠道。例如，提高短期利率会降低银行净值，并减少整个市场融资的流动性，从而对银行贷款产生负面影响，引起银行贷款总量的显著收缩。相反，降低短期利率则会引起银行贷款总量的升高。通过以上两种渠道，货币措施可以根据实际情况有效地进行削峰填谷，调整信贷周期，减少系统性风险引发金融危机的可能性，维护金融和实体经济的稳定。[1] 因此，对信贷进行逆周期调节是货币措施限制系统性风险的一个重要方面。

（二）中央银行的"最后贷款人"作用

在人民币国际化条件下，资本账户开放允许境外市场主体到我国资本市场从事信贷融资、证券发行等活动，一旦境外市场主体违约或无力清偿债务，会使我国银行或其他机构投资者面临巨大的信用风险。同时，随着我国金融机构越来越多地到境外从事信贷和证券投资活动，其在境外遭受的严重信用风险也会通过跨国金融机构的组织结构等渠道传导回国内。此外，跨境资本的大规模流入会引发投资热潮，金融机构的大量放贷无疑会加剧资产与负债的期限失配，并可能使银行遭遇流动性困难。一旦发生危机，金融机构会被迫贱卖这些资产，引发市场价格暴跌和流动性枯竭，导致部分金融机构失去融资流动性，并通过银行间的相互存款以及人民币支付与清算系统等，在金融机构间引发连锁反应，出现偿付危机，最终导致银行倒闭。而通过实施货币措施(利率措施、公开市场操作等)，特别是强化中央银行"最后贷款人"的作用，在危机出现后及时向市场投放流动性、为金融机构提供紧急贷款援助、为金融机构的重组提供支持等，金融机构的信用风险、流动性和偿付能力问题将会得到缓解，金融对实体经济的负外部性也会减少，可以有效地防范风险的爆发及扩散，恢复金融机构和市场的功能，解决人民币国际化引发的信用风险和流动性风险等问题，维护各国对我国金融体系的信心。[2]

不过，中央银行"最后贷款人"的作用也存在一定的效率问题。首先，由于流动性不足和无力偿付的问题难以及时辨别，可能会导致货币措施错误地拯

---

[1] 同时需要注意到，货币措施的信贷作用渠道在银行主导型经济体中（如欧元区和中国）更有效，而对于主要由非银行金融中介和市场提供资金的经济体（如美国）来说，效果则要弱一些。

[2] 马勇：《金融稳定与宏观审慎：理论框架及在中国的应用》，中国金融出版社，2016，第147页。

救了本该倒闭的僵尸机构。其次，通过货币措施的干预来援助金融机构，可能会增加这些机构对未来被援助的预期，提高这些金融机构的道德风险，刺激部分机构从事过度的金融冒险行为，从而埋下更大的风险隐患。

货币措施对风险防控具有重要的影响，但总的来说，它并不是解决人民币国际化风险的最合适措施。在实施货币措施时，如果考虑了太多的风险防控目标，则意味着对币值稳定和经济增长的关注不足，会导致经济福利方面的巨大成本。[1] 当然，维护金融稳定是价格和经济稳定的前提条件，不能排除在个别情况下出于金融稳定目的而进行必要的货币措施调整。[2] 但货币当局应该首先优先使用其他措施来应对风险，例如宏观审慎监管措施，从而减少对运用货币措施防控人民币国际化风险的依赖。

二、货币措施的目标与种类

（一）货币措施的目标

货币措施的目标是指国家制定和执行货币措施所要达到的目的。货币措施目标是货币措施制定和实施的出发点，也是中央银行职能的集中体现，各国政府和中央银行都高度重视货币措施目标的确定。关于中央银行的货币措施目标，各国法律规定不尽相同，一般说来有单一目标论、双重目标论和多重目标论。单一目标论认为货币措施目标是单一的，即稳定货币币值。双重目标论认为应当是稳定货币币值和发展经济同时兼顾。多重目标论认为货币措施目标应当是一个由多项目标构成的目标体系，主要包括四个，即稳定币值（又称稳定物价）、充分就业、促进经济增长和平衡国际收支。由于各国的经济发展水平和历史条件不同，对货币措施目标的选择重点也有所不同。

根据《中国人民银行法》第3条规定，我国货币措施的目标是"保持货币币值的稳定，并以此促进经济增长"。随着经济的不断发展，我国货币措施目标也在不断扩展，包括价格稳定、促进经济增长、促进就业、保持国际收支大体平衡、金融改革和开放、发展金融市场六大目标。根据以往经验，货币措施的目标在操作中的权重也会因为经济环境的变化而不断调整，有一定的灵

---

1 王爱俭、王璟怡：《宏观审慎政策效应及其与货币政策关系研究》，《经济研究》2014年第4期。
2 唐纳德·科恩、方晓：《维护金融稳定的制度结构》，《中国金融》2016年第15期。

活性。[1]

（二）货币措施的种类

根据《中国人民银行法》第 23 条的规定，我国货币措施中的三大传统措施主要包括：利率、存款准备金率、公开市场操作。目前人民银行的货币措施还包括对商业银行再贴现和贷款等。随着经济增长和金融发展，货币新措施不断出现。

1. 利率措施

利率是金融市场的价格核心，是影响资本流动的重要价格变量。它不仅决定着整个市场的资金成本底线，而且还会通过利率定价体系对整个金融体系的风险承担产生显著影响。正是由于中央银行利率作为"市场基准"的这种源头性质，决定了其不仅会对金融稳定产生重要影响，而且这种影响从一开始就注定是系统性的。[2]

利率通过贸易、汇率等途径间接影响全球资本流动的总量和结构。市场化的利率是管理信贷扩张的主要措施，会有效降低货币调控在面临国际资本流入、表外贷款和其他金融创新时，被越来越多地规避并变得无效的风险，增强货币措施的作用。同时，市场化的利率还会提高资金配置的效率，增强银行实施差别贷款利率和改善信贷配置的能力，并降低与表外贷款相关的金融稳定风险。[3] 如果国际间利率存在差异，投资者总是希望将自己资本投向利率较高的国家进行套利活动，结果导致资本的跨境流动、跨市场交易。此外，利率可以通过影响国际资本流动间接地对汇率产生影响。当一国利率上升时，就会促进国际资本流入与增加，从而增加对本币的需求和外汇的供给，使本币汇率上升、外币汇率下降。与利率上升相反，当利率下降时，可能导致国际资本流出，增加对外汇的需求，减少国际收支顺差，促使外币汇率上升、本币汇率下降。

随着人民币国际化的推进，根据蒙代尔的"三元悖论"理论，为了保持货币政策的独立性，我国需要增大汇率的弹性，否则，随着资本账户进一步开放，我国将面临货币政策失调的风险。因此，放松利率管制不仅关乎国内金融

1　朱新蓉：《货币金融学》，中国金融出版社，2010，第 534 页。

2　马勇：《金融稳定与宏观审慎：理论框架及在中国的应用》，中国金融出版社，2016，第 156 页。

3　国际货币基金组织：《中国金融体系稳定评估报告》，中国金融出版社，2012，第 43 页。

稳定，也对汇率产生着重要影响。我们需要进一步推动利率市场化，让市场成为利率确定的基础，这不仅有助于提升资金配置效率，避免信贷扭曲，创造良好的金融市场环境，而且有助于增加汇率的弹性，逐步建立起浮动汇率制度，最大限度地保证货币政策独立性，确保中央银行宏观调控职能的实现。

2. 存款准备金措施

存款准备金是金融机构为保证客户提取存款和资金清算而准备的资金，金融机构按规定向中央银行缴纳的存款准备金占其存款总额的比例就是存款准备金率。存款准备金制度是在中央银行体制下建立起来的，美国最早以法律形式规定商业银行向中央银行缴存存款准备金。存款准备金制度的初始作用是保证存款的支付和清算，之后才逐渐演变成为货币措施的一种。当中央银行提高存款准备金率时，商业银行提供放款及创造信用的能力就下降。这是因为准备金率提高，货币乘数就变小，从而降低了整个商业银行体系创造信用、扩大信用规模的能力，其结果是银根收紧，货币供应量减少，利息率提高，投资及社会支出都相应缩减。当存款准备金率降低时，有助于提高货币乘数，同时减轻银行资金成本、增厚银行利润、提高银行发放信贷及冲销坏账的能力。中央银行通过调整存款准备金率，影响金融机构的信贷资金供应能力，从而间接调控货币供应量。[1]

在人民币国际化背景下，为了维护金融稳定，如果国内经济过热，且人民币出现大量回流时，中央银行就需要比人民币国际化之前更大幅度地提高存款准备金率。如果国内经济低迷，且人民币出现大量流出时，中央银行要比人民币国际化之前更大幅度地降低存款准备金率。如果国内经济过热，而人民币出现大量流出，或国内经济萧条，而人民币出现大量回流时，中央银行要全面衡量两者对于货币总供应量的影响，再决定存款准备金率的升降。因此，人民币国际化使得中央银行在调整存款准备金率时变得较为复杂。

3. 公开市场操作措施

公开市场操作是中央银行吞吐基础货币，调节市场流动性的主要货币措施，通过中央银行与市场交易对手进行有价证券和外汇交易，实现货币措施调控目标。1999年以来，人民银行公开市场操作发展较快，目前已成为人民银

---

[1] 朱新蓉：《货币金融学》，中国金融出版社，2010，第545页。

行主要的货币措施之一，对于调节银行体系流动性水平、引导货币市场利率走势、促进货币供应量合理增长发挥了积极的作用。在人民币国际化背景之下，公开市场操作对于调节市场流动性、防控金融机构出现流动性危机发挥着重要作用。

从交易品种看，中国人民银行公开市场业务债券交易主要包括回购交易、现券交易和发行中央银行票据。其中回购交易分为正回购和逆回购两种，[1] 现券交易分为现券买断和现券卖断两种。[2] 中央银行票据是中国人民银行发行的短期债券，央行通过发行央行票据可以回笼基础货币，央行票据到期则体现为投放基础货币。目前，人民银行公开市场操作主要使用的是逆回购措施和中期借贷便利（MLF）措施，目的是"削峰填谷"，进行逆周期调节，保持银行体系流动性基本稳定。由于外汇流入流出、财政税收和支出、存款准备金交存和退缴、现金投放和回笼等长期性、季节性、临时性因素容易引起银行体系流动性大起大落，公开市场操作的力度和节奏也会随之灵活切换，有时出于"填谷"的目的会以较大力度持续操作，有时出于"削峰"的目的会持续停做或净回笼流动性。在措施搭配上，逆回购旨在调节银行体系短期流动性余缺，熨平临时性、季节性因素对流动性的扰动。[3] 中期借贷便利（MLF）措施旨在弥补银行体系中长期流动性缺口，面向公开市场业务一级交易商中宏观审慎评估（MPA）达标情况较好的商业银行、政策性银行提供中期基础货币。短期流动性调节措施（SLO）作为公开市场常规操作的必要补充，在银行体系流动性出现临时性波动时相机使用。这一工具的创设，既有利于央行有效调节市场短期资金供给，熨平突发性、临时性因素导致的市场资金供求大幅波动，促进金融

---

1 正回购为中国人民银行向一级交易商卖出有价证券，并约定在未来特定日期买回有价证券的交易行为，正回购卖出有价证券为央行从市场收回流动性的操作，正回购到期则为央行向市场投放流动性的操作。逆回购为中国人民银行向一级交易商购买有价证券，并约定在未来特定日期将有价证券卖给一级交易商的交易行为，逆回购买入有价证券为央行向市场上投放流动性的操作，逆回购到期则为央行从市场收回流动性的操作。

2 前者为央行直接从二级市场买入债券，一次性地投放基础货币；后者为央行直接卖出持有债券，一次性地回笼基础货币。

3 中国人民银行从 1998 年开始建立公开市场业务一级交易商制度，选择了一批能够承担大额债券交易的商业银行作为公开市场业务的交易对象。近年来，公开市场业务一级交易商制度不断完善，先后建立了一级交易商考评调整机制、信息报告制度等相关管理制度，一级交易商的机构类别也从商业银行扩展至证券公司等其他金融机构。这些一级交易商在宏观审慎评估、传导央行资金和货币政策信号、利率定价、内部管理、市场活跃度和影响力等方面的综合表现较好，是一个比较小的机构集合。

市场平稳运行，也有助于稳定市场预期和有效防范金融风险。[1]以上措施不仅提供了投放基础货币的新渠道，而且能够及时有效地调节市场流动性，避免出现因流动性危机引发的金融危机。[2]

随着人民币国际化的推进，资本项目的逐步放开，部分货币措施的效力将会受到较大的限制，例如，人民银行通过降息等手段意图实现扩张性货币措施时，以人民币计价的资产收益率下降会诱使居民和非居民将持有的人民币资产调整为外币资产大量流出，进而抵消人民银行的扩张性措施。同理，当人民银行为了遏制通胀等而采取加息等紧缩性措施时，将会吸引大量资本流入，国际上流通的人民币热钱会通过各种渠道流入，反而增加内地流通的人民币规模，从而部分抵消了人民银行实行紧缩性货币措施的效果，导致货币措施遏制通胀的目标无法实现，甚至产生"加息悖论"的效果。因此，在货币措施的选择受到较大的限制时，可以采用公开市场操作来吞吐基础货币，调节市场流动性，避免中央银行采取降息或加息措施调控市场流动性的无效，保证货币措施的独立性，在人民币国际化背景下避免货币政策出现失调。此外，人民银行可以通过在离岸市场发行中央银行票据的方式来抵御国际热钱对人民币的进攻。当离岸市场出现较为明显的人民币空头情绪时，发行中央银行票据可以提高离岸人民币市场的利率水平，从而造成离岸市场人民币流动性收紧，利率上调，引发汇率上调，以此提高做空人民币的成本和风险，抑制人民币空头，避免人民币汇率出现超调风险，最大程度地维持汇率的稳定。[3]

4."最后贷款人"措施

中央银行用来应对金融恐慌或金融危机的主要措施就是流动性供给。出于对金融稳定性的考虑，中央银行会向金融机构提供短期贷款。在金融恐慌或危机期间，向金融机构提供短期贷款能够平息市场情绪，有利于维持这些金融机构的稳定性，从而有助于缓解甚至终结金融危机。中央银行的上述行为被称为

1　李洪侠：《提高市场化程度　增强货币调控能力》，《中国证券报》2017年2月20日第A12版。

2　此外，为加强和改进流动性管理，提高流动性供给的针对性和有效性，支持国民经济重点领域和薄弱环节，人民银行还调整了再贷款分类。目前再贷款按照性质可划分为流动性再贷款、信贷政策支持再贷款、金融稳定再贷款和专项政策性再贷款四类，发挥的作用各有侧重。

3　例如，2018年11月7日，中国人民银行通过香港金融管理局债务工具中央结算系统（CMU）债券投标平台，招标发行了2018年第一期和第二期中央银行票据，以此来提高人民币做空成本，增强汇率预期管理的有效性。

"最后贷款人"措施。如果金融市场崩溃，金融机构又没有其他资金来源，那么中央银行就要随时准备做"最后贷款人"，通过提供流动性支持来帮助稳定金融系统。[1]

如前文所述，人民币国际化会带来诸多风险，并且这些风险具有全局性、高度传染性和强大的破坏力等特征，容易引发系统性风险，导致金融市场崩溃、金融服务瘫痪，对实体经济造成严重打击，此时中央银行作为最后贷款人可以为金融机构（尤其是系统重要性金融机构）提供流动性支持，以缓解危机造成的损失，恢复国际社会对人民币以及我国金融市场的信心。

三、货币措施防控人民币国际化风险的制度保障

（一）货币措施用于防控人民币国际化风险的制度检视

金融风险的防控离不开货币措施，恰当、有效地运用货币措施是实现人民币国际化风险防控的保障之一，因此，以货币措施防控人民币国际化风险的制度建设十分重要。但是纵观我国立法，通过货币措施防控人民币国际化风险的制度保障有所欠缺，主要体现在以下两方面。

第一，在货币措施目标方面，立法缺乏对金融稳定目标的考虑。《中国人民银行法》第3条规定，"货币政策目标是保持货币币值的稳定，并以此促进经济增长"，因此，人民银行在制定和调整货币措施时主要是从币值稳定和经济发展角度出发，维护金融稳定在立法上并不在其考虑范围之内。没有立法上的依据，考虑金融稳定目标就没有合法性支撑。这就会导致在实践中所选择的货币措施对物价水平和经济增长的关注程度远高于对金融稳定的关注。可见，现有法律没有为采用货币措施进行风险防控提供法律上的目标依据，削弱了借助货币措施防控风险的效果。

第二，货币措施的有效实施要求中央银行具有独立性。独立性是指在明确措施目标之后，中央银行应该能够独立地制定并执行货币措施，不受政府或者其他方面的干预或影响。《中国人民银行法》第7条规定，"中国人民银行在国务院领导下依法独立执行货币政策，履行职责，开展业务，不受地方

---

1 〔美〕本·伯南克：《金融的本质——伯南克四讲美联储》，巴曙松、陈剑译，中信出版社，2014，第5页。

政府、各级政府部门、社会团体和个人的干涉"。这一规定明确了中国人民银行相对独立的执行货币措施的法律地位，但立法并没有涉及如何保障中央银行在履行相关职责时免受中央政府的不当干预，从而导致了立法在如何处理中央银行与中央政府的关系上存在着制度缺失，我国中央银行的独立性有待提升。

（二）货币措施用于防控人民币国际化风险的制度完善建议

人民币国际化风险的有效防控需要货币措施的加入，如果货币措施未将金融稳定纳入目标范围，那么，采用货币措施防控风险的正当性就会存疑，防控风险的积极性必将被削弱，货币措施就不能最大程度地发挥防控风险的功能。如果中央银行独立性较差，那么，采用货币措施防控风险所需保障会大打折扣，而上述存在的问题会随着人民币国际化的推进而愈发突出，我们应当如何解决呢？

在货币措施目标方面，基于有效维护我国金融稳定的考虑，立法上应将保持金融稳定纳入货币措施的目标。由于人民银行在调整货币措施时不能仅顾及物价水平和对经济增长的影响，还应分析对金融机构和金融市场风险暴露的影响，特别是需要结合宏观经济态势分析货币措施的调整对金融体系整体稳定的潜在影响，在不影响金融体系整体稳定的前提下可根据物价水平的变化和经济增长的目标调整货币措施。因此，《中国人民银行法》第3条中应加入货币措施对金融稳定目标的考量和追求。

在中央银行独立性方面，应当对人民银行的独立性提供更多的制度支持，减少政府不必要的干预。立法一方面需要确保中央银行对整个金融体系进行独立的管理和控制，另一方面需明确保证中央银行在行使这些权利时免受来自政府和其他部门的不必要干预。结合我国具体国情，短期内可采用列举的方法，在立法中将某些领域的措施决定权完全授权给人民银行，由人民银行决定。从长期来看，中央银行的独立性作为现代中央银行制度的核心要素，立法上赋予人民银行完全独立地位是必然之举，历史之趋。人民银行的独立性最终仍需从立法上进行确立。同时，我们还需要进一步细化《中国人民银行货币政策委员会条例》中有关人员任命和解除职务的条件，相关任职资格条件和解除条件须有法定理由，以此来保障人员的独立性。货币政策委员会委员的任期应该长于政府的任期，以避免政府任期周期对委员会决策的影响，从制度上逐步推进人民银行的独立性。[1] 通过上述立法改进，最大程度地确保通过货币措施防控风险，维护金融稳定，推动人民币国际化的顺利进行。

第三节　微观审慎监管制度

一、人民币国际化风险的防控离不开微观审慎监管

微观审慎监管有着悠久的历史，在宏观审慎监管得到广泛重视之前，微观审慎监管制度构成了金融风险防控的基石。微观审慎监管的目的在于规范单个金融机构、金融市场的市场交易行为，关注金融机构经营过程中面临的各类风险，制定相应审慎监管标准，要求金融机构予以遵守或执行，确保单个金融机构稳健运营。从微观审慎监管的视角来看，金融机构面临的风险种类有信用风险、流动性风险、市场风险、操作风险等。为确保金融机构有效防范各类风险，监管部门应就最低资本要求、流动性管理、风险管理、问题资产认定以及拨备计提、内部控制等方面制定微观审慎监管标准，并通过现场及非现场检查方式实施监管。

对人民币国际化的系统性风险进行宏观审慎监管并非否定微观审慎监管的作用，人民币国际化风险的防控离不开微观审慎监管的加入。事实上，当单个金融机构的风险不致引发系统性风险时，采用微观审慎监管可以有效防范风险。此时人民币国际化引发的有关风险可以依靠微观审慎监管来解决。例如，由人民币国际化引发的金融机构的信用风险，如果尚未引发系统性风险，那么，依靠微观审慎监管的相关措施就可以缓解或解决这一风险。具体来说，以资本充足率为核心的微观审慎监管，通过要求金融机构风险总量（总资产）与自身风险承受能力（自有资本）相匹配，避免因违约或无力清偿债务而面临信用风险。严格的资本监管，不仅确保银行等金融机构能够及时冲销各类非预期损失，确保具有偿付能力，降低倒闭概率，还通过全面覆盖金融机构各类业务，推动金融机构加强内部管理和风险管控，实现单个金融机构的安全稳健。此外，微观审慎监管机构对金融机构个体稳健的监管，也可以为宏观审慎监管机构提供信息参考。这是因

---

[1] 范方志、胡德宝：《透明度、决策博弈与中央银行独立性》，《财经问题研究》2016 年第 12 期。

为对宏观审慎监管所关注的金融机构间的共同风险暴露的判断，是以对单个金融机构是否出现困难为监测起点的。因此，微观审慎监管在风险防控方面发挥着基础性作用。

再者，当人民币国际化引发系统性风险时，作为实现金融监管目标的手段，宏观审慎监管措施也需要微观审慎监管措施的协调配合，这是由系统性风险的两个维度——时间维度和截面维度决定的。有关这两个维度的风险需要不同方法处理：时间维度较多涉及宏观经济失衡、过度信贷风险与资产泡沫的产生，因此，时间维度的风险与货币措施甚至财政措施有较多的关联。而截面维度主要涉及金融机构间共同风险敞口和相互关联导致的羊群效应，以及"大而不能倒"的问题，因此，在处理截面维度风险时就需要微观审慎监管的配合。这种配合不仅是要求微观审慎监管措施落实到位，从微观上保证每个微观主体的安全稳健，也是通过对微观审慎监管措施的改造利用，来达到防止系统性风险的过度聚积。只有首先确保微观审慎监管要求的落实，金融系统整体才有可能保持稳定。以防控跨境资本流动风险为例，一方面，单一金融机构与跨境资本流动有关的个体风险是微观审慎的监管侧重点，而这些个体风险累积而成的系统性风险则是宏观审慎监管的目标，因此，可以说微观审慎监管构成了宏观审慎监管的基础。另一方面，针对跨境资本流动微观审慎监管的常用风险控制措施主要是要求金融机构服从会计准则、满足资本要求，聚焦如何使得金融机构从数据、计量模型和流程等维度设计并优化对其金融交易及客户主体层面的跨境资本流动风险管理，从而实现金融机构的安全稳定经营。[1] 就宏观审慎监管而言，对跨境资本流动实行宏观审慎监管需要以有效的宏观审慎监测为前提，而宏观审慎监测需要借助包括各金融机构在内的数据，从而对我国跨境资本流动总体形势进行判断，并借助各类压力测试和预警体系对整体跨境资本进出及宏观经济情况作出预先性分析。在宏观审慎监测基础上采取的宏观审慎措施，也是由监管部门将部分或全部微观审慎监管措施组合或加以改造进行综合运用。可见，宏观审慎监管离不开微观审慎监管的支持。

---

1 王书朦：《我国资本项目开放进程中跨境资本流动宏观审慎监管研究——基于新兴经济体的国际借鉴》，《金融与经济》2015 年第 12 期。

二、微观审慎监管的目标与监管方式

微观审慎监管的目标在于规范单个金融机构的市场交易行为，保护存款人、投资者的合法权益。微观审慎监管关注单个金融机构的风险暴露情况，认为各个机构之间互相独立，并不存在关联和影响，因此，通过跟踪一系列监管指标的发展变化来监测和计量每个金融机构所面临的风险。监管者侧重于对单个金融机构经营行为、公司治理、信息披露进行监管，确保金融消费者的利益得到保护。微观审慎监管的主要任务是通过对金融机构的个体监管，使之处于稳健运行状态，避免单个机构破产，从而最终达到保护金融消费者的目的。

目前，我国银行业监管已经形成包括市场准入、非现场监管和现场检查在内的较为完整的监管方法体系，不断完善由市场准入、非现场监管和现场检查共同构成的风险监管链条。[1] 市场准入是风险监管的首道关口，可以从源头上防范重大风险隐患，是一种事前结构化限制性监管安排，并强调主动退出的监管要求。对银行业金融机构进行市场准入监管，在量的方面要对注册银行业金融机构有最低资本金要求，质的标准是对申请的银行法人资格、经营管理和计划进行审核，保证其进入金融市场遵循合法性、合理性和可控性三原则。非现场检查是监管机构通过对银行的统计数据报表，监管其经营的情况。而现场检查则是监管机构进入银行进行实地检查，通过查阅报表、账册和文件等资料，分析、检查和评价银行的经营管理质量。现场检查是贯彻监管理念和要求的重要手段。与非现场监管相比，现场监管具有持续性和稳定性的优势，可分为全面检查与专项检查。此外，对银行的监管方式还有市场退出与风险处置、监管问责与处罚等。

在证券领域，监管方式亦有市场准入、非现场监管和现场检查等。证券市场准入监管的范围较大，涉及内容较多。此外，对证券公司进入市场也进行监管，对其注册资本最低限额、管理人员和业务人员、经营场所和交易设施，我国都有明确的规定。实施非现场监管和现场检查的主要对象是上市公司、证券期货经营机构、证券投资基金管理公司和中介机构等。以上市公司为例，非现场监管的主要内容是对上市公司年报的审核、审阅和分析，现场检查是在上市

---

[1] 中国金融监管制度优化设计研究课题组：《中国金融监管制度优化设计研究——基于金融宏观审慎监管框架的构建与完善》，中国金融出版社，2016，第419页。

公司及其所属企业和机构的生产、经营、管理场所以及其他相关场所，采取查阅、复制文件和资料、查看实物、谈话及询问等方式，对检查对象的信息披露、公司治理等规范运作情况进行监督检查的行为。

三、微观审慎监管对人民币国际化风险的防控机理

人民币国际化风险防控离不开微观审慎监管。只有首先确保微观审慎监管要求的落实，金融系统整体才有可能保持稳定，减少人民币国际化引发的相关风险。鉴于银行业在我国金融体系中的重要地位，人民币国际化会给银行业的风险防控带来重大挑战。有关银行业审慎监管关注的是银行的清偿力、流动性、风险集中程度等问题，目的是保障银行稳健安全运行，防止银行倒闭引起的系统性风险。[1] 限于篇幅，以下选取资本充足率和流动性标准，分析其对人民币国际化风险防控的作用。

（一）资本充足率监管措施

资本充足率监管是银行审慎监管的重要组成部分，资本充足率是一个银行的规制资本总额对其风险加权资产的比率。我国现行资本充足率监管要求核心一级资本充足率、一级资本充足率和资本充足率分别不低于5%、6%和8%。我国还引入了逆周期资本监管框架，包括：2.5%的留存超额资本和0—2.5%的逆周期超额资本，增加了系统重要性银行的附加资本要求，暂定为1%。这样在正常条件下系统重要性银行和非系统重要性银行的资本充足率分别不低于11.5%和10.5%。若出现系统性的信贷过快增长，商业银行需要计提逆周期超额资本。

资本充足率是保证银行业金融机构正常运营和发展所必需的资本比率。资本充足率反映商业银行在存款人和债权人的资产遭到损失之前，该银行能以自有资本承担损失的程度。规定该项指标的目的在于抑制风险资产的过度膨胀，保护存款人和其他债权人的利益、保证银行等金融机构正常运营和发展。资本充足程度直接决定了银行业金融机构的最终清偿能力和抵御各类风险的能力。因此，各国金融管理当局一般都有对商业银行资本充足率设定要求，目的是增强银行业金融机构抵御风险的能力。在人民币国际化背景下，对银行业金融机构严格实行资本充足率监管措施，将有效降低因境内外金融机构违约或无力清

1　周仲飞：《银行法研究》，上海财经大学出版社，2010，第157页。

偿债务而引发的信用风险，避免这些机构陷入流动性与清偿力危机，增强其抵御风险的能力，减少由信用风险引发系统性风险的可能，有助于防控人民币国际化风险。

（二）流动性风险监管措施

流动性风险是指商业银行无法以合理成本及时获得充足资金，偿付到期债务、履行其他支付义务和满足正常业务开展的资金需求的风险。流动性风险因容易引发系统性金融风险，因此，格外受到关注。提高商业银行流动性风险管理和监管的有效性，对于维护银行业安全稳健运行以及人民币国际化顺利进行具有重要意义。在 2008 年国际金融危机中，许多银行尽管资本充足，但仍因缺乏流动性而陷入困境，金融市场也出现了从流动性过剩到紧缺的迅速逆转。随着人民币国际化的推进和资本项目的逐步开放，国际和国内的金融市场、金融机构之间的关联愈发密切，个别银行或局部的流动性问题还易引发整个银行体系的流动性紧张，流动性风险管理和监管面临的挑战会不断增加，加强流动性风险管理和监管的必要性和紧迫性日益突出。因此，银行业金融机构应当建立健全流动性风险管理体系，对法人和集团层面、各附属机构、各分支机构、各业务条线的流动性风险进行有效识别、计量、监测和控制，确保流动性需求能够及时以合理成本得到满足，防止银行因过度追求业务扩张和短期利润而放松流动性风险管理。

2018 年 7 月实施的《商业银行流动性风险管理办法》中指出，我国目前流动性风险监管措施包括流动性覆盖率、净稳定资金比例、流动性比例、流动性匹配率和优质流动性资产充足率。[1] 其中，由于流动性覆盖率相对其他流动性风险指标更具风险敏感性和前瞻性，在监测、防范银行流动性风险方面具有较强的作用和现实意义，故以下以此为例分析其在防控人民币国际化条件下系

---

[1] 流动性覆盖率监管措施旨在确保商业银行具有充足的合格优质流动性资产，能够在规定的流动性压力情景下，通过变现这些资产满足未来至少 30 天的流动性需求。净稳定资金比例监管措施旨在确保商业银行具有充足的稳定资金来源，以满足各类资产和表外风险敞口对稳定资金的需求。流动性比例的计算公式为：流动性比例＝流动性资产余额÷流动性负债余额，流动性比例的最低监管标准为不低于 25%。流动性匹配率监管措施衡量商业银行主要资产与负债的期限配置结构，旨在引导商业银行合理配置长期稳定负债、高流动性或短期资产，避免过度依赖短期资金支持长期业务发展，提高流动性风险抵御能力。优质流动性资产充足率监管措施旨在确保商业银行保持充足的、无变现障碍的优质流动性资产，在压力情况下，银行可通过变现这些资产来满足未来 30 天内的流动性需求。

统性风险中的作用。流动性覆盖率旨在确保商业银行具有充足的合格优质流动性资产，能够在银行监管机构规定的流动性压力情景下，通过变现这些资产满足未来至少 30 天的流动性需求。与其他流动性风险措施相比，流动性覆盖率更为精细，如对同业业务采用了较高的现金流出系数和较低的现金流入系数，在反映流动性风险方面更为准确，也有助于约束商业银行对同业资金的过度依赖，对于当前我国银行业改进流动性风险管理能够发挥积极作用，有助于维护和提高银行的信誉，避免和减少银行经营风险。在人民币国际化背景下，银行业监督管理机构应当密切跟踪研究宏观经济形势和国内国际金融市场变化对我国银行体系流动性的影响，分析、监测金融市场的整体流动性状况，尤其是跨境资本的流动情况，计算流动性覆盖率、净稳定资金比例等关键指标，及时识别、计量、监测和控制流动性风险，确保其流动性需求能够及时得到满足，降低因流动性短缺引发系统性风险的可能性。

此外，由于健全的微观审慎监管制度是保障宏观审慎监管制度落实的重要基础，所以，微观审慎监管的严格施行是宏观审慎监管能够有效防控人民币国际化风险的重要前提条件。例如，2018 年 7 月实施的《商业银行流动性风险管理办法》在继续强调加强单个机构流动性风险管理与监管的同时，引入宏观审慎视角，要求监管机构和商业银行密切跟踪研究宏观经济金融政策调整和金融市场变化对银行体系流动性的影响，监测分析市场整体流动性状况，并在流动性风险压力测试中充分考虑市场流动性状况发生重大不利变化等因素。这表明实践中已将微观审慎监管与宏观审慎监管融为一体来共同防范风险。又如，提高针对系统重要性金融机构的规制标准，既体现了对宏观审慎监管要求的落实，同时也是完善微观审慎监管以保持系统重要性金融机构个体安全稳健运营的重要举措。可见，宏观审慎监管框架以微观审慎监管为基础，只有首先确保微观审慎监管要求的落实，增强金融机构风险抵御能力，才能在资本项目开放后面临外部冲击时，最大程度地保障金融体系的稳定。

第四节　资本项目管制的暂时性恢复

一、防控人民币国际化风险不宜排斥资本项目管制的暂时性恢复

资本项目管制是指一国政府、中央银行或其他监管当局为抑制跨境资本流

动的规模和结构而采取的各种措施，包括行政手段、税收、法律禁止、数量限制等。一国政府如果要控制外汇市场的经济和金融影响，其中一个办法就是对进出本国的资本实施管制。"二战"之后的那段时间，包括发达国家和发展中国家等都曾广泛实施资本管制，从而为国内货币政策独立施行提供安全保护伞。具体而言，政府希望避免由于资金大量涌入而发生的通胀效应、保护国内储户和金融机构免受外汇市场波动的市场风险、规避国外游资对本国货币的投机性攻击。一言以蔽之，资本管制的目标，就是隔离国内与国际金融市场。[1]

国际上对资本流动管理的认识可分为两个不同阶段。2008 年国际金融危机以前，国际上争论的焦点是选择资本管制还是资本自由流动。由于当时新自由主义盛行，主流认知认为，国际资本流动如同商品全球流动一样，能促进经济增长。放松甚至放弃资本管制，允许资本自由流动是当时国际社会推崇的基本理念。在此背景下，20 世纪 80 年代以后，新兴市场国家纷纷放开了资本项目管制，选择了资本自由流动。然而，许多新兴市场国家在放开资本项目以后，却不同程度地遭受了资本大规模流出入的冲击。如拉美、东欧国家的债务危机，东南亚金融危机等，一定程度上都与大规模跨境资本流动有关。

2008 年国际金融危机以后，资本流动可能引发的系统性金融风险，越来越受到重视。大量研究显示，资本尤其是短期资本大幅流入会通过金融放大效应影响资产负债表和总需求水平，扭曲私人部门投资和融资决策，导致国内信贷过度投放（特别是外币贷款）以及各类资产价格上涨，增加金融系统脆弱性，并最终传导至非金融企业部门等。同时，私人部门集体行为决策会进一步影响资本流动，并再次通过金融放大效应影响资产负债表和经济需求，形成正反馈效应。某种意义上，金融系统脆弱性就是私人部门外部融资行为非内生化的"副产品"。一旦外部条件发生变化，集体行为带来高度相关的风险敞口就可能集中爆发，出现"公共地悲剧"。[2] 而且，资本持续流入通常与资本流入突然中断甚至逆转相伴而生，当一国经济基本面不佳时，还会进一步放大资本流入突然中断的概率，引发宏观经济和金融风险。正是注意到了跨境资本大幅波

1　〔美〕海尔·斯科特、安娜·葛蓬：《国际金融：法律与监管》（上），刘俊译，法律出版社，2015，第608页。

2　陈得文：《系统性风险与跨境资本流动管理——宏观审慎管理与资本管制效果的比较》，《南方金融》2016 年第 5 期。

动的风险，近年来，IMF 等国际组织的观念有所改变，在 2010 年初的《全球金融稳定报告》中，IMF 一改以往对资本项目管制的消极态度，从过去认为资本管制属于非政策选项到如今认为这类管制构成管理资本流动政策工具箱中的有用部分，意识到资本管制措施在某些情况下是可以重新启用的，并且资本项目管制可作为宏观经济措施与审慎措施的补充工具。[1]与此同时，资本项目管制措施在防范金融危机上的有效性也被一些国家的实践所证实，这更增加了 IMF 对某些极端情形下恢复资本项目管制的认同。[2]

　　人民币国际化客观上要求取消对资本项目的管制，对由此所生之风险应主要通过宏观审慎监管制度加以防范，但资本项目开放后产生的极端情形通常体现为国际游资的大进大出，并对金融和经济造成以上制度所无法抵御的严重威胁或灾难。[3]面对这种情形，我们应当认识到，人民币国际化条件下的资本项目充分开放这一制度设计，并不绝对排斥资本项目管制措施在特定条件下的暂时性恢复。[4]当跨境资本流动造成了严重威胁金融或经济稳定的系统性风险，或已导致危机，且宏观审慎监管措施和其他措施已经用尽，或适用这些措施耗费时日，不能用以抵御上述威胁或危机的情况下，[5]就需要资本项目管制措施的暂时性恢复。

　　具体而言，防控人民币国际化风险所需要的资本项目管制的暂时性恢复，有以下正当性与合理性：第一，国家主权原则决定了我国有权采取任何为维护我国经济金融稳定所必要的措施，包括资本项目管制的暂时性恢复。第二，在人民币国际化要求资本项目保持长期开放情况下，暂时性的资本项目管制是防范因国际资本流动造成的严重冲击的最后一道防线。控制资本流动的管理措施主要有三种：一是货币措施；二是宏观审慎监管措施；三是资本项目管制措施。但是这三类措施的目标与任务不同，而且在实施的先后次序上也存在差异。货币措施针对的是资本流动导致的宏观经济风险，宏观审慎监管措施针对的是资

1 IMF, Global Financial Stability Report: Meeting New Challenges to Stability and Building a Safer System, Charter One, April 2010, p.28.

2 Maria Socorro Gochoco-Bautista and Changyong Rhee, "Capital Controls: A Pragmatic Proposal", *ADB Economics Working Paper Series*, No. 337, February 2013, pp.7–11.

3 韩龙：《人民币国际化重大法律问题之解决构想》，《法学》2016 年第 10 期。

4 韩龙：《IMF 对跨境资本流动管理制度的新认知述评》，《环球法律评论》2018 年第 3 期。

5 韩龙：《人民币国际化重大法律问题之解决构想》，《法学》2016 年第 10 期。

本流动导致的金融系统性风险，在这两项措施均不足以应对风险时，资本项目管制的暂时性恢复是最后的补充手段。[1] 也就是说，不论是宏观审慎监管措施，还是货币措施，由于它们本身并不追求控制资本流动的强度，也不应过分担负更广泛的目标，因此，在面对国际游资的大进大出对金融和经济造成其他制度无法抵御的严重灾难或威胁的情况下，资本项目管制措施作为风险防控的最后一道防线将发挥重要的作用。资本项目管制措施可以直接关闭风险来源渠道，立即有效地防止资本流动带来的危害。因此，在人民币国际化条件下，资本项目管制的暂时性恢复既符合资本项目保持开放的要求，又可以抑制跨国资本的极端异常波动对我国造成的影响，有助于防控人民币国际化带来的极端风险。

二、资本项目管制暂时性恢复制度的启动

人民币国际化要求保持资本项目开放，这决定了资本项目开放的大门不能轻易关闭，否则，人民币国际化进程会陷入停滞。在资本项目开放的条件下，跨境资本流动出现波动甚至震荡是资本项目开放的应有之义，不能动辄就恢复或实行资本项目管制，否则，人民币国际化就无法进行。[2] 因此，为防止资本项目管制被滥用并影响人民币国际化进程，资本项目管制从启动到退出需要遵循严格的条件限制，需要在立法上明确规定资本项目管制启动的条件、资本项目管制措施的选取以及资本项目管制何时退出等内容。

就资本项目管制的启动条件而言，应当包括目的要求与事实要求两方面内容。首先，目的要求是指启动资本项目管制应具有正当性，即为维护我国金融体系和实体经济的稳定。其次，事实要求是指出现何种情形才能启动资本项目管制。资本项目管制应是维护我国金融稳定与安全的最后手段，只有在跨境资本流动造成了严重威胁金融或经济稳定的系统性风险，或已经导致危机，且宏观审慎监管措施和其他措施已经用尽；或适用这些措施耗费时日且需要时间生效，不能及时用以抵御上述威胁或危机的情况下，资本项目管制才能暂时性恢复。[3] 同时，立法上需要对何为"用尽"和威胁的严重程度等作出明确规定，以防止该制度被滥用。

---

1 张春生：《IMF 的资本流动管理框架》，《国际金融研究》2016 年第 4 期。
2 韩龙：《人民币国际化重大法律问题之解决构想》，《法学》2016 年第 10 期。
3 韩龙：《人民币国际化重大法律问题之解决构想》，《法学》2016 年第 10 期。

随着人民币国际化的深入推进，在资本项目充分开放的情形下，会出现许多新的威胁金融稳定与安全的情况，因此，在启动条件上我们宜以立法的形式明确资本项目管制启动的情形，包括如下三种情形：第一，跨境资本流动引发了严重威胁金融或经济稳定的系统性风险，且宏观审慎监管措施和其他措施已经用尽；第二，已经发生金融危机，且宏观审慎监管措施和其他措施已经用尽；第三，跨境资本流动引发了严重威胁金融或经济稳定的系统性风险，或已经发生金融危机，但采用宏观审慎监管措施以及其他措施耗费时日，不能及时用以抵御威胁或危机。在出现这三种情况当中的任一种时，资本项目管制才能暂时性地恢复。此外，为了确保宏观审慎监管措施和其他措施已经用尽，需在立法上进一步地细化中国人民银行、国家金融监管总局、证监会以及国家外汇管理局等机构部门之间的信息共享机制，可以确立中央金融委员会作为信息汇总方和决策方地位，由其根据收集到的信息来决定资本项目管制是否暂时恢复。

三、资本项目管制措施的选取

资本管制是对资本跨境流动实施的管制，这种管制可以是对资本交易本身的管制（如对某些跨境交易实施核准制管理），也可以是对资金跨境流动的管制（如规定商业银行的跨境流动性比例管理要求）。资本管制的目的在于通过影响资本流动的规模和组成，进而控制各类与此相关的风险。在我国尚未完全采取浮动汇率制的情况下，资本管制是我国保持货币政策独立性的必要条件，同时不让外国投机者随便借到人民币，然后通过抛空来获利，因为货币国际化很容易让这种沽空成为可能。作为维护宏观经济平稳和金融稳定的最后一道防线，资本管制包括直接控制手段和间接控制手段。直接控制手段是直接采用数量控制的办法，即对资本流动进行规模限制，批准或禁止对某一领域的投资、对居民实施境外投资与转移的限制、对非居民出售境内投资并汇回规定等待期或最低停留期等，是较为强硬的措施之一。间接控制手段，是指采用市场化的手段，增加一些特定资本流动的成本，以达到控制资本流动的目的，具体包括对非居民的存款准备金要求、对资本流入征收预扣税等措施。资本管制还可以依据使用范围分为特别资本管制和整个经济领域的资本管制，其运用范围取决于一国面临的实际情况，如果是为了维护金融稳定，则应当针对那些高风险的资本流入（如短期资金、外币借贷等）实施特定的管制措施，如果是为了解决宏观经济问题（如汇率剧烈变动），则可以扩大到所有类型的资本管制。[1]

应对威胁和危机，究竟应采取怎样的资本项目管制暂时性措施，宜在立法上实行有约束的相机抉择。[2] 从实践来看，各国采取的措施从禁止资本流动、规定等待期或停留期，到课税、限制非居民开设国内银行账户、限制居民对外借贷，各有不同。而实践中，由于威胁或危机的情形复杂多变，对资本管制措施的选取，立法不宜直接厘定，宜以相机抉择为主，从而为监管机构预留操作上的灵活性。需要注意的是，选取的资本项目管制措施应具有透明度。监管当局实施资本管制措施时，应使具体措施的目标以及内容公开透明化，由此降低资本管制对金融市场和公众预期的过度干扰。此外，所选措施应具有高效性与针对性。由于资本管制是防控人民币国际化风险的最后手段，因此，该类措施需要尽可能直接地针对金融不稳定的根源，能够有效降低极端严峻的风险，并对经济和金融稳定造成最小的扭曲。但为了避免实施当局进行自由裁量时存在任意性的流弊，对相机抉择应进行必要的约束，包括规定实施当局采取措施的情势和依据、决策的制度和程序等。[3] 此外，所有的措施选择，都需要权衡收益与成本。过度管制会引发消极的市场反应，并扼杀金融市场的发展，同时资本管制还可能扭曲或改变资本在特定经济部门的流动方向，创造新的脆弱性，加大管理成本。因此，为了防止措施被滥用，立法上应当对该措施的实施规定问责机制，通过监督等方式保证科学合理地实施资本管制措施。

四、资本项目管制的退出

资本管制虽然可以缓解人民币国际化条件下极端情形下的风险，但由于人民币国际化需要保持资本项目的开放，过度的资本项目管制和资本项目管制的长期化又会进一步恶化人民币条件，且管制措施如不能保持在合理限度内，还可能会造成金融体系的扭曲，因此，在人民币国际化条件下，资本项目管制应具有暂时性质。一旦资本流动压力减弱或危机得到缓解或遏制，管制措施即应

---

[1] 徐海涛：《资本充足率、货币政策与银行信贷》，上海社会科学院 2015 年博士学位论文。

[2] 立法对资本项目管制措施的规定可分为规则抉择和相机抉择，前者是指立法直接规定实施当局要采取的措施，后者则将采取需的措施交由实施当局自由裁量决定。

[3] 韩龙：《人民币国际化重大法律问题之解决构想》，《法学》2016 年第 10 期。

解除，以减轻或消除对人民币国际化的伤害。

目前，我国有关法律法规还未就此作出明确的规定，存在制度供给缺乏的问题。未来，我国应当在相关立法中明确资本项目管制的暂时性以及危机缓解后的及时退出机制。具体来说，根据前文所述，在明确资本项目管制启动的三种情形基础之上，与之相对应，立法上资本项目管制退出的时间或情形是：当跨境资本的流动不再引发严重威胁金融或经济稳定的系统性风险或危机时；或采用宏观审慎监管措施以及其他措施可以防控风险和危机时。在出现此两种情况当中的任一种时，资本项目管制就需要及时退出。同时，我们需要在《中国人民银行法》中进一步地细化中国人民银行、国家金融监管总局、证监会以及国家外汇管理局等机构部门之间的信息共享机制，全面完整地掌握风险全貌，确定资本管制的退出时机，立法上可以授权中央金融委员会作为信息汇总方和决策方地位，由其根据收集到的汇总信息来决定资本项目管制是否退出以及何时退出。

资本项目管制的暂时性恢复只是治表措施，不能取代瞄准以上威胁或危机根源进行改革的治本措施。[1]因此，在资本项目管制措施终止后，应做好风险防控的制度衔接，避免资本项目管制措施的反复使用。具体来说，当资本项目管制措施成功地抑制跨国资本的极端异常波动对我国造成的影响后，就给我国的经济和金融改革留出时间。我们应针对风险和危机的根源，采取不同的改革措施：对因货币等措施失误引发的宏观经济失衡，需要调整货币等措施来避免风险；对金融监管存在的漏洞，需要加强宏观审慎监管，增强金融机构抵御风险的能力，确保金融机构稳健运行，同时对金融机构执行审慎监管标准进行审视。此外，我们还可以根据需要，合理调整财政措施和产业措施，避免税收制度以及产能过剩引发杠杆飙升、信贷泡沫等风险，从根源上解决风险滋生的土壤，彻底解决人民币国际化可能面临的风险。

---

1 韩龙：《人民币国际化重大法律问题之解决构想》，《法学》2016 年第 10 期。

第十三章
防控人民币国际化风险的法律制度间的协调

第一节 协调人民币国际化风险防控制度的必要性与构想

一、协调人民币国际化风险防控制度的必要性

有关制度协调配合的"丁伯根法则"（Tinbergen's Rule）[1]，特别是由蒙代尔（Robert A. Mundell）于 20 世纪 60 年代提出的关于政策指派的有效市场分类原则[2]（Principle of Effective Market Classification），丰富了开放经济的政策调控理论，并对一国的制度协调起了巨大的推动作用。人民币国际化风险防控需要前文提到的各项制度共同发挥作用。为了达到防控人民币国际化风险这一目标，各项制度缺一不可，但宏观审慎监管与其他相关措施均有自身的目标，而且相互之间并不存在附属关系或替代关系。在研究如何协调宏观审慎监管与货币措施、微观审慎监管以及资本项目管制制度时，可以借鉴丁伯根法则和有效

---

1 当一国面临多个经济目标，这些经济目标本身并不一致，并且一国有多种政策工具可供选择，各种政策工具实施的效果也可能相互冲突。针对这种情况，荷兰经济学家丁伯根提出了将政策目标与政策工具相联系的模型。丁伯根法则的基本含义是：一国所需的有效政策工具数目至少要和所想达到的独立的经济目标数目一样多，要达到一个经济目标至少需要一种有效的政策工具。由此推论，要达到 N 个独立的经济目标，至少需要 N 种独立的有效政策工具。

2 蒙代尔于 20 世纪 60 年代提出了关于政策指派的有效市场分类原则，对丁伯根法则进行了补充和明确。蒙代尔认为，在许多情况下，不同的政策工具实际上掌握在不同的决策者手中，如果决策者不能紧密协调这些政策而是独立进行决策政策的话，就不能达到最佳的政策目标。对一个工具如何指派给相应政策目标，蒙代尔认为应该遵循有效市场分类原则，即如果一个政策工具，相比于其他工具，对某个经济目标有相对较大的影响力，从而在达到最佳经济目标的过程中能发挥相对优势时，则这一工具可用于达成该目标。如果在工具使用问题上出现错误，则经济会产生不稳定性而距离均衡点越来越远。

市场分类原则等理论，以便为制度之间的协调提供坚实的理论基础。

从制度的实际运用来看，如果缺乏有效的协调，可能会出现冲突和叠加问题，从而影响到人民币国际化风险防控的效果。就政策冲突而言，如果不同制度采取了彼此相反的操作，那么，不仅会削弱制度意欲达到的效果，而且会增加实施的成本。就政策叠加而言，如果多种制度在同一个时点（方向）上作出了过度的反应，那么，制度叠加可能导致金融体系以一种非预期的方式调整，其结果是不仅制度本身面临失效，而且制度的效果可能会失控。人民币国际化风险防控所需要的宏观审慎监管制度本身就具有跨部门、跨行业、跨机构的多维特征，系统性风险的有效防控是建立在各部门、各机构有效协调的基础之上。协调机制的建立本身就是宏观审慎监管制度的重要内容之一。不止于此，人民币国际化的风险防控不仅需要宏观审慎监管制度发挥主要作用，而且也需要货币措施、微观审慎监管和资本项目管制制度在必要时的配套。但法律将这些不同的措施分别授权不同的机构掌管，所以，要想有效防控人民币国际化风险，就须加强这些机构部门之间的协调。

二、协调人民币国际化风险防控制度的构想

在相关制度之间进行制度协调，需要建立起相关的协调制度。科学有效的协调制度设计事关人民币国际化风险防控的成败，尤其是在相关措施决策者比较分散，或者措施决策者和实施者相互分离时，更加需要制度协调。制度协调和协调制度的欠缺，不仅会降低风险识别的有效性，而且还会因为决策分散而带来摩擦，降低将风险识别转化成有力行动的可能性。人民币国际化风险防控法律制度协调的目标，是为了防控人民币国际化风险的发生与扩散。宏观审慎监管、货币措施、微观审慎监管和资本项目管制制度之间的协调，均是为了更加有效地防控人民币国际化带来的风险。在明确这一目标的前提下，人民币国际化风险防控制度的协调及其所需要的协调制度应涵盖以下方面：

首先，需要建立和完善部门之间信息沟通共享机制，相关部门之间的信息充分共享是建立科学、行之有效的协调制度的前提条件。如果信息沟通共享机制没有建立，那么，整个协调制度就犹如无根之木，无源之水，形同虚设，无法发挥它的作用。所以，我们应当首先建立和完善信息共享机制，保障各部门主体之间信息畅通。为此，应对《中国人民银行法》第 35 条进行细化规定，

可以设定国家金融监管总局、证监会以及国家外汇管理局等部门向人民银行定期报送信息的义务，以此来保证决策的科学性和针对性，有助于了解和防范人民币国际化可能引发的系统性风险。同时，各微观金融监督管理机构之间也应设定相关信息进行定期交换的义务，为人民币国际化微观层面上风险的有效防控提供制度支持。

其次，有关措施的协调是协调制度当中的重要内容。措施协调是指在防控人民币国际化风险所采取的措施出现争议该如何处理的问题，主要包括措施之间发生冲突如何协调以及具有转化关系的措施如何协调的问题。以货币措施与宏观审慎监管措施的关系为例，货币措施调整的是经济周期，宏观审慎监管措施调整的是金融周期。当经济周期和金融周期不同步时，即一种周期处在衰退期、另一种周期处在繁荣期时，货币措施和宏观审慎监管措施就会发生冲突。一种措施的实施可能会抵消或者削弱另一种措施的实施效果。如何避免这种情况的发生以实现人民币国际化风险的有效防控，就需要对这些措施进行协调。再以宏观审慎监管措施与微观审慎监管措施的关系为例，由于一部分宏观审慎监管措施是通过对微观审慎监管措施改造利用而来的，在实施过程中也可能会因为措施的性质引发争议与冲突，这也需要我们对相关措施进行协调。下文将详述之。

最后，协调制度的设计应当明确协调的牵头方与最终决策方。2023年3月中共中央、国务院印发的《党和国家机构改革方案》，已确立组建中央金融委员会，不再保留国务院金融稳定发展委员会及其办事机构。中央金融委员会负责金融稳定和发展的顶层设计、统筹协调、整体推进、督促落实，研究审议金融领域重大政策、重大问题等，作为党中央决策议事协调机构，是统筹协调各方的有力机构。该委员会是合适的协调牵头方。当各部门之间发生争议（这些争议包括但不限于实施主体的争议、有关措施的争议等）时，可以由该委员会对争议进行裁决，裁决结果对各部门机构具有约束力。

第二节　宏观审慎监管与货币措施之间的协调

一、宏观审慎监管与货币措施的冲突

宏观审慎监管与货币措施因隐含以下冲突，因而需要进行协调。

（一）目标不同

货币措施目标与宏观审慎监管目标不同。货币措施的主要目标包括价格稳定、促进经济增长、促进就业等。宏观审慎监管的目标是维护金融稳定，特别是管理金融系统性风险。因此，相比之下，货币措施的目标侧重于整个宏观经济的增长与货币环境的稳定，而宏观审慎监管的目标则侧重于对金融体系的管理。宏观审慎监管与货币措施各自拥有独立的目标与措施，根据丁伯根法则，两者不可能互相取代彼此的地位。

（二）措施冲突

货币措施调整的是经济周期，宏观审慎监管措施调整的是金融周期。如果经济周期和金融周期不是同步的，即一种周期处在衰退期，另一种周期处在繁荣期，货币措施和宏观审慎监管措施就会发生冲突。一种措施的实施可能会抵消或者削弱另一种措施的实施效果。例如，在通货膨胀较低而信贷繁荣时期，如果使用货币措施保持金融稳定，那么，需要采取紧缩的货币措施，提高信贷成本以降低信贷需求，但这可能导致经济衰退。这时，各国货币当局通常会采取宽松的货币措施，但宽松的货币措施会增加金融机构的风险承担行为，进一步刺激信贷增加。从宏观审慎监管的角度来看，此时可能需要采取逆周期的宏观审慎监管措施来抑制信贷的增长，降低金融风险。但逆周期的宏观审慎监管措施会给经济增长带来下行压力。[1] 所以，决策者在决策过程中就需权衡两种措施目标，明确其意欲达到的效果，选择不同的措施及实施力度，避免"措施冲突"与"措施叠加"问题。前者会削弱措施效果并增加措施实施的成本，后者则可能导致经济系统以一种非预期方式进行调整。[2] 又如，当一国经济受到技术冲击时，这种技术性的变革对于实体经济的影响主要表现在投资和消费的方面，对于金融系统的影响较小，因而货币措施可以控制由技术变革带来的波动，反而是加入了逆周期资本监管之后，对于经济稳定造成一定的非预期效果。[3] 由此可见，宏观审慎监管措施与货币措施之间是存在冲突的。

---

1 参见郭子睿、张明:《货币政策与宏观审慎政策的协调使用》,《经济学家》2017 年第 5 期。

2 王爱俭、王璟怡:《宏观审慎政策效应及其与货币政策关系研究》,《经济研究》2014 年第 4 期。

3 王爱俭、王璟怡:《宏观审慎政策效应及其与货币政策关系研究》,《经济研究》2014 年第 4 期。

二、宏观审慎监管与货币措施的协调

宏观审慎监管与货币措施不仅具有以上冲突的一面，而且在一些情形下具有，或在处置得当的情况下会具有协同效应，两者的协同使用可以实现风险防控的良佳效果。例如，当采用货币措施稳定经济，同时采用宏观审慎监管措施遏制杠杆增加带来的负面影响时，国内债务和国外债务所受到的冲击更加减弱，产出和通货膨胀对冲击的反应也更少，与只采用货币措施时相比，负面溢出效应降低。然而，当单独实施宏观审慎监管措施，而利率保持不变时，产出和通货膨胀变得更加不稳定，并造成巨大的负面溢出效应。因此，货币措施和宏观审慎监管的联合使用优于任何独立措施。[1] 概而言之，货币措施与宏观审慎监管相互促进的一面主要体现如下：一方面，为增强金融系统的弹性而采取的宏观审慎监管通过在急剧的金融动荡中保护经济，增强了货币措施的有效性；另一方面，宏观经济的稳定也降低了顺周期倾向所引致的金融系统的脆弱性。同时，为增强金融系统的弹性而采取的措施通过降低在信贷供给领域的金融摩擦效应，同样有助于货币措施在更广阔的经济环境中更精确地影响信贷状况。[2] 下文详述之。

（一）宏观审慎监管对货币措施的补充作用

金融稳定直接影响到金融市场，而金融市场关系到货币措施的传导机制是否畅通。成功的宏观审慎监管可以降低金融系统的整体风险，保障货币措施传导渠道通畅。在经济失衡时，宏观审慎监管可以减少货币措施因受客观经济形势限制而不能得以实施的问题。[3] 宏观审慎监管措施的使用能够达到有效控制风险的目的，也能够为货币措施的操作提供良好的环境基础，是货币措施的有益补充，主要表现在：

第一，宏观审慎监管可以提供缓冲机制，达到缓释风险的效果，在减轻货币措施负担的同时，也给货币措施创造出更多的活动空间。货币措施，不论是

---

1 中国金融监管制度优化设计研究课题组：《中国金融监管制度优化设计研究——基于金融宏观审慎监管框架的构建与完善》，中国金融出版社，2016，第 307 页。

2 陈雨露、马勇：《宏观审慎监管：目标、工具与相关制度安排》，《经济理论与经济管理》2012 年第 3 期。

3 例如，近年来许多发达经济体遭受的零利率下限问题，以及在小型开放经济体中降低利率导致的资本外逃风险问题。

数量型，还是价格型，其传导原理都是价格机制发挥作用。而价格机制发挥作用的前提是"需求定律"成立，即需求曲线向下倾斜，价格越涨，需求越小。但是很多金融市场都容易出现顺周期行为，发生"买涨不买跌"的现象，这就使利率等价格调节机制难以有效发挥作用，很容易出现价格超调和系统性金融风险。而金融市场之所以比商品市场更容易出现顺周期行为，一个重要的原因在于金融市场容易加杠杆从而改变了需求数量，导致需求曲线向上倾斜，因此，需要借助宏观审慎监管及其制度对杠杆水平进行逆周期的调节。可见，宏观审慎监管可以减轻货币措施的负担，弥补货币措施在应对金融市场顺周期行为上的短板，控制信贷和资产价格不可持续的增长，降低金融变量与实际经济变量之间的顺周期性。宏观审慎监管通过对杠杆水平进行逆周期调节，影响资产价格和收益水平，进而影响金融系统行为，改变货币措施传导效率、力度和结果，从而起到支持货币措施的作用。

第二，包括逆周期资本缓冲和贷款价值比在内的一些宏观审慎监管措施，可以提升实体经济对抗风险冲击的能力，减少货币措施出台的频率，更好地弥补和解决由货币措施实施带来的负面效果。例如，对于货币措施收紧导致的违约的影响，能够通过适当地限制负债收入比来消除；当宽松的货币措施拉升资产价格的时候，对贷款价值比的限制措施可以减少资产价格泡沫的危害；同时，更高的资本要求，或者收紧的杠杆率或流动性比率有助于限制银行风险的增加，应对预期货币措施的宽松。[1] 这些措施不仅为人民币国际化风险防控提供了良好的货币环境，还可以有针对性地对风险进行防控。

（二）货币措施对宏观审慎监管可起到支持和调节作用

货币措施作为推动币值或价格稳定的主要经济政策措施，由于措施目标间（价格稳定与金融稳定）的逻辑关系，对宏观审慎监管具有支持作用。价格稳定是金融稳定的重要条件。持续维持在较低水平的通货膨胀率让市场主体形成稳定的预期，维持实体经济的正常运转，为经济的持续增长创造良好的条件，同时实体经济对金融服务的需求也将推动金融业的长期繁荣。若经济环境中的价格水平不断波动且幅度较大，那么，市场主体面临的不确定性将增加，金融

---

1 巴曙松、金玲玲：《巴塞尔资本协议Ⅲ的实施：基于金融结构的视角》，中国人民大学出版社，2014，第236页。

交易成本上升，维护金融体系健康运行的难度将加大，储蓄不易转换为投资，金融体系的不稳定性就会增加。同时，货币措施的有效实施，特别是利率措施的使用，会对商业银行的借贷业务产生影响。在经济过热的情况下，提高利率有助于收紧流动性，抑制经济中泡沫的积累，也为宏观审慎监管措施的使用提供了更大的空间。此外，货币措施作用于整个金融业，由于其目标是调节货币供应量，针对通货膨胀目标，因此措施调整对整个经济影响很大，可谓牵一发而动全身。因此，在维护金融稳定、人民币国际化风险防控方面，货币措施影响范围具有广泛性。

三、宏观审慎监管与货币措施相协调的制度建构

鉴于宏观审慎监管与货币措施之间的密切复杂关系，如何建立有效的协调制度是宏观审慎监管实施主体与货币措施当局配合的重要制度保障。尤其是人民银行在 2017 年 2 月发布的《2016 年第四季度中国货币政策执行报告》中首次明确提出了探索"货币政策＋宏观审慎政策"双支柱的金融调控框架，这更增加了协调两者关系的紧迫性。货币措施主要针对宏观经济和总需求管理，侧重于经济增长和物价水平的稳定。而宏观审慎监管则直接和集中作用于金融体系本身，抑制杠杆过度扩张和顺周期行为，侧重于维护金融稳定。制定科学合理的制度以协调宏观审慎监管与货币措施之间的关系，对于有效防范系统性金融风险，稳步推进人民币国际化有着重大的意义。宏观审慎监管与货币措施之间须建立有效的沟通协调机制，在充分评估措施之间相互影响的基础之上，平衡好金融稳定和价格稳定的关系。

（一）目标协调：货币措施需要加入金融稳定的立法考量

《中国人民银行法》第 3 条规定"货币政策目标是保持货币币值的稳定，并以此促进经济增长"，因此，人民银行在制定以及调整货币措施时主要是从物价水平和经济增长出发，维护金融稳定在立法上并不在考虑范围之内。虽然维护金融稳定也是人民银行的法定职责之一，但在剥离微观审慎层面的金融监管职能之后，我国至今尚未构建具体的制度体系以落实人民银行维护金融稳定的职责，这就导致在实践中人民银行对物价水平和经济增长的关注程度远高于对金融稳定的关注。为此，随着人民币国际化的推进和金融风险的增加，基于有效维护我国金融稳定的考虑，应将保持金融稳定作为调整货币措施考虑的因

素之一。具体而言，就是人民银行在制定和调整货币措施时不能仅顾及物价水平和对经济增长的影响，还应分析对金融机构和金融市场风险暴露的影响，特别是需要结合宏观经济态势分析货币措施调整对金融体系整体稳定的潜在影响。对此，可以在立法上对《中国人民银行法》第3条进行修改，在货币措施目标中加入金融稳定这一考量，在立法上明确货币措施的金融稳定职责，解决金融稳定作为目标的合法性问题，授予使用货币措施维护金融稳定的法律正当性，从制度上加以确立和保障货币措施对于金融稳定的作用，为采取货币措施防控人民币国际化风险提供法律依据。同时，当币值稳定目标与金融稳定目标发生冲突时，鉴于目标的取舍关系重大，立法上应赋予人民银行以目标建议权，最终由中央金融委员会决定。

（二）职能协调：明确货币部门与宏观审慎监管部门的职责权限

虽然我国成立了中央金融委员会，但最终还是由人民银行负责具体的宏观审慎监管事宜，可由立法确认人民银行现有机构——金融稳定局负责宏观审慎监管的具体事宜，明确其与货币政策司平行独立地位。这是因为：第一，由单独的一个部门同时负责制定货币和宏观审慎监管措施通常不能得到最优解决方案。原因在于币值稳定与金融稳定之间容易出现冲突。例如，当总需求较低时，中央银行可能通过降低利率来放松货币措施，以此刺激需求。然而，由于低利率可能诱使金融部门冒险，宏观审慎监管机构可能会收紧宏观审慎监管，结果形成"包含过低利率和过紧宏观审慎监管措施的混合措施组合"。第二，如果人民银行和宏观审慎监管分离，则宏观审慎监管缺失了中央银行流动性总阀门的系统性调控能力，其应对系统性风险的能力必然受限。把宏观审慎监管职能和货币措施职能配置于人民银行不同部门之下，既能保证宏观审慎监管措施借助人民银行在金融和宏观经济分析方面的专业技能，降低货币措施可能带来的负面效应，还能有助于保护宏观审慎监管措施不受影响。当然，两种措施安排在同一机构也存在一定风险，人民银行同时负责价格稳定和金融稳定，可能会倾向于使用通货膨胀来修复金融冲击后的各部门资产负债表。双重任务可能会导致人民银行公信力降低，造成声誉风险。因此，两项措施都被安排在人民银行时，需要从立法上建立防护隔离措施，减少货币措施与宏观审慎监管措施彼此之间不当的影响。具体来说，立法宜规定：宏观审慎监管部门和货币措施部门分别制定措施、分别建立问责机制、分别向负责机构提交报告；组成人员应避免发生重叠，不受其他部门目标的干扰。在保证部门之间的独立性基础之上，建立两部门之间的定期沟通交流机制，协调职能的行使，避免负面溢出效应。

（三）措施协调：自行协商先行，中央金融委员会为最终裁决机构

当货币措施和宏观审慎监管措施的作用对象领域发生重叠时，可能会发生"措施冲突"或"措施叠加"，致使措施目标不能实现。例如，人民银行调低法定存款准备金率，该货币措施作用的对象是信贷余额，意在防止经济下滑和风险暴露。如果此时宏观审慎监管部门也使用直接作用于信贷总额的其他监管措施，将增加这两类措施执行效果的冲突或者过度叠加。此外，近年来人民银行频繁使用定向货币措施，[1]这类措施的出台标志着之前着重于总量调节的货币措施开始加入结构性调整的思路。通过"定向"的方式，引导信贷结构偏向特定领域，这与针对特定部门的宏观审慎监管措施有着异曲同工的效果，避免了全面总量调节方式缺乏针对性以及用力过猛的劣势。我们应当关注这类定向货币措施与宏观审慎监管措施之间的相互作用，协调两者关系，避免"措施冲突"或"措施叠加"。

当所采用的货币措施与宏观审慎监管措施可能会发生冲突或重叠时，可以在立法上规定先由货币措施部门与宏观审慎监管部门对相关措施进行协商，在货币措施的使用中，适当考虑资产价格和系统性因素，在宏观审慎监管措施实施前，需要与货币措施部门有效沟通，关注整体经济形势、通货膨胀情况等。[2]在充分沟通交流的基础之上，协调措施实施的力度、覆盖范围等具体事宜。如果有关措施的争议无法解决时，可交由中央金融委员会进行最终裁决，所作裁决对各方均具有约束力。

（四）争议协调：授权中央金融委员会解决争议的权力

为了及时有效防控人民币国际化带来的风险，设立解决争议的最终裁决机

---

1 例如，根据国务院部署，为支持金融机构发展普惠金融业务，聚焦单户授信 500 万元以下的小微企业贷款、个体工商户和小微企业主经营性贷款，以及农户生产经营、创业担保、建档立卡贫困人口、助学等贷款，2017 年 9 月，人民银行决定统一对上述贷款增量或余额占全部贷款增量或余额达到一定比例的商业银行实施定向降准政策。凡前一年上述贷款余额或增量占比达到 1.5% 的商业银行，存款准备金率可在人民银行公布的基准档基础上下调 0.5 个百分点；前一年上述贷款余额或增量占比达到 10% 的商业银行，存款准备金率可按累进原则在第一档基础上再下调 1 个百分点。上述措施将从 2018 年起实施。

2 王爱俭、王璟怡：《宏观审慎政策效应及其与货币政策关系研究》，《经济研究》2014 年第 4 期。

构必不可少，否则相关部门会陷入争议旋涡，贻误人民币国际化风险防控的最佳时机，甚至引发金融危机和经济危机。对此，立法宜规定：当宏观审慎监管部门和货币措施部门对危机情形的判断、措施的选择以及采取措施的主体发生争议，并且在规定的期限内争议没有得到解决时，须将争议提请至中央金融委员会解决。该委员会作出的决定对各部门均有约束力，各部门应当予以执行。授权中央金融委员会解决争议的权力，对于人民币国际化风险的及时化解、避免部门之间推诿扯皮将发挥重要的作用。

第三节　宏观审慎监管与微观审慎监管之间的协调

微观审慎监管和宏观审慎监管是两个相对应的概念，是金融监管的两大支柱。微观审慎监管着眼于防范单个金融机构的个体性风险，以保护金融消费者（存款者和投资者等）为目的。宏观审慎监管关注整个金融体系，着眼于防范系统性风险，旨在维护金融稳定。微观审慎监管把系统性风险视为金融体系的外部问题，而宏观审慎监管把系统性风险视为金融体系的内部问题，即金融机构之间的联系，而这种联系既包括显性的合约式联系，也包括不同机构面临共同金融风险敞口的隐性联系。鉴于宏观审慎监管和微观审慎监管的不同，科学界定和明晰两者之间的关系对于维护金融稳定、防控人民币国际化风险来说至关重要。

一、宏观审慎监管的缺失将导致微观审慎监管失效

虽然微观审慎监管的目标是维护单个金融机构的稳健运营，但是任何一家金融机构都处于金融市场中，必然受到市场的影响，且随着金融业的不断发展，金融市场中内生的系统性风险不断增长，而微观审慎监管在监测和管理系统性风险方面受限。同时，金融一体化使得金融机构之间的相关性增强，很多风险被机构间的"相互联系"和"相互依存"所掩盖。加之金融创新的不断涌现也加剧了风险的相关性和复杂度，有些联系并没有受到重视甚至完全脱离监管。在传统监管系统体系中，监管部门往往更注重对单个金融机构的监管，缺乏对整个金融体系的全面判断，无法确认系统性风险积聚和传染的程度，无法在虚拟经济和实体经济之间建立有效的风险隔离机制。因此，微观审慎监管的

有效性依赖于宏观审慎监管。

以宏观审慎视野指导微观审慎监管，要求监管者在审视单个金融机构稳健状况时注意从金融机构的外部性视角分析，不能仅限于从金融机构自身的资产负债、业务状况和内部管理等内部视角出发。如银行通过购买信用违约保险的方式将其持有的抵押贷款信用风险转移给第三方，如监管者仅分析银行的资产负债表实难判断贷款人违约时银行面临的真实风险暴露状况，只有同时结合对信用违约保险交易市场的分析，才能准确判断银行通过购买信用违约保险后其抵押贷款业务的真实风险状况。2008年国际金融危机爆发之前，美国监管当局分析金融机构持有的次级抵押贷款总额后认为，次贷对金融机构的冲击有限，这就忽视了从次贷衍生品交易市场出发审视金融机构的风险暴露，未认识到金融衍生品交易产生的风险放大效应，因此，最终未能采取有效措施防止次贷危机向金融危机演变。

宏观审慎监管还能够为微观审慎监管提供关键信息。宏观审慎监管存在的原因是合成谬误，即每个金融机构独立运营而不考虑其他可能引起的总体内生性风险，这种风险源于"羊群效应"。因此，宏观审慎当局能更准确地评估潜在风险，而这将为微观审慎当局监督指导金融机构的风险模型和资本缓冲提供宝贵的信息，提升微观审慎监管的有效性。

二、宏观审慎监管和微观审慎监管的协同配合

宏观审慎监管并非排斥微观审慎监管，相反，健全的微观审慎监管制度是保障宏观审慎监管制度落实的重要基础，而且两者在实践中联系密切。如提高针对系统重要性金融机构的规制标准，这既体现为是对宏观审慎监管要求的落实，同时也是完善微观审慎监管以保持系统重要性金融机构个体安全稳健运营的重要举措。只有首先确保微观审慎监管要求的落实，金融系统整体才可能保持稳定，同时也只有从宏观审慎监管视野出发，方能在保持金融体系整体稳定的基础上实现金融机构个体的安全稳健运行，因此，微观审慎监管目标的落实需要注意与宏观审慎监管视野的结合，微观审慎监管应注意宏观审慎监管视野的指导作用。[1] 两者应当互相配合，共同防控人民币国际化风险。

---

[1] 韩龙：《防范与化解国际金融风险和危机的制度建构研究》，人民出版社，2014，第118页。

宏观审慎监管与微观审慎监管在防范风险目标、风险控制手段和运行机制等方面存在一定的共性和关联。

一是防范风险的根本目标相同。金融监管的根本目标之一是风险防控，这对微观审慎监管和宏观审慎监管是一样的，只不过二者发挥作用的层面不同。宏观审慎监管目标的实现离不开微观审慎监管，虽然单个金融机构实现了稳健经营，不一定就能保证整个金融体系没有问题，但是假如每个金融机构都无法稳健经营，那么，作为所有金融机构组合而成的金融体系就不可能是一个稳健的整体。

二是监管措施的相互融合。微观审慎监管措施可以作为宏观审慎监管的微观基础，从单个金融机构的层面与宏观审慎监管措施相互结合，从而也能为防范整体的系统性风险进行一定的微观控制，这在一定程度上是不可或缺的。宏观审慎监管措施需要微观审慎监管措施的配合，而且宏观审慎监管措施工具箱中的一些措施本身就是来源于微观审慎监管措施。只是这些措施经过校准之后具有宏观的、逆周期的功能，以防范系统性风险为主要目标，不同于仅盯住单个机构稳健与合规的微观审慎监管。比如，通过使相关措施具有时变性来减轻金融系统的顺周期性，或者将其应用到系统重要性金融机构，这种逆周期资本缓冲或系统重要性资本附加，旨在确保整个金融体系的弹性和韧性，同时减少金融体系在时间维度和跨部门维度上的系统性风险。可见，宏观审慎监管不完全是建立在推翻微观审慎监管框架之上的，相当一部分宏观审慎监管措施是以微观审慎监管为基础，特别是通过对微观审慎监管措施的改造利用，来达到防止系统性风险过度积聚的目的（见表13-1）。

三是信息收集的相互依托。微观审慎监管中对单个机构资本和流动性数据的收集，对于宏观审慎监管分析评估很有必要。系统性风险监测和评估是实施宏观审慎监管的前提，在失真的数据基础上进行的金融体系稳健性评估不仅会导致宏观审慎监管无效，而且会因选择宏观审慎监管措施时机的错误，导致金融体系效率低下，最终扭曲市场的资源配置，加剧经济周期的波动，造成实体经济的损失。虽然宏观审慎监管一般立足整个金融市场，在获取对宏观经济数据和市场数据方面具有明显优势，但微观审慎监管在对单个金融机构甚至是系统重要性金融机构的资本充足状况、流动性、指标状况、公司治理有效性状况等了解具有优势，这些数据是宏观审慎监管所需要的。

四是监管运行机制可以互补。微观审慎监管自下而上的监管机制可以对宏观审慎监管自上而下的监管机制进行有益补充，两者结合既能从金融机构角度防范风险，又能从金融体系整体角度进行监督管理，从多个层面捕捉发生金融危机的出发点，并加以防范。

表 13-1　宏观审慎监管和微观审慎监管的主要措施

措施	微观审慎监管	宏观审慎监管
特定部门风险权重	✓	✓
资本充足率	✓	
逆周期资本缓冲		✓
资本留存缓冲	✓	
系统性资本附加要求		✓
动态拨备	✓	✓
差别存款准备金		✓
杠杆率	✓	✓
大额风险暴露	✓	✓
贷款价值比	✓	✓
债务收入比	✓	✓
外汇敞口限制	✓	✓
流动性要求	✓	✓
风险管理标准	✓	
对单个机构的最低资本要求	✓	

三、宏观审慎监管与微观审慎监管相协调的制度建构

宏观审慎监管和微观审慎监管在防控人民币国际化风险方面扮演着重要的角色，两者相互补充，微观审慎监管是宏观审慎监管的基础，宏观审慎监管目标的实现需要微观审慎监管部门的配合。因此，构建两者机构间的协调制度，

尤为重要。

首先，就机构协调而言，《中国人民银行法》第9条规定，国务院建立金融监督管理协调机制，具体办法由国务院规定。但鉴于2023年3月中共中央、国务院印发的《党和国家机构改革方案》已确立组建中央金融委员会，负责金融稳定和发展的顶层设计、统筹协调、整体推进、督促落实，研究审议金融领域重大政策、重大问题等，应考虑修改《中国人民银行法》等法律，具体可以从以下方面改进：第一，通过修法对中央金融委员会进行授权，从制度上保障该委员会协调各方监管机构的主体地位，授权其在"一行一局一会"等监管机构的监管权竞合时的裁决、法律责任的监督执行等方面的权力，充分发挥其协调功能。第二，对于监管机构之间怠于履行监管职责的行为进行问责。确立中央金融委员会的法定协调地位，再配以问责条款，才能有效地推动各机构的沟通与配合，确保各机构协调职责的有效履行，实现人民币国际化风险的有效防控。

其次，就信息交换制度而言，《中国人民银行法》第35条关于中国人民银行应当和国务院银行业监督管理机构、国务院其他金融监督管理机构建立监督管理信息共享机制的规定过于粗略，缺乏操作性，对此我们应当通过立法对信息交换制度进行完善。具体来说，完善《中国人民银行法》第35条有关信息共享的法律规定，授予人民银行对国家金融监督管理总局、证监会等相关机构的金融数据采集权，建立和完善金融数据的共享制度，而在《证券法》等部门法中进一步明确证监会等机构对人民银行金融数据的报送义务，并且建立相关的追责机制，使得人民银行能够及时把握各金融领域的人民币国际化风险状况及其变化趋势，确保金融数据的可获得性和及时性。同时，明确各微观审慎监管机构之间信息定期交换的义务，为人民币国际化微观层面上风险的有效防控提供信息交换的制度支持，确保人民币国际化风险的监测、分析和评估能够全面及时。

最后，就微观审慎监管措施与宏观审慎监管措施的协调而言，虽然部分宏观审慎监管措施是通过对微观审慎监管措施改造利用而来的，但是这些措施由不同的机构掌控和执行，因此，宏观审慎监管与微观审慎监管存在措施协调问题。针对因措施性质引发的争议时，我们可以在《中国人民银行法》中规定措施的衡量标准，即根据措施的用途和使用范围来确定措施的性质以及有权采取措施的机构，避免措施边界模糊导致的监管不力。争议双方协商后如果对措施的性质仍有异议，可授权中央金融委员会进行最终裁决，所作裁决对各方均具有约束力，以此防止出现议而不决、决而不行，为及时有效防控人民币国际化风险提供制度保障。

第四节　宏观审慎监管与资本项目管制暂时恢复之间的协调

一、宏观审慎监管与资本项目管制的关系

根据国际货币基金组织提出的资本流动管理框架，资本流动措施涵盖旨在影响资本流动的广泛的行政、税收和审慎措施，由基于居民身份的资本流动措施和其他资本流动措施组成。前者包括基于居民身份而歧视性地影响跨境金融活动的措施（如禁止资本流动，事前批准、授权或通知），通常被称为资本项目管制措施；后者则是指并不基于居民身份进行歧视，但旨在影响资本流动的以下两类措施：基于货币币种而对交易实行区别对待的措施（如对外币借贷的广泛限制），以及通常在非金融领域实施的其他措施（如对某些投资的课税），[1]主要是指 2008 年国际金融危机后推出的宏观审慎监管措施。尽管资本项目管制措施和宏观审慎监管措施都可以管理跨境资本流动，但存在着一定的差异。

首先，管理对象区分标准不同。宏观审慎监管的对象并未作任何区分，所有监管对象均一视同仁。而资本项目管制将管理对象以居民和非居民身份标准实行划分，进行差别歧视性管理。

其次，制度目标不同。宏观审慎监管的目标主要是通过逆周期调节减缓资产价格和信贷间的顺周期性反馈，降低金融体系内部关联性可能带来的结构脆弱性，防范系统重要性金融机构风险，提高金融体系应对冲击的能力，以此来防范系统性金融风险的发生，其着力点在于抑制资本流动的负面影响（风险控制）而非资本流动本身。而资本项目管制通常与汇率、货币措施等宏观经济目标有关，其通过数量控制等较为强硬的措施，直接切断风险来源渠道，限制或阻止资本流动，以此来稳定外汇市场和金融市场等。

最后，措施效果不同。宏观审慎制度设计时具有明显的逆周期性，即当经

济处于上升阶段，资本大幅流入可能危及金融稳定时，可以采用宏观审慎监管措施，减缓资本流入，反之则减少宏观审慎监管措施的使用，降低资本流入成本，鼓励资本流入。而资本项目管制主要是直接采用数量控制等行政色彩浓厚的措施提高居民和非居民之间的交易成本，导致境内外市场出现利差，其制度设计并不要求逆周期性调整。

鉴于宏观审慎监管与资本项目管制之间存在以上差异，在人民国际化风险防控中两者所处的地位是不同的，具体如下：

（一）宏观审慎监管措施优于资本项目管制措施

资本项目管制采用数量控制措施来防控风险，主要包括对资本流动施加规模限制、对某领域进行授权批准或投资禁入、对非居民机构进行投资限制、对非居民机构境内所得并汇回母国规定等待期或最低停留期等。以上这些措施对控制资本的大规模流入或流出在短期内有较为明显的效果，但是从在中长期来看，它的弊端也是显著的：资本项目管制会滋生扭曲和腐败，导致资源配置效率低下，降低投资率、生产效率和增长潜力。在资本项目管制所提供的保护幻觉下，政府不受开放的金融市场的纪律约束，其决策带有逆向选择和道德风险的激励，容易在财政、货币、信贷等措施上短视冒进，拖延改革。鉴于此，不难理解为什么资本项目管制越严格的国家，总体经济表现越差，发生货币危机的概率也越大。[1]

相比之下，宏观审慎监管措施通过较为市场化的方式对资本流动的强度进行调节，例如，以资本流动基本平衡和汇率基本稳定为目标，可以采用无息存款准备金和预扣税等价格管理措施来调节资本流动方向、期限结构及速度。其中，无息存款准备金措施要求一国境外投资者或境内借款人将规定比例的跨境流入资本以无息方式存入中央银行规定账户一定时间。无息存款准备金措施对控制短期资本流动并改善资本流动期限作用明显。当人民币有强烈升值预期且短期资本大量涌入时，可以延长流入资本的停留期限，进而降低资本的流动速度。预扣税措施是对境外投资预扣一定比例的资金。当人民币有强烈贬值预期且出现资本大量流出时，可对境外投资按照投资总额征收一定比例的预扣税，当该投资未来产生投资收益并汇回时，再冲减其应缴所得税。这样就可以一定

---

1 黄玲：《资本管制是防范金融危机的有效手段吗?》，《经济学（季刊）》2011 年第 2 期。

程度上抑制境外投资，同时能够有效调节资本流动方向和速度。[1]因此，采取具有前瞻性、预防性的宏观审慎监管措施来防范风险的发生和扩散，整体效果上优于资本项目管制措施所发挥的作用。

此外，国际化货币的内在属性与生存法则不仅要求我国实行资本项目开放，而且还要实行充分的开放。唯有资本项目充分开放，人民币国际化才有可能充分实现或获得成功。[2]因此，一旦资本项目完全开放，就不能轻易地关上大门，否则会对人民币国际化带来负面影响。加之由于基于居民身份的资本项目管制措施对非居民具有歧视性，也与IMF履行维护国际货币体系稳定职能所需要的国际合作精神相悖，因此，IMF一般不支持成员国优先采取资本项目管制措施。[3]所以，在防控人民币国际化风险时，宏观审慎监管措施应该得到优先使用。

（二）资本项目管制暂时性恢复的不可或缺性

前已述及，人民币国际化条件下的资本项目充分开放这一制度设计，并不绝对排斥资本项目管制措施在特定条件下的暂时性恢复。[4]当跨境资本流动造成了严重威胁金融或经济稳定的系统性风险，或已导致危机，且宏观审慎监管措施和其他措施已经用尽，或适用这些措施耗费时日，不能用以抵御上述威胁或危机的情况下，[5]就需要资本项目管制的暂时性恢复。资本项目管制暂时性恢复作为人民币国际化风险防控的最后一道防线将发挥重要的作用，它可以直接关闭风险来源渠道，立即有效地阻止资本流动带来的危害。所以，资本项目管制暂时性恢复仍是我国人民币国际化风险防控不可缺少的措施备选。

需要指出的是，宏观审慎监管措施和资本项目管制措施之间的边界相对模糊，有时宏观审慎监管措施与资本项目管制措施本身也是重叠的。例如，当资本流入银行业会推动国内信贷和资产价格的上涨，此时可以通过征收银行外汇流入或银行外汇负债准备金等方式限制银行的对外借款，限制资本流入，减缓

1　付伟：《资本管制变迁及中国资本管制改革研究》，《西南金融》2017年第5期。

2　韩龙：《资本项目制度改革流行模式不适合人民币国际化》，《法商研究》2018年第1期。

3　韩龙：《IMF对跨境资本流动管理制度的新认知述评》，《环球法律评论》2018年第3期。

4　韩龙：《IMF对跨境资本流动管理制度的新认知述评》，《环球法律评论》2018年第3期。

5　韩龙：《人民币国际化重大法律问题之解决构想》，《法学》2016年第10期。

国内信贷和资产价格上涨，并减少银行的流动性风险和汇率风险。在这种情况下，这些措施限制资本流入的同时又降低系统性金融风险，既可以视为资本项目管制措施，也可以视为宏观审慎监管措施。两者之间的本质区别在于其措施出发点是否以约束借贷者行为即杠杆化程度为核心，并体现调控的前瞻性和逆周期性。

二、协调宏观审慎监管制度与资本项目管制暂时性恢复的制度建构

随着人民币国际化的推进，我国外汇管理部门在防控人民币国际化风险过程中扮演着越来越重要的角色。例如，在跨境资本流动会引发一系列风险，甚至可能引发系统性金融风险，威胁金融稳定和实体经济的发展时，启动宏观审慎监管措施以及资本项目管制暂时性恢复来管理跨境资本流动，越来越依赖于机构之间的协调合作与信息共享。反观我国目前的法律规定，在宏观审慎监管部门和负责资本项目管制的部门——外汇管理部门之间的协调制度等方面，面临着制度供给不足的境况。建构宏观审慎监管与资本项目管制相协调的制度，可以从信息交换和共享、措施协调、争议协调等方面着手。

首先，依据《外汇管理条例》第37条的规定，国务院外汇管理部门为履行外汇管理职责，可以从国务院有关部门、机构获取所必需的信息，国务院有关部门、机构应当提供。外汇管理部门在日常跨境资金监管以及对违规交易的甄别过程中都需要与宏观审慎监管部门以及微观审慎监管机构之间进行信息共享，但由于第37条存在内容泛化、指向不明等缺陷，可能会导致跨部门之间获取信息和数据的难度大、成本高、时滞长，信息共享缺乏执行力和权威性，影响对跨境资本流动的监测分析，无法满足人民币国际化风险防控的需要。基于此，可以在《外汇管理条例》中进一步细化部门之间的信息共享规定：明确应当提供信息的部门和机构，包括但不限于中国人民银行、国家金融监管总局、证监会、外汇交易中心、证券交易所等；建立部门机构之间定期会议机制；确认各机构部门对外汇管理部门的信息共享义务，以及未及时全面提供信息的问责机制，以此来保障外汇管理部门决策的科学性和及时性。

其次，在《中国人民银行法》中增加人民币国际化背景下宏观审慎监管措施与资本项目管制暂时性恢复的规定，由宏观审慎监管部门和外汇管理部门协商，在风险防控措施的选择上应承担注意义务，根据客观实际情况审慎评估和

决定采取负外部性最小的措施，达到既能有效防控人民币国际化风险，又不会对人民币国际化进程造成较多负面影响的效果。如果无法协商一致，可将争议提交至中央金融委员会进行裁决，所作裁决对各方均具有约束力。

最后，鉴于宏观审慎监管措施和资本项目管制措施之间会出现边界模糊的情况，当因措施的性质引发争议时，可以在《中国人民银行法》中规定如下衡量标准：以措施出发点是否以约束杠杆化程度为核心，是否体现调控的前瞻性和逆周期性来确定措施的性质以及有权采取措施的部门。双方经协商确认之后，如果对措施的性质以及措施的实施主体有异议的，可授权中央金融委员会进行裁决，所作裁决对各方均具有约束力，以防止出现议而不决，丧失防控人民币国际化风险的最佳时机，为风险的有效防控提供制度支持。

第五编
我国应对他国不当货币及贸易行为的法律对策

在第一次世界大战和第二次世界大战之间（简称为"两战"之间）这一历史时期，由于各国，特别是列强之间激烈的经济利益冲突难以消弭，其广泛地开展了货币战、汇率战和贸易战。而货币战、汇率战和贸易战的主要体现形式就是，各国以汇率低估的手段使本国产品在他国或国际市场上进行倾销，此即汇率倾销。与此同时，各国对他国在本国市场上进行的汇率倾销，通过制定相关制度或修改原有制度进行抵制，开展汇率反倾销和汇率反补贴（当时各国普遍将汇率反补贴寓于汇率反倾销之中，故在这一时期汇率反倾销通常包含汇率反补贴）。"汇率反倾销"是指一国对于他国因汇率严重低估而给其出口产品带来的不正当国际竞争优势和贸易利益，以反倾销的方法进行抵消或抵制的行为。可见，在彼时，各国一方面进行着汇率倾销，另一方面同时进行着汇率反倾销。

随着人民币国际化的实现，他国也可能会利用人民币国际化，通过低估本国货币汇率在我国市场上倾销其产品。然而，这类不当货币及贸易行为，并没有被"二战"之后建立的多边贸易制度和多边货币制度所涵盖。在此情况下，如何对他国利用人民币国际化，通过低估本国汇率使其产品在我国市场上倾销的不当货币及贸易行为进行防范和抵制，就成为我国在人民币国际化条件下不得不面对的又一个重大法律问题。为此，本编以下通过对"两战"之间具有代表性的国家建立的汇率反倾销制度的翔实考证，发掘和提炼汇率反倾销制度的基本要素，并借助与现行的一般或商品反倾销制度进行适度比较，提取出人民币国际化条件下构建汇率反倾销制度可资借鉴的要素，进而提出人民币国际化条件下我国应对他国汇率低估所造成的汇率倾销的制度构想，为我国在人民币国际化条件下如何实行汇率反倾销提供借鉴。故本编下设二章，即第十四章和第十五章，对以上问题进行研究。第十四章以史为鉴，尝试提取"两战"之间一些国家实行的汇率反倾销制度中的要素，第十五章提出人民币国际化条件下我国应对他国的不当货币及贸易行为的制度设想。

第十四章
"两战"之间汇率反倾销制度

人民币国际化后，他国会利用人民币国际化操纵其货币对人民币的汇率或制造汇率偏差，并将此转化为不当的贸易优势。这会严重侵害我国的经济贸易利益，因而构成人民币国际化须解决的重大法律问题。历史是一面镜子。解决人民币国际化中所面临的这一重大问题，应从历史的经验教训中汲取借鉴。而汇率反倾销的历史经验教训的典型体现，无疑是"两战"之间多国开展的汇率反倾销的制度实践。为此，本著研究、发掘和利用20世纪二三十年代美、英、法等国单方面制定的针对他国汇率倾销或补贴的立法和司法判例，以便为我国制止他国针对人民币采取不当货币及贸易行为提供立法和司法借鉴。

第一节 "两战"之间汇率反倾销制度概述

前已述及，"两战"之间盛行汇率倾销和汇率反倾销。在切入正题之前，本编依循研究常规，对本编使用的汇率倾销、汇率反倾销、汇率反倾销制度在本编中的含义进行应有的界定。所谓汇率倾销一般是指一国通过低估或贬值本国货币汇率的方法，使得本国产品在他国或国际市场上以低于该产品在本国销售过程中正常价值或成本的价格出售的不公平贸易和竞争行为。汇率反倾销是指一国对于他国因汇率低估而给其出口产品带来的不正当国际竞争优势和贸易利益，以反倾销的方法进行抵制的行为。简言之，汇率反倾销就是对汇率倾销进行的反制。而汇率反倾销制度是对于进行汇率反倾销所建立的法律制度。

一、"两战"之间汇率反倾销制度的产生与盛行

为什么"两战"之间盛行汇率倾销和汇率反倾销呢？这需要从当时的国际经济环境中加以认识。以下首先对"两战"之间盛行汇率倾销的时代背景进行剖析，在此基础上，考察"两战"之间汇率反倾销制度的出现与盛行。

（一）"两战"之间盛行汇率倾销的时代背景

汇率倾销是汇率或货币低估在贸易上产生的效果或结果。没有汇率或货币低估，就不会在贸易上产生汇率倾销的效果。同样，仅有汇率或货币低估而不进行贸易上的倾销，同样不能形成汇率倾销。因此，对"两战"之间汇率倾销时代背景的挖掘，需要从货币和贸易两个方面同时展开，二者不可偏废。

1. 国际货币制度的状况

美国著名国际经济法学家洛温菲尔德（Andreas F. Lowenfeld）教授曾指出，约束各国货币事务的国际法律制度直到第二次世界大战结束时方才出现。[1] 这意味着在第二次世界大战前的"两战"之间及其之前，并不存在对各国具有有效法律约束的国际货币法律制度。那么，洛温菲尔德教授的这一观点如何解释至少自 19 世纪末就开始盛行于当时主要国家的人类历史上出现的第一个国际货币制度——金本位制呢？对这一问题的回答不仅在于如何协调洛温菲尔德教授的观点与金本位之间的关系，更在于如何为金本位制的混乱局面下盛行的汇率倾销求解。

（1）不具有法律拘束力的金本位制是汇率倾销的国际货币制度主因。

一般认为，金本位制作为人类历史上第一个国际货币制度，大体上诞生在 19 世纪七八十年代以后。当时，欧美主要资本主义国家都先后在国内实行了金币本位制，进而在国际间形成了金本位制。[2] 广义的金本位制包括金币本位、金块本位和金汇兑本位三种形态。而狭义的金本位制就是指金币本位这种货币制度。且只有金币本位才是金本位制的典型形式，而金块本位制和金汇兑本位

---

1 Jeffrey S. Beckington, Matthew R. Amon, "Competitive Currency Depreciation: the Need for a More Effective International Legal Regime", *Journal of International Business and Law*, 2011, pp.23–24.

2 各国在国内实行的金币本位的典型特征是各国货币均以黄金铸成，金铸币有一定重量和成色，有法定的含金量；金币可以自由铸造、自由流通，黄金自由输出入，具有无限法偿的性质；辅币和银行券可以按其票面价值自由兑换为金币。各国国内实行的这种金币本位，特别是金币自由铸造、自由流通，黄金自由输出入，必然导致国际间金本位的出现。

制都是残缺不全的货币制度。国际金币本位制于 19 世纪七八十年代诞生，因 1914 年第一次世界大战（简称为"一战"）的爆发而终止。当时，各参战国均实行黄金禁运和禁止纸币兑换黄金，从而葬送了金币本位。

需要指出的是，国际金本位制的形成并非起因于国际间的协议，而是各国顺应经济发展在当时自愿采取的普遍实践。各国在金本位制下实行货币自由铸造、自由兑换与黄金自由输出入，使得金本位制成为非基于国际条约的货币制度。这是金本位制与后来的国际货币制度相比所具有的显著不同的特点。[1] 正是由于金本位制不是由于国际间协议而建立的国际货币制度，因此，其对各国并没有法律拘束力。由此也可以看出，金本位制与洛温菲尔德教授所说国际货币法律制度诞生于第二次世界大战之后并不矛盾，原因就在于前者不具有法律拘束力，而后者具有法律拘束力。

在主要资本主义国家实行国内金本位制基础上自然生成的国际金本位制，其存在和运行取决于各国的意愿和需要，并非出自于各国的法律义务和责任。相反，当时主要国家认为一国的货币政策是一个主权国家的特权。[2] 虽然为了对外贸易的稳定开展，各国需要维持国际贸易发展所需要的稳定的国际货币环境和条件，但这是各国基于利益考量进行取舍的结果，并不是基于法律的强制而须履行的义务。因此，当放弃金本位特别是金币本位能够为一国带来更大利益时，各国就可以毫无顾忌地放弃金本位制。在此情况下，一国可以决定如何为本国货币定值，是否从事竞争性的货币贬值，是否以低估的汇率在他国或国际市场上倾销本国的产品。国际社会也没有一个国际机构对一国和各国有害的经济行为进行监督和管控。相应地，各国对他国滥用货币的行为或自认为他国滥用货币的行为可以进行辨别和抵制。总之，自由放任构成当时国际货币领域的底色。这是"两战"之间汇率倾销盛行的国际货币制度的首因。

（2）"两战"之间国际货币领域的倾轧与混乱助涨了汇率倾销。

在金本位制包括金币本位制不能对各国形成有效法律约束的现实情况下，"一战"后各国大多实行了金币本位制之外的残缺不全的金本位制度且变幻无

1　韩龙：《国际金融法》，法律出版社，2007，第65页。

2　See Jeffrey S. Beckington, Matthew R. Amon, "Competitive Currency Depreciation: the Need for a More Effective International Legal Regime", *Journal of International Business and Law*, 2011, pp.177–179.

常，国际社会汇率体系混乱，这也为汇率倾销和汇率反倾销提供了适宜的国际货币环境。"两战"之间国际货币领域的倾轧与混乱可从两个方面展现：一是"一战"前后的对比；二是对"两战"之间倾轧与混乱状况的撷取。

①"一战"前后的对比。

在"一战"爆发前的大约35年里，西方主要国家——英国、法国、德国和美国——都将自己的货币与黄金挂钩，因此，英镑、法郎、德国马克和美元之间的汇率基本上是固定的。而其他国家大多将本国货币与黄金或一种主要货币挂钩，并以黄金或其中一种主要货币作为外汇储备，从而在国际上正式形成了金本位。金本位仅是一种实然现象，没有任何国际条约赋予各国遵守金本位的义务。金本位的大厦随"一战"的开始而倾倒。虽然国际范围内普遍实行金本位的持续时间并不长，但在这期间国际贸易大幅增长，跨国投资规模扩大，国际经济交往得到了空前的发展。

相比之下，在"两战"之间的时期，国际经济交往的发展如同一场噩梦。1919—1925年，英镑采用对美元的浮动汇率制，而此时的美元仍与黄金挂钩，1925年之后，英镑又重新与黄金挂钩，并且汇率明显高估。法郎与黄金挂钩，法郎汇率在不断波动之中，但大体上向着贬值的方向发展，法国出台了各种各样法律上和事实上的外汇管制措施。在1919—1929年期间，英镑和法郎一定程度上都是由美国大量的资本输出来支撑。1929年之后，英国暂停了以黄金进行国际结算，而法国没有采取这一措施。美国在罗斯福总统任期内通过法律放弃了金本位。自此，原为经济发展保驾护航的金本位制度宣告破产。严重的经济危机非但没有得到改善，反而进一步恶化。于是，各国为了应对对外贸易萎缩、失业增加，试图通过竞争性货币贬值、多重汇率制、出台贸易限制措施和补贴等手段，向外输出经济下行的压力。[1]

②"两战"之间倾轧与混乱状况之撷取。

"两战"之间，国际货币体系进入了一个频繁变动、相互对抗和混乱的时期[2]，大致可以以1929—1931年"大萧条"的发生为界分，将此时期划分为前后两个阶段。

---

1 Andreas F. Lowenfeld, *International Economic Law*, Oxford University Press, 2003, p.214.

2 彭兴韵：《国际货币体系的演进及多元化进程的中国选择——基于"货币强权"的国际货币体系演进分析》，《金融评论》2010年第5期。

甲、"一战"后至"大萧条"期间。

在"一战"后至"大萧条"期间，由于美国是"一战"中唯一保持其货币与黄金挂钩的国家，而其他主要大国则采取盯住美元的外汇安排，因此，实际上，在"一战"进程中，国际上逐步建立了双挂钩制度，即美元与黄金挂钩，而其他国家将货币与美元挂钩的国际货币制度，[1]并在"一战"结束后的一段时间内仍沿用这一制度。

在 1922 年热亚那会议上，国际联盟（简称国联）建议各国构建一种新的国际货币体系，使用外汇代替黄金作为储备货币以节约黄金。[2]这种新的国际货币制度被称为新金本位制（New Gold Standard）[3]，或金汇兑本位制（Gold Exchange Standard）。[4]与金币本位制有所不同，金汇兑本位制与其的重要区别在于各国中央银行以黄金和包括英镑和美元在内的国际关键货币作为储备。英国和美国完全以黄金作为储备，其他国家则持有对英和美的外汇债权作为储备。尽管此时美国已经在世界经济格局中占据主导地位，美元也成为彼时世界上唯一可以自由兑换黄金的货币，但是，一方面由于美国国内对是否承担国际责任没有形成共识，此前也没有参与建立国际秩序的经验，因此，缺席了国联召开的热亚那会议。[5]另一方面，因这一方案会导致英国失去在国际货币体系中的主导地位，失去此前拥有的绝对的货币霸权，英镑与美元并驾齐驱也刺激了英国作为"日不落帝国"的自尊，英国对这一方案表达了强烈不满。在两方面因素的共同作用下，这次会议完全由英国主导，国际货币体系又一次成为国际政治博弈的焦点。[6]

后经各国的努力，至 1926 年，共有 39 个国家在不同程度上恢复了金本位制度。[7]其中，法国在 1926 年恢复金本位制，被认为是标志着金汇兑本位时代

---

1 罗伯特·蒙代尔：《国际货币：过去、现在和将来》，向松祚译，中国金融出版社，2003，第125—126 页。

2 查尔斯·金德尔博格：《西欧金融史》，徐子健等译，中国金融出版社，2010，第351—352 页。

3 巴里·艾肯格林：《资本全球化：国际货币体系史》，彭兴韵译，上海人民出版社，2009，第60 页。

4 彼得·纽曼、默里·米尔盖特、约翰·伊特维尔·新帕尔格雷夫：《货币金融大辞典》，胡坚等译，经济科学出版社，2000，第249 页。

5 李晓耕：《权力之巅——国际货币体系的政治起源》，社会科学文献出版社，2017，第55 页。

6 赵柯：《货币的政治逻辑与国际货币体系的演变》，《欧洲研究》2011 年第 4 期。

7 罗伯特·蒙代尔：《国际货币：过去、现在和将来》，向松祚译，中国金融出版社，2003，第125—126 页。

的开始。[1]之后，法国面临巨大的汇率压力，其虽通过在 1927 年实施法郎稳定方案，短期内实现了汇率稳定，但不得不在 1928 年 6 月将法郎贬值约 80%。

英国为了捍卫"日不落帝国"的"黄金尊严"和货币主导地位，于 1925 年 4 月以"一战"前黄金与英镑的比价恢复了金本位，以彰显英镑的稳定和信誉，但也为此付出了相当惨痛的经济代价。由于美国在"一战"和此后的一段时期内一直没有改变美元与黄金的价格，那么，英镑以"一战"前的黄金与英镑的价格恢复金本位，意味着美元和英镑之间的汇率恢复至"一战"前的水平。英国在战争期间经历了剧烈的通货膨胀，被迫降低国内价格水平，与此同时，英国中央银行还提高了贴现率，以期稳住英镑和美元之间的汇率水平，但此举导致英镑严重高估。据凯恩斯估计，当时英镑被高估了 10%—15%。利率的上升和国内价格水平的下跌引发了英国经济的衰退，英镑高估也严重打击了英国工业产品的出口能力，并因此产生了严重的失业问题，同时黄金流失又使英国中央银行被迫以加息予以应付。英镑高估、出口额锐减、失业率上升和利率上升形成了一个恶性循环。至 1931 年，英国政府无力继续维持英镑与美元之间的汇率，被迫宣布英镑贬值。

1931 年，英镑被迫宣布贬值，被认为是标志着金汇兑本位制的终结。金汇兑本位制作为"两战"之间昙花一现的国际货币体系，只运行了不到 5 年的时间。[2]这一时期事实上是以美元和英镑为主导的金汇兑本位制，"该体制突出的特点是固定汇率，以及为保持这一汇率而持有黄金和国际通货的混合储备"[3]，这需要英格兰银行和美联储共同担任世界经济"最后贷款人"的角色。可是，英国无力继续承担"最后贷款人"的责任，而新兴的"最后贷款人"美国又不积极参与，同时，国际上缺乏有效的合作机制应对"大萧条"带来的席卷全球的经济危机，由此造成了国际货币体系的崩溃和进一步的混乱。

乙、"大萧条"至"二战"爆发。

1929 年，美国股市的崩溃引发了严重的经济危机，并迅速波及全世界，"爵士时代"在一夜之间让位于"大萧条"，国际贸易领域在此期间受到重大影

---

1 巴里·艾肯格林：《资本全球化：国际货币体系史》，彭兴韵译，上海人民出版社，2009，第 60 页。

2 巴里·艾肯格林：《资本全球化：国际货币体系史》，彭兴韵译，上海人民出版社，2009，第 60 页。

3 彼得·纽曼、默里·米尔盖特、约翰·伊特维尔：《货币金融大辞典》，胡坚等译，经济科学出版社，2000，第 249 页。

响。随着国内需求的迅速萎靡，各国政府纷纷采取各种贸易保护措施。[1]金汇兑本位制最先在处于这一制度外围的初级产品生产国瓦解，并逐步蔓延至核心国家。阿根廷和乌拉圭政府于1929年限制了国内黄金的自由兑换，加拿大政府采取了黄金禁运措施；巴西、智利、澳大利亚等国也相继对黄金的自由兑换进行限制，并允许汇率自由浮动。[2]1931年7月，匈牙利政府冻结了国外存款并实施外汇管制，取消了黄金的自由兑换，禁止黄金运输至国外。同样是1931年7月，德国政府被迫宣布实施外汇管制，作为世界第二的新型工业大国退出了金汇兑本位体系。[3]英国此前为强行维持与美元的汇率，财政赤字快速攀升，致使英镑的持有国对英镑丧失信心，纷纷要求将英镑兑换为黄金运回本国，英国黄金储备大量外流，被迫于1931年9月21日放弃金本位制。英镑是金汇兑本位制体系中两大主导货币之一，英国放弃金本位制严重影响了他国对维持金汇兑本位制的信心。至1932年初，25个国家退出了金汇兑本位制，限制或禁止了本国货币与黄金的兑换，并对本国货币实行贬值。[4]

接着，国际货币体系分裂为三个集团：①黄金集团，以美国为首，包括法国、比利时、瑞士、荷兰及部分拉美国家等。②马克集团，以德国为首，由中欧和东欧的一些国家组成，实施外汇管制，名义上保持汇率不变，但资金在国际间的流动受到管制。③英镑集团，以英国为首，主要由部分英联邦国家组成，这些国家大多跟随英国放弃金本位制，并同时采取盯住英镑的外汇安排。各集团内部主要以本集团的主导货币作为国际贸易计价和结算的货币，和其他集团成员国之间的贸易则通过两个集团的主导货币为桥梁进行。以英镑集团为例，英镑集团在三个货币集团中封闭性最高，英镑是英镑集团内唯一的主导货币。英镑集团成员须将本国持有的美元和黄金储备放在英国指定的银行，并且在动用这些储备时受到诸多限制。出于便利性的考虑，许多成员在国际贸易中，大多通过英镑在英镑集团内部进行相互交易。英镑集团成员国和非英镑集团成员国进行贸易时，英国往往通过与这些非英镑集团

---

1 巴里·艾肯格林：《嚣张的特权——美元的兴衰和货币的未来》，陈召强译，中信出版社，2011，第34页。

2 巴里·艾肯格林：《资本全球化：国际货币体系史》，彭兴韵译，上海人民出版社，2009，第60页。

3 巴里·艾肯格林：《资本全球化：国际货币体系史》，彭兴韵译，上海人民出版社，2009，第60页。

4 米尔顿·弗里德曼、安娜·斯瓦茨：《美国货币史（1867—1960）》，巴曙松、王劲松等译，北京大学出版社，2009，第222页。

成员国签订双边条约的方式约定以英镑支付，同时，非英镑集团成员国不能凭借获得的英镑向英国要求兑换为黄金或美元，其获得的英镑往往只能用来购买英镑集团的产品。

三个货币集团形成后，相互倾轧加剧。例如，由于马克集团和英镑集团放弃金本位并贬值货币，这些国家旨在使其产品在国际贸易中更具有价格竞争力。由于担心美国效仿英国放弃金本位，法国、比利时、瑞士、瑞典和荷兰从1931年9月16日开始将美元资产兑换为黄金并运回国内，美国黄金储备大量流失。1933年3月至4月，罗斯福总统被迫先后宣布暂停黄金对外输出、暂停黄金自由兑换和美元贬值。此后，黄金集团中其他国家效仿美国，先后放弃金本位。

总之，"两战"之间的前期，各国汇率变幻无常，后期金汇兑本位的废弃和三大货币集团的形成，导致各国之间、货币集团之间相互倾轧加剧，货币战、汇率战、贸易战甚嚣尘上，所有货币均不同程度地出现了相对于黄金的贬值，各国竞相实行浮动汇率或实施外汇管制。各种外汇管制和贸易保护措施层出不穷，汇率倾销和反倾销在此环境下大行其道。

2. 国际贸易制度的状况

前已述及，汇率倾销是汇率或货币低估在贸易上产生的效果或结果。如果有强大的国际贸易法制对这种贸易行为进行制止，也不会有汇率倾销的盛行。因此，要对"两战"之间盛行的汇率倾销的历史背景进行完整和实事求是的考察，仅停留在对彼时国际货币制度的考察上是不够的，还需要对当时的国际贸易制度和国际贸易领域的状况进行考察。

与洛温菲尔德教授所说国际货币法律制度诞生于第二次世界大战之后有所不同，国际贸易领域的法律制度在第二次世界大战之前，甚至更早就已经存在。其代表性的体现形式就是友好通商航海条约。虽然这类条约规定的内容广泛，常涉及缔约国之间经济和贸易关系的许多方面，但其重点是保护航海贸易，因为当时国际经济活动以国际贸易为主。

尽管友好通商航海条约以保护缔约国之间的航海贸易为主，但其在调整国际贸易关系上却存在以下缺陷：第一，友好通商航海条约是有关国家之间缔结的双边条约，适用范围有限，仅限于缔约两国。换句话说，在当时尚不存在多边的国际贸易条约和协定，更不用说存在类似当今对多边国际贸易进行协调的

WTO 之类的国际组织了。第二，友好通商航海条约全面规定缔约两国之间的经济和贸易关系，内容庞杂。这一特征决定了该类条约对航海贸易和其他内容的规定多是原则性的和粗线条的，无法用来应对汇率倾销这一不公平的国际贸易行为。第三，与上述第二个缺陷密切相联系，友好通商航海条约通常缺乏倾销和反倾销的规定，因而通常对汇率倾销束手无策。第四，友好通商航海条约通常缺乏程序上的保障。这使得即便条约中规定了实体性的权力义务的内容，但由于缺乏程序上的保障，使得条约中的实体性规定难以推行，更遑论得到严格执行了。

以上对彼时国际贸易的主要国际法律制度载体——友好通商航海条约进行考察表明，当时国际贸易的法律制度不仅缺乏对汇率倾销和汇率反倾销的规定，而且即便是从当时的国际贸易法律制度的一般规定中也难以解析出应对汇率倾销的元素。在当时的国际贸易制度没有覆盖汇率倾销的情况下，各国并没有承担禁止从事汇率倾销的国际义务。在各国利益激烈冲突、彼此相互倾轧和以"大萧条"为代表的危机的蹂躏下，各国从事并不为彼时国际贸易法律制度所禁止的汇率倾销和汇率反倾销就显得十分自然。

（二）"两战"之间汇率反倾销制度的出现与盛行

在"两战"之间的国际货币及贸易制度难以制止汇率倾销，甚至当时混乱的金本位制还为其提供温床的情况下，发生汇率倾销有其必然性。在彼时汇率倾销盛行的国际生态下，面对汇率倾销各国该如何办呢？各国的反映和选择又如何呢？汇率倾销除了具有以上国际制度方面的原因之外，还有经济原因的驱使。当一国生产力发展所生产的产品除使得本国市场饱和之外仍有剩余产品之时，就必然需要借助国外市场实现国内产品的价值。如果各国经济规模和发展水平都到了需要依赖国外市场的地步，那么，就必然面临国际市场份额的占有问题。这时，如果缺乏有效的国际规则和实施规则的国际机构，那么，一些国家就有可能采取不公平的贸易做法包括汇率倾销，来争夺国际市场份额。

这正是"两战"之间的真实写照。在"两战"之间，汇率操纵成为一个严重的国际问题。各国政府借助汇率低估进行汇率倾销，以取得对其他国家的竞争优势。汇率或货币低估被认为是促进就业和振兴出口的简单易行的方法。而彼时流行的观点认为各国具有以最适合本国议程的汇率水平为本国货币定值的主权权力。[1] 正因为如此，各国以前所未有的规模进行着竞争性的货币贬值，由是对国际贸易造成了广泛的损害。也正是由于对通过汇率或货币贬值而进行汇率倾销缺乏有效的国际规则和实施规则的国际机构，各国面对汹涌而来的在其领土上发生的外国借助汇率低估进行的汇率倾销迫切地需要采取纠正行动，但与此同时许多国家对本国产品的出口又以低估汇率的方式进行着资助。[2]

从汇率反倾销制度产生和扩展的路径来看，"两战"之间汇率倾销和汇率反倾销与"一战"后德国的货币严重贬值有密切关系。在 1919 年的巴黎和会上，协约国要求轴心国支付巨额战争赔款。[3] 由于轴心国战后的经济状况糟糕，高额的战争赔款更是使魏玛时代的德国雪上加霜，德国陷入了空前的超级通货膨胀、双重汇率、高额进口关税和债务危机之中，德国货币严重贬值。其他许多国家为了抵消德国货币贬值给本国带来的消极影响，或是为了通过货币贬值刺激出口以提振经济，在采取主动或被动地贬值货币、限制进口和限制外汇等措施的同时，密集地出台反倾销的法律、法规。

1929 年"大萧条"发生后，各国更是将汇率倾销作为拯救经济、挽救就业和纾解民生之困的对策，这反而更激发了各国汇率反倾销立法的出台、升级和实施。"大萧条"的肆虐及其引发的各国汇率的进一步贬值，将汇率反倾销立法及其实行扩展到北美（如加拿大等）、南美（如阿根廷等）、亚洲（如中国和日本等）。根据 1933 年美国联邦贸易委员会对各国应对他国竞争性货币贬值的做法和世界主要国家汇率反倾销立法及实践所进行的调查，"两战"之间各国对他国汇率贬值的共同对策是单方面地制定反倾销立法，对他国进口产品征收反倾销税。在一些国家，反倾销税仅为汇率反倾销而设，而且在许多国家征收汇率反倾销税是反倾销执法的最重要的内容。总之，有汇率倾销就必然有汇率反倾销及其制度，汇率倾销加剧了汇率反倾销制度的蔓延和升级。

---

1 Jeffrey S. Beckington, Matthew R. Amon, "Competitive Currency Depreciation: The Need for a More Effective International Legal Regime", *Journal of International Business and Law*, 2011, pp.214–218.

2 Detlev F. Vagts, William S. Dodge, Harold Hongju Koh, *Transnational Business Problems*, Foundation Press, 2008, p.9.

3 Andreas F. Lowenfeld, *International Economic Law*, Oxford University Press, 2003, p.214.

二、"两战"之间汇率反倾销制度的特点

纵观反倾销法发展至今的历史，反倾销法起源于国内法，后被纳入国际法的范畴，在国际与国内反倾销法的相互影响下不断演进。[1] 被纳入国际法之中的反倾销制度，只包括一般反倾销制度或只针对一般倾销的反倾销制度，而对其他种类的倾销包括汇率倾销的反倾销制度，则没有包含在现有的国际法律制度之中。[2] 加之，"二战"后相当一段时期内国际汇率体系较为稳定，因此，汇率反倾销制度在"二战"后出现了停滞。为了避免将 GATT 和 WTO 所涵盖的国际反倾销制度与"二战"前的汇率反倾销制度相混淆，以下对"两战"之间汇率反倾销制度的主要特点进行必要的揭示，以免造成不必要的误解。

（一）汇率反倾销制度由各国国内法构成

与"二战"后将针对一般倾销的反倾销制度纳入《关贸总协定》和后来的 WTO 法律体系不同，"两战"之间，由于缺乏对反倾销包括汇率反倾销的国际协调机制，国际社会没有统一的国际反倾销制度。各国的反倾销制度各行其是，以国内法的形式对于倾销的种类、认定和反倾销措施进行规定，彼此规定的内容不尽相同。这与"二战"之后将针对一般倾销的反倾销制度纳入统一的国际法律制度之中，各国在遵守国际法律义务的条件下制定自己立法的局面，形成了鲜明的对照和反差。

从起源来看，虽然适用于汇率倾销的反倾销制度主要产生和盛行于"两战"之间，但以国内法形态出现的反倾销立法在"一战"前就已出现。19 世纪末 20 世纪初，倾销对进口国国内生产同类产品的产业带来了日益严重的危害，逐渐引起了各国政府的关注，反倾销法在各国致力于发展本国产业和对外贸易日趋激烈的竞争的历史背景下应运而生。1904 年，加拿大制定并通过了世界上第一部成文的反倾销法，此后，新西兰于 1905 年、澳大利亚于 1906 年、南非于 1914 年、美国于 1916 年先后通过了本国的反倾销法。[3] 这些反倾销法有些在诞生之初就已经包含汇率反倾销制度，有些则在诞生时没有包含汇率反倾销制度，而是在其后的修改中将汇率反倾销纳入其中。至 20 世纪 20 年代前

---

1 李文玺:《世贸组织／关贸总协定反倾销法》，中国政法大学出版社，2006，第 17 页。
2 这一观点的依据将在本编最后一章进行详细论述。
3 高永富、张玉卿:《国际反倾销法》，复旦大学出版社，2001，第 4 页。

后，世界主要经济体大多制定了本国的汇率反倾销法。"两战"之间，各国的汇率反倾销法主要体现为各国国内立法机关的立法，或是以行政机关下达的行政命令。20 世纪 20 年代，国际联盟曾经试图规范各国的包括汇率反倾销法在内的反倾销法，但是，除了万诺教授于 1926 年提交的一份备忘录外，国联的努力并没有取得任何实质性成果。[1] 只是到了"二战"之后，反倾销立法形式才从原来单一的国内立法逐步转变为国际、国内立法同步进行。

（二）汇率反补贴涵摄于汇率反倾销之中

"两战"之间各国实行汇率反倾销瞄准的汇率倾销的一种重要体现形式是赏金倾销。当时各国汇率反倾销法规定的赏金倾销指的是一国政府通过对出口产品提供赏金（bounty）或补贴（subsidy）等财政支持，包括通过汇率低估这种形式提供的赏金或补贴，来鼓励本国产品出口。这与现行 WTO 规则中的"补贴"相似，是 WTO 规则中"补贴"的前身。而今，赏金倾销在 WTO 规则中被定义为补贴，而补贴构成一种独立于倾销、与倾销并行的不公平贸易行为，其不再属于倾销的一个子类。这与"两战"之间将汇率补贴涵摄于汇率倾销之中的做法，亦形成鲜明对照。

具言之，"两战"之间各国并不存在单独的反补贴制度，而是将补贴作为倾销的一种形式，作为倾销中的一种倾销行为加以规定。因此，大部分国家将汇率贬值导致的低价销售行为视为汇率倾销。虽然也有部分国家将这种行为视为汇率补贴，也就是将汇率贬值给产品带来的竞争优势视为出口国采取汇率贬值措施而间接赋予产品一定幅度的赏金所导致的，但在当时的历史背景下，对产品赋予赏金的行为被归类于一种不同种类的倾销——赏金倾销，赏金倾销通常被视为一种由于官方、政府或私人给予产品补贴而引发的倾销。[2] 因此，在当时的历史背景下，汇率补贴通常被认为是政府通过汇率贬值为出口产品提供赏金而引发的倾销，仍然属于倾销的范畴，故我们在对"两战"之间因汇率低估的不公平贸易行为进行考察时，没有必要对汇率倾销和汇率补贴进行区分，因为在当时二者是合二为一的。故以下在对各国反倾销法对汇率倾销或汇率补贴规定的论述中，将不对汇率倾销和汇率补贴进行区分，而是统一称其为汇率

---

1 李文玺：《世贸组织 / 关贸总协定反倾销法》，中国政法大学出版社，2006，第 17 页。
2 雅各布·瓦伊纳：《倾销——国际贸易中的一个问题》，沈瑶译，商务印书馆，2013，第 85 页。

倾销。

（三）汇率反倾销是当时反倾销制度的主要组成部分

"两战"之间反倾销制度一个非常显著的特点就是分类详细，有一般倾销、赏金倾销、运费倾销、在途货物倾销、原料倾销、汇率倾销和社会倾销。[1]一般倾销是指出口商以低于同类产品在国内正常销售中的正常价值的价格，或低于成本的价格出口其产品而产生的倾销。赏金倾销一般是指进口货物在原产国或出口国接受诸如赏金、补贴、津贴等财政支持，是反倾销措施最早针对的倾销形式。[2]运费倾销是指进口货物在出口国获得的运费赏金、补贴或优待。在途货物倾销是规避反倾销税的产物。当时各国衡量是否存在倾销一般拿出口价格与发货时该产品在生产国或出口国的正常价值作比较，发货意味着货物已由出口商或生产厂家出售给了进口商。为了规避倾销的认定和反倾销税，出口商或生产厂家不在发货时完成交易，而是在货物运输途中处分货物。为了制止这种规避，对在途货物的反倾销应运而生。在途货物反倾销条款通常规定，对本应缴纳的反倾销税，由于货物在装运之前没有出售但以运输中的在途货物形式出售从而被规避，那么，对该货物同样征收反倾销税，就好像这些货物在装运至进口国之前已经出售给进口商一样。汇率倾销一般是因出口国汇率低估而造成的其出口产品在进口国市场的倾销。社会倾销是指由国外因犯生产的产品或由被强制劳动的劳工生产的货物所发生的倾销。

"两战"之间的反倾销制度，如前所述，虽然是以汇率倾销为主要对象，但并不限于汇率倾销。易言之，汇率反倾销是当时反倾销制度的主要组成部分，但非全部。这与"两战"之后 GATT 和 WTO 的法律制度专注于一般倾销，而将其他类型的倾销排除在外形成了鲜明对照。根据 GATT 和 WTO 规则对于倾销的定义，以及《哈瓦那宪章》相关谈判记录来看，GATT 和 WTO 规则规定的倾销仅指上文的一般倾销，而不包含其他种类的倾销。运费倾销、在途货物倾销、原料倾销、汇率倾销和社会倾销等，未被 GATT 和 WTO 规则所涵盖。

（四）各国汇率反倾销制度缺乏程序性规定

"两战"之间各国的反倾销法或汇率反倾销法，无论是以反倾销法或汇率

---

1 高永富、张玉卿：《国际反倾销法》，复旦大学出版社，2001，第4页。

2 U. S. Senate, Anti-dumping Legislation and Other Import Regulations in the United States and Foreign Countries, Senate Document No. 112, January 11, 1934, p.5.

反倾销法来命名，还是包含在其他法律名称之下（如 1930 年的美国《关税法》），虽都含有反倾销和汇率反倾销的内容，然而却缺少具体的反倾销程序的规范，这一特点尤其体现在汇率反倾销制度上。这也是"两战"之间各国汇率反倾销立法的一大缺陷。这一特点或缺陷，也导致各国的汇率反倾销法在实施上具有很大的随意性，且由于"两战"之间各国国内汇率反倾销立法不尽相同，各国对于汇率反倾销的启动、汇率倾销的认定方法存在较大差异。反倾销程序性规范的缺乏以及各国反倾销立法内容的差异，导致了汇率反倾销不同程度地遭到滥用，甚至沦为妨碍各国间正常贸易的壁垒。

汇率反倾销制度的出发点是为了限制和抵消他国实施的汇率倾销行为，从而达到公平贸易、提高效率的目的。它的实施可以消除或一定程度上抵制汇率倾销，保护本国相关产业。应该说，在这个限度内，其作用是正当和合理的。但一旦汇率反倾销超过了必要的限度，就会实质上成为一种贸易保护主义措施。而在"两战"之间反倾销法发展的进程中，由于世界范围内经济状况持续恶化，各国纷纷高筑贸易保护的壁垒，汇率反倾销制度转而成为许多国家实行贸易保护主义的重要手段。

三、汇率反倾销制度的理论探究

汇率反倾销制度也有或应有理论支撑，包括经济学和法学的理论支撑。以下将在第一部分中探究汇率反倾销制度的经济学原理，主要是汇率倾销在经济学上的实现机制，在第二部分中论述汇率反倾销制度在法律上的必要性和正当性。

（一）汇率反倾销制度的经济学原理

汇率反倾销制度在经济学原理上的依据主要源于一国实施汇率倾销行为会对他国经济造成损害，侵犯了他国的正当的经济利益，因此，具有经济上的危害。讨论汇率反倾销制度原理问题，有必要从汇率的概念入手。

1. 名义汇率与真实汇率

汇率作为一种货币以另一种货币表示的价格，也是一种资产价格，因此，决定资产价格的原则对于汇率的确定也同样适用。[1] 亦即汇率是以本币度量其

---

1 Paul R. Krugman, Maurice Obstfeld, Marc J. Melitz, "International Finance: Theory and Policy", *Pearsonl Education*, 2009, p.96.

他货币而产生的一种资产价格，汇率的决定与资产价格的决定原则相同。在实践中，各经济体通过商品贸易并且通过金融市场形成国际联系，以外币表示本币的价格，在浮动汇率制度下，汇率由看不见的手确定。[1] 但是，这种分析只关注了决定汇率的表面现象，而没有更深层次地分析市场中各交易方买入或卖出一种货币的动机和根本原因。

马克思指出，汇率是不同货币之间的兑换比率，无论在金属货币还是信用货币制度下，决定汇率的根本因素就是两种货币所代表或包括的价值量之间的比例。这种由价值量比例决定的汇率并非一成不变的，而是会随货币所代表或包含的价值量的变化而变动。[2] 此外，影响汇率波动的因素主要有：贸易差额、支付期限、间接贸易和利息率。简言之，马克思将汇率视为两种包含不同价值量的货币之间进行交换的交换率，同时，两种货币所包含的价值量经常发生变动。此外，汇率并非时时等于两种货币价值量的比例，而是以价值量比例为中心，以贸易差额、支付期限、间接贸易和利息率为原因发生波动。

马克思认为两种不同货币的真实汇率为它们之间包含的价值量的比例，那么，货币包含的价值量如何衡量呢？根据 20 世纪初瑞典经济学家古斯塔夫·卡塞尔提出的关于汇率的购买力平价理论，在对外贸易平衡的情况下，两国货币之间的汇率将会趋于向不同货币的购买力平价靠拢。古斯塔夫·卡塞尔提出的购买力平价是一种衡量不同货币价值的指标和方法。这里的购买力指的是在两个不同国家，使用该国货币购买一篮子商品所需要的货币数量，也就是衡量不同货币的国内购买力的指标。因此，两种不同货币之间国内购买力的比值可以反映不同货币之间包含的价值量的比例——真实汇率。

综上所述，汇率可以分为真实汇率和名义汇率。真实汇率即两种不同货币包含的价值量的比例，可以通过货币的国内购买力反映，属于价值的范畴。名义汇率则是政府公布的、日常生活使用的以一种货币购买另一种货币的价格，是以外币表示的本币的价格，是货币的国际购买力的反映，属于价格的范畴。

---

1 Rudiger Dornbusch, Stanley Fisher, Richard Startz, "Macroeconomics", *McGraw-Hill Education*, 2014, p.87.
2 马克思：《资本论》（第三卷），人民出版社，2004，第306—310页。

2. 倾销的本质和获利机制

如前所述，汇率倾销属于倾销的一个子类，不同子类之间的区别在于倾销行为中产品以低价销售的原因不同，因此，汇率倾销之所以具有不正当性，与倾销的本质、获利机制和不正当性的来源具有密切的联系。鉴于此，在论述汇率倾销的不正当性之前，有必要对倾销的本质、获利机制和不正当性的来源进行阐释。

（1）倾销的本质。

"倾销"一词正式进入经济学文献大致上始于1903年或1904年，作为经济术语的"倾销"首次出现在英国关于关税的会议记录文件中，自此，它作为一个经济学术语逐步进入了法语、德语和其他语言之中。[1] 英国经济学家格里高利（T. E. G. Gregory）在总结前人对倾销的分析和论述的基础上尝试对"倾销"一词的含义进行归纳，他于1921年在《关税：研究方法》一书中指出，"倾销"一词或多或少包含出口商实施的以下行为：①低于外国市场价格销售；②以其他竞争者无法竞争的价格出售；③低于出口国通行价格在国外出售；④以低于成本的价格出售。[2] 格里高利没能最终确定这些行为在多大程度上构成倾销，也没能找出这些行为的某些共同特征，因此，他放弃了构建"倾销"的定义转而确定"倾销"的涵盖范围。

20世纪初对"倾销"最为经典的经济学定义，来自美国经济学家雅各布·瓦伊纳（Jacob Viner）。其在著作《倾销——国际贸易中的一个问题》中指出：倾销的一个本质特征是对不同国家市场上的购买者存在价格歧视，[3] 即在出口国本国市场上以一个相对较高的价格出售，而在出口至他国市场时以相对较低的价格出售。同一产品的不同售价，不是基于成本的差异，这种价格差异是人为造成的。

（2）倾销的获利机制。

倾销者采取倾销是因为有利可图。总结19世纪末至20世纪上半叶的出口倾销行为，不难发现，除偶发性倾销外，其主体一般限于具有垄断地位的生产

---

1 雅各布·瓦伊纳：《倾销——国际贸易中的一个问题》，沈瑶译，商务印书馆，2013年，第85页。
2 雅各布·瓦伊纳：《倾销——国际贸易中的一个问题》，沈瑶译，商务印书馆，2013年，第85页。
3 雅各布·瓦伊纳：《倾销——国际贸易中的一个问题》，沈瑶译，商务印书馆，2013年，第85页。

主体或生产者联合体。[1] 这与现代微观经济学原理不谋而合,对于使用大规模机械化生产以及成本主要由固定成本构成的产业来说,即便是低于成本价出口,也是可以有利可图的。对于这样的产业而言,在规模经济的边际效应为零时,实现利润为最大化。也就是说,在不断投入可变成本的生产要素的前提下,保持接近甚至等于最大生产能力的产出,以高于可变成本的任何价格得到的额外订单,对于这些企业来说都是有利可图的。

一方面,当垄断企业在国内市场上占据了垄断地位、国内需求不旺使得国内订单不足以使其充分利用生产设备达到最大产能时,在国外市场以低于国内通行价格、高于单位可变成本的价格获取国外订单进行生产,是可以获得利润的。另一方面,倾销者将部分产品出口至国外的同时,可能会造成国内产品供给的削减,根据供需均衡价格理论,当需求不变而国内供给减少时,势必造成该产品的国内价格上升。

3. 汇率倾销的实现机制

货币的价值主要表现为国内购买力和国际购买力两个方面,其中,国际购买力最直接的表现为本币兑换外币的比率即汇率。当一国的货币不具有可自由兑换性的情况下,其货币的国内购买力和国际购买力(即汇率)可能会在短期内存在差异,国内购买力和国际购买力的上升和下降并不是完全同步的。如果一种货币正在处于贬值的趋势中,国际购买力的下降通常会先于其国内购买力的下降。[2] 也就是说,处于贬值过程中的货币,其贬值会首先表现在汇率上,经过一段时间后才会表现为其国内购买力下降,最终达到国际购买力和国内购买力统一。那么,正在贬值的货币,会使以外币表示的出口价格至少暂时性地异常低落,从而起到奖励出口的作用。

可见,汇率倾销的实现机制是:当一国货币处于贬值的趋势中,由于其货币的国内和国际购买力的下降并不同步,因此,至少在短期内,该国出口的产品以外币衡量的价格会异常低落。正如英国1921年《产业保护法》所言:"货币贬值发挥了与出口奖励同样的效果。"[3]

---

1 雅各布·瓦伊纳:《倾销——国际贸易中的一个问题》,沈瑶译,商务印书馆,2013年,第85页。
2 雅各布·瓦伊纳:《倾销——国际贸易中的一个问题》,沈瑶译,商务印书馆,2013年,第85页。
3 British Safeguarding of Industry Act, 1921, 11 and 12 GEO. 5, CH. 47.

（二）汇率反倾销制度的法学原理

汇率反倾销制度之所以在法律上具有必要性和正当性，主要源于汇率反倾销制度要针对的对象——汇率倾销具有不正当性，主要表现为价格歧视、违反公平贸易原则和违反公平竞争原则，因此，应当在法律上被禁止。鉴于此，下文从倾销具有的不正当性切入，阐释汇率倾销具有的不正当性，进而论证汇率反倾销制度的必要性和正当性。

1. 倾销的不正当性

尽管倾销对于企业而言有利可图，但是，不可否认的是倾销行为对于包括倾销国的国内市场和国外市场在内的社会都会造成危害，因而具有不正当性。亚当·斯密首先对这一行为进行了批判，不仅批判了政府利用补贴措施鼓励企业以低于国内现行市场价格出口的做法，还结合自身观察，举出了私人生产者联盟为削减国内供给以提高国内市场价格而提供出口补贴的事例，指出某些行业的经营者在这一策略下，能够将国内市场上的货物价格提高一倍以上。亚当·斯密站在本国消费者的立场上，指出了补贴虽然可以很大程度上刺激本国产品的生产，但却会导致产品的国内价格上升，使作为本国纳税人的本国消费者不得不以更高的价格购买商品。换言之，补贴的提供是使用本国纳税人缴纳的税款中的一部分补贴企业，反过来又侵害了本国国民的利益。这显然是不合理的。但他认为这属于一国国内政府、企业和公民之间的关系，属于一国内政，应由其国内法调整。[1]

与亚当·斯密侧重揭露倾销对出口国国内市场的不良影响不同，亚历山大·汉密尔顿则侧重揭露倾销对进口国的损害。其在著名的《关于制造业的报告》中宣称，外国实施倾销的目的是要"使他们的企业能在其商品的进口国低价出售并排挤所有竞争对手"。他首次指出了倾销所带有的主观恶意和贸易战的色彩，以及会对进口国国内产业的建立造成不必要的阻碍。

雅各布·瓦伊纳延续了亚历山大·汉密尔顿的视角，首次系统阐述了倾销的不正当性，将倾销定义为对于国内和国外购买者的价格歧视，是一种不正当竞争手段，这种价格歧视是人为造成的，具有挤占进口国市场份额、打击进口国同类产品的生产商的目的和作用。倾销的两大危害表现为垄断后果和持续时

---

1 亚当·斯密：《国富论》，王亚楠译，商务印书馆，1994，第88页。

间的不确定性：（1）垄断性。一旦进口国企业退出市场，外国倾销企业就会取得垄断地位，控制进口国市场，进而可能会提高产品价格，造成垄断后果。在市场经济条件下，垄断只对垄断者有利，却会损害进口国的整体利益，尤其表现为消费者利益受损。（2）持续时间的不确定性。作为一种随时性的行为，倾销的持续时间几乎难以预测，只有外国倾销企业实现了其目标或宣告失败后才会终止，即便终止也可能卷土重来。在倾销持续期间，进口国的竞争企业可能会减产甚至停产，转产又耗费巨大，因此，外国的倾销将会造成进口国人力、物力、技术和管理费用的浪费。因此，倾销背离了公平竞争的原则，是一种不公平的贸易行为，会损害进口国的产业，应当受到谴责和抵制。[1]与亚当·斯密分析的角度不同，雅各布·瓦伊纳是站在进口国的角度上进行分析，认为出口国的倾销行为会损害进口国产业的利益，因此，进口国有权采取行动对他国的倾销行为进行抵制，保护本国产业免受不正当竞争和不公平贸易行为的损害，维护本国国民的合法权益和本国正当的国家利益。

2. 汇率反倾销与反不正当竞争具有密切的联系

在国际贸易实践中，倾销被认为是价格歧视的一种表现，即某种产品在国内市场实行高价，而在国外市场实行低价。其目的在于企图把国外市场生产同类产品的生产商驱逐出市场，迫使这类企业破产，最终在国外市场取得垄断地位，然后再提高价格，攫取高额的垄断利润，以补偿前期倾销的损失。[2]

汇率倾销则是指出口低价是由于汇率贬值产生的，是一种产生原因较为复杂的倾销。西方经济学理论认为，汇率倾销带来的实质上的价格歧视，扭曲了竞争机制下的价格水平，违背了公平竞争与公平贸易的原则，具有不正当竞争的性质，并且会对进口国的经济和产业造成损害，侵犯了进口国正当利益，因此，倾销行为应当受到谴责和制止，并在一定条件下应当通过征收汇率反倾销税或其他措施加以制裁。

3. 汇率倾销在法律上具有不正当性的理论依据

如前所述，倾销的不正当性来源于该行为具有的价格歧视的性质，因此，属于一种不正当竞争行为和不公平贸易行为。汇率倾销虽然与一般倾销有所不

1　雅各布·瓦伊纳：《倾销——国际贸易中的一个问题》，沈瑶译，商务印书馆，2013，第85页。
2　高永富、张玉卿：《国际反倾销法》，复旦大学出版社，2001，第4页。

同，但与严格意义上的倾销一样对进口国具有同等重要的意义。[1] 不过，由于汇率倾销导致的这种实质上的销售价格歧视，并不是货币贬值国家的出口商有目的地实施的或其自身行为导致的，而是由于国家实施货币贬值引起的。这也是汇率倾销与一般倾销的一个重要区别。

同样，前已述及，两种不同货币之间的真实汇率为它们包含的不同价值量的比例，反映为国内购买力的比较；名义汇率则是各国政府公布的、日常生活中使用的以一种货币购买另一种货币的价格，反映一种货币的国际购买力。那么，一国汇率的变化对其产品的国际竞争力有何影响呢？假定一国货币在一开始，其国内和国际购买力一致，即名义汇率等于真实汇率。此后，该国货币名义汇率贬值，但该货币的国内购买力即真实汇率尚未发生变化。那么，该国出口的货物依其本币计价的价格不会发生变化，但是，以其他国家货币计价的价格却会相应随着本币名义汇率的下降而下降。在以其他国家货币计价时，名义汇率贬值后的价格，与名义汇率贬值前（也就是依据真实汇率得出的）的价格将会不一致，会出现前者低于后者的情况。换言之，汇率贬值后，该国出口的货物在以他国货币计价时，相较于名义汇率贬值前的价格，出现"价格缩水"的现象，从而起到和政府提供出口奖励同样的效果。举例如下：

一件价值 100 元 A 国货币的商品，如果 A 国货币对美元的汇率为 0.1502（间接标价法），则这件商品在美国的价格就是 15.02 美元。如果 A 国货币对美元汇率降到 0.1429，也就是说美元升值，A 国货币贬值，用更少的美元可买此商品，这件商品在美国的价格就是 14.29 美元。所以，该商品在美国市场上的价格会变低。商品的价格下降，需求上升，竞争力提高。反之，如果 A 国货币对美元汇率升到 0.1667，也就是说美元贬值，A 国货币升值，则这件商品在美国市场上的价格就是 16.67 美元，此商品的美元价格上升，需求下降，竞争力变低。通过这个例子可以看出，名义汇率下降对于出口商品以美元计价价格的影响，虽然表面上来看出口商一直都是以 100 元 A 国货币出口同样的商品，但由于 A 国货币汇率下降，以美元计价的价格产生了变化。

可见，汇率倾销虽然是由汇率贬值或汇率低估造成的，但其能够起到与一

---

1 雅各布·瓦伊纳：《倾销——国际贸易中的一个问题》，沈瑶译，商务印书馆，2013，第 85 页。

般倾销相同的对外贸易效果，无疑属于一种不公平的贸易行为，具有不正当性。由于汇率倾销本质上是一种不正当的低价销售行为，且会对进口国经济和产业造成损害，因而属于一种不正当的竞争行为，故应当被禁止。

第二节 "两战"之间汇率反倾销制度的实施要件

前已述及，"两战"之间的国际货币及贸易制度环境和状况，导致汇率倾销盛行，许多国家因而建立了汇率反倾销的法律制度。各国的汇率反倾销制度虽然对实施汇率反倾销的条件和要求不尽相同，各有侧重，但综合各国汇率反倾销制度的内容来看，"两战"之间汇率反倾销的实施要件主要如下：

一、汇率倾销国货币的名义汇率严重贬值

前文在对汇率贬值引发倾销的理路中，已阐述名义汇率贬值在国际贸易中造成实质上倾销的理路，即汇率贬值可能导致名义汇率低估，从而在国际间产生不公平贸易行为或不正当竞争行为。名义汇率贬值，从而低于真实汇率，构成汇率倾销。名义汇率是各国在经济社会生活中公布并使用的汇率，容易确定。真实汇率是不同货币之间价值量的比例，而不同货币之间价值量的确定问题，时至今日也悬而未决。在"两战"之间的反倾销立法中，对于确定货币的价值量进而确定不同货币价值量的比例问题，一些国家以作为本位货币的黄金为标准衡量外币的价值量，将得到的价值量比例与名义汇率进行比较得出结论，这种方法相对明确和透明，也可以同时确定征收汇率反倾销税的税率。还有一些国家的反倾销法则采用其他方法或方式，如以名义汇率贬值幅度、授权政府首脑或政府机关确定等方式，来认定外国货币是否存在严重贬值。

（一）以名义汇率贬值幅度作为认定严重贬值的依据

南非是当时将名义汇率贬值幅度作为认定严重贬值依据的代表性国家。南非1925年反倾销法，对汇率倾销的认定绕开了真实汇率确定的问题，而是规定超过一定的贬值幅度就构成汇率反倾销要求的贬值。"根据1925年南非法律的规定，汇率反倾销税应为：所涉货物的出口价格与英镑联盟从货币相对于英镑联盟货币贬值超过5%的其他出口国进口同一或同类货物的出口价格之间

的差额，而且这类货物根据本节规定在进口时本不需要缴纳任何其他反倾销税。"[1] 也就是说，如果一国货币对南非货币贬值不超过 5%，将被视为汇率的价值量比例的自然变化，或是围绕货币价值量比例进行的正常波动，不构成汇率反倾销要件中的汇率严重贬值，不适用汇率反倾销税。如果一国货币对南非货币贬值超过 5%，将被视为汇率严重贬值，会构成汇率反倾销要件中的外币对本币严重贬值，如果同时符合其他要件，则将被认定为构成汇率倾销，并对从该国进口的货物征收汇率反倾销税。

南非这一规定相对明确，即一国名义汇率贬值不超过 5%，则不存在出口到南非的货物被征收汇率反倾销税的风险。汇率反倾销税率的计算也简便易行，在确定符合汇率反倾销的实施要件后，只需要根据名义汇率贬值的幅度即可确定汇率倾销幅度，进而确定汇率反倾销税率。不过，这一规定存在很大缺陷，一方面，5% 的限制过于狭窄，对于名义汇率的短期波动的情况较为合适，作为应对突发的汇率倾销之紧急预案尚可，在面对突发的汇率倾销时，暂时保护本国免遭或暂时减轻本国所受的汇率倾销之害。但是，从长期来看，汇率波动超过 5% 的情况屡见不鲜。如果长期适用这一规定，无疑是缺乏合理性的。另一方面，在出现名义汇率在 5% 的临界点附近反复上下波动的情况时，该制度将面临很大的窘境，当汇率在 5% 的临界点附近反复波动时，将出现 1 日征收汇率反倾销税，另 1 日又不征收汇率反倾销税的情况。如果汇率更新频率加快至 1 小时，甚至会出现这 1 小时征收汇率反倾销税，而下 1 小时又停止征收的情况，这会造成严重的不良影响：其一，负责征收汇率反倾销税的政府机构需要每天甚至每小时收集和确定向南非出口货物国家的汇率，在信息传递技术尚未得到充分发展的"两战"之间这一历史时期，这样的任务虽非不可能，但需要耗费大量的人力、财力，同时会在负责征税的政府机构内部造成严重的混乱。其二，参与国际贸易的进出口商只能基于对汇率变动的预测，来判断交易的货物是否将被征收汇率反倾销税，而汇率的波动又难以准确预测，因此，在这种情况下，汇率反倾销制度将缺乏可预见性，给国际贸易的正常进行造成严重的阻碍。

---

1 U. S. Senate, Anti-dumping Legislation and Other Import Regulations in the United States and Foreign Countries, Senate Document No. 112, January 11, 1934, p.11.

（二）授权政府首脑或政府机关认定

授权政府首脑或政府机关认定汇率是否存在贬值的代表性国家，当数当时的加拿大和新西兰等。加拿大1922年《关税法》规定："在任何情况下，无论本法是否有其他规定，本法授权税务部部长确定货物的应税价值。"[1] 而加拿大的这一法律可以适用于汇率倾销，因为部长有权为征收反倾销税之目的确定货物的公平价值，该价值不是发票价值，而是在英国制造或生产的类似货物的价值，或者如果在英国没有类似的货物生产或制造，则公平价值按照任何一个具有正常货币的欧洲国家正常支付的价格来确定。[2] 从这一规定来看，其是针对和应对来自英国的汇率倾销。加拿大之所以将确定货物公平价值的权力交给税务部部长，可能是由于货币价值量难以确定。据此，在汇率反倾销的认定中，如果英国的货币对加拿大货币贬值，而且从英国进口货物的发票价值低于所认定的正常价值，那么，发票价值低于所认定的正常价值的幅度就被默认为是由于汇率贬值引起的，将会对其征收汇率反倾销税。

新西兰于1921年出台的法律所采取的做法与加拿大类似，授权商务部长决定"任何国家货币的正常价值"（normal value），并规定当外国货币贬值时，由商务部长决定是否发起对该国某种商品的汇率反倾销调查。此外，这一法律还规定，当外国货币的"正常价值不能确定（not ascertainable）时"，由商务部长决定是否对该商品征收汇率反倾销税。[3]

据目前资料，这些法律及相关文件中并未显示相关部长认定严重贬值时的依据、标准或认定报告。因此，这种认定方式首先没有明确的认定理由，透明度很低。其次，缺乏明确的认定标准与合理性。最后，这种方式不具有可预见性，具有很强的人治色彩，潜在的风险和不确定性会给国际贸易的发展带来负面影响，而且容易沦为一国政府施行贸易保护主义的工具。

（三）以金本位为标准认定货币严重贬值

始于19世纪后半叶，人类历史上出现的第一个事实上的国际货币制

---

1 Anti-dumping Provisions of the Canadian Customs Tariff Act.

2 U. S. Senate, Anti-dumping Legislation and Other Import Regulations in the United States and Foreign Countries, Senate Document No. 112, January 11, 1934, p.10.

3 U. S. Senate, Anti-dumping Legislation and Other Import Regulations in the United States and Foreign Countries, Senate Document No. 112, January 11, 1934, p.27.

度——国际金本位制，在"两战"之间的一些国家残存适用。这为这一时期一些国家以金本位为标准认定货币严重贬值提供了条件。法国、英国是这一做法的代表性国家。

法国于 1932 年 7 月发布法令，对从汇率贬值国家进口的货物征收"汇率补偿附加税"，目的是抵消由于某些外币发生低于法定汇率平价的贬值而带来的间接汇兑赏金。这些附加税以抵消货币贬值对外国产品制造成本的影响效果的方式确定，并通过比较有关国家以黄金表示的现行价格与这些国家在货币贬值时的价格之间的差额来计算。[1] 可见，该法令是以国际金本位制内含的黄金平价作为标准，衡量另一国货币的价值量，通过比较所得到的货币价值量比例和名义汇率计算出汇率贬值的幅度，从而认定汇率严重贬值的国家。

英国 1921 年《产业保护法》采取了相似的做法。"如果出口国的货币按照金汇兑平价贬值了 33.3% 或更多，那么，1921 年的法律（即征收汇率反倾销税的规定）就适用于（出口国出口至英国）除食品和饮料以外的货物。"[2] 比较英国这一规定与南非采取的做法，不难发现，二者有一定的相似之处：二者都是以出口国货币贬值超过一定幅度作为认定货币严重贬值的认定标准。不同之处在于：英国以他国货币相对金汇兑平价贬值的幅度作为认定标准，而南非是以他国货币对本国货币汇率贬值的幅度作为认定标准。这种区别主要是由两国在国际货币体系中的不同地位决定的，以黄金平价和本国货币衡量他国货币贬值幅度两种做法，对于英国来说区别不大，因为英国在当时依旧坚持英镑与黄金保持一定的兑换比例（后来禁止了以英镑兑换黄金，仅在名义上确定一个兑换比例），因此，英国无论采用哪一种做法，最终实际上都是以金汇兑平价作为衡量的标准。而南非在加入英镑集团后，其货币不再与黄金直接挂钩，而是直接与英镑挂钩，仅通过与英镑挂钩和黄金建立间接的联系。

比较英国与法国的规定，二者都是以黄金作为衡量货币价值量的标准，不同在于英国规定了 33.3% 的贬值幅度，货币贬值不超过这一幅度的国家，出口至英国的货物则不会被认定为汇率严重贬值，也就不存在被认定为构成汇率倾销进而征收汇率反倾销税的可能。在货币贬值幅度的限制上，法国没有作出

---

1 Jeffrey S. Beckington, Matthew R. Amon, "Competitive Currency Depreciation: The Need for a More Effective International Legal Regime", *Journal of International Business and Law*, 2011, pp.214–218.

2 British Safeguarding of Industry Act, 1921, 11 and 12 Geo.5, CH.47.

与英国相似的规定，因此，对货币贬值的国家而言，无论其货币贬值幅度大小，其出口至法国的货物都存在被认定为汇率倾销进而被征收汇率反倾销税的可能。鉴于汇率即使在自然状态下也不可避免地会发生一定幅度的波动，英国的这一规定更具有合理性，将贬值幅度不超过33.3%的货币视为汇率的正常波动，超过这一幅度则视为为实施汇率倾销而进行的竞争性货币贬值，可以在一定程度上避免将汇率的自然波动认定为汇率严重贬值的可能，也可以减轻因大范围征收汇率反倾销税，从而引发大量国际争端的负面影响。当然，33%这一底线是否过高，值得思考。

以金本位作为标准认定货币贬值的做法具有一定的优势，首先，有理有据。在当时的金本位制度下，以作为本位货币的黄金为标准衡量货币价值量，在理论上较前两种方式更具有合理性。其次，在认定汇率严重贬值的同时，可以明确得出其货币价值量，并根据贬值幅度征收汇率反倾销税，具有很强的可操作性。再次，货币贬值的国家名单公布后，即使名义汇率发生变化，随时可以将变化后的名义汇率与货币价值量进行比较，修正贬值幅度，具有一定的可预见性。最后，采用这一做法时，可以兼采幅度限制的做法，即当他国货币相对金汇兑平价贬值超过一定幅度时才可能被认定为汇率严重贬值，而不超过这一幅度则不被认为属于汇率严重贬值，一定程度上避免了汇率自然波动可能被认定为汇率严重贬值的可能性，更具合理性。

二、外国货物因汇率严重贬值以低于公平市场价值的价格进口至本国

根据反倾销的一般理论，倾销是指出口价格低于正常价值的低价销售行为，因此，需要通过正常价值和出口价格的比较来确定是否存在倾销，并需要进一步结合其他要件来确定实施反倾销的要件是否满足。故以下围绕在汇率倾销中如何确定正常价值和出口价格进行研究。

（一）公平市场价值

"公平市场价值"最早见于加拿大1904年《关税法》，其规定："特殊税（或倾销税）等于货物的出口价格与国内消费中使用的公平市场价格之间的差值。"[1] 美国1930年《关税法》采用了"正常价值"（normal value）这一概念，

---

1 The Canadian Customs Tariff Act of 1904, 6-7 EDW. VII, CH.11, Sec. 6.

并对正常价值的确定作出了较为详细的规定。无论是公平市场价值，还是正常价值或其他等同的概念称谓，在实施和确定汇率反倾销中都具有十分重要的作用。那么，如此重要的公平市场价值或正常价值，又是如何确定的呢？

加拿大 1904 年《关税法》是世界上第一部对倾销行为进行调整的法律。其首次从立法层面对倾销行为进行了初步界定，美中不足的是，由于规定较为简陋，1904 年《关税法》尚未给出公平市场价值的定义或计算方法。加拿大在 1907 年对 1904 年《关税法》进行了修改，对"公平市场价值"一词进行了进一步说明：

> "公平市场价值"指的是商品在正常贸易过程中的公平价值，并且这种公平价值不得低于在商品向加拿大装运出口时点上，向厂家购买商或者批发商出售的公平价值。如果出口的商品是新上市的商品或没有投入使用的商品，则在任何情况下都不得低于类似商品在向加拿大装运之日的生产实际成本，加上合理预估的销售成本及利润。税务部部长作为唯一的裁决者，有权决定何为"合理预估"，并且他的决定是最终决定。一旦公平市场价值确定，那么，如果向加拿大进口商出口的产品或实际销售的产品价格低于同类商品在出口国正常销售时的公平市场价值，则该进口产品构成在加拿大市场上的倾销。[1]

结合雅各布·瓦伊纳对于倾销理论的阐述，这一定义主要包含两个方面内容：其一，从价格歧视的角度对"公平市场价值"予以界定，即倾销本质上属于一种在不同市场上的价格歧视，通过比较这一产品在其国内市场上的一般销售价格和这一产品出口至进口国的价格，则可以认定是否存在倾销，即"公平市场价值"以生产国国内市场上该商品的一般销售价格为衡量基准。其二，当相关商品不在生产国国内销售的情况下，或该商品在生产国国内销售价格不明时，则以该商品的生产价格加上合理的销售成本和利润作为"公平市场价值"，而且，合理的销售成本和利润由税务部部长决定。

1922 年，加拿大法律进一步对公平市场价值进行了规定，且这一规定主要是针对汇率倾销的情形。该法规定，部长有权以征收汇率反倾销税为目的，确定货物的公平市场价值，该价格不是发票价格，而是在英国制造或生产类似

---

1 Antidumping Provision of the Canadian Customs Tariff Act of 1907, 6–7 EDW.VII, CH.11, Sec.6.

货物的价格，如果在英国没有类似的货物生产或制造，则公平市场价值应当按照任何一个具有正常货币价值的欧洲国家正常支付的价格来确定。[1] 前已述及，这一规定主要针对英国汇率贬值或低估而造成英国货物在加拿大市场的倾销。

依加拿大的规定，确定公平市场价值除可依出口国的一般销售价格或国内生产价格之外，还可以采用具有正常汇率（正常货币价值）的第三国的国内市场一般销售价格或生产价格。这一做法与目前对"非市场经济国家"的产品实施反倾销所采取的替代国做法有相似之处。首先，这一规定采取了倾销产品生产国或出口国（除规定中的英国）的生产或制造价格作为公平市场价值，目的是在平衡同类产品在加拿大或英国的生产成本，将这种生产成本差异对加拿大市场造成的不利影响作为倾销来对待。其次，如果英国没有类似的货物生产或制造，则公平市场价值应当按照任何一个具有正常货币价值的欧洲国家正常支付的价格来确定，那么，具有正常货币价值的欧洲国家作为英国的首选替代国。再次，这一做法使加拿大绕过了汇率反倾销实施中出口国真实汇率确定这一棘手的问题，以具有正常汇率的第三国作为替代国确定公平市场价值。最后，这一做法在确定汇率反倾销税率的问题上也具有更强的可操作性。鉴于汇率反倾销税率的确定是本章第三节探究的重要内容，因此，对这一问题的论述置于本章第三节之中。

此后，新西兰、英国等国家或地区在其反倾销立法中沿用了"公平市场价值"这一用词，澳大利亚等国家采用了"合理价格"（reasonable price）的说法，中国等国家采用的是"外国批发价格"（foreign whole sale price）。虽然各国的反倾销立法中用词不同，定义也略有区别，但含义和认定方式大多相近或相似，为方便论述，本节统一采取"公平市场价值"和"非公平市场价值"的表达。

（二）出口价格

根据反倾销的一般理论，倾销是指出口价格低于正常价值的低价销售行为，因此，在前文对正常价值论述的基础上，有必要进一步对出口价格的确定进行论述。一般来说，货物的出口价格依据货物出口的发票价格确定，同时，由于发票价格可能是以出口国货币计量的，在这种情况下，需要借助名义汇率

---

1 Antidumping Provisions of the Canadian Customs Tariff Act.

换算转换为进口国货币计量。因此，在一般倾销的认定中，将货物出口的发票价格依名义汇率进行换算即可确定货物的出口价格。但是，汇率反倾销则有所不同。在汇率反倾销中，由于出口国存在汇率贬值或汇率低估的情况，导致使用发票价格依名义汇率换算出的出口价格不能准确反映货物真实的出口价格，因此，需要借助其他方法确定货物的出口价格，根本问题在于如何确定外国货币的价值。这一问题与本编第十四章第三节所述的汇率反倾销幅度和税率的确定实质上属于同一问题，因此置于第十四章第三节中论述。

（三）汇率严重贬值导致出口价格低于公平市场价值

汇率反倾销除了需要具备向进口国出口的产品的出口价格低于同类商品在出口国正常销售的公平市场价值这一条件之外，还需要具备造成以上两个价格差异的原因在于出口国汇率严重贬值这一条件。也就是说，出口国汇率严重贬值导致了向进口国出口的产品的出口价格低于同类商品在出口国正常销售中的公平市场价值。

在"两战"之间，许多国家的汇率反倾销立法，普遍地将汇率严重贬值导致出口国产品的出口价格低于同类商品在出口国正常销售中的公平市场价值作为实施汇率反倾销的明示或默示条件。例如，英国1921年《产业保护法》规定，因出口国货币对英镑贬值，该货物进口至英国的价格，低于相似货物的公平市场价值，英国可以对此实行汇率反倾销。[1] 这一规定明确指出，如果要适用英国的这一法律实施汇率反倾销和征收汇率反倾销税，就要求英国进口商品的进口价低于公平市场价值，而且导致这一结果的原因是出口国的货币对英镑的汇率出现严重贬值。这也是汇率倾销和汇率反倾销区别于其他种类的倾销和反倾销的标志。

三、低于公平市场价值的进口对进口国产业造成损害

世界上较早的反倾销国内立法，如1904年加拿大《关税法》和1916年美国《关税法》等，大多没有将对本国产业造成损害作为实施反倾销的要件之一。"损害"这一概念第一次出现于1906年澳大利亚《产业保护法》中，其规定，如果审计长"有理由认为某人或某个组织，以摧毁或损害澳大利亚产业的

---

1 British Safeguarding of Industry Act, 1921, 11 and 12 Geo.5, CH.47.

意图,从他国进口产品,他可以向部长出证"。澳大利亚的立法将倾销对本国产业的"损害"归罪于进口商,认为进口商在一定程度上违背了对国家的忠诚,并侵犯了本国其他主体的合法权益。[1] 产业损害后来于 1921 年被美国反倾销立法所确立。美国 1921 年《关税法》明确将产业损害作为实施反倾销的要件之一,不过对于产业损害程度的要求很低,任何轻微程度的损害就足够满足这一要件。综观当时各国的立法规定,汇率低估所致倾销造成进口国国内产业损害,主要有两种体现形式:外国产品的倾销造成进口国生产同类产品的现有产业的损害,外国产品的倾销阻碍了进口国生产同类产品的产业的建立。

(一)汇率倾销对进口国的现有产业造成损害

"两战"之间一些国家的法律规定,实行汇率反倾销除了需要具备前述汇率倾销这一条件外,还需要证明汇率倾销对进口国的现有产业造成了损害。例如,1922 年修正的 1921 年澳大利亚法律,就规定在如下情况下适用汇率反倾销税:在向税则委员会的询问并接到其报告之后,部长确认,如果货物原产国或出口国的货币已贬值,并且由于这种贬值,货物已经或正在以损害澳大利亚产业的价格出售给澳大利亚的进口商。这是一例适用汇率反倾销税需要有进口国产业受到损害这一条件的明确规定。

如果说以上澳大利亚的立法例将产业受损聚焦于与外国进口货物构成同类产品或直接竞争产品的澳大利亚的生产制造商的话,那么,有些国家则将产业损害从本国(即进口国)生产制造商扩展到本国的就业。例如,英国 1921 年《产业保护法》就将"任何产业的就业正在或可能将会遭受严重影响"作为满足汇率反倾销的条件。[2] 英国的规定将保护的目标由生产制造业转移到就业上,在现实中,产业的兴旺与就业息息相关。如果一个产业被摧毁,那么,就业就不可避免地丧失。因此,保护就业在很大程度上与保护产业具有一致性。

从英国这一规定来看,英国对损害的认定标准十分宽松。根据供需关系的需求价格均衡理论,一国消费者对于一种货物的需求和消费量在短期内是有限并大体上稳定不变的,一种进口货物在本国市场上销售给消费者,无论是否以倾销的方式销售,只要被消费者购买并消费,消费者的部分需求将由进口货物

---

1 该法的部分内容在"两战"之间被修改,但在修改后依然保留了这一规定,因此属于本编研究的"两战"之间历史时期的汇率反倾销法。

2 British Safeguarding of Industry Act, 1921, 11 and 12 GEO.5, CH.47.

满足，都可能一定程度上造成本国生产的这种产品、这种产品的类似产品或这种产品的替代品的产业只能减少生产（供给）或降低价格，只有这样才能达到需求价格均衡，而无论是减少生产还是降低价格都会造成该产业收入下降，影响该产业雇佣工人的人数，使相关产业就业下降。也就是说，在理论上只要证明进口货物在英国国内市场上出售给消费者，并达到比较可观的数量规模，且在英国国内也存在生产这种货物的产业，就满足"任何产业的就业正在或可能将会遭受严重影响"，就会被认定为对英国产业造成损害。

由上述规定可以看出，以英国和澳大利亚为代表的部分国家规定实施汇率反倾销要求本国存在生产这一产品的产业。这是从倾销和反倾销的一般理论出发，将倾销视为一种不正当竞争，而反倾销法的目的在于保护进口国生产同类产品的产业免遭倾销这种不正当竞争的损害。因此，"两战"之间一些国家实行的反倾销主要存在于那些也生产与倾销货物构成同类货物的产业，其理由是允许进口廉价外国货物对国内生产者而言是不公平的。如果进口国国内没有生产外国的倾销货物，或者如果倾销的货物是能降低生活开销的食物或必需品，则廉价进口则是一种优势，而不是损害。但是，另一些国家则不受此限制，亦即这些国家无论是否存在生产进口倾销产品的产业，只要外国进口产品的倾销造成了损害，其就可以实施反倾销。下文中外国的汇率倾销妨碍进口国相关产业的建立，就是例证。

（二）汇率倾销妨碍进口国相关产业的建立

外国产品倾销阻碍进口国生产同类产品的产业的建立，是彼时一些国家法律规定的产业损害的另一种形式。美国的规定就是例证。美国 1921 年《紧急关税法》反倾销条款第 201 节到 212 节，规定了美国财政部对以低于公平市场价值或低于生产成本进口的商品进行调查，以及对进口商品征收的特殊关税，条件是由于进口到美国的一类或一种外国商品在美国或其他地方以低于其公平价值出售（或在没有公平价值的情况下，低于生产成本出售），美国的产业正在或可能会受到损害，或被阻止建立。[1] 美国的反倾销立法进一步扩大了倾销损害适用的对象，将本国没有生产这种产品的产业的情况也包含在反倾销法的适用范围之内，只要进口国因进口这种产品对本国建立生产这种产品的产业造

---

[1] Antidumping Provision of the United States Emergency Tariff Act of 1921.

成阻碍，也将适用反倾销法。

这一扩大反倾销法适用范围的做法，是为了保护进口国的幼稚产业。这一做法发展了当时反倾销的理论，即不仅需要保护本国已有产业免受倾销这种不正当竞争的损害，还要顾及本国的新产业的建立是否会因倾销行为而受到阻碍。从正面来看，这种做法更加贴近实际，考虑了动态发展的因素。从工业发展的历史来看，产品无论是数量还是种类上都较以前极大丰富，生产一种新产品的产业往往首先出现在某一个或某几个国家，进而传播到世界上其他国家。由于大工业时代存在大规模生产和更加高效的运输方式，一种新产品在出现后可以快速传播甚至倾销至全世界，那么，世界上其他国家建立生产这种新产品的产业就可能由于他国的倾销而胎死腹中。然而，从负面来看，在当时反倾销尚未被纳入国际法律制度的历史背景下，这一做法可能会被各国效仿并各行其是，因为任何一国都可以宣称其国内目前尚不存在的产业为其将要建立的产业，建立的时间可能是明天、明年甚至更长远的期限，所以，妨碍进口国相关产业建立作为汇率反倾销可满足的一种产业损害形式，可能存在被滥用的风险，成为贸易保护主义的保护伞。

在认定机关的设置上，在当时的美国，主要由美国关税委员会负责对于损害这一要件的认定。1922年《关税法》规定："在询问关税委员会后，由总统对进口中不公平方法和行为征收关税。根据1922年《福德尼-麦坎伯关税法》（Fordney-McCumber Tariff Act）第316节，关税委员会的定位是协助总统对于在不公平竞争方法和不公平行为下进口到美国的商品或销售行为作出征收特殊关税的决策，如果以上外国商品进口具有摧毁或实质损害美国产业的效果，或具有摧毁或实质损害美国产业的趋势。"可见，在损害的认定上，美国采用了较为宽松的标准，即使进口至美国的外国商品尚未对美国产业造成损害，只要存在这样的趋势和预期，就可能被认为满足对美国产业造成损害这一要件。

四、倾销与产业损害之间存在因果联系

低于正常市场价格进口与损害之间存在因果联系是汇率反倾销的一项要件。这一要件虽然被规定于现行WTO反倾销制度中，但在"两战"之间各国的反倾销制度中该要件却较为罕见。

（一）"两战"之间各国普遍缺乏倾销与损害因果关系要求

在"两战"之间的汇率反倾销中，尽管不少国家在汇率反倾销中要求具有产业或就业损害这一条件，但一般缺乏产业或就业损害需由汇率倾销造成这一因果关系的明确规定。以下略举二例以证之。

英国的反倾销措施始于 1921 年 8 月通过的《英国产业保障法》（Safeguarding of Industries Act）。该法被称为是为了对某些货物征收关税的法律，以保障产业的某些就业不受外币贬值和以低于生产成本的价格处置进口货物的影响，并用于与其相关的目的。该法第一部分规定对进口货物征收关税，以保护英国的"关键产业"。第二部分旨在防止两种倾销：① 以低于制造国生产成本的价格进口。②制造国货币相对于英镑贬值超过汇兑平价的 33.3 ％而发生的外汇倾销。该法律规定，反倾销税适用于在英国境外制造并在英国出售或要约出售的除食品或饮料以外的任何类别或规格的货物，条件是"英国的任何产业正在或可能受到严重影响"。

南非 1925 年《海关关税与营业税法》（Customs Tariff and Excise Duties），规定汇率反倾销税为所涉货物的出口价格与从其他国家进口到南非联盟的同类货物的出口价格之间的差额，其汇率相对于南非联盟货币贬值超过了 5%。该法的执法被授权给了南非总督。当总督认为被指控的倾销对南非联盟内的产业有害，且征税"符合公众利益"时，便可征收汇率反倾销税。

以上两例立法例表明，虽然英国和南非涉及汇率反倾销的立法都提到了产业或就业的损害，但并没有明确规定该产业或就业的损害须系外国汇率倾销所致，即没有明确规定二者须具有因果关系。这与当时汇率反倾销的时代背景具有密切的关系。正如前文所述，20 世纪二三十年代汇率倾销盛行，汇率战、货币战和贸易战甚嚣尘上。在这种经济和政治生态下，如果一国对实行汇率反倾销规定过多的条件或过高的要求，只能是作茧自缚，妨碍本国以反倾销的手段应对他国的汇率倾销，不利于保护本国的产业、就业和市场。相反，放宽汇率反倾销的条件和要求，则有助于本国施展汇率反倾销的拳脚。另外，不得不提及的是，在当时的背景下，许多国家实施的汇率反倾销亦具有贸易保护主义的功用，加之当时对反倾销的条件要求缺乏当今统一的国际法律制度的规定和约束，因此，汇率反倾销制度作为各国自身设计的国内法律制度，自然倾向于宽松而非苛刻的条件设置。

（二）少数国家对倾销与损害因果关系的规定

虽然"两战"之间各国普遍对国内汇率反倾销制度设置宽松的条件，包括普遍地不对本国遭受的产业或就业的损害与外国汇率倾销的因果关系作出规定，但也有少数国家对本国产业或就业遭受的损害须与外国汇率倾销具有因果关系作出了规定，构成以上普遍性立法实践的例外。寻查当时的立法例，对本国产业或就业遭受的损害须与外国汇率倾销具有因果关系的规定，体现在美国和澳大利亚的法律规定中。

美国 1921 年《紧急关税法》规定，由于进口到（by reason of the importation into）美国的一类或一种外国商品在美国或其他地方以低于其公平价值出售，美国的产业正在或可能会受到损害，或产业的建立受到阻碍，在此情况下，美国财政部须对进口货物进行调查，并对进口货物征收特殊关税。依此规定，美国若要对进口产品征收反倾销税，需要证明美国国内相关产业受到的损害或被阻止建立是由于出口产品的倾销造成的。[1] 由于该法适用于汇率倾销，因此，这一规定亦构成汇率反倾销的条件规定。

该法并未对因果关系的认定，作出进一步的说明或规定。不过，此后美国 1930 年《关税法》对因果关系的认定作出了规定。美国在考虑美国生产或制造与外国进口产品构成同类或相似产品的国内产业是否受到损害时，除了考虑进口产品倾销因素外，还考虑许多其他因素，如需求的变化、劳资纠纷、国内产业的出口实绩和生产率、以公平价格进口的产品数量等。美国当局在决定损害与倾销的因果关系时，并不一定要证明企图倾销的进口产品是造成损害的主要原因，而是要证明倾销的进口产品是造成损害的原因之一，即可认定它们之间存在着因果关系。[2] 也就是说，在包括进口产品倾销在内的多种原因共同作用，导致国内产业受到损害的情况下，只要证明进口倾销是导致国内产业受到损害的一个原因，无须考虑进口倾销在损害中的作用程度，就可以满足法律规定的低于正常市场价格进口与损害之间存在因果关系的要件。

无独有偶，澳大利亚 1922 年修改的 1921 年的法律将"汇率反倾销税"界定为，由于原产国或出口国货币贬值，货物以会损害澳大利亚产业的价格

---

1 Antidumping Provision of the United States Emergency Tariff Act of 1921.

2 高永富、张玉卿:《国际反倾销法》，复旦大学出版社，2001，第 4 页。

销售给进口商而征收的反倾销税。该法规定，澳大利亚在如下情况下对相关外国进口产品适用汇率反倾销税：在向税则委员会询问并接到其报告之后，如果部长确认货物原产国或出口国的货币已贬值，并且由于这种贬值（by reason of such depreciation），货物已经或正在以损害澳大利亚产业的价格出售给澳大利亚的进口商。澳大利亚的这一规定表明，澳大利亚产业已经或正在遭受的损害，须系由外国货物的原产国或出口国的货币贬值所造成。从以上规定来看，澳大利亚产业损害与外国货物原产国或出口国的货币贬值之间须具有因果关系。但该法对于澳大利亚该如何认定这一因果关系，并没有作出进一步的规定，因此，这一标准在当时的历史背景下能否得到真正执行令人生疑。

第三节 "两战"之间汇率反倾销制度的具体措施

根据"两战"之间各国的汇率反倾销立法，一旦外国进口产品满足进口国法律规定的汇率反倾销条件，那么，进口国就会对从外国进口的货物采取汇率反倾销措施，实施汇率反倾销。易言之，汇率反倾销虽然需要具备上一节所述汇率反倾销的条件，但最终还是要落实在本节所要考察的反倾销措施上。那么，"两战"之间各国汇率反倾销的措施主要有哪些呢？毫无疑问，首当其冲的当数汇率反倾销税。汇率反倾销税根据发生的情形不同，大致上可以分为以下两类不同情形：复汇率情形下的汇率反倾销税与复汇率之外情形下的汇率反倾销税。除汇率反倾销税之外，也有部分国家同时规定或采用了各种进口数量限制措施，或是完全禁止从被认定为汇率倾销国的国家进口产品，或者对本国生产者进行补贴等措施。这些内容将在本节的框架内依次进行考察。

一、复汇率情形下的汇率反倾销税

"两战"之间复汇率情形下的汇率反倾销实践主要发生在美国。美国在将其反倾销立法（适用于汇率倾销）付诸实施过程中，出现了不少有关复汇率情形下汇率反倾销的行政裁决和司法判决。仅以司法判决为例，就有伍尔沃斯诉美国案（F. W. Woolworth Co. v. United State）、缪勒公司诉美国案（V. Muller &

Co. v. United States）等。本节主要围绕更具代表性的伍尔沃斯诉美国案，探究复汇率情形下的汇率反倾销税。需要特别说明的是，该案的判决书中大量采用了"补贴"和"汇率补贴"等用语，这与本编所述的"汇率反倾销"并不矛盾。前已述及，"两战"之间不存在独立的反补贴制度，反补贴制度是涵摄于反倾销制度之中的。这与现今将反补贴制度独立于反倾销制度的做法形成鲜明反差。当时的汇率反倾销正是将汇率低估造成的补贴作为反倾销主要瞄准的对象，因此，针对汇率补贴的汇率反倾销是符合当时的逻辑和事实的。此外，出于历史考证应当遵循历史真实和严谨的原则，尽量还原历史本来面目的考虑，故本节在论述中将沿用判决书中"补贴"和"汇率补贴"等用语。

（一）复汇率与汇率倾销的关系

复汇率可以分为双重汇率或多重汇率，是指一种货币同时存在两种或两种以上的不同汇率。若同时存在两种不同汇率，则为双重汇率。若同时存在两种以上不同汇率，则为多重汇率。复汇率又有法律上（de jure）的复汇率与事实上（de facto）的复汇率之分。法律上的复汇率，一般指的是由外汇管理当局人为地、主动地制定并用于实现外汇管制等目的的两种汇率并存的机制。事实上（de facto）的复汇率，指的是在外汇管制情况下，政府不公开宣布实施复汇率，但默许外汇黑市使用与官方汇率不同的市场汇率，这种政府公布的官方汇率和外汇黑市的市场汇率并存的情况，属于事实上的复汇率。复汇率是一国政府实施外汇管制的工具之一，往往伴随着外汇管制一同出现。

复汇率的出现往往意味着存在汇率低估的情况。根据汇率决定的国际借贷学说[1]，汇率取决于外汇的供求关系，如果外汇可以自由地获取并使用，那么，实践中就不会出现两种不同价格的汇率。正是由于同时存在各式各样的外汇管制，使得外汇的供求关系被扭曲，因此，在复汇率的不同汇率价格中，至少有一个汇率价格是"失真"的，偏离了真实的汇率价格，且这种"失真"往往表现为汇率的低估。这一汇率会起到"奖出（口）罚进（口）"的作用，实际上

---

[1] 国际借贷说是英国经济学家葛逊在 1861 年提出的一种汇率决定理论，该学说以金本位制度为背景，认为汇率的变化是外汇的供给与需求引起的，如果外汇供给大于需求，会引起本币升值；相反，如果外汇需求大于供给，则会引起本币贬值。因此，汇率取决于外汇供给和需求的状况，表现为价格、供给和需求的动态平衡。

是给予了出口企业一种变相的出口补贴。[1]

复汇率中的汇率低估对国际贸易造成的影响，无疑属于当时汇率倾销的范畴，是汇率反倾销制度所瞄准的对象。当时美国的汇率反倾销制度，更是明确地指出了这一点。美国1930年《关税法》第303节的规定：凡任何国家、附属国、殖民地、省或政府的其他分支机构、个人合伙、协会、卡特尔或公司，直接或间接地向在该地制造生产或出口的任何物品或商品所支付或给予任何赏金、补贴或好处，根据本法的规定，这些物品或商品均应纳税。在这些物品或商品向美国进口时……都应被征收和支付本法规定原本需要缴纳的税金之外的等同于以上赏金或资助净额的额外税金。[2] 在复汇率情形下，低估的那种汇率构成外国对美国进口产品的赏金或好处，因而美国需要对之征收额外的税金。美国1930年《关税法》将执法的权柄赋予了美国财政部，财政部据此对复汇率情形下发生的汇率倾销进行裁决。例如，美国财政部长基于这一规定，于1936年6月4日颁布财政部48360号令：特此通知，根据1930年《关税法》第303节的规定，本通知公布之后的30天后，对于直接或间接从德国进口的规定种类的物品时，须征收反倾销税，其金额相当于已支付和/或给予的赏金和/或资助。这一做法显然针对的是德国实施的复汇率制度和外汇管制的情况，认为德国的复汇率制度和外汇管制造成了汇率低估，将汇率低估造成的对产品的变相补贴作为反倾销主要瞄准的对象，对来自德国的产品征收汇率反倾销税。

（二）伍尔沃斯公司诉美国案

在伍尔沃斯诉美国一案中，美国的进口商伍尔沃斯公司从德国进口了一批瓷器餐具，货款总额为2,716.25马克。其中，货款的90%以德国的登记马克（Registered Reichsmark）支付，伍尔沃斯公司取得这些登记马克花费了523.64美元，平均价格为0.2142美元/1马克，从登记马克账户支付。货款的另外10%以德国的自由马克（Free Marks）支付，伍尔沃斯公司取得这些自由马克花费了109.54美元，平均价格为0.4033美元/1马克，从自由马克账户支付。伍尔沃斯公司从德国进口的这批瓷器餐具被美国财政部裁定征收汇率反倾销税。之后，伍尔沃斯公司不服在法院起诉，并在一审判决败诉后提起上诉，上

---

[1] 谭中明主编：《国际金融学》，中国科学技术大学出版社，2003，第94—95页。

[2] Experts From The United States Tariff Act of June 17, 1930, 46 STAT. 590.

诉法院仍然维持原判。

在本案中，登记马克和自由马克在货币领域的最大区别在于二者受到不同方面的管制。登记马克虽然可在德国以外的公开市场以持有人愿意接受的任何价格自由出售，但其在德国的使用受控于德国政府。在德国国内，登记马克的持有人只能将登记马克存入德意志帝国银行这一政府机构，而不能从该银行取现，并且只能在该银行批准的用途上和范围内在德国使用。自由马克的正式名称为自由兑换马克，虽然名称中具有"自由兑换"这样的措辞，但是，自由马克的兑换相较登记马克的兑换而言，实际上受到更严格的兑换限制。尽管自由马克在兑换外汇上受到限制，1936 年德国外汇管理局宣布不允许以低于 0.4033美元 /1 马克的价格出售自由马克，但其使用上则更为自由，使用时不需要经过批准。总而言之，二者均受到不同程度的管制，登记马克在外汇兑换上相对较为自由，但在使用上受到严格限制。反之，自由马克在使用上相对较为自由，但在外汇兑换上受到严格限制。

货币作为一种交换媒介和支付手段，一般情况下，取得和持有外国货币的目的往往是使用这种货币向该外国购买货物或服务，因此，本案中登记马克的价格虽然是基于双方合意和自由买卖形成的，但是，由于登记马克的使用受到严格的限制，所以，其交换媒介和支付手段的功能存在缺陷，这种人为造成的缺陷使得其价值受损而降低。尽管购买两类马克的美元单价不同，即两类马克对美元具有不同的汇率，但是，该货款在支付至德国制造商的账户之后，伍尔沃斯公司分别通过其自由马克账户和登记马克账户支付的两类不同马克价值之间的差异被清除了。换言之，对于制造商或出口商来说，以登记马克与自由马克支付的马克价值或数量都是相同的，因此，登记马克由于德国政府外汇管制的存在而被低估，严重偏离了马克的真实价值。这等同于，德国政府通过外汇管制使登记马克具有和自由马克不同的汇率。低估的登记马克会导致美国进口商支付在正常汇率条件下较少的美元，并进而导致德国出口到美国的产品在美国市场上以美元体现的价格更为低廉，从而能够获得不公平的竞争优势。因此，德国通过这一低估的汇率间接地赋予了出口商品以补贴，造成了德国产品的汇率倾销。

美国 1930 年《关税法》第 303 节规定的："直接或间接地向在该地制造生产或出口的任何物品或商品所支付或给予任何赏金、补贴或好处，……在这些物品或商品向美国进口时，……都应征收和支付本法规定原本需要缴纳的税金之外的等同于以上赏金或资助净额的额外税金"，包含了间接提供的赏金或补贴，因此，该批货物应当被征收汇率反倾销税。

虽然这批货物的进口被证实违反美国 1930 年《关税法》第 303 节的规定而应当被征收汇率反倾销税，但是，如何确定以美元表示征收反倾销税的金额却成了十分棘手的问题。根据美国 1930 年《关税法》第 303 节的规定，汇率反倾销税的金额应当等于货物被赋予的赏金的金额，即伍尔沃斯公司实际支付货款的美元金额与按照正常汇率应当支付货款的美元金额之间的差额，前者是已经查明并确定的，后者则需要确定美元与马克之间的正常汇率，但正常汇率却难以确定。

美国法院在选择确定汇率反倾销税金额应当适用的汇率这一问题上，采取了适用德国政府规定出售自由马克的最低限价的做法，也就是将 0.4033 美元 /1 马克的价格作为正常汇率加以适用。那么，汇率反倾销税额的计算方法如下：德国的出口商从伍尔沃斯公司收到的货款为 2,716.25 马克，按照德国市场 0.4033 美元 /1 马克的兑换价格，该换算为美元为 1,095.46 美元，这是应当支付的美元价格。伍尔沃斯公司为了支付该笔货款，以不同的汇率分别购买两类马克，总计花费的美元为 633.18 美元，这是实际支付的美元价格。那么，应当支付的美元价格和实际支付的美元价格之间的差额，即 462.28 美元，这就是以美元表示的货物间接收到补贴的金额，也就是汇率反倾销税的金额。

（三）对伍尔沃斯案的评析

1. 复汇率间接导致了汇率倾销的发生

在伍尔沃斯诉美国案中，汇率倾销是由复汇率（双重汇率）间接导致的，其与直接以汇率低估实施的汇率倾销不同之处在于：在直接由汇率低估导致的汇率倾销中，只存在一个官方公布的汇率，且该汇率是低估的，要确定汇率反倾销税金额势必需要给出一个没有低估的基准汇率。而在双重汇率间接地导致汇率倾销中，存在两个不同的汇率，这就为汇率反倾销税计算提供了一种可供选择的汇率。二者相同之处在于，其中至少有一个汇率绝非均衡汇率，没能反映货币之间的真实比价。在伍尔沃斯诉美国案中，0.2142 美元 /1 马克的汇兑价格虽然是基于当事人自由买卖产生的，看似是由市场这只"看不见的手"决定的，似乎应当是接近美元和马克之间真实比价的汇率，但是，登记马克在兑换美元时出现的较低价格（相对于自由马克）是由于德国政府实施的管制，导致外国人在使用该种货币时，该货币在支付手段和交换媒介上存在缺陷的情况下造成的，对于接收货款的德国制造商则不存在和自由马克之间的差异。这实际上造成了登记马克对于外国使用者和本国使用者而言，具有不同的使用价值，使登记马克表现出对内购买力和对外购买力存在不一致的情况，这正是本编本章第一节中所述的汇率倾销的根本原理之一。

虽然直接汇率低估与复汇率导致汇率倾销的原因略有差异，但殊途同归，复汇率中那种低估汇率导致应付货款金额的减少，会导致制造国或出口国的出口产品在进口国市场上获得不公平的竞争优势，构成不正当的竞争手段和不正当的货币及贸易措施，并会对进口国的产业和就业造成损害。因此，复汇率一如直接由汇率低估导致的汇率倾销一样，都属于汇率倾销的范畴，应当被制止。

2. 汇率反倾销税厘定方法的优劣

复汇率情形下的汇率反倾销税又该如何确定呢？在伍尔沃斯诉美国案的判决中，法院选择了以德国政府规定的自由马克的最低售价即 0.4033 美元 /1 马克作为厘定汇率反倾销税的汇率。虽然也许无论是登记马克兑美元的汇率即 0.2142 美元 /1 马克，还是自由马克兑美元的汇率即 0.4033 美元 /1 马克，可能均非均衡汇率，但相对于 0.4033 美元 /1 马克的自由马克汇率，0.2142 美元 /1 马克的登记马克汇率使得美国进口商可以支付更少的美元来完成对生产商或出口商的货款支付，并使德国产品因这种汇率取得不公平的竞争优势，因此，法院以 0.4033 美元 /1 马克为基准，将该笔 90% 交易货款以 0.2142 美元 /1 马克进行支付的汇率裁定为低估汇率，并据此计征反倾销税，以抵消此 90% 交易货款因低估汇率而给德国生产商或出口商带来的好处，以及所赋予德国产品在美国市场上的不公平竞争优势。法院在判决中同时还认定，使用 10% 的自由马克（汇率为 0.4033 美元 /1 马克）不存在涉及任何赏金的争议。从此判决可以看出，在出现双重或多重汇率的情况下，进口国的行政当局和法院为了抵消复汇率对外国进口产品带来赏金效果，通常以复汇率中不利于外国生产商或进口商的汇率为基准，将低估汇率裁定为倾销汇率，以此计征汇率反倾销税。

此外，在当时无法准确衡量真实汇率的情况下，对来自德国的产品实施汇率反倾销和征收汇率反倾销税以保护本国的正当权益又势在必行，法院在判决中适用德国官方公布的汇率作为裁定的标准，使得汇率反倾销税有了一个较为合理的厘定依据，使实施汇率反倾销具备了可操作性。

但是，这种做法也存在一些缺陷。自由马克虽然在兑换上受到价格限制，但是，其支付手段和交换媒介的功能较为健全，使其具有更高的使用价值。也就是说，对于以伍尔沃斯公司为代表的、打算从德国购买产品的外国主体而言，如果使用登记马克从德国购买产品，需要经过批准等程序，而使用自由马克则不需要这些程序，可以更方便地使用这些货币，因此，自然更受欢迎，价值更高。考虑到伍尔沃斯公司购买这些自由马克的价格恰好等于德国政府允许出售自由马克的最低价格，情况很可能是，按照对自由马克的供求关系产生的价格低于 0.4033 这个价格。但由于兑换价格限制的存在，使得双方只能以 0.4033 这个可以使用的、最接近供求关系状况的价格进行交易，因此，0.4033 这个价格很有可能也没有反映马克的真实价值，高估了马克的价值。如果换算中使用的汇率高估了马克的价值，那么，按照这个高估的汇率，根据德国制造商收到货款的马克金额换算得出伍尔沃斯公司应当支付货款的美元金额，必然高于伍尔沃斯公司真正应当支付的美元金额，得出的汇率反倾销税额是不准确的，该金额实际上是偏高的，加重了对伍尔沃斯公司的处罚。从这一意义上讲，法院以 0.4033 美元/1 马克为基准判决 0.2142 美元/1 马克为倾销汇率，不排除具有武断和贸易保护主义的因素。

3. 伍尔沃斯案的借鉴意义

伍尔沃斯案的做法为进口国实施汇率反倾销，尤其是对复汇率下的汇率倾销产品征收汇率反倾销税的税额确定问题提供了一定的借鉴。一方面，伍尔沃斯案表明遭受汇率倾销的国家可以通过征收汇率反倾销税的做法进行抵制，至少可以一定程度上消除复汇率间接导致的汇率倾销对本国贸易领域的负面影响。另一方面，尽管伍尔沃斯案判决中采用汇率倾销国官方公布的汇率这一做法在理论上存在一些缺陷，这种做法能够使汇率反倾销税的征收具有可操作性，绕过了确定均衡汇率这一棘手的难题。此外，即使科学进步，未来可能研究出较为科学的确定均衡汇率的方法，但由于汇率问题的复杂性和敏感性，确定均衡汇率必定十分繁杂。相比而言，以汇率倾销国官方公布的汇率为依据的做法，则具有反应迅速的优势，省去了确定均衡汇率漫长的过程，在汇率倾销带来迫切和严重的危害时，至少该做法可以作为应急的暂行办法，以解燃眉之急。

二、复汇率情形之外的汇率反倾销税

一国进行汇率倾销并不需要总是借助复汇率安排，相反，大量的情形是"两战"之间许多国家通过汇率低估或贬值来进行商品倾销。这就形成了复汇率情形之外的汇率倾销，因而有必要对其计征汇率反倾销税问题进行单独研究。

（一）复汇率情形之外的汇率反倾销税的特点

在"二战"前，由于没有 GATT 和 WTO 这样的具有普遍约束效力的多边国际贸易制度的存在，各国可以自由地提高或降低关税，早期针对倾销行为的反倾销措施主要是提高关税或设置非关税壁垒。1904 年，加拿大首次采用征收反倾销税的方式来应对他国的倾销行为，此后被世界上大多数国家所借鉴，如美国 1921 年《关税法》、英国 1921 年《关税法》等。相较于其他方式，征收反倾销税这种方式具备十分突出的优点：

1. 避免选择性地修改一般关税水平

美国在采取征收反倾销税的方法之前，针对倾销行为主要是对特定产品的一般关税进行针对性的修改，但这一做法在实践中带来很多有关关税征收公平性的质疑和投诉，尤其是针对来自某一国家的某一产品选择性地提高一般关税水平，使得对来自不同国家的同类产品适用不同的关税税率，在这种情况下，美国常常被质疑违反了与他国签订的贸易条约中的最惠国待遇条款。此外，英国政府曾宣称制定反倾销条款的立法目的就是为了避免频繁地修改一般关税税率，从而在一般关税之外设置特殊税（反倾销税）这一税种。[1]

2. 灵活性和针对性强

正常的关税往往被认为是一种统一性的进出口贸易规制方式，往往无法满足国内各方面利益集团的贸易需求，一旦提高或降低进口关税，将会导致所有进口产品受到影响，因此，关税这种手段不具有针对性和灵活性的缺点就暴露无遗，甚至会挑起不同利益集团之间难以预料的争斗。加拿大反倾销法创造性地发明了比关税更具有隐蔽性的贸易规制工具——反倾销税，既可以为国内受到损害的生产商提供专项性的保护和救济，又可以避免普遍提高关税可能引发

---

1 Michael J. Finger, *The Origins and Evolution of Antidumping Regulation*, World Bank Publications, 1991, p.9.

的国内其他利益群体的反对。

在英国，征收汇率反倾销税的基础很大程度建立在"补偿"原则上，主要是为了抵消他国出口至英国的产品价格与英国本土生产这种产品的成本之间的差距。1921 年英国《产业保护法》所规定的"特殊关税"（Special Duty）是专为抵消外国产品因汇率倾销和赏金倾销等"人为因素"而享有的竞争优势。[1] 在名称上，英国并没有把税种的名称与反倾销相联系，而是根据汇率倾销带有的不正当竞争的色彩，将这种"人为因素"造成的竞争优势归于不正当竞争的范畴。并且，英国没有将相关规定置于关税法或是反倾销法中，而是规定在名为"产业保护法"这样的法律之中。但毫无疑问，这一"特殊税"实质上包含了汇率反倾销税，虽不具备汇率反倾销税之名，但却具有汇率反倾销税之实。

法国于 1931 年 11 月 14 日颁布总统令，下令开征一项名为"汇率补偿税"（Exchange Compensation Surtax）的进口税，其目的主要是："为了抵消外国货币因贬值而间接享有的补贴或赏金。"[2] 法国这一做法是将货币贬值归为一国政府实施的一项措施，虽然出口商并未采取倾销行为，但是，政府的这一措施会间接地起到向出口商提供补贴、鼓励出口商向他国低价出口商品的作用。而"汇率补偿税"则是为了抵消这种不正当的竞争优势，保护本国相关产业。因此，这种"汇率补偿税"实质上属于汇率反倾销税的范畴。

英法两国对汇率贬值对出口贸易的作用机制虽有出入，但本质上都是将汇率贬值视为一种不正当竞争，且都采取了对其额外征税以抵消汇率贬值带来的不正当的竞争优势的做法。这两种相似的观点或做法被大多数国家所采纳，正如前文所述，当时的主流观点是将汇率倾销视为与一般倾销相并列的不同种类的不正当竞争行为，侵害了本国生产者的合法权利，因此，只需要对其加征一定比例的税，将"人为因素"造成的不正当的竞争优势予以抵消，而不需要禁止该产品的进口，或者是采取数量限制措施。

基于此，理论上，汇率反倾销税率应当等同于汇率倾销的幅度，即汇率贬值和汇率低估的幅度。由于汇率问题本身的复杂性，尤其是对真实汇率的计算方法众说纷纭，各种方法都既有长处，也有缺陷，且不同计算方法得出的真实

---

1 British Safeguarding of Industry Act, 1921, 11 and 12 GEO.5, CH.47.

2 Decree of the President for Extraordinary Customs Measures, Nov. 14, 1931.

汇率又相差很大,因此,真实汇率的确定是一个棘手的问题。这就导致部分国家采用了其他反倾销措施以保护本国免受他国倾销行为的侵害,或者是将汇率反倾销税与其他措施混合使用。这些手段将在下文进行论述,而汇率倾销的幅度和汇率反倾销税率的确定方法于下一目中论述。

(二)复汇率情形之外的汇率反倾销税的计量与评价

1. 以黄金或金本位确定汇率反倾销税税率

(1)法国。

随着"一战"的爆发,金币本位逐步瓦解,各国相继宣布本国纸币不再能够继续兑换黄金,或对纸币兑换黄金出台了极为严格的限制措施或严苛的兑换条件。尽管如此,不可否认的是,在金币本位瓦解前,黄金是衡量各国货币价值的标尺。即使在金币本位瓦解后,黄金依然在"两战"之间的货币领域扮演着举足轻重的作用。此外,黄金的总体数量基本保持稳定,因此,价值较纸币更为稳定。这一点恰恰是作为纸币的一大缺陷。而与汇率倾销关系紧密的汇率贬值往往与滥发纸币有着密切关系。因此,采用黄金或金本位作为衡量汇率的标尺,在当时既符合历史习惯,也具有一定的合理性和准确性。

当时,采用黄金或金本位来衡量汇率倾销是否存在以及倾销幅度这一做法的代表性国家是法国。法国于1931年11月14日颁布的总统令宣布征收"汇率补偿税",即汇率反倾销税。该令其中规定:"……应当以一项具备国际市场或报价不受国家货币变动影响的基准来衡量……具体名单由部长法令予以确定。"[1]

法国采用的第一项做法是以商品所包含的价值量为依据,如果得到的价值量是以外币计价的价值量,那么,在换算为法郎计价时,应当采用法国官方最新公布的货币兑换率。这种方式虽然起到了一定作用,但依然存在缺陷:①对汇率的估算缺乏客观的标准,从而导致估算出的汇率可能无法反映真实情况。②官方汇率可能需要频繁修正,而基层海关征税人员也要不断改变计量汇率反倾销税时使用的汇兑比例。③频繁的汇率和反倾销税率的变动缺乏可预期性,使参与国际贸易的进出口双方陷入挣扎。

由于以上估算方法存在上述缺陷,法国1931年12月9日更改了计算汇率

---

1 Decree of the President for Extraordinary Customs Measures, Nov. 14, 1931.

反倾销税率的思路，最主要的变化体现在以黄金或金本位为媒介，利用各国货币与黄金或金本位的比值，当一国货币发生贬值时，将该国货币计价的价格先换算黄金之后，再进一步确定汇率反倾销税率。同时，计算的过程不再是针对不同批次的进口货物单独计算，而是经由法国行政部门衡量计算后，由部长法令公布从各国进口的货物应当适用的汇率反倾销税率。此外，如果进口的货物是由第三国进口后再出口至法国，那么，则以这两个国家货币计价的价格计算得出两个不同的应税额时，以较高者为准。法国从以下国家进口货物确定的汇率反倾销税率为：[1]

表 14-1　法国确定的国别汇率反倾销税率

出口国	税率	开征时间	备注
英国	15%	1931 年 11 月	
丹麦	15%	1931 年 11 月	
澳大利亚	15%	1931 年 11 月	
墨西哥	15%	1931 年 11 月	
瑞典	15%	1931 年 11 月	
英属印度	7%	1931 年 11 月	1931 年 12 月调整为 15%
挪威	8%	1931 年 11 月	1931 年 12 月调整为 15%，1933 年 4 月取消
阿根廷	10%	1931 年 11 月	1931 年 12 月调整为 15%
乌拉圭	10%	1931 年 11 月	1931 年 12 月调整为 15%
加拿大	11%	1931 年 12 月	
爱尔兰	15%	1931 年 12 月	
埃及	15%	1931 年 12 月	
芬兰	15%	1931 年 12 月	1933 年 3 月取消
日本	15%	1932 年 3 月	1933 年 3 月调整为 25%
葡萄牙	15%	1932 年 3 月	1932 年 10 月取消

---

1 Decree of the President for Extraordinary Customs Measures, Jan.18, 1932.

续表

出口国	税率	开征时间	备注
巴拉圭	15%	1932 年 3 月	
俄罗斯	25%	1933 年 3 月	
中国	25%	1933 年 3 月	
香港	25%	1933 年 3 月	
南非	15%	1933 年 3 月	
新西兰	15%	1933 年 3 月	
锡兰	15%	1933 年 3 月	

注：数据截至 1934 年 1 月 11 日。

对表中数据进行分析，不难得出如下结论：①与其说法国是依据黄金或金本位对各国货币价值量进行衡量，得出汇率倾销幅度，倒不如说是变相对进口商品统一征收 15%—25% 的额外关税。这是因为各国汇率的贬值幅度显然不同，而法国对其他国家设置的汇率反倾销税率却大多为 15% 和 25%，这显然难以符合实际。因此，可以说，法国的汇率反倾销措施与其说是出于保护公平竞争的目的，倒不如说是在于实施贸易保护。②在当时各国货币频繁地、竞争性地贬值背景下，法国对汇率反倾销税率是每年进行一次认定和修正，难道其他各国约定一同于每年 3 月份一次性贬值本国货币，而在一年的其他时间保持汇率稳定？这显然是与现实情况脱节的。③鉴于法国对大多数国家的产品征收的汇率反倾销税在实施后没有取消，也未根据汇率变动进行调整，而对其中小部分国家征收的汇率反倾销税则在后来被取消，这可能是由于法国政府通过外交途径与其中一些国家达成了协议，相关国家对汇率倾销行为作出了调整，因此，法国取消了对这些国家产品征收的汇率反倾销税。

综上所述，法国征收汇率反倾销税的行为，虽然表面上宣布的是以黄金价格为尺度对各国货币价值量进行衡量，进而确定汇率倾销幅度，但实践中的做法却与之相悖。法国的汇率反倾销税的措施，目的相较于抵消汇率倾销的不公平贸易效果而言，更大程度上是一种临时性和过渡性的措施，同时有实施贸易保护的成分。

（2）德国。

德国于 1925 年对《关税法》进行修订，该法第 10 条规定，如果一国对德国出口的产品在税收方面不给予最惠国待遇，那么，德国对来自该国的进口产品征收双倍的关税，或税额为货物价值两倍的附加税。如果相关产品属于该法规定的免税产品，则德国对其征收不超过 50% 的从价税。这一规定是为了应对世界上其他国家普遍对德国产品征收更高的关税或其他高额进口税而采取报复行为，同时也可以起到限制进口的作用。

此后，德国于 1932 年 1 月 19 日颁布总统令，出台汇率反倾销税："如果一国货币币值低于黄金平价，则对进口自该国的货物征收补偿附加税。"[1] 这一"补偿附加税"的征收以出口国货币币值低于黄金平价为条件，以抵消他国的产品因本国货币贬值而扩大对德国出口带来的不利影响，实质上与汇率反倾销税如出一辙。德国在征收条件的要求上也较为宽松，仅以出口国货币贬值至黄金平价以下为条件，而不考虑出口国产品的出口价格与产品的正常价值之间的关系，也不要求进口的产品对德国相关产业造成损害，更不衡量价格与损害之间是否存在因果关系。

德国的种种行为带有鲜明的报复心理和贸易保护主义色彩，此后的进一步强烈的报复与希特勒的上台、德国极端民族主义的抬头具有一定的联系，其目的实质上是输出国内经济下行压力，提振本国经济和促进就业。

2. 以官方确定的汇率平价确定汇率反倾销税税率

"两战"之间，除一些国家采用黄金或金本位确定汇率倾销幅度和汇率反倾销税税率之外，还有些国家以官方确定的汇率平价来确定汇率倾销幅度和汇率反倾销税税率。1931 年 9 月，加拿大发布命令，修改了汇率反倾销税的征收方法，但修改后的方法仅针对性地适用于来自英国的进口，对其他国家进口的产品不适用这一方法。该项命令规定对于来自英国的货物，如果发票价格是每英镑少于 4.86 加元，那么，出口给加拿大进口商的货物的实际售价应当被认为是低于该货物在其本国消费时的公平市场价值，就应适用反倾销法。1931 年 10 月，加拿大进一步发布命令规定，为了计征反倾销税之目的，每一英镑的平价汇率应当是 4.40 加元。并且，如果进口商以加元支付的实际金额在清

---

[1] Decree of the President for Extraordinary Customs Measures, Jan. 18, 1932.

关时未知，那么，反倾销税应为加拿大国家税务局每两个月宣布的英镑平均价与上述确定的 4.40 加元之间的差额。在 1932 年期间，基于计征反倾销税之目的，英镑与加元的汇率被武断地维持在 1 英镑对 4.40 加元的水平，而英镑汇率的平均值在波动。到 1932 年底，英镑与加元的汇率达到了 1 英镑对 3.78 加元，因此，加拿大对英国货物征收的汇率反倾销税是 4.40 加元减 3.78 加元，即每英镑为 0.62 加元。由于 1932 年在渥太华会议上英国的抗议和达成的协议，1933 年春天，加拿大对英国货物征收的汇率反倾销税降低到了每英镑 0.12 加元，并于 1933 年 4 月 28 日全部取消对英国的汇率反倾销税。但是，汇率反倾销税对来自货币贬值的其他国家的货物仍然征收。[1]

这一方法实质上是类似于一项临时采取的盯住英镑的外汇安排，以加拿大政府公布的对英镑的汇率为准，对低于这一汇率进口的产品征收汇率反倾销税。以该方法作为临时性的过渡办法，同时通过外交途径寻求合作，以谈判沟通的方式建立双方共同接受的货币安排。

三、反倾销税之外的汇率反倾销措施

"两战"之间，各国对他国汇率低估所造成的贸易效果，除采取征收汇率反倾销税这种方法之外，还有其他措施，主要体现如下：

（一）数量限制措施

综观"两战"之间各国立法规定的汇率反倾销的具体措施，其中包含各种数量限制措施，如德国采取了进口许可证制度；奥地利采取了进口配额制度；部分斯堪的纳维亚国家和东欧国家则因受到德国汇率倾销冲击较为严重，采取了禁止从汇率倾销国进口"非必需"商品的方式；其他一些斯堪的纳维亚国家和东欧国家则通过立法方式，完全禁止从被认定为汇率倾销国的国家进口货物。禁止进口可以视为零配额，属于数量限制的范畴，并构成数量限制的极端形式。因本编写作落脚点是寻求在人民币国际化后我国遭遇他国不当货币及贸易行为的对策，而这些数量限制措施已经为当今的 WTO 相关协议所禁止，所以，难以作为当今国际法律环境下我国对他国实施汇率倾销的反制手段，故不

---

1 U. S. Senate, Anti-dumping Legislation and Other Import Regulations in the United States and Foreign Countries, Senate Document No. 112, January 11, 1934, p.10.

赘述。

（二）补贴本国生产者

补贴本国生产者是本国在遭受他国汇率倾销时保护本国正当利益的措施之一。例如，新西兰于1905年通过一项法令，政府依据该法令成立一个管理局，若该管理局收到申诉，指控有关外国农具在新西兰境内存在大幅度降价等不公平竞争行为，那么，可以对申诉的不公平竞争行为展开调查并作出决议。海关委员会可以根据管理局作出的决议，向新西兰农具制造商提供补贴（在本国境内与外国进口商展开竞争），以保护本国农具制造商免受外国农具制造商不正当竞争的损害。这种补贴的幅度应当限于农具价格的33%以下。如果新西兰农具制造商愿意接受其生产的农具降价20%以上与外国农具制造商展开竞争，管理局可以建议海关委员会不予补贴，而是对不公平条件下进口的外国农具强制征收一项特别抵消税，即反倾销税。[1]

该法令在当时独树一帜，通过对本国受损害的农具制造商提供补贴，帮助本国产业抵制外国农具制造商的不公平竞争行为，同时又不会引起外国农具和本国农具价格的竞争性上升。这样既避免了单边征收反倾销税引发贸易战和外交冲突的风险，也保护了本国农具制造商的利益，同时，这一补贴由于是对在本国生产、本国销售的产品提供的，也不会引起他国指责。

---

[1] 雅各布·瓦伊纳：《倾销——国际贸易中的一个问题》，沈瑶译，商务印书馆，2013，第85页。

第十五章
人民币国际化条件下我国实施汇率反倾销的
制度建构

　　货币非国际化的其他国家（简称他国）借人民币国际化对我国采取不当货币及贸易行为，通常发生在人民币国际化完成之后。这是因为相关经济体只有手中拥有人民币外汇储备，才能够干预其外汇市场，影响其本币对人民币的汇率，制造汇率操纵和偏差，进而将此转化为不当的贸易利益和竞争优势。他国拥有人民币作为外汇储备和人民币成为被盯住货币，标志着人民币国际化已经完成。

　　那么，人民币国际化后他国为何能够对人民币采取不当货币及贸易行为？这些国家针对人民币可能会采取哪些不当货币及贸易行为？现有的国际法律制度能否对我国遭受的此等不当货币及贸易行为之害提供有效的法律救济？若答案是否定的，我国针对他国不当货币及贸易行为可采取什么法律对策？这些问题都是事关人民币国际化后我国经贸权益维护而不得不面对的重大问题。如后所述，应对他国借人民币国际化对我国采取的不当货币及贸易行为，需要进行国际和 / 或国内法制的改革和构建。"两战"之间盛行的汇率反倾销制度虽有不少的糟粕，但却为我们提供了在扬弃基础上进行借鉴的素材。

第一节　人民币国际化后他国采取不当货币及贸易行为的机理与形态

　　如前所述，形成汇率倾销的本质原因在于货币的名义汇率与真实汇率出现不一致，亦即货币包含的价值量和以外币表现的价格不一致，名义汇率低于真实汇率，从而导致了汇率倾销的发生。汇率倾销的一种典型情形是：在一国货币名义汇率基本保持稳定的情况下，由于某些情况的存在或是由于该国实施的某些措施，该国货币的名义汇率长期、大幅低于真实汇率，那么，就可能导致汇率倾销，并在贸易领域起到与商品倾销同样的效果。在人民币国际化实现后，我国有可能成为他国借人民币国际化而对我国采取不当货币及贸易行为的受害方，因此，以下首先对这其中的机理和体现形式进行考察和分析。

一、人民币国际化后他国对我国采取不当货币及贸易行为的机理分析

人民币国际化之后，他国之所以能够对人民币采取汇率操纵和汇率低估等不当货币行为，并进而将此转化为贸易利益，与国际化的人民币担当的货币职能及他国实施不当货币行为的操作条件有关。[1]

一方面，就价值尺度功能而言，国际化货币构成其他货币的定值标准，典型的体现就是成为他国确定汇率的基准。既然他国具有以国际化货币确定本国货币汇率的条件，那么，也可以不正当地利用这种条件，通过调低或调高本币对国际化货币的价格即汇率，使本国从中获益。就储藏价值功能而言，国际化货币构成他国拥有或愿意接受的外汇储备。[2] 那么，在人民币国际化后，货币非国际化的国家可以运用手头拥有的人民币储备，通过买卖人民币来影响其本币对人民币的汇率，使本国从中获益。例如，一国可以采取在外汇市场上抛售本币买入人民币等措施，阻止其货币对人民币升值或使其本币对人民币贬值，从而获得不公平的竞争优势。

另一方面，在遭遇他国实施前述行为的情况下，相应地，对我国来说，最简单、直接的方式是在一定价位大肆购买被干预的外币以抵消因前述行为带来的人民币对该外币的升值压力或外币对人民币的贬值趋势，可是人民币国际化后的现实条件却导致我国无法实施这一应对行为。这是因为实施这一行为的前提条件是该外币是我国愿意持有的外汇储备，只有这样我国才会在外汇市场上买入进而拥有该种货币。而货币国际化的国家又往往不接受非国际化的货币作为外汇储备，甚至在外汇市场上就根本不存在非国际化的货币，因此，在这种情况下，国际化货币的发行国就不具备干预其货币与非国际化货币之间汇率的

---

1 韩龙：《人民币国际化重大法律问题之解决构想》，《法学》2016 年第 10 期。

2 韩龙：《人民币国际化重大法律问题之解决构想》，《法学》2016 年第 10 期。

条件。因此，只有货币非国际化的国家通常才具备实施汇率干预的条件，而货币国际化的国家则通常不能像货币非国际化国家那样实施这一行为。

可见，从事不当货币行为并由此获得不当的贸易利益是货币非国际化国家的一大特权。[1] 而货币非国际化的国家在世界上占绝大多数。在人民币国际化后，当我国遭遇货币非国际化的其他国家采取不当货币行为影响其货币对人民币的汇率，进而对我国实施汇率倾销时，我国由于上述原因无法在汇率操作上采取有效对应行动，对他国的不当货币行为进行有效反制。[2]

二、人民币国际化后他国对我国采取不当货币及贸易行为的表现形态

纵观国际货币史，他国对国际化货币可采取的不当货币行为，如以现今的语言表达和概括，主要有汇率操纵和汇率偏差。根据 IMF 执行董事会 2007 年 6 月通过的《对成员国政策双边监督的决议》（简称《2007 年决议》）在附件中对汇率操纵进行的明确，汇率操纵是 IMF 成员国实施旨在影响且实际影响了汇率水平的政策，造成汇率低估的严重偏差，以扩大净出口。而汇率偏差是一国货币的汇率偏离了其均衡水平，没能反映货币的真实价值和经济基本面。[3] 汇率偏差与汇率操纵的最大不同，就在于前者不需要具有后者所需要具备的目的要素，即汇率偏差不需要具有汇率操纵所需具有的妨碍国际收支有效调整或取得对其他成员国不公平竞争优势的目的，只强调有无偏差的客观效果，因而认定汇率偏差相对简便易行。[4]

一国从事不当货币行为只是手段，目的是借此获得不当的经济贸易利益，主要体现为扩大出口、限制进口的贸易利益上。汇率操纵或汇率偏差之所以能够产生这样的贸易效果，主要是因为汇率操纵或汇率偏差造成的汇率低估可以使采取不当货币行为的国家的商品在进口国市场或国际市场上以外币体现的价格低廉，从而能够以不正当的竞争优势扩大出口，并人为抬高从外国进口到本国产品的本币价格，使外国商品在进口国市场的竞争力下降，从而

1　韩龙：《人民币国际化重大法律问题之解决构想》，《法学》2016 年第 10 期。

2　这些相对行为即我国在外汇市场上采取反向操作，通过买入或卖出外汇抵消他国外汇市场上的操作对汇率造成的影响。

3　韩龙：《IMF 汇率监督制度的新发展及其对策》，《法商研究》2008 年第 2 期。

4　韩龙：《汇率偏差并不构成法律上的出口补贴——评美国〈2011 年货币汇率监督改革法案〉》，《河北法学》2013 年第 1 期。

产生奖出（口）罚进（口）的效果。[1] 例如，假设人民币国际化后，A 国货币与人民币的均衡或真实汇率应当是：1 元人民币 =A 国 2 元货币，但 A 国通过汇率操纵或制造汇率偏差使其汇率低估为：1 元人民币 =A 国 3 元货币。再假设：A 国出口商出口到我国的甲产品的单位成本是 A 国货币 200 元，如果采取均衡或真实汇率，该产品在我国的售价须达到 100 元人民币，才能保本销售（100×2=200）。但是，由于其汇率低估，其在中国市场上只需要以 66.67 元人民币的价格出售即可保本（66.67×3=200）。相反，由于 A 国汇率低估，我国产品出口到 A 国以当地货币表现的价格则人为地抬高，相当于 A 国对我国出口产品征收了进口附加税。由于 A 国出口商出口赚得的人民币在本国是以低估的汇率结算本币，因此，A 国对其出口商提供了相当于币值低估部分的补贴，因而构成汇率补贴。该出口商因其汇率低估而受益，因而以低于国内正常价值甚至成本的价格在国外销售，从而形成汇率倾销。可见，汇率倾销或补贴都是在汇率操纵和汇率偏差基础上形成和派生的，但都扭曲了正常的国际贸易，构成与不当货币行为相关的不当贸易行为。人民币国际化为有关国家采取这类行为提供了条件。那么，现有的国际法律制度能否为我国遭受的来自他国的不当货币及贸易行为之害提供救济呢？

第二节　现有国际制度不能有效制止他国不当货币及贸易行为

人民币国际化之后，他国针对人民币采取的不当货币及贸易行为，涉及货币和贸易两大领域。在这两大领域里，现有国际法律制度主要体现为以《IMF 协定》为代表的国际货币制度和以 WTO 法特别是 WTO 反补贴、反倾销协定（简称"双反"协定）为代表的国际贸易制度。这些制度能否对中国遭受的不当货币及贸易行为之害提供有效救济呢？以下进行分项考察。

一、《IMF 协定》不能制止汇率操纵和汇率偏差

如前所述，他国借人民币国际化实行不当的货币行为主要有汇率操纵和汇率严重偏差。而他国借人民币国际化实行不当贸易行为是在不当货币行为基础

---

[1] 韩龙：《人民币国际化重大法律问题之解决构想》，《法学》2016 年第 10 期。

上派生的。"皮之不存，毛将焉附"，故以下首先考察《IMF 协定》能否制止汇率操纵和汇率偏差的问题。

（一）汇率操纵

《IMF 协定》第 1 条第 4 节第 3 项的规定："避免操纵汇率或国际货币制度来妨碍国际收支有效的调整或取得对其他成员国不公平的竞争优势。"如果一国通过操纵汇率的方式使其货币贬值进而实施汇率倾销行为，取得了对其他成员国不公平的竞争优势，理应受到 IMF 的辖制。但是，何为"操纵"，《IMF 协定》并没有给出应有的界定。虽然 2007 年 IMF 通过的《对成员国政策双边监督的决议》（简称《2007 年决议》）将汇率操纵行为明确为通过旨在影响且实际发生了影响的政策而影响汇率水平的行为，但由于操纵行为须是"旨在影响"汇率水平的行为，因此，认定操纵行为需要探究行为的旨意。[1]众所周知，一项货币金融措施的出台往往包含多重目的要素，将其简单归结为旨在影响汇率水平是十分困难的。不止于此，汇率操纵认定的难越之巅体现在其目的要素的认定上。《IMF 协定》规定的操纵目的有两个："妨碍国际收支的有效调整"和"取得对其他成员国不公平的竞争优势"，《2007 年决议》仅对后者进行了明确，将其解释为：①成员国实施旨在影响且实际影响了汇率水平的政策，以实现汇率严重偏差中的汇率低估；②造成这种偏差的目的在于扩大净出口。问题是衡量低估与否，需要有衡量基准。但是，IMF 近几十年来一直没能够确定汇率偏差和汇率低估的衡量基准，经济学上币值决定理论和方法虽有数十种之多，但没有任何一种理论和方法被普遍接受为唯一的圭臬，[2]从而导致汇率操纵的目的要素无法认定。可见，《IMF 协定》并不能有效制止他国操纵汇率的行为。

（二）汇率严重偏差

《IMF 协定》通篇缺乏汇率偏差的字眼和规定，因此，从《IMF 协定》本身来看，汇率偏差并没有受到该协定的禁止和规束。IMF 执行董事会 2007 年通过的《2007 年决议》出现了"严重偏差"的措辞，典型的体现就是将汇率

1　虽然 IMF 执行董事会于 2012 年通过了《双边和多边监督的决议》，但该决议在附件中只是简单重复了《2007 年决议》对汇率操纵的明确，与《2007 年决议》的附件完全一致，故本编以《2007 年决议》为代表进行考察。

2　韩龙：《IMF 汇率监督制度的新发展及其对策》，《法商研究》2008 年第 2 期。

操纵解释为：①成员国实施旨在影响且实际影响了汇率水平的政策，以实现汇率严重偏差中的汇率低估；②造成这种偏差的目的在于扩大净出口。此外，《2007 年决议》还将一国存在汇率严重偏差作为 IMF 需要密切监督和与参与国磋商的重要指标之一。对于汇率严重偏差，《2007 年决议》附件第 4 项规定，实际有效汇率如果偏离均衡水平则构成汇率严重偏差，其中，实际有效汇率是剔除通货膨胀对货币价值变动影响之后的名义价值，但《2007 年决议》并没有对此进行界定。均衡水平是与经济基本面相符的经常账户所对应的汇率水平。因此，汇率偏差的确定主要通过实际有效汇率与均衡汇率的比对。正如衡量汇率操纵所遇到的难题一样，汇率严重偏差也存在衡量低估、偏差与否的衡量标准问题。前已述及，IMF 近几十年来一直没有能够研发出汇率偏差和汇率低估的衡量基准，经济学上也没有提出无可争议的衡量理论和方法。

尤其是，《2007 年决议》出台的法律依据是《IMF 协定》第 4 条第 3 节第 2 项的规定，这更使《2007 年决议》丧失法律拘束力。根据《IMF 协定》第 4 条第 3 节第 2 项的规定，《2007 年决议》只是 IMF 为指导成员国汇率政策而制定的指导原则而已，而"指导"只具有建议性质，不具有法律拘束力。因此，《IMF 协定》也不能对他国制造针对人民币的汇率偏差提供有效救济。

二、WTO 法不能制止汇率倾销和汇率补贴

首先，需要指出的是，如果汇率操纵或偏差不能得到 IMF 的认定，汇率倾销和汇率补贴会顿时成疑，因为汇率倾销和汇率补贴为汇率操纵或偏差所派生。"皮之不存，毛将焉附？"此外，虽然 WTO 在特定情形下对汇率倾销和汇率补贴拥有辖制权，这些"特定情形"包括：《关于 GATT 第 6 条第 2、3 款注释和补充规定》中的多种货币措施即复汇率造成的补贴或倾销，WTO《反补贴协定》对出口补贴例示性列举中所提及的货币留存方案和特定的外汇风险计划造成的补贴等，但除此之外，IMF 对汇率问题具有普遍的辖制权。这些都会限制 WTO 法在我国遭受他国汇率倾销或汇率补贴之害时提供救济。言明这些前提之后，以下再考察他国的汇率倾销或汇率补贴能否得到 WTO"双反"协定的有效制止，则轮廓会更清晰。

对于 WTO 法能否制止汇率倾销和汇率补贴问题，以下从两方面来考察：一是 WTO 反倾销制度是否包含汇率倾销，二是 WTO 反倾销与反补贴制度（简

称"双反"制度）与汇率倾销及补贴能否对号入座。

（一）WTO 反倾销制度是否包含汇率倾销

WTO 的辖制范围主要是各国采取的贸易措施，在 WTO 众多协定条款中，与汇率倾销关联最为紧密的自然是《反倾销协定》。汇率倾销以其所具有的贸易性质和倾销性质，似乎当然属于 WTO《反倾销协定》的辖制范围之中，但事实并非如此。

对 GATT 谈判过程中的文件进行解析可知，WTO《反倾销协定》规定的倾销并不包括汇率倾销。汇率倾销的概念在《国际贸易组织宪章》（《哈瓦那宪章》）的谈判过程中曾被提出，记录显示当时的谈判曾考虑将倾销分为四种类型：产品倾销、服务倾销、汇率倾销和社会倾销。[1] 但经过多次会议讨论，服务倾销、汇率倾销和社会倾销最终并没有规定在《哈瓦那宪章》和后来的 GATT 之中。因此，对 WTO 的《反倾销协定》中规定的"倾销"一词进行历史解释，该词仅包含对货物实施的一般倾销行为，而不包括汇率倾销。

此外，巴西在 2011 年向 WTO 贸易、债务与金融工作组（Working Group in Trade, Debt and Finance）提议解决汇率低估造成的不公平贸易问题，直言 WTO《反倾销协定》在制定时，未对汇率操纵和汇率偏差造成的不公平贸易行为作出充分考虑，没有将其纳入 WTO《反倾销协定》之中，导致 WTO 现有手段不足以应对汇率低估。因此，巴西要求在 WTO 框架内建立新的规则，以便将汇率操纵和汇率偏差造成的不公平贸易行为纳入 WTO 规则调整的范围之内。这也从另一方面佐证了目前 WTO《反倾销协定》中规定的"倾销"并不包含汇率倾销。

可见，WTO《反倾销协定》所规定的"倾销"，不包含本编所述的"汇率倾销"这一倾销种类，汇率倾销不属于 WTO《反倾销协定》的辖制范围。

（二）WTO"双反"制度与汇率倾销及补贴能否对号入座

退一步讲，即便我们舍弃 WTO 反倾销制度不包含汇率倾销这一历史和现实的考察结论，那么，从对 WTO"双反"协定的规定是否适合汇率倾销和补贴的探寻中，也可为当今 WTO 的"双反"制度能否为人民币国际化后我国遭受的他国不当贸易行为提供有效救济提供印证。

---

1 高永富：《世界贸易组织新论》，北京大学出版社，2008，第 89 页。

首先，就汇率倾销而言，第一，虽然《关于 GATT 第 6 条第 2、3 款注释和补充规定》指出多种货币措施在某些情况下可以通过一国货币贬值的办法构成倾销，对此可以采取反倾销行动，但也仅限于此。如果货币非国际化的国家不存在多种货币措施，但却存在汇率低估或汇率操纵，《关于 GATT 第 6 条第 2、3 款注释和补充规定》就显得无能为力。第二，依 WTO 的反倾销制度，实施反倾销通常需要将出口价格与同类产品的国内正常价值进行公平比较。但 WTO《反倾销协定》第 2 条第 4 款中有关"公平比较"的具体规定，都不能为以汇率低估为由而采取的反倾销措施提供条文依据和理论支持。第三，WTO《反倾销协定》以具体产品作为反倾销对象，以此具体产品对应的国内产业来确定损害和倾销与产业损害之间的因果关系。若进口国以汇率低估为由对来自汇率低估国的产品实施反倾销，可能造成来自汇率低估国的所有产品都存在倾销。这是违背 WTO《反倾销协定》的制度设计和立法精神的，难以为 WTO《反倾销协定》所支持。

其次，就汇率补贴而言，如果套用 WTO《反补贴协定》，那么，审视他国汇率低估是否构成出口补贴，应从财政资助、利益授予和专向性三个方面着手。就财政资助而言，汇率低估不在 WTO《反补贴协定》规定的财政资助形态之内，不构成资金的直接或间接提供和转移、政府放弃的本应征收的收入（因为汇率本身就不是政府的收入来源）以及政府通过提供或购买产品而提供的补贴。就利益授予而言，其要审查财政资助是否使补贴接受者处于更好的境地，这就需要将被控补贴的产品价格与补贴国市场价格进行比较。就汇率补贴来说，要衡量进口商品是否因汇率低估而获得利益，就需要将获得补贴的汇率与补贴国国内汇率进行比较。但在被控补贴国不存在多重汇率的情况下，该国只有同一种汇率，因而无法认定利益授予的存在。就专向性而言，在被控补贴国不存在多重汇率的情况下，被控汇率补贴国家的汇率，不只适用于一个或一组企业、产业或指定地区的企业、产业，也不是仅瞄准出口企业，而是适用于该国所有居民和企业，而不论其出口与否，因此，被控提供补贴的汇率不仅不具有专向性，而且似乎与专向性相反。可见，WTO《反补贴协定》对于汇率补贴无济于事。可见，WTO 的"双反"协定，无法为遭受非正当货币行为派生的非正当贸易行为之害的国家提供有效救济。

第三节　我国应对汇率倾销的国际法路径

前文述及，汇率倾销不在现有的 WTO 相关协议的辖制范围之内，而 IMF 对导致汇率倾销的汇率操纵或汇率低估的规定缺乏可操作性，因此，汇率倾销在现有的 WTO 和 IMF 规则体系下难以得到有效管控。巴西政府曾向 WTO 建议征收汇率反倾销税，以应对美元大幅贬值对其他国家造成的冲击。皮门特尔说，世界各国应在 IMF 框架下，就世界主要货币之间的汇率达成一个波动的"合理区间"协议。如果主要货币汇率大幅贬值超过这个合理区间，形成了对外贸易的"汇率倾销"，WTO 就应当允许其他国家采取措施征收"汇率反倾销税"加以应对。[1]借鉴这一建议，我们不妨尝试对 WTO 和 IMF 相关制度进行如下改革。

一、改革 WTO 和 IMF 使其管辖权覆盖汇率倾销问题

汇率倾销问题之所以在国际法领域陷入困境，很大程度上归因于 WTO 和 IMF 两大国际组织在汇率倾销这一既有国际贸易领域的成分也有国际货币领域的成分的问题上，存在管辖权模糊不清的问题，导致一国指责他国实施汇率倾销时，往往诉之无门，只能徒唤奈何或采取单边报复。对不当的货币和贸易行为徒唤奈何，无疑将会助涨汇率倾销的盛行，鼓励各国竞相实施汇率倾销，攫取不当的贸易利益。对不当的货币及贸易行为实行单边报复，则容易引起国际争端和贸易摩擦，损害国际经贸秩序，并可能使国际社会重回弱肉强食的丛林法则时代。

为了解决 WTO 和 IMF 在汇率倾销问题上关系不清的问题，巴西政府的建议具有一定的可取之处，由 IMF 牵头，在货币领域建立对一国货币的汇率是否存在操纵和低估的评估制度，得出一国货币是否存在操纵和低估之情况的结论；然后由改革后的、将汇率倾销纳入反倾销规则中的 WTO 依据 IMF 对汇率问题的结论，进一步结合倾销的其他具体规定，确定倾销、损害和二者之间的因果关系是否存在，一定程度上解决了 WTO 和 IMF 在汇率倾销问题上分工不

1　See http://finance.sina.com.cn/j/20110921/083610514417.shtml, last view at Dec 24, 2017.

明的弊端，使二者各司其职并相互协作——IMF 负责货币问题，WTO 负责贸易问题，二者密切衔接和协作。

二、通过 WTO 争端解决机制解决汇率倾销问题

人民币国际化实现后，若他国对我国实施汇率倾销行为，我国之所以难以通过 IMF 寻求解决，原因之一在于 IMF 缺乏有力的争端解决机制。即使在汇率倾销问题上 IMF 作出了有利于我国的认定，也可能由于 IMF 缺乏有力的争端解决机制而无法有效地执行并取得良好的效果。为此，巴西政府建议，将汇率倾销的最终裁定权归于 WTO，在裁定和执行的过程中可以借助 WTO 较为有力的争端解决机制。

IMF 的制裁措施主要有两种：①停止成员国使用 IMF 普通资金和特别提款权的权利；②要求成员国退出 IMF。[1] 在理论上，对于资金充裕或便于借助国际金融市场融资的国家来说，这两项制裁措施的效果十分有限。从实践来看，IMF 自成立起就采取尽量避免使用制裁措施的策略。虽然《IMF 协定》规定 IMF 有权强制要求不遵守 IMF 规则的成员国退出 IMF，但是，自 IMF 成立以来从来没有任何一个成员国因这一规定被 IMF 强制驱逐。[2]

相比而言，虽然 WTO 争端解决机制也存在一些问题，诸如争端当事方在违反贸易政策存续期间遭受的损失往往难以得到补偿、容易引发被诉的争端方恶意拖延争端解决时间等，[3] 但 WTO 争端解决机制具有的统一性、强制管辖、"两级审案"的准司法体系，具备自动的程序和决策机制等特点，因此，WTO 争端解决机制具有较高的效率和强制力，并可以有效避免成员国之间采用单边的途径解决争端，尤其是避免了以往常因一国通过单边措施解决贸易争端容易引发贸易战的情况。[4]

鉴于此，我国在人民币国际化条件下应当力图改革相关国际制度，使我国在遭受汇率倾销时，能够通过 WTO 争端解决机制解决汇率倾销问题，避免 IMF 缺乏有力的争端解决机制的弊端，这样才能更为妥当地解决汇率倾销问

---

1 韩龙、余磊：《我国应对西方针对人民币汇率行动的法律对策》，《江苏行政学院学报》2014 年第 1 期。

2 潘英丽：《国际货币体系与国际金融体系改革研究》，上海人民出版社，2012，第 105—112 页。

3 林波：《全球治理背景下 WTO 争端解决机制效率研究》，《技术经济与管理研究》2017 年第 7 期。

4 余劲松：《国际经济法学》，高等教育出版社，2016，第 509—510 页。

题。若要取得此效，对于国际货币制度，我国就应积极推动《IMF 协定》的修改，明确汇率操纵的含义，简化认定标准，确立认定程序和汇率操纵的责任，使之成为一项可操作的法律制度。同时，通过修改，将汇率严重偏差纳入到该协定的约束之中，使之与汇率操纵一起成为各国的禁止性义务，并建立汇率偏差认定的法律标准。对于国际贸易制度，人民币国际化后，我国应寻求在 WTO 多边框架内针对汇率倾销和汇率补贴，另立一套反倾销、反补贴规则，并将该规则与修改的《IMF 协定》规定的汇率操纵、汇率严重偏差的责任连接起来，以有效制止他国不当货币行为引发的不当贸易行为。[1]

三、达成多边货币协议避免竞争性汇率贬值

在 IMF 框架下，就世界主要货币的汇率达成协议的做法，与"两战"之间三大货币集团的代表国家——英国、美国和法国三方达成货币协议具有一定的相似性。当时，此三国通过充分沟通信息，达成货币协议，并作出相应安排和准备，有计划地依据所达成的协议，根据实际情况调整三大主要货币之间的汇率，进而形成较稳定的国际货币体系。这一做法可以增进各国互信互谅，避免汇率竞争性贬值；也可以避免一国突然单边宣布汇率贬值对他国造成不可预计的冲击，减轻国际货币体系的动荡带来的损害。尽管如此，该建议仍然没有从根本上解决衡量汇率低估和汇率操纵的认定问题，尤其是均衡汇率的认定问题。

如果我们力推在 IMF 框架下达成新协议，对世界主要货币设置一个"合理区间"，这一方式也不甚妥当。一方面，汇率的波动属于一种客观现象，设置这样一个"合理区间"，若区间过大则可能起不到应有的效果，若区间过小则会导致在汇率倾销的认定上出现大量的"冤假错案"，一些国家可能因汇率的自然波动超出了这一区间而被误认定为汇率倾销。另一方面，设置这样一个"合理区间"是让世界主要货币国家相互盯住，属于盯住制的外汇安排，违反了《IMF 协议》第 4 条第 2 节有关各国有权选择除盯住黄金外的其他外汇安排的规定，损害了各国自由选择除盯住黄金外的外汇安排的权利。

最后，要对 WTO 和 IMF 现有制度进行改革，需要这两大国际组织所需数目的成员国达成一致才能得以进行，这一任务无疑是艰巨的。WTO 要求在重大事

---

1 韩龙：《人民币国际化重大法律问题之解决构想》，《法学》2016 年第 10 期。

项上全体一致同意。况且 WTO 自乌拉圭回合谈判后，再也没有取得实质性的重大进展。IMF 规定重大事项需要 85% 的绝对多数同意才能通过，而美国因其投票权超过 15%，在重大事项上享有实质上的一票否决权。因此，在 WTO 和 IMF 框架下通过多边谈判达成协议解决汇率倾销问题，虽然能够从根本上解决汇率倾销问题，且不会引起国际矛盾和贸易战等对抗行为，但是难度巨大。

综上所述，若能够将汇率倾销纳入 WTO《反倾销协定》的范围之内，就可以借助现有的 WTO 相关协议和争端解决机制解决汇率倾销问题，也可以将对汇率倾销的解决制度化，确定各方共同认同的对汇率倾销的认定和解决方法，还可以避免单边实施汇率反倾销可能引发的贸易战和汇率战。因此，多边解决路径在效果上最优，但难度很大。

四、对不当货币及贸易行为进行区域化处置

如果我国不能通过多边渠道改革国际货币和贸易制度，可以尝试通过与有关经济体缔结广泛的区域贸易一体化协定（RTAs）的方式，先在区域层面对不当货币及贸易行为进行区域立法予以制止，建立和维护区域内的公平货币和贸易秩序，并为进一步将其升级为多边规则提供准备和经验。[1] 这是在多边途径受阻的情况下，不失为一种有价值的尝试。

第四节　我国应对汇率倾销的国内法路径

如若以上多边、区域等渠道都行不通，我国应制定应对他国借人民币国际化所实行的不当货币及贸易行为的单边立法，以防范和消除我国可能遭受的侵害。而要进行这样的单边立法，首先需要确定我国进行这样立法的法理依据，以便使我国的立法建立在坚实的理论基石之上，在此基础上针对所要解决的问题，厘定好立法的内容。

一、我国有权通过国内立法进行汇率反倾销的法理依据

根据国际法的一般理论，WTO 和 IMF 等政府间国际组织的权力来源于各

---

[1] 韩龙：《人民币国际化重大法律问题之解决构想》，《法学》2016 年第 10 期。

国权力的让与，[1]因此，国际组织对于国际事务的管辖权和其他权力应当依条约确定，条约中没有包含的事项则是成员国没有进行权力的让与，对这些事项进行管辖的权力仍然属于各国。

在汇率倾销问题上，如前文所述，WTO 没有将其包含在"双反"协定之中，IMF 的管辖权也只涉及汇率操纵，并没有扩及到汇率倾销。换言之，在如何应对他国借助汇率低估而实行的货币不当行为及其产生的贸易效果问题上，各国没有作出主权让渡。鉴于此，对汇率倾销的管辖和反制，仍然是各国包括我国拥有的充分主权。但是，对汇率倾销管辖和反制而采取的反倾销措施，不能违反 WTO 和 IMF 相关规定，如不能采取"两战"之间部分斯堪的纳维亚国家和东欧国家实施的数量限制措施以及普遍性的提高关税的措施，因为这些措施已被 WTO 规定的禁止数量限制措施和约束关税的制度所禁止。但是，在此被禁止的范围之外，我国有权通过单边立法进行汇率反倾销。因此，在人民币国际化条件下，当他国对我国实施汇率倾销时，我国有权通过国内立法对其实施诸如征收汇率反倾销税等措施进行反制。

从另一方面看，英国、美国、加拿大和澳大利亚等国家于"两战"之间国内法建立的汇率反倾销制度，虽然"二战"后几乎没有在实践中再适用过，但其国内法关于汇率反倾销的规定仍未被废除，仍然属于这些国家国内反倾销法的一部分。这也从侧面说明了对于 WTO 没有规定的汇率倾销问题，各国有权在国内反倾销立法中作出规定，并对汇率倾销征收汇率反倾销税。

尽管如此，采取国内立法进行汇率反倾销只能作为在多边和双边途径中难以解决和难以获得有效救济的情况下的一种最后的救济措施。这是因为通过单边立法解决他国对我国的汇率倾销，容易引发贸易战和其他国家的指责，也存在被诉至 WTO 争端解决机制的风险。但这并不意味着我国采取国内立法进行汇率反倾销就没有价值和意义。我国通过国内立法对实行不当货币及贸易行为国家出口到我国的商品征收汇率反倾销税，一方面可以作为一种震慑，警告其他国家不要试图对我国实施汇率倾销；另一方面，在多边和双边解决途径短时间内无法取得进展的情况下，动用国内汇率反

---

[1] 约翰·H.杰克逊：《国家主权与变化中的 WTO》，赵龙跃、左海聪、盛建明译，社会科学文献出版社，2009，第3—9页。

倾销法，可以保护我国的正当利益，为多边和双边解决汇率倾销问题争取时间。

二、我国应采取单独立法的形式构建我国汇率反倾销制度

我国目前关于反倾销的立法主要规定在国务院于 2001 年 11 月公布的《中华人民共和国反倾销条例》（简称《反倾销条例》），以及国务院于 2004 年 3 月发布的《国务院关于修改〈中华人民共和国反倾销条例〉的决定》之中。《反倾销条例》主要包含总则、倾销与损害、反倾销调查、反倾销措施、反倾销税和价格承诺的期限与复审、附则共 6 章 59 条，对我国的反倾销制度作出了较为详细的规定，其中主要针对的是一般倾销，并不包括本编所述的汇率倾销。因此，如果要在我国的法律体系中加入对汇率倾销的规定，在立法形式上，可以采取的方式主要有两种：一是在现有的基础上，对《反倾销条例》进行修改，增加汇率反倾销的内容；二是在现有的《反倾销条例》之外，专门制定一部规定汇率反倾销法。

第一种方式较为简便，对现有的《反倾销条例》进行修改，增加汇率反倾销的内容。但是，由于 WTO《反倾销协定》的存在，如果我国将汇率反倾销的相关规定置于《反倾销条例》之下，可能会在形式上出现与 WTO《反倾销协定》不一致的情况，会导致他国在没有深入了解我国汇率反倾销立法的情况下，误认为我国违反 WTO《反倾销协定》，从而引起不必要的国际贸易纠纷。因此，这种方式存在较大缺陷。

第二种方式在现有的《反倾销条例》之外，另行制定一部法律，对汇率反倾销加以规定，将其与《反倾销条例》中对一般倾销的规定区别开来。这样做，具有两方面的优势：①在形式上，将二者区别开来，使《反倾销条例》规定的关于一般倾销的内容依旧与 WTO《反倾销协定》保持一致，不会引起他国的指责；②在实质上，由于汇率倾销与一般倾销在认定等方面存在一定差异和特殊性，将我国现行《反倾销条例》有关一般反倾销实施要件照搬到汇率反倾销之中，显然是不合适的。相反，制定专门的汇率反倾销立法，可以使我们根据汇率倾销的特点作出有针对性的规定。基于此，人民币国际化条件下我国汇率反倾销立法在形式上，应独立于我国现行《反倾销条例》之外，实行单独立法。

三、合理厘定汇率反倾销的实施条件

结合现今的国际货币制度和贸易制度与前述"两战"之间汇率反倾销实施要件，我们可以对汇率倾销的概念进行更新：一国货币因各种原因，出现名义汇率短期或长期大幅低于真实汇率的情况，从而导致该国的货物实质上以非正常价格出口至我国，即构成汇率倾销。但如进行汇率反倾销，除了需存在以上汇率倾销事实之外，还需要汇率倾销导致的不公平贸易行为对我国的相关产业造成损害或对我国相关产业的建立造成阻碍，且这种不公平贸易行为与我国产业受到的损害之间具有因果联系。因此，汇率反倾销的实施要件有四：①一国名义汇率短期或长期大幅低于真实汇率；②因汇率导致该国出口的货物实质上以非正常价格出口至我国；③这种低于正常价值的进口对我国相关产业造成损害或对相关产业的建立造成阻碍；④这种不公平的贸易行为与我国产业受到的损害之间具有因果联系。

比较汇率反倾销的实施要件与现行的一般反倾销实施要件，后两个要件十分相近，对产业的损害和非正常价格与损害之间的因果联系，无论是在汇率反倾销中还是一般反倾销中都应当是一致的，因此，在这两个要件上，可以参考适用现有一般反倾销制度。前两个要件的重点和难点主要在于如何衡量一国货币的真实汇率，进而与公布的名义汇率进行比较并进一步确定汇率反倾销税率，这些内容将在下一目中展开论述。

四、借鉴"两战"之间汇率反倾销幅度和反倾销税的计算方法

从前文的分析中可以看出，解决汇率倾销问题的难点仍然在于真实汇率或均衡汇率的确定，时至今日，虽然汇率的衡量和计算的理论、方法和模型有了很大创新，但由于这些理论、方法和模型都具有一定的局限性，且不同方法和模型得出的结论相差很大，所以，这仍是一个待解的难题。[1]

此外，本编前述"两战"之间各国汇率反倾销幅度的计算方法，在原理上是基于对真实汇率与名义汇率的比较，首要问题是真实汇率的衡量，而确定真实汇率也是认定汇率低估的必由之路，同时，确定汇率倾销幅度也是征收汇率

---

1 姜波克、李怀定：《均衡汇率理论文献评述》，《当代财经》2006年第2期。

反倾销税的前提。

"两战"之间确定汇率倾销幅度的方法主要有依据黄金价格或金本位认定的方法和通过立法授权行政机关确定汇率倾销。前者以黄金价格或金本位确定真实汇率,将他国货币的真实汇率与黄金价格或金本位挂钩,用来确定他国货币的价值和该国汇率倾销的幅度。但是,现如今,以黄金价格或金本位确认他国货币价值,进而确定本币和外币的价值量的比率,会违反《IMF 协定》第 4 条第 2 节规定的不得以黄金作为确定本国货币价值的规定。

后者授权国内行政机关以自由裁量的方式具有更大的灵活性。由于汇率倾销中汇率低估对国际贸易影响的广泛性,汇率倾销会影响汇率倾销国出口至我国的所有产品以人民币计价的价格,因此,汇率反倾销一旦实施,涉及的货物往往不是汇率倾销国出口至我国的某一项产品,而很可能是该国出口至我国的所有产品。而目前 WTO 法下的反倾销及反倾销调查是对单项产品进行的,且对反倾销诉讼的发起上持非常谨慎的态度。[1] 如果按照目前做法对涉嫌汇率倾销国的所有产品逐项进行调查,所需要的时间和人力成本无疑是巨大的。因此,授权国内行政机关依据具体情况,在一定范围内自由裁量,根据不同情况采取不同的做法,更有利于保护我国的正当利益免受他国汇率倾销的侵害。我国被授权的行政机关在对汇率倾销中的真实汇率进行裁量时,根据不同案件的不同情况,可灵活采用目前世界上多种真实汇率确定方法中一种或几种,只公布裁决结果而不公布详细的计算方法。

五、明确汇率反倾销的主管机关

主管机关设置问题属于程序法范畴,如本编前已述及,"两战"之间各国国内反倾销立法在程序规定上比较贫瘠,因此,汇率反倾销的程序设计难以借鉴"两战"之间的历史经验。鉴于汇率倾销与一般倾销具有相似性,因此,在包括主管机关设置在内的程序法问题上,可以一定程度上借鉴当今一般反倾销的程序规定。

在反倾销主管机关的设置上,目前世界上一元制、二元制、准二元制和多

---

1 杨蔓、罗胜强:《中国对外反倾销调查的统计分析》,《改革与开放》2014 年第 18 期。

元制四种做法。[1] 我国目前采取的是一元制模式，由商务部负责倾销的调查和确定。在国内产业损害的调查上，也主要由商务部负责，只有涉及农产品的反倾销国内产业损害调查，在损害的确定上，由商务部会同农业部进行调查。[2]

汇率反倾销与一般反倾销在认定上最大的不同点在于需要对汇率是否存在低估进行认定。汇率是否存在低估取决于名义汇率和真实汇率的比较，其中，名义汇率容易确定，汇率反倾销的关键是确定真实汇率。由于汇率问题具有高度的复杂性和政治敏感性，因此，需要专业性的机构和人才从事这项工作，在进行汇率反倾销调查中，可以由商务部会同中国人民银行及其下辖的中国外汇交易中心共同调查。

前已述及，认定汇率倾销需要 4 个要件：①汇率存在低估；②存在汇率倾销；③存在产业损害；④倾销和产业损害之间具有因果关系。而汇率倾销具有独特性的仅为第 1 个步骤，其后的 3 个步骤与认定一般倾销差异不大。鉴于此，认定汇率倾销的主管机关以商务部为宜，由商务部决定和主要负责汇率反倾销调查，但在汇率低估的认定上，由商务部会同中国人民银行及其下辖的中国外汇交易中心共同进行，确定汇率低估及其幅度。如果认定汇率存在低估的情况，由商务部在目前反倾销调查方式的基础上，继续进行上述后 3 个步骤的调查，即由商务部进行汇率倾销、产业损害及二者因果关系的调查和确定，以决定是否反倾销。

1　一元制是由一个中央行政机关独立决定是否同时对倾销和损害发起调查的制度，由该机关决定立案调查并实际进行倾销与损害两方面的调查和裁定，典型代表是澳大利亚。二元制是由两个相互独立的中央行政机关分别对是否启动倾销和损害调查作出决定并负责调查的制度，典型代表是美国。准二元制是指由两个中央行政机关对是否启动倾销和损害调查共同决定的制度，这两个部门位阶相同，但在具体工作中可能是权力相等，也可能是一主一次，但缺一不可，典型代表是欧盟。多元制指的是由三个或三个以上的中央行政机关共同决定发起倾销和损害的调查，并共同负责倾销和损害的调查制度，典型代表是日本。

2　参见《中华人民共和国反倾销条例》第 3 条和第 7 条。

参考文献

中文著作

1.成思危：《人民币国际化之路》，中信出版社，2014。

2.陈元、钱颖一：《资本账户开放——战略、时机与路线图》，社会科学文献出版社，2014。

3.曹红辉、田海山：《支付结算理论与实务》，中国市场出版社，2014。

4.戴序：《中国外汇储备资本化研究》，中国金融出版社，2013。

5.弗雷德里克·S.米什金：《货币金融学（第九版）》，郑艳文、荆国勇译，中国人民大学出版社，2015。

6.高圣平：《美国〈统一商法典〉及其正式评述（第三卷）》，中国人民大学出版社，2006。

7.韩龙：《金融法与国际金融法前沿问题》，清华大学出版社，2018。

8.韩龙：《防范和化解国际金融风险和危机的制度建构研究》，人民出版社，2014。

9.韩龙：《人民币汇率的国际法问题》，法律出版社，2010。

10.韩龙主编：《国际金融法》，法律出版社，2007。

11.韩龙：《离岸金融法律问题研究》，法律出版社，2001。

12.韩文秀：《人民币迈向国际货币》，经济科学出版社，2011。

13.蒋瑛：《欧洲货币联盟及其投资效应》，西南财经大学出版社，2001。

14.李寿双、苏龙飞、朱锐：《红筹博弈——10号文时代的民企境外上市》，中国政法大学出版社，2012。

15.李晓耕：《权力之巅——国际货币体系的政治起源》，社会科学文献出版社，2017。

16.刘仁山：《国际私法》，中国法制出版社，2012。

17.刘少军、王一轲：《货币财产（权）论》，中国政法大学出版社，2009。

18.刘颖：《电子资金划拨法律问题研究》，法律出版社，2001。

19.马勇：《金融稳定与宏观审慎：理论框架及在中国的应用》，中国金融出版社，2016。

20.彭岳：《跨境证券融资的法律规制：以境外公司在境内上市的监管为视角》，法律出版社，2011。

21.邵景春：《欧洲联盟的法律与制度》，人民法院出版社，1999。

22.苏宗祥、徐捷：《国际结算》，中国金融出版社，2015。

23.孙海霞：《人民币国际化条件研究》，人民出版社，2013。

24.涂永红：《人民币作为计价货币：理论与政策分析》，中国金融出版社，2015。

25.吴兴光、蔡红、刘睿等：《美国〈统一商法典〉研究》，社会科学文献出版社，2015。

26.谢赤：《汇率预测与外汇干预研究》，科学出版社，2013。

27.雅各布·瓦伊纳：《倾销——国际贸易中的一个问题》，沈瑶译，商务印书馆，2013。

28.张路：《美国上市公司最新立法与内部控制实务》（中英文对照本），法律出版社，2006。

29.〔西班牙〕泽维尔·弗雷克萨斯、拉克·莱文、何塞·路易斯·佩德罗：《系统性风险、危机与宏观审慎监管》，王擎等译，中国金融出版社，2017。

30.中国人民大学国际货币研究所：《人民币国际化报告2018》，中国人民大学出版社，2018。

31.中国人民大学国际货币研究所：《人民币国际化报告2020》，中国人民大学出版社，2020。

32.中国人民大学国际货币研究所：《人民币国际化报告2022》，中国人民大学出版社，2022。

中文论文

1.艾森曼：《人民币国际化、资本市场开放和中国金融改革》，宋晶译，《金融市场研究》2015 年第 4 期。

2.巴曙松、郑子龙:《人民币资本项目开放新趋势》,《第一财经日报》2016 年 4 月 5 日。

3.常清、颜林蔚:《原油期货与人民币国际化》,《中国金融》2018 年第 6 期。

4.陈萍:《发达国家(地区)外汇干预制度的安排与借鉴》,《当代经济》2013 年第 19 期。

5.桂浩明:《债券通与资本市场开放》,《中国金融》2017 年第 12 期。

6.郭树清:《中国资本市场开放和人民币资本项目可兑换》,《金融监管研究》2012 年第 6 期。

7.韩龙:《信用国际化:人民币国际化法制建设的理据与重心》,《法律科学》2021 年第 1 期。

8.韩龙、毛术文:《人民币国际化条件下清算最终性与破产法的冲突与协调》,《清华法学》2020 年第 4 期。

9.韩龙:《IMF 对跨境资本流动管理制度的新认知与评析》,《环球法律评论》2018 年第 3 期。

10.韩龙:《资本项目制度改革的流行模式不适合人民币国际化》,《法商研究》2018 年第 1 期。

11.韩龙:《人民币入篮与我国法制变革》,《政法论坛》2017 年第 6 期。

12.韩龙:《人民币国际化重大法律问题之解决构想》,《法学》2016 年第 10 期。

13.韩龙:《IMF 监督制度的晚近修改能否解决国际货币体系所受威胁?》,《中外法学》2016 年第 4 期。

14.韩龙:《实现人民币国际化的法律障碍透视》,《苏州大学学报(哲学社会科学版)》2015 年第 4 期。

15.韩龙:《宏观审慎监测制度建构之探》,《法学论坛》2014 年第 6 期。

16.韩龙:《美元崛起历程及对人民币国际化的启示》,《国际金融研究》2012 年第 10 期。

17.韩龙:《一国外汇储备大量增加是否负有调整汇率的义务》,《现代法学》2008 年第 5 期。

18.韩龙、景司晨:《现行国际货币制度是否构成人民币国际化之梏?》,《经贸法律评论》2019 年第 5 期。

19.李莉莎:《论大额电子资金划拨系统规则的法律地位》,《暨南学报》2007 年第 1 期。

20.廖凡:《跨境金融监管合作:现状、问题和法制出路》,《政治与法律》2018 年第 12 期。

21.刘颖:《电子银行法律风险的几个问题》,《暨南学报》2014 年第 12 期。

22.刘颖:《支付命令与安全程序——美国〈统一商法典〉第 4A 编的核心概念及对我国电子商务立法的启示》,《中国法学》2004 年第 1 期。

23.孙国峰、尹航、柴航:《全局最优视角下的货币政策国际协调》,《金融研究》2017 年第 3 期。

24.王爱俭、王璟怡:《宏观审慎政策效应及其与货币政策关系研究》,《经济研究》2014 第 4 期。

25.王利明:《试论虚假陈述民事责任制度的完善》,《证券法苑(第十四卷)》,法律出版社,2015。

26.肖卫国、尹智超、陈宇:《资本账户开放、资本流动与金融稳定——基于宏观审慎的视角》,《世界经济研究》2016 年第 1 期。

27.谢众:《CIPS 建设取得新进展》,《中国金融》2018 年第 11 期。

28.杨玲:《英镑国际化的历程与历史经验》,《南京政治学院学报》2017 年第 2 期。

29.赵雪情:《欧元作为国际货币面临的挑战与前景》,《中国货币市场》2018 年第 3 期。

30.周华、戴德明、刘俊海等:《国际会计准则的困境与财务报表的改进——马克思虚拟资本理论的视角》,《中国社会科学》2017 年第 3 期。

31.周小川:《关于改革国际货币体系的思考》,《中国金融》2009 年第 7 期。

英文著作

1.Benjamin J. Cohen, *The Future of Sterling as an International Currency*, Macmillan, St. Martin's Press, 1971.

2.Bruce J. Summers, *The Payment System-Design, Management*, and

Supervision, IMF Publications, 1994.

3.Christopher J. Neely, *A Foreign Exchange Intervention in an Era of Restraint*, Federal Reserve Bank of ST, Louis Review, 2011.

4.Eswar Prasad, *The Dollar Trap: How the U. S. Dollar Tightened Its Grip on Global Finance*, Princeton University Press, 2014.

5.Felicia H. Kung, *The International Harmonization of Securities Laws: The Rationalization of Regulatory Internationalization*, Law and Policy in International Business, Vol. 23, 2002.

6.Felix Martin, *Money: The Unauthorized Biography*, Knopf, Random House, 2013.

7.Marc Vereecken, Albert Nijenhuis, *Settlement Finality in the European Union*, Kluwer Legal Publishers, 2003.

8.Phillip Hartman, *Currency Competition and Foreign Exchange Markets: The Dollar, the Yen and the Euro*, Cambridge University Press, 1998.

9.Philip Wood, *Law and Practice of International Finance*, Sweet & Maxwell, 2012.

英文论文

1.Adam Feibelman, "The IMF and Regulation of Cross-Border Capital Flows", *Chicago Journal of International Law*, Vol. 15, Number 2, 2015.

2.Barry Eichengreen, "ADB Distinguished Lecture: Renminbi Internationalization: Tempest in a Teapot?", *Asian Development Review*, Vol. 30, No. 1, 2013.

3.Barry Eichengreen, "Sterling's Past, Dollar's Future: Historical Perspectives on Reserve Currency Competition", *NBER Working Paper*, No. 11336, May 2005.

4.Barry Eichengreen, Kathleen Walsh, Geoff Weir, "Internationalization of the Renminbi: Pathways, Implications and Opportunities", *CIFR Research Report*, March 2014.

5.Bank for International Settlements, "Currency Internationalization: Lessons from The Eswar Prasad, Lei Ye, Will the Renminbi Rule?", *Finance &*

Development, Vol. 49, No. 1, 2012.

6. Benjamin Geva, "Payment Transactions Under the EU Payment Services Directive: A U. S. Comparative Perspective", *Penn State International Law Review*, 2009.

7. Benjamin J. Cohen, "Will History Repeat Itself? Lessons for the Yuan", *ADBI Working Paper Series*, No. 453, January 2014.

8. Benjamin J. Cohen, "The Seigniorage Gain of an International Currency: An Empirical Test", *Quarterly Journal of Economies*, 1971.

9. Ilene Grabel, "Not Your Grandfather's IMF: Global Crisis, Productive Incoherence, and Development Policy Space", Policy Economic Research Center, *Working Paper*, No. 214, 2011.

10. IMF, "Review of the Method of the Valuation of the SDR-Initial Considerations", *IMF Policy Papers*, August 3, 2015.

11. IMF, The IMF's Approach to Capital Account Liberalization: Revisiting the 2005 IEO Evaluation, March 3, 2015.

12. IMF, Key Aspects of Macroprudential Policy, June 10, 2013.

13. IMF, The Liberalization and Management of Capital Flows: An Institutional View, November 2012.

14. IMF, Macroprudential Policy: An Organizing Framework, March 14, 2011.

15. Jeffrey A. Frankel, "Still the Lingua Franca: The Exaggerated Death of the Dollar", *Foreign Affairs 74*, No. 4, July/August 1995.

16. Jeffrey S. Beckington, Matthew R. Amon, "Competitive Currency Depreciation: The Need for a More Effective International Legal Regime", *Journal of International Business and Law*, 2011.

17. Julius Kiss, "International Payments Law Reform: Introduction of Global Code of Payments", *Banking & Finance Law Review*, 2010, 25 (3).

18. Manuela Moschella, "The Institutional Roots of Incremental Ideational Change: The IMF and Capital Controls after the Global Financial Crisis", *British Journal of Politics and International Relations*, Vol. 17, 2015.

19. Maria Socorro Gochoco-Bautista, Changyong Rhee, "Capital Controls: A

Pragmatic Proposal", *ADB Economics Working Paper Series*, No. 337, February 2013.

20. Miriam Campanella, "The Internationalization of the Renminbi and the Rise of a Multipolar Currency System", *ECIPE Working Paper*, No. 1, 2014.

21. Olivier Jeanne, Arvind Subramanian, John Williamson, "Who Needs to Open the Capital Account?", *Peterson Institute for International Economics*, April 2012.

22. Peter Kenen, "Currency Internationalization: Lessons from the Global Financial Crisis and Prospects for the Future in Asia and the Pacific", *BIS Papers*, Dec. 2011.

23. Philip J. MacFarlane, "The IMF's Reassessment of Capital Controls after the 2008 Financial Crisis: Heresy or Orthodoxy?", *UCLA Journal of International Law and Foreign Affairs*, Spring 2015.

24. Roy Kreitner, "Legal History of Money", *Annual Review of Law and Social Science*, Vol. 8, 2012.

后　记

　　人民币国际化法律问题研究是一项前所未有的开辟性的研究工程，许多专家学者为这一研究献计献策，提供了宝贵的支持。特别感谢中南财经政法大学副校长刘仁山教授、上海市司法局副局长罗培新教授、上海对外经贸大学法学院张庆麟教授、暨南大学法学院刘颖教授的大力支持。特别感谢富有大德、厚爱的前辈学者和中青年才俊，是你们给予了我们完成这一光荣使命的机会和条件。特别感谢国家社科基金多年来的宝贵支持和资助，特别是将人民币国际化法律问题研究这一重大招标项目授予我们。我们深感责任重大，竭尽全力进行研究，使这一项目以良好等次结项。本著也是国家社会科学基金重大招标项目"人民币国际化的法律问题研究"（批准号：13&ZD180）的研究成果。特别感谢全国不为所知的公道、正派的专家学者，是你们公平、公正评审使本项研究成果入选《国家哲学社会科学成果文库》。特别感谢人民出版社对这一研究成果给予宝贵推荐，衷心感谢詹素娟等编辑为本项成果申报和出版付出的辛劳。

　　在本课题的研究中，研究人员付出了巨大的艰辛。本重大招标项目共分五个子课题，分别对应本著第一、二、三、四、五编。研究人员的研究任务分工和撰写内容如下：

　　韩龙（海南大学法学院），本重大项目首席专家，全面负责整个课题的规划、设计、研究和撰写，代表课题组申报该《成果文库》，重点撰写第二编（该编第五章第三节除外）。

　　戚红梅（海南大学法学院），第一子课题负责人，主要负责具体研撰第一编。毛术文（中国人民银行湖南省凤凰县支行），第三子课题负责人，负责具体研撰第三编。李婧（东北财经大学法学院），第四子课题负责人，负责具体研撰第四编。韩朔（河南省建设银行），第五子课题负责人，负责具体研撰第五编。侯娅玲（河南财经政法大学法学院），第二子课题负责人，负责研撰第二编第五章第三节。此外，李紫烨、景司晨、陶秀芳、郑梦婷、李雪、李理想，对本著部分内容的研撰亦有贡献。

韩龙对整个课题研究和撰写进行了全程详细指导，并数次修改全稿。戚红梅参加了全著的审稿、通稿和定稿。戚红梅、毛术文、李婧、韩朔，对本课题研究高质量的完成贡献巨大。其他研究人员也为本课题研究倾尽了全力。在此，对本课题所有的研究人员表示衷心的感谢！

韩　龙

海南大学法学院教授（二级）、博士生导师

中国国际经济法学会副会长

2022 年 12 月 15 日于海口海甸岛